双语学纲要

BILINGUAL STUDIES OUTLINE

◎张卫国 著

中央民族大学出版社
China Minzu University Press

图书在版编目（CIP）数据

双语学纲要/张卫国著. —北京：中央民族大学出版社，2013.11
ISBN 978-7-5660-0576-2

Ⅰ. ①双… Ⅱ. ①张… Ⅲ. ①双语教学—理论研究 Ⅳ. ①H003

中国版本图书馆 CIP 数据核字（2013）第 281166 号

双语学纲要

作 者	张卫国
责任编辑	戴佩丽
封面设计	布拉格
出 版 者	中央民族大学出版社
	北京市海淀区中关村南大街 27 号　邮编：100081
	电话：68472815（发行部）　传真：68932751（发行部）
	68932218（总编室）　　　68932447（办公室）
发 行 者	全国各地新华书店
印 刷 厂	北京宏伟双华印刷有限公司
开 本	787×1092（毫米）　1/16　印张：26
字 数	550 千字
版 次	2014 年 3 月第 1 版　2014 年 3 月第 1 次印刷
书 号	ISBN 978-7-5660-0576-2
定 价	78.00 元

版权所有　翻印必究

Abstract

This book, Essentials of Bilingualism, comprehensively constitutes a theoretical and systematic frame of bilingual study and it is a milestone in the process of bestowing upon bilingual study the status of an independent discipline. Reflecting the fact that bilingual study, bilingual teaching and the social acceptance of bilingualism are the integral elements in the all − round development of bilingualism, the book deeply and comprehensively expounds and explores every aspect of the above − mentioned elements. Bilingual study is discussed in three chapters: first language study, second language study, and multi − language study. Bilingual teaching is also dealt with in three chapters: bilingual pedagogy, management of bilingual teaching, and the relationship between bilingual education and ethnic group education. The last element, social acceptance of bilingualism, was written in five chapters. It focuses on the influence of five main social factors − geological environment, population, economy, politics and religion − on the vitality of languages.

序

　　双语问题是当代语言生活中极为关键的问题。在全球现代化的进程中，最为迫切的是语言交流。语言交流就必须有双语教学。双语教学已逐渐形成为一门专门的学问，这就是双语学。

　　现代人必须是双语人。科学文化的交流，贸易的开展，人员的来往，旅游业的繁荣，都要求人们在自己的母语之外，掌握第二种语言，乃至第三种语言。如何说明掌握第二语言的必要性，如何提高第二语言的学习效率，如何了解使用第二语言国家的环境和条件，如何了解国家的双语政策，就要研究双语教学。这就是双语学涵盖的范围。

　　张卫国面对这种需求，在他的博士论文基础上，花了6年精力，参阅了大量资料，写出了他的《双语学纲要》。以前我们对双语教学说得很多，但很少见到双语学的提法。张卫国在自己的著作里，对双语学习、双语教学和与双语社会化问题作了全面的论述，涉及第一语言学习、第二语言学习和第三语言学习，涉及语言教学，语言管理和民族教育，涉及语言与地理环境、人口、经济、政治、文化包括宗教等的关系问题，这是对双语问题的微观考察和宏观把握，有一定的理论意义和实用价值。书中论及的许多具体问题，都来自于作者本人在语言学习和教学中的具体体验，特别是对新疆维吾尔自治区双语问题中存在的实际情况，作了重点的描述和说明，颇有实际意义。

　　汉语是当前我国第二语言教学的主要语言。我国各方言区和少数民族地区第二语言学习任务是学习和推广汉语普通话。本书也用不少篇幅讲述作为第二语言的汉语在教学过程中的许多技术性问题。与此同时，本书又大量介绍对外汉语和外语教学的经验，使本书具有明显的本土特点，又有应对各种情况的普遍适应性。

　　张卫国的著作着力于端正人们对第二语言学习的态度，细致地描述了语言学习中的步骤和方法，而且在宏观上阐明了第二语言学习的社会文化意义。语言是文化现象，而且是其影响遍及所有领域的文化现象。因此，语言问题不仅是语言学的问题，更是一个涉及社会、文化的多方面的问题。双语学一方面要解决第二语言学习中的具体问题，一方面就要在社会文化环境中确立第二语言学习的目的和意义，使双语问题有了理论上的基础。这两点在张卫国的著作中都已经得到较好的体现。

　　把双语问题与社会文化问题联系起来，就是把语言问题与文化问题联系起来解决，这已经把双语问题纳入了文化语言学的范围。从文化语言学的视角来观察双语问题，第二语言的学习和教学就是解决文化多元化的问题。政治和文化的霸权主义在语言问题上的表现就是语言同化,就是强势语言吃掉弱势语言。双语教学的发展可以促进强势语言的延续,又可以推动弱势语言的保护工作,这是维护语言多样化的重要方面。双语学的建立应该为维护语言多样化作出实质性的贡献。

  张卫国的著作是双语学建设的有益尝试。我预祝它能获得成功。

2013 年 8 月 30 日

引言：我与《双语学纲要》的写作

我从上大学起，就开始学习第二语言——哈萨克语，以后又学了维吾尔语、俄罗斯语等语言。大学毕业后开始在新疆从事少数民族汉语教学工作至今。可以说我的一生中最有活力的时光是与第二语言学习、第二语言教学、双语问题研究联系在一起的。我从事双语学习、双语教学、双语问题研究实践的过程就是我认识双语问题，形成学术理念，构建双语学理论体系，最终写出著作《双语学纲要》的过程。同时，对双语这一客观事物进行探索与研究的过程，也是我认识、改造自己主观世界，使自己学会更客观、更系统、更深入地看待客观世界的过程。人的认识活动就是这样：客观世界与主观世界相互影响，循环往复、永不停息。

一、我第二语言学习的经历及对双语学习的认识

（一）初涉第二语言学习这条河

我出生在新疆一个国营农场的工人家庭，从小虽然在集镇上经常看见少数民族，但从来没有想过学习他们的语言。然而命运却有它自己的安排。"文化大革命"后恢复高考，我考上了北京的一所大学，被录取到了哈萨克语言文学专业。我开始学习我人生中第一种第二语言——哈萨克语。

哈萨克语的学习并不顺利。经过一年多的学习，我吃惊地发现我的哈萨克语没有多大长进，多年来积累的令自己自豪的汉语文学词汇却从脑子里不翼而飞。这让我第一次尝试到第一语言学习与第二语言学习有着明显的不同。同时，由于我们身处北京，哈萨克语言环境很不理想，学到的哈萨克语知识几乎没有口语实践的可能。这让我体会到了第二语言学习的另一个特点：第二语言学习初级阶段的口语能力、听说习惯的培养需要较充分的课堂听说训练和较好的第二语言听说环境。而第一语言听说能力是我们在母语环境中不知不觉获得的。

由于语言环境的限制及学习起点低，我的哈萨克语学习没有多少可以夸耀的。但是它把我引向我从未发现、从未涉足的领域——第二语言学习，并且让我继续前行。在此之后，我又因工作的需要自学了维吾尔语。

(二) 一次较成功的第二语言学习——在哈萨克斯坦的俄语学习

我在哈萨克语学习中留下的遗憾最终在我的俄语学习中得到弥补。过了若干年，我获得了一次到哈萨克斯坦学习俄语的机会。由于多年来在从事第二语言汉语教学过程中积累的语言学习经验，以及对验证自己语言学习能力的强烈渴望，使我对这次学习机会格外看重。结果是，这次学习机会不仅证实了我能学会一种语言，而且使我对第二语言的学习与教学产生了全新的认识。

为了有效利用这次出国学习的机会，我在出国前的两年系统地学习了俄语的基本词汇与语法。到了国外，为了能使自己有一个好的俄语环境，我没有住进条件相对好一些的留学生单元楼，而是住进了当地学生的宿舍。为了使自己的口语学习更加有效，我坚持每天写俄语日记，并且为此专门请了家庭教师。主要方法是：每天把前一天已经说过的话和当天要说的话写出来，请家庭教师订正，并在家庭教师的指导下复述。同时，我把自己出错的语言点用红笔圈出，并标上意思贴切的汉语，便于以后查找、记忆和应用。这样，语言能力每天都有实际的收获、积累与提高。

由于我每天生活在讲俄语的人当中，在生活中、娱乐中、学习中，有条件与他们进行较多的语言接触。更重要的是，这种语言接触对于我来说绝不是无意识的，我与当地人之间的每一次会话，从谈话内容到语言形式，从语法结构到词语搭配都在我的密切注意之中，并在当天晚上以书面的形式总结出来，经过家庭教师的指正、讲解与再训练，成为我第二天语言能力增长的起点。经过一两个月这样的学习，我发现我已能轻松地对付日常生活中所遇到的一些话题，如：购物、讲价、上车、问路……三四个月后，我已能够进行一些较复杂的聊天，如：谈自己的经历、见闻、感受……到了八九个月时，我已经能就自己生活、学习、学术研究等方面的问题与有关人士进行较正规的交流与讨论。

在访学快结束的时候，我的俄语能力已经有了相当的提高，不由得萌生了游历哈萨克斯坦、俄罗斯大地的想法。我坐上大巴，开始游历几十个城市。一路上这片大地上的山川、河流、草原、荒漠迎面而来，城市、村庄、矿山、油田渐次退去。这是我从未涉足的大地，这是我从未接触过的世界。一路上，我与同路的司机、旅客、商贩交谈，与同车的工人、农民、牧民、学生、医生、公司老板交朋友，我和他们谈论彼此国家的经济、社会、民族、宗教、风俗、日常生活等。我吃惊地发现语言的功能是这样的神奇，它能让我走入我从不认识的陌生世界，能让我靠近与我从未谋面、素不相识，操另外一种语言，过另外一种生活的人类群体。如果我不会他们的语言，我们就是与他们近在咫尺也只能形同路人。

我在想，人们不管愿意不愿意，实际上每个人一生中都要花大量的精力学习语言，学习第一语言和第二语言。认真研究一下我们自己或我们身边的语言学习问题，自己与他人都受惠。语言教师不应是一个机械简单的工作，从业者应该努力使自己成为教学上的行家里手。社会需要好的教师，称职的语言教师至少应具有如下条件：

1. 他应该是个语言研究者。他应清楚所教语言的基本结构框架，对学生第一语言与第二语言结构与文化上的异同与难点有较清晰的认识。

2. 他应该是语言教育研究者。他应清楚语言学习的心理特征、学习程序及成才规律，能有效指导学生的语言学习。他不仅能指导语言初学者的语言学习，而且能指导中高级语言学习者的语言学习。

3. 实际掌握一门第二语言，关心、研究第二语言学习过程中的规律及特点，是当好一名语言教师的必要条件。母语学习和第二语言学习的心理特征、学习过程及学习难点有很大的不同，作为一名给学生教第二语言的老师，只有当你亲自经历过学习、掌握一种第二语言的全过程，才能真正认识到这两种语言学习的不同特点，才能切身体会到一个学生学习一种全新语言所经历的困惑、无助、绝望和痛苦，才能知道学生最需要什么样的帮助，知道学生学习、掌握一种语言的阶段、过程、困难和有效方法。

二、我从事第二语言教学的经历及对双语教学的认识

大学毕业后，我被分配到新疆的一所高校给少数民族学生教汉语，就此，我踏进了第二语言教学这条河流，而且一干就是一辈子，并逐步进入双语教学研究的状态。

（一）少数民族汉语教学的科研意识亟待提高

在给少数民族学生教汉语的初期，我感到出乎意料的轻松。汉语是我的母语，给学生教汉语常常是从汉语拼音开始教起，从教学内容上讲，相当于汉族学校一年级的语文课，我感到十分轻松，甚至感到轻松得有些无聊。然而为了养活自己，我没敢轻易放弃自己的工作，而是选择了坚持下去。不久我就发现，貌似简单的第二语言教学原来是一个深不可测的大海：学生第一语言与第二语言结构与文化上的对比、第二语言学习规律与人才成长规律、第二语言教学管理的全过程……每一个内容都是一门大学问。

可能是由于第二语言教学牵涉面太广不好把握，也可能是因为在中国汉语人人都会并不稀奇，在我参加工作的时候，少数民族汉语教学中对理论研究的漠视是一种较普遍的现象。在少数民族汉语教学界有一种说法：语言学习、语言教学是一种经验，不需要科研。一些人说：这么多人学习母语，学习外语，没有你那个语言学习、语言教学的科学研究照样学会了母语，学会了外语。由于这种意识，导致少数民族汉语教学的学科化、专业化长期滞后。以至于在大学的语言教学行业中出现：少数民族汉语教学的学科地位不如汉语言文学专业，不如外语教学，甚至不如对外汉语。在一些人眼里汉语教师被看作是大学里的蓝领。在少数民族汉语教学行业，很多教师成年累月地埋头于站讲台、批改作业。有的人工作了几十年，评职称时居然难以拿出像样的论文。就是一些有志于汉语教学研究的人，也往往因为教学工作的压力，没有时间、没有精力、没有经费、没有氛围及缺乏其他社会条件，在科学研究上举步维艰。你想搞科研吗？对不起，用你的业余时间，剩余精力搞吧！成果出来后，再用你自己的收入节余发表或出版吧！

就是成果出版了，关心者也寥寥无几。

我从不怀疑经验的有用论，但是人类不可能永远仅凭经验过日子，如果是那样，人类将无法建造成今天学科门类齐全的科学大厦，也无法发展到今天这种文明的高度。汉语教学不能只是凭经验办事，不能永远只是：谈起语言学习就是"多读、多背、多写……"谈起语言教学就是"因材施教、精讲多练……"谈起加强汉语教学，就是"领导重视、经费到位、提高师资水平……"不能总是什么都知道，什么都不确切知道。人都是有灵性的，都有发现、创造、发展的欲望。出于一种做事情的本能和个人心智发展的需求，我开始关注双语教学研究。

（二）少数民族汉语教学的管理问题值得研究

虽然少数民族汉语教学给我的初期印象是简单轻松，但不久我就发现，貌似简单的工作隐藏着特别的艰辛。

1. 少数民族汉语教学工作艰辛

一些人认为汉语教学不就是教学生说汉语吗？这样简单的工作在量上多加些是可行的，也是理所当然的，因此，汉语教师课时多，班级人数多，作业批改量大是普遍现象。从事少数民族汉语教学的教师没有多少剩余精力用于提高业务、发展自我，长期以往，繁重的工作就变成了简单而枯燥的机械循环。

2. 少数民族汉语教学专业化程度需要提升

一些人认为，只要会汉语，人人都能从事汉语教学。因此经常看到的现象是：如果一个教师专业上没有专长，但只要会一些汉语，就会把他安排到汉语教学岗位；如果一个行政领导没有更合适的位置安排他，只要他会汉语那就让他去主管汉语教学吧。因此，在少数民族汉语教学单位的领导配备上，外行领导内行的现象比较严重。在我从业的二三十年里，有些时候单位的主要领导，甚至是整个班子的大多数领导在所学专业、人生经历上，与少数民族汉语教学基本上没有什么关系。这些人中喜欢学习、责任心强一点的领导，或许能够做一些对促进教学有成效的事。如果是不喜欢学习，责任心不强，又有些私心杂念的领导，我们就将看到令人遗憾的一幕：一些领导不是为了提高教学效益，努力打造敬业、拼搏的团队，而是为了获得自己需要的权威，在群众中培植自己的亲信，建立自己的山头。其结果是任人唯亲、唯我独尊，最终导致一个单位人际关系扭曲，内耗严重，教学质量无人关心，教学效率低下。

3. 大锅饭体制下的生存竞争

中国的公办教育在体制上基本上实行的是大锅饭，教育吃全国的大锅饭，学校吃教育的大锅饭，全体教工吃学校的大锅饭。大锅饭是不符合市场经济效益优先规律的，它的弊端显而易见。

在公办教育中的少数民族汉语教学基本上实行的是大锅饭。只要你是正式教职工，不管你干得好、干得差，只要你不违法乱纪，在待遇上一般是没有什么差别的。这看起来似乎挺好，竞争不激烈，大家都有饭吃，平安无事，而实际上弊端很多。这样在单位里会滋生出一批学术上不求上进、工作上得过且过的人。不要以为这只是养了几个闲人、懒人的问题。任何人都是有名利欲望的，当他们的名利欲望、主观能动性没有在教学与科研上得到释放，他们就要在旁门左道上释放。因此我们常常看到，对钻研业务没有兴趣、对改进教学工作缺乏热情的人，往往在溜须拍马、拉帮结派上十分在行，他们热衷于在单位形成势力，建立山头。这些人一旦形成气候，其影响就会超出个人行为的范围，开始对整个机体产生影响。比如，他们自己不想前进，又想保护自己不受损失，就会打击、排挤那些凭着良知努力钻研业务、认真工作的教师：贬损他们的人生价值，侵占他们的正当权益，挤压他们发展空间。如果主要领导缺乏正义感，或缺乏必要的权威，对这种现象听之任之，就会在单位里形成一种停滞不前的沉闷局面；如果单位的主要领导本身就是这样一种人，他就会包庇纵容、甚至培植利用这样的势力，最终在单位里形成"干事的人受气，不干事的人得志"的局面。一个教学单位一旦落入这种光景，势必严重损害学校的利益、教师的利益、学生的利益。

在我从业的二三十年里，这些现象并不少见，并给我留下深刻影响。它使我开始考虑双语教学效率的提高与教育管理体制之间的关系，以及教育体制改革与国家整体改革之间的关系。我的经历让我认识到，要研究双语教学问题就必须研究教育管理问题和教育体制改革问题。

（三）双语教学是多民族、多语言的新疆不可缺少的事业

在我从事汉语教学行业的生涯中，除了看到了一些问题，产生了一些困惑，进行了一些深思以外，也逐渐认识到双语教学是多民族、多语言的新疆不可缺少的事业，并坚定了从事双语教学与研究的信心。

1. 汉语教学社会意义重大，历史意义深远

中国是统一的多民族国家，新疆是多民族、多语言的地区。以民汉兼通为目标的双语教学是新疆少数民族教育不变的政策。汉语教学对于国家的统一，人民的团结，各民族人民的社会进步与经济、文化发展具有长久而重大的意义。

2. 汉语教学从业人员多，影响面广

在少数民族地区，汉语教学是从中小学到大学的重要课程，课时量大，从业人员多，是一个较大的行业。搞好汉语教学的研究工作，与汉语教学这个庞大行业，与人数众多的从业人员、数量巨大的学生有着密切的关系，影响面广，现实意义大。

3. 汉语教学研究内涵丰富，科研前景广阔

中国是一个多民族、多语言的国家，双语形态多样，双语化过程完整，拿汉语教学来说，既有典型的目的语环境外的汉语学习、教学类型，也有典型的目的语环境内的汉语学习、教学类型；从双语现象发展的过程看，有从个人双语，群体双语向社会化双语发展的完整过程，及其各种中间状态。因此，对汉语教学进行研究，完全可以突破单纯的教学研究，而上升到理论意义、实践意义更为重大、适用面更加宽广、系统更为完整、内容更为全面的双语学研究。双语学理论的建设不仅有利于少数民族汉语教学的研

究，而且可以把少数民族汉语教学、外语教学、对外汉语纳入到一个统一的理论体系进行研究，提高第二语言教学研究的专业化、理论化程度。

世界是相互联系的统一体，人们对客观世界的认识也应当体现出它的系统性，貌似简单的问题放进系统里去认识，才能看到它联系的全面性与复杂性，貌似复杂的事物放进系统中去观察，才能看到它联系的各个方面、各个层次，复杂模糊的事物才能变得清晰具体，人类认识客观事物由单方面到全方位，由单因到系统，由肤浅到深入，由表面到本质，由单个问题到所有相关问题是一个必然的过程，也是认识发展的必须过程。所以，双语学理论的出现是必然、必须、重要的。

三、我对双语作为社会问题的认识

我在哈萨克斯坦留学期间，正值苏联解体，哈萨克斯坦国独立的初期，在众多政治、经济问题的危机中，语言作为一个最为直观的社会问题凸显在社会大众面前。苏联时期的哈俄双语制受到激烈批判，成了众矢之的。恢复哈萨克语在哈萨克斯坦实际的国语地位成了社会主流的声音。为了实现这一目标，哈萨克斯坦社会中出现了一系列强化哈萨克民族环境、强化哈萨克语国语地位的政策和行动。如：为改变哈萨克人在本国及大、中城市的人口比例，国家鼓励国外哈萨克人回归历史故乡——哈萨克斯坦定居；在国家和地方机关公务人员的录用、提升上向哈萨克人倾斜，并把是否会哈萨克语作为重要条件之一；在国家出入境管理上，曾一度停止使用俄语申报单，改用哈萨克语、英语申报单；在教育领域规定所有中、小学必须开设哈萨克语课，加强、扩大高等院校哈萨克语专业课和和使用哈萨克语教授公共课；在高校、专业学校的招生方面向哈萨克人倾斜；在大众传媒方面，增加哈萨克语电视节目的播出量，在俄语电视片中加映哈萨克语字幕，在电视节目黄金时间插播哈萨克语讲座，有线广播的主要节目先用哈萨克语播放，然后用俄语播放，等等。

哈萨克斯坦的国语运动有其历史与社会的合理性，但一些过激的做法也带来了一些负面作用。比如说大批俄罗斯族知识分子的移出，科学教育领域发展速度的变缓，语言使用领域的混乱，等等。我曾亲眼目睹哈萨克斯坦海关突然停止使用俄语申报单而使用哈语\英语申报单，造成大批过境旅客滞留，因为大部分旅客只会俄语，不怎么会哈萨克语和英语。

1995年，哈萨克斯坦终于决定对久困国家的经济问题和语言问题展开全民讨论，并在此基础上制定并通过了新宪法。其中第七条有关语言问题是这样写的：（1）在哈萨克斯坦共和国哈萨克语是国语。（2）在共和国国家机关及地方管理机构中，俄语与哈萨克语同等地作为官方语言使用。（3）共和国关心为哈萨克斯坦人民研究与发展自己的语言创造条件。这部宪法传达了这样一个信息：哈萨克语是国语；俄语作为官方用语及族际交际语的地位不变；禁止因不懂国语和其他语言上的原因而限制公民的权利和自由。

哈萨克斯坦这个多民族的国家在其独立后短短几年内,由于政治环境的剧烈变化,双语问题的某个侧面空前明显地暴露在人们面前,使我充分地体会到了多民族、多语言地区语言问题的重要性、敏感性、复杂性,让我把语言问题与众多的社会因素联系了起来。联想到我所生活、工作的新疆,我也感觉到,中国与哈萨克斯坦有着不同的国情,但在多民族、多语言这一点上有着一定的相似性。我认识到自己所从事的第二语言教学工作原来并不像自己所想象的那样简单,它与众多的社会因素相联系,是那样的深不可测。对于语言问题,似乎谁都能说上一两句,但是,科学、系统、有调查、有研究地阐述这一问题则并不容易。这些经历促使我跳出语言教学的框框,从全社会的角度看待双语问题。

四、决定建立双语问题研究理论体系——写作《双语学纲要》

(一) 决定建立双语问题研究的理论体系——《双语学纲要》

多年来双语学习、双语教学、双语问题研究的经历以及对其感性、理性认识的积累使我认识到,双语问题是一个内容复杂的问题集合体,它应该包括双语学习、双语教学、双语社会化在内的三大过程,是这三大过程相互作用并往复循环的完整系统。双语问题不研究则已,要研究必须是整体上把握,系统性研究。双语问题研究虽然出了不少成果,但是社会仍然需要对双语现象从发生(双语学习)发展(双语教学)到完成(双语社会化)全过程研究的理论性著作。双语是语言存在的常见现象,对它的认识必须要有社会的最高智慧——科学研究的支持,双语研究应建立自己系统、稳定、具体的理论体系——双语学。当我对这些问题有清醒认识的时候,已经是40多岁了。我决定潜下心来,认真完成这件自己能做的、值得做的事情,尽管我知道这对我个人来说是一项规模不小的工程。

(二) 为建立双语问题研究理论体系进行知识理论上的准备

双语学是一门结构复杂,内容丰富的学问。从内容及理论上看,双语学至少涉及语言学、心理学、教育学、政治学、经济学、人类学、宗教学等学科,多个学科的知识在这门学科中得到具体的运用,并围绕双语研究重新组成一个理论系统。这要求研究者具备多门学科的知识,这对我来说的确是一个严峻的挑战。为此,我决定考博士,并成功考取中央民族大学张公瑾先生的博士研究生。在考博、读博期间,我认真对待所学的每一门功课,系统学习了哲学、政治经济学、民族学、历史学、宗教学、教育学等学科的理论和知识,为我构建双语学理论框架做了积极的准备。与此同时,张公瑾先生的学术眼光和学术胸怀使我受益匪浅。

1. 对张公瑾先生宏观文化语言学的学习使我体验了整体把握、综合思维的研究方法在读博期间，我系统地学习了张公瑾先生的文化语言学基本理论。张先生的文化语言学是我迄今接触到的角度最为宏观，内涵最为广泛的文化语言学。在此我把它称为宏观文化语言学。它试图揭示文化的形成、使用、发展与语言的形成、使用、发展之间的关系，为系统解释语言与文化关系做了系统性的理论探索。它着重研究语言本体和功能的共时状态及历时演变与外部世界即文化的关系。宏观文化语言学对文化与语言关系的系统梳理，为我构建双语学理论框架提供了一个宽广的理论平台。张先生整体把握、综合思维的学术思想给我的双语学理论构建工作以极大的启发与鼓励。

2. 社会科学经典著作的研读使我领略了社会研究的大智慧和社会科学研究的精品

张公瑾先生带领我们研读社会科学经典著作对我产生了深远影响。我们研读的著作不仅有语言学方面的著作，还包括其他社会科学方面的著作，如恩格斯的《路德维希·费尔巴哈和德国古典哲学的终结》、毛泽东的《中国革命战争的战略问题》。这些著作的入选体现了张先生高远的学术眼光和求实的研究作风，也使我们认识了什么是社会研究的大智慧，什么是社会科学的精品。恩格斯在《路德维希·费尔巴哈和德国古典哲学的终结》第四部分仅用了短短15页就系统阐述了历史唯物主义的基本原理，是对人类社会认识的高度概括，是对他和马克思研究成果的经典表述。毛泽东在《中国革命战争的战略问题》一文中对中国的革命、中国的战争问题进行了实事求是、独立自主、全面系统的思考，较早地确定了中国革命的基本道路。文章是在1936年12月写的，其正确性被后来的历史所验证。对这些经典著作的细心研读，使我领略了什么是理论联系实际的学风，什么是对社会高度负责的风范。

《双语学纲要》的写作调动了我理论与实践中的所有储备，促使我对自己知识结构进行了大规模的修补。《双语学纲要》的写作是我作为一线教师在多年实践、研究、积累、探索基础上，从语言学习、语言教学、语言管理的实践需求出发，对双语问题进行的一次全方位思考与探索，是把双语问题研究作为一门学科，对其理论体系进行的一次构建。

五、《双语学纲要》写作过程中内心的纠结与争战

我读博期间博士论文《双语学与新疆双语问题》的写作标志着我构建双语学理论体系的开始。博士毕业后《双语学纲要》的写作是我构建双语学理论体系的全面铺开。两者加起来的写作时间长达十多年，其间的辛苦与煎熬难以言表。每当我在写作疲惫时面对自己设想中的双语学理论大厦，常常觉得自己个人的心智是那样的弱小，路途是那样的漫长，工作是那样的辛劳与枯燥。我是个生活在现实中的凡人，十几年中每当面临选工作、评职称、分房子等实际问题时，现实在一再考问我的心灵与信心：是坚持下去还是草草收场，或者中途放弃？

（一）对双语学理论探索工作意义的考问

著作写作需要静下心来长期埋头读书写作。这时有人劝我说，年龄这么大了，不要太难为自己，随便写个论文能当资质升迁的敲门砖就行了，不必过于认真。就是你真的认认真真进行研究，成果也发表了，又有谁认真看你的研究成果？人的思维是理性与实际的接合，理论上说得头头是道，实践上未必管用，没有你那个双语学理论地球照样正常运转。

在艰苦的工作中听到这样的声音，我的心也不禁为之一沉，转身看看自己身后的书架，自己买的、别人送的论文和专著一大堆，自己认真看过的真的没有多少。想想图书馆里汪洋一样的书籍，真正被借阅的只是很少一部分，大部分书都尘封在书架上无人知晓。而我现在又在干什么？在辛辛苦苦写作，准备在这汪洋一样的书海里再增加一本无人知晓、无人过问的书？望着窗外昼夜施工的建筑工地，工人们经过一年的辛勤劳动在一片平地上建立起一座高楼大厦，而在这一年中我在干什么？在写没有什么人关心、孤芳自赏、有可能被人当作垃圾的文字？我孜孜以求的目的是什么？我生命的意义是什么？

就在这时，我心中的另一种声音开始对我说：任何人的行为都是从想法开始，个人行为，一时的行为可以是经验性的，冲动的。而群体的、长期的行为必须有系统的想法与经验支持，我们一般称之为计划与理念。而较复杂的计划与理念必须靠文字的记录，才能固定、完善、发展、保留与传播，这就是文章。整个人类在历史的长河中，由低级到高级，由简单的生活资料的生产，到经济、政治、科学、文化的全面发展，这中间有多少经验、理念需要总结、发展、记录与传播，这就是人类目前已有的或方兴未艾的各种科学门类及其理论方法与著作，怎么能说这一切都是无用的、虚无的？自然科学的重要价值可能没有多少人怀疑，可社会科学同样是人类社会进步不可缺少的。因为人类社会绝不仅仅是物质上的发现与生产，人类的物质生产最终要为人类社会服务，为人的全面发展服务。这一过程少不了对人类自身肉体与心灵，人与人之间关系，不同社会群体之间关系等各个方面的认识与研究、协调与发展。是的，很多在实践第一线的人，没有太多的理论知识也能应付工作，但是这决不等于人类社会的发展不需要理论思维，我们的社会不需要理论建设，反映事物客观规律的理论是历久弥新、效益长久的。因此，凡是有条件、有志向的人，都应该重视理论研究，这是一个人在某领域真正成才的标准之一。

（二）对双语问题研究政治敏感性的担忧

《双语学纲要》的写作必然会涉及语言的社会问题和民族关系问题。有好心人劝我：在中国，民族关系问题是个复杂、敏感的问题，你一介书生读好你的书、做好你的专业就行了，最好别涉足这样复杂敏感的问题。多少比你有能力的政治家都未必能解决好这样的问题，你别问题没解决反而搞得里外不是人，辛辛苦苦写出的著作首先从政治上被否定掉了。

我在新疆出生并长大成人，大学毕业后又在新疆从事民族教育20多年，对新疆民族关系的复杂性、敏感程度有着切身的体会。但也正是基于这一点我才深刻地体会到，新疆各族人民要和平、要稳定、要团结、要富强。作为一名知识分子，怎么能绕开社会、人民关注的重要问题，而专攻于不担风险的象牙塔呢？自从人类出现了民族，民族间的矛盾、民族间的关系就是历朝历代要面对、要解决的问题。在历史的长河中，各民族多少仁人志士为此贡献了他们卓越的智慧与过人的胆识，并在这一过程中获得过成功，当然也经历过失败。难道我们当代的知识分子只能绕开、躲避这些摆在我们面前，实际上也躲避不了的问题吗？

我承认我个人的能力与智慧非常有限，但我愿尽我个人的微薄之力，以一个知识分子的良知，为新疆的稳定与发展、各族人民安定幸福的生活贡献自己的一点智慧、一点力量。

（三）当学术追求与现实利益相矛盾时的内心纠结

《双语学纲要》的写作横跨十几个年头，期间经历了多次职称评定、分房子……我因为著作出不来只能与这样的机会无缘。这时，有好心人劝我：行了，干什么事情都要讲个度，随便写一写能够发表就行了，重要的是早点评上职称，拿到自己应得的工资和住房。和你一起博士毕业的人，别人的著作、科研项目早就出来了，该拿到的东西早就拿到了。要知道我们的时代是讲究效益的时代。

艰苦而漫长的写作生活、朋友不无道理的劝说深深地刺激着我，我曾一度对自己坚持的写作理念产生了动摇。然而，心中有另一种声音对我说：人生在世追求的目标不能太多，有所追求必须有所放弃。任何时代都不缺乏名利的诱惑和因此产生的纠结，关键是看你自己怎么把握与选择。我逐渐明白：我们谁都不能决定自己的大环境，却有权决定自己在一定的环境怎么做；我们谁都无权决定自己的理想是否最终能够实现，却有权决定为了这个理想去真心追求。我曾不止一次在夜深人静的时候拍着自己的胸脯问自己，如果这部著作写出后，并没有让我拿到职称，我的著作是不是白写了？我现在还写不写？我的内心告诉我，即便是没有评职称这件事，我也应该完成这部著作。写作这部著作是我人生重要经历与经验的总结，是我对社会的真诚贡献，是我人生意义的重要方面。

六、我对《双语学纲要》的定位与期望

从多学科配合、综合研究的程度看，双语问题研究可以分为四种类型：第一种类型是，从自己所熟悉的某个学科角度探讨双语的个别问题，成果形式常常是论文；第二种类型是，从自己所熟悉的某个学科角度探讨有关双语的系列问题，成果形式可能是系列论文，也可能是著作；第三种类型是，从多个学科角度探讨有关双语的几乎所有问题，成果形式多是著作；第四种类型是，努力从多个学科角度探讨有关双语的几乎所有问

题，试图在此基础上提出双语问题研究作为一门学科的理论框架。这是一项内容较复杂、系统性程度要求较高、难度较大的工作，成果形式是著作。

我写作的《双语学纲要》把第四种工作当做努力的方向，试图为读者呈现出一个内容上尽可能完整，体系上尽可能科学、简明、实用，语言表述上尽可能清晰、准确、生动的双语问题研究理论体系，以促进双语问题研究的学科化发展。当然，这个目标能否达到取决于多方面的因素，其中首要因素是写作者自己对作品的定位与不懈追求。

张卫国于北京

2013 年 3 月 1 日

目 录

绪论：建设双语学理论体系的基本构想 ……………………………………… (1)
  第一节　不同学科对双语问题的研究及其成果述评 ………………………… (2)
    一、语言学对双语问题的研究 ……………………………………………… (2)
    二、心理学对双语问题的研究 ……………………………………………… (3)
    三、教育学(课程、教材、教法)对双语问题的研究 ……………………… (4)
    四、历史学对双语问题的研究 ……………………………………………… (5)
    五、民族学、社会学对双语问题的研究 …………………………………… (6)
    六、双语问题研究成果述评 ………………………………………………… (6)
    七、双语学概念的提出 ……………………………………………………… (9)
  第二节　双语学理论框架的构想 ……………………………………………… (10)
    一、关于双语学的学科名称与定义 ………………………………………… (10)
    二、双语学与其它学科及研究领域的关系 ………………………………… (11)
  第三节　《双语学纲要》的主要章节及主要思想 …………………………… (15)
  第四节　双语学建设中的有利因素与不利因素 ……………………………… (18)
    一、双语学建设中的不利因素 ……………………………………………… (18)
    二、双语学建设中的有利因素 ……………………………………………… (21)
    结束语 …………………………………………………………………………… (23)

第一篇：双语学习

第一章　双语学视角下的第一语言学习 …………………………………… (27)
  第一节　幼儿第一语言的习得 ………………………………………………… (28)
    一、幼儿第一语言的语音习得 ……………………………………………… (28)
    二、幼儿第一语言的词汇习得 ……………………………………………… (29)
    三、幼儿第一语言的语法习得 ……………………………………………… (29)
    四、幼儿第一语言习得的研究 ……………………………………………… (30)
    五、儿童第一语言习得过程的特点及对第二语言学习的思考 ………… (33)

第二节　少儿期(6—11岁)第一语言的发展 ………………………… (37)
　一、读写能力的获得是小学第一语言教学的主要的目标 ………… (37)
　二、阅读技能发展支持下的智力发展 ……………………………… (37)
　三、与小学生第一语言学习相比成人第二语言学习的特点 ……… (38)

第三节　青少年期(12—19岁)第一语言的发展 …………………… (39)
　一、语文能力发展和思维能力发展的同步推进 …………………… (40)
　二、听、说、读、写能力的发展互促共进 ………………………… (40)
　三、语文训练和思维训练相结合 …………………………………… (40)
　四、课内语文教学与课外语文实践活动的互相结合 ……………… (41)

第四节　中学生第一语言语文学习的过程 ………………………… (41)
　一、从简单的三种文体到复杂的三种文体 ………………………… (41)
　二、从现代文到古文 ………………………………………………… (42)
　三、语文知识上从感性认识到理性认识 …………………………… (43)
　四、从实用文体到艺术文体 ………………………………………… (43)
　五、从日常内容到科学内容 ………………………………………… (44)
　六、传统语文课程与现代信息技术的结合 ………………………… (45)

第五节　青壮年(20—39岁)第一语言的发展变化 ………………… (45)
　一、青壮年期第一语言能力全面发展并达到人生高峰 …………… (45)
　二、第一语言的发展与工作性质高度相关 ………………………… (46)
　三、青壮年的第二语言发展 ………………………………………… (47)

第六节　中老年(40—64岁)第一语言的发展变化 ………………… (48)
　一、中老年第一语言的发展 ………………………………………… (48)
　二、中老年第二语言的发展 ………………………………………… (49)

第七节　老年期(65岁以上)第一语言的发展变化 ………………… (49)
　一、老年期的第一语言发展 ………………………………………… (50)
　二、老年期的第二语言发展 ………………………………………… (50)

第二章　双语学视角下的第二语言学习 ……………………………… (51)
　第一节　第二语言学习的环境和类型 ……………………………… (52)
　　一、几种第二语言学习的典型途径 ………………………………… (52)
　　二、对语言环境与学习主体的分类 ………………………………… (53)
　　三、目的语环境的不同对第二语言学习的影响 …………………… (54)
　　四、目的语言环境的不同对第二语言教学的影响 ………………… (57)

　第二节　第二语言学习经验的总结 ………………………………… (60)
　　一、成人快速学口语的方法 ………………………………………… (61)
　　二、庄淇铭的神奇语言学习法 ……………………………………… (61)

三、俞敏洪的英语学习法 …………………………………………… (62)
  第三节　第二语言学习研究的各种流派及其成果介绍 ………………… (67)
　　一、儿童双语习得研究 ………………………………………………… (67)
　　二、中小学学生双语学习研究 ………………………………………… (71)
　　三、有关第二语言习得的理论和假说 ………………………………… (74)
　　四、第二语言学习者的个体因素 ……………………………………… (77)

第三章　双语学视角下的多语学习 ……………………………………… (86)
  第一节　第三语言学习与第二语言学习的区别 ………………………… (86)
  第二节　目的语环境中和目的语环境外的多语学习 …………………… (87)
　　一、目的语环境中的多语学习 ………………………………………… (87)
　　二、目的语环境外的多语学习 ………………………………………… (95)
　　三、口语和阅读并重的多语学习 …………………………………… (102)
  第三节　第三语言学习按媒介语言可分两种学习途径 ……………… (102)
　　一、用第二语言学习第三语言 ……………………………………… (102)
　　二、用第一语言学习第三语言 ……………………………………… (103)
  第四节　多种语言对比研究在多语学习中的意义 …………………… (105)
　　一、语言对比研究的多种类型 ……………………………………… (105)
　　二、多语句型对比研究的基本理念 ………………………………… (106)
　　三、多语句型研究的实例——四种语言的句型对比 ……………… (108)
  第五节　与多语学习相关的其他问题 ………………………………… (113)
　　一、第一、第二、第三语言哪个水平最好？………………………… (113)
　　二、语言学习要与遗忘作斗争 ……………………………………… (115)
　　三、不要惧怕语言学习但要慎重对待语言学习 …………………… (115)
　　四、实事求是地看待语言的功能，以平和的态度对待语言学习 … (116)

第二篇：双语教学

第四章　双语学视角下的第二语言教学 ………………………………… (121)
  第一节　第二语言教学的设计 ………………………………………… (122)
　　一、总体设计 ………………………………………………………… (122)
　　二、教学计划 ………………………………………………………… (124)
　　三、具体课程的教学大纲 …………………………………………… (128)
  第二节　教学内容与方法的研究与确定 ……………………………… (130)
　　一、语音教学 ………………………………………………………… (131)
　　二、词汇教学 ………………………………………………………… (133)

二、语法教学 …………………………………………………………… (139)
　　四、文字教学 …………………………………………………………… (142)
　　五、语言功能的研究 …………………………………………………… (149)
　第三节　教学规程：教材、备课、课堂讲授、语言测试 …………………… (150)
　　一、教材的编写与选用 ………………………………………………… (150)
　　二、备课与写教案 ……………………………………………………… (153)
　　三、第二语言教学中的课堂教学 ……………………………………… (154)
　　四、语言测试 …………………………………………………………… (158)
　第四节　第二语言教学流派 …………………………………………………… (160)
　　一、语法翻译法（Grammar－Translation Method） ……………… (160)
　　二、直接法（Direct Method） ………………………………………… (161)
　　三、情景法（Situational language Teaching） ……………………… (162)
　　四、阅读法（Reading Method） ……………………………………… (162)
　　五、自觉对比法 ………………………………………………………… (163)
　　六、听说法（Audiolingual Method） ………………………………… (163)
　　七、视听法（Audio－Visual Method） ……………………………… (164)
　　八、自觉实践法 ………………………………………………………… (165)
　　九、认知法（Cognitive Approach） …………………………………… (166)
　　十、人本派教学法 ……………………………………………………… (166)
　　十一、交际法（Communicative Approach） ………………………… (167)
　　十二、对第二语言教学流派的总结与分析 …………………………… (169)

第五章　双语学视角下的双语教学管理 ………………………………………… (172)
　第一节　国家政治与教育管理模式之间的关系 ……………………………… (172)
　　一、国家政治制度影响教育管理制度的确立 ………………………… (172)
　　二、社会变革影响教育管理模式的变化 ……………………………… (173)
　　三、教育管理模式影响办学效益 ……………………………………… (174)
　　四、教育管理状况影响着社会语言生活的发展 ……………………… (176)
　第二节　公办教育的优势与劣势 ……………………………………………… (177)
　　一、中国现阶段教育管理模式对教育效率、双语教学的影响 ……… (177)
　　二、现有体制内中国一线基层教育管理者的智慧与创造 …………… (182)
　第三节　民办教育的优势与劣势
　　　　　——以"新东方"外语培训中心为例 …………………………… (185)
　　一、瞄准时代需求的关键点，从出国语言培训做起 ………………… (185)
　　二、白手起家，公司发展进入第一个黄金时期 ……………………… (186)
　　三、注重引入先进的管理模式，不断提升企业品质 ………………… (186)

四、看好私立大学在中国的需求与发展前景 …………………………………… (187)
　　五、新东方语言培训中心的主要经验 …………………………………………… (187)
　第四节　提高教育效益的出路在于教育体制的改革 ……………………………… (189)
　　一、国家要大力办好民办教育 …………………………………………………… (190)
　　二、公办教育应借鉴民办教育的优点进行制度改革与创新 …………………… (192)
　　三、第二语言教学有可能率先成为教育改革的领域 …………………………… (194)

第六章　双语教学、双语教育与民族教育 …………………………………………… (196)
　第一节　双语学视角中的双语教育 ………………………………………………… (198)
　　一、双语教育的目标 ……………………………………………………………… (198)
　　二、双语教育机构体系的建立及其管理 ………………………………………… (199)
　　三、双语教育的教学内容 ………………………………………………………… (199)
　　四、双语教育中的几个经常探讨的问题 ………………………………………… (200)
　第二节　双语学视角中的民族教育 ………………………………………………… (204)
　　一、正确处理宗教与民族文化教育的关系 ……………………………………… (204)
　　二、处理好传统教育与现代教育之间的关系问题 ……………………………… (208)
　　三、跨文化教育 …………………………………………………………………… (208)

第三篇：双语的社会问题

第七章　文化概念的层级与语言研究的关系 ………………………………………… (213)
　第一节　文化人类学层面上的文化概念 …………………………………………… (213)
　　一、文化人类学层面上的广义文化概念 ………………………………………… (213)
　　二、广义文化概念与民族文化概念 ……………………………………………… (214)
　　三、人类共同文化与民族文化的关系 …………………………………………… (215)
　第二节　宏观文化语言学层面上的文化概念 ……………………………………… (215)
　　一、宏观文化语言学层面上相对于语言的广义文化概念 ……………………… (215)
　　二、宏观文化语言学关于语言与文化关系的理论探索 ………………………… (215)
　第三节　政治经济学层面上的文化概念与双语社会问题研究 …………………… (218)
　　一、政治经济学层面上的文化概念 ……………………………………………… (218)
　　二、双语社会问题研究中的文化概念 …………………………………………… (218)
　第四节　双语教学中的文化教学与文化概念 ……………………………………… (225)
　　一、语言的形式与语言所表达的内容是不可分割的 …………………………… (225)
　　二、第二语言文化学习的重点在于学习两种文化的差异部分 ………………… (226)
　　三、第二语言学习的目的在于通过语言交流进行文化交流的实践 …………… (226)
　　四、语言交流、文化交流实践所涉及的文化是广义的文化 …………………… (226)

五、文化教学中的交际文化属于狭义文化概念 ……………………… (227)
第八章　地理环境与语言生活 ……………………………………………… (228)
　第一节　对原始渔猎采集阶段语言状况的猜想 ……………………… (228)
　　一、语言的产生 …………………………………………………………… (228)
　　二、原始渔猎采集阶段语言状况的猜想 ……………………………… (229)
　　三、农业的产生,定居生活的形成,为方言的形成创造了条件 …… (229)
　第二节　地理环境对人类语言活动发生的影响 ……………………… (230)
　　一、地理环境通过人类农业活动对人类语言生活的影响 ………… (230)
　　二、地理环境与中国少数民族语言 …………………………………… (232)
　　三、地理环境通过影响交通运输对人类语言生活的影响 ………… (234)
　第三节　城市对中心方言形成的影响 ………………………………… (235)
　　一、农业发展与城市形成的关系 ……………………………………… (235)
　　二、城市是区域方言形成的中心 ……………………………………… (236)
　第四节　工业社会地理环境对城市区位及其语言的影响 …………… (237)
　　一、工业化是近代城市化的直接动力 ………………………………… (237)
　　二、资源开发成为决定城市区位的重要因素 ………………………… (237)
　　三、现代社会世界性城市的形成对语言的影响 ……………………… (237)
　　四、新兴产业的兴起正在加速国际性通用语言的形成 ……………… (238)
　第五节　地理环境通过政治区划对人类语言生活的影响 …………… (239)
　　一、国家是政治区划重要的形式 ……………………………………… (239)
　　二、政治区划(国界、地州界)对自然地理的依赖性 ………………… (240)
　　三、政治区划(国界、地州界)对语言的塑造作用 …………………… (249)
　　四、政治区划(国界、地州界)对语言塑造作用的有限性 …………… (250)
　　结　语 ……………………………………………………………………… (250)
第九章　人口与语言生活 …………………………………………………… (251)
　　一、人口是语言生活产生与发展的前提条件 ………………………… (251)
　　二、人口状况是决定语言生活的直接因素 …………………………… (251)
　第一节　不同民族的人口数量对其语言的影响 ……………………… (252)
　　一、使用人口较多的语言较容易发展成为功能较为完善的语言 … (252)
　　二、使用人口较多的语言具有较强的传播能力 ……………………… (252)
　第二节　不同民族人口的分布状况对其语言生活的影响 …………… (253)
　　一、民族的聚居对其语言生活的影响 ………………………………… (253)
　　二、民族的散居对语言生活的影响 …………………………………… (254)
　　三、中国各民族的人口构成与双语结构的几种类型 ………………… (254)
　第三节　不同民族语言接触的密切程度决定着双语的发展程度 …… (255)

一、日常生活的语言接触 ……………………………………………………（255）

　　二、经济生活中的语言接触 …………………………………………………（256）

　　三、学校学习中的语言接触 …………………………………………………（256）

　　四、社会文化生活中的语言接触 ……………………………………………（258）

　　五、不同民族在媒体传播中的语言接触 ……………………………………（258）

　　六、不同民族间的通婚对语言接触的影响 …………………………………（258）

　第四节　不同民族人种上的特点对其语言生活的影响 ………………………（259）

　　一、人种的起源 ………………………………………………………………（259）

　　二、人种的划分 ………………………………………………………………（259）

　　三、地理人种 …………………………………………………………………（260）

　　四、人种、种族的融合和变化 ………………………………………………（261）

　　五、人种、种族与民族概念上的异同 ………………………………………（262）

　　六、种族主义与种族冲突 ……………………………………………………（263）

　　七、人种、种族意识在语言态度、语言关系上的投射 ……………………（263）

　第五节　人口素质对语言生活的影响 …………………………………………（265）

　　一、不同民族整体的健康水平对其语言生活的影响 ………………………（265）

　　二、不同民族整体的文化素质对语言生活的影响 …………………………（266）

第十章　经济与语言生活 ……………………………………………………………（268）

　第一节　经济与民族共同语 ……………………………………………………（268）

　　一、共同的经济生活是民族共同语言形成的重要条件 ……………………（268）

　　二、经济发展水平影响着民族语言文字的发展水平 ………………………（269）

　第二节　经济与双语的关系 ……………………………………………………（271）

　　一、经济活动是不同语言接触的最早途径之一 ……………………………（271）

　　二、经济活动是语言接触、双语形成最普遍、最持久的原因 ……………（271）

　　三、经济是政治活动、人口迁移、科学文化活动的原因与目的 …………（271）

　第三节　经济上的发达程度决定着语言的传播能力 …………………………（272）

　　一、与人口因素相比经济因素对语言地位的影响更加有力

　　　　——以汉语为例 …………………………………………………………（272）

　　二、与国家主权的影响相比经济因素对语言地位的影响更加深刻

　　　　——以肯尼亚语言状况为例 ……………………………………………（275）

　　三、与文化因素相比经济因素对语言地位的影响更加现实

　　　　——以加拿大魁北克法语功能为例 ……………………………………（277）

　　四、在欧盟内部经济仍是影响语言生活的主要因素

　　　　——以欧盟的语言生活为例 ……………………………………………（281）

五、经济因素最终决定语言的地位与传播能力
　　　——以英语成为国际性通用语的历史过程为例 ……………………………… (283)
　　六、经济发展水平的变化影响着语言实际地位的变化
　　　——以比利时语言格局的变化为例 ……………………………………………… (285)
　第四节　经济的各个要素对双语的影响 …………………………………………… (286)
　　一、劳动者方面的优势对语言传播能力的影响 …………………………………… (286)
　　二、劳动资料方面的优势对语言传播能力的影响 ………………………………… (287)
　　三、劳动对象方面的优势对语言传播能力的影响 ………………………………… (287)
　　四、科学技术的发展水平对语言威信起着决定性的作用 ………………………… (288)
　第五节　双语的发展对经济发展、社会进步的反作用
　　　——以中国近代以来的外语学习出国留学为例 ……………………………… (289)
　　一、第一次出国留学和外语学习热潮 …………………………………………… (289)
　　二、第二次出国留学和外语学习热潮 …………………………………………… (290)
　　三、第三次出国留学和外语学习热潮 …………………………………………… (291)
　　四、第四次出国留学和外语学习热潮 …………………………………………… (292)
　　五、第五次出国留学和外语学习热潮 …………………………………………… (292)
　　六、学习外语、出国留学不能代替本国的科技创新、制度创新、文化创新 ……… (293)

第十一章　政治与语言生活 ………………………………………………………… (295)
　第一节　政治、国家与国家功能的发挥 …………………………………………… (295)
　　一、国家的基本要素 ………………………………………………………………… (295)
　　二、国家的职能 ……………………………………………………………………… (296)
　第二节　国家对国内语言生活的规划与管理 ……………………………………… (297)
　　一、语言规划、语言政策、语言立法的概念 ……………………………………… (297)
　　二、规划与推行国家通用语言 ……………………………………………………… (298)
　　三、规划、协调语言关系 …………………………………………………………… (299)
　　　（一）为了强化国家的统一，实际推行英语至尊的语言政策
　　　　　——以美国为例 …………………………………………………………… (299)
　　　（二）在保证英语地位稳固的前提下，发挥其它语言促进国家繁荣的作用
　　　　　——以澳大利亚为例 ……………………………………………………… (300)
　　　（三）把国家的和繁荣与发展作为国家语言规划的主要目标实际推行英语
　　　　　——以新加坡为例 ………………………………………………………… (301)
　　　（四）为了维系国家的统一，平均使用两种官方语言
　　　　　——以比利时为例 ………………………………………………………… (302)
　　　（五）坚持各民族语言文字法律上一律平等前提下推行国家通用语言文字
　　　　　——以中国为例 …………………………………………………………… (304)

四、规划并推行外语教学 ……………………………………………… (304)
　　五、在国家境外传播本国语言 …………………………………………… (305)
　第三节　政治因素与语言传播 …………………………………………… (305)
　　一、政治因素影响经济的发展,进而影响国家综合实力的提高 ………… (306)
　　二、政治发展、国家综合实力的提高促进国家国际地位的提高 ………… (307)
　　三、西方国家通过政治发展加强本国综合实力
　　　　提高本国语言社会功能的过程 ……………………………………… (308)
　　四、中国政治发展的历程及对汉语社会功能发展的影响 ……………… (317)
　　五、国家综合国力与国家语言传播相匹配的世界图景 ………………… (332)
　第四节　各政治势力在语言问题上的博弈与斗争 ……………………… (335)
　　一、民族作为稳定的人们共同体在政治斗争中占有重要地位 ………… (335)
　　二、民族间矛盾与斗争在语言问题上的博弈与斗争 …………………… (337)
　　三、一个由语言问题引发民族独立运动的完整过程——以孟加拉国为例 …… (339)
　第五节　国家政治生活的健康与语言规划的正确、有效呈正相关 …… (344)
　　一、科学、民主的决策过程与语言规划的正确决策密切相关 ………… (344)
　　二、政府行政职能的务实高效与语言规划准确到位的落实密切相关 … (345)
　　三、国家不正常的政治生活对语言规划的决策与实施带来的负面影响 … (347)
　　四、正确认识政治与语言的关系,处理好复杂社会环境中的语言问题 … (348)

第十二章　文化(宗教)与语言生活 ………………………………………… (351)
　第一节　宗教对社会生活的影响 ………………………………………… (352)
　　一、功能理论对宗教的认识 ……………………………………………… (352)
　　二、功能理论关于宗教六个方面的功能 ………………………………… (354)
　　三、宗教和社会相互影响的基本过程 …………………………………… (355)
　　四、宗教与世俗政治的关系 ……………………………………………… (358)
　第二节　宗教通过对社会生活的影响进而影响语言生活 ……………… (359)
　　一、宗教通过对社会经济生活的影响对社会语言生活产生影响 ……… (359)
　　二、宗教通过对社会政治生活的影响,进而对社会语言生活的影响 … (363)
　第三节　宗教活动对语言生活的直接影响 ……………………………… (370)
　　一、宗教对宗教圣语规范与发展的影响 ………………………………… (370)
　　二、宗教对传入地区语言生活的直接影响 ……………………………… (373)
　第四节　宗教对语言生活影响的两面性 ………………………………… (378)
本章结束语:探讨宗教与语言生活之间关系的意义 ……………………… (381)
后　记 …………………………………………………………………………… (382)
《双语学纲要》各章参考资料总目录 ………………………………………… (383)

绪论：建设双语学理论体系的基本构想

双语是人类使用语言的重要形式，是人类社会的普遍语言现象。语言是人类最重要的交际工具，是人类区别于其它动物的基本特征之一。一个人至少会一种语言，这种语言现象叫单语。一个人因与操其它语言的人交际之需，而学习掌握第一语言之外的其他语言，这种现象叫双语。双语是人类使用语言的重要形式之一。自从有了语言，自从有了操不同语言的人们相互接触，就有了双语现象。语言的发展由内部、外部这两种动力推动着。内部动力是指单一语言内部运动的规律，外部动力是指受其他语言的影响，其条件是语言接触。语言接触可引起语言借用、语言兼用、语言转用。可以说，现在世界上6000多种语言，都是在内外这两种驱力的影响下发展演变而成的。从这个意义上说，双语现象始终伴随着语言的产生与发展，世界上没有那种语言与双语无关。无论从人类历史的时间长河看，还是从世界各国、各民族不同的地域看，双语都是人类社会普遍的语言现象。

双语是目前世界范围内逐步强化的一种趋势。人类进入21世纪，统一国家内部的政治经济一体化过程在加速，世界经济全球化的趋势进一步加强，并成为一种时代特征，随之而来的是双语的普遍化。多民族国家中的少数民族要想融入国家共同的政治经济体系，推行双语是必由之路。不同的国家和民族要想进行跨民族、跨国界、跨区域的经济文化交流，只懂自己民族的语言是不够的，还必须学习其他民族或国家的语言。尤其是那些发展中的国家，他们经济、文化与世界接轨的过程，必然伴随着学习世界性语言的过程。双语现象已经表现出逐步增强的趋势，成为一种时代特征。

双语是中国现代化建设过程中不容忽视的现实问题。中国是发展中国家。在改革开放的30多年中，中国逐步形成了从小学到研究生全程的英语教学体系，培养了大量各级各类的汉英双语人，英语成了中国最大的目的语环境之外的第二语言，汉英双语有望成为中国境内人数最庞大的双语现象（目的语环境外的双语）。随着中国经济的发展，中国国内各地区经济文化一体化也在逐步加强，这也促进了中国少数民族地区民汉双语的发展。民汉双语是中国少数民族地区最普遍的双语现象（目的语环境内的双语）。

综上所述，双语是人类使用语言的重要形式，是人类社会普遍的语言现象，是随着世界经济一体化发展而逐渐加强的趋势，是中国现代化建设中不容忽视的现实问题。在中国大地上，双语现象数量众多、形态各异。对双语学习、双语教学、双语社会化过程进行研究，有利于我们正确认识双语现象、正确引导双语的发展，使双语的发展与中国现代化建设相适应。双语是中国现代化建设中不可忽视的问题，双语问题应该作为一个专门学科来研究。

第一节 不同学科对双语问题的研究及其成果述评

双语现象就是人们在学习第一语言的基础上学习第二语言的行为。双语研究的基本问题就是双语的学习、双语的教学、双语的社会化问题。这其中的每一个内容都是一个众多问题的复杂集合体，不同的学科都可以从不同的角度进行研究，得出具有自己独特价值的认识。事实上，多少年来不同的学科也都从自己不同的角度对双语进行着探讨。

一、语言学对双语问题的研究

（一）双语问题研究的语言学渊源

双语问题的研究历来就是语言学的一部分。在古典语文学时期，人们为了学习古老语言文字或另一种语言文字的典籍，开始了对语法问题的关注与研究。如，《希腊语法》是古希腊语言学家狄奥尼修斯·特拉克斯为给古罗马学生教希腊语而编的。① 历史比较语言学的巨大历史功绩是，使语言学由古代语文学阶段迈向现代意义的语言学。然而，历史比较语言学与工业革命后大量传教士及商人学习研究异民族语言的实践有关，与世界语言标本的搜集、对比有关。② 到了结构主义语言学时期，语言学的学科目标、基本框架逐渐清晰、固定，重结构描写、重本体研究的格局也已形成，语言学习的研究似乎被排除在语言学之外。但是，仔细研究就会发现，在理论语言学与应用语言学分流发展的今天，语言学习问题不仅是应用语言学研究的主攻方向之一，更是理论语言学经常考虑的问题。③

（二）语言学主要研究了双语教学中教什么的问题

虽然语言学各流派的发端都与双语有着各种各样的联系，然而对双语问题进行较系统的研究还是首先开始于第二语言教学研究。第二语言的学习与使用，是双语现象产生的第一步，没有第二语言的学习与使用，就没有双语现象的产生。因此，对第二语言学习问题的关注与探究是系统研究双语问题的最初动力，也是双语问题研究初期面对的主

---

① 岑麒祥著：《语言学史概要》，北京大学出版社1988年4月，38页。
② 岑麒祥著：《语言学史概要》，北京大学出版社1988年4月，110页。
③ 中国大百科全书出版社：《中国大百科全书》（语言文字卷），1988.2，313页。

要问题，而第二语言学习研究的核心是学习什么，怎样学的问题。

由于第二语言学习行为在初期往往是个人的、分散的行为，所以在很长一段时间里人们对第二语言的学习行为研究往往是个人性的、经验性的，并没有形成系统理论，也没有建立独立的学科。只是在第二语言学习成了很多人的需求之后，形成了一种规模，因此而催生了语言教学行为的出现，在第二语言教学也形成了相当的规模，成为一种行业与专业之后，为了行业、专业发展的需要，人们才开始关注第二语言学习的一些规律，并结合第二语言课堂教学的经验，形成了第二语言教学理论。其研究的核心是第二语言教学教什么、怎么教。直到今天，这仍是第二语言教学研究的核心问题。

语言学在第二语言教学教什么的问题上做了很多研究。如，按照语言的结构，把语言教学分为语音、词汇、语法、文化等不同内容的教学，运用对比语言学的方法对学生第一语言与第二语言的共同点与不同点进行了研究，总结出学生语音、词汇、语法、文化具体的学习难点，提出了第二语言学习过程中第一语言对第二语言的正迁移与负迁移规律，提出了中介语的设想。这些研究成果是第二语言教学，尤其是翻译教学法所倚重的基础理论与知识。

二、心理学对双语问题的研究

如果说语言学着力于解决第二语言学习中学什么、教什么的问题，心理学则主要研究怎样学与怎样教的问题。近几十年来语言学习理论的研究得到人们极大的重视，特别是第二语言学习（习得）的研究逐渐成为西方语言教育学科的一个热门研究领域。语言学习理论研究所涉及的不仅是语言教学问题，还与语言学、认知科学、心理学、社会学等学科密切相关。它有助于提高人们对语言本质的认识，对人的认知能力和认知过程以及大脑功能的认识。这对双语问题研究、双语教学研究向纵深发展有重要的意义。心理学对双语研究，尤其是对双语学习与教学研究的贡献主要有：

（一）心理学提出了第一语言习得理论与假说

为了揭示儿童第一语言学习之谜，一百多年来，心理学家、语言学家和语言教育家提出刺激——反应论、内在论、认知论和语言功能论等多种第一语言习得理论和假说。进一步揭示了人的语言能力和交际能力是如何发展的，从而使第二语言教学获得有益的借鉴。

（二）心理学提出了第二语言学习理论与假说

一些心理学家、语言学家、语言教育家提出一些第二语言学习的理论与假说，影响较大的如：对比分析假说、中介语假说、内在大纲假说和习得顺序假说、输入假说、普遍语法假说及文化适应假说等。这些研究成果极大地加深了人们对双语问题、双语学习与教学的认识。

（三）心理学被广泛地运用在双语教学实验研究中

国外一些教育学家进行过很多关于双语学习、双语教学的实验研究，如，关于幼儿从小接触、学习双语的心理测验研究和儿童语言学习传记研究、对浸入式双语教育项目的评价研究、双语对一些认知测量指标影响的研究、关于社会文化环境决定双语教育"添加性、削减性"的研究……

（四）心理学对第二语言教学的研究

心理学的研究成果不仅极大地加深了人们对双语问题、双语学习与教学的认识，而且直接促进了双语教学效益的提高。如：根据教育心理学原理和第二语言教学实践提出了第二语言教学的基本原则，根据心理学研究成果和教学实践提出了各具特色的教学法流派（如翻译对比教学法、直接法、实践法、折中法、浸入法，等等），提出了学习风格问题，深化了人们对传统因材施教教育方法的认识……

三、教育学（课程、教材、教法）对双语问题的研究

语言学对语言教学中教什么的问题进行了研究，心理学对语言学习中怎么学、怎么教背后的心理因素进行了研究，然而，具体应该如何实施语言教学，其中的方法、步骤、过程是什么，这是教育学（课程、教材、教法）要研究的问题。很多教师、教育管理者对这些问题进行了卓有成效的研究。这方面的研究总体上可分为三个层面：微观、中观、宏观。

（一）微观层面的研究

研究主要集中于课堂教学的程序与方法上，主要研究内容有：教学内容的展示、教师的讲解过程、课堂训练、效果检测与评价、家庭作业、校外课堂等。

（二）中观层面的研究

是对一个学校较长一段时间第二语言教学目标、教学计划、教学方法的研究。主要研究的问题有：学生的特点、教学的阶段性目标、教材的选用与编写、师资的特点与培训，阶段性教学效果的检测与评价（如学生的期末考试、毕业考试、教师的年终考评总结等）。刘珣先生《对外汉语教学引论》[①] 的有关章节对此有详细论述。

以上对第二语言教什么、怎么教的问题的研究大多是由第二语言教学从业者，即教师与教学管理者来进行，他们在自己的教学实践中总结经验，指导自己与同行的教学实践，积累了大量的理论与实践上的认识与研究成果，是双语问题研究内容最丰富、最具活力、系统性最强的部分。这些研究人们一般统称为"第二语言教学法研究"。

（三）宏观层面的研究

由较高一级的教育主管部门和一些教育学家、民族学家对某区域、某类学校较长时

---

① 《对外汉语教学引论》刘珣 北京语言大学出版社 2000年

期双语教学、双语教育的社会目标、社会组织、实现方式进行的研究与规划。这类从课程学、教育学角度对双语学习、双语教学的研究，可以有各种表现形式。可以是计划书、可以是教学大纲、也可以是理论著作。常见的这类理论著作一般是按照普通教育学的理论框架，结合具体语种教学的特点进行研究叙述的。如汉语文教育理论体系、对外汉语教育理论体系、外语教育理论体系、对具体少数民族（如维吾尔族、藏族、蒙古族……）的汉语教学体系。这类著作常常是套用普通教育学的框架、模式、基本内容、基本观点，结合少数民族地区的具体情况，进行一些带有少数民族地区特点、民族特点的应用研究与论述。优点是：作为一种语言教学理论体系，它详细、系统地论述了语言教学的各个环节，对教学实践有着极大的指导意义，基本涉及了语言教学的各个方面。

四、历史学对双语问题的研究

对事情发生、发展过程的记叙是人类较擅长的表述方式，也是对历史事件的记录——历史学在人类各个群体中起源较早的原因。因此，运用历史学的方法对双语现象、双语问题进行过程的描述与解析，是双语问题研究中的一大类。这类成果一般分为微观、中观、宏观三个层面。

（一）微观层面的研究

一般是对某地区、某个学校双语问题、双语教学的历史发展过程进行叙述与解析。主要内容诸如：若干年以前某个地区、某个学校双语问题、双语教学处于一种什么状况，哪一年国家出台了什么样的文件与政策，对双语与双语教育发生了什么作用，建了多少学校、有多少师资、有多少学生，以后又有什么变化，目前学校、教师、学生的数字是多少，存在那些实际问题，解决的方法是什么等等。这类研究不乏内容充实、见解独特的好文章，但重过程描述，缺深入分析的平庸之作大量存在。这些资料对双语问题研究有着重要的资料价值。

（二）中观层面的研究

一般是对较大区域，比如说对某个省，某个自治区，或某个民族双语现象与双语教学在较长时期内的发展过程进行叙述与解析，这种研究往往能集中大量的资料与数字，使人了解历史发展的梗概，是双语问题研究的重要资料。

（三）宏观层面的研究

这类著作往往从民族史、教育史、语言史的角度考察一个国家各民族文化演变，教育演变、语言演变的历史、现状、与未来。他们把双语问题放在了政治、经济、文化的大背景及民族发展变化的历史长河中予以考察、描述，角度宏观，气势恢宏。但由于铺的摊子太大，最后真正落到双语核心问题上的笔墨往往较少，常常只论到双语教学的目标与规划、教育政策层面，至于双语教育中到底怎么教与学的核心问题往往很少触及。

五、民族学、社会学对双语问题的研究

一些学者从民族学、社会学角度对双语现象、双语教育、双语教学在社会中的运行规律进行研究。我们熟知的 W．F 麦凯、W．西格恩的《双语教育概论》[①]，【英】科林·贝克著的《双语与双语教育概论》[②] 就属于这类研究。他们做的工作主要如下：

（一）从教育学、社会学的角度对双语个体、双语社会、双语教育等基本概念作出规定。

（二）从教育学、社会学的角度对双语学习的心理基础、双语教育的组织与实施、双语教育的科研等双语教育产生与发展的各个环节，进行较全面、较系统的论述。

（三）理论上探讨双语现象与社会诸因素的关系，探讨人口、地理、社会政治、语言因素、国际关系、文化差异等因素对语言个体、家庭、社会群体、公共机构双语现象的影响。

（四）对不同国家的双语问题进行比较与分析。对不同国家双语现象的形成原因、现实状况、具体特点、发展趋势等问题进行社会学、教育学角度的叙述、比较、分类、评价，提出自己对双语问题的认识与主张。

除此以外，一些民族学、社会学、历史学著作把双语问题作为自己专业著作的一个组成部分，专辟章节予以探讨。他们主要关注双语的外部问题，即双语的政治性、政策性问题，一般不去过多涉及双语学习、双语教学这些双语问题研究较具体的问题。如孙若穷主编的《中国少数民族教育学概论》、王锡宏的《中国少数民族教育本体理论研究》等。其实，双语的内部问题与外部问题是相互贯通的，不研究内部问题，不研究内部问题与外部问题的联系，外部问题研究将会变得十分空洞与苍白。这类研究常常不得不用双语发展的历史性描述来充实自己的论述。

六、双语问题研究成果述评

众多学科从不同角度对双语问题进行研究，使双语问题研究成果汗牛充栋。但同时我们也看到，在双语问题研究成果中分散研究多，合作研究少；单学科单视角研究多，多学科多视角综合研究少；部分领域的综合研究多于全景式综合研究；问题研究及问题研究的汇集较普遍，而把双语问题研究作为一门学科，进行全景式、综合性、理论性探索的研究较缺乏。

（一）研究成果在形式上以单篇论文为主

双语问题研究内容繁多，结构复杂，每个研究者都在根据自己的经历、知识构成、

---

① W.F 麦凯、W. 西格恩：《双语教育概论》。
② 【英】科林．贝克：《双语与双语教育概论》，中央民族大学出版社 2008 年。

所熟悉的学科领域进行探索、研究。这些探索与研究无疑都是有价值的，但个体单独的研究往往免不了是局部的、单层的、偏面的。单篇论文的自然积累并不一定能自然形成双语问题研究的系统理论。在本书的写作过程中，笔者阅读了大量的冠名类似"双语教学研究"的著作，基本印象是：70%—80%的著作是会议论文集，20%—30%的著作是综合性研究著作。其中覆盖面较广、理论较系统、解释力较强的理论性著作尚不多见。

（二）综合性研究常常局限于个别学科和个别研究领域

一些研究者联合起来，进行较多领域的综合性研究，但这种综合性研究内容往往偏向某些领域，方法上偏向某些学科，服务目标上适用于特定的群体，理论上缺乏统一的体系。常见的种类大致如下：

1. 把课程学研究成果与两种语言对比研究成果结合起来，形成综合性研究，主要用于解决双语教师怎么教的问题。如，王秉武编写，新疆教育出版社1987年出版的《汉语教学法》[①]，这是本出版较早，理论体系较完整，内容较实用的语言教学理论体系，是双语教学理论体系建设在新疆汉语教学界的早期探索。

2. 把关于某双语现象发展过程的历史学研究与两种语言对比研究成果结合起来，形成综合性研究，主要目的在于向人介绍某种双语现象的内、外部特点。如王振本、梁威的《新疆少数民族汉语教学与研究》[②]。

3. 先对双语问题研究做一般性的学科介绍，然后对国内诸民族、或者世界诸国双语的历史与现状进行介绍。这类著作能为人们了解双语问题提供较多资料，能开阔人们的视野，但往往资料价值大于理论价值。如：余强的《外国双语教育的理论与实践》等。很多民族、国家的双语发展过程和内在逻辑具有很大的相似性，可以进行理论上的概括与提炼，给人以更深的启示，但这方面的工作普遍较薄弱。

（三）全景式综合研究尚处于问题研究汇集的阶段

中国较早提出对双语问题进行综合研究的是严学宭先生，他早在1982年在《通向平等、团结的正道——写在参加联合国教科文组织召开的以母语为教育工具的专家会议之后》[③]一文中，对世界很多国家的双语问题进行了介绍，对中国的双语问题进行了论述。内容包括：中国的民族与语言、建国后国家对少数民族语言文字实行的扶持政策、母语的重要性、中国双语的类型与分布、中国的语言关系、双语教育的分类、两种语言的对比研究、双语教学中教材的编写、双语教学体制的建立、双语教学的综合研究。严学宭先生虽然并没有对双语研究提出系统的理论，但他是较早把双语学习、双语教学、双语社会问题放在一起系统论述、综合研究的语言学家。在这篇文章中他已经对双语问

---

① 王炳武：《汉语教学法》，新疆教育出版社，1987年6月。
② 王振本、梁威等：新疆少数民族双语教学与研究》，民族出版社，2001年11月。
③ 严学宭：《民族研究文集》，民族出版社1997年3月第1版2007年3月北京第1次印刷。

题综合研究划定了大致的内容范围，开始倡导对双语问题进行多学科综合研究。

W. F 麦凯、W. 西格恩1989年出版的《双语教育概论》对双语问题全景式综合研究有着不寻常的意义。该著作尝试从综合的角度对双语问题进行整体的、较系统的研究与叙述，视野超越国界，具有国际性。然而，他的研究与双语问题研究的学科化理论仍有明显的距离。

1. 该著作研究面广，涉及问题众多，也有一定的系统性，但是，这种系统性是叙述所需要的系统性，远不是作为一门学科所要求的系统性。没有按照一门学科的要求对所研究问题及其之间的联系进行细致的梳理和合理的排列，仍处于问题研究汇集的阶段。

2. 作为双语问题全景式综合研究，这部著作讨论的重点仍是语言权利、语言政治等问题，对双语学习、双语教学等问题只是稍带说一下，没有做较详细、较透彻、较系统的研究。其实，双语的内部问题与外部问题是相互贯通的，不研究内部问题，不研究内部问题与外部问题的联系，外部问题研究将会变得十分空洞与苍白。

3. 在论述双语问题时，作者时不时地表露出自己的理论性思考，但是这些理论性思考往往是零散的，有感而发的，理论上的系统性、体系性不强。

（四）双语问题研究整体水平尚待提高

在对双语问题研究出版物的大量阅读中我有一种感觉：应景之作大量存在，而对问题认真研究、深入思考，具有真知灼见的文章还不多见。常见的套路是：

1. 如果是从历史学角度探讨双语问题，一般是把普通历史学中有关民族文化史的内容拿出来，进行一般叙述，再联系当前少数民族文化发展的一些现状，发表一些与双语问题相关的议论，有些议论具有历史的深邃性，但常见的是常识性的、概念性的、一般推论性的评价与议论。

2. 如果是从教育学角度探讨双语问题，常常是套用普通教育学的框架、模式、基本内容、基本观点，结合少数民族地区的具体情况，进行一番带有少数民族地区特点的论述，其中大部分内容是在普通教育学中通用的，双语教学往往作为特色内容单独叙述，与总体框架没有发生密切联系，未能形成一体。

3. 如果从语言学角度探讨双语问题，大多集中在两种语言结构上的对比上。从索绪尔结构主义语言学出现以后，语言学家们几乎对世界上所有重要语言都进行了语音、词汇、语法方面的系统描写，因第二语言学习、两种语言间的翻译之需，两种语言结构上的对比也成为广大语言学习者、教学工作者研究的传统内容、甚至是核心内容。但是双语的学习与教学是一个极其复杂的心理过程，绝不是仅仅进行两种语言对比就能了结的。两种语言对比要与第二语言学习其他规律的探索相结合，与第二语言学习的整个系统发生联系才能较全面地解释第二语言学习与教学的特点与规律。但是在我目前所能看到的研究中，这种联系往往是不够的，生硬的。在两种语言对比的研究中，体系相对封闭、内容较为单一的语音对比研究较多，体系相对封闭的语法对比研究次之，体系开放、数量众多、变化多样的词汇对比研究较少，且深度和针对性往往较低。

4. 很多以双语教学、双语教育为题目的著作中，往往停留在教育政策探讨的层面上，进行思辨性研究，而对双语学习、双语教学这些双语事物形成的内部活动研究较少。在双语教育政策研究上，是非对错的简单评论多，把双语这一社会现象放入人类社会的构成与发展变化系统中进行研究、论述的少。

5. 双语问题研究的基本情况是，各个学科从各自学科的角度对双语问题进行研究，基本处于各自为战、一盘散沙的局面。双语问题研究急需整合各方面研究，打通各个学科的壁垒，形成系统理论。

6. 多人合作的研究中分头写作多，联合攻关少。课题组式的研究有其优点，它能集中众多人的智慧与知识，把研究工作做大，缩短研究周期。在一人主编、多人参与写作的著作中不乏态度严谨的上乘之作。但如果操作不好，也会带来很多的弊端。课题组首先应该是研究团队，而不仅仅是写作班子。项目主持人不应仅仅是项目研究的召集人和写作班子的领班，更重要的是，他应该是研究活动的带头人、攻关小组的主帅。阅读中给我的印象是：理论框架越大、参加人数越多的著作，往往也是内容较为空泛，缺少扎实研究的著作。

七、双语学概念的提出

对双语问题各种各样的综合性研究无疑提高了人们对双语的认识水平，但仍然缺少概括全面、系统完整的双语研究系统理论。因此，有人提出了建设双语问题研究理论体系——"双语学"的理念。

1997 年戴庆厦、何俊芳先生首先在《民族研究》第六期上撰文，提出了"双语学"的学科名称及学科理念，随后"双语学"的理念逐渐被人接受，国内出现了以"双语学"命名的学术团体，一些人在论文中也开始使用这一术语。

然而，"双语学"理论的发展并不顺利，从它的名称被正式提出来至今十多年过去了，双语学这一学科名称经常被人提及，以双语学命名的学术会议开了不少，以"双语学"命名的论文集也出了不少，但是，真正探索双语学理论体系建设的研究仍凤毛麟角。在 2008 年在汉城召开的"双语学研究"研讨会上，人们不得不再次讨论双语学的理论建设的问题，戴庆厦先生在会议上做了重要讲话。从讲话中我们看到，双语学理论研究仍处于寻找理论基础、寻找学科依据的阶段。

本人在 2005 年做博士论文的时候，把建设双语学理论体系作为自己的攻关目标，在以后的几年里，又阅读了大量相关著作，进一步确定，并完善了自己对双语学理论体系的构想，以下将对其基本构想进行阐述。

第二节　双语学理论框架的构想

任何事物都是由事物的基本构成和事物发展的基本过程两方面组成的。了解了这两方面的基本情况，也就了解了事物的基本情况。对双语现象的了解也要从这两方面着手，首先要了解什么是双语，双语的基本构成是什么，然后要了解双语形成发展的基本过程。当我们对这些问题有了基本的了解，对双语就会有一个基本正确的了解，就会形成一个正确认识双语的基本框架和体系。当我们按照这个框架和体系去研究具体双语问题，或把对双语的具体研究放入这个体系中去考查与理解时，所有具体的研究成果就能相互印证、相互说明、相互烘托，最终达到我们既脉络清楚、又详细具体地了解双语问题的目的，使我们更清晰、更简明、更实际地了解双语。

那么，什么是双语的基本构成与基本发展过程？在此我做以下概括：双语就是人们在学习第一语言的基础上学习第二语言。在一定的社会环境中，人们因社会环境与自身生存与发展的需求产生第二语言的学习行为，群体的第二语言学习行为催生第二语言教学行为的发生，语言教学行为与语言学习行为互动，并在社会因素的引导下形成双语社会化的不同形态，这就是双语的基本构成与基本发展过程。双语是个语言问题，但同时又是与社会同步变化的社会问题。只有把双语的发展变化放入社会发展变化的大系统中去考察，才能得到对双语真实全面的认识。而社会也是个变化的过程，我们必须对社会的基本构成与发展变化基本过程有一个清楚的认识，并把社会的发展变化过程与双语的发展变化过程放在一起考察，了解两个过程是如何相互交汇、相互影响、相互促成的，才能动态地、本质地、真实地了解千变万化的双语现象，这就是本文考察双语问题的基本理论框架。在本文中，人们以往对双语的认识成果将在这个框架中得到再次阐释与梳理。系统中部分与部分的联结点，每个部分与现实生活联结较密切的地方都是笔者要重点探讨的地方，并期望能得到较新的发现与思想。

一、关于双语学的学科名称与定义

（一）双语的定义

这里所说的双语是广义的双语。它指语言学习者第一语言之外所有的语言学习与使用，包括第二、第三……语言的学习与使用。需要指出的是，这里用第一语言、第二语言的概念，而不用母语、外语的概念，是为了强调语言实际的学习次序，而非其他的社会因素。这样，就把纷繁复杂的双语现象按语言的学习次序进行分类，而不管它是哪国语、哪个民族语，使其都可纳入双语学的统一研究体系。当然，由于学习两种语言在双语现象中最为普遍，第二种语言学习将是双语学研究的重点。第二语言学习可分为目的语环境中的语言学习和目的语环境外的语言学习。二者都是双语学习的重要组成部分，在双语学习、双语教学、双语社会化过程上都有其各自鲜明的特点，都是双语学要关注的内容。但由于目的语环境内的双语学习各阶段发展较充分、双语化过程较完整，因此，是双语学研究的重点。为了区分双语的语种，可在双语之前加语种限定，如：汉英双语、维汉双语，前一语种为第一语言，后一语种为第二语言。

（二）双语学的定义

笔者对双语学下的初步定义是：利用语言学、社会学、教育学等相关学科的理论与方法，对双语学习、双语教学、双语社会化过程等双语问题进行系统研究的应用语言学分支学科。

（三）双语学的研究内容

双语学的研究内容虽然复杂，但自成体系。双语学的研究内容是双语学习、双语教学、双语社会化过程，这三方面体现了双语这一事物发展的自然过程，研究内容自成体系。

人们在一定的社会环境中，因一定的目的与需求会发生学习某种第二语言的行为。个人、群体因环境、目的、认知特点的不同，会选择不同的学习策略、使用不同的学习方法、获得不同的学习效果。这是语言学习研究所关注的主要内容。语言学习行为必然引导出与之相应的语言教学。面对不同的个人与群体，根据他们不同的环境、目的、认知特点，对其进行有共性、又有特点的语言教学活动，是语言教学研究所关注的主要内容。语言教学活动是对语言学习活动的支持。成规模的语言教学活动是个人化的双语学习行为向双语的社会化转化的重要中间环节。个人、群体因各自的环境、目的、认知方式，在不同的语言教学条件下进行的双语学习，所取得的学习效果，最终对社会双语化的方式、进程、结果产生影响，是双语社会化过程研究所关注的内容。

（四）双语学的学科名称

双语学把双语学习、双语教学、双语社会化这三个相互联系、体现双语发展全过程的事物作为自己的研究对象，目标明确，对象具体，具有可操作性。而双语学这个名称也符合根据学科研究对象确定学科名称的惯例。例如，自然科学中的物理学、数学、地理学，社会科学中的语言学、经济学、民族学都是根据学科研究内容来命名的。

二、双语学与其它学科及研究领域的关系

由于双语问题研究有着极其重要的现实意义，很多相关学科都在涉足双语研究领域。双语问题研究、双语学理论的建设也需要从各学科中汲取营养。但是，我们仍然强调双语学是语言学的一部分，它是语言本体研究，语言的产生、发展过程研究的综合体，第二语言的学习、教学与传播是双语学研究的核心，语言学中各种流派、语言学研

究中的各个部分的知识与理论给双语学的研究与建立提供了广阔的理论平台。与此同时，双语学也需要吸收其它学科中与自己相关的知识。在此，我们有必要对众多学科中与双语研究相关的部分进行一次盘点。

（一）双语学研究内容丰富、涉及学科众多

1. 双语学习研究与相关学科

双语学习研究要研究双语的学习规律与特点，要研究语言学习者在不同语言的学习中，因语言环境、学习目的、认知特点的不同，而导致学习方法、学习效果的不同，至少要涉及以下学科：母语学习、对比语言学、心理语言学、社会语言学等。

2. 双语教学研究与相关学科

双语教学有广义、狭义之分。广义的双语教学等同于双语教育，它包括三个层次：双语教育政策、双语教育实施、第二语言教学。而狭义的双语教学是指第二语言的课堂教学。本文在这里主要强调狭义的双语教学，它由教学内容、教学方法、考查方式三方面组成，涉及的学科有：目的语语音、词汇、语法、文字、文化的研究，对比语言学，心理语言学，教育心理学等。

3. 双语社会化研究与相关学科

一定量的个人性双语学习在双语教学的支持下，逐步向双语社会化转变。转变的过程、形式由多种社会因素所决定，至少有以下因素：政治、经济、文化、人口、地理、教育等。要研究这些内容，首先要借助社会语言学、文化语言学的理论与方法，其次，还要借助与之有关的其它学科的相关内容，如：政治学、经济学、民族学、宗教学、地理学、人口学等。

（二）双语学要博采众学科之长，服务于自身的理论建设

双语学虽然研究内容丰富、涉及学科众多，但有自己明确的学科目标，一切服务于双语问题研究。很多学科都从某种角度涉及双语问题，但都不是对双语问题的系统研究。把双语问题研究从这些学科中分离出来，建立独立的双语学，有利于全面系统地研究双语问题，这也是双语学对其它相关学科的贡献。双语学对这些学科的相关成果不应是简单地照搬与汇集，而应该努力做到如下：

1. 有目的、有选择地吸收。
2. 根据学科自身的需要对其进行发展。
3. 对相关学科中相对薄弱，而双语学又需要的领域进行开发性研究。
4. 在自己目标明确的研究与实践中建立自己的学科框架、理论体系。

（三）双语学与具体相关学科及研究领域的关系

1. 双语学与普通语言学的关系

双语问题历来是普通语言学所关注的问题。但随着语言学自身系统化、理论化的过程，很多应用性的内容逐渐从普通语言学的主流中分流出去，成为应用语言学的各个分支。把语言学中对双语问题的研究独立出来，建立专门的双语学，符合语言学分流发展

的趋势，也有利于双语问题研究向纵深发展

2. 双语学与第一语言学习研究的关系

双语学中双语学习研究的重点是研究第二语言学习过程。然而，要搞清楚第二语言的学习过程，必须搞清楚它与第一语言的关系。因此，第一语言学习也在第二语言学习研究的视野内。第一语言学习研究也就是传统意义上的母语学习研究，他有自己独立的学科目标、学科体系，并且已经发展得较为完善。第二语言学习研究中的第一语言学习研究是为揭示第二语言学习规律服务的，它可借鉴母语学习研究中的有益成果，但其研究角度、研究重点将有自己的特点。

3. 双语学与双语教学研究的关系

双语的概念来自英语，上个世纪 80 年代被中国语言学界借入，主要指民汉双语。后来的"双语学习"、"双语教学"、"双语学会"等名词中的"双语"，都是特指民汉双语。在一些汉语教学欠发达的少数民族地区，汉语教学往往表现为双语教学问题的主要方面，因此，在这些地区，双语教学往往特指对少数民族作为第二语言的汉语教学。后来，也有人把研究这种双语教学的学问简称为双语学。显然，这种意义上的双语学不同于本文提出的双语学概念。本文提出的双语学，是指研究双语从学习、教学，到社会化全过程的学科。专指少数民族汉语教学的双语教学是其中重要的组成部分，但不是全部。只有在双语学习研究、双语社会化过程研究配合下的双语教学研究，才是完全、深刻的双语教学研究。

4. 双语学与具体语言研究的关系

双语教学研究离不开对目的语的研究。比如，要研究维汉双语教学中的汉语教学问题，当然离不开对汉语语音、词汇、语法的研究（以下简称第二语言汉语研究），这似乎是和早已发展完善的汉语研究（以下简称第一语言汉语研究）撞了车。其实不然，第二语言汉语研究虽然必须广泛借鉴第一语言汉语研究的成果，但决不是简单照搬，而是根据第二语言汉语教学的需要，有选择地吸收、发展第一语言汉语研究的成果，有时甚至独自进行开发性研究，如：双语对比研究、偏误分析与中介语研究、语言与文化关系的研究……，形成不同于第一语言汉语研究的体系。第二语言汉语研究不必过于介入第一语言汉语研究中的某些专门问题，如：汉藏语系的系属划分、汉语的历史演变等。

5. 双语学与语言政策研究的关系

双语的社会化过程研究，要研究不同个人与群体在众多社会因素影响下双语社会化进程、方式的共性与特性，这当然也是语言政策研究的重要内容。但不同的是，双语学侧重从语言学的角度，从语言的结构、功能角度进行研究，而语言政策研究可能更多地从政策学方面进行研究。两种研究各有自己的学科体系、研究角度，但相互补充、相互促进。

6. 双语学与社会语言学的关系

社会语言学系统研究语言与社会的互动关系，包括单语在社会因素影响下的发展与变化，多种语言在多语社会中的变化与发展（包括语音、语汇、语法、语言功能等方面的变化与发展）。它的部分研究内容与双语学中双语社会化过程研究相重合，它重问卷调查、重量化分析的研究方法值得双语学借鉴。但二者各有自己的研究体系、研究重点，不可相互取代。双语学中的双语社会化过程研究与双语学习、双语教学紧密相连，体现双语由学习行为到社会行为、由个人行为到群体行为的过程。双语学不必过分介入社会语言学的某些领域，如：研究不同社会阶层语音、词语变异的微观社会语言学等。

（四）双语学理论上的特点

1. 双语学理论的系统性特点

关于双语问题的研究汗牛充栋，不同领域、不同角度、不同的服务目标都可能产生对双语的不同研究与认识。然而视野较宽阔、认识较深入、解释力较强、受益面较广的研究往往是系统性的研究，就是把研究对象放到一个系统框架中研究，或从系统框架的角度去研究某个问题。在双语问题研究领域，以往有过形形色色的系统，相比较而言，双语学理论体系包容量较大、结构较完整、逻辑较严密、角度较自然。

2. 双语学理论的实用性特点

任何理论与学说的提出都要有一个出发点，就是认识活动的目的是什么。这个问题不清楚，认识活动的范围不可能清楚，认识也就难以深入，难以最终形成适用的体系。

在以往的双语研究中也出现过各种各样的系统，如：按照语言构成排列的系统、按照历史进程排列的系统、按照社会因素排列的系统等等，它们帮助人们从某个学科角度认识双语问题的某个侧面。双语学理论体系的建立不是首先考虑为某个学科服务，而是为语言学习、语言教学、语言的社会管理等实践活动服务，直接体现学好语言、用好语言这一语言研究的最大目的。理论只有来自实践，并为实践服务，才能体现它最重要的价值，并得到来自实践源源不断的滋养，保持其生命之树常青。

3. 双语学理论在研究方法上的多样性特点

人类认识活动大致可分为4种类型：实证性科学、经验性科学、科学猜想、信仰信念。对有条件、有能力进行终极研究的事物我们可用实证性研究来认识它；对无法终极研究，但可大致掌握其规律的事物，我们可以用经验性研究来认识它；对无法实验也无法体验的事物，我们可在已有实验与体验的基础上充分发挥想象的能力进行科学假想；比科学假想更加综合、抽象的是信仰信念，它集中地体现在各种社会理想与各种宗教中。

在双语学理论的建设中，我们不能奢望依靠哪一种认识方式就能完成这座理论大厦的建立，必须针对不同的问题、问题的不同的特点采用不同的研究方式。比如适合问卷调查的部分可用实证性研究；问题分析与建议部分可采用经验的积累与总结；历史规律与趋势预测可在实证与经验的基础上充分发挥想象，不排除进行科学假设；在解释一些与信仰、信念有关的问题时，我们不能不正视人类的理想情节与宗教情结。因此，实证科学、经验科学、科学假想、信仰信念等对双语学建设来说都是有用的，都应运用于双语学理论大厦中的合适部位，这样，双语学才可能集人类智慧于一身的，形成较为科学，较为合理，解释力较强的学科。

第三节 《双语学纲要》的主要章节及主要思想

第一篇：双语学习

一、第一章：双语学视角下的第一语言学习

双语学对双语的探讨要从语言学习行为中的第一语言学习开始。以往的双语问题研究体系要么是从第二语言学习行为开始探讨，要么是从基本术语的研究与定位开始，而本文却从双语学习行为中的第一语言学习开始。因为，要了解双语学习，必须从了解第一语言学习开始。很多在第二语言学习中看似复杂的问题，放到第一语言学习与第二语言学习两个系统中去审视，往往会变得清楚明白、豁然开朗。在双语学习研究中，第一语言学习与第二语言学习是一个系统中的两件事情，是不能分开的。把第一语言学习与教学研究纳入"双语学"理论框架，看似使双语学研究内容更繁杂，牵涉的面更为宽泛，但实际上能使双语学研究问题的角度更系统，对一些问题的了解更直接、更全面、更深刻。双语学视角下的第一语言学习研究的最终目的是要揭示第二语言学习规律，揭示双语学习规律。

二、第二章：双语学视角下的第二语言学习

在对第一语言学习过程与规律认真探讨的基础上，开展对第二语言学习过程与规律的探讨与总结，这是双语学语言学习研究的重点，也是传统双语学习研究成果较丰富的部分。在这一部分中，对与第一语言学习特点重合的部分要加以提示与说明，加深读者对这一部分的理解与认识，对与第一语言学习特点不同的地方，要广泛借鉴同行的研究成果，详细论述。

三、第三章：双语学视角下的多语学习

双语学理论体系中的第二语言是广义的第二语言。它包括第一语言之外的第二语言、第三语言，第……语言。这里把第三语言学习专门提出来研究，是因为第三语言学习的过程与特点有别于狭义第二语言学习。狭义第二语言学习只有与第一语言对比这一个参照系，而对于一个学习第三语言的人来说，他所学的第三语言往往要同时面对第一语言、第二语言两个参照系，其学习过程、学习方法、认识特点与狭义第二语言学习有一定的差别。揭示这一差别是对广义第二语言学习研究的重要补充，也是中国双语生活所必须面对的现实问题。目前，中国国内不少少数民族都面临学习第三语言的问题，通常要学第一语言——自己的母语，第二语言——国内通用语（汉语），第三语言——目前的国际通用语（通常是英语）。

第二篇：双语教学

四、第四章：双语学视角下的第二语言教学

对双语学习问题较多了解的前提下，开展对第二语言教学过程与规律的研究与论述是双语学研究的核心问题，它要努力引导广大第二语言教学工作者探讨怎样进行第二语言教学的问题。第二语言教学研究要研究教什么，怎么教的问题，研究内容主要体现在如下三个角度和领域

（一）语言结构上的双语对比研究

（二）语言教学原始经验的积累与总结

（三）课程学（课程、教材、教法）研究

这是以往的双语问题研究涉及较多、成果较丰富的领域，因此，这一部分在内容的整合与叙述的完整性、系统性、合理性方面将存在着较大挑战，并决定着本双语学理论体系的科学性与合理性。

五、第五章：双语学视角下的双语教学管理

在以往的双语教学研究中，由于教育管理远离教什么、怎么教的学科核心问题，往往被作为学科研究的外围问题不被重视。而实际上，教育管理关系到一个教学单位、一个区域教学行为全局性、长期性的社会效益与经济效益。再好的规划、再好的政策如果没有有效的执行，也只能是一种良好的愿望，而不能成为美好的现实。本部分要探讨的主要思想有：

（一）教育管理水平对双语教学中教学效果与学习效果有着全局性、长时间的影响。

（二）教育管理是政府通过干预语言教学而干预语言生活的重要管道，是把政府意志与教师的教学行为、学生的学习行为连接起来的重要中间环节。

（三）教育管理体制与国家管理体制紧密相连。

六、第六章：双语教学、双语教育与民族教育

第二语言学习与教学使学生获得了一定的第二语言使用能力，这种第二语言能力与学生的第一语言能力在学校教育中的使用范围应如何分配，在学校教育系统中两种语言的地位与发展趋势应是怎样的，这是双语教育要研究、解决的问题。民族教育是民族学与教育学的交叉学科，主要探讨在现代教育中民族文化的传承问题，双语教育是其核心问题。

第三篇：双语的社会问题

七、第七章：文化概念的层级与语言研究的关系（双语与社会诸因素的关系）

把双语放入社会的大系统中考察，探讨双语与社会诸因素的关系是很多双语问题研究著作曾尝试做过的工作。但是，把社会作为一个发展变化的体系，把这个体系中的双语也作为一个体系，探讨两个体系间的互动关系，较系统、较具体地揭示社会诸因素与双语的关系，这方面的工作做得还不够。本文将在这部分系统探讨社会发展规律与双语

发展规律之间的关系，详细探讨社会诸因素与双语系统的关系，以求能得出一个反映双语发展客观规律的系统理论。初步理念有：

1. 一定地域里的一定的民族，组成了一定的社会，这个社会里使用一定的语言作为最重要的交际工具，这就是我们常说的第一语言。

2. 当不同的民族成员发生接触时，就会产生说第二语言的冲动和学习第二语言的需求。

3. 不同民族的成员相互接触越频繁，越持久，接触的群体规模越大，第二语言学习行为就越普遍，普及水平就越高，社会双语化程度就越高。

4. 社会双语化程度与诸多社会因素相关，按照这些因素发生作用的过程与所起作用的大小，可做如下排列：地理环境、人口、经济、政治、文化。这些因素是一个社会语言状况的初始化条件，也是影响社会语言状况继续变化的重要因素。接下来的各章是对这些内容的具体论述。

八、第八章：地理环境与语言生活

山川河流、海洋大漠等地理因素在分隔着人类的活动区域，在人类社会群体（部落、氏族公社、民族，甚至国家）形成过程中起着重要作用，也在人类社会群体统一的语言、具体的双语形成中起着重要作用。国界是阻隔人们活动范围的人为界限，也在影响着双语的形成。

九、第九章：人口与语言生活

没有不同语言族群的接触，就不会产生第二语言的学习需求与行为，没有频繁、持久、大规模不同语言族群的接触，就不会产生持久、大规模、高水平的第二语言学习，在民族史与语言史上，双语的社会化往往与不同语言族群的杂居同时形成。在社会其它因素相等的情况下，一般来说，在杂居区人口较多的民族，其语言的传播能力强于人口较少民族的语言。不同民族的接触会带来民族间的通婚，民族间的通婚在改变民族人口构成的同时，也在改变着一定区域内语言的分布与语言社会功能的结构。

十、第十章：经济与语言生活

经济活动往往是不同民族相互接触最直接、最持久、推动力最强的原因，经济上的互通有无、协同发展，甚至矛盾与冲突都在推动着双语现象的发展。在一个多民族、多语言的社会里，一个民族的经济发展水平越高，其语言的传播能力就越强，和经济基础决定上层建筑一样，经济的发展水平，决定着语言社会功能的强弱。

十一、第十一章：政治与语言生活

经济基础决定上层建筑，上层建筑是经济基础的集中反映。上层建筑又分为政治上层建筑与意识上层建筑，政治上层建筑的核心是国家机器。在尊重国家主权成为国际间行为准则的今天，国家机器根据本国的发展目标，规划并引导国内的语言生活，进而影响双语类型的形成与发展。国家影响双语发展的主要手段有语言立法，语言规划、文化与教育的管理。其中文化、教育的管理对双语的发展具有重大的影响力与推动力，政府通过这一环节影响着社会上千千万万个语言学习者和语言教学工作者。

政府对社会双语影响力的大小，取决于决策能力与执行能力两个方面，一般来说，决策上符合社会经济发展、政治发展的客观现实，适应经济发展、社会进步的基本要求，执行上务实高效，对社会双语的正面影响力就大，反之，正面影响力就小，甚至可能带来负面效果。

十二、第十二章：文化（宗教）与语言生活

文化的概念有很多种，本文所提的文化指上层建筑中与政治上层建筑相对的意识上层建筑。鉴于文化包括的内容较多，本文只选取对大众心理积淀、大众心理状态起重大引导作用的宗教作为考察对象，探索宗教与双语的关系。基本观点有：

1. 宗教与语言密不可分，宗教经典、宗教仪式、宗教传播、宗教生活离不开语言文字。宗教对语言生活有重大影响。

2. 宗教传向异域的过程，往往也是宗教圣语向异域传播的过程，不同的宗教对宗教圣语的态度不同，其推动异域双语的类型、力度也不相同。

3. 宗教强化教民的凝聚力，增强其民族意识、宗教意识、语言意识，对双语的类型及其发展有较大影响。

通过这些论述，笔者试图构勒出双语这一事物发展的大致轮廓与基本过程：一定地理、人口、经济、政治、宗教因素作为初始条件，产生一定的社会双语现象。双语现象产生的第一步是语言学习，成规模的语言学习摧生语言教学，语言教学行为促进社会双语化过程。而影响双语社会化发展过程与进程的基本因素仍是地理、人口、经济、政治、文化等诸多条件，他们都通过自己的方式与管道对双语的社会化过程与进程产生作用，最终形成合力，影响并决定某一双语现象的历史、现状与未来。到此，双语学习、双语教学、双语社会化三个过程联为一体，相互作用，共同演绎了双语这一现象产生、发展——无限运动的过程。

第四节　双语学建设中的有利因素与不利因素

一、双语学建设中的不利因素

双语学名称的提出已经十多年了，至今理论建设进展不大，也没有引起有关研究者广泛的重视，原因是多种多样的。

（一）双语学的综合性增加了学科理论建设的难度

双语这一概念在中国语言学界的提出已经三十多年，双语学的提出也十多年了。双语问题研究虽然引起过社会的关注，但始终未形成系统理论。双语学的提法也只是近些年个别人提出的，还未被学界普遍理解与接受，更没有充分发展和成熟。

双语学把双语这一鲜活的社会现象作为研究对象，而鲜活的社会现象往往是动态的、多因的、系统开放。因此，静态的、单学科的、单一系统的、我们传统上习以为常的研究理论与方法对它并不完全适合。在双语学的研究中我们除了要吸收传统语言学适用的理论与方法外，要进行多学科的综合研究，必要时还要提出新的理论、观点与方法，进行理论创新，因此，创新性是双语学理论上的重要特点之一。比如：把双语学习、双语教学、双语社会化三部分联系起来研究有利于更全面的认识双语现象；把语言问题放入马克思历史唯物主义社会发展理论中去研究，有助于我们更清楚地认识经济生活、政治生活、文化生活与语言生活之间的作用与反作用的关系，有利于认识语言、文化、民族之间既有重要联系，又不简单等同的复杂关系。双语学研究对象的多因性、动态性、系统开放性，以及研究理论的多元性增加了双语学理论建设的难度。

（二）语言学研究中与社会实践脱离的学风影响双语学的建设

由于社会科学特殊性和中国社会科学研究管理体制的某些弊端，致使社科研究与社会实践的管道长期不畅，科研与实践相脱节的现象比较严重。绕开敏感问题、疑难问题、现实问题，只求学术成果，不求社会效果成了一些从事学术研究的人职业上的生存之道。象双语学这样构成复杂、可利用理论资源少的学科在一些人眼里自然成了难出科研成果，尤其是难出"高质量"科研成果的贫矿区。因此，与其说双语学理论化程度不高是其学术地位低下的原因，不如反过来说：中国特定历史时期理论与实践相脱离的学风，致使双语学长期被人轻视、学术地位低下，导致其理论化程度长期在低水平徘徊。

在中国语言学界，一些传统研究领域如历史文献研究、国外语言学理论研究、语言本体研究历史较长、学科较规范、成果较丰富，为中国语言学的建立与发展作出了，并将继续做出卓越的贡献。然而需要指出的是，这些研究领域与社会实践的关系常常表现为间接的、侧面的、非全程的关系，在社会功能上不能代替语言学中社会现实问题的研究。不仅不能代替而且恰恰相反，这些研究领域服务于社会的价值最终往往是通过其对社会现实问题研究的服务来体现的。然而，我们遗憾地看到，中国语言学界在崇尚古文献研究、国外语言学理论研究、语言本体研究……的同时，不太看重类似双语学这样的实践性、现实性较强的学科。这里面有双语学本身历史与现状的原因，有双语学学科特点上的原因，更有社会的原因。

1. 国外语言学理论研究主要是研究并向国内介绍国外语言学的研究成果和学术动态，其重大意义自不必说。在一切与国际接轨的潮流中，国外的学术成果及其研究介绍极易为人们所接纳，而且往往可以获得较高的甚至至尊的地位。而双语学的理念是中国一些语言学工作者根据中国社会实践的需求提出的，至今还难以看到有系统的国外理论可以依靠。双语学无法借助国外的相关研究来有效提升自己的理论化程度和学术声望。

在笔者进行双语学理论研究的过程中，常听到的质疑是：国外有这样的理论吗？你的理论中有调查、问卷、数字统计吗？与现实靠的太近是否安全……？可见我们很多语言学研究者多喜欢从职业生涯考虑问题，而不太喜欢从社会实践的需要考虑问题。这种做学问的风气当然不利于双语学的建设。

现在有一种倾向是社科研究简单地与国际接轨，向自然科学靠拢。自然科学与社会科学的巨大差别在此我不必详述，我不反对社科成果需要具有自然科学中的可验证性和国际学术界的承认，但我们必须重视社科成果更重要的标准，那就是看这一成果是否适应并推动了某一时期，某一社会，某一领域的社会进步。美国社会科学界把毛泽东的"游击战"理论列为20世纪20项重大社科成果之一，是因为它成功地领导了一场人民战争；瑞典科学界把毛选列为20世纪影响最大的十本书之一，因为它影响了几代中国人。社科研究的核心目标应该是为人类现实服务，为实践服务。

在语言学研究上我们向西方学习了很多东西，在双语问题研究上我们也向西方学习了很多东西。然而我们不能不看到，双语问题与社会问题联系得十分紧密，而东西方社会的差异又非常巨大。我们必须看到中国现代化建设的特殊性，所面临问题的独特性，必须根据中国的现实，结合中国的需要，建立符合中国实际，符合中国现代化建设需要的双语问题研究理论。据笔者的考察，国外至今也没有出现被普遍接受的双语问题研究系统理论。因此，双语学理论体系的建设对中国语言学界来说是理论上的自给自足，对中国应用语言学、社会语言学、语言教学的研究有着独特价值，对国外语言学界来说它不仅能使国外同行较清晰、较科学地认识、理解多民族、多语言的中国双语现象发生、发展的过程与特点，也将给他们展示一种新颖的双语问题研究理论体系。

2. 语言本体研究把语言材料（语音、语法、词汇）当作研究对象。结构主义语言学出现以后，语言本体研究在理论与方法上已趋成熟，因此，语言本体研究较易做到传统观念上的"科学、规范"。而双语学更多的是把语言行为而不是语言材料当成自己的研究对象，并且在目前缺乏一套现成的理论与方法供自己使用，因此双语学较易被人们认为是"不科学、不规范"而不被人们在学术上认可。

3. 历史文献研究面对的是凝固的文献遗存，较容易做到有限数量中的穷尽研究，并且因为文献年代久远、充满神秘感，较容易获得人们对它学术上的认可。而双语学面对的是鲜活的语言现象，没有什么神秘感，且数量是开放的，形态是运动的，原因是多元的。由于双语学处于初创阶段，一些概念并没有完全定型，需要继续对其捕捉与定位。这一切不利于人们对双语学学术上的认可。

中国语言学界的这些现象让我想起了中国明末清初的学术状况，许倬云先生在《万古江河——中国历史文化的转折与开展》[①] 一书中曾有详细描述：

---

① 主要材料来源于《万古江河——中国历史文化的转折与开展》许倬云著，上海文艺出版社2006年6月。

"中国在明朝末期开始落后于欧洲，清朝中后期被欧洲列强彻底打垮，原因虽是多方面的，但知识界的僵化腐朽也是重要原因。清廷文网太密，压制太严，不容明末自由讨论的学风，于是学者躲入忌讳最少的考证之学，以取自保。号称盛世的乾隆、嘉庆年间，考证之学，盛极一时，代替了义理之学。学者们的精力时间大多用于考订、补缀、注解与整理，形成一时治学的方向与性质。无独有偶，17世纪的英国也有一个学术群体。1660年，十二位英国的科学家组织了皇家学会（Royal Society）。皇家学会标举的工作是"数理实验之学"。这一批学者彼此切磋，推动了学术界发展实证科学。第一任会长是天文学家瑞恩（Christopher Wren，1632—1723），后来担任过会长职务的学者包括：牛顿、赫胥黎、波义耳等人，都是科学发展史上的重要人物。皇家学会的会籍，须由三位会士推荐，经全体会士投票，始得成为新会士。这一个学术团体，结集了学术界的精英，对于西方近代科学发展，发挥了重要的推拱之功。比较上述17、18世纪中、英两个学术社群的工作、志趣与趋向，其间的差异导致此后东方与西方完全不同的学术传统。英国学者研究的是宇宙间事务之理，并强调实际的验证。中国乾嘉的学术社群，则研究由古代传承的典籍，其工作是注解与疏证，却不在理念与思想，更不论由已知开拓未知。清代考据之学，注意学问的细节，不再有追索"道"与"理"的理想，也失去了整理典籍以资反省的原旨！清代学术传统中，已没有了人类关怀自身终极意义的精神。"

当我们的学术界不能面对社会的需求研究经世致用的学问给我们的社会以引导，当我们的社会也不再鼓励学术界研究、参与社会生活时，社会整体的理性就会降低，凝聚力就会减弱，前进的力量就会消减。

（三）双语问题研究中的浮躁风气影响双语学的建设

由于双语问题的现实性，许多人踊跃加入到双语问题研究的行列中，但由于缺少系统理论的指导，不少研究往往停留在情况介绍、经验总结、工作汇报的层次。需要特别指出的是，双语工作者中不少人满足于研究中的浅尝辄止、急功近利，研究上一味追求数量，忽视质量；一些占有一定社会地位，掌握一定社会资源的学者专家，不是潜下心来，深入研究关于双语的一些问题，进行一些开创性的理论建树，而是忙于组班子，出一些自己并不实际参与、也不做深入研究的所谓科研成果，对双语学的理论化、学科体系化缺少意识，缺乏信心。双语问题研究领域的浮躁之风不利于双语学的理论建设。

二、双语学建设中的有利因素

（一）中国和谐进步语言生活的建设需要双语学研究

中国建设现代化的道路有其独特性，中国在自己的国家建设和谐、进步的语言生活也有其独特性。在这一过程中，光借鉴国外理论是不够的，光依靠自己的现有理论也是不够的，必须根据中国的现实，根据中国实践中的需要建立自己的理论、方法体系，实事求是地解决自己实践中的问题。中国现代化建设的需要决定了双语学建设的必要性。

有一种说法：语言工作不是核心，但围绕核心；不是重点，但服务于重点。我赞同对语言工作的这种定位，但想补充一句：在特定时期、特定环境中，语言问题可能成为社会的重大问题。前苏联解体有其深层次的政治、经济原因，然而语言问题却是爆发点。80年代末90年代初，前苏联11个加盟共和国通过了旨在把原住民族的语言立为国语的语言法，成为苏联14个加盟共和国实现主权化运动的公开宣言和先声。随后，莫斯科在1990年4月24日颁布了全苏最高苏维埃的苏联民族语言法，对各加盟共和国自行颁布语言法进行反击。就此，语言问题掩盖下的政治上一体化与非一体化的斗争完全浮出水面。结果众所周知——苏联解体。

不管是哪个民族、哪个宗教，追求人性的善良、向往平安的生活是人类固有的生活理想。不管是哪个国家、哪个地区，经济发展、社会进步都是处理社会问题、解决社会问题的总目标。中国是个多民族、多语言的国家。建设和谐、进步的语言生活是事关民族团结、社会稳定、经济发展的大事。要想长久稳定，要想实现经济发展、社会进步，光有政治经济上的考量与研究，光有民族关系，社会问题方面的考量与研究是不够的，还需要语言关系、语言生活建设方面较专业的研究与考量。而双语学中双语社会化过程研究就将重点研究这方面的有关问题。

（二）双语众多的学习者、从业者需要双语学建设

在中国有数量庞大的双语学习者、双语教学与管理工作者。他们双语生活与工作的实践经验需要系统总结，他们的双语实践需要有理论来指导。双语学将努力满足这些需求。

在中国有多种多样的双语学会，笔者曾多次参加他们的双语问题学术研讨会。来自各地、各民族的双语工作者带来了他们各自的实践经验与理论思考。但遗憾得是，这些经验与思考往往随着研讨会的结束，随着作为单篇论文被编进会议论文集，而成为过眼烟云。这些论文虽然内容众多、角度各异，但基本上可分为三类：双语学习、双语教学、双语社会化，体现了双语发展的完整过程和双语学研究的基本内容。双语学的建立和理论上的完善，有可能使广大双语工作者的实践经验与理论探索进入一种系统的理论框架，更好地被社会接纳、使用，在社会实践中继续发展。

（三）双语学在理论与实践上的创新性将吸引更多研究者

1. 双语学理论建设的实践性

在研究对象上，双语学面对的是双语这一我们司空见惯的社会现象，双语不仅与我们个人的日常生活，而且与大众的社会生活密切相关。我们研究它决不仅仅是为了满足求知欲与好奇心，更重要的是认识社会问题、解决社会问题。辩证唯物主义认识论认为：实践是认识的来源，实践是认识发展的动力，实践是检验认识真理性的标准，实践是认识的目的。双语学的提出来源于社会实践，目的是服务于社会实践，双语学的发展

完善也将完成于为社会实践服务的过程之中。双语学与实践的联系较直接、较正面、过程较完整。实践性是双语学的重要特点。

2. 双语学理论建设中的创新性

人类的科学活动多种多样、门类繁多，但从与人类社会实践的关系上可大致分为两类。一类是与人类社会实践直接相关的学科与研究领域，如一些应用性学科；还有一些学科和研究领域与人类社会实践的关系主要表现为间接的、侧面的、非全程的关系，如一些基础性的、理论性的学科。这两种学科都是建造人类系统而完整的科学大厦，并促成科学整体提升所必须的。我们承认每种学科可以有各自学科性、阶段性的目标，但需要指出的是，人类认识的最终指向是社会实践，而不是别的。

勇于面对复杂而变动的客观现实，敢于对其进行深刻全面的认识，总结出内在、本质的规律与特点，善于博采众长、推陈出新，提出符合客观实际、正确指导社会实践的理论、观点与方法，并使其在社会实践中不断修正、完善、确定、深化。这是人类认识活动，当然也是科研活动中最艰难、最复杂，同时也是最富挑战性、最具魅力、最精彩的内容。它充分体现了人类这一高智能动物认识把握客观世界的主观能动性和旺盛创造力。双语现象人们司空见惯，没有什么神秘感。然而，从平常中看出不平常，对人人都知道但又不确切知道的事物给出一个较明确的答案，是认识活动所追求的目标。双语学没有可资利用的现成理论，这也给了我们理论创新、填补空白的机会。双语学没有系统的国外理论可以借助，然而，立足本国实践，在认识问题、解决问题的实践中发现真理，这正是科学研究的真谛，古今中外没有什么区别。双语学不是科学研究的贫矿区，而是富矿区。理论化程度低不是双语学的天然属性，而是我们的观念要改变，我们的工作要跟上。创建双语学理论与实践上的探索将为中国语言学带来一股理论与实践相结合的清风，也将会吸引更多的有识之士踊跃加入到双语学理论建设的行列中来。

结束语

本文提出了双语学初步的理论框架，尽管主观上力求把这个理论框架打造得尽善尽美，但由于主客观的原因，理想常常不可能完全变成现实的。可能发生的情况是：本书提出的双语学框架理论上还很单薄，框架上还欠完整、实践上还不丰富，离学科真正建立的要求还有距离。所以本著作只是构建双语学理论框架的开始，而不是结束。相信双语学会在广大有识之士的参与中，在为实践服务的过程中学科定位逐渐清晰、理论体系逐渐定形，最终为中国建设和谐进步的语言生活做出应有的贡献。

第一篇：双语学习

第一章　双语学视角下的第一语言学习

　　第一语言是人们最初学习的语言。在第一语言的学习中，人们首次把认识、思维与语言表达相连接。第一语言常常是大多数人掌握最牢固、发展最完善的语言。人们后来的第二语言学习都是在第一语言基础上进行的，因此，在第二语言学习中，依托第一语言是自然而然的事。第一语言对第二语言学习中的逻辑框架、语言框架、学习经验、教学模式都有着深刻的影响。要探讨第二语言学习问题，必须探讨第一语言学习问题。不对第一语言学习进行完整的研究与认识，不利于我们深入、完整地认识第二语言学习。只有在第一语言学习这个大系统下来审视第二语言学习，第二语言学习中的一些问题和特点才能凸显出来。当然，在两种语言学习的对比中，我们也才能更深刻地认识第一语言学习规律。双语学理论既然要系统地探讨双语问题，就必须从对第一语言学习的探讨开始，因为这是双语现象的起始。

　　探索第一语言学习与第二语言学习的异同一直是第二语言学习研究中重要的研究领域。然而传统的研究领域往往集中于幼儿自然习得第一语言的规律，并把成人有目的的第二语言学习行为与其做对比，试图找到一条成人第二语言学习的捷径。这就使得他们往往只注意幼儿学语，而忽视对人在整个生命过程中语言发展的关注。这显然不利于我们全面深刻地认识第一语言学习和第二语言学习。双语学理论既然是以系统探讨双语问题为己任，就必须探讨人的一生中第一语言发展的全过程，并以此为参照，系统审视人的一生中第二语言发展的全过程，对两种语言学习的同与异进行全面的对照与梳理。它既不同于传统的语文教学对第一语言学习的研究，因为它最终要推导出第二语言学习的一些特点，也不同于传统第二语言学习中对幼儿学语的研究。它试图在双语学理论框架下，对人在整个生命过程中第一语言、第二语言的发展规律进行系统探索，是一次较新的尝试。

　　由于人的整个生命过程是个漫长的过程，为了叙述的方便，本文将人生按照生理、心理的发展特点分为婴幼儿期、儿童期、青少年期、青壮年期、中老年期、老年期几个阶段来论述。因为内容过分庞杂，本文将会冒过分简单化的危险，这是不得已的。有时候简化的过程也是认识事物的必要过程。

　　这一章的题目是：双语学视角下的第一语言学习，因此在叙述完每个阶段第一语言发展特点之后，会思考与之相对应的第二语言学习特点，这是双语学习研究的重要基础，也是双语学理论的重要基础。

第一节 幼儿第一语言的习得

语言处于我们所要掌握的最复杂的一种技能，但所有正常的儿童在早期都掌握了一门语言。事实上，许多婴儿在学会走路之前就会说话了。那么，我们还能说掌握言语非常复杂吗？答案是肯定的。语言学家现在还不能描述出完整的语法规则，到目前为止，计算机还远不能像 5 岁孩童那样理解言语。总之，掌握语言是一件很难的任务，学习者要学习语音、词法、句法、语义和语用，而且人与人之间的交流不仅包括言语交流，而且还有非言语的交流（表情、语调、手势等）。通过科学研究，我们目前至少知道了幼儿习得第一语言的大致过程。

一、幼儿第一语言的语音习得

人类的发音器官处于一个在后天逐渐发展成熟的过程。据生理学家研究，婴儿的发音器官运动顺序，首先是双唇和小舌，然后是舌。舌的运动先是舌尖和舌根，然后是舌面。唇辅音和鼻辅音的出现早于舌辅音，舌辅音中的舌面音出现最晚，与发音器官的运动发展顺序是一致的。李宇明在《1—120 天婴儿发音研究》[①] 一文中指出，婴儿辅音呈"由后跳前、挤向中间"的部位发展趋势，开始辅音集中在小舌、咽腔等发音器官后部，后来跳出双唇辅音；接着后部音推向舌根，双唇音后展到唇齿；再后便是舌辅音的发展阶段。鼻音、擦音和塞音发展较快，塞擦音和送气音发展较迟。"元音的一般发展趋势是：舌面先于舌尖，不卷舌先于卷舌，不圆唇先于圆唇，低先于高，前先于后。"吴天敏和许政援（1979）、张仁俊和朱曼殊（1987）等先生的研究也证明：汉族儿童较难掌握的声母是 z、c、s、zh、ch、sh、r、n、l。而韵母一般较易掌握，只是 en、eng、ing、weng、iong 等鼻音结尾的韵母容易发得不准。

音位系统具有民族性，不同的语言或方言有自己特定的音位系统。一岁以后，儿童的语音发展进入音位系统的发展时期，此期儿童要学会给一定的声音赋予意义，并要把这种音义结合体依据一定的语法规则组合起来，同时还要与一定的语境相匹配。

[①] 参见李宇明：《儿童语言的发展》，华中师范大学出版社，2004 年，第 84 页。

二、幼儿第一语言的词汇习得

词汇是语言大厦的建筑材料，词汇量的发展是衡量幼儿习得第一语言水平的重要指标。儿童的词汇量随着年龄的增长而增长，大体上可以描述为[①]：一岁时词汇量在10个词以内；一岁至一岁半时为50—100；一岁半至两岁时为300左右；两岁至两岁半时为600左右；两岁半至三岁时为1100左右；三岁至四岁时为1600左右；四岁至五岁时为2300左右；五岁至六岁时为3500左右。在词汇的学习中，具体词汇先于抽象词汇，与儿童日常生活关系密切的词汇先于关系不太密切的词汇，同时，儿童的兴趣方向是影响儿童词汇发展的一个重要因素。比如三岁至四岁的儿童，已能够把"枪"分化为手枪、机关枪、气枪等，把爆炸性武器分化为子弹、炮弹、炸弹、手榴弹、地雷等。这种分化能力，在儿童所掌握的其他词汇场中是少见的，而且也似乎超出了他们年龄的通常思维水平，究其原因就在于儿童对武器类玩具具有浓厚的兴趣。

三、幼儿第一语言的语法习得

语法是一种语言组词成句的规则，所谓掌握了一种语言，在很大程度上是指掌握了一种语言的语法系统。儿童习得第一语言语法的顺序可作如下描述：

（一）独词句阶段

独词句阶段是儿童开口说话的阶段，一般在儿童一岁左右时开始，到一岁半前后结束。这时的儿童已经与成人有被动性的语言交际，可以用近乎"词"的形式进行极为简单的交际。独词句中的词不仅是一个词，而且还是一个句子。

（二）双词句阶段

由独词句阶段到双词句阶段，是儿童语言发展的一次大飞跃。儿童使用的最小语言单位具有了词的资格，即具有了组合功能。

（三）电报句阶段

一般说来，儿童在两岁至两岁半，语法发展处于电报句阶段。电报句阶段既是双词句阶段的扩展，又是向成人语法过渡的阶段。主要表现形式：[②]

1. 使句子的主要成分可能带上一些修饰语，出现了定心结构、状心结构和少量的心补结构。

2. 句子可以出现"S-V-O"型的主谓宾结构。这种结构是一种最为主要的句子结构模型，可以在此结构模型的基础上，结合定心结构、状心结构和心补结构等的掌

[①] 参见李宇明：《儿童语言的发展》，华中师范大学出版社，第98页。
[②] 参见李宇明：《儿童语言的发展》，华中师范大学出版社，2004年，第138页。

握,形成多种简单的或复杂的句模变型。

(四) 多词组合阶段

1. 多词组合对语序这一语法手段提出了新的要求,并逐渐使语序向成人语言的模式靠拢。

2. 多词的组合需要使用一些联系的手段,例如介词、助词、连词等。当然,虚词的数量和使用频率在不断增加,使句子流畅通顺,更接近于成人的句子。儿童语法的有规律成系统的类化现象出现之后,儿童语言的发展出现了前所未有的速度。在不长的时期内,儿童能说出许许多多的话语,并在语言实践中快速完善其语法系统。

(五) 复句的发展

复句是由若干个分句构成的表意比较复杂的句子。儿童复句的产生稍后于单句,而且在整个发展过程中,使用比例也远低于单句;但并不是在单句发展完善之后才发展复句的。吴天敏和许政援研究了三岁前儿童单句(包括"单词句")和复句的使用比例。其研究结果是:

一岁半至两岁单、复句的比例为92.7%:7.3%;

两岁至两岁半的比例为69.5%:30.5%;

两岁半至三岁的比例为57.7%:42.3%。

偏正复句都是以逻辑因果关系为基础的,而联合复句则不以逻辑上的因果关系为基础。逻辑因果关系是一种比处所、时间等范畴更为抽象的逻辑范畴,儿童因果关系的发展是最为缓慢的,所以联合复句的发展要优于偏正复句的发展。

四、幼儿第一语言习得的研究

幼儿学语像一个谜一样吸引着众多的科学家,其中有四种流派形成了较系统的理论。它们是:行为主义论,天赋主义论,认知论以及功能论。山东科技大学外国语学院的谢宇先生在《儿童语言习得理论的对比研究》[①]一文中对此有精当的表述,在此予以引述:

(一) 行为主义论中的儿童语言习得

20世纪四五十年代,以美国的心理学家B. F. 斯金纳和语言学家布龙菲尔德等人为代表人物的行为主义的习得理论占有主导地位。他们认为语言与人类其他行为一样,是可以观察和测量的,也是可以通过强化、训练塑造或模仿逐渐形成的,是对外界刺激的习惯性反应体系。人的语言反应也没有目的,而是直接与外界环境发生联系,完全受外界刺激和强化的制约,并以此为基础构建儿童语言习得的理论。他们认为,儿童习得语言主要是经由模仿——增强——重复——形成四个步骤。儿童通过刺激获得正确反应,

---

① 参见谢宇:《儿童语言习得理论的对比研究》,山东科技大学外国语学院。

经过反复模仿，不断强化，就会变成习惯，语言就是习惯的总和。由于这种理论过分强调了外在条件对于儿童语言形成的影响，排斥了儿童的内在语言能力，因此在50年代后期受到了批评。

（二）天赋主义论中的儿童语言习得

乔姆斯基对行为主义论进行了批评，提出了天赋主义论的观点。他认为，儿童语言行为和语习得能力是与生俱来的，也就是一种天生存在的语言形成机制主导了儿童言语的形成，这种语言习得机制能系统的感知语言行为，使其成为简单的规则体系，使儿童能在最短的时间内习得复杂的语言系统。习得机制能区分外界的言语声音和非言语声音，能识别合乎语法和不合乎语法的句子，等等。他承认环境和经验起诱因、促进作用，但根本原因还是天赋。持这种理论观点的人坚持语言的习得是一种本能的和自然的过程，主张所有的儿童从一生下来就具有语言习得的内部装置（简称LAD），这种装置能够使儿童尽快地选择词和句子，而不管这些词是以哪种语言听到、说出和理解的。

另外以著名的心理语言学家和生物学家E. H. 列奈伯格为首的一派人，提出了生物基础论的观点。他们认为，对语言规则的知觉、分类以及与语言习得机制相关的能力等都是由生理决定的。列奈伯格提出以下论点证明语言习得与生理因素直接相关：①孩子们的语言产生在他们需要用它进行交际之前；②语言的最初使用并非孩子们有意识决定的；③尽管天赋的语言能力需要外界的作用才能充分发挥，但语言的产生和发展有其独特的规则；④语言习得过程存在着关键期，早于或晚于这个时期，语言习得是十分困难的；⑤有意识的语言教学或训练尽管起一定作用，但并非决定性的；⑥语言的生成和发展与年龄增长、大脑侧化、身体发育以及感觉肌动技能的发展密切相关。天赋说着眼于儿童的内部机制，它把儿童在各时期的语言看成是合乎法则的、受制于规则的连贯系统。语言习得过程是一个对输入的语言形成假设、对这种假设进行验证和不断完善的过程。

虽然天赋说的语言习得论把语言习得研究从行为主义理论的桎梏中解放出来，但由于它低估了环境对语言习得的作用，把语言所赖以生存的社会文化因素，以及记忆、知觉、思维和情感等心理因素排斥在外，就难免走向极端。正当行为主义和天赋说互相争论之际，主张语习得是天生能力与环境相互作用的产物的认知论应运而生。

（三）认知论中的儿童语言习得

以瑞士儿童心理学家皮亚杰为代表人物的认知论学派认为，儿童语言的发展与认知能力有很大关系，儿童藉由语言发展思维，又通过思维促进语言发展。他们认为认知能力和儿童语言习得是相促相承的关系。他们不反对天赋主义论，但不认为天赋就决定了儿童的语言习得，他们也不排斥外在因素的影响，但也不认为外在环境全然左右儿童的语言能力形成。语言的习得不是本能的、自然的过程，他们强调智力成长和语言发展之间的关系，关注儿童的经验背景和成长中的智力对其交往能力的影响。具体地说，认知发展理论更为强调儿童说话能力的发展与儿童在环境中主动经历的事情有关，这些直接经验被"编码"到儿童的思维中，儿童的发现逐渐从经验转化成词语表征。依据认知发展的理论观点，语言发展只与儿童的智力发展有关，而这种智力又是通过直接的、具体的经验而发展的。认知学派认为语言是受到规则支配的，语言能力不能独立于认知能力之外，是认知结构的一部分。语言获得要以一定的生理成熟和认知发展为基础，并在非语言的认知基础上能动地建构起来，是认知结构的动态建构过程。

（四）功能论中的儿童语言习得

另一种主要的理论是语言功能论，代表人韩礼德认为儿童学习语言是为了满足自身需要，学习语言是为了学会如何表达含义，他认为儿童的语言体系是一个意义体系，而意义体系可藉由成人的声音来表达。同时他将帮助儿童做事的语言功能归为七类：①工具功能，指儿童使用语言去获得所需要的东西，或满足自己的要求和愿望；②调节功能，指儿童使用语言要求别人来为他做事，通过语言来调节、控制别人的行为；③相互作用功能，指儿童使用语言与周围的人交往；④表达个人功能，指儿童通过语言表达自己的思想、情感或独特性，或藉以发现自己；⑤启发功能，指儿童用语言来探索周围的环境，弄懂为什么这样或那样，藉以认识客观世界；⑥想象功能，指儿童用语言创造自己的世界，或创设一个假想的世界；⑦表达功能，指儿童用语言向别人传达讯息。这七种语言的功能，使儿童满足了表达意思与做事的需要，儿童透过这种认识习得了语言。

韩礼德还提出了语言习得的三种宏观功能。当儿童开始使用成人语言时，其功能发生了重大变化。它们不再与"使用"一致。它们变得更加抽象，成为韩礼德所称之为的"宏观"功能。它们在语言系统"语法"中出现在一个新的平面上，既有功能输入又有结构输出。语法提供了这样的机制是不同功能合为一句话，这样说话者可同时表达两个意思。"我们所知道的'语法'是将从语言不同功能衍生出的意义选择组合起来的语言手段，并以统一的结构形式将它们实现"。他所称的概念和人际客观功能一起构成每一语言语法中潜在意义的大部。第三种宏观功能是文本功能，语言文本与语言本身及使用的上下文产生联系。这些功能是韩礼德语言语义平面成分。从其最早期的原始语言过渡到成人语言，儿童所走的道路都反映出其个人历史和经验的具体情形。每个人都有其"独特的遗传"。之所以独特是因为没有任何两个人在语言学习环境中处于同一地位；之所以是遗传是因为每个人与生俱来地具备学习语言的能力。

（五）结论

对于儿童究竟是怎样习得语言的，各国的学者仍在不断的研究之中，但通过以上四种不同理论，我们还是可以从中找出某种共性。首先，语言能力是人大脑机制中的一个组成部分，任何人都有学习语言的天赋和能力。同时，在儿童成长的过程中，因为自身生理心理条件的不同，对于语言习得的水平也有着相应的区别。另外，周边环境对于儿童语言的形成起着相当关键的作用，儿童在成长过程中，社会一直参与其中，对儿童的语言习得产生影响。此外，语言习得还是个相当漫长的循序渐进的过程，儿童通过不断的自我纠正，最终学会语言。

五、儿童第一语言习得过程的特点及对第二语言学习的思考

我们在叙述了儿童第一语言习得过程之后，有必要对儿童第一语言习得与成人第二语言学习进行比较，这是双语学习研究的需要，也是双语学理论系统性的需要。儿童第一语言习得与成人第二语言学习的不同特点主要表现在：生理方面不同、心智发育阶段的不同、语言学习起点的不同、语言环境的不同、语言学习目标的不同等方面。

（一）生理方面的不同

儿童第一语言习得在其生理上的特点是，他们的发音器官、肌肉还没有定型，有很大的弹性或可塑性，模仿能力强，可以习得地道的发音，在这一点上优于成年人。青春期前，大脑没有固定化，短时记忆能力强，而长时记忆能力差，接受能力强。智力还没有完全发育起来，有一定的归纳推理能力，但演绎推理能力差，不善于抽象思维。自我意识不强，自尊心不容易受到伤害。因此，学习的主动性强。而成年人在第二语言学习中，由于学习主体大都是过了青春期的成年人，他们的发音器官已经定形，模仿力减弱，学习地道的发音困难较大。成年人大脑已经定型，智力发育健全，演绎推理能力强，能够进行抽象思维。在第二语言学习中，能够充分概括和归纳，综合处理语言材料，在这一方面优于儿童，这有助于他们知识的学习，而在语言内化方面并不占优势。自我意识较强，自我认同有一定的保守性，在语言学习中自尊心容易受到伤害。

（二）心智发育阶段的不同

儿童的第一语言发展往往是与其认知发展同步的，儿童学习第一语言的过程伴随着他们认识客观世界的过程，伴随着他们的心智发育过程，而把思维与语言联系在一起的重要步骤，就是在一定语言环境下的交流与表达——语言交际过程。儿童在这一过程中习得的语言往往是内化最深刻的语言，是与理解与使用连为一体的语言，因而也是自然能动的语言，它直接成为语言能力的一部分，而不是停留在中间环节。也就是说，儿童第一语言学习是符号与意义同时学习的过程，而成人第二语言学习常常是在依靠第一语言成功地完成认知过程之后进行的，第二语言学习只是在第一语言符号网上增加第二语言的符号网，建立第二语言与自己知识体系新的对应。尤其是在非目的语环境中的第二语言学习往往是以符号学习为主。

（三）语言学习起点不同

儿童在习得第一语言之前不会说任何语言，而第二语言学习者在学习第二语言时，已经掌握了第一语言，他们常常用第一语言的知识、经验和思维方式来接触和学习第二语言，这既可以促进第二语言的学习，形成语言学习中的正迁移。同时也可能对第二语言学习产生误导和干扰，形成语言学习中的负迁移。

（四）语言环境不同

1. 语言刺激量不同

儿童习得第一语言时，处于一种自然的环境中，不受时间、地点的限制并大量地接受和接触目的语。第二语言学习一般在学校课堂中进行，有时间限制，一个教师面对许多学生，语言交流的机会少，在课外又没有使用第二语言的机会。第二语言学习在接受目的语刺激的量上根本无法与第一语言学习相比。当然问题的另一面是，儿童接触母语时间虽长，但语言未经提炼，语言接触没有计划，而成年人接触外语的时间虽短，但语言经过提炼，有严格的教学计划，进行集中强化训练。从时间与学习效果的比例来看，应该说，成年人优于儿童。

2. 儿童第一语言的输入是多渠道、多样性的

儿童第一语言的输入可以有视觉输入、听觉输入、行为与语言的参与互动等。而第二语言学习主要是课堂上的集中语言教学，依靠教师讲解、教材阅读、多媒体的观看等方式被动接受不自然的语言输入。

3. 儿童第一语言习得接触到的目的语是自然、真实的

儿童在生活中接触到的是地道而频繁的目的语，不仅输入量大，而且自然真实。第二语言学习主要靠课堂、教师、教材来接触目的语，与学习者的自然生活、交际需求相去甚远。

4. 儿童接触到的目的语与他们的需求和语言能力高度匹配

儿童的第一语言是在自然的、没有压力的环境下习得的，父母和亲友的语言与语境密切相关，而且语言往往简单、清楚、速度适中、富有情感、重复率高、语态丰富。母亲与儿童最常见的交谈模式是，由儿童先引入一个话题，然后由母亲来谈论这个话题，或是由儿童进入话题进行叙述，最后由母亲扩展并评论这个话题。父母、亲友可以根据儿童语言输出的情况及时调整自己的谈话方式和谈话内容，现实交谈的内容、形式与儿童的需求、认知水平高度吻合，使儿童的语言活动及时得到语言反馈和行为反馈的双重刺激。

第二语言学习以课堂学习为主，教师很难对每个学习者的语言输出做到及时反馈，而且由于教学大纲或教材的限制，也难以及时地调整语言输入，更难以与真实的语境相吻合而获得像第一语言学习者那样真实的双重刺激。

（五）语言学习的目标不同

第一语言学习中，以语言运用为中心是儿童快速学习语言的根本途径与方法。儿童之所以能够在短短几年中（4岁至5岁之前）无师自通地熟练掌握第一语言口语，除了人类具有天生的言语中枢这一遗传因素以外，还因为儿童是在与人交际的过程中，即在语言的运用中学习语言。虽然儿童初学语言时，掌握的词汇还不多，对第一语言语法规则了解还很少，但都是在语言的运用过程中掌握的。而成年人第二语言学习虽然最终目

标也是为了语言使用，但是由于语言环境、教学条件、现实目标等因素的制约，语言使用这一目标往往被虚化、淡化，甚至完全放弃。不少人第二语言学习的目的来自课程的需要、教师和家长的期望，或为了应付升学、高考，通过各种考试和竞赛，获得某种文凭和证书，等等。中国的英语学习者从中学到大学再到研究生，英语教学的路子基本上是：讲课文、记语法、背单词、做练习，而最终的目的是为了考试拿高分，一切以考试为中心。在这种情况下，没人关心英语的实际用途，只有走上社会，遇到实际应用时，才会尝到在语言上高分低能的苦果。

儿童学习第一语言期间，所学的是这一语言最基础、最常用、最核心的语音、词汇、语法。儿童时期是人生中活动能力最弱，生活面最窄，心智能力尚待开发的时期，因此这一时期学得的语音、语法、词汇是这一语言中最基础、最常用、最核心的部分。与整个语言体系相比，它虽然只是很小一部分，但却是最核心的部分，并且形成功能较为完善的一个体系。4-5岁的儿童，虽然词汇不太丰富，表达也不太熟练，但基本上能用语言来完成表达、交流的任务，已经实际掌握了一种语言。第二语言学习往往以成人课堂学习为主，第二语言基础口语由于词汇、语法级别较低，其训练往往被忽视。成为第二语言学习与教学中的一个误区。

（六）对第二语言学习者的建议

儿童学习第一语言以基础口语为主要内容的现象提示我们，成人学习第二语言的初期，不必把自己要学的语言想象得过于庞大与复杂，不要把它与自己已经使用了几十年，能力已臻完善、功能相当强大的第一语言作类比。再复杂的语言其核心部分都是有限的，安下心来首先学习、掌握这一核心部分，具备使用这一语言核心部分进行一般交流的能力，是你学习、掌握这一语言的第一步，也是最重要的一步，它标志着你是否真的入了这个语言的门。对这种语言的继续学习完全建立在这最初一步的基础上，是这一步的扩展、补充与提升。有些人学了多年第二语言，单词没少背，语法没少抠，试没少考，但最终仍然感觉与这种语言相隔甚远，其主要原因往往是这第一步没有走好，没有走扎实。儿童学习第一语言时期所掌握的词汇、语法是很简单的，但是，它反映了语言构成的主要部分，是一个功能完善的体系，千万不要小瞧它、忽视它，任何企图绕过、跳过这一步的语言学习都是注定要失败的，或者要走很大的弯路。

儿童学习第一语言过程中以语言使用为中心的特点启示我们，成人第二语言学习应注意与实际交际需要相适应，因为在真实的交际需要中学得的语言往往印象最深刻，内在最充分。有心的第二语言学习者不仅应该按教科书的体系学习，还应该有自己的会话本，把自己要学的话记在这个本子上，这些话不是为了背给老师听，不是为了应付考试，而是为了满足自己真实的语言交际。如果你是目的语环境内的第二语言学习者，依靠这种方式学会的语言表达会直接转化为你的语言能力，你实际掌握的是这种语言的核心部分。对于语言环境外的语言学习者来说，这种方法能建立你语言内省的习惯，使你的语言学习不至于与真实语言交际隔离得太远，使你在语言环境外仍保持一定的口语语感，一旦具备语言环境，就能马上进入实际口语交流的状态。

（七）对第二语言教学者的建议

儿童第一语言学习语言环境的重要性同样提示第二语言教学工作者，在教学中不仅应该展示语言知识，解释语言知识，还应该引导学生对这些语言知识进行操练，尤其是要注重就学生感兴趣的话题与学生陪聊。陪聊的内容应是学生感兴趣的，陪聊所使用的语言材料应是学生用得着的，难度应是学生能接受的。陪聊过程中一般鼓励不间断地谈话，不去频频打断学生说话进行纠错，但对学生明显表现出的语言知识缺陷应及时纠正与补充讲解。

陪聊看似轻松、随意，但对有素养的教师来说，一段时期内陪聊的内容、语言知识、训练项目都有着完整而严密的内在系统。对于目的语环境内的学习者来说，陪聊是他们进入真实语言交际前的强化训练；而对于目的语环境外的第二语言学习者，课堂上老师的陪聊可能是他们用目的语交际的唯一机会。

一些教师，尤其是那些对第二语言学习感性认识较少的教师，会感到使用级别较低的词汇、语法跟学生陪聊是极其枯燥、无聊的事。殊不知，这正是第二语言教学中极其重要的步骤，是第二语言教学在知识体系、训练方法上与第一语言教学相比最具特点的部分之一。第二语言的教师，应重视教授、训练学生第二语言的基础部分、核心部分，千万不能点到为止走过场，有些教师认为这一部分内容简单，学生容易理解，往往一带而过。殊不知，语言课不是知识课，而是技能课，就像弹钢琴，知道再多的弹钢琴知识而不上钢琴真正弹奏、训练，最终是学不会弹钢琴的。

在第二语言教学中我们常常看到这种现象，一些缺乏第二语言教学经验的教师在学生缺少目的语语言环境和口语教学条件，基本口语能力没有具备的情况下，盲目仿照第一语言中小学教育，急于进入大量的文章阅读与词汇学习，学习者语音、词汇、语法知识看似持续增加，最终可能造成夹生饭，欲速则不达。第二语言教学初期的内容看似与第一语言中小学语文教学内容类同，都是从字母开始教起，实质上却有着很大的不同。第一语言中小学语文教育是在学生具备口语能力的基础上开展的第一语言读写教育，就像一个学游泳的人，他已经会在水中游泳，只是姿势有些缺陷，会的泳姿比较单一，经过全面系统的训练，游泳水平自然会有真实的提高。而第二语言学习在很多情况下是在口语听说能力发展滞后，甚至完全缺乏的情况下进行的语言教学，就像一个初学游泳的人，他还不会下水游泳，这时，急于在岸上对他进行系统的游泳知识教学和大量、长期的各种泳姿训练，看似学了很多，但其学习的内容、训练的成果最终难以变成实实在在的游泳能力。一旦学习期结束，所学内容立刻在脑子里烟消云散，化为乌有，再学时也很难恢复记忆，往往要从头开始。第二语言核心基础知识的教授与训练是第二语言教学有别于第一语言教学的重要特点，任何企图跳过这一步，热衷于讲授内容更复杂、层次更高语言知识的行为，都无异于舍本求末，建造空中楼阁。

第二节 少儿期（6—11岁）第一语言的发展

少儿与学前儿童相比，身体上、心理上、行为上、语言上都有很大的发展。在身体上，小学儿童的身体发育缓慢而稳定，运动能力不断提高。在行为上，学龄儿童的社会生活要比婴儿和学前儿童更丰富。虽然家庭生活对他们来说仍然很重要，但越来越多的时间是和同伴在一起（通常是同性别的孩子）进行有组织的游戏，发展出互相关心的亲密友谊。在语言上，学龄儿童与伙伴们丰富多彩的游戏活动，丰富多彩的少儿电视节目使他们的词汇量大大增加，对语言规则的掌握更为精细，听说行为更加自如，并已经开始运用所谓的"内部语言"（在头脑中进行的语言）来解决问题，这一切表明他们已经熟练掌握了第一语言的口语交流能力。[①]

一、读写能力的获得是小学第一语言教学的主要的目标

儿童在上学前已经掌握了第一语言口语交流的基本能力，读写能力的欠缺是他们第一语言继续发展的瓶颈。因此儿童上学后的主要目标是学习并获得第一语言的读写能力，也就是我们常说的识文断字的能力，并在读写能力发展的支持下全面拓展第一语言能力，最终满足成人社会对儿童听说读写能力的基本要求。儿童在学校第一语言学习的主要内容有：语音的学习、文字的书写、阅读活动的展开、阅读技能支持下的智力发展。

二、阅读技能发展支持下的智力发展

读写能力的获得是儿童发展思维能力的有效途径。儿童在学前已经具备了基本的思维能力，但是，这些思维能力还比较初级。主要表现是：思维的面不够宽广，思维的深度有限，思维的逻辑还不够严密，抽象思维能力还不够发达。这些都有待于随着年龄的增长继续提高。思维发展的主要途径是在社会实践中发现问题、分析问题、解决问题。作为社会实践不可缺少的重要工具和延伸，读写活动同样是儿童发展思维能力的有效途径，并不断促进着小学生思维能力的发展。

（一）拓展视野

受时间空间的限制，每个人的实践空间都是有限的。儿童的实践空间更为有限。读

[①] 关于少儿心智发育的观点参考了卡拉.西格曼（Carol. K. Sigelman）、伊丽莎白.瑞德尔（Elizabeth A. Rider）：《生命全程发展心理学》，北京师范大学出版社，2009.1，第663—665。

写活动则通过阅读了解古今中外、各行各业发生的事情,通过间接认识扩展认识的领域和范围,为思维的发展提供广阔的空间。

(二)深化思维

一般的社会实践往往思维较为肤浅,经过的事情往往成为过眼烟云,而一旦要把有意义的社会实践记录下来,流传于后世,必须深思熟虑、精心总结。因此,小学生不管是阅读别人的文章还是自己写文章,都能锻炼思维的深入性。

(三)增强逻辑性

社会实践需要思维,也训练思维,但这种思维往往是粗线条的,逻辑上并不严密。而一些有意义的社会实践一旦要记录下来,传于他人,就必须在逻辑上严格论证、精细推理,尽可能地表现出逻辑上的严密性。因此,小学生不管是读别人的作品还是自己写作,都能极大地锻炼逻辑上的严密性。

(四)强化思维的抽象性与系统性

在一般的社会实践中,直觉思维,综合思维、模糊思维使用较多,而精密的抽象思维、理论思维使用较少。但当要把有意义的实践活动记录下来传于他人,就必须在记录活动过程与结果的同时,提出认识上的总结,做出理论上的系统概括,这时必须要进行更多的抽象思维与理论概括。因此,读写行为不仅是促进社会实践的有力工具,也是发展思维的有效途径,小学生读写能力的获得,为思维的发展提供了有力的手段,开辟了一条更为广阔的途径。具备基本读写能力以后,少儿思维能力的发展将焕然一新。

三、与小学生第一语言学习相比成人第二语言学习的特点

虽然少儿在学校第一语言学习与成人在学校的第二语言学习都要从字母学起,有很大的相似性,但是,典型的成人非目的语环境中的第二语言学习与小学生第一语言学习仍有着较大的区别:

(一)与小学生第一语言学习相比第二语言学习难度更大

少儿在学校第一语言读写学习是在第一语言口语能力基本具备的前提下进行的,其基本目标是通过第一语言读写关,在读写能力发展的促进下,发展完善第一语言整体能力和少儿的智力。典型的成人第二语言学习常常是在不具备第二语言口语能力的情况下进行的。这种第二语言学习要同时面对听、说、读、写四种能力的培养,难度较大。这种第二语言学习常常是在缺少口语能力,缺少第二语言听说环境,听说能力发展长期缺位的情况下进行的,学生往往只能靠读写活动、靠背诵来拉动第二语言学习。这种口语交流能力缺位,语感内化不充分的语言学习不仅前进极其艰难,而且所获得的成效也极不容易巩固。

一些第二语言教师不了解第二语言学习的这种特殊性,在教学初期盲目借鉴儿童第一语言教学中的模式,急于扩大词汇量,增加语法难度,提高文章复杂程度,而对学生

最需要的口语交流不愿意花大精力去攻克，实际上延长了学生掌握第二语言的周期，降低了教学效益。

（二）第二语言汉字的读写学习有其特殊的难度

汉字读写学习不仅是第一语言汉语学习中的难点，也是第二语言汉语学习中的难关。对汉字文化圈内国家（如：日本、韩国）的学生难度稍低，而对音符文字国家（如欧美国家）的学生难度较高。

（三）与小学生相比成人第二语言学习要实现的目标更加多元

与小学生第一语言学习中相比，成人第二语言学习要实现的目标更加多元。不管是第一语言学习还是第二语言学习，背诵都是重要的学习手段。第一语言学习中背诵的目的是熟悉第一语言经典文本，内化第一语言书面语的句式、结构、韵律、语感。第二语言学习中也会把背诵当作重要的学习手段，但它所担当的任务要比第一语言背诵沉重得多，第二语言学习中的背诵要努力促进第二语言语音、词汇、语法、句子、篇章、表述模式、语感等的内化。因此，很多第二语言学习者、教学工作者都把背诵当作简单有效的第二语言学习方式。在目的语环境外的第二语言学习中，背诵甚至常常被当作最重要的语言学习手段。

第三节　青少年期（12—19岁）第一语言的发展

青少年时期是从童年期到成年期的过渡阶段，是人一生中身体、心理、能力发展突飞猛进的时期。在生理上，身体快速成长，性发育成熟，身体、外貌、体力、智力上与成人趋同。在行为上，由于生理和认知能力逐渐成熟，同时由于社会要求他们逐渐承担一些角色，为将来成人做准备。青少年更多地决定他们自己的生活，同时越来越多地与同伴一起活动，与同性或异性建立亲密友谊，并开始和异性约会等，通常表现出强烈的性别角色认同，对他们是谁和将来会成为什么样的人有了初步的认识。语言上，小学儿童的大部分时间都用于发展读写技能，到中学，老师会认为儿童的这些技能都已发展成熟并把精力主要用于其他学业领域。中学生必须将大部分时间用于科学和数学学习上，这些知识与技能是国家建设与个人发展所必须的。与此同时，他们的语言能力，尤其是读写能力大幅增长，并趋于符合成人社会的要求。中学以后，聪明且成就动机高的中学生可能获得好的学业成绩并进入大学继续学习，语言能力将得到继续发展，部分学生可能会中止学业，他们的语言能力将在社会生活中自然发展。青少年在中学教育中第一语言发展有几个特点：语文能力发展和思维能力发展的同步推进，听、说、读、写能力的发展相互配合、互相促进，语文训练和思维训练相结合，语文基础知识指导语文基本技能训练，课内语文教学与课外语文实践活动的互相配合。①

一、语文能力发展和思维能力发展的同步推进

语文的形式和思想内容是统一的、不可分割的。现实中不存在只有语文形式而无思想内容，或者只有思想内容而无语文形式的听、说、读、写活动。从语文训练和思维能力发展的关系方面说，它们也是统一的、不可分割的。忽视语文的工具性质，不重视语文训练，学生的语文水平就不能提高。相反，忽视语文的人文教育性质，不重视思想教育，也不可能使学生全面发展、健康成长。中学生第一语言语文能力的发展是在语文能力提高与思想水平提高相辅相成的互促共进中前进的。

二、听、说、读、写能力的发展互促共进

第一语言学习包括听、说、读、写四种能力。听话和阅读活动通过语言文字达到理解和吸收；说话和写作活动通过运用语言文字进行表达和倾诉。从理解和表达的角度说，听、读和说、写之间是相通的，是互相促进的关系。从口语与书面语之间的关系看，听说能力的提高有利于提高读写能力；反过来，读写能力提高了，也有利于听说能力的提高。因此，总的说来，听、读、说、写这四种语文能力之间是互相联系、互相依存、互相渗透又互相促进的关系。中学生第一语言语文能力是在听、说、读、写的相互配合、互相促进中发展的。

三、语文训练和思维训练相结合

语言是交流思想的工具，思维则是人脑的活动，语言和思维的关系是十分密切的。语言是思维的直接现实，思维靠语言来组织，它们是互相依存的。在理解语言（听、读）的过程中，思维活动十分活跃，要经过从语文形式到思维内容，又从思维内容到语言形式的反复过程，想象与联想、分析与综合、抽象与概括、判断与推理，形象思维与抽象思维交替进行。在语言表达（说、写）的过程中，也需要经过紧张的思维活动。思考的过程是从内容到形式，再从形式到内容的反复过程。在这个过程中，特别需要思维的准确性、条理性、连贯性、灵活性和敏捷性，只有这样，才能保证把内容准确地、条理地、连贯地、生动活泼地、迅速地表达出来。因此，中学生在学校期间第一语言的训练与提高，是第一语言语文能力与思维能力的同步提高。

---

① 关于人在青少年期的心智发展主要参考了卡拉．西格曼（Carol. K. Sigelman）、伊丽莎白．瑞德尔（Elizabeth A. Rider）：《生命全程发展心理学》，北京师范大学出版社，2009.1。

四、课内语文教学与课外语文实践活动的互相结合

中学生第一语言是中学生重要的交际工具，因而要掌握语文工具，提高掌握这种工具的水平，必须在语言实践中运用和磨练。学生在其他学科的课堂上、在家庭、社会上，都是以第一语言作为交流工具的，因而这些场所也都是学习第一语言语文学习的"课堂"。中学生的第一语言的语文能力是在第一语言的课堂学习与社会语言实践中发展提高的。

第四节　中学生第一语言语文学习的过程

中学生第一语言学习规律不仅体现在听说读写的学习步骤上，也体现在语文学习的内容和学习顺序上。其主要规律有：从简单的三种文体到复杂的三种文体，从现代文到古文，语文知识上从感性认识到理性认识，从实用文体到艺术文体，从日常内容到科学内容，传统语文教学与网络语言实践的整合。

一、从简单的三种文体到复杂的三种文体

中学第一语言语文教学所使用的文本基本上是以三种基本文体（记叙文、说明文、议论文）为核心的。因为三种基本文体是人类思维与表达的基本形式，是人类各种表达形式的集中体现。中学教育进入高年级以后，将进入复杂三种文体的读写学习阶段。

（一）三种基本文体体现了人类表述的基本形式

在写作中有五种基本表述方式：叙述、说明、议论、描写、抒情。叙述是作者在文章中对人物的经历和事物发展变化过程的交代和介绍。它是写作中最基本最常见的一种表达方式。描写是用生动形象的语言，对人、事物、环境的状态进行具体生动的描绘和刻画。抒情就是抒发和表达作者的感情。感情是人的需要、动机与客观事物相撞击而产生的一种心理活动。议论就是作者对客观事物进行评论，以表明自己的观点和态度。议论是对客观世界所做的理性认识和概括反映，它要揭示事物的本质联系。说明就是对事物或事理作简明扼要的解说和阐释。它用言简意赅的文字，把事物的形状、性质、特征、构造、成因、关系、功能解说清楚，把事理的概念、特征、来源、种类、变化等内容讲述明白。在这五种表述方式中，最常用、最基本的表述方式是叙述、说明、议论，并在书面表达中得到发展与固定，形成了三大实用文体：记叙文、说明文、议论文。因此我们说，三种基本文体源自人类的基本思维形式，体现了人类表述的基本形式，也是

中学阶段读写训练所使用的基本文章形式。

（二）三种文体的复杂形式

在中学生第一语言训练中会使用大量较典型、较简单的三种文体，同时，随着学习的深入，会出现形态更为丰富的文章样式，即较复杂的三种文体。在三种文体里有着众多的变体，然而再复杂的文章也可大致归入三种文体的大类。复杂的文章不仅表现在篇幅较长、文章层次较多、结构较为复杂等方面，还表现在不同表达方式高度、频繁的交叉使用和综合运用。

（三）三种文体是不同媒介形式表达的基本模式

三种文体的表达模式广泛应用于我们的生活、学习、工作之中。它不仅应用于实用文体中，而且应用于文学作品中；不仅应用于语言文字作品中，而且应用于影视作品中。在媒介形式各异的作品中，我们不仅可以看到三种文体表述模式的广泛应用，而且可以找到与三种文体表述模式相对应的小类。电视片是电视节目的一大类。电视片不仅可以找到与三种表述模式相对应的类别（记叙式电视片、说明式电视片、议论式电视片）甚至可以找到与这三种文体表述模式相对应的小类。如：

写人记叙文——人物纪录片——《钱学森》

写事记叙文——事件纪录片——《9.11》

写景记叙文——旅游纪录片——《春赞》、《夏赏》、《秋颂》、《冬咏》

状物记叙文——动物纪录片——《企鹅》

事物说明文——介绍事物纪录片——《故宫》

事理说明文——介绍整理的纪录片——《每周一款菜》

议论文——电视政论片——《使命》（通过记录中国共产党80年的奋斗历程，表述了一个思想：历史把重大的责任赋予中国共产党，人民对中国共产党寄予厚望，中国共产党不辱使命。）

学生进入高中后，三种文体仍是他们第一语言语文学习的重点，只是课文篇幅更长，词汇更丰富，结构更复杂，表述风格更加多样，也就是说，他们开始了复杂三种文体的学习。一般来说，高中阶段学生已接触到了三种文体风格各异的大量文本，并阅读到了人类具有传世价值的主要著作，写作能力已接近社会对一般成年人的正常要求。

二、从现代文到古文

（一）中学生第一语言学校教育中古文学习的意义

中国汉族中学第一语言教学的目的首先是，使学生具有适应实际需要的现代文阅读能力、写作能力和口语交际能力，其次是文化教育的功能——使学生具有初步的文学鉴赏能力和阅读浅易文言文的能力。学校语文教学不仅是要让学生熟练掌握语言文字这个工具，同时还要起促进文化传承的作用，只有充分地继承，才能更好地发展。因此，很多学校在一定的阶段都适量地引入了古文的教学，要求学生诵读古代诗词和浅易文言文，能借助工具书理解内容，背诵一定数量的名篇。

一般做法是，小学阶段主要是以现代文为主，稍微增加一些浅显的文言文和古代诗词；初中开始，古代诗词和文言文占课文的30%左右，并要求背诵一定数量的名篇；高中阶段在初中的基础上，进一步提高学生的语文素养，具有初步阅读浅易文言文的能力，掌握课文中常见的文言实词、文言虚词和文言句式，能理解词句含义，读懂课文，学习用现代观念审视作品的内容和思想倾向。

（二）第二语言学习中古文学习的目的

在第二语言学习中，如没有特殊需要，一般不开设目的语古代语言课，不过，在第二语言汉语教学中，也会因汉语文化学习的需要，讲授一些汉语古典诗词和文言文名篇。在介绍一些有典故来源的成语时，也会接触到一些文言文材料。但这在教学目的上、教学量上完全不同于汉族中学文言文教学。

三、语文知识上从感性认识到理性认识

语义知识是对语言规律的科学总结，对全面理性的了解语言、培养阅读能力、养成良好阅读习惯具有重要意义。中学第一语言教学中要对语文知识进行系统地介绍与学习。如中国汉族中学第一语言教学中的语文知识包括①文字知识；②语言知识；③逻辑知识；④文学知识；⑤文章体裁知识；⑥阅读方法知识；⑦其它相关知识。

语文基础知识和语文基本技能之间有着一定的关系。语文技能的形成和发展必须有一定语文基础知识做指导。只有具体的语文技能训练，不传授一定的语文知识，是盲目训练，不能培养起相应的语文能力。只传授语文知识，不重视语文技能训练的语文教学，只是纸上谈兵，也不能培养起相应的语文能力；中学生第一语言的发展是在语文基础知识指导下严格的语文训练中发展的。

在第二语言学习中，语言听说读写实际语言能力的获得重于语言知识的传授。如果学生接受过较系统、全面的第一语言教学，已经具备一般的语文知识，就不必面面俱到地再把语言知识重新讲授一遍。第二语言教学中的语言知识传授应尽量讲授与第一语言有差异的语言知识，和对语言能力发展帮助较大的语言知识。

四、从实用文体到艺术文体

中学生第一语言学习主要以实用文体为主。叶圣陶关于中小学语文课曾说过："至于写作，最好在实用方面下工夫。说清楚一点，就是为适应生活上的需要而写作"，"练习作文是为了一辈子学习的需要，工作的需要，生活的需要，并不是为了应付升学考试，也不是为了当专业作家。"在这种"写以致用"思想主导下，掌握记叙文、说明

文和议论文的文体特征和写作技巧，成为中国中小学写作教学的主要目标。但在中学的高年级，开始逐渐加入并加大文学作品的教学。

　　语言对现实生活的表述既可以是记实的，也可以是虚拟的，因此，语言活动在表述内容上从一开始就与幻想、虚构结下了不解之缘。文学作品通常分为诗歌、散文、戏剧、小说四个体裁。文学作品的特点是，追求艺术的真实，具有虚拟现实、夸张比喻的特性，其真实性往往源于生活，高于生活，是服从于人类情感世界的真实。文学作品在内容与形式上的求变、求新，语言上追求大胆新奇，使语言应用、文章写作手法的变化到了登峰造极的程度。无论第一语言学习还是第二语言学习，如不接触这样的语言形式，就难以接触到语言作品中的上品与精品。

五、从日常内容到科学内容

　　第一语言学习是从日常生活中的语言应用开始的，因此，中小学第一语言教学，也就是语文教学的语境是从日常题材开始的，并由学生的日常生活扩展到社会生活。随着语文教学层次的提高，还会从日常生活进入人类的科技领域。

　　人类思维活动的最高成果系统地汇集于人类庞大的科学体系中，它的承载形式主要是语言文字。语言文字的这种功能是它促进人类文明最显著的贡献之一。因此，学校语文教育在适当的时候把对语言文字的学习与对科学知识的学习结合起来，是必然的、有益的。从初中开始，很多学校就把社会科学的基础性知识（语文、政治、历史、地理）和自然科学的基础性知识（数学、物理、化学、生物）有计划地纳入教学计划中。我们既可以把这些课程看作是科学知识课，也可以看作是与这些学科知识相关的语言应用课。经过这些课程的系统训练，学生逐渐学会用科学的头脑看待世界，学会用科学的语言表述、交流自己的思维。与此同时，语文课的教学文本也随着学生年级的增高逐步发生变化，基本规律是：对不同学科的介入面越来越广，介入程度越来越深。

　　第一语言学习中语文课与其他课目之间的关系启示我们，在第二语言学习的过程中要处理好语言学习与专业学习之间的关系

　　1. 第二语言学习重要，但更重要的是通过第二语言学习促进科学文化知识的学习，学习与掌握发展自我、服务社会的专业与技能。

　　2. 要重视专业词汇的学习，提高专业文献阅读的能力，把第二语言学习与自己的专业学习、工作能力的提高，与人生的发展结合起来，形成良性互动、互促共进的态势。

　　3. 学习第二语言的目的不是仅仅为了通过某个考试，如果你的人生目标是不断发展自我、不断超越自我，那么，就有必要在与自己发展密切相关的某语言的学习上树立终身学习的意识。

六、传统语文课程与现代信息技术的结合

21世纪人类步入了信息时代，以多媒体和网络为核心的现代信息技术使得信息的传递不再以单一的文本形式，而是融入了声音、图片、影像等多种媒体，信息的丰富与多彩不仅改变着人类的生产和生活方式，而且改变着人类的思维和学习方式。信息能力，即信息的获取、分析、加工和利用的能力，和体现传统文化基础能力的听、说、读、写、算能力同等重要，成为信息时代每个社会成员基本的生存能力。因此，中学生第一语言学校教育已在努力实现传统语文课程与现代信息技术的结合。第二语言学习在使用传统学习手段的同时，也在不断地引入现代信息技术。

第五节 青壮年（20—39岁）第一语言的发展变化

幼儿期、儿童期和青少期都是进入成年生活的准备期。在生理发育上，人在青壮年期达到高峰。力量、耐力、感知能力、反应能力和性敏感度都处于最佳状态。这些变化随着年龄的增长而循序渐进，以至于本人都难以察觉。在行为上，青壮年体能和智力的高度发展为他们面对生活中诸多挑战做好了准备。他们需要在青春期的基础上继续发展自我同一性，在他们确定一个稳定的职业方向前还要尝试许多不同的选择。如果一切顺利，他们将寻找到自己的终身伴侣。青壮年的个体会因为结婚成家，为人父母以及其他一般的家庭生活事件而逐渐改变。这一阶段又是生命中最具活力、创造力最旺盛的时期，也是获得专长、独立和自信的时期。[①]

一、青壮年期第一语言能力全面发展并达到人生高峰

当人们高中毕业，进入大学或开始工作以后，发展第一语言能力的中学语文教学将告一段落，但是第一语言能力的发展并没有停止，他们将表现出新的特点。

在进入青春期前，青少年的教育生涯和最后的受教育水平就部分定型了。聪明且成就动机高的人显然更有可能获得好的学业成绩并进入大学继续学习，大学生对未来的职业生涯有更高的期望，如果发展顺利，他们最终达到的职业地位也要普遍高于那些没有读大学或连高中都没毕业的同伴。在第一语言发展方面，青年人进入大学以后，专门的

---

① 关于青壮年心智发展方面的主要观点参考了卡拉. 西格曼（Carol. K. Sigelman）、伊丽莎白. 瑞德尔（Elizabeth A. Rider）：《生命全程发展心理学》，北京师范大学出版社，2009.1，第665页。

语文教学虽然已近尾声，但基础理论课与专业课的学习仍能使他们的第一语言继续提高，尤其是与自己专业相关的语言能力会得到提高。学期作业、毕业论文的写作，不仅是对他们专业能力的锻炼，也是对他们第一语言读写能力的锻炼。

一些中学生因为智力和学业成绩测验分数较低，或者因为学校的教育质量、父母的权威性及父母对学业的鼓励、同伴对学业成就的态度等负面影响停止了学业，错过学校对智力、语言能力继续开发的机会，但他们第一语言的发展并不一定就此停止。在现代媒体普及的今天，他们会在日常生活、工作环境中继续提高第一语言能力，尤其是听说能力。电视中的各类节目每天在向他们的头脑输入各种信息的同时，也输入着各种语言表达方式；报刊杂志在给他们带来娱乐与信息的同时，也在培养着他们的阅读习惯；网络互动交流扩大了他们的交际范围，在锻炼着他们的网络写作能力；工作中的书面交流要时不时地使用他们的写作技能……

二、第一语言的发展与工作性质高度相关

（一）第一语言能力的发展与谋生紧密相连

第一语言的学习自始至终都与社会实践、语言使用紧密相连，小孩子第一语言口语能力是在语言环境、语言运用中学会的。在校学生第一语言听说读写能力的扩展与加强也是在社会实践、语言应用中获得的。中小学语文教育从来都注重语言学习与社会实践的结合，强调语文课外活动的重要性。但我们必须看到，中小学学生接触到的社会，所进行的社会实践往往是虚拟的、表面的、部分的。他们语言学习的直接动机更多是指向考试分数，而很少直接面对能力发展与生存。而成年人进入社会后首先将面临生存与发展问题，他的社会行为已不单纯是为了了解、认识社会，而是直接进入生存与发展状态。因此，他们的社会实践更真切、更直接，他们对语言能力提高的要求更真切、更现实。

（二）第一语言的能力发展与所学专业、工作性质紧密相关

专业技能的获得是谋生的重要手段，因此，成人语言能力的发展与他赖以生存的专业、职业对语言的要求密切相关。专业与职业要求成人具有听说读写哪方面的特殊能力，他就要努力锻炼、发展哪方面的能力；专业与职业要求成人锻炼与发展哪个领域的语言能力，他就要努力锻炼、发展哪个领域的语言能力。非工作、非生存所需的语言能力有可能停止发展甚至萎缩。语言使用对语言学习的意义在学生脱离中学语文教育走向社会谋生以后，表现得尤其明显。凡是那些把阅读与写作与自己的生活与工作结合得较为紧密，较多阅读与写作的人，语言能力，尤其是读写能力都能持续、显著地得到提高，凡是那些把阅读与写作与自己的生活、工作联系得不紧密，甚至基本放弃阅读与写作的人，语言能力，尤其是写作能力都不会有明显长进，有些人甚至出现倒退。而且写作能力发展方向也多呈现出职业的特点：记者擅长写新闻作品，作家擅长写文学作品，

学者擅长写研究性文章。

由于青壮年期无论在力量、耐力上，还是在感知能力、反应能力上都达到了人生的最佳期，并且已经完全进入社会、融入社会，因此他们的第一语言听说读写能力会得到全面发展，并整体上达到他们人生的巅峰状态。

三、青壮年的第二语言发展

（一）两种不同的情况

进入大学学习的青年人，可能在大学期间继续接受第二语言的教育，继续提高大学所要求掌握的第二语言水平。中学后停止学业，并且没有目的语环境、听说能力基础薄弱的第二语言学习者，其第二语言的继续发展将举步维艰。

（二）环境对第二语言能力的发展产生巨大的影响

青壮年在停止学业以后，生活、工作中的第二语言环境状况将对其第二语言的发展产生重大影响。

1. 工作环境对第二语言能力发展的影响。

青壮年离开学校，就将进入社会，开始谋生。如果其工作环境有较好的第二语言环境，或者工作性质要求有较高的第二语言技能，他的第二语言水平就会得到长足的发展。因为谋生的需要、工作的需求对一个人语言能力的发展具有强制性作用。

2. 生活环境对第二语言能力发展的影响

青壮年离开学校，就将寻找适合自己生存发展的环境，并且娶妻生子、建立家庭，进入自己独特的生活环境。如果在他的生活环境中有较好的第二语言环境，他的第二语言能力，至少是听说能力就将得到长足的发展。如果他进入第二语言社会，或者干脆与操自己第二语言的人结为夫妻，组成家庭，那么他的第二语言环境就将变成全天候的，具有了较大的强制性，这无疑是提高第二语言的天然条件。

3. 流体智力呈下降趋势，晶体智力稳步上升

美国心理学家卡特尔等人，根据智力的不同功能，将智力划分为两种：流体智力（fluid intelligence）和晶体智力（crystallized intelligence）。流体智力是一种以生理为基础的认知能力。如对事物的知觉敏感性、机械记忆能力、运算速度和思维的敏捷性等，这些能力大多是先天的。晶体智力是经验的结晶，它是过去对流体智力应用的经验积累，大多是后天学习的结果。如语言文字能力、判断力、联想力等。

流体智力和晶体智力通常共同参与人们的活动，流体智力是晶体智力的基础。流体智力的发展与年龄密切相关。青少年期以前，两种智力都随年龄增长而不断提高，青少年期以后，特别在成年阶段，流体智力缓慢下降，而晶体智力则保持相对的稳定。因此，年青人加工处理新颖信息的能力较强，而中年人在分析、解决问题方面能力较强。流体智力属于人类的基本能力，受教育、文化的影响较少。晶体智力则是以学得的经验

为基础的认知能力。凡是运用既有知识与学得技能去吸收新知识或解决问题的能力,均属晶体智力。晶体智力与教育文化有关,不因年龄增长而降低,有些人甚至因知识与经验的累积,其晶体智力随年龄增长反而呈升高趋势。

　　人在青壮年时期,虽然流体智力下降,对新语言形式感觉、模仿的灵敏度下降,但并不明显,已掌握的第二语言将继续发展。青壮年仍然有学习新语言的兴趣和能力,但对新语言的感知、模仿、记忆的能力明显下降,效果不如青少年时期。人类发展在每个年龄段都包括了获得和丧失两个方面,系统性的改变并没有让我们变得更好或者更坏,只是和以前有所不同。每一种获得都伴随着它的对立面——丧失,而每一种丧失也会伴随另一种获得。在人类全程发展的所有阶段都伴随着获得与丧失这一普遍性的变化。在语言学习上也是这样,随着人们进入成年,他们的第一语言虽然不能像年轻时那样突飞猛进,却逐渐成熟,并与其他能力配合发挥出更为强大的功能。虽然他们发展新的语言能力、学习新语言的能力在降低,但是利用已掌握的语言,配合自己已有的专长为社会服务的能力却在增强。

第六节　中老年(40—64岁)第一语言的发展变化

　　与青壮年期相比,中老年期是一个更为稳定的阶段,但也会发生一些明显的变化。从20岁或30岁开始,身体素质和体能就开始逐渐下降,到了这一阶段开始明显起来。白发(甚至秃头)、皮肤粗糙褶皱、体重增加、运动后呼吸急促、阅读时戴花镜都暗示着他们变老了。妇女在50岁左右经历更年期。无论男女都更容易患上心脏病和其他慢性疾病。但是大部分中年人身体的变化还是相当缓慢的,让人们有足够的时间来适应和补偿身体的这种变化。在行为上,个体的体力和心理发展状态虽呈下降趋势,但这不是急剧下降,同时又因随年龄增长,个体的经验越来越丰富,知识面更加宽广、深厚,故工作能力和效率依然较高。他们比青年人更有信心、决心、恒心,更加负责任、敢做敢为、有自控力。由此可见,从"不惑"到"知天命"的中老年是创造的黄金时期,他们比老一辈有精力,比年青人有经验。这些优越的条件使他们成为单位的领导和事业的骨干,成为社会发展和前进的中坚。

一、中老年(40—64岁)第一语言的发展

　　四十不惑、五十知天命的年龄,往往是事业、专业上成果面世,接受社会承认的时期。如果是从事与第一语言读写能力相关的工作,此时的语言能力已经达到炉火纯青的地步。但是由于晶体智力达到顶峰,流体智力已经下降,会对语言的听说能力带来不利

的影响。

（一）记忆力的衰退会影响语言能力的降低。人在中老年期会出现"舌尖现象"，即在需要说出某个事物名称时，常常想不起来，特别是人名。这并不是因为他们不知道该词，而是由于储存在大脑里的信息无法提取了。人在中老年期一直保持着童年期获得的语音知识，语法知识也保持得很好，但是他们使用的句子常常比年轻人的句子简单。有记忆障碍的老人在理解复杂句法的句子时存在困难。

（二）器官敏感度的降低导致语速减慢、口齿的灵活性降低

（三）听力的障碍导致分辨语音时存在困难、听力反映迟钝，形成交流的障碍。

（四）流体智力的降低导致对新词术语敏感性降低、接受能力下降，不再热衷于学习新词语、新的说法。但与此同时，自己专业与工作范围内语言的造诣，尤其是读写成就达到炉火纯青的顶峰。

二、中老年（40—64岁）第二语言的发展

在第二语言学习中，这个时期的人能够保持长期学习第二语言的心理惯性，在自己擅长的第二语言知识上继续发展，能力保持不减。如一些从事翻译工作的人，其笔译能力，甚至口译能力直到退休都能保持在较高水平。但是重新学习一门新语言能力已经降低，逐渐丧失学习新语言的意愿、意志、精力与能力。

第七节　老年期（65岁以上）第一语言的发展变化

年龄在65岁以上被称为老年。老年带给我们的是身体功能的丧失和逐渐衰退，但同时，对于大部分人来说，这个时期又是一个继续发展，可以寻求更多满足的时期。60—70岁的时候，大部分人会出现一些身体上的疾病——慢性病、残疾、视力或听力下降、神经系统功能衰退，反应速度缓慢。80—90岁的时候，越来越多的人感到学习新事物非常吃力，情境记忆能力下降，或者在解决新问题时感到困难。但大部分老年人对由生活经历积累下来的知识都能记忆得很好，而且那些每天都在使用的认知和语言技能也依然保持良好。老年期是对人生扩充的最后阶段。老年期最显著的特征就是个体差异大，有的老年人健康、积极、老当益壮，而有些人却在认知和身体上表现出衰退。而且，每一个成年人进入老年期时，都表现出自己独特的能力：丰富的知识积淀、鲜明的个性特征和价值观，所以他们会以自己的方式面对衰老和死亡。

一、老年期的第一语言发展

进入老年时期，人们对获取知识的需要减弱，未来对老年人来说是短暂的，已无关紧要。如果没有影响思维与语言的疾病，第一语言仍能在退化中基本保持以前的水平，满足不太繁重、紧张的生活、工作需要。语速明显减慢、词汇明显减少且对新词的运用失去兴趣，语法尽量减化。由于退休，老年人承担的社会责任逐渐减少，老年期智力活动的主要任务转向自己的内心世界，重新整合自己一生的经验。一些老年人会写自传或回忆，重拾第一语言的读写。

二、老年期的第二语言发展

如果没有影响思维与语言的疾病，熟练掌握的第二语言仍能在退化中基本保持以前的水平，满足不太繁重、紧张的生活、工作需要。但语速明显减慢、词汇明显减少且对新词的运用失去兴趣，语法尽量减化，不再有学习新语言的意愿和目的明确的语言学习行为。

第二章　双语学视角下的第二语言学习

　　没有第二语言学习就没有双语现象的产生。所以，双语问题研究在讨论了第一语言学习之后，紧接着就要讨论第二语言学习的问题。

　　人在一定的环境中，因着自身与环境的需求，为了一定的目的而产生第二语言学习的行为。因此在这一章首先要讨论的问题是社会环境、语言环境与语言学习者学习行为之间的关系。第二语言学习的途径可谓多种多样，但大致可因语言环境的不同，分为目的语环境内的语言学习和目的语环境外的语言学习。语言环境影响着第二语言学习的所有环节：学习目的、学习方法、学习效果；语言环境也影响着第二语言教学的所有环节：教学目的、教学方法、教学效果。所以我们开辟了"第二语言学习的环境与类别"这一节。

　　有了语言学习行为，就会产生学习经验。千百万人语言学习的自然经验造就、推动了社会双语化的潮流。因此，接下来要阐述、探讨的，就是第二语言学习者语言学习自然经验的获得与总结，这是第二语言学习研究这座金字塔的底座。他们中的一部分有心人对自己第二语言学习的经验进行了较系统、较全面地总结，提出了第二语言学习各具特色的方法体系，较有力地帮助了自己和他人的语言学习，形成了第二语言学习研究这座金字塔的中间部分。因此，我们在本章开辟了"第二语言学习经验的总结"这一节。

　　在广大第二语言学习者语言学习实践和语言学习经验探索的广阔基础上，一部分专职语言教学者和研究者，从心理学、教育学等学科的角度，对第二语言学习行为和规律进行了更为系统、更为严密的科学实验、案例研究，提出了各种学术观点，形成了各具特色的种种流派，使第二语言学习研究上升到了科学研究、学科形成的高度，是第二语言学习研究这座金字塔的上层部分，因此我们开辟了第三节：第二语言学习研究的各种流派及其成果介绍。

　　这样，"双语学视角下的第二语言学习"这一章由"第二语言学习的环境与类别"、"第二语言学习经验的总结"、"第二语言学习研究的各种流派及其成果介绍"这三节组成，以下依次展开阐述。

第一节 第二语言学习的环境和类型

一、几种第二语言学习的典型途径

第二语言学习的途径可谓千差万别，比较典型的类型有如下几种①：

第一种类型：儿童在第一语言习得的同时或稍迟一点的时候，在两种语言环境中习得第二语言。通过一系列著名研究得到的经验告诉我们，儿童在开始学话时接触两种语言，他们可以毫不费力地掌握这两种语言，就象他掌握一种语言成为操单语者一样。儿童不仅掌握两种语言系统，而且能把这两个系统区别开来，并按照情况的变化，从一种语言迅速地转换到另一种语言。他甚至在幼小的时候就能感觉到两种语言系统的存在。

用这种方法掌握两种语言底子十分扎实，能够用其中任意一种语言进行思维。因而一些研究者认为，完善的或完全平衡的双语学习只能在儿童早期开始学习双语的双语者中出现。虽然这一观点有些夸张，但是，语言学习的能力在儿童早期确实比人一生的其他阶段强得多，当然我们也承认少数成年第二语言学习者在第二语言上能够达到相当高的水平。

第二种类型：儿童生长在一个单语家庭里。上学后遇到了第二语言，这种语言可能是一种教学语言，也可能是这个社会的通用语。如一个儿童生长在操少数民族语的移民家庭，而这个家庭又居住在操另一种语言的国家里。从这种途径习得双语，语言基础可能相当扎实。但是，由于社会环境的不同会造成两种语言在功能和使用上的长期不平衡，儿童会出于个人日常生活的需要保留他的第一语言，同时发展在学校中掌握的另一种语言，以满足更正式、更高层次的社会交际。

第三种类型：单语人在成年后与使用第二语言的社会长期、直接的接触，在生活与工作中自然掌握第二语言。如一些成年移民来到操另一种语言的国家居住，因生存需要掌握了第二语言。这种语言学习可达到的水平比较有限，但也能满足日常的交际需求。

第四种类型：单语人在过了青春期以后开始在第二语言环境中通过学校教育、社会接触掌握第二语言。如中国边疆的一些少数民族由于语言环境、教育条件等原因，青春期前并没有条件掌握第二语言的使用能力，在青春期以后的教育阶段，如在中学的高年级阶段和大学阶段才获得了较好的第二语言教学与社会接触条件，实际掌握第二语言。

第五个类型：单语者在自己国家的学校里，在目的语环境之外通过课堂教学掌握第

---

① 这一部分参考并转述了 W. F 麦凯、W. 西格恩《双语教育概论》13—14 页的相关内容。

二语言，如中国很多学校的英语教学。这样的第二语言学习所达到的语言熟练程度一般比较有限，但语言结构和书面语言的理解受到特别的重视。

这个单子我们还可以一直开下去，然而这并不能使我们简洁明了地认识这一问题。我们注意到，目的语环境对第二语言学习会产生全方位的影响。我们需要从语言环境和语言学习的特点方面进行较为直接、较为彻底的分析。

二、对语言环境与学习主体的分类

（一）对第二语言环境的分类

环境是人类认知的源泉。人类语言的产生和发展、思维的不断完善，都是在一定的环境条件下进行的。第一语言的习得，环境是主要的外部条件；第二语的学习，更离不开环境的重要作用。人所处的环境各种各样，对语言学习影响最大的是语言环境；语言环境的种类多种多样，但基本可分为两种类型：目的语环境内、目的语环境外。这两种语言环境对语言学习的途径、策略、目的、效果都会产生极大的影响，在某种程度上甚至影响着语言教学的目的、方法、效果。

（二）对第二语言学习主体的分类

不同语言环境中语言学习者的特点可谓千差万别，然而根据语言学习的特点我们也可把它归为两类：成年人语言学习者、未成年人语言学习者。人们普遍赞成人类语言学习存在一个临界期的理论，青春期以前被认为是语言学习的敏感期，青春期以后被认为是过了语言学习的敏感期。汉姆莱认为，最理想的学习第二语言的年龄是 12 岁左右。因为这时，儿童具有原有的优越性（如可塑性），又具有成年人学习者的优越性（如认知）。在此我们以 12 岁为界限把语言学习者分为"成年人语言学习者"、"未成年人语言学习者"两类。语言学习主体类别的不同对其语言学习的途径、策略、目的、效果都会产生极大的影响，在某种程度上甚至影响着语言教学的目的、方法、效果。

成年人语言学习者、未成年人语言学习者的形成与目的语环境的不同有着极大的相关性。从小处于目的语环境内的语言学习者往往在未成年时期就已经习得第二语言，从小处于目的语环境外的语言学习者在青春期以前由于缺乏目的语环境，无法习得第二语言，不得不在成年以后开始学习第二语言，成为成年人语言学习者。

在第二语言学习者中，成年人语言学习者不管是获得了目的语环境，还是没有获得目的语环境，其学习的艰难程度都大于目的语环境中自然习得第二语言的未成年人语言学习者。其中目的语环境外成年人第二语言学习的过程最为艰难、漫长，它也往往是第二语言学习研究的重点。以下我们将阐述目的语环境的不同与第二语言学习特点的关系。

三、目的语环境的不同对第二语言学习的影响

(一) 目的语环境外第二语言学习的特点

1. 目的语环境外的第二语言学习是不完全的语言学习

由于第二语言学习者没有与目的语使用者进行大量语言接触的语言环境，第二语言学习无法从口语的使用与学习开始，只能从书面材料的学习开始，久而久之，学生会养成一种错误的语言学习理念，以为语言学习就是背单词，读课文。就是在学生已经进行了较长时期的语言学习，掌握了相当数量的词汇、语法知识以后，仍然可能只会阅读，而听、说、写的能力较弱。语言的掌握是一种综合性的技能，听说读写应全面发展，才能相互促进，达到语言整体能力的较高水平。尤其是基本听说能力的具备是语言能力的基础，缺乏基本听说能力的语言学习，是不完全的语言学习，缺乏基本听说能力的语言能力是不完全的、难以快速扩展与提高并持久保持的语言能力。与此同时，我们也应该看到目的语环境外语言学习的其它特点。

2. 目的语环境外的第二语言学习是第二语言学习中重要的学习类型

社会的分割造成了语言环境的分割，不同语言的社会要想顺利交际就必须学习对方的语言，而学习对方语言的最好办法，是到使用目的语的社会、目的语的语言环境中去学习。然而，在社会分割的情况下，在经济与社会等条件的种种限制下，又不可能有大批的人进入其它社会、其它语言环境中去学习语言。这样，目的语环境外的第二语言学习就成为很多第二语言学习者选择的道路，也是很多要到目的语环境中学习第二语言的语言学习者必要的预备阶段。有人说，等到不同语言的社会充分交融了，目的语环境外的语言学习不就被目的语环境内的语言学习代替了吗？我们的回答是：是的，但那个时候目的语的学习方式及学习目的也将随之变化，更趋第一语言的特征而远离第二语言的特征。所以我们说，目的语环境外的语言学习是第二语言学习不变的重要类型，当一个语言目的语环境外的语言学习转化为目的语环境内的语言学习时，该语言作为第二语言的学习特点也将随之淡化。

3. 目的语环境外的第二语言学习是第二语言学习研究的重要问题

目的语环境外的语言学习由于缺少语言使用的条件，语言学习更多地依靠记忆、分析、联想。这需要学习者有较强的自控能力及顽强的学习意志，是第二语言学习中难度较大的一种类型。由于这种学习类型较多地依靠记忆、分析与联想，因而，也就发展完善出一整套两种语言对比、目的语内部对比与归纳等有利于学生分析、归纳、记忆的知识、理论体系。这不仅是目的语环境外语言学习的重要学习内容，也是青春期后进入目的语环境的语言学习者可资利用的重要学习资源。

4. 目的语环境外的第二语言学习对教师、课堂有较强的依赖性

目的语环境外的语言学习因为缺少可供学习者使用目的语的语言环境，因此，对目

的语教师和课堂的依赖性较强，情况往往可能是，学生除了教师和课堂以外，再没有进行听说练习、纠正错误的机会和场所。因此，教师的目的语程度，学识水平，教学方法，责任心直接关系到学生最终的语言水平。

5. 目的语环境外第二语言学习的难点是培养基本的听说能力

由于语言环境较差，发展听说能力难度较大，目的语环境外语言学习的难点是培养基本的听说能力。当然，也不是只能无所作为，目的语环境外发展目的语听说能力的途径不仅应尽量在课内、课外创造听说练习的条件，还应利用录音机及其它音像设备来进行听说练习以及在此基础上加强背诵及复述。

6. 目的语环境外第二语言学习的现实目标仍是读写能力为主，听说能力为辅

目的语环境外的语言学习者，由于语言环境的限制，一般会不由自主地把语言学习的重点放在读写上（这里的写是指书写练习），因为这种练习可以脱离语言环境独自进行。他们会把注意力放在语言被动能力的培养上，如听的能力与读的能力，因为主动语言能力的训练需要有倾诉对象，需要语言的回应，需要在语言交际中对语言的调整与纠正，而目的语环境外的语言学习是缺少这种条件的。目的语环境外的语言学习应认清自己学习条件上的特点，努力具备基本的语言听说能力，以沟通读写能力与听说能力之间的联系，使自己的读写能力训练最终不至于真的成为静默世界中无声的语言活动。保持有声语言活动与无声语言活动、被动能力与主动能力的沟通，将有利于语言学习者一旦有了合适的语言环境，能迅速适应环境，较顺利地把自己已经具备的读写能力、被动能力转化为听说能力、主动能力。从这个意义上讲，注重听说能力培养、注重语感培养的李阳英语在中国大陆的风行有其积极意义。但是，目的语环境外的语言学习又不能不顾自己语言环境上的特点，盲目在语言听说能力、主动能力发展上与目的语环境内的语言学习进行比拼，如，国内的有些英语教育机构把英语学习者都假想成潜在的出国留学者，不顾语言学习环境，不恰当地强调听说能力的重要性、唯一性，李阳英语推崇得过了头，就失去了它的合理性。

目的语环境外的语言学习虽然理想目标是听、说、读、写全面展，但其现实目标仍应该是读写能力培养为主，听说能力培养为辅；被动语言能力培养为主，主动语言能力培养为辅。这是语言环境的客观条件所决定的，目的语环境外的语言学习应在保证基本听说能力、基本听说习惯培养的基础上充分发展读写能力，被动语言能力，在具备自然的或人造的目的语环境时，迅速地把自己不完全的语言学习变为完全的语言学习。

（二）目的语环境内第二语言学习的特点

1. 目的语环境内的第二语言学习是语言环境较理想的第二语言学习

由于日常生活中与目的语使用者有大量的语言接触，目的语环境内的语言学习往往是从基础口语的使用与学习开始的，语言学习的过程与第一语言的学习过程较相似，语言学习过程与语言的使用结合较紧密，较易获得听、说、读、写的同步提高。青春期以前在目的语环境中开始学习目的语的第二语言学习者，其第二语言能力在一定条件下，

有可能超过第一语言能力。在青春期以后开始学习第二语言的语言学习者，可能只有经历过相当一段时期的目的语环境中的语言学习，才能真正掌握第二语言。目的语环境外的语言学习者只有尽力创造目的语环境内语言学习的条件，并极力弥补语言环境带来的不利，才能最大限度地降低不利的语言环境带给语言学习的不利影响。当然，目的语环境内的语言学习也有其要避免的误区。

2. 目的语环境内第二语言日常口语的自然习得不能代替第二语言书面语的系统学习

目的语环境会对学习者口语的使用与学习产生有利影响，但是，这种口语的学习往往是零散的，随意的，与有计划的课堂学习相比是非系统的。在目的语环境中如不注意系统的语言学习，将会影响语言能力全面、快速、持续的提高。另外，口语只是语言的一部分，其特点是词汇常用而有限、语法相对简单，语句较短，常用于表述日常事物。语言中与口语相对的另一部分是书面语，其特点是词汇中专门术语及抽象词汇较多，语法结构相对复杂，句子较长，是大众媒介常用的语言。如果目的语环境内的语言学习者只满足于日常环境中口语的使用与学习，而不注重对书面语有计划的学习，就无法掌握大众媒介常用的书面语，无法真正融入并有效参与目的语社会的公众生活。在国外，我们经常看到当地中国移民因语言深度表达有障碍，从业范围、社会活动范围大受限制的情形。

3. 身处目的语社会不等同于处于目的语环境内

身处目的语社会不等于与目的语使用者有大量的语言接触，不等于就真的处于目的语的语言环境中，反之亦然。在国外，经常有这样的情形：有的人在国外呆了好多年，但他们只与本国人打交道，尽量避免与当地人打交道，缺乏语言学习的意识和决心，因此，他们虽然处于目的语的社会中，但并没有与目的语使用者进行语言接触，并没有有效利用目的语语言环境。当然，我们也看见另一种情形，有的人并没有身处目的语环境，却用自己的毅力及热情，为自己营造了一个准目的语环境。我的一个调查对象给我讲了他学习语言的经历：他是在国内开始学英语的，为了给自己营造英语的语言环境，他在家里挂满了英语图片，平时没事就把录音机开到最大，播放英语录音，甚至每天睡觉都是在录音机的英语声中入睡的。平时，见到外国人，不管认识不认识，马上热情地用英语打招呼，并主动与他们交朋友。有几次，他在公共车上看到街上有几个外国人，为了跟他们说英语，马上中途下车去追他们。在他有了一定的英语基础以后，他在旅游公司找了一份英语导游、导购的兼职，最终为自己创造了较好的英语环境，这是在目的语社会之外，营造目的语语言环境的典型例子。

身处目的语社会这只是拥有了语言学习的大环境。对语言学习者来说更重要的是具有语言学习的小环境。小环境是指与实际需求、日常生活、自然思维密切结合的目的语使用。只有大环境缺乏小环境，语言能力也不可能顺利发展。创造目的语小环境的常见方法有：找家教、找使用目的语的工作、寻找在目的语交流上对自己有帮助的知己……。而成功利用目的语小环境的内在条件是：长期、系统的词汇、语法学习与积累，对完美人生、完美语言能力的不懈追求。缺少目的语大环境，但如能努力创造并基本具备目的语小环境对语言学习者语言能力的顺利发展也是有用的。

四、目的语言环境的不同对第二语言教学的影响

目的语环境的不同不仅对语言学习的途径、策略、目的、效果有影响，而且对语言教学的目的、方法、效果有着强烈的影响。因此，我把语言教学按其所处的语言环境分为两类：目的语环境内的语言教学、目的语环境外的语言教学。

（一）目的语环境内的第二语言教学

1. 典型的目的语环境内第二语言教学的基本条件

（1）学生生活在使用目的语的社会环境中，生活、学习、工作离不开目的语的使用。青春期前开始第二语言学习的语言学习者从小在目的语环境中长大，已经具备第二语言基本的听说能力，语言学习的目的是为了继续提高第二语言的听说能力和具备一定水平的读写能力。第二语言学习中已无需太多借助母语的拐棍。如维、汉杂居区已具备汉语听说能力的维族学生。

（2）教师目的语水较高，能够胜任并善长用目的语授课。

（3）在学生的生活环境、学习环境中有较充分的目的语接触。

2. 典型的目的语环境内第二语言教学的基本特点

（1）不需要过多借助学生的第一语言来解释第二语言，能顺利用目的语来教授目的语。

（2）教学重点已不是口语及听说能力的培养，而是书面语及读写能力的培养。

（3）在第二语言教学的高级阶段，教学的目的与方法已逐步与第一语言教学趋同。

（二）目的语环境外的第二语言教学

1. 典型的目的语环境外第二语言教学的基本条件

（1）学生从小在目的语环境外长大，不具备目的语基本的听说能力，语言学习的目的是获得目的语基本的听说读写能力。如新疆南疆维吾尔族聚居区县乡以下维族中小学学生的汉语学习。

（2）目的语环境外的语言环境不仅制约学生目的语水平的提高，也影响着这种环境中目的语教师的选择、培养及其目的语整体水平的提高。目的语环境外目的语教师的常见特征是，目的语水平不高，不能给学生提供较充分、较完全的目的语主动能力的培养及训练，较擅长用学生的第一语言来解释、教授目的语。如中国大陆的很多英语教师。

（3）学生的生活环境、学习环境、工作环境中缺少基本的目的语接触。

2. 典型的目的语环境外第二语言教学的基本特点

（1）由于学生几乎是从零起点开始学习目的语，借助学生第一语言来解释目的语

是目的语教学的必经过程。

（2）由于学生是在成熟掌握第一语言以后，开始目的语的课堂学习的，教学中注重学生第一语言与目的语之间的对比，利用学生第一语言的正效应，减轻其负效应（第一语言的干扰）。

（3）由于缺少语言环境，口语的获得主要靠课堂训练、音像教学及背诵来获得。口语听说能力获得较艰难，发展不充分。

（4）由于口语听说能力的发展受语言环境的制约，书面语读写能力不自觉地成为第二语言教学的重点。

（5）如果生活目的语环境和课堂目的语环境不能有大的改善，目的语言环境外第二语言教学的成果将难以巩固与快速扩展。

（6）当生活目的语环境和课堂目的语环境明显改善，其学生听说读写综合能力发展到较高水平时，它的教学特点会向目的语环境内第二语言教学，甚至向第一语言教学的特点转化。

（三）目的语环境外第二语言教学向目的语环境内第二语言教学靠近的种种形式

1. 改变语言环境

使目的语环境外第二语言教学向目的语环境内第二语言教学靠近的常见做法是，将学生迁移到目的语环境内对其进行语言教学。如中国大陆的学生到英美国家留学，新疆维族农村的维族学生考入疆内重点大学，或内地大学上学等等。这种目的语环境的变化是语言学习条件的根本变化，它对学生语言学习的促进是全方位的。但是，要实现这种全方位的促进还至少需要其它两个方面的配合：适合学生特点的课堂教学、学生利用语言环境的主动性。

（1）适合学生特点的课堂教学

语言环境的变更往往也意味着教师素质特点、教学方法特点的改变，如国外的英语教学一般会是用英语教英语，而不会是用汉语教英语；中国内地的汉语教学一般是用汉语教汉语，而不会是用维语教汉语。这虽然为学生提供了较好的语言环境，但如果使用不当，会对目的语水平不高的学生带来困难。1992年笔者在哈萨克斯坦学俄语时，同班同学中，凡是在国内有一定的俄语基础，或善于使用汉文版俄语教科书进行自修的学生，进步都较快；而完全依赖当地教师用俄语授课的学生则进步较慢，有的甚至最后无法适应，学不下去。可见，成年人学习第二语言的早期阶段，第一语言与目的语的适当对比是学习目的语的有效方法。目的语环境内的语言教学也应根据需要及可能，适当并注重实效地使用两种语言对比的方法。所谓目的语环境内语言教学与目的语环境外语言教学的区别，主要指语言环境及由此带来的教师、学生、教学上的不同特点。而具体语言教学还是应该根据学生特点，因材施教。中国的对外汉语教学提倡用汉语教汉语，但其中低年级阶段的教学内容与方法仍是建立在英汉对比基础之上的。

（2）学生利用语言环境的主动性

身处目的语大环境中，却不主动营造目的语小环境，或身处目的语小环境，却不主动进行语言接触、语言交流。这样的学生即使身处目的语环境中，也无法获得语言环境应该带给他的好处。在国外，有些中国留学生只喜欢与中国人扎堆，而不主动与当地人交往，不主动利用语言环境锻炼提高自己的语言能力。在北京某些高校，我看到某些维吾尔族大学生，他们自己集中居住，自己相互往来，不主动与其它民族交往，没有充分利用汉语环境来提高自己的汉语交际能力。所以说，处在目的语环境中，但缺乏主动利用语言环境的意识和能力，目的语环境对语言学习所应起的促进作用也不能充分发挥。当然，一个人来到另一个民族或国家的陌生环境中，要消除民族之间、国家之间的隔膜，走入对方的社会与生活，是一件不容易的事。这既需要积极主动的态度、平等宽容的心态，也需要方法与技巧，是我们需要不断研究的问题。但作为一个立志学会某种语言的人，必须想方设法妥善解决这一问题，否则不利于自己在语言学习及其相关领域中的发展。

2. 改善课堂教学

不改变目的语生活环境，而是改变课堂目的语环境。这是大多数目的语环境外第二语言教学提高教学质量较实际的做法。具体做法有三个方面：

（1）选拔培养目的语过关的教师担任第二语言教学工作

对目的语环境外的第二语言学习者来说，目的语教师可能是他接触最多的，有时可能是唯一的操目的语的人，因此，目的语教师的语言水平，直接关系到学生的语言水平。我曾到离新疆首府乌鲁木齐市160公里的一座农村中学听维族学生的汉语课。教师只领学生读课文，读生词，却不敢让学生造句。因为学生脱离课文造的句子他没有把握判断对错并进行纠正，这样的汉语教学令人担忧。

语言环境从不同角度可以分为语言社会环境和语言教学环境两大类。如果第二语言教师所教语言是自己的第一语言（母语），教师的教学语言本身就是一种语言环境。这样的教师对目的语的社会、文化、国情有深入的了解，对语言及语言所承载的文化的"知其所以然"，因而即便是在课堂上设计情景或设置语境，也能和现实交际接近或保持一致，从而使语言技能的训练更符合实践性和交际性原则。而一些所教语言非自己第一语言（母语）的教师往往在教学中"扬长避短"，以自己的所长或所习用的策略来教授语言。如日本教师在汉字的掌握和运用方面有着很多优势，所以他们的教学就比较注重语法和阅读；而欧美国家的教师在听说训练方面优于汉字的书写和认读，所以在教学上对听说的操练就进行得比较得心应手。教师的"扬长避短"使学生不能得到全面均衡的训练与提高。

（2）改变课堂教学方法

对目的语环境外的第二语言学习者来说，目的语课堂可能是他实际接触目的语最多的，甚至是唯一的地方，因此，不仅教师目的语水平要高，而且教师要有意识、有方法把目的语课堂变成系统训练、培养学生目的语能力的地方。例如，语言交际能力训练意识比较强的教师在教词汇的时候一般不会教完了事，他会动员学生建立个人的词汇本，记录自己学习、使用过的词汇。从表面上来看，做个人生词本只是一个学习策略问题，但究其实质，其中体现了语境在词语记忆中所起的作用。学生进行归纳整理并亲自抄写记录时，大脑里再现的不仅仅是一个个孤零零的词语，而是伴随着一定的语境出现的词语。这些语境有课文中的上下文，也有教师补充的例句，甚至有当时学习、使用这个词语时的周围环境气氛的印象，当需要应用这些词语时，头脑里的这些语境提供了检索的线索，从而较迅速、准确地激活这些词语。所以学生做个人生词本，从认知角度分析是充分利用了语境对词语记忆的作用。

（3）改变测试方式

测试是检查学生学习情况的有效方式，同时，也是检查教师教学情况的有效方式。在一定情况下，可以说测试方式是教学活动的指挥棒。在很长一段时间里，新疆的汉语教学主要使用成绩测试法，即：教什么内容考什么内容，以书面考试为主，主要考学生对课堂教学内容的书面掌握。不注重学生听说读写实际语言能力的测试，不利于调动教师与学生以提高语言能力为目标的教与学的积极性。后来，新疆汉语教学引进了"汉语水平测试（HSK），对新疆以提高汉语综合使用能力为中心的汉语教学产生了广泛的推动作用。目的语环境外的语言教学如能以语言能力测试为目的语教与学的最终检测方法，将极大地促进教师与学生以提高语言综合使用能力为中心的教与学的积极性。

第二节　第二语言学习经验的总结

有了语言学习行为，就会产生语言学习经验。千百万人语言学习的自然经验造就、推动了社会双语化的潮流。因此，接下来要阐述、探讨的是第二语言学习者语言学习自然经验的获得与总结。

语言学习经验是语言学习自然的产物，是对语言学习行为最实用的指导，它涵盖第一语言、第二语言、第三语言……的学习，覆盖语言学习几乎所有的方面。与专家学者的专门研究相比，语言学习者的这种自然经验获得与总结个体针对性、时效性较强，总量较大。

语言学习中的自然经验产生与总结也是第二语言教学者、第二语言学习研究者认识语言学习的重要方面，专家学者的语言学习理论往往发源于这种自然经验的总结，或者是这种自然经验的系统化、理论化。因此，有必要对第二语言学习经验总结的现象及方法进行探讨与阐述。这是第二语言学习研究中重要的一环，是第二语言学习研究的基础、动力。

尽管一些第二语言学习研究不太重视对第二语言学习者自然经验总结的阐述，认为它太肤浅、太琐碎、太随意，缺乏深度，没有系统，我还是把它作为本著作的重要的环节和不可缺少的部分来叙述。因为它是第二语言学习研究的起始点和原始经验的积累过程，它的总量、覆盖面、时效性远远大于专业研究者的研究。本文倡导第二语言学习者不要小觑自己在第二语言学习中的方法创造与经验总结，应在语言学习中更加积极主动、更加注重实效地探索与总结自己的第二语言学习经验，这不仅有益于自己的第二语言学习，也有益于第二语言学习研究的发展。

第二语言学习经验浩如烟海，有多少语言学习者就可能有多少各自总结的学习经验。因此，在叙述中我们只能采取重点举例的方式进行阐述。所有的分类都可根据需要进行再调整，所有的举例都可无限续加。

一、成人快速学口语的方法

在网络上有一则英语培训学校的宣传网页，号称是"北大教授解读成人快速学口语的方法"[1]。宣传词是：中国人工作繁忙，没有英语环境，也不可能请外教天天陪练，上培训班费时费力，刚学了一点就忘了。那应该怎么才能够快速学会口语呢？北大专家组根据多年研究经验总结出"四定法"口语学习理论。

1. 模仿，最简单也是最有效的英语训练方法，通过模仿，可以掌握标准的语音语调，使语调自然，语速流畅。

2. 反复模仿，最好能随时随地，直至能熟背。否则，刚学就忘，达不到熟练记忆，脱口而出的目的。

3. 必须选对模仿素材，素材内容必须贴近生活，短小精悍。学会的东西迅速能用上，加深巩固。

4. 现学现用，学会的东西试试就用，巩固效果最好

他们推崇的主要教学方法实际上来自第二语言学习经验。

二、庄淇铭的神奇语言学习法

台湾著名多语学习者庄淇铭在繁忙的工作中成功学习了多种语言，他在语言学习上的勇气、智慧、毅力令人赞叹，他在《神奇的语言学习法》一书中介绍说：要想使语言学习轻松有效，最终成为一种生活方式，应掌握以下原则[2]：

---

[1] 选自2011年搜狐网页。
[2] 庄淇铭：《神奇的语言学习法》，台北：月旦出版社1999年

1. 学自己最需要的、最感兴趣的生词和句子。

2. 把学得的语言与自己的生活结合起来，名词和动词要与生活情景结合起来，并且说出来，争取家里人对自己自言自语的谅解。

3. 见到能用上自己语言的场景，要能立即用上自己已学的语言，并主动寻找这种机会。

4. 随身带上卡片，把自己新发现的说法或需要学习、使用的说法记下来，以便事后复习订正、归类与长久记忆。

5. 当学会了一种语言的某种说法以后，可以顺便想想在另一种语言里这些表达应怎么说，这有利于同时学几种语言。

6. 当自己有几分钟的闲暇时，不要忘了把回忆语言当乐趣。

7. 如果你喜欢唱歌，学唱外语歌能达到情趣与语言学习相统一的目的。

8. 语言教材应选那种有图画的，句子生活化的，有翻译对照、语法说明、录音带的教材，教材可以多样化，以减少学习的枯燥。

9. 学语言一定要在使用上、能力上追求速成，否则，语言学习就会归于失败，6个月学会 1000 个生词，并且能灵活应用不是办不到的。

10. 语言学习必须与生活状态相和谐，应该有保养身体，锻炼身体，保持平静心态，追求专注、放松状态的好习惯。

11. 语言学习费时费力，但我们只要转变心态，乐于学、善于学，就能把别人看作拦路虎的语言障碍变为自己人生的一道独特的风景线，而从中获得乐趣、便利和征服人生与世界的力量。

12. 学习一种语言，也就意味着进入了一个社会，而人对客观世界的认识是永续的，因此，人对语言的学习也是永续的。

这些语言学习法实际上是庄淇铭先生语言学习经验的系统总结。

三、俞敏洪的英语学习法

新东方英语培训学校的创始人俞敏洪对自己的英语学习经验进行了详细、系统地总结、并把它们应用到自己的英语教学中。在他的很多著作中都阐述过自己的学习方法，他认为"学英语并不难，只要掌握了正确的学习方法，英语学习就会变成一个充满乐趣的轻松体验。"。现择其片段转述给大家。[①]

（一）中英文对照互译学习法

中国人学英语采用中英文对照互译学习法是最有效的方法，这是俞敏洪多年来学习英语得出的经验。如果没有中文提示，纯粹地去背英文文章和句子，相对来说效果要差

---

① 参见俞敏洪《Study English easy way》（轻松学英语）：《GRE 词汇精选》。

得多，速度也会慢得多。互译的方式可以用嘴巴翻译，可以用笔来翻译，也可以在心中默译。

比如说，当一篇英语文章学到一定程度的时候，我们就可以试着把它从中文倒译成英文。例如《新概念》二册第一课的第一句话"上星期我去看戏"，上星期是 last week 大家都会，但是"我去看戏"到底怎么表达？很多人看到中文的时候，可能就会翻译成"last week I went to see a play"，这当然也不能算错，但它不是标准的英文表达法，因为"去看戏或看电影在英文中常用的表达法是"go to the theatre"。所以，把你的翻译对照文章原文，找出表达不准确不地道的地方，下次再遇到的时候，你就能很自然地使用准确地道的表达方式了。

这就是俞敏洪所说的汉语英语对照学习法，也就是根据汉语的意思寻找最准确地道的英语表达方式。在这个翻译和对照原文的过程中，可以不断地纠正我们习以为常的英语应用错误。通过这种转换，在不知不觉中，我们的英语应用水平会得到不断提高。

（二）小范围超熟练口语学习法

中英文对照互译学习法同样也适用于口语的学习。口语怎么练？基本理解英文句子以后，我们就可以对照着中文提示开练。比如把"我们在晚会上玩得真愉快"这句话倒译成英文。不少同学直译过来就是"We had a very good time at the party"或"We spend a very good time at the party"。当然，还可以说 We were really happy at the party。这些都是对的，但是当我们看原文时就会发现，原文比上述三种表达方式都要地道："Didn't we have a good time at the party?"毫无疑问，这个表达比刚才的三种都有力量得多。以后我们再遇到要说"我们过得真愉快"的时候，我们就要尽量用"Didn't we have a good time at the classroom"或"Didn't we have a good time this afternoon"等表达方式。这样慢慢地积少成多，语感也会慢慢增强，直到可以不假思索地脱口而出。

当然，学口语一定要有磁带，因为学口语首先要学会模仿。弄清楚一个句子怎么学、怎么翻译后，就要跟着磁带反复练习，直到基本上能与磁带中的发音相近。听磁带的时候不仅要模仿其中的发音，同时也要模仿它的语调，因为同样的句子用不同的语调说出来可能表达不同的感情和意思。

听磁带练习的原则是"小范围超熟练"，也就是先少量练习，比如说跟着磁带练两百句标准英语，把每一句都练得熟练无比，能够脱口而出。然后再继续练下两百句，如果能坚持不懈练到一万句，那么你的语音语调就不成问题了。如果能做到这一万句话都能脱口而出，那么你的口语也就基本达到了一个很高的水平了。

（三）听力学习的窍门：先盲听，查阅，然后再听

听力是英语学习的基本功之一。但听力学习和其他的学习不一样，听是没有任何延时性的，在听的同时你就必须懂这句话，不能中途停下来想一想或查查字典。由于听力没有延时性，就要求我们的反应极其敏锐，这就意味着我们要在没有任何文字的情况下，靠对方说的声音来判断其意思。所以练听力的惟一方法就是在有一定英语基础以

后，先盲听，后查阅所听的内容，直到听力达到较高的水平之后，不需要文字材料也可以听懂大部分内容。

比如看一部电影．如果只听懂了 10%．另外 90% 都不懂，整个电影在讲什么就完全不知道。如果是这种水平的话，一定要先有电影的文字材料放在边上，先反复地看，反复地听，最后实在听不懂了，再对照文字材料边看文字边听，最后凡是遇到不认识的单词和词组，按暂停键停下来，查完字典继续听。三四遍以后，这部电影你就能全部听懂了。最后的状态应该是这部电影从头到尾每一句话在讲什么你都懂了。

先盲听，查阅，然后再听，这是提高听力的惟一方法，它的标准是任何一句话必须在听到的同时就能够彻底理解。既没有延时的过程，也没有思考的过程，更没有翻译的过程。所以，我们要做的只能是听，认真听，再听。听不懂再读，读完再听。同时，也不能听语言本身。只能抓住几个字一点意义都没有，只有做到听完了整个句子并几乎同时反应出它的意思，你的听力水平才算提高了。

（四）中英文对照模仿法练习写作

就俞敏洪个人的体会而言，练习写作还是中英文对照的模仿方法。

面对一篇文章，俞敏洪首先把它先读几遍，不需要背。读几遍的原因是要知道这篇文章大概在讲什么，大概的句子结构和时态是什么。读完五遍以后，我们紧接着来做第二项工作，就是把中间的关键词抽出来。

抽出关键词后，我们再去读两遍文章，然后拿出白纸来根据关键词的提示来默写原文，当你想不出来中间是什么的时候可以自己编。然后再回到原文去对照一下，你会发现你写的文章跟原文的某些词组表达是不一样的，把不一样的根据原文改过来并记住，你就学会了表达。比如说"be drenched to the skin"，如果你写成的是"be drenched on the skin"或者是"be drenched to skin"，那么这个词组你就写错了，经过对照并记住"be drenched to the skin"的表达，以后你再写任何文章也不会错了。这样你就通过模仿写作学会很多种准确地道的表达方法。

接下来我们做第三项工作，就是用上面的一些中心词再编写一个不同的故事。这个故事跟原文不一样，但把所有原文的关键词都用进去。你可以把这些关键词的顺序打乱，有的用前面，有的用后面。这样，就把你刚刚记住的表达方法用在了自己的文章中，这些表达方法也就真正属于你了。

所以，通过模仿和中英文对照．改变你的语言习惯，改变你的语言写作的不到位，再通过创造写作，与自己的思想联合起来。如此反复，大概只要写五十篇左右文章，你的英文写作水平就会直线上升。到最后你就基本上能用比较流畅的英文来表达自己的思想和感受。即使中间再犯一点点的语法错误，或者犯一点点结构错误，也都是可以原谅的，因为即使是在老外写的文章中也有大量语法错误、结构错误以及拼写错误，但是他们能把思想表达出来，这就达到了写作的境界。

（五）背诵词汇的方法

俞敏洪有一个主张[①]叫做：先背词然后再大容量地阅读。等到词汇量到了一定程度以后，就有能力大容量阅读了，倒过来再背不认识的那么一两个单词，这样你的阅读能力才能提高得很快。因为阅读理解最大的难度就是词汇和句子结构，所以当一段话中充满了不认识的单词时，你就应该马上去学习生词。既然要先背词，就要学习如何背单词。记忆单词的方法是很重要的，掌握正确的方法可以为我们节省一倍两倍甚至更多的时间。

1. 形象化记单词

所有记忆方面的书都会告诉我们这样一个简单的道理：人们对于图像的存储速度要远远高于对于语言符号的存储速度。把这个理论应用到单词的记忆上，就可以把枯燥的单词转变成一幅幅生动的画面。举例如下：

chill【名词；寒冷】——首先把"c"想象成一弯明月；"hill"，小山的意思。构想这样一幅画面：秋天的夜晚，你站在旷野中，背后是连绵的小山，天空是一弯明月，此时此景，你感到一丝寒意。Spark【名词：火花】——"park"表示公园；"s"想象成嘶嘶的声音（夜晚的公园里发出嘶嘶的声音）。一对浪漫的年轻人，点燃缤纷的烟火，美丽的火花，照亮了天空。

那么，如果把所有形象记单词的方法总结到一起，可以通过一则六句口诀进行概括："一读，二拼，三变形；四拆，五分，六开屏。"下面将详细分别介绍。

（1）一读，即所谓的谐音。通过读音联想单词的意思。例如，Nutrition【名词：营养品】，谐音"牛吹神"。时下国内众多的营养品广告吹牛吹得很神，所以 nutrition，营养品的意思。Profane，谐音"泼粪"，动词，亵渎的意思。

（2）二拼，即通过汉语拼音来记单词。例如 schedule：s ＋ che（车）＋ du（堵）＋ le（了）；车堵了，必然导致你改变原有的时间表；schedule，名词，意为"计划表、时间表"。再比如，leisure = lei（累）＋ sure（一定）；你太累了，也该歇歇了。Leisure，名词，意为"休息休闲"。amphibian = am（俺）＋ phi（飞）＋ bian（边）；俺要飞，从一边飞到另一边；amphibian，名词，意为"两栖动物"。

（3）三变形，适用于那些形式不太规整，需要进行简单变形的单词。例如 garage【名词：修车厂】；garage = g 哥哥＋（c）ar 小汽车＋age 年龄；哥哥有一辆小汽车，小汽车上了年纪，于是就被送到了"修车厂"。

（4）四拆，就是把单词拆分成两个或更多个有效的部分。例如：scream，其中，cream 意为"奶油"，想象成一块大大的奶油生日蛋糕；s 想象成一种弯弯曲曲的动物，那就是蛇。故事开始：有一天，你过生日，拿掉蜡烛，切开蛋糕，突然间，从里面窜出一条蛇，你一定会——尖叫。所以，scream，意为"尖叫"。

[①] 参见俞敏洪《考研英语核心词汇笔记》（前言），2008。

（5）五分，即通过去掉单词中的一个或两个字母，成为你所熟悉的另一个单词的方法。例如：drown【动词；使淹死，使溺死】，把字母 r 去掉，down 意为"向下"；接着，把 r 想象成一个人，一个人在水中缓缓地沉下去，所以，drown 表示淹死的意思。

（6）六开屏，以上的方法都是通过短单词来记忆长单词，但有的时候，也可以通过你所熟悉的长单词来记忆你不熟悉的短单词。例如：engine【名词：发动机。引擎】，这个词大多数同学不太熟悉，可以通过 engineer【名词：工程师】来认识。Engineer = engine（发动机）＋er；其中 er 表示人，所以你可以理解为"工程师就是研究发动机的人"。

2. 词根、词缀记单词

其实在英语词汇记忆中最有效、最可取的、能够记大量单词的方法就是词根词缀的记忆方法。俞敏洪把它叫做"一箭三雕式"的方法。理由很简单，英语中最常用的一万五千个左右的单词有一万两三千个都是由词根词缀联合组成的。所以当你把一个词根或者词缀记完以后，那么所有的单词都变成了一个一个大的元素的组合，而不是一个一个字母的组合。

比如 spect 这个词根是"看"的意思，它所组成的所有单词都是我们在日常的报刊图书阅读或考试中经常遇到的，都是非常常用的单词。每一个单词的意思一解释你就能够明白。respect 表示尊敬。re 表示回头或再一次，回头再看你一眼，就表示尊敬你。

inspect in 表示在里面，就是看进去，所以表示视察、检查。

suspect sus 表示下面，在下面看看就表示怀疑；

spectacles 是看的东西，因此表示眼镜。

spectactular 表示看的东西有很多的状态，因此表示壮观的。

spectator ator 表示人，表示看的人，就是观众；

retrospect 前面的词根 retro 表示向后看，因此是回顾。

把每一个单词的词根词缀组合起来你会发现，任何一个单词实际上都是由一个词缀和一个词根两块组成的，所以即使再长的单词，只要弄清了它的词根词缀，你就能记住了。

英语的词根词缀有一两千个，但常见的大概只有 400 多个，这对于不需要进行专门词汇研究的普通英语学习者来说都已经够用了。对于大部分学生，只要记住这 400 左右的词根词缀，就可以将词汇量扩展到一万到一万五左右，所以词根词缀法是最好的词汇记忆法。

想方设法用多种方法有乐趣地记单词，词汇就会大幅度地增加。有了适当的方法以后，一天记一百到二百个单词是非常轻松的事情。所以从初中到高中的 2000 个单词，原则上一个月就应该能记完，而且还应该能够记住，因为记完以后要读文章，这些单词反复地出现，可以帮助你加深记忆。

第三节 第二语言学习研究的各种流派及其成果介绍

有学习，就有体会；有体会，就有会总结；有总结，就会有经验积累；有经验积累，就有会有观点的提出；有观点的提出就会有对观点的试验与证明，就会出现有目的、有计划的科学研究行为；有科学研究行为，就会有研究结论。对结论产生、论证过程的系统表述就是学说，不同研究者不同的研究过程会得出不同的结论，或产生对结论的不同解释，就出现了不同的学术流派。

二十世纪50年代末、60年代初，应用语言学的研究进入了一个新时期，其研究的重点由"教"转向"学"，把"学"作为研究的出发点和重点。在处理"教"与"学"的关系上，"学"是基础，是重点，"教"服从"学"，以"学"来调整"教"，"教"的最根本的作用是引导学生的"学"。对双语学习的研究较集中地出现在心理学领域，出现了种种学说与流派。国外研究者在这方面做了大量的工作。中国研究者所作的研究工作大多是介绍与验证。

第二语言学习研究的主要观点与流派是第二语言学习研究这座金字塔的上层部分，我们要对第二语言学习与研究这座金字塔进行探讨、叙述，第二语言学习研究主要观点与流派的介绍就成为我们不可缺少的环节。但由于本著作是以建立双语问题研究理论体系为最终目的，对第二语言学习研究主要观点与流派的研究与介绍不是本著作的核心内容，因此，在这一部分笔者大量采用了其他研究者的相关总结与叙述。

在选择、借鉴其他研究者的研究成果时，笔者本着货比三家、择优入选的原则，在大量阅读的基础上，尽量选择那些能够较准确、较清晰、较精当地表述各种学说与流派的著作与文章，在借鉴与转述过程中力争做到突出主要流派、重要观点、典型案例，力求让读者准确明白地理解这些学说与流派的要义，并且便于他们对这些内容的记忆。

由于第二语言学习研究与第二语言教学研究紧密相关，因此，本部分内容以第二语言学习研究为主要内容，也涉及一些第二语言教学方面的内容。主要叙述顺序是：儿童双语习得与研究、在校学生双语学习与研究、第一语言学习与第二语言学习的异同、第二语言学习原理的几种假设、语言学习者的个体研究。

一、儿童双语习得研究

儿童在第一语言习得的同时或稍迟一点的时候，在两种语言环境中习得第二语言。通过一系列著名研究得到的经验告诉我们，儿童在开始学话时接触两种语言，他们可以毫不费力地掌握这两种语言。这种神奇的语言学习一直吸引着很多研究者的注意。国外对儿童第二语言学习的实证研究明显地分为两个阶段[①]：20 世纪 60 年代以前和 60 年代以后的研究。

60 年代以前的研究又可分为心理测验研究和儿童传记研究。多数心理测验研究者带有强烈的反移民倾向，研究设计很不严谨，因而多数结论是双语经验对儿童认知发展具有负面影响。和单语儿童相比，双语儿童往往表现为智商低、学业成绩差、社会适应欠佳等。例如，达西（Darcy）在 1953 年对 20 世纪前期有关双语和智力发展关系的实证研究进行了全面检索，筛选出设计较完整的研究 33 个，其中报告双语经验对儿童智力发展具有积极影响的研究只有两个，而报告消极影响的有 20 个，报告中性影响的有 10 个。

（一）法国心理学家荣加特（Ronjat）对自己孩子双语学习的研究

双语学习有利于孩子对语言抽象性的认识。在报告积极影响的儿童传记研究中最著名的有法国心理学家荣加特（Ronjat）和美国语言学家利奥波德（Leopold）所做的研究。荣加特是写双语儿童传记的第一人，他详细地记录了他的孩子路易斯从出生到 4 岁 10 个月时的言语行为，并于 1913 年发表了研究报告。荣加特一家人住在巴黎，是个混合语言家庭：孩子父亲讲纯正的法语，母亲和保姆讲纯正的德语。一家人在同孩子说话时坚持格拉蒙特（Grammont）原则，即每个成人总是坚持用自己的一种语言（一般为母语）和孩子交谈。荣加特的观察表明：他家的双语养育方式对孩子的发展没有不良影响。路易斯的两种语言在语音、语法和词汇诸方面平衡发展。双语经验不但没有推迟路易斯的发展，而且促进了路易斯对语言抽象性的认识。

（二）美国语言学家利奥波德（Leopold）对自己女儿双语学习的研究

无论就语言发展还是一般认知发展来说，早期双语经验对儿童不但没有不良影响，而且具有积极影响。利奥波德（Leopold）于 20 世纪 30 年代末所做的研究则被公认为是有关双语儿童发展的最为详尽的观察和描述。他详细记录了他的两个女儿特别是大女儿希尔德加德的语言、词汇、句法和语义发展的情况，同时记录了有关的情境。从出生开始，希尔德加德就稳定地沉浸在双语环境里。她的父亲同她只讲自己的母语——德语，她的母亲同她只讲自己的母语——英语。父母亲之间谈话时也各自使用自己的母语，周围大环境是英语环境。希尔德加德的言语发展属于中等。她对两种语言的掌握从未同时达到过单语儿童的母语水平，但她能够完全听懂两种语言。在最初的两年里，她的言语里混有两种词汇，先是德语词汇为主，逐渐变为英语词汇为主，3 岁以后就能分清两种语言。5 岁时，她在德国呆了半年，在这期间，她理解英语，只讲德语，但她的德语并未达到母语人的水平。回到美国以后，她继续使用两种语言，但她只是在英语上达到了母语人般的熟练。基于多年的观察，利奥波德的总体研究结论是：无论就语言发

[①] 本部分参考并转述了余强《国外双语教育的理论和实践》一书的相关内容，陕西人民教育出版社，2006.9，第 8—13 页。

展还是一般认知发展来说，早期双语经验对儿童不但没有不良影响，而且具有积极影响，如双语儿童更注重谈话的内容而不注重形式。

（三）齐雷尔（Zierer）对孩子早期双语教育的研究

齐雷尔（Zierer）于1977年报告了一个男孩的早期双语教育案例。在男孩出生前，他的父母便为他订好了实施家庭双语教育的计划。从出生到2岁10个月，只让孩子接触德语，于是，在这一阶段，孩子的德语能力和正常的同龄德语母语儿童相当。然后，开始让孩子接触西班牙语，在接触西班牙语四个月后，孩子的西班牙语就达到了和德语同样好的水平。到5岁时，这个男孩能够流利地讲两种语言。他的两种语言的语音都和单语母语人没有差别，同时，在每一种语言上，这个男孩所用的句子结构比相应的单语儿童要复杂一些。不过，他的两种语言的主动词汇并不完全对等。

（四）澳大利亚德语教师桑德斯（Saunders）对儿童双语教育的研究

澳大利亚德语教师桑德斯（Saunders）和妻子的母语都是英语，但他们为他们的所有孩子都制订了早期家庭双语教育计划。从孩子出生起就采用格拉蒙特原则，孩子父亲只用德语和孩子交谈，孩子母亲只用英语和孩子说话。他们将孩子们的双语发展情况详细地记录下来，从出生一直到孩子们十多岁。他们的几个孩子的两种语言都非常流利，分别和相应单语儿童的语言发展水平差不多。

（五）贝恩（Bain）等人所做的研究

在有关早期儿童双语教育的研究中，贝恩（Bain）等人所做的研究尤其值得注意，因为这一研究在设计上十分严格，因而研究结论也很可靠。这一研究是跨地区的实验研究，目的是要检验俄国心理学家鲁利亚（Luria）的一个观点，即认为语言对于儿童的心理发展具有至关重要的影响。贝恩等人通过广告在中国的香港、法国的阿尔萨斯和加拿大的艾伯塔征集了30名（每一地方约10名）出生不久的孩子作为家庭早期双语教育实验组，并将他们同当地单语儿童在父母的职业、教育程度和生活方式诸方面进行匹配，匹配后得到58名单语儿童作为控制组。研究者对双语实验组儿童的父母进行培训，要求他们严格按照格拉蒙特原则和孩子交谈：不管谁发起谈话，也不管是用什么语言发起的，父母总是用他（她）的特定语言和孩子交谈。在家里可以设定不同的语言区域，如"父亲语言房间"，"母亲语言角"。父母每天分别单独和孩子边玩耍边谈话的时间不少于1小时，周末再增加几个小时。在孩子23个月和47个月时，研究者对实验组和控制组进行了一系列解决问题的测验。第一次测验时（23个月时），实验组和控制组之间没有显著差异，男女儿童之间也没有差异。但在第二次测验时（47个月时），情况就不同了。第二次测验有13题，分为容易、较难和难三部分。测验结果是：男女间在所有测题上都没有差异，在容易的问题部分，双语教育组和单语教育组没有显著差异。在较难和难的问题部分，双语组的成绩都显著地优于单语对照组，无论是各地区内部比较，还是跨文化总体比较，结果都是如此。值得注意的是，这个研究的样本不大，组间差异很大时才能达到统计显著。实际上，各个单语小组在第二部分测题（比较难）上的正确率约 65%，双语小组的正确率达 90% 左右。各个单语小组在第三部分测题（很难）上的正确率约 35%，各双语小组的正确率约 60%。因此，这一实验研究的结果说明家庭早期双语教育对儿童的认知发展具有非常的促进作用。

（六）杰尼斯（Genesee）等人的研究

杰尼斯（Genesee）等人的研究表明双语孩子能够明确地将两种语言区分开来。杰尼斯（Genesee）等人以 5 名 1 岁 10 个月至 2 岁 2 个月的同时型"法—英"双语儿童为研究对象，考察他们两种语言分化的情况。当孩子和他们的父亲或母亲单独相处时，研究者对他们进行观察，分析重点是看孩子同每个对话者交谈时，是否能够使用适合于特定交谈对象的语言。结果表明幼小的孩子就能够分别选择父亲或母亲的语言同他们谈话，表明双语孩子能够明确地将两种语言区分开来。

（七）尼古拉迪斯（Nicoladis）等人的研究

尼古拉迪斯（Nicoladis）等人做了一个追踪研究，目的是考察幼小的儿童从何时开始从实用的角度来区分两种语言，被试是 4 名蒙特利尔市双语家庭养育的孩子。研究开始时，孩子的平均年龄是 1 岁 7 个月，结束时，平均年龄是 3 岁。这 4 个孩子中，有 3 个孩子的父亲是法语母语人，母亲是英语母语人，另 1 个孩子的父亲是英语母语人，母亲是法语母语人。所有的父母亲和孩子讲话时都主要使用自己的母语。在追踪观察的一年半时间里，研究者对每一个孩子进行了 7 次录音和录像，录音和录像的情境都选择在孩子和自己的父母自由玩耍的时候。研究者假定：当孩子和父亲或母亲自由玩耍时，分别使用父亲或母亲的母语和他们交谈即是表明实用性的语言分化。研究结果显示这 4 个孩子开始表现出实用性语言分化的年龄分别是 1 岁 9 个月、2 岁 1 个月、2 岁 3 个月和 2 岁 4 个月。在研究者进行最后一次观察时，孩子们和双亲谈话时都表现出非常明显的实用性语言分化，此时，这 4 个孩子的年龄分别为 2 岁 11 个月、3 岁 8 个月、3 岁 11 个月和 3 岁 11 个月。

（八）帕拉迪斯（Paradis）对法英双语幼儿语法干扰现象进行了追踪考察

被试是 3 名 2 岁的孩子，孩子的母亲都以英语为母语，父亲都以法语为母语，这几家基本上按照格拉蒙特"父母各讲一种语言"的原则和孩子交谈。在 2 岁、2 岁 6 个月和 3 岁三个时间点上，当孩子在家里的自然情境下和父母玩耍时，研究人员对他们进行录像，每次 1 小时，然后对孩子的言语录音进行分析。结果发现：（a）双语孩子在语法的许多方面都分别和英语单语儿童及法语单语儿童的发展水平同步；（b）两种语言在语法上没有迁移的迹象；（c）双语儿童未显示出加速发展，也未显示出明显滞后。所以，研究者得出的结论是：双语儿童自动地习得两种语言，在每一种语言上都服从相应单语儿童的语言发展模式。

以上这这些例子说明：小孩可以从小同时习得两种语言，但是要有较苛刻的条件：

1. 两种语言必须是他最亲近的人，通常是他的父母一方的母语，而且他的父母有强烈的语言传授意识，小孩接受的是最自然、最日常、最地道的两种语言语境。

2. 两种语言不可能平衡发展，一般是目的语大环境内的那种语言最终获得单语儿童母语的水平。这提醒我们注意：中国沿海城市大批量地出现所谓双语幼儿园、双语学校，他们营造的语言环境、教师的目的语水平及语言传授的意识与方法是否与以上这些例子类似。

以上这些例子还告诉我们，孩子从小习得两种语言是他终生的资源，而且不一定影响他大环境语言的发展。在新疆维吾尔族聚居区开办维汉双语幼儿园将不会造成维吾尔语族儿童维吾尔语的退化，因为，他的所有亲戚、他所生活的大环境是维吾尔语的。同时，幼儿园里如果配备两种语言的教师，教师具备较好的语言传授意识，必然会使学生具备较好的双语基础，早期的汉语接触会为他今后对汉语的掌握打下坚实的语感基础。同时，早期双语经验对儿童不但没有不良影响，而且具有积极影响，如双语儿童更注重谈话的内容而不注重形式，能够明确地将两种语言区分开来，促进了儿童对语言抽象性的认识。

二、中小学学生双语学习研究

儿童生长在一个单语家庭里。上学后遇到了第二语言，这种语言可能是一种教学语言，也可能是这个社会的通用语。一些人对这一类学生双语学习情况进行了研究。

（一）双语学习和发散性思维

托兰斯（Torrance）等人对新加坡双语儿童和单语儿童的创造性思维进行了大样本的比较研究，被试包括三至五年级 527 名单语儿童和 536 名双语儿童。研究者对所有被试者实施托兰斯创造性思维测验（the Torrance Tests of Creative Thinking），评价指标有流利性（Fluency）、灵活性（Flexibility）、复杂性（Elaboration）和原创性（Originality）。测试和评价结果表明：（a）在每一个年级，单语组儿童在流利性指标上的得分都显著地高于双语组儿童；（b）在灵活性指标上，三年级和五年级的单语组成绩显著地好于双语组，但四年级双语组的成绩显著地好于单语组；（c）在原创性指标上，三年级单语组的得分显著地高于三年级的双语组，但在四年级和五年级，单语组和双语组之间则没有差别；（d）在复杂性指标上，四年级双语组的得分显著地高于四年级单语组，但在三年级和五年级，单语组和双语组之间没有差异。总之，本研究的结果并不是一边倒，在流利性和原创性指标上，单语儿童表现出一些优势，在复杂性指标上，双语儿童表现出一些优势。

兰德里做了一个设计较好的研究，他首先以学校人数、地区和家庭的社会经济地位变量为标准，选取了 7 对相匹配的城市小学，每对小学中有一所开设第二语言课程，另一所没有开设。从这 7 对学校中，兰德里随机抽取了两对；然后从每所学校中没有什么家庭双语背景的学生中随机抽取了 60 名一年级学生、80 名四年级学生和 80 名六年级学生作为研究样本。

兰德里仍然采用托兰斯创造性思维测验来测量被试的创造性。不过，这次使用了6个测验指标：语言流利性、语言灵活性、语言原创性、图形流利性、图形灵活性、和图形原创性。测验结果是：在一年级和四年级，双语组和单语对照组之间在所有指标上的得分都没有显著差异。然而，六年级的双语组学生在所有6个指标上的得分都分别显著地高于单语对照组学生。因此，这一研究表明第二语言教学可能促进了六年级学生的创造性思维的发展。

（二）添加性和削减性双语的学说

为了进一步解释双语教育对认知发展的正负两方面影响，兰伯特提出了添加性和削减性双语的学说[①]。该学说认为双语教育和双语学习同社会心理的许多方面密切地联系在一起，尤其是两种语言在人们心目中的社会地位对语言学习的影响十分巨大。因此，社会文化环境可能会决定双语教育的性质，即决定双语教育是添加性的还是削减性的。当社会和家庭把两种语言都看得很有价值的时候，学习第二语言就不会产生取代第一语言的威胁，这时，就会出现添加性的双语教育。在这种情况下，两种语言和两种文化的积极因素会相互补充，共同促进儿童的总体发展。

另一方面，当少数民族看轻自己的传统语言而看重那些在经济上和文化上地位较高的主体民族的语言时，更有地位的主体民族语言就会取代而不是加强双语儿童的第一语言，从而导致削减性的双语现象。当然，削减的程度可能是不一样的，但总的说来，削减性的双语教育对儿童的认知发展和人格会产生消极影响，也会对儿童早先通过母语发展起来的语言能力产生消极影响。"

实际上语言社会功能对语言学习会产生一系列的影响，从对儿童的双语学习，到学生学校教育双语课程的安排，甚至到成年后第二语言的选择，甚至到翻译活动的两种语言翻译文本的衡量标准等。中国南方一些无文字少数民族的民汉双语教育可能会出现消减性现象。而新疆维吾尔族聚居区由于语言文字使用历史久远、文化深厚、同一民族聚居程度较高，在这一地区进行的维汉双语教育出现消减现象的可能性不大，更多的是属于添加性现象。在英汉翻译中，语言的社会功能可以影响到对两种语言翻译文本质量的衡量标准，如对"英式汉语"的容忍度要大大高于对"汉式英语"的容忍度。

（三）阈限假说理论

卡明斯等人提出了阈限假说[②]，其基本要点是：为了避免双语学习给认知发展带来负面影响并进而显现出双语学习对认知功能的有益影响，儿童在其第一语言和第二语言上必须达到一定的阈限水平。卡明斯等人假定有两个阈限水平，达到了第一阈限水平，儿童就可以避免由双语学习带来负面影响，达到了第二阈限水平，双语学习就可以为儿童带来积极和有益的影响。双语百科全书的编写人贝克则进一步明确地将卡明斯等人的

---

① 参见余强等：《国外双语教育的理论和实践》，陕西人民教育出版社，2006.9，第69页。
② 参见余强等著：《国外双语教育的理论和实践》，陕西人民教育出版社2006.9，第57—59页。

阈限理论作了图解（见图1）。在图1中，双语儿童的语言发展被描绘成一座三层楼房。在楼房的底层，儿童的两种语言均未达到相对应的单语人水平，在这种情况下，儿童的认知发展可能会受到负面影响。例如，这样的儿童在课堂上可能会在处理信息方面遇到困难。在楼房的中层，双语儿童的两种语言中有一种达到了相应单语儿童的水平，另一种则没有达到：在这种情况下，双语儿童在认知发展方面和同龄的单语儿童没有什么差别，同后者相比，双语儿童在认知发展方面不会有明显的正面影响，也不会有明显的负面影响。在楼房的高层，儿童已达到接近平衡型的双语水平，两种语言或多种语言都分别达到了同龄单语儿童的水平，因此，他们可以用任一语言处理课程材料。正是在这一层次上，双语儿童的认知优势可能会表现出来。也就是说，当一个双语孩子任一语言都达到了同龄单语儿童的相应水平时，他/她就可以比单语儿童在认知方面具有优势。

高层　　平衡双语
本层儿童在两种语言上都已分别达到同年龄单语儿童的水平，在认知方面具有积极的正面影响。
第二阈限
中层　　未平衡双语
本层儿童在一种语言上达到了同年龄单语儿童的水平，但在另一语言上未达到同年龄单语儿童的水平，在认知方面既不会有正面的影响，也不会有负面的影响。
第一阈限
底层　　有限双语
本层儿童在两种语言上都分别低于同年龄单语儿童的水平，在认知方面可能会出现负面的影响。

图1　卡明斯等人的阈限理论图解

根据卡明斯的观点，对于相应的年龄来说，有两种语言能力，一种是交际性语言能力，另一种是学术性语言能力。一般情况下，交际性语言是和具体的情境相联系的，在认知上没有什么难度，移民孩子在新的语言环境里生活两年就可以掌握得挺好。但是，学术性语言一般较少和具体情境相联系，在认知上有一定难度，移民孩子需要在新的语言环境里生活5至7年才能很好地掌握。所以，当孩子们掌握的第二语言能力足以应付非情境化语言环境中具有认知难度的语言应用时，双语教育才开始表现出积极影响。反之，当儿童在第二语言上获得了表面的流利，看上去似乎已能够用第二语言教学，但他们实际上并未熟练掌握学术性语言能力时，双语教育将会导致负面的结果。

贝克认为将两种语言能力区别开来具有重要的意义，它可以帮助解释如下3个广为接受的研究发现：（1）在美国，以少数民族语为母语的孩子通常上过渡性双语项目，当他们的英语会话听上去挺好时,他们就被过渡到单一英语的常规班级。然而,这些儿童在进入主流班级以后经常表现出学业成绩低下。从两种语言能力水平的角度看,这些儿童成绩差的原因可能就在于他们的学术性语言能力尚未发展成熟,还不足以对付主流班级的学习任务。(2) 加拿大浸入式学生在短期内通常落后于单语对照组儿童的学业成绩,但一旦他们在第二语言上获得了足以应付较少情境性和认知要求高的语言能力时,他们一般会赶上他们的单语同伴。(3) 美国、加拿大和欧洲一些国家的实验表明,允许以少数民族语言为母语的学生在小学阶段部分地通过母语接受教育,这些学生的学业成绩一般不出现落后,主流语言(儿童的第二语言)的发展一般也不会落后,因为他们通过母语发展了对付非情境性和认知要求高的学术性语言环境的能力。

阈限假说理论对于我们认识、解决中国双语教学中的一些问题具有启发性意义。当学生的第二语言(汉语)还未熟练掌握学术性语言能力时,应该使用学生已掌握的第一语言学术性语言能力来讲授各门课程,在学生在第二语言方面已经熟练掌握学术性语言能力时应逐步转用第二语言授课,因为汉语承载的各学科的信息量,知识体系的完整性、系统性优于少数民族语。当然转用的课目、步骤、进度应根据学生两种语言日常口语能力和学术性语言能力的实际情况细心确定。

三、有关第二语言习得的理论和假说

有关第二语言习得的理论和假说方面的内容在刘珣先生《对外汉语教育学引论》①一书中有较详细的论述,本文仅做简要介绍。

(一) 对比分析假说

这是由拉多于 50 年代中期行为主义鼎盛时期提出的假说。认为第二语言的获得也和第一语言获得一样是通过刺激—反应—强化形成习惯的结果。一旦习惯形成,当学习者处于某一语言情境时就会自动地做出反应。但与第一语言习得不同的是,在习得第二语言的时候,学习者已形成了一整套第一语言的习惯,因此就存在第一语言(常常是母语)习惯的迁移问题。迁移(transfer)是心理学的概念,指在学习过程中已获得的知识、技能和方法、态度等对学习新知识、技能的影响。这种影响有的起积极、促进的作用,叫正迁移(positive transfer),有的起阻碍的作用,叫负迁移(negative transfer),也叫干扰。

对比分析假说对第二语言习得的解释完全是行为主义刺激—反应—强化的理论,这一理论成为听说法、视听法等重要的第二语言教学法,特别是句型替换操练的理论基础,对第二语言教学产生了深远的影响。但另一方面,只强调学习者通过刺激反应被动地养成一定的语言习惯,否认学习者语言习得的认知过程,忽视人的能动性和创造力,

---

① 参见刘珣先生《对外汉语教育学引论》一书中的相关内容,北京语言大学出版社 2000 年 1 月第 171 页。

是行为主义理论的根本缺陷。它不能全面解释第一语言的习得,也同样不能完全解释第二语言的习得。

(二) 中介语假说

中介语(也有人译成"过渡语"或"语际语")是指在第二语言习得过程中,学习者通过一定的学习策略,在目的语输入的基础上所形成的一种既不同于其第一语言也不同于目的语、随着学习的进展向目的语逐渐过渡的动态的语言系统。

中介语理论有利于探索学习者语言系统的本质,发现第二语言习得的发展阶段,揭示第二语言的习得过程及第一语言的影响。对中介语的研究可以看做是语言习得理论特别是第二语言习得理论研究的突破口。另一方面,由于中介语假说提出的时间还不长,很多理论问题尚未解决,很多观点也未得到验证。比如对中介语的起点是学习者的第一语言的说法,就有不同的看法。

在中国,对外汉语教学领域对中介语理论探讨较多。人们期望中介语的研究能为第二语言习得研究提供一个观察的"窗口",并为第二语言教学提供某些理论依据。近十几年来,关于中介语理论的探讨主要集中在以下几个方面:中介语的定义、中介语与对比分析以及偏误分析的关系、中介语产生的根源以及中介语的研究方法。

(三) 内在大纲

科德于1967年在其《学习者言语错误的重要意义》一文中提出,第二语言学习者在语言习得的过程中有其自己的内在大纲(builtin syllabus),而学习者的种种偏误正是这种内在大纲的反映。这就是说,学习者不是被动地服从教师的教学安排、接受所教的语言知识,而是跟儿童习得母语一样,有其自身的规律和顺序。内在大纲实际上是人类掌握语言的客观的、普遍的规律,教师只能在有限的范围内控制教学过程,无法完全控制学习者对输入的语言的内化过程。当教师的教学安排与学生的习得规律、即内在大纲不一致时,就会影响到第二语言的习得。

内在大纲和习得顺序的假说,是对普遍语法理论和语言习得机制的支持,对中介语发展过程的研究也有一定影响。内在大纲和习得顺序还只是一种假说,尚未获得足够的实验的支持。

(四) 输入假说

从70年代末开始,美国语言教育家克拉申对第二语言习得提出了一系列假说。1985年在其著作《输入假说:理论与启示》中正式归纳为习得与学习假说、自然顺序假说、监控假说、输入假说和情感过滤假说等五个系列假说,总称为输入假说理论[①]。这一理论被认为是第二语言习得研究中论述最全面、影响最大的理论,但同时也是引起很多争议的理论。

[①] 参见刘珣:《对外汉语教育学引论》,北京语言大学出版社2000年1月,第172—176页。

1. 习得与学习假说

克拉申认为成人有两种截然不同的获得第二语言的方法。一种是习得，即潜意识的、日常的暗含的学习，这是儿童自然获得第一语言的方法；另一种方法是有意识的语言学习，这是明确的、正规的、从语言学方面理解并掌握语言，一般在语言课堂上看到的就是这种学习。值得注意的是克拉申认为习得是首要的，远比我们想像的要重要，而学习实际上是辅助性的。通过学习获得的语言无法成为目的语习得的基础，也不能用来自然地表达思想，在交际中流利地运用第二语言只能靠习得。

2. 自然顺序假说

克拉申赞同科德的内在大纲假说，认为人们习得语言规则有一个可以预测的共同顺序：有的先习得，有的后习得。克拉申通过实验得出习得作为第二语言的英语语素有一个固定顺序的结论，这一顺序不受学习者母语和年龄影响，称为自然顺序。

3. 监控假说

通过学习所获得有意识的系统语言知识和规则并不能使学习者表达得更为流利，只能作为一个监督者、一个编辑，起监控的作用，对输出的语言形式进行检查和控制。在监控假说中，克拉申仍强调习得是主要的，学习是辅助性的这一有争议的观点。在克拉申看来，学习所获得的知识能起的监控作用是十分有限的。而且随着研究的进展，他认为可能这些有限的功能也会显得越来越小。因此，语言教学的重心应是交际，而不是规则的学习。

4. 输入假说

克拉申认为这是第二语言研究中最有意义的假说，是用来回答人们是怎样习得语言这个问题的。这一假说有以下几层意思。第一，克拉申认为人类获得语言的惟一方式是对信息的理解，也就是通过吸收可理解的输入（comprehensible input）习得语言知识。人们的注意力集中在输入的信息本身，而不是语言形式上。当他们理解了输入的信息，并且让输入多少包括一点超过他们能力的语言时，语言结构也就习得了，语言结构也是在自然的语言交际中习得的。如果信息没有意义（像课堂教学中有时出现的那样），或者由于某种原因学习者不能理解，就不可能产生学习的效果。第二，输入的语言信息既不能过难，也不能过易，克拉神用"i＋1"来表示。i 代表学习者目前的语言水平，i＋1 则是下一阶段应达到的语言结构水平，即稍稍高出他目前的语言水平。

他认为"说"的教学没有必要，只要给学生可理解的输入，一旦水到渠成，学习者能自然地学会说话。这一观点很难为有实际教学经验的教师们所认同。

5. 情感过滤假说

情感过滤假说也称屏蔽效应假说。第二语言学习者在学习和生活中有各种各样接触目的语的机会，这都是输入。但输入的语言信息有时并没有被吸收，即使最容易的、已经理解了的输入也不总是被吸收。第二语言课堂学习也总是输入大于吸收。人类头脑中这种对语言的堵塞现象，是由于情感对输入的信息起了过滤作用，称为（情感过滤"

(the affective filter），或者说成为把输入挡在外边的屏障。而造成这种过滤或屏障的主要是一些心理因素，如学习的动力、对所学语言的态度、自信心、是否紧张焦虑、是否处于防卫状态、怕出丑，甚至身体和精神状况不佳都能产生屏蔽效应，挡住输入。这是对第二语言习得有深远意义的假说。

（五）普遍语法假说

普遍语法理论不仅是语法理论，也是语言习得的理论，用来解释第一语言是如何习得的，语言习得机制是如何发挥作用的。学者认为：婴儿的"最初语言状态"包括人类语言共有的语言原则和尚未定值的语言参数。婴儿接触到具体的语言（如母语）通过假设——验证给这些语言参数定值，逐渐形成他母语的规则系统。有实验表明，在第二语言习得中普遍语法仍起作用，人们对所接触到的第二语言的语言参数值可以再定值。学习的初期接触到更多的第二语言之后，逐渐对第一语言的参数值进行调整或重建。

四、第二语言学习者的个体因素

第二语言学习有普遍规律，同时学习者又表现出许多个体特点。它们表现在第二语言学习者对语言习得产生作用的生理、认知、情感等各个方面。张灵芝《对外汉语教学心理学引论》[①]一书对此做了较详尽的阐述，本文在此仅做简要介绍。

（一）生理因素

与语言习得有关的生理因素经常集中在语言习得的年龄问题上。对于第一语言习得，人们提出了母语习得的关键期假说：从两岁至12岁青春期开始前，人的大脑处于语言功能侧化过程中，具有可塑性，能使儿童自然地习得母语。这一假说也被运用到第二语言学习中，但至今仍存有争议。

（二）认知因素

语言习得的认知因素主要包括智力、学能、学习策略、交际策略以及认知方式。

1. 智力

智力指"人认识、理解客观事物并运用知识、经验等解决问题的能力，包括记忆、观察、想像、思考、判断等。"在第一语言习得过程中，一般认为智力不是决定性的因素。因为只要不是弱智，任何儿童都能获得自己的母语。

在自然语言环境中习得第二语言，智力没有太大的影响，但在正式的课堂教学中、特别是强调语言形式教学时，智力起较大作用。研究成果还进一步表明，智力与正式学习中的阅读能力、写作能力的提高以及语法和词汇的学习有较大的关系，而对听力、口语能力的影响要小得多。所有这些结论，都还有待于进一步实验和研究的验证。

---

① 参见张灵芝：《对外汉语教学心理学引论》，厦门大学出版社2006年11月第55—58页。

2. 语言学能

一般认为，认知能力对语言学习起着促进作用。但往往出现这样的情况：有的学生其他科目学得很好，但学外语却十分吃力，这说明第二语言习得需要一些特殊的素质。这种学习第二语言所需要的特殊认知素质叫做第二语言学习的能力倾向，也称语言学能（language aptitude）。根据卡罗尔的观点，语言学能测验主要考查四种能力。这种测验常采用一种人们不熟悉的语言或干脆是人造语言来进行。

（1）语音编码解码能力。主要指识别语音成分并保持记忆的能力。常采用对一种新的语言从声音辨认符号或从符号辨别声音的试题。

（2）语法敏感性。指识别母语句法结构和语法功能的能力。如在试题的句子中找出与例句中某一成分具有相同语法功能的词。

（3）强记能力。在较短时间里能迅速记住大量语言材料的能力，特别是强记大量新语言生词的能力。通过与之意义相配的母语单词来检查记忆是否正确。

（4）归纳能力。从不熟悉的新语言的素材中归纳句型和其他语言规则的能力。

3. 学习策略和交际策略

学习策略（learning strategies）是语言学习者为有效地掌握语言规则系统，发展言语技能和语言交际能力，解决学习过程中所遇到的问题而采取的各种计划、途径、步骤、方法、技巧和调节措施。研究发现，不同学习者所采用的学习策略有很大的一致性和规律性。根据最早研究学习策略的茹宾（J. Rubin）所提出的六种认知学习策略，第二语言学习的一般性策略可以概括为以下几个方面：

（1）求解。学习者对所接触到的新语言材料首先必须理解，往往是通过已有的语言知识和具体的语言情境进行猜测，并通过各种办法（如要求对话者或教师举例说明、解释或重复）证实其所做的假设。

（2）推理。学习者通过原有的知识（包括第一语言知识）以及新获得的语言知识，进行概括推理或演绎推理以及分析、归纳等思维活动，以内化规则。在这一过程中可能采取会导致偏误的迁移、过度泛化和简化等具体策略。

（3）实践。学习者通过大量练习或言语交际活动，从模仿、重复、记忆到运用，以熟练地掌握目的语。

（4）记忆。学习一种语言离不开记忆，不论用何种方法（记笔记、朗读、复述、比较、组织、复习等），学习者必须记住所学的规则和语言材料。

（5）监控。学习者发现自己的语言方面或交际方面的错误并加以纠正。

交际策略是学习者为顺利进行语言交际活动（即理解对话者的意图和表达自己的意思）有意识采取的计划措施或方法技巧，是语言使用者交际能力的一部分。西方学者对学习者的交际策略也做了不同的分类。这些分类各有特点。综合各家的看法，大体有以下几种策略：

（1）回避。回避某一话题或放弃表达某一信息。

（2）简化。对目的语的形式或功能加以减缩。

（3）语言转换。在目的语中夹杂母语。

（4）目的语母语化。用母语的语言项目或规则来表达目的语，形成母语式的目的语。

（5）母语直译。将母语直接译成目的语。

（6）语义替代。用比较熟悉的同义词做近似表达。

（7）描述。用一段描述或解释迂回表达某一意义。

（8）造词。造目的语中并不存在的词语。

（9）重复。对对方听不明白的部分不断重复，希望能使对方听懂或争取时间想出别的表达方式。

（10）使用交际套语。使用已经储存在记忆中的一些固定说法，如汉语的"哪里哪里"、"尊姓大名"、"一路顺风"等。

（11）利用交际环境。一定的交际环境有助于意义的表达。

（12）等待。一时不知如何应对，在记忆中检索。

（13）体势语。

（14）使用其他语言。既不是母语也不是目的语，而是用其他语种。

（15）求助于对方。直接要求对方解释或重复，也可以通过停顿、眼神间接求助于对方。

因此有的西方学者认为适当地运用交际策略固然有助于目的语的学习，但学习者过多地在交际策略上花功夫则会影响到对新的语言知识的学习，甚至错误地认为交际策略可以代替语言表达手段。教师对学习者交际策略的鼓励和培养，要紧密配合语言知识学习和语言技能的训练。

（三）情感因素

情感因素在第二语言习得中起着极其重要的作用。作为个体因素中的情感因素主要指动机、态度和性格。

1. 动机

一般对动机可从不同的角度作多种划分，常见的分类有以下五种：

（1）根据学习动机的内外维度，可分为内部动机与外部动机。内部动机是指人们对学习本身的兴趣所引起的动机，是一种要求了解与理解的需要，要求掌握知识的需要，以及系统地阐述问题并解决问题的需要，这种动机指向学习者本身，是为了获得知识。动机的满足在活动之内，不在活动之外，它不需要外界的诱因、惩罚来使行动指向目标，因为行动本身就是一种动力。如有的学生喜爱汉语，他便在课上认真听讲，课下刻苦钻研。

相反，外部动机是指人们对学习的满足不在活动之内，而在活动之外，这时人们不是对学习本身感兴趣，而是对学习所带来的结果感兴趣。如有的学生是为了取悦家长、为了将来能找一个好工作、为了了解中国文化等。

内部动机与外部动机有必要相互联系，相互补充，相互结合。内部动机和外部动机关系到学生们是否去持续掌握他们所学的知识。

（2）根据动机行为与目标的远近关系划分，可把学习动机区分为远景性动机和近景性动机。所谓远景性动机（distant motivation），是指动机行为与长远目标相联系的一类动机。所谓近景性动机（proximal motivation），是指与近期目标相联系的一类动机。例如，学生在确定选修课程时，有的是考虑今后走上社会、踏上工作岗位的需要，有的只是考虑眼下是否容易通过考试，他们的择课动机便属远景性和近景性动机范畴。

远景性动机和近景性动机具有相对性，在一定条件下，两者可以相互转化。远景目标可分解为许多近景目标，近景目标要服从远景目标，体现远景目标。"千里之行，始于足下"，是对远景性动机和近景性动机辩证关系的生动描述。

（3）根据动机行为的对象的广泛性，可以把学习动机分为普遍型学习动机和特殊型学习动机。在对外汉语教学中还出现这样一种情况：一类学生对有关汉语的对象都有学习动机，不但对所有知识性的学科都认真学习，甚至与中国文化相关的武术、京剧、风土人情和生活方式，都非常感兴趣；另一类学生则只对口语或是阅读有学习动机，对其他均不予注意。第一类学生的学习行为背后的学习动机，可以称为普遍型学习动机（general motivation tolearn）；第二类学生的学习行为背后的学习动机，可以称为特殊型学习动机（specific motivation tolearn）。

（4）根据动机在活动中的地位和所起作用的大小，可把学习动机区分为主导性动机和辅助性动机。对行为起支配作用的动机称为主导性动机（dominative motivation），对行为起辅助作用的动机称为辅助性动机（assistant motivation）。当主导性动机和辅助性动机之间的关系比较一致时，活动动力会加强；如果彼此冲突，活动动力会减弱。一般来说，在同一时间内，在一个学生身上，主导性学习动机只有一个，而辅助性学习动机则可能会有一个以上，并且这些辅助性学习动机的强度和稳定性也都不会是一样的。

（5）融合型动机和工具型动机。所谓融合型动机（integrative motivation）是指为了跟目的语社团直接进行交际，与目的语文化有更多的接触、甚至想进一步融合到第二语言社团中成为其一员。工具型动机（instrumental motivation）是指把第二语言用作工具的实际目的，如查阅资料，进行研究，寻找工作，提高自己的知识水平，改善自己的社会地位等。仅仅出于兴趣爱好的动机，往往不能持久，特别是一旦在学习中碰到较多的困难（如汉字对某些刚开始学习汉语的外国学生来说既神秘又有趣，但学习一段时间后就会感到不堪记忆汉字的重负），兴趣也就不复存在了。这就给第二语言教学提出了如何不断激发学习动机等极其重要的问题。

高一虹等（2003）对大学本科生英语学习的研究有如下发现：①工具性、文化性、情景性并存；②外语文化指向与母语文化指向并存；③社会责任与个人发展目标并存；④远景性动机与近景性动机并存；⑤专业和英语水平对动机有明显影响，从长远来看，培养内在兴趣有利于提高学生的英语水平,而成绩动机不宜过分强化。

2. 态度

态度是构成动机的主要因素之一。它是个体对某种客观事物的评价性反应,是在对事物了解的基础上产生情感上的褒贬好恶,并反映出对之采取行动的倾向性。影响学习态度的几个方面是[①]:

(1) 对目的语社团和文化的态度。对目的语文化、历史、社会和人民有好感,渴望有更多的了解甚至向往其生活方式和精神文明,一般说来将会形成学习该目的语的十分有利的态度。反之,由于某种原因对该目的语文化抱有反感甚至仇视的态度,则不可能有积极的学习态度。

Stern 列出了态度的五个等级:①非常正面,即迷恋、整体的羡慕;②正面,即理解和同情;③中立,即了解,对此文化持不偏不倚的态度;④负面,即对此持批评和负面态度;⑤非常负面,即敌视,对该文化社区人民带有偏见。

(2) 对目的语的态度。对所学的语言有好感,认为它有较大的交际用途,语音优美,结构和表达方式丰富多彩,感到学习该语言可以不断接触新的事物,学习过程本身就是一种乐趣。反之,如果觉得该语言难听,语法过难,学习很吃力,就会产生一种畏惧或厌恶的心理,采取消极应付或干脆放弃的态度。

(3) 对课程和教师、教材的态度。对大多数学习者来说直接影响其目的语学习态度的还是他们在语言课堂上的感受。课程是否有意义,教材是否有趣,教学方法是否生动活泼;特别是教师的知识、经验和个人的魅力,会在很大程度上影响到学习者对第二语言学习的态度。

3. 性格

性格特征对第二语言习得的影响是公认的。个性特征是重要的情感因素。这里主要讨论内向和外向、自尊与抑制、冒险精神、焦虑和移情、模糊容忍度几个主要个性特征。

(1) 内向和外向。心理学把性格区分为内向和外向两种。内向性格一般不爱说话,不善于或者不愿意表达自己的思想,也表现为不爱交际、不好活动、喜欢独自学习。外向性格则热情开朗、爱说话、善交际、非常活跃。一般认为外向型性格有利于习得第二语言,内向型则不利于学习第二语言。但一些调查结果并没有明显地支持这种看法。可能是由于语言能力和语言交际能力的不同方面,需要不同的性格特征,不能一概而论。善交际(外向性格的一个基本特征)会获得更多的实践机会、更多的第二语言输入和交际的成功体验。内向型学习者在读写方面用的时间较多,在发展认知性语言能力方面做得更好。

实际上,对于一个人是外向型性格还是内向型性格,只有一小部分人有突出的表

---

① 参见陈文存:《外语教学折中论》,西南交通大学出版社,2004 年。

现，可以明显区分，多数人是介于两者之间，在有些方面显得外向，在另一些方面又显得内向。在刘润清等（2000）的调查中，内外向型不明显的学生占总人数的58.6%，外向型只占约11%，内向型约30%。

（2）自尊心和抑制。自尊心（self-esteem）是个体对自身价值的自我判断。自尊心强，即充分肯定自己存在的价值，对自己持肯定、积极的态度。与自尊心有着密切关系的是抑制。抑制是个体防御外部伤害、保护自我的心理屏障。过高的抑制心理显然不利于第二语言的习得，学习者和教师需要在学习过程中逐步排除这一心理屏障。

Brown, H. D.（1994）把自尊分为三个层次：总体或整体型自尊、情景或具体型自尊和任务型自尊。一般认为，总体型自尊是成人相对稳定的特性。情景或具体型自尊指在某种生活环境中，如在社会交往、工作、教育、家庭中对自己的评估，或者对某些相对分离释义的特点的评估，如智力、交际能力、运动能力，或一些个人特点如合群性、移情、灵活性等。任务型自尊涉及到在具体环境内的特定任务。关于自尊与第二语言学习的关系，一些学者（Gardner, Lambert, Brodkey等）的调查研究结论是：自尊在第二语言习得中，特别是在第二语言学习的跨文化因素中，是一个重要的可变因素。自尊与学习成功之间也是互动的关系，较高的自尊程度，有利于学习获得成功，获得成功又促进自尊的提高。在自尊受到保护和鼓励的环境中，学习的认知活动最有效。成功的体验能激励进一步的成功，而屡次的失败会逐渐伤害学习者的自尊，从而导致最终的失败。外语教师应注意发现学生的长处，同时要让自以为是的学生认识到自己的不足，引导学生客观地评价自己，要适度地向学生提供可以获得成功的机会，增强学生的自尊。

（3）焦虑。焦虑是一种性格特征。具有这种性格的人在做事之前或做事之后都可能产生对能否做好事情的焦急、担心和忧虑的情绪。这里所指的是第二语言学习中所产生的焦虑。

在研究焦虑对外语学习的影响时，Scovel（1978）运用了Albert和Habert所区分的促进性焦虑和退缩性焦虑。促进性焦虑使学习者产生动力，迎接新的学习任务，促使学习者作出额外的努力以克服他们焦虑的感觉。退缩性焦虑则使学习者逃避学习任务。William（1991）提出，这两种类型的区分可能相当于按焦虑强度作出的区分，低度焦虑状态有促进功能；高度焦虑则有耗损作用，会给语言学习造成恶性循环。焦虑导致紧张和害怕，紧张和害怕浪费精力和注意力。这样用于思考和记忆的能量就相对减少，语言储存和输出效果降低，从而进一步增加导致焦虑的可能性。

（4）冒险精神。Rubin（1975）把敢于猜测、为了交际不怕丢丑、愿意运用已有的目的语知识创造新的表达方式等归为优秀语言学习者的特征。Beebe（1983）把这些特征归为冒险精神。他认为冒险精神在课堂上和自然环境中都非常重要。Brown（1994）也认为冒险精神是第二语言学习成功的重要因素。Beebe的调查研究表明，适度的冒险精神才是有利于外语学习的，成功的外语学习者不会胡乱地冒险，不会去做根本不可能成功的尝试。

外语学习者有适当的冒险精神有利于他们参与较多的语言运用实践，获得更多的练习机会，比如根据背景知识猜测词义、尽管有可能出错仍大胆地讲等。教师应多鼓励学生参与言语活动，大胆实践。同时，对个别学生不按目的语习惯和规则胡乱编造语句的现象也要及时正确引导。

（5）移情。移情（empathy）是指设身处地领会别人的思想和感情。这是人与人交往中相互沟通、消除隔阂、达到和谐相处的必要条件。

移情对外语教学有这样一些启示：第一，要让学习者了解已有语言思维模式对第二语言学习的不利影响，尽量排除母语对第二语言学习的干扰。对儿童，则发挥他们语言思维模式不固定的优势，鼓励他们大胆运用第二语言交际。第二，加强第二语言教学中的文化融入，提高学生的跨文化交际能力。第三，教师要适当宽容学生的语言错误，体谅学生在第二语言学习过程中的难处，多鼓励，少责难，充分调动学生的学习积极性。

（6）歧义容忍度。对模糊不清或有歧义的问题的接受与容忍的程度叫歧义容忍度（ambiguity tolerance）。歧义容忍度高的人能接受与其理念和知识结构不同的观点和意见，能接受互相矛盾的内容，能恰当地处理复杂、模糊的事物。歧义容忍度低的人则拒绝那些与他们不一致的观点，对事物的看法是非白即黑，没有中间色彩，不能忍受模糊不清或有歧义的事物，对之采取回避的态度。

理想的第二语言学习者既要能采取开放型的态度容忍歧义，同时又能探究歧义以促进语言学习。Brown（1994）认为，能容忍模糊者易于接受创新精神，创造能力强，不易在认知上和感情上受模糊和易变的干扰。在第二语言学习的过程中会遇到大量的明显矛盾的信息：与本族语不同的言辞，不仅不同而且由于某种"例外"造成内部规则的不一致，以及有时整个文化系统与本民族文化系统的巨大差异。要使语言学习获得成功就必须具备容忍模糊的能力，至少在中级阶段是这样，才有机会解决模糊不清的内容。但是，过度容忍模糊也会有害，会导致囫囵吞枣，阻碍吸收有意义的内容。例如，不能把语言规则有效地形成一个完整的系统，会用死记硬背的办法囫囵吞枣地学习一些无意义的内容。模糊容忍度低虽然可避免一些不良习惯，但又过早拒绝那些自相矛盾的现象，特别是在感受到心理威胁时就采取回避的办法。这种认知方式对外语学习有害。

尽管西方学者对个体因素中的生理因素、认知因素和情感因素进行了不少的调查研究，但所得出的结果很不一致，而且很多情况下缺乏可靠的研究手段，很难用实验方法加以证实。主要原因在于人的情感、认知等方面的特点是十分复杂的，常常是多方面的因素同时起作用，很难将单个因素如学习策略、交际策略、认知方式、动机、态度、性格，或性格中的自尊、抑制、焦虑、移情等分离出来专门加以研究。因此在很多问题上除了根据常理推断或是凭经验而形成一定的看法外，还不能通过精确的实验达成共识，因此也就不能真正了解到这些个体因素对第二语言习得究竟产生何种影响。

（四）成功第二语言学习者的学习特点

虽然我们还无法充分认识第二语言学习者成功语言学习的特点，但是还是能找出一些带有规律性的东西，以下是一些专家在这方面的总结[①]：

1. Rubin 对成功语言学习者学习策略的归纳

（1）随时准备猜测。

（2）尽量表达自己的想法。

（3）不怕出丑。

（4）注意语言形式。

（5）利用机会练习。

（6）监测自己和他人所说的话语。

（7）注意语言表达的意义。

2. Ellis（1994）的观点

Ellis（1994）进一步指出，成功的语言学习者的策略包括五个方面：

（1）关注语言形式。即对语言知识比较敏感，把语言看作一个系统，进行有效的跨语言比较，分析目的语，监测和重视语言形式，使用参考书。

（2）关注语言意义。从上下文中猜测意义，并设法表达自己的意思。能根据需要调整，把重点有时放在语言形式上，有时放在语言意义上。具有这样的能力是一个语言学习者成功的关键。

（3）积极主动地参与语言学习。学习者喜欢系统性强、逻辑清楚的教师，但更愿意把教师看作"资料和信息提供者"，而不是完全依靠教师。这里的积极参与并不一定是参与口头交际。许多成功的学习者是"沉默的说话者"，也就是听其他人说时自己在心里默练。

（4）对自己的学习过程具有较高的意识程度。他们意识到自己与学习过程的关系并有所思考，按照自己喜欢的学习风格学习，对自己的学习情况进行较好的调控，准确分析自己的学习进步情况和存在的问题。

（5）运用元认知知识评估自己的需求、评价进步情况、调整学习方向。能控制自己的学习，灵活并恰当地运用学习策略。在使用方法时，有较强的目的性。

3. Davies 和 Pearse 的观点

Davies 和 Pearse（2000）认为："大多数成功的语言学习者确实有一些共同点，如强烈的动机，既采用分析策略也采用交际策略，充分利用实践机会。"他们还强调："高度成功的外语学习者的一个特点是他们是自动的。他们不过多依赖教师。自己决定怎样在课外学习，甚至在课堂内如何学习也由自己决定。他们不经常依赖教师的反馈和认可。"

---

① 参见陈文存：《外语教学折中论》，西南交通大学出版社，2004年。

4. 总结

成功语言学习者具备较好的认知能力，学习动机强烈，有较强的学习独立性，主动地参与学习过程，充分利用一切机会进行外语运用实践，既注重语言意义也不忽略语言形式，折中使用各种策略。

从学者们对成功的学习者与效果不理想的学习者在运用语言学习策略上的对比研究分析中，并结合我们在教学中的经验，还应该注意到这么一个特点：大多数学习效果不理想的学习者都知道一些语言学习策略，而且也在运用一些策略，但是，他们往往忽视了三方面的问题，即①所用策略是否符合自己的特点和所处的情况；②他们对学习活动的目标常常不明确，有较大的模糊性和盲目性；③对学习策略的运用持久性不够，常常是最初的设想很好，执行得也不错，但过一段时间就变了。

第三章　双语学视角下的多语学习

本著作中的第二语言学习概念是广义的概念，其中包括除第一语言外的所有语言学习，当然，也包括多种语言学习。但我们在此把多种语言学习专门拿出来分别论述，是因为在语言学习上，多语学习与两种语言学习相比，确有它值得揭示的特点，也因为多语学习确实存在着一个仅次于两种语言学习的庞大群体，这个群体面对的问题需要我们分别对待、认真探索。在多语学习中我们关键解决第三种语言的学习问题，与第三语言学习特点相关的问题搞清楚了，第四语言、第五语言等多语学习中的重要问题也就迎刃而解了。

第一节　第三语言学习与第二语言学习的区别

与第二语言学习相比，第三语言学习的显著特点是：第二语言是建立在第一语言系统之上的第二套语言系统。在语言之间的联系与对比上，第二语言学习只需要面对第一语言与第二语言之间的联系与对比。而第三语言学习是建立在第一语言、第二语言系统之上的第三套语言系统。第三语言学习将面对三种语言之间的相互联系与对比，其中至少包括以下关系：第一语言与第二语言的关系、第二语言与第三语言的关系、第一语言与第三语言的关系。这将使第三语言的学习心理过程、面对的语言关系的复杂程度大大超过第二语言学习。当然，第三语言学习与第二语言学习相比也有它占优势的地方。一般情况下在学习经验方面，一个人第二语言的学习方法及习惯会影响到他第三语言的学习方法及习惯。如果一个人成功地学会了一种第二语言，他也会自觉地用这种第二语言学习的成功方法学习第三语言，这将使他较快地进入第三语言学习的合理状态，更顺利地掌握第三语言。不少语言学习者在成功掌握第二语言之后，语言学习的兴趣持续不减，接连拿下多种语言，这样的事例在古今中外屡见不鲜。当然，如果一个人第二语言学习不成功，也将给他的第三语言学习带来负面影响。如果他能战胜第二语言学习留给他的负面影响，在第三语言学习的过程中百折不挠，细心总结经验，进行语言学习方法的改革与创新，也能获得第三语言学习的成功，并且能通过第三语言学习的成功，反作用于第二语言学习，实现第二语言学习的新转机。以笔者的语言学习经历为例，我的维吾尔语、哈萨克语学习由于主客观的一些原因一度曾一败涂地，但在这其后的俄罗斯语学习由于身处独联体俄语目的语环境中，加上强大的内在推动力则取得了突破性的进展，具备了基本的听说实用能力。俄语学习的成功大大增强了我对语言学习的信心，也让我真正体会到什么样的语言学习才是真实有效的。在此以后，我又对维吾尔语进行了回炉，也使我维吾尔语的学习出现了突破性的进步。

那么，第三语言学习有些什么样的特点与规律需要我们提出与探索呢？根据第三语言学习的实际需要我们至少可以就以下问题进行探讨。

第二节　目的语环境中和目的语环境外的多语学习

语言学习者可以根据自己所处的语言环境和个体心理特质、能力倾向的特征、早期语言学习习惯，形成自己独特的语言学习方式。这个语言学习方式可能发轫于第一语言学习过程，形成于第二语言过程，扩散、影响到第三语言过程。根据我初步的观察与调查，语言学习模式至少可以分为两类：从口语进入语言学习、从阅读进入语言学习。

一、目的语环境中的多语学习

这种语言学习者身处目的语环境之中，往往声音模仿能力较强、乐感强，语言学习的优势首先在口语表述中显露出来，口语的获得成为他们语言学习的突破口，并影响到他们语言学习的全过程。在多年语言学习、语言教学及其研究过程中，我观察与调查到的很多这样的例子给我留下了深刻印象：

（一）一位维吾尔族女教师多语学习的过程（访谈录）

被访者：维吾尔族，女，45岁，教师，大学本科文化程度

访谈内容：在我上学以前，由于家住在汉族聚居区，汉语交际能力没问题，维语不怎么好。小学和初中是在汉族学校上的，汉语口头表达能力较强，与同班同学争论很少输过。但汉语书写能力较低，甚至至今都没有突破。上高中时我转到维族中学，开始，我维语说不出来，一个星期以后开始说维语，并且在不长的时间里，维语的口头表达能力超过同班同学，标志是与同班同学用维语打嘴仗从没输过。但是，用维语写作始终不行。中苏关系正常化以后，我又开始学俄语，并到吉尔吉斯留学一年，接着开始用俄、汉、维三种语言当翻译。俄语的突破口仍是口语，说得较流利，但写作不行，尤其怕中国式的俄语语法考试。我觉得我有口头表达的语言天赋，我对语言的感觉是，首先注意它悦耳好听，然后才注意它的对错。每当我说自己喜欢的语言时，总是很自信、很愉

快，感觉就象是在唱歌一样（我的歌唱得很好，曾经考过歌舞团）。对我来说，不管哪种语言，口语不费劲就上去了，而写作上不管怎样用功，就是上不去。

分析：

这位被访者是典型的以口头表达能力为突破口的语言学习者。形成的原因既有先天因素，也有后天因素。她的第一语言——汉语是在目的语环境中，通过大量的听说实践学成的，这也影响了她后来维语、俄语的学习模式与突破途径。

有许多多语学习者走的也是这条路，有些人把他们的经历与经验记录在他们的著作中。

（二）加拿大斯蒂夫·考夫曼先生的多语学习之路

加拿大著名多语学习者斯蒂夫·考夫曼一生共学习、使用了法语、汉语、日语、韩语、西班牙语、瑞典语、意大利语、德语、广东话等九种语言与方言，他语言学习的经历与经验在他的自传性著作《语言家——我的语言探险之旅》[①]中得到了详细的记录，在语言学习上给我们以很多的激励与启示，现把基本内容转述如下。

1. 艰难曲折的法语学习过程

（1）课堂教学带领下失败的法语学习

斯蒂夫·考夫曼1945年生于瑞典，五岁的时候随着父母亲及兄长汤姆，移民到加拿大的蒙特利尔。斯蒂夫·考夫曼在蒙特利尔的英语区长大。蒙特利尔是个讲法语为主的城市，但斯蒂夫·考夫曼在17岁以前只讲英语，虽然学校从二年级便开始教法语，而且四周也都是讲法语的环境，然而，他却对学习另一种语言不感兴趣，一直也无法用法语与人交流。对当时的法语课堂教学斯蒂夫·考夫曼有着很多负面的记忆："当语言学习的主题成了语言本身的种种细节之后，我便会产生抗拒心理。在老师想要强行推销语法中的各种抽象原则，并且还用来考试时，我就继续消极抵抗。"

斯蒂夫·考夫曼很少去注意那些居住在周围的多数法语人口。他上英语学校、结交讲英语的朋友、收听英语广播节目、收看英语电视……，虽然学校里要上法语课，他通常也能获得好成绩，但在真实的世界里，他无法有效运用法语。多年以后他对自己当时失败的法语学习总结道："能居住在第二语言的生活环境里是有许多好处。但是，这并不保证你能学会这种语言。学习者必须对所要学习的语言文化有积极的态度，假如你只依赖课堂上的教导，就无法学会如何与人交流，因为课堂上的训练只为通过考试，只有真正怀有想去与另一种文化交流的强烈欲望，才能保证学有所成。

（2）在法语环境中用自己独特的方法成功学会法语

由于父亲生意上的需要，斯蒂夫·考夫曼跟着父亲来到法国。在法国文化的氛围中，在真实的法语环境下，斯蒂夫·考夫曼彻底改变了以往对法语的态度，用自己独特

[①] 《语言家——我的语言探险之旅》著者［加］斯蒂夫·考夫曼，译者詹丽茹，出版发行中华书局，2004年5月北京第1版。

的方法学会了法语:"在尼斯(法国海滨城市),在返回加拿大的前一夜,我和父亲在法国里维埃拉的滨水餐厅一起用餐。灯光顺着锯齿状的地中海海岸线闪烁,并一直向两面延伸,这闪烁的灯光似乎就是迷魂,召唤我去探索更多的海岸,更多的城镇。当我返回蒙特利尔,已俨然是一个全新的人。我突然意识到一个巨大的令人兴奋的世界在等待着我去探索和发现,这对于我来说是一种人生的启示———一切从法语开始。"

在进入麦吉尔大学后,斯蒂夫·考夫曼开始对法国的文学和戏剧大感兴趣,接着对法国的歌手、食物以及整个法国文化的风格产生兴趣。由于在大学里面对的是真正的法国人,用的是正版法文书,讲的是真正的法语,斯蒂夫·考夫曼的法语得到了真正的提高。斯蒂夫·考夫曼感到,法国文化比起他成长其中的讲英语的北美文化,似乎更自由,也更自然。那是个极具异国情调的新世界,他到法语剧院,结交讲法语的朋友,开始阅读法文报纸,并且收听法语广播,开始注意那些法语同胞关心的议题,通过参加会议和讨论,他的法语技巧自然地进步了,也开始了解讲法语的魁北克人的期待与委屈。多年后他回忆道:"真实环境的学习,永远比人为的仿真情境(如操演、训练,或特意为学习者设计的教材等)要有效得多。语法的完不完美其实并不重要,只有沟通才重要。当你把对新语言的排斥转为欣赏的态度,那语言就不再显得稀奇古怪,而是遣词造句的另一种独特表达方式。到了这个时候,你就步上成为语言家的大道了。"

在此之后,斯蒂夫·考夫曼再次来到法国。他回忆道:"当我们经由香榭丽舍大道驶向凯旋门时的感觉,我一度真不敢相信自己能亲身经历那些只有在影片中才能见到的情景。"斯蒂夫·考夫曼在观光局找到一份翻译的短期工作,住在巴黎第20区的一个工人区,与当地人吃住在一起。他在巴黎市内四处游逛,和新结交的朋友到郊外的庄园野餐,到乡间走访,参观那些历史悠久的村庄或城镇,并与当地人用法语交谈。虽然他知道自己的法语还并不完美,但已能够自在地与人对谈、结交朋友。

对于不同民族间的文化冲突,斯蒂夫·考夫曼认为:"我有时也会遇到不友善的法国人。但是,要想在另一个国度或文化体系中求生存,其秘诀就是不要太在意那些不愉快的事,而要专注于那些正面的、积极的事。不过,对我来说,法兰西不但是个充满刺激的国家,也是一个非常好客的民族。我对法国语言和文化的投入态度,使我在与他人交往的时候更易于建立起沟通的桥梁。我相信,假如我仍然停留于一般"北美英语人"的心态,这一切就不可能发生。"

2. 在香港6个月密集学习成功学会汉语普通话

1967年,由于加拿大与中华人民共和国建交的需要,22岁的斯蒂夫·考夫曼被派往香港学习汉语。他选择住到人口比较密集的九龙地区,然后到香港中文大学去学习中文。就如同当初他投入到法国文化里去学习法文一样。

斯蒂夫·考夫曼非常重视与中国同事之间的语言交流:"我还记得在午餐时与老师们一面吃着回锅肉、啃着馒头、喝着鳗鱼汤,一面用普通话交谈的情形。这种非正式的聚会,可说是我最轻松愉快的学习经验了。老师们会谈些他们在中国时的童年往事,或其他一些有趣的话题。"

斯蒂夫·考夫曼选择到"香港中文大学"学习，由刘明先生教授，最有效果的上课方式是老师谈些引人兴趣的话题，而不是强硬地想灌输些什么。他说："我大部分的学习成就，是来自于那些在课堂上不拘形式的对谈，还有我自己在家里的密集学习。"

在达到中级汉语水平之后，斯蒂夫·考夫曼开始选择一些个人比较感兴趣的材料进行阅读，耶鲁大学 1963 年编纂的《中国文化二十讲》，给了他很大的帮助。这本书语言浅显易懂，谈到的主题却非常实际而有趣，都是有关中国历史和文化的。其中的"当代中国文学精选"包含大量短文、戏剧、政治评论和 20 世纪初期中国著名作家、思想家及政治领袖人物写的短故事。在他眼前以它原本的语言展现了一个奇妙的世界。

斯蒂夫·考夫曼在注重目的语环境中口语交流的同时，十分重视语言自修。他说："我学习中文时相当投入，这大概是我能够在短时间内掌握中文的原因。我深居简出，全身心沉浸在中文的密集学习中。比起跟人打交道，我花了更多的时间在看书和听磁带上。在我看来，与当地人交谈固然可以激励你更加努力，但也会因自己语言能力有限影响交流而感到沮丧。所以，在语言学习的第一个阶段，应该花大量时间强化输入，直至可以同当地人进行有内容的交谈，这样的训练更为有效。"

就这样，斯蒂夫·考夫曼在不到一年的时间里实际掌握了汉语普通话。

3. 创造目的语小环境成功学会日语

1971 年，斯蒂夫·考夫曼被指派到加拿大驻东京大使馆工作，他不知道前途如何，但已决心要在 6 个月之内，用自己的方法来自学日文。学习中文的经验，对他日语的学习方法和信念有很大帮助。他说："为了要在这个期间能有突破性的进展，我决意不计一切牺牲来达到这个目的。假如我成功了，我就能以日语维生，而不像大多数生活在日本的西方人那样，只生活在英语的世界里。"

斯蒂夫·考夫曼知道学习日文若想要有进展，一定要尽可能把自己置身在日语的环境之中。因此，虽然在东京也有一个专门播放英语的电台，但当他开始能听懂一些日语时，便总是去收听日语的广播节目。他反复聆听录音带，也尽可能找时间阅读。

斯蒂夫·考夫曼在东京的加拿大大使馆工作时，有个极要好的同事矢崎先生，他非常支持斯蒂夫·考夫曼学习日语，讲日语的时候，总是小心翼翼、不怕麻烦，而且不厌其详，以便于斯蒂夫·考夫曼模仿，他对斯蒂夫·考夫曼的日语学习发生了很大影响。以至于斯蒂夫·考夫曼后来感叹道：一个以你的目的语为母语的人"纵然他不是什么语言教师，只要非常有耐心、非常愿意帮忙，那就会是你学习新语言时最可贵的支柱。

斯蒂夫·考夫曼身在目的语环境中，却不忘为自己的语言学习营造更为有利的小环境。他说："当你有机会生活在目的语环境中时，对目的语的学习就会变得容易。但是，在现实世界里，完全符合你要求的环境总是少见的。因此，建立一个属于自己的语言世界十分有用。"为此，斯蒂夫·考夫曼一直到他日语较为熟练的时候，还在不断地想办法去寻找一些更高程度的日语读物。同时，即使他的日语已讲得相当通顺，仍然坚持听力的训练，通常是利用开车、运动或是做家务杂事的时间反复聆听一些自己已经听过的、有趣的录音带，好让自己在运用某些特定的词汇或词组时，能更有信心。

斯蒂夫·考夫曼的这一方法影响着他一生的语言学习。他说："假如你并不在外语的环境中学习一种新语言，建立起这样的一个属于自己的语言世界，就变得更为重要。这就是我过去20多年来在温哥华一直努力的事——把我先前曾经接触过，却不能讲得通顺的语言，都找出时间加以改进。事实上，与想像中的世界沟通，要比与真实的世界沟通容易得多。因为不但材料唾手可得，而且一切听命于我。这个可以让我随心所欲探索的友善世界，是我在与母语使用者沟通之前能有充分准备的重要泉源与支柱。"

4. 成功学会德语、西班牙语、意大利语、韩语、广东话

在此后，斯蒂夫·考夫曼又成功学习、使用了德语、西班牙语、意大利语、韩语、广东话，并都达到了自如交流、正常处理商务的程度。学习方法仍然是：到目的语国家去生活与工作，欣赏哪里的语言与文化，积极主动与当地人进行语言接触与交流，并在一段时期里全身心投入密集的语言自学中，并在短时间内突破一种语言。

5. 学习多语可以扩展人生发展的空间

一些人认为，掌握多种语言与工作能力无关，我们完全可以依赖翻译来解决不同语言间的沟通问题，而不必费力地亲自学习另一语言。对此，斯蒂夫·考夫曼持有不同的观点，他认为，语言在建立互信的过程中也有它正面的因素，致力于语言的获得就像拥有了一张网，它能让你捕捉住那些一闪而逝的机会，给你带来更多的机遇与运气。你不必说得像那些以此为母语的人一样好，但必须表达得从容、通畅，能不费力地交谈，这种专业水准的语言能力是国际商务必备的条件。当然，语言并不是事业成功的必要条件，只起着加强的作用。你若是个好的生意人，并且只能用一种语言沟通，它也会使你有效地实现自己的目标。应该记住的是，语言能力不能代替其他能力，伏尔泰说过：有位法国贵族能说六种语言，却无法用它们做任何事。

斯蒂夫·考夫曼用自己亲自经历过的大量事例说明了多种语言的学习给他的人生带来的巨大乐趣，给他的发展带来的广阔空间，给他的社会联系、商业经营带来的宝贵机遇。

6. 斯蒂夫·考夫曼对语言学习的体会与经验

斯蒂夫·考夫曼学习、使用9种语言与方言的经历，使他对语言学习有了深刻的体会，积累了丰富的经验。

（1）在真实的语言状态中学习语言。要阅读和聆听那些你感兴趣、并且能够理解的内容。你学习的内容愈贴近实际，所得的效果就会愈好。这样学习到的语言才会有用，才能牢记不忘。如你专注于考试而没有真正去学习如何从容地与人沟通，你只是自欺欺人。我们的许多语言课堂教学实际上是在把很多有潜力成为语言家的人，都训练成讨厌语言学习的人。

（2）首先要专注于听。反复地聆听那些有趣的材料，看似被动，却是增进流利及

理解力的最佳方法。它可以让你在毫无压力的情境下，逐渐增长自己的语言能力。在初期阶段，先从你所熟悉、在理解范围之内的材料开始。专注在少量的内容上，并且习惯它的用法，最好是试着每天听1个小时，每次听10分钟，最好不要超过30分钟。当你和本地人说话时，要确保专心的倾听。你应该建立一个不断扩充的图书室，里面是自己喜欢的听读材料，而且把这当成是终身语言学习策略的一部分。

（3）要善于阅读。反复地听、读相同的内容能加强你的学习效果。这两项活动会把你的大脑训练得更适应新的语言。只读你感兴趣的内容，尽可能找到阅读材料的语音文件。大量的阅读，可以让你在学习新语言时达到流利的程度。

（4）以词组为单位自主地学习词语。选择自己想要了解的字和词组记忆，这要比被动地让人灌输要更容易记住。选择你自己要学习的词组，并经常回顾它们，当你把这些词组变成日常生活语言的一部分时，就会很自然地学会正确的语法。这也是学习准确表达自己的最有效的方法。

（5）从语言学习的开始，就要注重表达。成功的表达会给你带来一种成功、胜利的感觉。为了能用新语言来表达，你必须花四分之三的时间去听、读、学习字词，去吸收这种语言。但从语言学习一开始，你就应该注重练习表达的技能：发音、写作和交谈。

（6）语音上严格要求，但不必苛求。在刚开始学习新语言时，要给自己的语音立下一个高标准并努力去实现。语法上的准确性需要较长的时间去培养，但你可以一开始就好好练习发音。你可以把你自己的发音录下来，然后与纯正的发音做比较。需要提醒的是没有必要，也不可能每一个人都说得像讲母语的人一样好。与人交谈的时候要放松心情，一般人通常不会去批评你的发音，只要你讲得让人明白就好。要记住，十全十美并不是你的目标，轻松自在地交流信息才是你学习的目的。

（7）养成写作的习惯，写的要像讲的一样。要尽量保持经常写作的习惯，哪怕每次只是几个简短的句子，因为写作是训练你正确使用语言的极好方法。每次写作，每次修改，都是你提高新语言表达准确性的机会。

写作时，要尽量使用那些已经熟悉的词组，而不要想从母语直接翻译过来。只要你使用已经学会了的词组去写作，许多经常发生的问题，例如字的顺序、单词的选择、介词、动词时态及动词的一致性等，都可以顺利解决。

除非你已达到很熟练的程度，否则最好是讲得像写的一样，写得像讲的一样。要尽量避免使用那些俚语，除非你已十分得心应手。假如你的口语与书写风格相似，彼此就能互相促进，从而提高学习效果。

（8）要寻找每个机会与人交谈，要享受交谈的过程与感觉。你的最终目标是能够自在地与以目的语为母语的人互动、沟通。你应该寻找每个机会用新语言和人沟通，与人交谈，并细心模仿，并不要指望他们来纠正你。

讲话的时候不要慌忙，不要给自己太大压力，也不要担心别人听起来如何，只要专注于信息的传达。成功交谈的关键是要设法放松自己，好好享受整个对话的经历。与其他的外语学习者谈话也是有用的，它可以检验你已经学了多少，但是它不能为你提供相同的模仿和学习的机会。

（9）成年人学习语言要有明确的目标和切实可行的计划。要想让自己的学习活动收到效果，你必须设定目标。每天要花多少时间学习？可以持续多久？想要达到什么程度？你已懂得多少？还想要懂多少？想要讲得多流利？需要用新语言参加商务性的会议吗？要在大学里听课吗？想把发音学得多地道？需要用新语言写商务报告或学校里的各种报告吗？等等

成人具有较广博的知识，较强的目的性，成人自学语言与接受学校语言教学相比不仅更便宜，而且更加高效，一般经过6个月到一年的密集自学，就可以带来语言上的突破。但关键是要保证学习计划的实施，要牺牲一些日常的活动，保证自学的强度。

成人自学语言仍然需要一个老师或语言教练提出反馈意见。如果你自学强度足够大的话，其实只需要一周一次或两次和老师碰个面。

（三）庄淇铭先生的多语学习之路

庄淇铭担任过国立台北教育大学校长，他在目的语环境中以听说为突破口学习多种语言的经历与体会在他的著作《神奇的语言学习法》[①] 中得到记载。像很多英语学习者一样，庄淇铭的英语学习效果并不理想，后来他改变了学习方法，以口语为突破口，注重在语言交流中学习语言，获得了较满意的效果。他提出了"6个月学会一种语言"的口号，并先后学习、使用了多种语言，现在已经能讲八种语言或方言，包括北京话、福建话、客家话、广东话、上海话、英语、日语、西班牙语。

1. 以口语为突破学会客家话

庄淇铭用5个月的时间学习客家语，稍有基础后，凡是遇到客家朋友或是有机会讲客家话，他就尽量把握机会努力地去说；"我刚开始学说客家语时，看到的都是迷惑与觉得好像不对又不好意思明讲的神情，但是说了几次后，稍微看到了解的样子。之后，越来越顺，对方就露出肯定的神情，接着进步到一定程度，更感受到对方的欣赏了。"就这样，经过一年多口语实践，庄淇铭"除了客家话比上一年又进步了之外，也认识更多的客家朋友，听节目也听得更清楚更懂了："印象最深的就是，住家旁的健康步道，每天一大早就有客家乡亲在步道旁聊天，以往因为听不懂，只能汕汕的打招呼，现在已经可以跟他们聊天话家常了。当然，从他们身上又学会了更多的客家语。"

2. 以口语为突破学会日语

庄淇铭学习日语的方法也是一样，学会基本的日语后，就勇敢地找说话的对象："在我们学校除了日文系的教师外，我还发掘了几位留学日本的教师，以及修习日文四五年以上的同事。与他们形成学习伙伴的关系，"庄淇铭刚开始说日语时，也免不了受

[①] 主要材料来自庄淇铭：《神奇的语言学习法》，台北：月旦出版社1999年。

人耻笑，但庄淇铭很自信："我的朋友中，只要知道我学客家语的过程，就不会取笑我，反而取代以热情的教导和鼓励，因为他们知道我很"认真"地在"学习"。况且，笑我也没有用，反正过几天我就会越讲越像样了，所以说学语言就应该有不畏难、不惧险的气魄。"

由于注重口语学习，庄淇铭在平时的语言学习中始终注意所学语言材料的使用场合问题，因此所学的每一个句子都会在他脑中盘旋，随时待命出击，使他的语言学习充满活力："我有一次看完一句日语，是感谢大家百忙中参加聚会的致词，因为句子相当长，要是在以前看过就算了，现在因为常主持典礼或演讲会，所以认为这句话经常派得上用场，就以情境学习的方式，假设在向大众致词，几分钟就记起来了。学会没多久，刚好主持一次演讲会，主讲者是留日的人士，当天演讲会中也来了好几位留日的友人。当我在主持时，便将所学的日文很自然地派上用场。讲完这句话后，除了日本友人感到亲切外，也得到来宾的掌声鼓励。在演讲主持的过程中我穿插着客家语及河洛语，来宾们也都显露出对多元语言尊重的反应。"

3. 庄淇铭多语学习的体会与经验

（1）以说为突破的语言学习是最自然、效率最高的语言学习法。庄淇铭认为成人学习语言应该遵循幼儿学语的规律，从听说能力培养起：通过口语使用学得的语言可以在人的大脑中长久不忘，学习语言最高性能的学习部分就是"使用"语言，一旦使用后，将产生强大作用。首先，所使用的句子将会"深深印入脑中"，将来要再使用，大脑会轻松地回应。"和学习开车是一样的道理，如果我们是在驾车的过程中学会驾车，学习到的技能就会长久不忘。语言如果是在听说使用中学会的，这样的语言能力也可以长久不忘。"

（2）学语言要敢于开口说。"说"在学语言的过程中扮演着重要的角色，可惜的是，不少人因为文化的关系，在学语言的时候，大多不太"说"。其原因主要有几点：有的是因为怕发音不正确被人家笑，怕被人说发音不好很俗气；有的是怕说得不确切，对听者不礼貌；有的是一开口，就会紧张，结果就是干脆不说。只是，如此一来，等于将学语言最关键的大门关掉了。其实，极少人学语言能一开始就发音正确，语法全对。大多是经过一次又一次的"听"与"说"，然后从"说"的过程中，改进自己的发音及语法。所以，学语言绝不能怕"说"，反而应该努力"说"，抢着"说"。

（3）要建立永续学习语言的观念。常听到有人说，学过两年日文，学过一年法文，但是现在忘得差不多了。想想一个人如果花了一年甚至两年的时间来学习语言，结果是等于白费力，会不会有兴趣再学新的语言呢？其实，这也是许多人对学习语言望而却步或是学到一半就打退堂鼓的原因。所以，我提倡自然学习法，在学习的过程中就是将语言当作沟通要用的工具去使用，所以必定要寻找语言的对话对象。随着语言能力的增长，对话伙伴必定越来越多。"我所说的半年学习一种语言，只是为终身继续学习打下基础罢了，日后当可站在此基础上，永续学习下去。因为随着你语言水平的提高，你的学习的伙伴及环境只会越来越强，不会像一般上课，课程上完后，就跟语言的学习环境说拜拜了！"

（4）要重视情境学习法。良好的语言环境当然有助于学得快、学得好，但是即使有良好的环境，如果头脑中学习语言的能力不强，那环境再好也没有太大用处。在语言环境不好的情况下要自己创造环境，买好的教材，如录音带、录像带，收听广播，看电视节目等，这都会改善自己学习语言的环境。如果没有人和你对话，你就使用"情境学习法"，就是学习单字或句子时，不是死板地背单字或句型，而是同时将该单词和句子与要表达的事物、情境相联系，进行联想。

（5）随身听带着走。要准备具备收录音功能的随身听。无论是对听与说能力的帮助，随身听（收录两用的）都是利器。带着随身听，无论是在等车、搭车或是步行时候都可以轻松学习。随身听是我半年内学会说新语言的重要功臣之一。疲乏时，也可以收听不同的节目，转换不同的情境来增强学习效果。

二、目的语环境外的多语学习

这种语言学习者往往较早养成了书面阅读的爱好和习惯，在第一语言学习中他们较早地突破了语言阅读理解关，较早地具备了较高的书面表达能力。在后来的第二语言学习中较易以阅读为突破口，最终掌握第二语言。这类语言学习者以阅读为语言学习突破口的习惯将影响他们第三语言、第四语言等多种语言学习过程。这种语言学习者对目的语口语环境要求不高，往往能在非目的语环境中具备目的语的读写能力，但口语能力的培养还需要具备一定的目的语听说环境。在我多年的语言学习、语言教学及其研究中，我观察、调查到了很多这样的例子，给我留下了深刻的印象，在此与大家分享。

（一）一位汉族男教师的多语学习之路（访谈录）

被访者：男，汉族，1945年生（访谈时60岁），教师，硕士研究生学历

访谈内容：我出生在武汉市，从小在武汉的一所试验中学读书。我们班是全省的文科试点班，教学质量很好。在上初中时，我就有一个美好理想——当作家。我对文学如醉如痴，读了大量的世界名著，并开始尝试写作。所以，我的汉语在初中时就已过关。上高中时，我开始对俄语感兴趣，梦想有朝一日到苏联留学。我与同班几个志同道合的同学相互鼓励，相互竞赛，读了大量的俄语作品，俄语阅读基本过关，但听说能力较弱。高中毕业后我被招到新疆学维语。在两年中，我除了完成老师布置的作业外，进行了大量的维、汉语报纸的对照阅读，维语阅读能力基本过关，后来，又到维族农村实习，当翻译，具备了维吾尔语听说读写综合能力的较高水平。"文化大革命"结束以后，我考上了维吾尔语言文学研究生，在读研究生期间，我又学了英语，并在两年中过了英语的阅读关。学习语言对我来说是件非常愉快的事。

分析：

这位被访者的第一语言——汉语成熟的主要途径是大量阅读，这一经验后来成功地应用到了目的语环境外的语言学习——俄语学习中去，最后，又成功地应用到了第三语言维语，第四语言英语的学习中去。

国内外有很多成功的多语学习者走的是以阅读为突破口这条路，他们中一些人把自己学习、使用多种语言的经历写了下来，把自己的语言学习经历与经验总结出来，为我们留下了宝贵的多语学习经验。在此我仅引述其中的两位多语学习者的自传性著作，与大家一起欣赏与共勉。

（二）匈牙利著名女翻译卡莫·洛姆布的多语学习之路

匈牙利著名女翻译卡莫·洛姆布在二十五年时间里学用十六种语言，其基本经历与经验在其自传《我是怎样学外语的》[①]一书中详细记载，现引述如下：

卡莫·洛姆布在大学里物理学得不好，但化学成绩不错。同时还学会了拉丁语语法。她说："语法是一种体系。谁要是真正掌握了某种语言的语法，受过语法的训练，他就有条件去系统地掌握一切领域里已经系统化了的知识，这也包括有机化学在内。"可见，人的心理特质与能力倾向在影响人的语言学习方法。

1. 以阅读为突破口，成功自学英语

卡莫·洛姆布大学毕业后，面临20世纪三十年代初期资本主义世界爆发了一场经济危机，无法找到工作，她就开始给别人教英语，而当时她不会英语。她说："为了学会英语我在租来的一间房间里，以坚毅不拔，积极好学的精神坐在房间角落的一张破沙发上埋头攻读高斯华绥的一本小说。一星期后开始有点明白小说里讲的是什么事儿，一个月后我已经能读懂了，两个月后我已在欣赏这本书了。为了让我未来的学生把知识掌握得更牢固，我认真啃了当时流行的课本（（Fifty Lessons《五十课》）。我壮着胆子边教边学，比学生只不过先学两三课。已经过去多年，但我至今问心无愧。我想，我当时知识上的不足已被我那满怀的激情弥补了。"卡莫·洛姆布是用阅读法攻克英语的。

2. 以阅读为突破口，成功自学俄语

1941年卡莫·洛姆布决定学俄语，仍然是从阅读入手。她说："我在古旧书店翻阅书本时，发现了一套两卷本的俄英词典。我抓起这部宝贝书再也不肯松手，径直跑到柜台前。买这两本1860年出版的破旧不堪的书，我整整花了九十六个费来。除此之外，学习俄语的决定，没有让我付出别的物质代价……有一次，我和丈夫住进一所小公寓的一间房子。一家俄国人刚从这间房子搬走。女仆人正准备清扫房间的垃圾。我的心脏突然急促地跳动起来——我的视线落到了一本厚厚的、用大字印的书上。这是1910年出版的一本空洞无聊，满纸伤感的小说。我毫不犹豫地便读了起来。因为读这本书我费了好大劲，所以有几页我至今还几乎能背出来……1943年美国和英国的飞机在轰炸布达

[①]（匈）卡莫·洛姆布：《我是怎样学外语的：二十五年学用十六种外语经验谈》，外语教学与研究出版社。

佩斯。我躲在防空洞读完了果戈里的《死魂灵》。"

然而阅读并没有给卡莫·洛姆布带来实际的听说能力。她说："1944年，我见到第一个苏联人就同他用俄语交谈，我要以自己丰富的文学知识使对方大吃一惊，我告诉人家我读过果戈里的《死魂灵》。我不明白，为什么当时那位苏联军官只是含糊而客气地点了点头。以后我才弄清楚，《死魂灵》俄语读作'米奥尔特威依杜西'而不是'梅尔特威依厄杜西'，我当时不懂俄语发音，只是照着字母想当然地念……1945年2月初，市政管理局大楼解放了，当天我以俄语翻译的身份到了那里。我学习俄语的机会就多得很了。遗憾的是，虽然我当时俄语已经讲得很流利（显然还夹杂着错误），但却几乎一点也听不懂。"

由于卡莫·洛姆布已经有了阅读的积累，只要具备了听说环境，听说能力马上就能培养起来。她说："1946年，我到匈牙利盟国监督委员会办公厅工作。对于一个能操多种外国语的人（我当时自认为如此）来说，没有比这里更为理想的工作地点了。在办公厅里，英语、俄语、法语不绝于耳。当盟国的代表举行会谈时，我当翻译。我不仅扩大了自己的语言知识，而且还获得了语言熟巧，这种熟巧对一个翻译是至为必要的。我学到的东西中最为重要的是能够迅速地从一种语言转到另一种语言。

就这样卡莫·洛姆布以阅读为突破口，不停地进行着她的"语言探险"之旅，在此后又学习并使用了罗马尼亚语、汉语、日语、捷克语、斯洛伐克语、乌克兰语、保加利亚语、西班牙语。

3. 卡莫·洛姆布学习多种语言的体会与经验

（1）乐趣是学习语言最好的向导。当人们问起卡莫·洛姆布她是怎样学习语言的，她说："我大致用了二十五年的时间学习了十六种语言：十种达到能说的程度，另外六种达到能翻译专业书刊，阅读和欣赏文艺作品的程度。对学习语言的人来说，学习过程本身就给他带来乐趣。他们的道路就象登山运动员的道路一样，一直是往上的，每爬到一个高点，他们的视野就会更开阔，景色就会更绚丽。假如我们考虑周到，目的明确，那么这种学习就不象紧张的竞赛，而象令人愉快的精神体操，它使我们不断增长的精神需要得到满足。""我没有找到掌握外语和其他任何知识的'法宝'。因为这种"法宝"根本不存在。如果说我还是想谈谈自己的经验，那仅仅是因为二十多年来我从不觉得学习外语是个负担，相反，它带给我无穷无尽的欢乐。"

（2）语言学习在开始阶段必须要有一段密集学习期，并且要使语言速成。人们常常是每周学习语言两三次，经过四、五年达到一定的语言水平。假如我采用这种方式学语言，那我就得投胎十次才能学会我今天掌握的语言。我们每周除睡觉吃饭外，还剩一百到一百二十小时，我们至少也要用其中的十至十二小时进行语言学习。否则你为语言学习所花的时间将是白白浪费。请每个想学外语的人首先考虑好时间安排，如果你不能或不想花费必要的时间，那就请你三思而后行。

（3）阅读是为语言学习创造"小气候"最简便易行的手段。语言学习是需要语言环境的。请私人教师，一般人经济上负担不起；跟班听课，很难使自己的学习节奏与全班的学习节奏，与自己的需求协调一致。而阅读，尤其是读自己喜欢的书，不仅能给自己带来乐趣和知识，还是你扩大词汇量、学习语法最有力的工具。从阅读中自然而然得来的词汇、语法知识比词典、课本、教师那里得来的知识要方便、牢固得多。书本是我们忠实的伴侣，它陪伴我们，直到我们的程度超过它，另外换一本书的时候为止。因此我们从语言学习的第一天起就应该把阅读列入学习计划之中。当然，提倡阅读主要不是用来代替教师指导下的语言学习，而是对它的补充和促进。

（4）阅读时要注意自己的语音训练。强调阅读但不能忽视对语音的掌握，在语言环境不好的情况下，听广播是掌握正确发音的很重要的途径。不仅要细心掌握单个音的正确发音，而且注意词和句子的正确音调，最好的办法是用录音机把广播录下来反复地听。

（5）外语学习要持之以恒。我们学到的词汇不同于小瓷像，小瓷像买来后可以永远立在同一个地方。我们都知道，如果我们隔了一段时间不摸外语，用起来就很生疏。

（三）孙业山先生的多语学习之路

中国多语翻译家孙业山先生在基本没有目的语听说环境的情况下，依靠阅读和翻译等特殊的学习方法，学习、使用了40多种语言，他的经历与经验，证明了阅读是学习语言的一个有效途径，也证明了一个人第一语言、第二语言的学习方式、学习习惯可以影响到他以后诸多语言学习的方式。孙业山的多语学习经验值得我们重视，孙业山坚韧不拔的学习精神值得我们学习。以下是对孙业山《超极外语之路——思辨式学习》[①]一书中孙业山语言学习经历与经验的转述。

1. 在母语学习中养成的语言学习习惯

孙业山出生在安徽省的一个偏僻山村里，虽然几乎没有什么外语学习条件，但是他却有着对语言极好的悟性和刻苦学习的意志品质。

在他还是孩童的时候，他就在放牛的时候通过看小人书，了解了《哪吒闹海》、《三国演义》等连环画的故事内容。因为看书入迷，他经常不是让牛吃了别人家的庄稼，就是把牛弄丢了。最后他父亲笑着说："你真是一个读书的料子"。从此以后，父亲不再让他放牛，而是送他去学校念书。

在学校里读书的时候，年幼的孙业山总是把要学的古文通过看注释、白话文译本的方式提前预习一遍："我有时也学着进行翻译，虽然译得不好，但可以加深理解、增强记忆，起到巩固复习的作用。"

有一年春节孙业山和父亲一起到表哥家拜年。表哥知道孙业山读书勤奋，就把自己使用多年的一本字典送给了孙业山，并教会他怎样查字典："从此以后，我像表哥一样，用它查生字、背生字，放牛带着，甚至上厕所也带着它。我利用它学会的生词不计

[①] 孙业山：《超极外语之路——思辨式学习》，中国文史出版社，2006年1月北京第一版。

其数。"

考取圣桥小学高小部后，孙业山找到了当地文化馆图书室，读了大量的课外书：如《卓娅和舒拉的故事》、《渔夫和金鱼的故事》、《钢铁是怎样炼成的》等等："随着课外阅读的增加，我的作文明显进步，语文老师常在作文的后面写上'很生动'、'写得娓娓动听'等批语。"

小学毕业后孙业山考入安徽庐县最高学府——庐江中学。在这里，他十分重视很多人不喜欢学的汉语语法课，认为学了语法对未来学习外语十分重要。除此以外，孙业山迷恋于古文的学习，先后研读了《史记》、《幼学》、《离骚今译》、《唐诗》文言白话对照、《史记》文言白话对照、《文观止》文言白话对照等古文，并用翻译的方式锻炼、检验自己的文言文水平。他回忆道："我每天抽空翻译一段文言文，翻译过后再对照书上翻译的白话文，看看我的差距。除了把文言文翻译成白话文外，我还尝试把白话文译成文言文，然后和原作古诗文相对照，看看自己的水平如何。后来我还有意识地进行古文写作练习，使我古文水平不断提高，为我以后学习外语打下了坚实的基础。从某种意义上说，如果没有我对古文学习方法的大胆尝试，也就不会有我以后涉足多语种的可能。"

2. 以阅读为突破口学会俄语

初中毕业后，孙业山来到汤池中学读高中，并接触到自己的第二语言——俄语。第一语言（汉语）的学习经历与经验深刻地影响着他的第二语言（俄语）的学习："初中自学古文，曾背过那么多古文美词佳句，知道如何记生词，所以背俄语单词时，不感到吃力。至于语法部分，初中学过汉语语法，所以老师讲到俄语词形变化和句子结构时，也不感到难以理解。古代汉语和现代汉语的学习帮了我很大的忙，利用学古汉语的方法学习俄语，利用汉语语法学俄语语法，因此学得轻松自在，对俄语兴趣越来越浓，成绩一直名列第一。我每天都盼望着第二天有俄语课。"

在有了一定的俄语基础之后，孙业山开始借阅老师的俄文报纸，他说"虽然不能全部理解，但却培养了我的阅读习惯。"不久，他开始读俄文版高尔基小说《童年》的简易读本，并开始在翻译练习中学习俄语："我喜欢俄译汉练习，而且特别喜欢汉译俄练习。做汉译俄练习要比俄译汉练习难得多，但是，对于俄语语法学得好的人来说，也不是一件难事。"高中毕业后，孙业山留在汤池中学当俄语教师后，每天总是抽空读点俄文原著："少则一段、多则一页，最忙时哪怕是读一句也是好的。"

3. 以阅读为突破口学习法语、英语、日语

在中学教书期间，孙业山结识了懂法语的江老师，并跟他学了法语。由于没有法语课本，他们只好以四卷本的《法国文学作品选》为教材。方法是：法语语音知识讲过后，江老师逐词逐句地讲解文章的语义、语法知识，一篇文章讲完后，孙业山把讲过的文章在理解的基础上翻译成汉语，江老师对译文做详细批改，以检查对法语理解的程度。就这样，经过4年艰苦的努力，孙业山把江老师的4本《法国文学作品选》全部

学完，法语已达到较高水平。法语学习由老师教变为自己学。主要方法是阅读、翻译、听法语广播。

在学习了法语之后，孙业山开始自学英语。方法是：先让江老师教自己中学英语第一册，在打下语音基础之后，以仅能得到的100本《英语学习》杂志"为课本，一周学习一本《英语学习》，两年学完了100本。1964年以后，中苏关系逐渐变冷，汤池中学俄语停开，改开英语。学校领导决定，让孙业山改教英语，从此他就成为一名中学英语教师。

1982年中国国际经济管理学院和美国加利福尼亚大学联合开办北京经济英语中心，面向全国招生。凡参加全国托福考试合格者，可择优进入英语中心学习，孙业山参加并通过了托福考试，被正式录取。

在学会英语不久，孙业山开始学习日语，其基本方法是，先让别人教会五十音图，然后依靠字典进行阅读来学习日语。他忘我学习的精神十分令人感慨："1965年的夏季汤池县连日大雨，山洪暴发，洪水冲决水库堤坝，大河里的水迅速上涨，汤池中学顿时变成汪洋大海，教师学生迅速撤离。只有我所居住的8间草房因为地势较高，幸免于难。学校领导叫我撤离，因我的藏书太多，外语笔记太多，这可是我多年的积累，我不忍撇下它们。我想万一洪水陡涨时，我可以爬到树上躲避。房间里有米、泡菜，也有锅和水，我可以每天自己煮饭吃。在这种特殊情况下，我想到了学习日语。因为五十音图我已学会，按音序排列的汉字词典也已经搞好，再加上环境特别安静，没有任何教学任务，我沉浸在对日语的研读中。洪水围了我一个星期，我学日语学了一个星期。山洪终于像泄了气的皮球一样，一落千丈。汤池中学恢复了往日的秩序。教师学生全部返校，我渡过有生以来在学校最安静的一周。"

4. 以外文版《毛泽东选集》为教材学习更多的语言

文化大革命时期，很多学校停课，学生和教师到全国各地串连，孙业山没有加入到这个行列中去，仍和往日一样，潜心研究俄、法、英、德、日五种语言。

文化大革命时《毛主席语录》和《毛泽东选集》被翻译成几十种语言。孙业山通过邮购等渠道得到了多种语言的《毛泽东选集》和《毛主席语录》。他利用中文版《毛泽东选集》和《毛主席语录》，在外文版中找语音、找单词、找语法，以外文版《毛泽东选集》和《毛主席语录》作课本，以中文版《毛泽东选集》和《毛主席语录》作老师学习外语，踏上了独特的多语种探索之路，也从中得到了极大地精神享受："我特别喜欢书写内蒙古文、阿拉伯文和印地文，它们的形状奇妙。内蒙古文的字母单词写在一起，看起来像一串串葡萄，阿拉伯文单词字母连写在一起，看上去像一条条丝带，印地文单词字母写在一起，看起来像一条挂满珍珠的链子。书写这些字母想到它们的声音和形状，也会想到它们像是艺术品。经过坚持不懈的努力，我终于逐步认识并记住它们，为我正式学语言做好了准备。""文化大革命的10年间，我几乎天天都在外文版《毛泽东选集》和《毛主席语录》中度过，特别令我欣慰的是，我利用这10年攻读了一门又一门外语,做了一件常人难以相信的事。每当又攻下一个新语种的《毛泽东选集》或《毛主席语录》时,我兴奋得整夜不能入睡……安徽大学的一位英语教授知道我会多种外语,常常鼓励我说:"你做了一件别人想不到去做的事。"

5. 多种外语能力在实践中得到验证并获得社会承认

孙业山学习了40余种语言,他决定走出乡村,先立足省会,后跻身北京,一展自己多种语言的才能:"我在北京举目无亲,却先后到北京大学、外交学院、北京市公安局自荐,经考试合格被聘用,从事多语种翻译工作。我在北大翻译过30种语言,在外交学院翻译过21种语言,在北京市公安局翻译过41种语言。是北京让我相信成功要靠自己。"

外交学院以汉译外的材料为多,孙业山先后从事过汉译英、汉译法、汉译德、汉译西班牙、汉译意大利语等种类的书面材料翻译。一个短期目标拿下了,他又给自己提出了更高的目标——外语互译。"所谓外语互译就是外语语种间相互翻译。一般情况下,互译由几个人完成,即一个翻译把甲种语言译成乙种语言,另一个翻译再把乙种语言译成丙种语言,但是这种翻译法的缺陷是误差较大。因为一个翻译把甲种语言译成乙种语言时,往往会出现不同程度的误差。当然按照外文原文进行互译是很理想的,但这样做的前提是:翻译人必须会多种语言。"

6. 孙业山多语学习的心得

(1) 在没有目的语语言环境的情况下,以阅读为突破口进行语言学习,是性价比较高的学习方法。孙业山认为:当今社会,掌握几门外语已成为一种通行证。那种对外语的盲目优越和莫名的自卑都是不可取的。在外语学习上不可忽略性价比问题,要提倡低成本。成本包括时间成本,费用成本等。"如果用几年、十几年甚至几十年的时间学习一种语言,还阅读不了这种语言的原版书,其时间成本可谓大矣;如果一味追求高科技的学习语言的电子产品、高收费的各类外语培训,甚至不惜投入重金出国学习语言,还不能进行有效的语言沟通,其费用成本可谓高矣。"而从阅读开始、由深入浅的语言学习之路无疑是一条性价比较高的路子。孙业山在汉语古文学习、俄语学习和法语、英语、德语、日语的学习中所取得的突出成绩说明了这条路的可行性。

(2) 在阅读学习中,可以从原著阅读到基础性阅读,也可以从泛读到精读,这种由难到易、由深入浅的学习方法可以突出语言学习的目的。"在语言学习开始阶段采取泛读的方法,阅读大量外语资料,全面建立外语语感后,再去精读就是一件轻而易举的事情了。""大量地阅读高难度的原著,可以积累很多语言素材,建立语感,再把这些素材加以整理,提升到理论层面,产生第一次飞跃,再用这种理论去指导实践,进行大量阅读,积累新的语言素材,然后再进行整理,使理论系统化,产生第二次飞跃,如此往复下去,引发语感效应,外语能力就会越来越强,外语悟性也会越来越高。"

(3) 要学习好多种语言必须乐在其中。谈到对语言学习的兴趣,孙业山说:"由深入浅不仅是我学习语言的一种方法,也成为我享受简约生活的一种乐趣。在探求世界语言奥妙中得到快乐，就像喜爱登山的人总想把世界的高山踏遍一样。可以说，我早已从为了学习语言而学习语言的状态进入到为了追逐乐趣而追逐语言的境界。没有功利心，却有最大回报，这是一种纯粹的境界。从这种意义上说，我是最幸福的人。"

三、口语和阅读并重的多语学习

以上两种类型是多语学习中较极端的例子，语言学习突破途径的两种类型可以让我们深切地体会到语言学习较重视技能的获得，学习路径有着极强的个体差异性，语言学习不同于典型的知识学习。在现实生活中更常见的是综合性的学习方法，因为语言学习是听说读写相互配合的过程，哪一种技能过分落后都会影响其他技能的提高，也都会限制该项技能的发展，哪项技能长足的发展也都会带动、促进其他技能的提高。较正规的课堂教学都强调听说读写的全面发展，这方面的研究非常多，在教学中的应用也非常广泛，本文在这就不再赘述。

第三节 第三语言学习按媒介语言可分两种学习途径

第三语言学习一般指在基本掌握第二语言之后所进行的第三语言学习，第三语言学习的途径因为语言学习环境、学习条件的不同而多种多样，但从媒介语的角度大致可分为两类：用第二语言学习第三语言、用第一语言学习第三语言。这两种途径各有各自要适应的情况，也各有各自的特点与长处。

一、用第二语言学习第三语言

这种学习途径是指：学习者在基本掌握第二种语言后，利用第二种语言学习第三语言。我认识一位德国朋友在英国学了三年英语，在很好地掌握了英语之后，来到中国教英语，并通过英语学会了汉语，而且娶了中国女人为妻子，汉语达到了较高的水平。然后，他又到内蒙学习蒙古语，汉语是他蒙语学习中重要的辅助性语言。现在，他的第二语言英语、第三语言汉语、第四语言蒙语说得都很好，并在得心应手地从事着对汉族、蒙古族的德语、英语教学工作。我问他，这四种语言在使用中会不会在他头脑中打架，这四种语言在形式上、功能上会不会有分不清的时候，如果学习或经常使用一种语言会不会忘记前一种语言，或使前一种语言的使用能力降低。他肯定地回答道：不会的，因为他是在英语环境中用母语德语学得了英语，在汉语环境中依靠英语学得了汉语，在常用蒙语的环境中以汉语为拐杖学得了蒙语，他不可能学了后一种语言而忘了前一种语言。由于他是在前一种语言辅助下学习后一种语言的，而且是在目的语环境中学习语言的，因此，语言基础很扎实，所以语言与语言之间的相同相异之处区分得十分清楚，不会产生相互混淆、相互打架的情况。

在新疆的维吾尔族中，很多人依靠自己的第一语言（维吾尔语）学会了汉语，又在汉语的基础上学习英语（使用汉语的英语教科书和工具书，接受操汉语的英语教师的授课及指导）。它的优点是：学生不至于学了第三语言而忘了第二语言，第二语言与第三语言同时发展；第二语言与第三语言的对应关系较清晰，有利于学习者第一语言、第二语言、第三语言互译潜能的培养与发展。用第二语言学第三语言的必要条件有两条：一是，第二语言要基本过关，要在实际掌握第二语言的基础上学习第三语言。如果第二语言、第三语言同时学，两种语言都在争夺学习者的注意力，两种语言相互干扰，最终哪个语言都学不好。新疆一些少数民族学校为了培养出民、汉、英三语人才，对一些汉语基础并不牢固的学生用汉语开设英语课，其效果并不理想。笔者曾经给一个维吾尔族学生为主的班级上汉语课，这个班的学生大部分是体育专业的特招生，汉语基础较差。他们除了学习汉语以外，还要同时学习英语。一次在我给他们布置作业时，一个学生恼怒地问我："老师，我们到底是学汉语？还是学英语？我们只有一个脑袋呀！"我觉得，学生这种问题问得很好，我对他的问题做了认真的回答："先全力以赴地学习汉语、掌握汉语，然后再用汉语学习英语，那时再全力以赴地学习英语"。学生在学习第二语言的时候，最好是身处第二语言环境中，达到实际掌握第二语言的程度。在学习第三语言的时候，也要尽量创造好的第三语言环境。

二、用第一语言学习第三语言

由于语言环境和语言教学条件的限制，很多第三语言学习者在用第一语言学习第二语言之后，再用第一语言学习第三语言。如：在中国大陆研究生教育中，研究生在英语达到一定水平后，再开设第二外语。这种途径得到的结果往往是：第三语言由于语言环境、教学时数的限制很难扎实掌握。但如果花太多的时间和精力学习第三语言的话，必将对第二语言本来就不太扎实的基础和能力造成冲击。就是第二语言、第三语言都能正常掌握，第二语言与第三语言之间的对应、沟通、互译仍是要面对的问题。而在第二语言扎实掌握的基础上，用第二语言教授、学习第三语言则能较好地解决上述问题。但这样做存在的实际问题是对语言环境、教师语言条件要求较高，难以满足。

在新疆，少数民族学生在汉语达到一定程度之后开始学习英语。教学语言或使用汉语，或使用少数民族语，或者民汉语兼用。一般情况是：学生汉语水平较高、汉语实用能力较强，英语教师汉语条件较好的情况下，用汉语教授英语的情况较多。优点是在汉语继续提高的前提下学习英语，汉语、英语同时提高，有利于培养学生第二语言（汉语）和第三语言（英语）之间沟通互译的意识和能力。学生的第一语言（母语）往往是学生内化最深刻的语言，具有极强的联想、沟通功能，在学生学习第二语言（汉语）时已经建立起了第一语言（母语）较强的语法意识。所以在学生学习第三语言（英语）时，进行第一语言与第三语言的对比互译训练也是有益的。

还有一种情况：学生汉语水平较低、汉语使用能力较弱，英语教师汉语水平较差，英语教学中较多地使用学生的母语。优点是使用学生的母语教授英语，便于学生准确理解英语，有利于培养学生第一语言（母语）与第三语言（英语）之间的沟通与互译。有些学者认为这种英语教学方式应作为新疆少数民族英语教学的主要形态加以引导与推广。新疆师范大学教授克亚·穆罕默德、崔延虎曾撰文说："目前大部分民族中学的汉语教学水平不高，因此在开设外语课教学过程中，汉语不可能作为教学媒介语，而只能使用民族语言。"因此"培养民族中学外语教师可考虑在民考民的学生中进行……这些民考民英语班的学生应该来自各个民族，而（英语）教学语言（特别是初级阶段）应该以民族语言为主，适当使用汉语，以保证教学语言在教学过程中不致成为学生学习外语的障碍。"[①]

根据我的研究，我认为用第一语言（少数民族学生的母语）学习第三语言（英语），和在用第二语言（汉语）学习第三语言（英语）都能达到学习、掌握第三语言（英语）的目的。具体使用哪种语言教授英语，要看学生、教师的语言条件和语言环境特点。但需要指出的是，用第一语言（少数民族学生的母语）学习第三语言（英语）只有利于学生掌握母语、英语两种语言，而用第二语言（汉语）学习第三语言（英语）则是学生母语、汉语、英语三种语言学习的捷径。如果我们的目标是学习三种语言的话，我将毫不犹豫地推荐在较好掌握第二语言的基础上用第二语言学习第三语言。

90年代初，新疆教委曾组织了一批维吾尔族学生到吉尔吉斯斯坦学俄语，吉尔吉斯斯坦为他们提供了纯粹的俄语教学。学了一段时间后，维吾尔族学生提出了意见：我们在新疆学的第二语言是汉语，现在又学了第三语言俄语，可是，我们俄语还没有学好，以前学过的汉语就开始大幅度退化，等到我们真正的学会了俄语，我们的汉语恐怕早就忘光了，而汉语对我们今后的发展意义更加重大。我们要求使用中国出版的，用汉语解释的俄语教材，要求从中国派懂俄语的汉语教师来辅助我们的俄语学习，并适当开一些汉语课。学生提出的问题实际上是第二语言学习与第三语言学习相衔接的问题，处理不当可能造成学生学了第三语言忘了第二语言的后果。用第二语言学习第三语言是一条学习三种语言的合理途径，既便是在第三语言的目的语环境中，也应尽可能地遵循这一途径。

在中央民族大学预科教育学院，经常有学习体育、艺术专业的新疆少数民族学生，由于是专业特殊，高考分数较低，有些学生汉语水平较低。在两年预科教育中，他们要

---

① 如克亚·穆罕默德、崔延虎：《新疆民族外语教育的思考》．乌鲁木齐：《新疆师范大学学报》，1996年4月第66页。

按照教学计划的规定，同时开设汉语课和英语课。由于他们汉语水平有限，不得不用少数民族语言给他们授英语课。在对他们的语言教育中不仅犯了语言学习中同时学习两种生疏语言的大忌，也实际放弃了在基本掌握第二语言的基础上，用第二语言学习第三语言的路径，结果是英语没有学好，汉语学习也受到了干扰。他们自己也感到面对汉语、英语两种语言而难以兼顾，顾此失彼，无法应付，痛苦万分。这样的事例告诉我们：三语学习要在基本掌握第二语言的基础上，用第二语言学习第三语言，没有特殊的情况轻易不要跨越阶段，要按照语言学习的规律来学习语言。

在中央民族大学预科教育学院，有很多学习外语小语种专业的预科生，他们不仅要学习汉语、英语、还要学习自己的专业，如：阿拉伯语、法语、日语、德语等。在他们的多语学习实践中也体现着这样一个规律：凡是首先在汉语学习上努力用功，在较好掌握第二语言（汉语）的基础上用第二语言学习第三语言（英语），成功协调汉、英多语学习的学生，在进入本科学习后，也都能正确面对其他小语种的学习，恰当处理多语学习之间的关系，成功学会多种语言。

汉语是占中国93%的人口的汉族所使用的语言，汉语也是中国少数民族的族际通用语。因此学好汉语既是少数民族学生在中国大地上更好地生存、发展语言上的要求，也存在着学好汉语所需要的语言环境、教师水平、教学资料等有利条件。英语是中国学习人口最多的外语，汉语中英语学习资料的丰富程度是中国其他民族语言中无法比拟的，用汉语学习英语将十分便利。因此，不管是从语言环境上讲，还是从语言学习心理上讲，少数民族学生在学好第二语言（汉语）的基础上，用汉语学习英语都是第一语言（学生母语）、第二语言（汉语）、第三语言（英语）三语学习的至简大道。

第四节　多种语言对比研究在多语学习中的意义

一、语言对比研究的多种类型

世界上的语言多种多样，语言间的对比研究也流派众多，但主要可分为三类：历史比较语言学、类型比较语言学和为语言教学、翻译教学服务的两种语言对比。

（一）历史比较语言学

历史比较语言学中采用的主要方法是对不同语言或者同一种语言的不同发展阶段作比较分析，运用这种比较方法研究语言的历史演变。历史比较语言学问世以来，所取得的最大成绩就是对语言之间的亲缘关系有了比较明确的认识，尤其是在印欧语系的谱系分类方面，获得了相当确凿的证据。其次是有助于人们对原始母语的表现形态和使用地区的了解。

（二）类型语言学

类型语言学（typological linguistics）又称语言类型学（linguistic typology）。研究各种语言的特征并进行分类的学科。其方法是比较这些语言，找出其相同和相异之处，并按特征对语言进行分类，揭示人类语言的特点，进而探索人类特有的思维方式，揭示语言与历史背景、文化背景的关系。对构拟原始语，改进外语教学，创造人工智能，语言类型研究给予了一定的帮助。"[①]

（三）对比语言学

在第二语言教学和两种语言间翻译的过程中，人们在类型比较语言学的理论基础上发展出了对比语言学，其中以为第二语言学习服务的两种语言对比研究发展最为充分，建立了语音、词汇、语法、语用、语篇、文化等层面的对比系统。为语言学习与教学服务的两种语言对比研究大量借鉴历史比较语言学和类型语言学的理论、方法和研究成果，但其目标、方法明显有别于历史比较语言学和类型语言学。

（四）对比语言学中的多语句型对比研究

在对比语言学中，两种语言对比研究发展得最为完善，并有力地促进了第二语言的学习与教学。然而在语言生活中多语学习的现象大量存在，两种语言对比研究已远不能满足多语学习实践的需要。因此，多语对比研究应运而生。从理论上讲，多语比较可以直接借用两种语言对比的研究成果，最终汇集成多种语言间的系统对比。而在实际多语学习与教学中却很难照此办理。多种语言学习要面对的语言间关系比两种语言学习复杂得多，像两种语言间的对比研究那样开展详细、系统的多种语言间对比不仅对比研究难度很大，而且操作上繁琐复杂，在语言学习实践中也不实用。因此，人们在多语学习与对比研究中提出了新的对比研究角度——多语句型对比研究。把注意力放在与语言使用直接相关的句型的对比研究上、放在不同语言间句子逻辑关系及其表现形式的同异上。本文将在以下的部分里详述多语句型对比研究的理念与操作。

二、多语句型对比研究的基本理念

（一）多语学习需要多语对比研究

多语学习的途径多种多样，多语比较对各种途径的多语学习都有促进作用。以下仅以三种语言学习为例，说明多语对比在多语学习中的重要意义。三种语言学习可有以下途径：

1. 在目的语环境中用第一语言学习第二语言，在实际掌握第二语言之后，再用第二语言学习第三语言。这种多语学习途径有利于实际掌握三种语言，也有利于第二语言

[①] 参见中国大百科全书（语言文字卷），252页。

能力与第三语言能力的贯通，是成效较好的多语学习途径。对这种多语学习途径，多语之间的对比研究可以帮助多语学习者在理论、观念上系统地理清不同语言间的相同之处和不同之处，促进学习者更主动、更有意识地学习多种语言。

2. 用第一语学习第二语言，再用第一语言学习第三语言。如果这种多语学习是在目的语环境中进行的话，也有可能实际掌握多语。但是，如果第二语言与第三语言差别很大，学习者将很难获得这两种语言之间的沟通能力与对译能力。多语间的相互比较将有助于这类多语学习者建立第二语言与第三语言间的区别、对比意识，培养三种语言间的沟通、对译能力。

3. 在非目的语环境中用第一语言学习第二语言，在没有实际掌握第二语言的情况下，再用第一语言学习第三语言。这是一种效果较差的多语学习途径，它极有可能造成两种后果：一是实际放弃一种语言，专心学另一种语言；二是两种语言同时学，但都无法学好。这种多语学习途径有悖于人类语言学习的基本心理，会造成多语学习者在多种语言学习中精力上、注意力上、认知行为上的相互干扰，将导致多语学习事倍而功半，甚至最终失败。对这种途径的多语学习，多语比较研究能减轻多语之间混淆，帮助学习者建立不同语言间整体上、体系上的区分意识。但真正掌握多种语言不能仅靠多语比较，而要靠在多种语言使用的实践中逐步掌握用多种语言交流的技能。因为语言学习是能力的获得，而不仅仅是知识的获得。

中国存在着多种途径的多语学习。研究生教育在学习第一外语——英语的同时，还要学习第二外语，大概属于以上三种学习途径的第三种。中国少数民族最终将面临少数民族语、汉语、英语三种语言的学习，在多语学习类型上他们大概属于上述多语学习途径的第一种。多语比较研究，至少是三语比较研究不仅有利于学生三种语言的学习，防止学生在学习第三语言时第二语言的退化，而且有利于学习者三种语言间互译能力的培养。

（二）多语句型比较研究是对多语学习较为实用的一种对比方法

多语对比的方式有很多，最常见的是多语对比会话手册。这种手册是把一些常用语用几种语言译出，便于读者对一句话在几种不同语言中的表达形式进行学习与对比。这种多语对比手册对语言初学者在目的语环境中应付一时的急需或许有些用处，但它不是语言深层次的对比，要搞清楚语言间的异同，使用者还必须对多语会话手册进行对比、分析、归纳研究，缺乏语言学训练的多语学习者很难胜任这一对比研究工作。

语言间的对比角度可以有很多，在两种语言对比研究中人们可以从语言的所有层面——语音、词汇、语法、语用、篇章、文化等角度对两种语言进行对比，而多语比较要面对多对语言关系，对多语进行所有层面的系统比较不仅在研究上繁琐无比，在多语学习与使用的实践中也不实用。因此人们提出了多语句型对比法，把多语对比的目标锁定在语言使用的基本形式——句子层面，使多语对比在操作上更简捷，更直接地服务于多语的学习与使用。

（三）多语句型对比的基本理念

1. 不同语言的同一句型是可以相互比较的

不同语言在形式上可以是千差万别的，但在逻辑上却是统一的。所有的语言都能分析出句子，每个语言的句子都可分为简单句和复句。简单句可根据句子的语气分为陈述句、疑问句、祈使句、感叹句四类，也可根据句子中的逻辑关系，把简单句分为叙述句、描写句、存现句、判断句。这些句型在逻辑上是相通的，在语言表现形式上有着较强的对应性，对多语学习与使用有着较大的对比分析价值。

2. 不同语言的句子成分是可以对比、分析的

不同语言间不仅句型有着较强的对应性，构成句子的成分也有着较强的对应性。据笔者初步的研究，不同语言间同一句话的主要成分（主语、谓语、宾语）无论是在意义上还是在形式上都表现出极大地重合性，而句子的次要成分（定语、状语、补语）则因为语言形态的不同在语言表达形式上表现出较大的差异性。在多种语言的学习、使用过程中，如果能透过不同语言间纷繁复杂的外在表象，看到不同语言间同一句子显著的相同之处，以及显而易见的相异之处，并能把注意力放在发现、掌握不同语言间相异之处的对应与转换规律上，这无疑有利于我们在多语学习中以简驭繁，最终达到事半而功倍的效果。

3. 在多语句型对比研究中有几种句型需要我们特别关注

在多语句型对比研究中，单句研究的意义大于复句的研究，因为复句往往是简单句的联缀，简单句的问题搞清楚了，复句对比中的主要问题也就迎刃而解。复句中单句之间的关系往往是逻辑关系，不同语言中复句逻辑关系的种类是基本相同的，不同语言间复句中表示逻辑关系的常用关联词语往往表现出较大的重合性及较强的对应关系。

在多种语言单句的对比研究中，有些句型值得我们花更多的力气进行研究。比如叙述句中的动词谓语句，在任何语言中都有着庞大的数量、丰富的形式，且使用率很高。一个句子没有动词就难以成句，而有多少种动词，动词有多少种用法，就有多少种动词谓语句。对不同语言间主谓谓语句的内容与形式进行对比分析，对多种语言的学习具有较大的指导意义。除此以外，判断句、存现句、疑问句等句型在不同语言中也有着较强的句型特点，不同语言的这些句型之间不仅在逻辑上保持着较大的相通性，在表达形式上也有着较强的对应性。值得我们首先关注。

以下笔者以汉语、英语、俄语、维吾尔语的《圣经》译本为为语言材料，尝试对语言中四种主要句型（动词谓语句、判断句、现存句、疑问句）进行对比研究。

三、多语句型对比研究的实例——四种语言的句型对比

多语句型对比研究可选用的语言材料很多，《圣经》作为宗教经典被译为世界多种语言，他们在被翻译的过程中较多地保留了母本的语句形式，不同语言同一句型之间保

持着较强的对应性。因此，对《圣经》不同语言译本中的句子进行句型对比分析更便于操作。

我选取汉语、英语、俄语、维吾尔语四种语言的《圣经》译本进行对比研究，是因为这四种语言是我较熟悉的语言。我选择了陈述句、判断句、现存句、疑问句四种句型作为对比研究的对象，是因为语言中的句型很多，但作为尝试性的初步研究只能选取那些对应性强、实用性强的几种句型进行研究。材料引用中汉语、英语、俄语的材料用他们相应的文字标写，维吾尔语用宽式国际音标标写。文中的特殊符号有：主语____、谓语____、宾语____、定语（　）、状语 [　]、补语〈　〉。

（一）叙述句中的动词谓语句

例句1、创世纪41：48

汉语：约瑟聚敛埃及地七个丰收年一切的粮食，把粮食积存在各城里，各城周围田地的粮食都积存在本城里。

英语：He gathered up all the food of the seven years when there was plenty in the land of Egypt, and stored up food in the citis; he stored up in every citi the food from the fields around it.

英汉直译：他聚敛七年（这七年埃及地获丰收）所有的粮食，并把粮食（从各城周围田地中所产的粮食）积存 [在各城中]。

俄语：И собрал он всякий хлеб семи лет, которые были плодородны в земле Египетской, и положил хлеб вгородах ; в каждом городе положил хлеб полей, окружающих его.

俄汉直译：他聚敛七年（这七年埃及地获丰收）所有的粮食，并把粮食（从各城周围田地中所产的粮食）积存在各城中。

维吾尔语Jysup aʃleqni toplap harqajsi ʃeherlarda zapas aʃleq merkez qurup ɛtrapitiki dʒajlardin jiʁwelinʁan aʃleqni dʒuʁlidi

维汉直译：玉素普把粮食收集起来，在各城建储粮中心，把周围地区收集到的粮食积存起来。

分析：

1. 在这个多重动词谓语复句中，虽然各语言在表述逻辑的处理上各有不同，但其句子的主干（主语、谓语、宾语）是高度重合的：约瑟把粮食收集起来，把粮食积存在各城。

2. 由于这四种语言在形态上的差异，句子中的次要成分（定语、状语、补语）表现方式相差较大。汉语是分析性语言，主要依靠词序和虚词及分句的形式表现（如：埃及地七个丰收年一切的粮食、各城周围田地的粮食），英语是屈折语，主要用从句的方式表现（如：all the food of the seven years when there was plenty in the land of Egypt、

food from the fields around it），俄语与英语同属印欧语，语言形态上相似性明显，次要成分主要也是用从句，或分句的形式表现的（如：всякий хлеб семи лет, которые были плодородны в земле Египетской、и положил хлеб вгородах ；в каждом городе положил хлеб полей ，окружающих его.）

维吾尔语是粘着语，句子的次要成分主要用词序与后缀的方式来表现（如：ɛtrapitiki ʤajlardin jiʁwelinʁan aʃleqni。

3. 汉语译文、英语译文、俄语译文因为是作为宗教经典来翻译的，译文上既注重准确地表述原意，语言形式上也尽可能地保持原文的面貌。维语译文是作为文化经典翻译的，翻译上以意译为主，语言形式上与原文出入较大。但即便是这样，句子中的主要成分也与其他三种语言的译文表现出高度的重合。

例句 2. 创世纪 42：27

汉语：到了住宿的地方，他们中间有<u>一个人打开口袋</u>，要<u>拿料喂驴</u>，才<u>看见</u>自己的<u>银子</u>仍在口袋里。

英语：When <u>one</u> of them <u>opened</u> his <u>sack</u> to give his donkey fodder at the lodging place, he <u>saw</u> his <u>money</u> at the top of the sack.

英汉直译：当他们中的<u>一个人打开</u>他的<u>口袋</u>，要给自己的驴<u>喂料</u>时（在他们住宿的地方），<u>他看见</u>了他的<u>银子</u>仍在口袋里。

俄语：

И <u>открыл</u> <u>один</u> из них <u>мешок</u> свой, чтобы <u>дать корму</u> ослу своему на ночлеге и <u>увидел серебро</u> свое в отверстии мешка его.

俄汉直译：他们中的<u>一个人打开</u>自己的<u>口袋</u>，要给自己的驴<u>喂料</u>（在他们住宿的地方），<u>看见</u>了自己的<u>银子</u>在口袋上层。

维吾尔语：qonalʁu ʤajʁa barʁanda, ulardin <u>biri</u> eʃaklarga jam beriʃ yʃyn taʁirini etʃip, Øz Puliniŋ taʁarda turʁanliqini kØrdi.

维汉直译：来到住的地方，他们中的<u>一个</u>为了给驴<u>喂料</u>，把<u>口袋打开</u>，<u>看见</u>自己的钱仍在口袋里。

分析：

1. 在这个多重动词谓语复句中，虽然各语言在表述逻辑的处理上各有不同，但其句子的主干（主语、谓语、宾语）是高度重合的：他们中的一个打开口袋看见了自己的钱。

2. 由于这四种语言在形态上的差异，句子中的次要成分表现方式相差较大。如"要拿料喂驴"在句中起目的状语的作用。

（1）汉语是分析性语言，主要依靠词序和虚词形式表现（如：<u>要拿料喂驴</u>）。

（2）英语是屈折语，主要用前置词的方式表现（如：to give his donkey fodder）。

（3）俄语与英语同属印欧语，语言形态上相似性明显，主要用目的连词的形式表现的（如：чтобы датъ корму ослу своему）

（4）维吾尔语是粘着语，句子的次要成分主要用词序和目的连词的方式来表现（如：eʃaklarga jam beriʃ yʃyn）

3. 四种语言译文的句子不仅主要成分表现出高度的重合，而且，一些表示能愿意义的虚词也表现出高度的一致性（见黑体字）。如汉语中：**要**拿料喂驴，英语中：**to** give his donkey fodder，俄语中：**чтобы** датъ корму ослу своему，维语中：eʃaklarga jam beriʃ **yʃyn**

（二）判断句

例句：创世纪45：4

汉语：我是你们的兄弟约瑟，就是你们所买到埃及的。

英语：I am your brother, Joseph, whom you sold into Egypt.

英汉直译：我是你们的兄弟约瑟（你们把他卖到埃及）。

俄语：Я —Иосив, брат ваш, которого вы продали Египет

俄汉直译：我是约瑟，你们的兄弟，（你们把他买到了埃及）

维吾尔语：mɛn silɛrniŋ ininlar, jɛni silɛr misirʁa satiwɛtkɛn Jysup bolimɛn.

维汉直译：我是你们的弟弟，也就是你们卖到埃及的约瑟。

分析：

1. 这个判断句，虽然各语言在表述逻辑的处理上各有不同，但其句子的干（主语、谓语、宾语）是高度重合的：我是你们的兄弟约瑟

2. 由于这四种语言在形态上的差异，句子中的次要成分表现方式相差较大。如"你们卖到埃及的那个人"在句中起定语作用。汉语是分析性语言，主要依靠词序和虚词及分句的形式表现（如：就是你们所买到埃及的），英语是屈折语，用定语从句的方式表现（如：whom you sold into Egypt.），俄语与英语同属印欧语，语言形态上相似性明显，次要成分主要也是用从句，或分句的形式表现的（如：которого вы продали Египет）。

维吾尔语是粘着语，句子的次要成分主要用词序与后缀的方式来表现（如：jɛni silɛr misirʁa satiwɛtkɛn Jysup bolimɛn.）。

3. 四种语言译文不仅主要成分表现出高度的重合，而且，判断动词的对应性也较强。由于这四种语言在形态上的差异，判断动词"是"在有的语言中显现（如汉语中："是"，英语中：am，维吾尔语中：bolimɛn.），在俄语中是隐藏的零形式。

（三）存现句

例句：创世纪44：20

汉语：我们有父亲，已经年老，还有他老年所生的一个小孩子。

英语：we have a father, an old man, and a young brother, the child of his old age.

英汉直译：我们有父亲，一个老人，还有一个小弟弟，这个孩子是父亲老年所得。

俄语：у нас естъ отец престарелый, и младший сын, сын старости……

俄汉直译：我们有一个老父亲和他的小儿子，是他老年生的儿子，

维吾尔语：biz: jaʃinip qalʁan atimiz wa atimiz jaʃinip qalʁanda tapqan bir kiʃik inimiz bar.

维汉直译：我们有一个年老的父亲和父亲年老时生的一个小弟弟。

分析：

1. 句子的主要骨干在四种语言中保持着高度的重合：我们有父亲，和一个小弟弟。甚至连"有"这个动词在四种语言中都有完全对应的表达形式：汉语中是"有"，英语中是"have"，俄语中是"естъ"，维语中是"bar"。

2. 而"小弟弟"的修饰部分"父亲年老所生的"在四种语言中各有各的表达方式。汉语中是依靠词序和虚词表达的："他老年所生的"，英语中是靠分句表达的："The child of his old age"，俄语中是靠分句表达的："сын старости"，维语中是靠语序和附加成分表达的："atimiz jaʃinip qalʁanda tapqan"。

（四）疑问句

创世纪 44：16

汉语：我们对我主说什么呢？还有什么话可说呢？我们怎能自己表白出来呢？

英语：what can we say to lord? what can we speak? how can we clear ourselves?

英汉直译：我们对主说什么呢？我们还有什么话可说？我们怎么能把自己表白清楚？

俄语；что нам сказатъ господину нашему? что говорить? чем оправдыватъся?

俄汉直译：我们能对主说什么呢？有什么话可说？用什么辩解？

维吾尔语：I alijliri, biz bu iʃqa nima dijalajmiz? uni almiduq dap qandaqmu Øzimizni aqlijalajmiz

维汉直译：主啊，我们对此事说什么呢？说没有拿这个东西怎么能够把自己洗清？

分析：

1. 不同语言由于形态的不同，疑问句的构成方式有着较大的不同。

（1）汉语的疑问句主要靠疑问代词和语气词（如"什么"、"呢"）的应用来构成，语序上与陈述句差别不大。

汉语：我们对我主说**什么**呢？还有**什么**话可说**呢**？我们**怎能**自己表白出来**呢**？

（2）英语、俄语除了使用疑问代词以外，词序的变换也是构成疑问句的重要方法，如以疑问代词做句子的开头，如：

英语：**what** can we say to lord? **what** can we speak? **how** can we clear ourselves?

俄语：**что** нам сказатъ господину нашему? **что** говорить? **чем** оправдыватъся?

（3）维语主要使用疑问代词和语调构成疑问句，维语的疑问句与陈述句在语序上区别不大：biz bu iʃqa **nima** dijalajmiz ɸ uni almiduq dap **qandaqmu ɸ zimizni** aqlijalajmiz

2. 不同语言疑问句的具体构成方式、句型结构各有各的特点，但相互之间有着较强的对应性，明确不同语言中疑问句的相同的方面和不同的方面，有利于我们更有效地学习不同语言中的疑问句。

（五）总　结

1. 不同语言虽然表面上看千差万别，语言表现形式纷繁复杂，但其语义在逻辑上具有较大的重合，这就决定同样一句话在不同语言中其句子的主要成分（主语、谓语与宾语）保持较高的一致性。

2. 由于语言形态上的差别，不同语言同样一句话在次要成分（定语、状语、补语）上往往表现出较大的差异性，但不同语言同一句子中次要成分的表达形式之间又有着较强的对应性。

3. 不同语言中一些表示逻辑关系的词语有着较强的对应性。如，判断句中的判断动词"是"，存现复句中的"有"，表示能愿意义的虚词"要"，复句中表示逻辑意义的关联词语"不但、而且"、"因为、所以"等不仅在每个语言中都有，而且不同语言之间保持着较整齐的对应。

4. 不同语言虽然表面不同，但其内在逻辑是相通的，语言表达形式的特点之间保持着一定的对应性。明白这个道理，搞清楚这种对应性，学习、使用多种语言时就容易做到以简驭繁、事半而功倍。

5. 多语句型对比研究可以精简不同语言间纷繁复杂的表象，凸显语言间句型的相同点和不同点，从而有利于语言学习者在多语学习中利用多种语言间的相同点，区分不同点，更积极主动地区别、使用、驾驭多种语言。在意识上引导单个语言学习向多个语言的对比与学习转变。

第五节　与多语学习相关的其他问题

一、第一、第二、第三语言哪个水平最好？

面对多语学习，我们经常会好奇地问，哪种语言会学得最好？据我的调查与研究，一般情况下，第一语言往往是母语，从小就开始学，印象最深，内化最充分，最不易遗忘；第二语言因为是第一次学习母语以外的语言，往往是在较年轻的时候开始学起，精力较旺盛，花的力气也较大，取得的成绩也可能较大；第三语言因为开始学习的年龄相对较大，精力不比学习第二语言时充沛，记忆力也在下降，但由于已经有学习第二语言的经历与经验。可能是学习效率较高的语言学习。这些都只是就一般情形而言，并不是绝对的，决定哪种语言水平高低的决定性因素不仅仅是哪种语言先学，哪种语言后学，而是学习年龄、学习年限、语言环境、学习深度、使用频率等因素综合决定的。一般情况下，哪种语言开始学习时的年龄越小，学习年限越长，目的语环境越好，使用频率越高，学习程度越深（不仅学口语还要学书面语，不仅具备听说能力还具备读写能力，所学语言不仅是学习的内容，还是工作谋生的重要手段），这种语言的水平就越高。我的一位访谈者给我讲了他这样的经历：他是维吾尔族，5岁前在维族聚居区生活，5岁后因父亲工作调动搬到汉族聚居区居住，并进了汉族学校上学。刚上学时，一句汉语都听不懂，由于与汉族小孩一起上课，一起玩耍，二三年级时已经不存在用汉语交流的障碍，初中二年级时他的汉语作文已经在同年级的作文大赛中屡屡获奖。但与此同时，他的维吾尔语则一直处于较低的水平。后来，他转到维吾尔族中学读高中，维吾尔语水平有较大提高，但与一直在维吾尔族中学读书的维吾尔族同学相比仍有较大距离，尤其是在维吾尔语成语、谚语的理解与使用方面。高中毕业后，他顺利考上大学，但不是依靠高水平的维吾尔语，而是依靠在汉语学校中奠定的各门功课的扎实基础和良好的汉语能力。大学毕业后，他开始在大学里给维吾尔族学生上课，用维吾尔语备课曾是他的一道难题。经过几年的努力，虽已完全胜任用维吾尔语授课，但他自己感觉，他现在水平最好的语言不是第一语言的维吾尔语，而是第二语言的汉语。我的另一个访谈对象也讲述了他本人学习语言的经历，他75岁，锡伯族，第一语言是锡伯语，从小在锡伯私塾上学，打下了较好的锡伯语文基础。上私塾时，还学了汉语的千字文、百家姓等经书，具备了一定的汉语文基础，但汉语口语能力不高。由于居住在哈萨克、维吾尔聚居区，他从小就习得了维吾尔语、哈萨克语口语，后来上了维吾尔族中专，具备了良好的维吾尔语文基础，并在大学给维吾尔族学生教课多年。在这期间，他深感汉语的重要，花了很大的精力学习汉语。后来又到内地进修，用汉语进行了大量的阅读、讲课、写作。当我问起他现在哪种语言程度最好时，他答道："锡伯语是第一语言、是母语，对我来说它最亲切，运用最自如，当我用汉语、维吾尔语写作，碰到一些复杂的内容写不清楚时，我往往用母语锡伯语理一遍，一下子就清楚了。维吾尔语是我的第二语言，我从小学会了维吾尔语口语，后来又用维吾尔语接受了中专教育，成了一名专业技术人员。汉语是我的第三语言，虽然我在上私塾时，就接触汉语文，但并不具备汉语口语能力，参加工作以后才深知汉语的重要。我认为第一语言的锡伯语水平最高，第三语言的汉语水平第二，虽然在汉语上用功较晚，但它伴随着我教学能力、科研能力、行政工作能力的成长，得到了最深入、最广阔的发展而做为第二语言的维吾尔语水平第三。"可见语言学习的先后顺序与最终语言水平的高低并没有绝对关系。

二、语言学习要与遗忘作斗争

语言学习与其它技能、知识的学习最大的不同在于它极易遗忘与退化，不用则退。尤其是那些学习较晚，学习经历不长，脱离语言环境、学习深度不够，语言内化不充分的语言更是这样。一个以语言为职业的人要终生与语言的遗忘作斗争，把有意识的语言使用与语言学习当作自己生活的一部分。

三、不要惧怕语言学习但要慎重对待语言学习

完全的语言学习，深入的语言学习，全面而成功的语言学习是一件不容易的事，他不仅需要必要的主观条件，需要你投入大量的时间与精力，需要你持久的热情与坚忍不拔的毅力，还需要一些客观的条件。如适当的语言环境，有利的教学条件及语言学成后的谋生出路等等。学习语言的人很多，而最终学有所成，学有所用的人并不是很多。这种现象在目的语环境外的语言学习中尤其常见。很多人倾其半生心血去学某种语言，到最后因学无所成，学无所用而不得不中途放弃。因此，当我们决定真正学习某种语言的时候，一定要认识到语言学习的艰巨性，要有为其奉献半生甚至一生的思想准备。要认真考虑学习的语种、语言环境、教学条件、工作出路的现实性及长远性，切忌一时冲动。而一旦做出决定，就应义无反顾、锲而不舍、坚持到底、不达目的不罢休。因为语言学习的目的不单是获取知识，更重要的是获得能力，中途放弃的结果极可能是不进则退，前功尽弃，一无所获。

另外，我们也应该看到语言学习轻松愉快的一面。人天生有语言模仿，语言交流的本能。当你身处自己不熟悉的语言环境时，应开放自己，利用天赐的语言学习良机，去接触、学习一种新的语言。你会发现，你在语言学习上的开放与主动，不仅会为你打开与另一民族交流的重要通道，也是你进入这一民族社会并在其中正常生活的第一步。如果你有较成功的第二语言学习经历，这种在新语言环境中学习一种新语言的经历会更轻松，更有成效。常言说：你做过的任何事都会有收获的，那么，我们怎么能满足于自己长期处于某种语言环境而对这一语言一无所知呢？小说家王蒙文革时期被下放到新疆伊犁农村，生活在当地维吾尔族聚居区。在新的语言环境中，他开放自己主动学习维吾尔语，并融入了当地人民的生活中。"文化大革命"结束后，当他要离开伊犁时，他的维吾尔语已相当不错，并深深地被这里的人民与生活所吸引。在维吾尔族农村的生活经历成为他政治生命低潮期明亮的一笔。因此，当你长期处于某一语言环境时，应开放自己，积极主动地学习这种语言，接受命运赐给你的这一礼物。你会发现，你对语言开放的、积极应对的态度会给你的生活带来另一种你所意想不到的乐趣和发展的机遇。当然，我们不能指望学习每种语言都能把你塑造成这一语言的专家，都会让你靠这种语言

谋生，但是这种学习和使用另一种语言的经历必将成为你人生的一笔财富，并有可能成为你人生发展新领域的入口。

四、实事求是地看待语言的功能，以平和的态度对待语言学习

语言的基本功能是交际工具，但在一定情况下语言的这种基本功能会在人们心目中发生移位与变形，会产生两种倾向，夸大语言的作用和缩小语言的作用。

语言学习的最终目的，是通过语言达到交流与沟通。语言本身不是目的，只是工具与手段。然而，在一定的情况下，尤其是在目的语环境外的语言学习，由于语言使用能力获得较艰难，而目的语如果又是英语这样的强势语言的话，语言的功能以及语言学习的意义将会被过分夸大，而偏离自己本该有的位置。

语言是人类最重要的交际工具，没有合格的第二语言交流能力将无法进行跨民族、跨国界经济、文化的正常交流。英语是目前国际上常用的语言，不会英语将无法进行国际性的交流，这些道理都是对的，也体现了语言学习的真实价值。但是应该同时强调的是，语言本身只是工具，语言代替不了政治、经济、文化的创造与成果。国家的富强、民族的兴旺需要通过外语借鉴国外的先进经验与技术，但更重要的是与此同时学习其他国家与民族苦干实干、锐意创新的精神，建立自己的创新机制和发展体系。国家应鼓励国民学外语，但与此同时更应鼓励国民在各自的行业里苦干实干，利用自己所学的外语改革创新。国家在升学、评职称等选拔中可以把外语作为考核的内容之一，但外语不应实际成为所有专业与领域中鉴别人才主要的、唯一的、一票否决的标准。

由于中国的英语学习是目的语环境外的语言学习，全面语言能力的获得过程较艰难，加之英语是发达的英美国家的语言，会英语是到英美国家发展的先决条件。因此，人们对英语、英语学习抱有种种不切实际的幻想与奢望。学英语就能出国，出国就能荣华富贵。学英语出国挣大钱成为很多英语学习者梦想的黄金路。一些英语教育机构为了经济利益，更是推波助澜。在一张报纸上曾以这样的题目劝导广大家长重视自己孩子的英语学习："学会英语就像老鼠学会了猫语：一次老鼠与猫狭道相逢，老鼠的一声'喵！'，使它躲过了一劫——请关注你孩子的英语学习。"英语成了救命的语言。在一次李阳英语的宣传会上，李阳亲自大声召唤大家："你想改变你的人生吗？你想成为百万富翁、亿万富翁吗？那么学英语吧！"我不怀疑这种狂热的氛围有助于提高英语学习一时的热情，但是必须清楚："学外语——出国——赚大钱"这一推理链缺少了一个重要的环节，那就是在具体行业、专业中的真才实干。对作为交际工具的外语寄予过多的奢望，其结果将会是挫折与失望。这种脱离实际的鼓吹不利于大家对学习英语树立一个平和而长久的健康心态，不利于帮助大家最终成为国家、社会的有用之材。

对于大多数语言学习者来说语言只是工具，更重要的是使用这个工具从事什么专业、做什么事情，因为把语言本身作为职业的人必竟是少数。我的一位朋友俄语很好，

在国内同龄人中很是骄傲，一心想到俄国发展。可到了俄国他发现，会俄语只不过是一件再普通不过的事，没有人重视他的俄语才能。倒是他从来不重视的中文，最终为他找到了赖以糊口的工作——给俄国人教中文。我的另一位朋友俄语也很好，他到俄国去时，我们都以为他会当翻译。后来才知道他没有当翻译，而是在国内的一段当会计的经历，使他在俄国的中国公司找到了一个出纳职位。

那么为什么在中国，外语尤其是英语被人们赋予了那么多与实不符、令人眩目、金光灿灿的光环，原因有三：①非目的语环境下语言学习的艰难性；②欧美国家经济、文化上的领先；③对自己国家创新能力、发展活力的不自信。然而，泡沫总归是泡沫，总会有消下去的一天。外语，外语学习的意义总有一天会回归到它应有的位置。目前我们应该做的工作是透过泡沫看到事物的本来面目，不盲目跟从潮流，减轻认识上的扭曲，尽可能地减少不必要的社会浪费。

第二篇：双语教学

第四章　双语学视角下的第二语言教学

第二语言学习是双语现象产生的第一步。成规模的第二语言学习必然促使第二语言教学行为的产生。成规模的第二语言教学行为必然促使第二语言教学行业的诞生。第二语言学习与第二语言教学在社会诸因素影响下的互动必然带来各具形态的社会双语现象。因此，要研究双语问题必须研究第二语言教学问题，第二语言教学问题的探讨是双语学理论体系中不可缺少的重要环节，也是双语问题研究中实践意义较大的问题。

要进行第二语言教学，必须对办学的社会环境、语言环境、社会需求有所了解，必须对学生与教师的特点有所了解，并在此基础上提出教学的总体规划。在此之后，要确立教学内容与教学方法，确定教学的基本程序与要求：教材的选定、备课的要求、讲授的方式、考察的标准等。教学设计、教学内容、教学方法、教学程序是第二语言教学要探讨的基本内容，也形成了一个目标明确的问题聚集丛。第二语言教学是双语问题研究中研究较充分的领域，也较早地形成了较完整的体系与模式，不断有人提出建立第二语言教学独立学科的种种设想①：加拿大语言教育理论专家斯特恩（H. H. Stem）就曾在其著作中列举出西方学者于70年代至80年代初提出的七种第二语言教育的理论模式。中国学者张鸿苓先生提出过"中学语文教育系统的结构"；章兼中先生提出过"外语教育学的理论模式"；吕必松先生对第二语言学科理论和第二语言教学结构进行过系统论述；崔永华、刘珣、赵金明等先生以中国对外汉语教学的实践为依据，把第二语言教学作为一种独立学科进行构建做了许多具体的工作。虽然国内外学者们提出的学科模式各有千秋，却存在着明显的共同点：第二语言教学学科以语言学、心理学、教育学、社会学为基础理论，以教学设计、教学内容、教学方法、教学程序等与教学实践密切相关的问题为主要研究内容，属应用语言学分支学科。

虽然第二语言教学理论体系看起来已经相当完整，但仍代替不了双语学理论体系。在构成双语现象的双语学习、双语教学、双语社会化这个链条中双语教学只是一个环节。就是在双语教学这个环节中第二语言教学也只是问题的一个方面。双语教学包括：第一语言教学（帮助学生学习、提高第一语言交际能力的教学行为）、第二语言教学（在已具备第一语言的基础上，所进行的第二语言教学，广义的第二语言教学包括第一

---

① 参见刘珣：《对外汉语教育学引论》，北京语言大学出版社2000年1月，第10页。

语言教学之外的所有语言教学）、双语教育（双语教学主要指两种语言的教学，双语教育是包括语言教学在内的所有科目的教学）、民族教育（民族教育主要从民族文化传承角度来界定，它不仅包括民族语言教育，还包括民族文化教育）。显然，双语学的理论框架比第二语言教学理论体系视野更开阔，体系更完整，容纳性更强。

在双语学理论体系的建立中，第二语言教学研究的成果作为双语学理论体系的重要内容将得到吸纳，并在双语学理论更为广阔的理论背景下得到进一步的补充、深化与延伸。本著作不是专门研究第二语言教学的专著，但第二语言教学研究又是双语学理论体系中不可缺少的环节，所以笔者在本章中参考了其他专家尤其是对外汉语教学专家的大量著作。其中，刘珣、赵金铭、张和生等先生的相关研究对本章的研究提供了极大的帮助。由于对他们相关研究成果的参考与引用，使本章在完成对双语学视角下第二语言教学理论构建的同时，对其中具体问题的论述也能做到不失具体与实用，这尤其有利于读者在理解双语学视角下第二语言教学理论大框架的同时，对其中的具体问题也能有详细、具体的了解，增强本章内容的实用性。在此向这些专家与前辈表示敬仰与感谢。需要特别说明的是，本章所有的借鉴都是在笔者大量阅读、潜心研究的基础上精心挑选进行引用与重述的，并在文中做了较详尽的脚注。

第一节　第二语言教学的设计

要进行第二语言教学必须要对第二语言教学进行规划。规划大致分为三个层次。较宏观的规划指在一个地区办学的总体思路，我们称之为总体设计，在总体设计之下有教学计划，指在一个学校办学中具体的教学规划。第二语言教学计划不仅包括第二语言的教学，还应包括与之相关所有课程的规划，当然第二语言各种课程的规划是教学计划的重点。在教学计划之下，还应有具体课程的规划，我们称之为课程大纲，它详细规划具体课程的目标、步骤、方法、效果评测等。

在实际运作中，总体设计、教学计划、课程大纲往往并不是经纬分明的，常常是你中有我、我中有你的，有时可能还会缺少某一个层次，甚至是三个计划合并为一个计划。但为了全面、清楚地叙述第二语言的教学设计，本文还是按总体设计、教学计划、课程大纲这三个层次来叙述。

一、总体设计

较宏观的规划指在一个地区办学的总体思路，我们称之为总体设计。进行总体设计一般要经过以下几个步骤：1. 对社会环境进行调查与分析，包括社会民族与语言的构成、社会对语言教育的需求、学习者的特点、教育资源条件、政策和制度层面上的可行性等。2. 在以上调查和分析的基础上，提出办学目标，确定办学方针与方案。比如说社会民族与语言的构成就决定着办学的总体语言环境，语言环境不仅影响着语言学习的途径、策略、目的、效果，也影响着语言教学的目的、方法、效果。语言环境分为目的语环境内与目的语环境外。

（一）目的语环境内语言教学的特点

1. 学生生活在使用目的语的社会环境中，生活、学习、工作离不开目的语的使用。青春期前开始目的语学习的语言学习者从小在目的语环境中长大，已经具备目的语基本的听说能力，语言学习的目的是为了继续提高目的语的听说能力和具备一定水平的读写能力。目的语学习中已无需太多借助母语的拐棍。如维、汉杂居区已具备汉语听说能力的维吾尔族学生。

2. 教师目的语水平普遍较高，能够胜任并善长用目的语授课。

3. 在学生的生活环境、学习环境中有较充分的目的语接触

（二）典型的目的语环境外语言教学的特点

1. 学生从小在目的语环境外长大，不具备目的语基本的听说能力，语言学习的目的是获得目的语基本的听说读写能力。如新疆南疆维吾尔族聚居区县乡以下维吾尔族中小学学生的汉语学习。

2. 目的语环境外的语言环境不仅制约学生目的语水平的提高，也影响着这种环境中目的语教师的选择、培养及其目的语整体水平的提高。目的语环境外目的语教师的常见特征是，目的语水平不高，不能给学生提供较充分的目的语主动能力的培养及训练，较擅长用学生的第一语言来解释、教授目的语。如中国大陆的很多英语教师。

3. 学生的生活环境、学习环境、工作环境中缺少基本的目的语自然接触，口语的获得主要靠课堂训练、音像教学及背诵来获得。口语听说能力获得较艰难，发展不充分。书面语阅读能力不自觉地将成为语言教学的重点。

因此总体设计必须对社会环境及其诸因素进行认真的调查与分析，提出正确、可行的办学方针与方案，为教学计划的制定提供可靠的依据。如，在教学目标的确定上，北京语言大学对外汉语教学提出的目标是[①]：

（1）掌握目的语基础知识和听说读写基本技能和运用目的语进行交际的能力。这是最直接、最根本的教学目的，体现了语言教学的根本任务。语言交际能力包括目的语的基础知识和听说读写基本技能，以及语用规则和相关文化知识。

（2）增强学习目的语的兴趣和动力，培养目的语的自学能力。

（3）具备目的语民族基本的文化知识，熟悉目的语国家的国情及文化背景，具备较开阔的文化视野和较高的文化素养。

---

① 参见刘珣：《对外汉语教育学引论》，北京语言大学出版社 2000 年 1 月。

二、教学计划

在总体设计确定之后，要确立教学计划。教学计划是办学总体计划在教学上的具体安排和在教学管理层面上的落实，是组织教学过程、安排教学任务、确定教学编制的基本依据，也是编制教学大纲，编写教材，进行教学活动、评估教学工作的重要参照标准。教学计划的内容包括：

（一）区分教学类型、确定教学年限、划分教学阶段

以北京语言大学对外汉语教学为例，从培养类型上可分为：非学历教育，如：预备教育、短期速成教育（半年以下的语言学习）、进修教育、特殊目的教育（为学习财经和医学等进行的第二语言教学）；学历教育，如：小学、中学、大学、研究生教育中所进行的第二语言教学，包括它们的特殊形式（广播、电视教育）。从语言培养的层次上来说可以分为：零起点开始到初级、中级、高级各阶段的第二语言教学。

（二）班级的编排

（三）根据教学的目标确定教师的标准，选聘教师

在第二语言教学中，学生是语言教学的主体，教师是语言教学的主导，在非目的语环境中的第二语言教学中，教师不仅是课堂教学的主导，而且可能是仅有的口语环境制造者。因此，教师的条件对第二语言教学的成功有着举足轻重的作用。第二语言教师的条件至少有两条：语言条件、教学经验。

1. 教师的语言条件

教师的语言条件包括教师目的语水平和教师所掌握的学生第一语言水平。一个称职的语言教师首先目的语水平要高，要听说读写全面过关，一个听说不自如的教师是难以培养出善于听说的学生的。一个读写水平不高的教师，也难以培养出读写方面有较高水平的学生。语言教师除了要有较高的目的语水平之外，还应该努力掌握学生的第一语言，这样才能够顺利进行两种语言对比，主动掌握学生第二语言学习中的重点、难点。

3. 教师的教学经验

有较高的目的语水平，有较高的学生第一语言水平是做好第二语言教学工作的必要条件，但还不是充分条件，还必须要有较强的第二语言教学的意识和较丰富的第二语言教学经验。我们常常看到，有的教师有着较高的目的语素养，在第二语言教学中，却试图把关于目的语的丰富知识直接端给学生让学生享用，他们把第二语言教学变成了第二语言文学课、语法课、文化知识课，偏离了第二语言教学以能力培养为中心的目标。有的教师在目的语、学生第一语言方面都有着较高的水平，却把第二语言教学课上成了翻译课、语言对比课……这都是缺乏第二语言教学意识的表现。有些教师有较好的语言条件，也有第二语言教学的意识，知道第二语言教学的目标是什么，但却没有实现这些目的的有效方法（手段、步骤、方案），这是缺少第二语言教学经验的表现。总之，对于

称职的第二语言教师来说，语言条件、教学素养缺一不可。

（四）教材的编选原则

教材的编选要体现实用性原则、科学性原则、针对性原则、趣味性原则。

（五）教学内容的确定

第二语言教学的最终目的是为了培养目的语交际能力，这一教学目的决定了第二语言教学内容。以北京语言大学对外汉语教学为例，他们把教学内容分为四个方面[①]：

1. 语言要素（目的语语音、词汇、语法、文字）；
2. 言语技能（目的语听、说、读、写技能）；
3. 言语交际技能（目的语的语用规则、话语规则、交际策略）；
4. 相关文化知识（目的语的基本文化知识、基本国情、文化背景等）。

（六）课程的设置、教学进程、课时分配

课程设计是在办学目的和具体教学目标的指导下，从学习者的特点和需要出发，根据专业对知识结构和能力结构的要求，最优化地选择教学内容、组织教学进程，形成合理的、相互配合的课程体系。第二语言教学规划不仅包括第二语言教学的课程，还包括与之相关其他课程，当然第二语言各种课程的教学是其规划的重点。以北京语言大学汉语言专业（1998—1999年度）的课程设置为例[②]，

汉语综合技能课有：各个年级的汉语综合课（精读课）；

汉语专项技能课有：各个年级的汉语听力、汉语读写、汉语阅读、汉语口语、汉语视听、汉语写作、翻译基础。

汉语知识课有：现代汉语语音、汉字概论、现代汉语词汇、古代汉语、现代汉语语法、汉语语法修辞。

文化知识课有：中国地理、中国历史、中国文学史、中国文化史、中国哲学史，以及其他课程：中华武术、中文电脑编辑、实习、讲座、学位论文辅导等。

（七）第二语言教学的基本教学原则

在教学内容确定了以后，接下来要确定的是教学原则。教学原则是教学法体系的灵魂，各种教学法流派虽然形态各异，在教学要求上各有侧重，但仍然可以总结出共同的教学原则。如，中国对外汉语教学在半个多世纪的探索中，总结归纳出了十条对外汉语教学的基本原则[③]。

1. 掌握汉语的基础知识和基本技能，培养运用汉语进行交际的能力的原则

（1）首先必须把语言当做交际工具来教和学，尽可能做到如交际法所提倡的"教学过程交际化"，鼓励学习者创造性地运用语言表达自己的思想。

---

① 参见刘珣：《对外汉语教育学引论》，北京语言大学出版社，2000年1月，第298页。
② 参见刘珣：《对外汉语教育学引论》，北京语言大学出版社，2000年1月，第300页。
③ 参见刘珣：《对外汉语教育学引论》，北京语言大学出版社，2000年1月，第302—309页。

（2）能力的培养离不开知识的掌握和技能的训练，语言知识的学习、语言规则的内化是形成语言交际能力必不可少的条件。

（3）培养交际能力需要运用实际生活中真实的语言材料。

2. 以学生为中心、教师为主导，重视情感因素，充分发挥学生主动性、创造性原则

这条原则是针对教与学的关系而提出的，是一条根本的原则。这条原则主要体现在：

（1）从学生的特点和需要出发，制订课程计划、教学大纲并确定教学内容、教材和教学方法。

（2）研究学生的个体差异，因材施教，在学习方法上给予指导，培养学生的自学能力并不断激发学生的学习动力。

（3）课堂要营造轻松愉快的气氛，加强趣味性；课堂教学多用启发式，发展学生的智力，体现以学生活动为主的积极性原则；建立融洽的师生关系，发挥情感因素的作用，排除学生心理障碍。

（4）让学生参与设计教学活动，多听取学生的意见，并根据所得到的反馈不断调整课程计划，改进教学。

（5）对待学生的偏误应采取严格纠正的态度，但纠错要根据其性质和发生的场合区别对待，注意方式方法。

3. 结构、功能、文化相结合原则

（1）结构是基础。初级阶段忽视结构教学或完全打乱结构教学的系统性，会给汉语学习带来极其不利的影响。

（2）功能是目的。注意按人类言语活动从意念到言语形式的顺序，从功能出发进行结构教学，而不是完全按传统的从形式到意义的顺序、以教授结构为出发点。既要考虑到结构的系统性，也要注意功能的系统性。

（3）文化教学要为语言教学服务。文化教学是语言教学不可或缺的一部分。文化教学要紧密结合语言教学，着重揭示语言交际中的文化因素，介绍目的语国家的基本国情和文化背景知识。

结构、功能、文化的结合应贯串语言教学的始终。一般说来，初级阶段以结构为主，中级阶段要加强功能并巩固、扩展结构，在高级阶段文化教学、特别是目的语国家国情和文化背景知识的教学分量应逐渐加大。

4. 强化汉语学习环境，加大汉语输入，自觉学习与自然习得相结合原则

语言交际能力不是仅仅靠课堂教学就能培养成的。语言环境的有无与好坏，学习者对目的语的接触面及目的语的输入量的多与少，都会直接影响到语言学习的效果。中国境内对外汉语教学虽然有使用目的语的自然环境，但如何有意识地利用语言环境促进语言的自然习得，还需要深入研究。

5. 精讲多练，在语言知识的指导下以言语技能和言语交际技能的训练为中心原则

"精讲"是对教师的知识讲授而言，适当的理论知识和语言规则的介绍，对成人学习第二语言是必不可少的；"多练"是指学生在课上、课下要进行大量的练习，培养语言运用的熟巧度。鉴于语言课首先是技能课、工具课，所以语言教学应体现以技能训练为中心的原则。

6. 以句子和话语为重点，语音、语法、词汇，汉字综合教学原则

语音、语法、词汇的教学可以在不同阶段有所侧重，但语言诸要素只有组成句子或话语时，才能较好地发挥交际工具的作用，句子是语言交际中表达完整意义的最基本的运用单位，是语音、语法、词汇的综合体。因此从第二语言教学的角度考虑，句子仍应是教学的重点。

7. 听、说、读、写全面要求，分阶段侧重，口语、书面语协调发展原则

四项技能、口语与书面语互相促进、互相制约，都是语言交际中不可缺少的。因此要全面要求、协调发展，但不同学习阶段侧重点又有所不同。初级阶段突出听说或者适当的听说领先，中级阶段听说读写并重。高级阶段侧重读写，但听说训练仍要紧抓不放。

8. 利用学生母语进行与汉语的对比分析，课堂教学严格控制使用学生母语或媒介语原则

利用母语或媒介语，主要指在教材编写和教师备课中进行语言对比分析，以确定教学重点。同时也是指在十分必要的情况下，教师在课堂上可以少量地用学生母语或媒介语进行难点讲解。至于学生在课堂上则应严格体现"沉浸法"的精神，尽可能用目的语，除了必要的翻译练习外，不使用母语或媒介语。

9. 循序渐进，螺旋式提高，加强重现原则

语言教学，不论是结构、功能还是文化，都应体现由易到难、由近及远、由具体到抽象、先简后繁、先一般后特殊、循序渐进的原则，便于学生学习。由于语言知识和技能的掌握不可能一次完成，在教材编写和课堂教学中都应采取循环往复、加强重现、以旧引新、逐步深化、螺旋式提高的原则。

10. 加强直观性，充分利用现代化教学技术手段原则

语言教学要充分利用直观手段，如教具、图画、照片、实物、动作、音像手段等，帮助学习者理解学习内容并加深印象，也有利于调动学习者的学习兴趣。

以上十条原则，大体上提出了解决汉语教学中各种矛盾的办法，也从不同侧面勾画出对外汉语教学法体系的轮廓。

（八）测试方法、考试结业制度的确立

语言教学活动由教学规划、教学活动、考试测验三个部分构成。考试是第三个环节，是对前两个环节成效的检验和总结。同时又把信息反馈给前两个环节，促进前两个环节的调整与改革。教学计划要对教学活动最后一个环节——教学成果的检测有一定的

规定与要求。

三、具体课程的教学大纲

在教学计划之下，还应有具体课程的规划，我们称之为课程大纲，它详细规划与描述具体课程的目标、内容、进度、方法、效果评测等。教学大纲通常分说明、本体和附录三部分。说明部分阐明本课程的教学对象、教学目的要求、教学方式、本课程在专业中的地位和作用等；本体部分按课程的章、节顺序，对教学内容、分级定量、教学环节进行具体规定与表述；附录部分是详细的相关资料，如：词汇大纲（汉语教学中还有"汉字大纲"）、语法大纲、句型大纲、情景大纲、功能大纲、意念大纲等。现以杨寄洲先生的《对外汉语初级阶段教学大纲》[①] 为例具体说明。

（一）教学对象

对学生的年龄、学历、目的语水平做出基本判断。

（二）教学时间

对学生的学习目的做出基本判断，并根据学生情况及语言学习的规律进行班级编排、课程设置、学时安排。

（三）教学目的

初级汉语教学的目的是通过一年的教学使学生掌握一定的语言知识，具有初步的听说读写能力和初步的言语交际能力，能满足日常生活、学习和一般社交场合的交际需要，学习结束时，达到《汉语水平等级标准和等级大纲》所规定的一年级的标准。同时具有上专业课、阅读专业材料、进行专业交谈的初步能力，为他们升入高年级继续汉语学习和进入其他高等院校学习相关专业打下语言基础。初级汉语教学目的还包括适当地介绍和讲授中国国情和中国文化知识，减少语言学习中的文化障碍。通过初级汉语的学习，学生能够具备自学汉语的能力。

（四）教学要求

1. 语言知识方面：

1.1 语音：学习并掌握汉语声母、韵母、声调、变调、轻声（必轻声词）、儿化韵（必儿化韵词，如：玩儿、画儿、这儿、哪儿等）词重音、句重音、语调、语气、语流音变。朗读和说话的语音语调基本正确。

1.2 词汇：学习《对外汉语初级阶段词汇大纲》（本大纲附件）规定的一级词和二级词2800左右，要求能正确读出，掌握其基本义项和常用义项及用法，掌握率为90%以上。

1.3 汉字：学习汉字等级大纲规定的甲级字和乙级字1600个，讲授汉字笔顺、笔

---

① 参见杨寄洲：《对外汉语初级阶段教学大纲》。

画、部件和书写规则，分析常见汉字的基本组成要素。掌握率为90%以上。

1.4 语法：学完《对外汉语初级阶段语法大纲》（本大纲附件）规定的语法项目（120项）。掌握率为90%以上。

2. 语言技能方面：

2.1 听：掌握精听、泛听和搜索听的技能。初级阶段结束时，能听懂语速为每分钟在160到180个字，生词不超过2%，新语法点不超过1%的非图象性语言材料。理解正确率应达80%以上。

2.2 说：能够在日常生活和一般社交活动中，或就某项专业表达自己的需要、愿望、意见，能进行比较流利的成段叙述，借助讲稿进行较完整的篇章表达，语音语调基本正确。

2.3 读：掌握汉语的基本阅读技能，会细读、略读、浏览读、检索读，掌握快速阅读技巧。能够达到两个层面的阅读速度和理解程度：

A、普通阅读：能阅读生词不超过2%，无新语法点的语言材料，阅读速度为120—140汉字/分钟，理解正确率为90%以上。

B、快速阅读：能阅读生词不超过4%，新语法点不超过2%的一般性语言材料，阅读速度为140—169汉字/分钟，理解正确率为80%以上。

能借助词典认读部分汉语水平大纲的丙级词。

2.4 写：听写速度达到15—18个汉字/分钟，抄写速度达到18—20个汉字/分钟，能写一般应用文，能把70%以上的授课内容整理成笔记。一百分钟内能写出400字以上，句子通顺、意思完整、语法错误低于2%；汉字错误低于3%的记叙短文。

3、交际技能方面：

有适应各种一般性交际场合的能力。能够较快、较正确地听懂、领会交际对象的意图，能选择相应的词汇和语法形式较准确地表达自己的意思。

阶段要求

初级汉语教学大致分为三个教学阶段，每个阶段在语音、词汇、语法、汉字、语言技能上都有具体要求。

（五）教学原则（基本可参看本书的汉语教学十原则）

（六）课程设置与教学安排

对外汉语初级阶段的教学时间为一学年，可分两学期进行。除去寒、暑假约11周，有效教学时间为36周（包括复习考试），以每周24学时计算，共约为860学时。

根据本大纲规定的教学内容和各项教学指标，拟设置如下课程：

1. 初级汉语（这是一门综合技能训练课，取消原来的精读课或语法课的名称）

2. 初级阅读

3. 初级听力

4. 初级口语

5. 实用语音（选修）

6. 汉字读写（选修）

7. 写话训练（第二学期开设，每周2学时）

8. 影视欣赏（选修）

9. 文化讲座（选修）

10. 专业阅读（选修）

（七）考　试

初级阶段的考试按《对外汉语初级阶段考试大纲》进行。

要根据大纲的要求，逐步建立和完善一整套科学严谨的考试系统。通过严格考试，全面准确地了解学生的学习情况，同时对教学的科学性、有效性进行检查和评估。这一考试系统，既要有语言知识的测试，更要有语言能力和语言交际能力的检查。在完成阶段性常规测试的基础上，着力于最终的综合能力的考核。

为切实达到测试目的，应根据考试大纲的要求，建立各种课程各种考试的规范，建立由计算机控制的考试题库。本大纲规定全学年有以下三个阶段的考试。考试有笔试和口试两种形式，可根据不同的课型考试采用不同的考试形式。但初级汉语要有口笔试两种考试。

第一阶段：语音阶段

第二阶段：期中、期末考试

第三阶段：期中、学年考试

考试成绩均以100分为满分。

第一学期总评成绩：语音、期中成绩占本学期总成绩的60%，期末考试占40%

第二学期总评成绩：期中考试占本学期总成绩的40%，期末考试成绩占60%

学年成绩总评：第一学期40%、第二学期60%

第一学期考试不及格者，没有补考。第二学期考试不及格者可以补考，补考不及格者要重读。离校者不发结业证书，只发学习证明。

第二节　教学内容与方法的研究与确定

第二语言教学的内容首先来自对目的语的研究，没有对目的语的认识与研究就无法开展目的语的教学。为了掌握第二语言学习的重点难点，学生第一语言与所学第二语言之间的对比成为第二语言教学中最具特色的研究，也是第二语言教学研究中成果最丰硕的研究领域。然而以上两方面研究并不能包括第二语言教学内容研究的全部，针对第二语言教学的特殊需求，在教学的过程中还需要发现并开发为第二语言教学服务的其他研究。第二语言教学内容可分为：语音、词汇、语法、语用、功能、文化等方面，对比分析可用于其中的任何一个方面。通过对比分析，可以区分出第二语言学习内容上的等级难度。这里介绍由普拉克特（C. Practor）提出的一种分类比较简明的"难度等级模式"。该模式将难度分为六级，从零级到五级，级数愈高难度也愈大[①]：

（1）零级：指两种语言中相同的成分，在学习中产生的正迁移，而不会发生困难。

（2）一级：在第一语言中分开的两个语言项目，在目的语中合成一项。学习者可以忽略第一语言中两个项目的区别而逐渐习惯合并后的项目。

（3）二级：第一语言中有而目的语中没有的语言项目。学生必须避免使用。

（4）三级：第一语言中的某个语言项目在目的语中虽有相应的项目，但在项目的形式、分布和使用方面又有着差异，学习者必须把它作为目的语的新项目重新习得。

（5）四级：目的语中的某个语言项目，在第一语言中没有相应的项目，学习者在学习这些全新的项目时会产生阻碍性干扰。

（6）五级：与前面的一级困难正好相反，第一语言中的一个语言项目到了目的语中分成了两个或两个以上的项目，需要学生克服第一语言所形成的习惯，逐项加以区别，才能在目的语中正确使用。

第二语言教学内容可分为：语音、词汇、语法、语用、功能、文化等方面。每个部分可以从基本内容、教学规律、教学方法三个方面来阐述。

一、语音教学

语音是语言的物质外壳，是各个语言系统最外在的形式特征。语音教学是第二语言教学的基础，是培养学生听、说、读、写技能和社会交际能力所要解决的第一个问题。语音教学的目的是让学习者掌握目的语语音的基础知识和目的语标准语正确、流利的发音，为用口语进行交际打下基础。

（一）语音教学的基本内容

语音教学的主要内容可以从物理、生理、社会三个方面来认识，以汉语语音教学为例语音教学的基本内容至少有以下：

1. 发音部位：发音时气流在发音器官受到阻碍的那一部分称作发音部位。

2. 发音方法：指发音时发音器官用什么样的方式来阻碍气流通道以及发音的动作过程。

3. 音素：音素是从音色的角度划分出来的最小的语音单位。不同的发音部位和不同的发音方法可以发出不同的音素。每个语言都有自己独特的音素系统。

4. 音位：语音与意义相结合的最小语音单位，每个语言都有自己独特的音位聚合

[①] 参见刘珣：《对外汉语教育学引论》，北京语言大学出版社 2000 年 1 月，第 187 页。

规律和音位系统。语言中的音位可以分为元音与辅音。

5. 元音：元音是由声带颤动而产生的乐音。
6. 辅音：辅音是声腔中的气流通路受到阻碍时所发出的噪音。
7. 声调：指由声带颤动的快慢所造成的音高。
8. 音节：音节是由音素构成的在听觉上最容易分辨出来的语音单位。
9. 音节结构的特点：每种语言的音节都有自己的结构特点。以汉语为例，汉语的音节有如下几个特征：

（1）音节结构比较简单，最复杂的音节也只有四个音位，如"床"chuáng；

（2）元音在音节中占优势，一个元音可以自成音节，如"啊"ā；

（3）汉语的音节可以没有辅音，在一个音节中没有两个辅音相连的情况；

（4）汉语音节中可以没有声母、韵头和韵尾，却一定要有韵腹；

（5）做韵头的只有高元音i、u、u，只有n和ng这两个辅音可以做韵尾成分；

（6）声母和韵母之间有一定的相互选择的组配关系，因而音节数量有限。总共有1200个左右。

（7）在大部分情况下，一个音节写出来就是一个汉字。

10. 语音在语流中的变化：同一个音节，在连续发音（语流）的情况下，有的音在发音部位、发音方法、声调上发生变化，我们称之为"连读音变"，也叫"语流音变"。如在汉语中最典型的语流音变有：连读变调、轻声、儿化等。

（二）语音教学的原则

关于语音教学的原则，刘珣先生在《对外汉语教育学引论》一书中有较详细地阐述，[①]本文在此仅作简要介绍。

1. 短期集中教学与长期严格要求相结合

短期集中教学是指在第二语言教学的开始阶段，集中一段时间专门学习语音。优点是能按照语音的系统，在较短的时间内让学生全面系统地熟悉目的语的语音，为日后的语言学习打下语音的基础。然而，要真正掌握第二语言的语音，做到在口语交流中正确、流畅地发音，则需要长期艰苦的训练。所以，短期集中教学要与长期严格要求相结合。在短期集中训练之后不能对学生的语音训练放任不管，而应该在语言教学中始终坚持对语音的严格要求，细水长流才能终成正果。

2. 音素教学与语流教学相结合

音素教学是语音教学的基础，但仅有音素教学是不够的。音素的单独发音和在语流中的发音有很大不同。单独发音准确不一定在语流中也能正确发音，而在我们日常语言的使用中语音常常是以语流的形式出现的。所以，音素教学应该与语流教学相结合。

---

① 参见刘珣：《对外汉语教育学引论》，北京语言大学出版社2000年1月，第356页。

3. 通过语音对比突出重点和难点

将目的语跟学生的母语进行对比，就能找出语音上的差异，找出学生语音学习的难点，从而确定语音教学的重点。如：英语为母语的人学习汉语时语音方面的困难首先是声调，其次是声母（区分送气音和不送气音、清辅音与浊辅音），再次是韵母。但阿拉伯语为母语的学生在汉语韵母学习上的困难更大一些。因为阿语的元音比较简单，而且必须同辅音在一起才能构成音节，辅音却可以没有元音而独立构成音节，这一点恰恰与汉语相反。

4. 听说结合，先听后说

在学习语音时，首先要听清楚这个语音，熟悉这个语音，然后才能发出、发准这个语音。只有发准了这个语音才算是掌握了这个语音的发音。

5. 以模仿和练习为主、语音知识讲解为辅

语音学习的目的是让学生掌握目的语听说技能，而不是仅仅掌握一门知识。因此善于模仿、反复练习就成为语音学习的主要方法。必要的理论指导是需要的，教师要针对学生发音错误，从发音部位、发音方法方面给予一定的理论指导。比如，英语为母语的学生常把汉语的清辅音发成浊辅音，这时只要说明一下汉语只有四个浊辅音，学生就会注意这一点，克服自己的毛病。但语音教学的效果最重要落实到学生语言听说技能的掌握上来。

6. 机械性练习与有意义练习相结合

要掌握目的语的语音，就要反复训练、刻苦用工。然而，机械练习应注意与有意义的练习相结合，以引起学习者的兴趣，减轻训练中疲劳与枯燥的感觉。如在汉语声调学习中，可以用有意义的词语组合来练习声调：如练习四声加二声可用"复习"、"日元"、"姓名"、"去年"等常用词，练习二声加二声可用"邮局"、"银行"、"食堂"、"学习"等常用词。练习四声可用"非常感谢"、"加强友谊"、"欢迎访问"等。

二、词汇教学

词汇是语言的建筑材料，是句子的基本结构单位。没有词汇就无法传递信息，也就无从交际。所以，词汇教学是第二语言教学的重要组成部分，是第二语言学习的基础环节。

第二语言教学的一个重要目标是，在一定时间内带领学生掌握一定量的目的语词汇，并能在目的语的交际中正确地使用这些词汇，最终具备第二语言交际能力。要达到这个目标，词汇教学不仅要保证一定的数量，还要保证一定的质量。在词汇学习中不仅要记忆大量的单词，还要熟练掌握词汇的语义、句法功能和搭配关系，掌握词汇的文化内涵，最终实现使用目的语顺利的交流。

（一）词汇教学的基本内容

关于词汇教学的基本内容，赵金铭先生在《对外汉语教学概论》一书中有较详细的阐述，[①] 本文在此仅做简要介绍。

1. 词和语素

词是语言的建筑材料，是有固定语音形式的、最小的、能自由运用的语言单位。所谓自由运用，是指能独立回答问题或充当句子成分。语素是最小的音义结合体，是最小的有意义的语言单位。它同词的根本区别在于不能自由运用。词素结合成词在句子里灵活组合，实现自由表达思想的目的。词汇教学的主要目标就是使学生记住一定量的词与语素，并具备正确使用这些词语的能力。

2. 词汇系统的构成

词汇是一个语言系统的词语总汇。词汇是一个非常庞大的系统。从内容上讲，我们可以把词汇分为基本词汇与一般词汇。基本词汇是指语言系统中那些反映人们最基本的日常生活所必需的事物、行为和性状等概念的词汇，是一个语言系统中最具活力、最能产的部分，因此是第二语言词汇教学中的重点。

从形式上讲，词汇由词和熟语构成。熟语包括成语、俗语、谚语、歇后语、惯用语等。熟语一般具有特定的形式和特殊的文化渊源，是第二语言学习的难点之一。熟练地使用熟语是第二语言学习进入较高阶段的标志之一。

3. 词的构成

从词内部的结构关系讲，词首先可以分为单纯词和合成词。单纯词就是由一个语素构成的词。合成词是由两个或两个以上的语素构成的词。在合成词中，语素有两类，一类是词根，是词的主要意义基础；一类是词缀，是附加在词根上的构词成分。词根与词根组合构成复合词，词根与词缀组合构成派生词，这两类词这在很多语言中都是词的主体。了解词的构成对于词汇教学具有重要意义。

从语法关系上，可以根据复合词内部词根与词根的关系进行分类。如，在汉语中，复合词同汉语短语具有一致的结构关系，这是汉语结构的一个显著特点。根据汉语复合词内部词根与词根的关系，可以把复合词分成以下几种类型：

（1）陈述型：后词根陈述前词根，如：体察、神交、手软、面善；

（2）支配型：前词根表示动作行为，后词根表示动作行为支配的对象、方式等，如：打针、看病、埋头、出席；

（3）偏正型：前词根限制、修饰后词根，后词根是复合词的中心，如：花园、海浪、山峰、人心；

（4）补充型：前词根表示动作行为，后词根表示结果或趋向等，如：解决、提高、说服、摧毁；

[①] 参见赵金铭主编：《对外汉语教学概论》，商务印书馆发行，2004年7月第一版，第372—374页。

（5）联合型：前后两个词根具有相同、相近、相反或相关的意义联系，两个词根互为补充说明，如：重复、反正、解释、尺寸；

（6）重叠型：同一语素重叠而成，如：妈妈、常常、连连、刚刚。

汉语派生词主要有三种类型：

（1）前缀＋词根：老板、阿妹、小伙；

（2）词根＋后缀：鬼子、短儿、男性、感化、人家；

（3）词根＋叠音后缀：红彤彤、喜洋洋、气鼓鼓、穷兮兮。

对词内部结构具备一定的知识，能使学生对词的构成知其然，知其所以然，能大大提高词汇学习的效率。同时，对像汉语这样缺乏形态变化的语言，还能增强学生对句子中词汇成分的切分能力。

汉语书面语的一个显著特征是词语连写，也就是词与词之间在书写上没有间隔。而拼音文字的词，不仅在词典上有明确而固定的形式，就是在文本中也是前后有间隔的，词与词之间界限分明。而汉语的书面语是词语连写的，呈现在读者面前的一串文字，词与词之间的界限是潜在的而不是显现的，它需要读者在对句子的分析与解读中建构词与词之间的关系。这种词语连写的书面语习惯无疑给大多数学习者，尤其是母语为拼音文字的学习者认读汉语词语带来一定的困难。学生要在一个连续不断的字符串上，至少在语言心理上要切分出一个一个的词，这的确是一件相当不易的事。帮助学生充分认识、理解和把握汉语词汇结构的基本特点，有助于提高学生理解汉语、学习汉语的能力。

4. 词义的内部系统性

（1）词的概念意义和附加色彩

一般来说，一个实词其完整的词义应当由概念意义和附加色彩两部分构成。词义是人们对外部世界的客观事物或现象进行主观感知、认识并加以概括而在意识中所形成的一种反映。这种反映，首先要以事物或现象的客观性为基础，从而形成词的概念意义。这种反映也会体现人们对事物或现象感知、认识和概括的主观性特征，从而形成词的附加色彩。词的附加色彩主要是指附加在概念意义之上的感情色彩、形象色彩、语体色彩、时代色彩、外来色彩、方言色彩等等。如根据词的感情色彩，可以把词分为褒义词、贬义词、中性词。在概念意义相同的情况下，准确把握各个词的附加色彩，是第二语言词汇教学的重要任务之一。

（2）词的基本义和转义

从词的概念意义来看，有的词只有一个概念意义（即一个义项），这就是单义词。比如汉语中的"祈求"、"蜻蜓"等。有的词可以表示两个或两个以上互有关联的概念意义（即多个义项），这就是多义词。比如汉语中的"配角"有两个概念意义：①戏剧、电影等艺术表演中的次要角色；②比喻做辅助或次要工作的人。前者是基本义，后者是转义。词汇系统中越是基本的、常用的词，越可能是多义词。在第二语言词汇教学中，分清楚多义词的基本义和转义，对学习者更快更好地掌握目的语词汇的词义系统至关重要。

(3) 词义系统的联系与区别

对第二语言词汇教学的重要任务不仅是要教给学习者识词的能力，而且还要教给他们辨词的能力。要在音、形、义三个层面进行辩词。

①同音词

同音词是指在声韵调三个方面都完全相同的词。在现代汉语中，声母、韵母和声调所组成的有效音节只有1200多个，而汉语的语素（汉字）多达五六万，通用汉字（语素）也有六七千。因此，在汉语词汇系统中必然存在相当多的同音词，即使在双音节词占主导地位的现代汉语词汇系统中，也存在相当数量的双音节同音词。例如：案件——暗箭、年轻——年青、占有——战友、就是——就势——旧事。

②同形词

我们把那些书写形式相同而意义完全不同的词叫做同形词。例如在汉语中：

风化：风俗教化——风化：自然风化

生气：不高兴——生气：有活力

仪表：仪器——仪表：人的外表

毫无疑问，同形词是第二语言词汇学习中值得学习的语言点。

③同义词

同义词是指在某一概念意义（义项）上相同或相近的一组词。例如汉语中：

小心——注意：都指提醒别人。

美丽—漂亮：都指人的外貌好。

优良——优秀——优异：都指某一方面很出色。

同义词辨析可以从词的概念意义、附加色彩和语法功能三个方面进行。同义词辨析是一项非常浩繁而细致的工作，如何找到第二语言学习者掌握目的语同义词的要点，选取最准确、最恰当的角度辨析，是第二语言词汇教学中极见功夫的事情。

(二) 词汇教学的原则

1. 要认真掌握每一个词语的具体意义和用法

第二语言词汇学习中有一个现象是，把目的语和母语词汇之间的关系看成是简单的对译关系，认为只要记住生词表就可以解决词汇问题。事实上不同语言之间除了专有名词和单义的术语之外基本上不存在简单的对应关系，即使在可以对译的情况下，也可能在附加色彩的文化内涵上有不同程度的差异。因此，词汇教学应把重点放在掌握每一个词语的具体意义和用法上。

2. 词的教学应与句子教学相结合，在一定的语境中掌握词语

单词只有在句子中才能明确其含义，了解其用法。要提倡"词不离句"，避免孤立地死记硬背单词，要在一定的语境中通过运用掌握词语。比如汉语动词"打"有十多种用法，只有在句中才能理解和掌握"打人"、"打球"、"打电话"、"打酒"中的

"打"的不同意义和用法。

3. 利用词的聚合和组合关系在词汇系统的指导下学习词语

词汇构成有它内在的系统性，词与词之间并不是互不相干的，他们之间有着密切的关系。在聚合关系方面有同义关系、反义关系、同音关系、同形关系，在组合关系方面有词义搭配和句法组合。这些词义关系、组合规律都可用来帮助我们的词汇学习，获得事半功倍的效果。

4. 掌握目的语构词法，语素教学、词汇教学相结合

以汉语为例，汉语词汇以复合词为主，合成法是汉语最基本、最发达的构词法。在汉语教学中要充分利用汉语构词法知识，把构词规律教给学生，以增强学生学习词汇的能力。

5. 要把目标锁定在基本词汇、常用词汇上，不平均用力

（1）词汇中不同词语的的重要性并不完全相等

任何一种语言的词汇数量都会是一个不小的数目。据统计[①]：现代英语有60万个单词（也有说100万的），汉语词汇根据某些词典所收的条目来看至少也有四五十万。词汇教学显然不可能把数量这样庞大的内容不加分析地作为自己的教学内容。不同的词在语言交流中的重要性是不完全相等的。北京语言大学语言教学研究所80年代初进行的现代汉语频率统计与分析，对政论、科普、生活口语及文艺作品等类的180万字语料进行了统计，得出词汇31159个。其中8000词的累计出现频率占全部语料的95%强，其余23159个词的出现频率仅为5%。可见在日常交际范围内需要掌握的汉语词汇数量还是有一定限度的。北京语言大学根据长期的教学经验，认为要达到基本生活会话的初等水平大约需2500词。这是两个学年约800多学时能掌握的词汇量。要达到看懂报刊一般新闻和听懂一般性电台广播的中等水平，约需要掌握5000词。达到能看懂报刊上非专业性文章和听懂非专业性广播的高级水平，约需掌握8000词。1992年出版的由国家汉办汉语水平考试部研制的《汉语水平词汇与汉字等级大纲》中规定了甲级词1033个，乙级词2018个，丙级词2202个，丁级词3569个，四级共收词8822个。至于具体的课程或教学班应掌握多少词汇量，要考虑学习者的学习目的和学习时间。

（2）不同词语的学习在目标设定上可以有所区别

词汇的分级为词汇学习范围的确定提供了可靠依据，对不同的词汇在学习上提出的要求也有所不同。对词汇学习的要求可分为积极掌握和消极掌握。积极掌握也称为表达性掌握，它要求学习者对所学词汇具备听说读写四种能力；消极掌握也称接受性掌握，它要求学习者对所学词汇至少具备听读两种能力。在第二语言词汇学习中，应当把主要精力用于基本词汇、常用词汇上，争取做到积极掌握，达到四会；对不常用的词汇至少应做到消极掌握，达到两会。

---

① 参见盛炎：《语言教学原理》，重庆出版社1990年，第360页。

（3）词语教学要讲究先后顺序

具体教材或教学中词汇的选择，应从词汇的实用性、常用性和学生的需要出发，从生活词汇开始逐步扩大到社会、经济、政治、专业词汇领域。尽可能照顾到：具体词先于抽象词、实词先于虚词（必要的虚词要及时出现）、口语和书面语兼用的中性语体的词先于语体特征明显的词，单词学习先于熟语学习。

6. 加强词汇的重现与复习，减少遗忘

语音、语法都需要重现才能不断巩固。词汇由于数量太大，更需要加强重现。一般说来，新词至少需要6——8次重现，才能初步掌握。结构主义教材和读物，新词要平均出现30——40次。根据心理学对遗忘的研究，在词汇教学中应注意每个生词的首次感知。从展示单词开始就用直观、形象的教学方法集中学习者的注意力，给学生留下深刻的印象。考虑到遗忘先快后慢的规律，应及时复习并有计划、有目的地定期复习。无论是学习或复习都同时运用口、耳、眼、手多种感官加强记忆。

7. 注重词汇对比与偏误分析

人类所生存和依赖的世界是同一个，人类所面对的社会生活也有许多相同的方面，人类思维发展的水平和认知能力大体相同，这必然使得以概念为基础的词义有相当大的共同性，这是不同语言间词汇对比的共同基础。同时我们也应看到，不同民族语言的词义也存在着相当大的差异，这种差异一方面来自部分词概念意义的不同，另一方面，即使那些概念意义相同的词，也会因附加意义的不同而形成不同的词义。所以我们有必要进行词汇对比。

第二语言学习的重要人群是成年人，他们往往是在基本掌握自己母语词汇系统之后开始学习第二语言词汇系统的，以母语为参照系学习第二语言是他们第二语言学习的特点。因此，对不同语言进行词汇比较，找出学习者词汇学习的重点、难点对提高第二语言学习者学习效率具有重要意义。两种语言中共有的词是词汇对比的主要内容。对应词语之间的差别形成的偏误有以下几种类型[①]：

（1）学习者母语和目的语对应词之间在词义上互有交叉而造成偏误。这种情况往往发生在多义词中。两种语言中的某一对对应词可能在某一个概念意义（义项）上等值，而在其它概念意义（义项）并不等值，从而造成学生的偏误。比如，英语的 to know 有"知道"、"会"的意思，汉语的"知道"与"会（有能力做某事）"却是两个词。当人们问"阿里今天为什么没来？"时，说英语的学生可能回答"我不会。"这就是简单套用"I dont know."的用法。

（2）母语和目的语的对应词因各自的附加色彩不同而造成偏误。一个完整的词义，不仅只有概念意义，而且还包含一整套附加色彩。词语的附加色彩是由这个语言社团的文化精神、价值观念及语言传统决定的，它不像概念意义那样显现，难以被语言学习

---

① 参见赵金铭主编：《对外汉语教学概论》，商务印书馆发行，2004年7月第一版，第384页。

者所体察。如，英语中的"fat"在汉语中可对应"胖"和"肥"，但"胖"一般仅指人，为中性色彩，而"肥"可指衣物、动物和人，而指人时明显含贬义色彩。

（3）母语和目的语的对应词因各自的搭配关系不同而造成偏误。不同的语言有不同的表达习惯，对应词之间尽管概念意义相同，但是它们各自的词语搭配习惯不同。学习者不了解这种情况，便把母语的搭配关系套用到目的语中。例如，英语中 wear（put on）的搭配词语可以是各种衣物鞋帽等，但汉语中的对应词"穿"、"戴"却各有各的搭配关系，"穿衣服"和"戴帽子"不能说成"戴衣服"和"穿帽子"。

（4）母语和目的语的对应词因各自的用法不同而造成偏误。不同的语言有各自不同的语法规则系统，概念意义相同的对应词，在不同语言的结构系统中可能用法完全不同。例如，英语中的 to meet（见面）、to marry（结婚）都是及物动词，可以直接带宾语，说成"I met him.""I married her."但是汉语中的"见面"、"结婚"却是不及物动词，要说成"我跟他见了面"、"我跟她结了婚"。可是，英语国家的学生常常说成"我见面他"、"我结婚她"，可见他们还未能掌握汉语中这类动词的特定用法。

二、语法教学

语法主要是指语言中组词造句的一整套规则，在成句的基础上，还有一套连句成篇的规则。这两个层面的规则组合在一起，便成为语言系统的语法规则。不掌握目的语的语法规则，就难以正确使用目的语。语法教学一直处于第二语言教学的中心地位。从最早的语法翻译法到听说法、认知法，都十分重视语法规则的教学，尽管它们的具体做法不同。对语法的研究一直是语言学家、语言教育家关注的焦点，也是语言研究中成果最丰富、最系统的领域。到目前为止，大多数教师和学者仍然认为，语法能力是语言交际能力的重要组成部分。不论语法教学在教材中是明线处理还是暗线处理，掌握语法规则仍是第二语言教学的基础，它可以使学生用目的语正确地理解与表达，大量减少目的语运用中的错误。第二语言语法教学中的教学语法不同于专家语法，它要体现一定的规则性（规定哪种用法是正确的，哪种用法是错的），稳定性（为多数人接受和约定的，尽量避免不确定的一家之言），实用性（在指导语言实践中要有实用性）。第二语言教学中的语法教学要有别于母语教学中的语法教学。母语语法教学是对已实际掌握目的语的人进行从言语到语言的规律概括，在进一步提高其言语技能的同时，偏重于语言理论知识的传授。第二语言语法教学是从语言到言语，通过讲授遣词造句规则和大量的言语技能操练，使学习者能正确使用目的语。

（一）语法教学的内容

第二语言语法教学首先要对目的语的基本特点有足够的认识，在此基础上，对目的语语法教学中主要的知识点要做到心中有数。对第二语言语法基本特点的认识首先来自于对第二语言本身的研究，在此基础上更要强调不同语言之间，尤其是与第二语言学习者母语组词造句规则的对比研究,这样才能认识清楚第二语言语法上的基本特点,才能在第二语法教学中做到有的放矢。以现代汉语为例,大家公认的现代汉语语法基本特点至少有如下几条[①]:

1. 语法形态比较少。从世界语言类型的角度看,汉语是一种分析型语言,它对语法范畴(性、数、格、时、体、态)的表达,一般不依靠或不必强制性地依靠固定的句法形态(如动词变位、词尾等)。

2. 词序对语义表达具有重要作用

汉语语法关系的表现,一般不依靠印欧语言那样的形态标志手段,也不依靠日语那样的格助词,而是在很大程度上依靠词序的变化。相同的词语,不同的组合排列顺序,就会表现出不同的语法关系和语义关系。例如:

①谁都认识小王。(所有的人认识小王。)

②谁小王都认识。(小王认识所有的人。)

③小王谁都认识。(a. 所有的人认识小王。b. 小王认识所有的人。)这3个句子,词语成分完全相同,只是由于词序的不同而造成了语法关系和语义关系的不同。汉语词序的变化非常丰富,充分了解和认识词序变化的各种情形,把握这些词序变化对汉语语法结构的影响,是第二语言汉语语法学习与教学十分重要的内容之一。

3. 虚词是重要的语法手段

汉语里有大量的虚词,比如介词、连词、副词、助词、语气词等等。这些虚词在语法关系和语义关系的表达中起着重要的作用。有人统计[②],外国学生汉语学习中出现的语法错误,跟虚词相关的要超过60%。这包括"不该用而用了"、"该用而没有用"、"该用,但放得不是地方"、"该用这个虚词而用了那个虚词"、"句子里共现虚词不相配"、"没有满足所用虚词的特殊要求"等等。汉语虚词,特别是一些常用虚词,如介词"把"、"对于"、"关于"、"比"等,动态助词"了"、"着"、"过",结构助词"的",以及语气词等,都应成为对外汉语教学中的重点。

5. 词法和句法具有高度的一致性

现代汉语双音节词占主导地位,这些双音节词一般又都是由单音节语素组合而成的复合词。而由词组合成的短语,在结构上一般又往往与复合词具有平行一致的关系,这就使许多短语,尤其是陈述、支配、补充型的短语,加上一定的语调就自然呈现为句子。这种句法现象便是人们提出"词组本位"思想的基础。让我们来比较下面的词和短语的结构关系:

复合词　　短语　　　　结构关系
眼红　　　眼睛红肿　　陈述

[①] 参见赵金铭主编:《对外汉语教学概论》,商务印书馆发行,2004年7月第一版,第392页。
[②] 参见孙德金:《对外汉语语法及语法教学研究》,商务印书馆出版社,2006.7,第329页。

看病	看电影	支配
人心	人民心愿	偏正
说明	说清楚	补充
上下	上下左右	联合

这 5 种结构关系是现代汉语复合词和短语的主要句法类型，它充分体现出汉语词法和句法之间高度的平行性和一致性。这种现象，对于汉语学习者掌握汉语的句法结构规则具有正负两方面的影响。从积极的方面看，词法的掌握必然会有助于句法的学习，句法结构的理解会帮助认识词语内部的结构关系，加深对词义的理解；从消极方面看，有时也会造成学习者对汉语词和短语难以区别的局面，导致句法错误的出现。

（二）语法教学的原则与方法

关于语法教学的原则与方法，张和生先生在《对外汉语课堂教学技巧研究》[①] 一书中有较详细的阐述，本文在此仅作简要介绍。

1. 将对比或比较贯穿在教学的始终

第二语言学习往往是成年人在已经掌握第一语言基础上进行的第二语言学习。学习者已有的语言系统、知识结构、思维能力必将形成第二语言语法学习过程中的正负迁移。教师要根据自己的教学经验（已掌握的学生中介语系统情况和负迁移规律）、学生的个人条件（母语、目的语水平等）和目的语自身的特点等，把学生可能出现的问题都想到，通过对比、比较把问题讲解清楚，以最大的可能减少负迁移和偏误率。对比或比较可以在以下几个方面进行：目的语与学习者母语对应形式的对比、目的语中相近现象的对比、目的语正确形式与错误形式的比较等。

2. 句型操练与语法知识的归纳相结合

句型是从大量句子中总结出来的典型句式。句型教学是用操练句子结构模式的办法来使学生学会造句的方法。这是"结构主义——行为主义"的教学方法。多年的教学实践证明，这是掌握第二语言句子结构及其用法并养成语言习惯的有效办法。句型教学有利于培养语言交际能力。所以语法教学应从句型入手，以句型操练为重点，适当地进行语法知识的归纳总结。

3. 由句子扩大到语篇

句子是会话的基础，并且集中体现了基本的语法规则。但从培养语言交际能力的目的出发，仅仅掌握句子结构还是远远不够的。句子教学还需要扩展为语篇教学，让学习者掌握语篇中的连贯与衔接等技能。

4. 语法结构的教学与语义、语用、功能的教学相结合

语法教学不能局限于结构形式，要与语义、语用、功能的教学结合起来，比如，我们在讲授结果补语时，就要特别注意汉语中特有的这种格式。从句法结构形式上分析，

---

① 参见张和生：《对外汉语课堂教学技巧研究》，商务印书馆出版社，2006，第 63—64 页。

它都是单句,但从语义平面上分析,它都包含着两个表述。如:孩子哭醒了妈妈——孩子哭+妈妈醒;他喝醉了酒——他喝酒+他醉了。在语法教学中,应该将句法平面、语义平面和语用平面有机地结合起来。

5. 精讲多练,讲练结合

第二语言教学中的语法不是理论语法而是教学语法,不是母语语法教学而是第二语言语法教学,不是知识型课程而是实用型课程。语法教学不仅要解决对语法规则能不能懂的问题,更重要的是解决会不会用的问题。语法知识的讲解要少而精,要提纲挈领地讲,抓关键要点地讲,讲对学生最实惠、最有用的东西。因为对语法规则的掌握不是单靠讲解实现的,而是在训练中逐步实现的。语法课上要体现精讲多练,讲练结合的原则,对所教内容要做浅化和简化处理。要追求感性化:让学生先具体地、形象地去感觉,然后再把这种感觉到的东西升华、概括出来,使复杂的知识浅化、简化,便于学习者牢记不忘。要尽可能地做到条理化、公式化、图示化,把所讲的内容一条一条简明扼要地理清楚,在可能的情况下用高度概括的公式或图示显示出来。要尽量通俗化,慎用学术术语,少讲概念和定义,不要让学生在概念与定义的迷宫中艰难地穿行。

6. 先易后难、循序渐进地安排语法项目

语法点之间本来就存在先后顺序关系,教学中要遵照先易后难、逐步加深的原则,体现螺旋式上升,同时注意各课语法点的分布要尽可能地均匀。

7. 重视纠正学习者的语法错误和病句的分析

重视纠正学习者的语法错误,并把病错句的分析作为课堂教学内容的一个部分。学习者对语法规则的掌握总是在试误过程中实现的。充分利用学习者的错误并加以指导,可以从反面加深对语法规则的理解,加速学习者对语法规则的掌握。

8. 自识、自检的自主学习过程

自识:发挥学生的自主能动性,让学生在老师的帮助下自己去发现和认识目的语语法规律、规则。自检:就是让学生用语法规则、使用条件等对自己实际使用的话语进行检查。比如学完了"了",可以让学生写一写昨天、周末或假期的事情,然后自检"了"使用的情况。这种检查不仅可以发现学生在学习中的问题,还可以发现教师教学中的不足,不失为一种好方法。

四、文字教学

文字是记录语言的符号体系,完全的语言学习必须要进行文字的学习。世界上现存的语言有五千种左右,书写这些语言的文字也有几千种。从文字的基本单位记录的语言单位来看,世界上的文字主要有三类:(1)记录音素的是音素文字,如英文、法文、俄文;(2)记录音节的是音节文字,如日文的假名;(3)记录语素的是语素文字,如汉字。音素文字和音节文字都是表音文字,也叫拼音文字。表音文字的基本单位是字母，语素文字的基本单位是字。这些文字各有各的特点，各有各的学习难点。相对来说，学习音素文字比较容易，因为任何一种语言的音素都是很有限的，不过几十个，因此记录这些音素的字母也就比较有限，往往只有几十个。例如英文字母有 26 个，德文字母有 27 个，俄文字母有 33 个，它们记录着各自语言中有限的几十个元音和辅音音位，用一串字母拼出语言的读音表示这语言的意义。当然，也有像英语这样字母与发音并不完全对应的文字，英语文字中这种字母与发音大量的不对称给学习增加了难度。然而，文字学习难度最大的还要数语素文字的汉字。以下以汉字教学为例，阐述汉字的特点及其教学中的一些规律与方法。

（一）汉字教学的基本内容

要了解汉字教学的基本内容，首先要了解汉字的基本属性和基本特征。赵金铭先生在《对外汉语教学概论》[①] 一书中有较详细的阐述，本文在此仅做简要介绍。

1. 汉字是语素文字

语素文字的代表就是汉字。汉字记录的语言单位是汉语的语素，语素是语言系统中最小的音义结合体，例如"人、飞、大、非"等，汉字记录的是现代汉语的语素。汉字的数量比拼音文字的字母多得多，汉字的记忆也成为汉语学习中的一大难关，汉字教学必须区分常用字与非常用字。

2. 常用字与非常用字

由于汉字数量巨大，在第二语言汉语教学中必须区分常用字与非常用字。以北京语言学院（现北京语言大学）语言教学研究所编制的《汉字频率表》为例，按频率高低统计得到前 2500 个汉字可覆盖（180 万字）语料的 99.12%，前 4000 字则覆盖率为 99.96%。1992 年出版的《汉语水平词汇与汉字等级大纲》规定了甲级字 800 个，乙级字 804 个，丙级字 590 个，丁级字 670 个。4 级共收字 2905 个。这是目前第二语言汉字教学的基本标准。

尽管汉字的数量庞大，多达数万，但现代通用汉字当在 6000—7000 之间，常用汉字当在 3000 左右，而且高频汉字的覆盖率相当高。这就给对外汉字教学，尤其是基础阶段的汉字教学提供了一个比较明确的教学范围。汉字的造字是有其内在规律的，了解这些造字规律，会大大降低汉字学习的难度。

3. 汉字的造字方法

一般来说，汉字有象形、指事、会意、形声四种造字法。

①象形就是描绘事物形象的造字法。如：月、雨、口、牛、羊。象形字在汉语中占的数量不多，但它是构成汉字部首的基础，好多会意字和形声字都是由象形字组成。

②指事就是用象征性符号或在象形字上加提示符号来表示某个字的造字法。如：上、下、三、本、甘、刃。

---

① 参见赵金铭主编：《对外汉语教学概论》，商务印书馆发行，2004 年 7 月第一版，第 414 页。

③会意就是用两个或几个偏旁合成一个字，把这些偏旁的意义合成新字的意义，这种造字法叫会意。如：武（戈下有脚，表示人拿着武器走，进行征伐。）、休（人在树木下表示休息）、取（手拿一只耳朵，对敌方的战死者割左耳，用以记功）、明（日月发出的光亮）、涉（用脚过河）、从（两人一前一后，表示随从）、森（很多树木，表示森林）。

④形声：由表示字义类属的偏旁和表示字音的偏旁组成新字，这种造字法叫形声。如：洋、娶、柱，等等。

4. 独体字与合体字

现代汉字中，除了少量的独体字外，大量的是合体字；在合体字中，大量的又是形声字。① 据统计，汉代的《说文解字》共收字9353个，其中形声字7679个，约占总字数的80%；清代的《康熙字典》共收字47 035个，其中形声字42 300个，约占总字数的90%。现代通用汉字中，形声字也占绝对多数。现代汉字的形声字主要有六种形声格局：

（1）左形右声：炮、枝、槽、姑；
（2）左声右形：期、彩、雅、彰；
（3）上形下声：芜、室、符、骂；
（4）上声下形：垄、婆、盅、舅；
（5）内声外形：阁、疯、凰、匾；
（6）内形外声：闻、斑、雠、衍。

由于汉字形体的演变以及古今音的不同，已使现代汉字中很多形声字变得既不表形也不表音了，但仍然有相当多的形声字不同程度地具有表义和表音的作用。严格说来，现代汉字声旁的有效表音率在30%左右。这与拼音文字的差别是相当明显的。拼音文字的形音联系是直接的、同步的，而汉字的形音联系却是间接的、分离的。即使形声字具有一定的表音功能，那也是以认识一定数量的成字部件为前提的。比如要认识"晴"这个形声字，须以认识"青"这个声符为前提。在教学中如果我们能对形声字进行恰当的分析和归纳，弄清楚声旁字与由它组成的形声字的读音关系和常用程度，还是可以帮助第二语言学习者更有效地认记汉字的。

5. 现代汉字的基本结构

从汉字书写的角度说，它是一个从基本笔画到基本部件再到完整的汉字（独体字和合体字）的逐步生成的体系。汉字的基本笔画有"、一丨丿㇏"，在此基础上衍化出"㇕丨乚㇙"等二十多个笔画，由这些笔画构成一个个部件（偏旁部首、常用固定的书写形式和独体字），由这些基本部件通过二维组合而构成完整的汉字（主要是合体字）。这样，方块汉字就具有了非线性的排列方式，这就是汉字的基本结构。从书写程序上

---

① 参见赵金铭主编：《对外汉语教学概论》，商务印书馆发行，2004年7月第一版，第416页。

看，汉字的书写，要求各部件在各个汉字中均占有确定的位置，上下、左右、高低、大小，不能随意改变，各个部件之间形成一种层级关系。无疑，这对习惯于书写线性结构的拼音文字的第二语言汉语学习者来说造成了一定困难。

根据对《汉字信息字典》所收 7785 个汉字的统计，汉字的部件构成如下：

汉字部件数　　1　　2　　3　　4　　5　　6 个以上

所占百分比　　4%　　34%　40%　16%　4%　　2%

由此可见，由 2—4 个部件构成的汉字就占总数的 90%。这应当是汉字教学的重点所在。汉字教学有基本笔画、笔顺、部件、整字等多个层面，但基础部件和基本结构的教学，无疑是汉字研究和汉字教学的中心和重点所在。

（二）汉字教学的一些规律和方法

近年来对外汉语教学界就汉字教学的原则问题展开了热烈的讨论。讨论的焦点集中在三个问题上：是语、文同步还是分开？是词本位还是字本位？是坚持以传统的字源学还是允许以所谓"俗字源学"帮助学习者记忆现代汉字？等等。在这些问题上已达成了一定程度的共识。刘珣先生在《对外汉语教育学引论》一书中对此有较详细的阐述，[①] 本文在此仅做简单介绍。

1. 语和文先分后合，初期汉字应按自身规律系统教学。

在汉字教学中，曾出现过多种教学方案：

（1）先语后文

主要做法是：在学生学习汉语的头半年内，只让学生接触拼音，不接触汉字，在学生掌握了几百个生词以后，才开始同时学习汉字。经过试验发现，这个方法虽然在学习初期有利于口语能力的提高，但在随后的汉字学习中，学生既要学习新的汉字，又要补学以前仅学过拼音的汉字，难点过于集中，反而影响了汉语学习的进度。实际上是集中了难点。

（2）语文并进

语文并进也就是传统的随文识字。其优点是在一定的语境（课文、句子和词）中，在汉字的使用中学习汉字，它有利于汉字学习形音义的紧密结合。缺点是汉字教学完全从属于课文，难以体现汉字构字的内在规律和汉字学习的系统性，不利于学习者较早形成对汉字的理性认识。

（3）拼音、汉字交叉出现

即生词与课文中只出现本课计划教授的以及已学过的汉字，其余的词汇用拼音表示。这种办法好处是可以有效地控制汉字的出现量。问题是拼音、汉字交叉出现不符合汉语的实际应用习惯，教学中操作难度比较大。

（4）听说与读写分别设课

[①] 参见刘珣：《对外汉语教育学引论》，北京语言大学出版社 2000 年 1 月，第 373—375 页。

语音教学阶段（两周）只出现拼音，不出现汉字，课上除教拼音方案外，主要对学生进行听说训练。语音阶段结束后开始增加读写课，听说课和读写课的比例是3：1。听说课教材开始以拼音为主，同时出现读写课上学过的汉字，没有学过的汉字以拼音代替，或用拼音为生字注音。听说课后期的教材，则过渡到全部使用汉字。读写课初期的教学重点是汉字，所用的单词和句型都是听说课学过的，但教学内容不需要与听说课完全一致。汉字教学中充分体现汉字的构词规律和汉字学习的系统性。后期的读写课，逐步过渡到随文识字，以大量阅读和写作训练为主。这种做法可以加强听说训练，也可以有计划、有系统地教授汉字。主要问题是，两种相对独立的课型如何相互联系，紧密配合，如果处理不好，容易产生相互脱节现象。

迄今为止，第四种教学法被较多的人所接受。

2. 强化汉字教学，字与词教学相结合

字与词的教学应紧密结合，充分利用汉字极强的组词能力（据研究，《现代汉语常用词表》中3500常用字能组成现代汉语7万个词，每个汉字平均能组合的词平均达20个），采取"以字解词"、"由词析字"的办法，培养学习者望字猜义、组字成词的能力。

3. 遵循汉字的构字规律，尽可能进行系统的汉字教学

在非汉字文化圈的汉语初学者眼中，汉字是一幅幅图画，是复杂而又凌乱的线条符号，对汉字字形难以把握、无从下手。因此，对他们的汉字教学在鼓励他们勤学苦练的同时，要给他们教授一定的汉字构字规律方面的知识，以建立起他们对汉字的理性认识，增加他们学习汉字的兴趣，提高他们学习汉字的效率。教学的具体方法有：

（1）根据字形解析汉字

汉字是由象形文字发展而来的，汉字字形现在还保留着某些象形特征。所以汉字往往能见形而知义。从字形入手，向学生解释汉字与其所表示的意义之间的关系，能够帮助学生记忆与掌握汉字。对汉字字形可以从以下几方面进行分析：

①对独体字依形释字

根据汉字字形，对独体汉字进行解释。例如在教授"山、日、大、人"等字时，可以描绘一下这些字的字形，在汉字旁画出字形来源，达到对意义的解释。例如：

山——像高高低低的山峰形，表示"山"的意思，等等。

②对合体字依形解字

根据汉字字形特点，对合体汉字进行解释。例如在讲授"休、酒、林"等字时，教师可做如下描述：

休——字形表示一个人靠在树木旁。人在树下歇息，表示"休息"的意思。

酒——左边表示这是一种像水的液体，而右边像古代盛酒的坛子。

③依源释字

根据汉字发展源流来解释汉字。例如"册"字，教师可讲明，古代人们将字写在

竹简上，然后用绳索穿在一起成册，后来用它来作为书籍的量词。

④依结构释义

根据组成汉字的各部分意义来解释汉字。汉字中一些会意或指事字，可以从几个部分之间的联系来解释这个汉字的意思。例如"信"，"信"就是"人的话（言）"，所以，可以做书信意义用，人说了话要算数，所以还有"相信、信用"等意思。

（2）利用音符（声旁）解析汉字

声旁具有明显的提示作用。至少有2/3的形声字的声符具有表音功能，这是我们在汉字教学中可以好好利用的宝贵资源。虽然，在形声字中声符能准确表音的（即声、韵、调都相同）只占37.51%，但声旁音变的线索仍有迹可寻，尤其是同类声母的变换（如"同"旁字有的读tong：铜、桐、筒；有的读dong：洞、恫、恫；）。汉字教学中可以利用这一资源，如：学生学过"方向"的"方"，"青年"的"青"，在教新字"芳、房、访、清、晴、请"等字时，就应该引导学生注意这些字之间声音上的联系。这样可以使学生举一反三，加深对汉字语音的印象。但是现在的形声字的表音部分与字音本身并不完全对应，有的字音与声旁相同，有的部分相同，即声、韵、调中有一部分或两部分相同，有的则相去甚远。在给学生解释时，应区分以上各种情况，酌情予以介绍。

（3）利用义符（形旁）解析汉字

根据汉字形旁具有表义功能的特点对汉字进行解释。汉字的形旁具有表义功能，它大多是一类事物的代表。具有相同形旁的汉字，往往有着共同的义类属性。根据这种性质，通过对偏旁义符的分析，一方面可以使学生对字义有进一步了解，同时对认识字形，增强结构观念，也能够起一定作用。例如，教授"海"字时，可以讲明，这字左边是"氵"，是从汉字"水"字演变而来的，它是一个形旁，凡有"氵"者大多与水有关。这时，可以让学生回忆以前学过的有三点水的汉字，同时也可以稍加补充。这样，学生可以联系到"江、河、湖、浪"等很多字，而且"氵"的意思他们也不会忘了。

（4）利用俗字源解析汉字

利用组成汉字的各个部件所表示的意思或其字形特点，对汉字进行有意义的解释。所谓俗字源，当然不是字的本源。但它通俗易懂，讲得好会妙趣横生，而且可以用来纠正学生容易发生的错误。比如：

安——有女人在房子里，自然是安全、平安的。

众——人挤人，人挨人，人上还有人，有很多人，就是"众"。

好——有妻子（女），有孩子（子），真是"好"。

灭——火上加了个盖儿，当然要"灭"。

买、卖——没有东西就要去"买"，有了东西（+）才可以"卖"。

用俗字源解释汉字，是汉字教学中可以使用的一种方法，特别是在帮助学生记忆方面，有着特殊的效力。但是这毕竟是一种辅助记忆的方法，不可滥用。在可能的情况下应尽量以汉字的基本理论和结构规则为指导。

4. 按笔画、部件、整字三个层次进行汉字教学

依笔画、部件、整字三个层次，按笔画、笔顺、部件、结构的顺序进行汉字教学。汉字看似复杂，但汉字的书写是讲究章法的，因此汉字教学也要讲究这个章法。汉字书写分为笔画、部件、整字三个层次。汉字教学要按照笔画、笔顺、部件、结构方式四个环节来进行。笔画是现代汉字构形的最小单位，汉字有基本笔画（横、竖、撇、点、捺、提）6 种，派生笔画 25 种。汉语教学应从掌握汉字的这 30 多个笔画开始。汉字笔画的走向和书写的顺序叫笔顺。汉字有六条基本笔顺规则（先横后竖、先撇后捺、从上到下、从左到右、从外到里、先外后里再封口）。正确的笔顺不仅是书写汉字的基本修养，而且按固定的笔顺书写汉字更有利于书写、记忆汉字。部件（也称字素）是汉字形体中具有组字能力的结构单位。掌握部件是认读和书写汉字的关键，也是对外汉字教学的重点。据统计，一万多现代汉字中约有六七百个部件。采用部件为主的识字法，可以减少汉字学习的难度。在学习汉字部件的基础上，还需要进一步掌握部件的组合规律，即汉字的结构方式（独体结构、左右结构、上下结构、包围结构、特殊结构等）。从笔画、笔顺、部件和结构方式四方面进行教学，可以使汉字教学系统、严密、环环相扣。

5. 重视字形对比

母语为表音文字的汉语学习者与汉字文化圈内的汉语学习者对文字的心理加工方式是有差别的，前者面对的首要困难是汉字字形的掌握。研究证明，他们在汉字字形的识别上具有整体识别先于局部识别的倾向，具体地说，就是先整体后部件，先轮廓后内涵，先上部后下部，先左部后右部，先学的熟悉后学的生疏。因此，在对他们的汉字教学要加强汉字字形的对比[①]。在教学中，孤立的汉字难于记忆，可尽可能选择有一定字形关联的字群来教，如：

"人"字系列：人入个大太天夫从众介；
"木"字系列：木本未末林森休体；
"口"字系列：口中古叶右可句只叫名吕品回；
"日"字系列：日旦早旧旬时是昌晶；
"十"字系列：十土士干千古早克华，等等。

字形的关联适用于汉字学习的初级阶段，宜在高频字的范围内进行，不宜扩展过多。先学这些字的目的在于帮助学生建立对汉字字形、部件、结构和轮廓的感性认识。

字形对比还可以用于形近字的异同对比以吸引学生的兴趣和注意力，减少错字的发生。例如：

多横少横：日——目、大——天、十——干、白——自、竞——竟、史——吏；

---

① 参见张和生：《对外汉语课堂教学技巧研究》，商务印书馆出版社，2006，第 213 页。

其他笔画增减：万——方、持——特、狠——狼、代——伐
出头不出头：田——由、力——刀、工——土、天——夫；
笔画变化：贝——见、干——千、仓——仑、天——夭、土——士、末——未、已——巳、乞——气；
笔画位置：玉——主、太——犬、庄——压、办——为；
部件改变：住——往、拔——拨、处——外、蓝——篮、辛——幸、部——陪、即——既、段——假、冻——栋等等。

由于母语文字为拼音文字的学生感知汉字细微差别的能力较弱，写字时常有笔画增减、部件替换、位置移动等情形，尤其是细部错误在汉字初学者的汉字书写中较为常见，所以有必要重视字形对比教学。如"延建廷，不加点；武式代，没有撇"，把同类特点的字（延、涎、诞、筵、蜒，建、健、键、腱、毽，廷、庭、挺、艇、霆、蜓、铤，武、斌、鹉，式、试、拭、弑、轼，代、袋、贷、岱、玳、黛）放在一起对学习者进行对比分析，能使学习者豁然开朗、受益终身。

6. 多种分析法综合应用

我们主张在汉字教学中，字形关联、音符关联、意符关联、字义关联等多种方式并举，但优先考虑音符关联的方式[①]，如：

方——访、防、芳、妨、纺、房、放、仿、坊；
青——清、请、晴、情、精、睛；
王——狂、汪、枉、旺、逛、诳；
元——园、远、院、完、玩、顽、冠；
工——功、攻、江、红、空、恐、控、贡、汞、杠、肛、缸、项、鸿。

这些字既是音近字，又是形近字。按照这种系统教汉字，有利于学生运用类比策略，掌握这些汉字的读音和字形，进一步利用表音线索来识记成批的形声字。对于以拼音文字为母语的汉语学习者来说，音符关联扩大识字量的策略符合他们的认知特点，因为他们已经习惯于首先从音码提取语言信息和根据音码储存语言信息。对于不便于采用音符关联的汉字，我们就可以把这些字纳入到意符关联或其他关联的系统之中。总之，应当突出汉字的理据性，多种分析方法综合运用、取长补短，争取尽可能高的教学效率。

五、语言功能的研究

在第二语言教学中人们发现，学习者语言学习顺序与语言功能的联系有一些规律性，从而开始对语言的功能进行研究。语言在功能上可以依据多个标准进行不同的划

[①] 参见张和生：《对外汉语课堂教学技巧研究》，商务印书馆出版社，2006，第218页。

分，而这些划分在语言教学上是有价值的。如：

（一）言语根据其使用的频率，可以分为常用语和非常用语，以决定语言教学的重点。

（二）根据语言的表达方式，可把语言分为口语和书面语，以进行口语能力、书面语能力的分类指导与训练。

（三）根据语体的不同，把语言分为谈话体、文艺体、政论体……，便于学生把握特点、主动掌握。

（四）口语可根据谈话内容分为不同的话题。不同的话题在用词与句式上有一定的类聚。把握语言的这一特点，可使口语训练的目标更加明确。

第三节　教学规程：教材、备课、课堂讲授、课外实践

教学规程是指教学活动的整个过程，这是教学研究的重要内容，与教学研究的其它方面相结合构成一个完整的教育学研究系统。教学规程的研究也是双语学体系中不可缺少的环节，但由于教学规程研究在以往的研究中比较系统，也比较完整，因此在本书中这部分内容以引述他人已研究的成果为主。

一、教材的编写与选用

（一）教材的重要性

教材是教师教学和学生学习所依据的材料，与教学计划和教学大纲构成学校教学内容的有机组成部分。在教学活动的四大环节中，教材占有很重要的地位。它是总体设计的具体体现，反映了培养目标、教学要求、教学内容、教学原则，同时教材又是课堂教学和测试的依据。教材体现了语言教学最根本的两个方面：教什么和如何教。教材水平的高低在很大程度上决定教与学的效果。狭义的教材指教科书，广义的教材除了教科书外还包括教学参考书、讲义、讲授提纲、图表、各种教学音像资料等。

（二）教材编写和选用的原则

教材编写和选用的原则可以概括为"五性"[①]：针对性、实用性、科学性、趣味性和系统性。

1. 针对性

教材要适合使用对象的特点。最基本的特点是，不同母语、母语文化背景与目

[①] 参见刘珣：《对外汉语教育学引论》，北京语言大学出版社2000年1月，第314—316页。

语、目的语文化对比所确定的教学重点不同。此外，还有不少其他特点。

（1）学习者的年龄、族别、文化程度特点。不同的年龄、不同的母语、不同的文化程度都会给教材编写提出不同的要求。

（2）学习者学习目的的不同。学习第二语言的目的有很大的不同，为了在大学读专业而进行系统的语言学习和为了某种实用性目的所进行的短期语言学习在目标与方法上会有很大区别，因此在教材的编选上也会有很大的不同。

（3）学习者目的语水平的起点不同。学习者目的语的原有水平可以分为初、中、高三级，他们所使用的教材也应当有所区别。

（4）学习时限的不同。学习时限指学习的总时间和周课时，教材所要达到的目标应在学生学习时限范围之内完成。因此，短期班不宜用长期班的教材，强化班也不宜用普通班的教材。

2. 实用性

第二语言教材要实现的主要目标是培养学习者的语言技能和语言交流能力，因此教材的实用性十分重要。实用性主要体现在：

（1）教材内容要从学习者的需要出发。教材应该是学习者进行交际活动所必需的，是在生活中能马上应用的，也是学习者急于要掌握的。

（2）语言材料必须来源于生活、来源于现实，要有真实性。应该根据学生的语言水平适当选用一些目的语真实材料，并提供尽可能接近生活的真实语言情景。

（3）要有利于贯彻精讲多练的原则。既要提供必要的理论知识，更要提供大量的、充分的练习。练习是获得技能和能力的主要途径之一，是教材中的重要要部分。练习要生动有趣，在形式和层次上要多样化。

（4）初级语言教材在内容与形式上要有利于引导语言交际活动的展开，有利于教学过程交际化。

3. 科学性

（1）要教规范、通用的语言。以汉语教学为例，应该使用汉语拼音方案、简化字、普通话。

（2）教材内容的组织要符合语言教学的规律。顺序的安排要循序渐进，做到由易到难，由简到繁，由浅入深。题材内容也应从日常生活交际开始，由近及远，逐步扩大到社会生活、政治经济、文化传统等。新词语和语法点的分布要均匀、合理，做到难点分散。要特别注意词汇和句型的重现率，达到循环复习，增强记忆的目的。

（3）对语言现象的解释要注意准确性。对语言现象（语音、词汇、语法、语义、语用等）的解释要注意准确性，避免造成对学习者的误导。

（4）教材内容要反映出学科理论研究的新水平，及时更换陈旧内容。同时，对选择语言研究新成果进入教材又要持谨慎态度，这是科学性的另一种体现。

4. 趣味性

教材内容和形式要生动有趣，能吸引学习者，使艰苦的语言学习过程尽可能变得轻松活泼。提高教材趣味性的方法有：

（1）教材的趣味性与教材的实用性、交际性紧密相关。这一点尤其体现在初级阶段的第二语言教材中。

（2）教材内容要反映现实，是学习者所关注的话题。对于当代年轻人来说，恋爱、婚姻、家庭、妇女、教育、犯罪、环境保护、老龄化社会、最新科技等话题都是他们所关心的。语言教学中以这些话题为内容，会激发学生使用目的语参与讨论的热情。

（3）教材内容要逐步加大文化内涵，多方面介绍目的语文化。特别是中高级第二语言教材如能有丰富的文化含量，就会体现出浓厚的趣味性。

（4）多样化是形成趣味性的重要因素。在语言教学需要的前提下，在内容与题材上要尽可能地体现多样化。到了高年级还应该注意体裁和语言风格的多样化。与此同时，在练习方式上也应该追求丰富多彩，适当引入游戏、对话、演剧等练习形式。

（5）版面设计要有利于提高学习者的学习热情。装帧要美观大方，插图要生动风趣，图表要清晰醒目等。

5. 系统性

教材系统性体现在很多方面。首先体现在教材内容的系统性上：语音、词汇、语法、文字等语言要素的讲授要系统完整，听、说、读、写言语技能的训练要平衡协调。其次系统性还要体现在教材系统的配套性上：学生用书、教师手册、练习册、音像教材要系统完整、相互配套，初级、中级、高级阶段的教材在教学内容、水平等级上要相互衔接、循序渐进。

（三）教材编写理念的类型

教材编写的理念至少有以下类型[①]：

1. 课文型。以课文作为语言教学内容的中心，通过课文学习语言结构和词语。优点是，在一定语境、文化背景中学习语言，有利于培养话语能力和综合运用语言的能力，其缺点是语言要素和言语技能的训练不易突出。传统教材常采用这种编写理念。

2. 结构型。以语法结构为纲，根据语法或句型结构的难易程度和词语的分布安排教材内容及教授顺序。听说法教材比较充分地体现了结构型的特点，强调对句型反复操练。缺点是对具体环境中的语言交流训练重视不够。

3. 功能型。以功能为纲，根据语言功能项目（语言交际任务的项目）的常用程度安排教学内容及其训练顺序，不考虑或较少考虑语言结构体系，如很多的口语手册都是按交际项目分类的。其优点是强调培养语言交际能力，缺点是由于语言教学界对功能的研究还不成熟，功能与结构的结合难以妥善解决，容易影响学习者对语法结构的系统

---

① 参见刘珣：《对外汉语教育学引论》，北京语言大学出版社2000年1月，第320—321页。

掌握。

4. 结构——功能型。结构与功能相结合，以结构安排为基础，同时考虑到结构所表达的功能，使结构应用于一定的功能之中，比较适合于初级阶段的第二语言学习。优点是：努力弥补纯结构型和纯功能型教材的不足，吸取两者的优点；缺点是：这类教材往往并不能很好地解决结构与功能的结合问题，极易使结构支配功能，使二者的优点未能充分发挥。

5. 功能——结构型。在结构与功能相结合中，由功能占支配地位，在一定的功能项目下教结构。这一类型比较难照顾到结构的系统性，对已初步掌握语言结构的中级学习者比较适用，而不宜用于初级阶段的学习者。功能—结构型与结构—功能型各有特色，适合于不同的学习对象，两者可以并驾齐驱。

6. 话题型。话题是指会话的中心内容，如天气、家庭、职业、爱好等。由于话题大于功能，能包括几个功能，因此选题比较灵活，不受功能的限制。课文在话题型教材中起重要作用，因而能体现出一定的情景与文化，有利于培养综合运用语言的能力和语言交际能力。另一方面，以话题为纲，功能和结构的系统性均难照顾到。这一类型特别适合于初级阶段以上的口语教材，直至高级阶段的热门话题课。

7. 文化型。以文化知识为纲、结合语言教学编写的教材。文化知识是指目的语文化与学生母语文化之间文化的差异部分，他们常常是造成跨文化交际障碍的原因之一。但这类教材必须与语言教学很好地结合，否则就会成为文化教材而不是第二语言教材。

二、备课与写教案

高超的教学技巧决不能靠即兴式的临场发挥，而是要靠不断探索、长期积累和充分准备。充分准备要从备课开始。备课是课堂教学的基础。教师在接受一门课程的教学任务时，首先要钻研教学大纲，明确课程的目的要求，同时要通读教材，了解整个教材的体系特点及所依据的教学原则和教学方法。在此基础上制定学期授课计划，包括阶段（单元）的划分、重点的确定以及学时的分配。然后进行为某一课或某一课时的具体备课并写出教学方案（教案）。具体备课工作有三个方面[①]：

（一）分析教材。教师对教材要分析透，达到熟练掌握的程度。首先要明确本课所要达到的教学目的，要分析这部分内容与前后部分的联系，即已学的知识和以后要学的知识与本课的关系；要研究与本课同时教授的平行教材、平行课本与本教材的关系；更要研究本课教学内容的内部关系。通常通过对比分析初步确定教材的重点、难点，并按难易程度对教材内容进行编排，体现循序渐进的教学原则，使学生易于接受。分析教材时还应当注意本课内容在全书中的地位和它应当承担的复习巩固已学知识的任务。最后

---

① 参见刘珣：《对外汉语教育学引论》，北京语言大学出版社2000年1月，第345—348。

还要注意发现教材中的不足之处，翻阅上一轮教学笔记所总结的问题，以便在教学中进行补充改进。

（二）分析教学对象。备课仅仅备教材还不够。还要体现以学生为中心的原则，必须分析使用这一教材的学生情况。首先要了解总的情况，即本班学生的现有水平、学习态度、课堂表现和风气、程度的分布（特别是困难生和尖子生的状况）；同时又要尽可能掌握每个学生的姓名及有关背景情况，特别是情感认知方面的个体因素，如动机、态度、性格、学习策略、交际策略、认知方式等。当然，这方面的了解需要一个逐步积累的过程，不可能在一节课中完成。在备课中分析学生的情况时，要特别考虑该班学生在学习本教材时可能遇到的问题，应该让学生参与教师的备课过程。可以采取向学生了解情况征询意见的做法，必要时可以进行问卷调查。只有对学生接受教材的情况做到心中有数，才能达到应有的课堂教学效果。

（三）确定教学方法。在掌握了教材与学生情况的基础上，才能选用具体的教学方法。例如，如何展示和讲练，是从课文开始还是从句型开始，是用演绎法还是用归纳法；如何进行练习，是先综合练习还是提问；如何利用教具或电化设备等等。

上述备课内容应落实到教案中。在对教材、学生和教学方法分析清楚的情况下，教案就可以水到渠成。教案的详略要根据教师的教学经验和每课的特点而定。有的教师倾向于写详细的教案，连不同难度的问题提问哪一名学生都写得清清楚楚，以免临场考虑不周。对新教师来说，教案应尽可能详细。教案的内容一般包括：课题、教学内容、目的要求、教学重点、教学时数、教具准备、教学环节、板书设计和教学后记。其中，教学环节尤其需要认真考虑。各个环节的重点要清楚，环节之间的衔接要自然。教案写好后，在上课前还需要进一步熟悉，做到成竹在胸。

三、第二语言教学中的课堂教学

第二语言学习的途径有两条：一是在目的语环境中习得第二语言，二是在第二语言课堂教学中学习第二语言，第二语言课堂教学有优势也有劣势。

（一）第二语言课堂教学的优势

1. 高效性。课堂教学能充分利用人们长期积累的对语言本身和语言教学的研究成果，通过教学大纲和教材的精心安排，进行集中的、有目的、有计划的教学活动，收到相对说来短期速成的效果。这是旷日持久的自然环境中的语言习得所无法比拟的。

2. 注重语言形式的训练。课堂教学的重点往往是语言形式的掌握，课堂能有目的地提供比自然语言环境更集中、范围更广、形式更为复杂的语言形式，实际上也就提供了这一方面的课堂语言环境，使学习者更注意语言的表达形式，有利于语言形式的掌握。

3. 符合成人学习特点。课堂教学强调教授语言规则，符合成人的思维特点和学习特点。很多研究证明，正式教授语言规则虽不能影响学习者习得这些规则的顺序，但可以提高习得速度，不论对儿童或是成人，不论是初学者或是高年级的学习者、甚至不论有无语言环境都能收到这一效果。

4. 能得到及时反馈。课堂教学有经验丰富的教师的指导和帮助，可以迅速提供反馈，及时纠正错误，从而加快语言学习的速度。

（二）课堂教学的局限性

1. 通过课堂教学接触目的语的时间是极有限的，目的语的输入量也无法与自然习得相比。

2. 课堂教学所提供的不都是真实的语言材料，教给学生的常为"课堂语言"或"教科书语言"，与实际生活中的语言有一定距离。

3. 课堂教学侧重语言形式，但不可能教给学生所有的语法规则，最好的教学语法体系也往往是不完全的。有的学者还认为某些语法结构只能在自然习得中掌握，不适宜在课堂中学习。另一方面，课堂教学如处理不当还可能产生误导，如对某一结构的过分强调和大量操练，有可能使学习者产生过度使用的偏误。

4. 课堂教学最根本的缺陷在于难以提供真实的交际情境，也难以进行真正的交际活动。单靠课堂很难培养语言交际能力、完成第二语言教学的根本任务。

（三）第二语言课堂教学的主要环节

课堂教学的主要环节，以教学过程的感知、理解、巩固、运用四个阶段为基础。不同的课程和课型，其教学环节的安排也不完全相同。以对外汉语教学的一般语言课教学为例，可以提出五个主要环节[①]，即组织教学、复习检查、讲练新内容，巩固新内容和布置课外作业。

1. 组织教学。组织教学的目的是稳定学生的情绪，集中学生的注意力，创造有利于学习的和谐气氛。这一环节体现了教学中的情感因素。具体做法是，开始上课，师生互致问候，或稍稍谈论一点师生共同感兴趣的话题以活跃气氛。然后由教师检查学生出席情况，对缺席学生表示关心。有时为了增加练口语的机会，每天请一名学生做一两分钟的口头报告。本环节的最后由教师宣布本节课的教学目的和教学内容，使学生有一个清楚的了解。这一环节所用的时间比较短，在 100 分钟的课时中只占 3—5 分钟。

2. 复习检查。复习检查的目的是了解学生对已学内容的掌握情况，获得反馈，发现并弥补教学中的缺陷，为下一个教学环节打好基础。

3. 讲练新内容。这是课堂教学中的重点环节，是学生接触和初步获得新知识、增强技能的环节，从某种意义上来说，其他环节是为这一环节服务的。这是教师展示和训练新内容的教学步骤，也是学生在教师指导下感知和理解新语言知识并进行初步技能操练的阶段。教学的新内容涉及到生词、语法（特别是句型）和课文等所有部分。这一

[①] 参见刘珣：《对外汉语教育学引论》，北京语言大学出版社 2000 年 1 月，第 342—344 页。

环节的特点是教师适当的讲解（展示）与学生的练习相结合，讲一部分练一部分。提倡精讲多练，但必要的讲解也不应刻意回避。在这一环节中，学生的练主要是进行模仿、重复等机械性操练，侧重于掌握语言的结构形式。教师在组织讲练中应注意突出教学内容中的重点和难点，注意以旧带新、由易到难，循序渐进。这一环节应占较多的时间，在100分钟中应占一半或一半以上（50—60分钟）。

4. 巩固新内容。本环节与上一环节是紧密相连的，实际上是一个大的环节。已经初步获得的知识和技能必须及时加以巩固，以形成语言习惯。巩固的方法主要仍是练习，但已由上一环节的机械操练为主转入有意义的练习，并进行初步的运用练习。本环节的运用练习在熟练和灵活方面还不宜要求太高，学生需要经过课后的复习进一步巩固，才能在第二天的复习检查环节中达到高一级的程度。

在教学内容较多、一次无法完成全部环节时，也可能把巩固环节作为专门的巩固课（旧称复练课），在第二天继续进行。这样学生就有了更多的时间进行巩固与运用的练习。巩固是对刚识记的东西进行保持或再认，复习是为了防止稍远记忆的消失，两者都是为了防止遗忘。因此，巩固环节跟复习一样，也需要在教学环节中不断运用、随时运用，有时与复习并称为复习巩固。

5. 布置课外作业。作为最后一个环节，布置课外作业非常重要。它用以巩固课堂所学内容、督促学生及时复习旧课和预习新课。在下课前应留下五分钟时间，从容完成最后一项任务。要明确作业的要求，如有新的练习形式，应先示范或做必要说明。作业量不宜过重，难度也不宜太大。要突出教学的重点，应包括口头和书面两个方面。作业的内容与要求要与讲练、巩固的内容相配合，也应与第二天检查复习相呼应，使各个环节成为有机的整体。

第二语言课堂教学环节的灵活性很大，特别要根据教学内容的难易和学生的特点酌情掌握，有重点地安排，不能采取机械刻板的做法。除此之外，课堂教学还应该处理好学生的情绪问题。

6. 课堂教学要处理好学生的情绪问题

课堂教学成功与否关键在于如何处理好以学生为中心和以教师为主导的辩证关系。我们既反对教师主宰一切、学生被动接受灌输的教学模式，也不主张反其道而行之，由学生决定一切、教师盲目跟随学生的极端做法。只有在教师很好地起到组织管理的主导作用的情况下，才能更有利于发挥学生的主动性和积极性，使课堂既生动活泼又井然有序。

（1）排除心理障碍，创造生动活泼的课堂气氛。语言教学中可能出现的畏难情绪、厌烦情绪或是抑制、焦虑、自信心不足等情感屏障，都是影响学习的心理障碍。要克服消极心理、激发学习者的学习动力，轻松活泼、愉快热烈的课堂气氛是必不可少的。每节课中虽然不应刻意追求，但有几次笑声以活跃课堂气氛还是很必要的。良好的课堂气氛的形成，除了教学内容和步骤的精心安排给学习者以安全感、趣味感和成就感外，教师亲切、热情、幽默风趣的教态，也起很大作用。在强调课堂气氛轻松愉快的同时，教师也应把握好尺度。要愉快但不能嘻嘻哈哈，要轻松但不能松松垮垮。愉快轻松只是手段而非目的。如果一两个小时过得倒是轻松愉快，但并未掌握教学内容，就失去了课堂教学的意义。为了掌握知识和技能，课堂上也需要保持一定的严肃、紧张。轻松与紧张是课堂中要处理好的辩证关系。

（2）集中学生的注意力，自始至终驾驭课堂。在一两节课长达 50—100 分钟的时间里，如何集中学生的注意力，按教案的设计顺利完成各个环节，这是课堂教学的又一个重要问题。集中学生注意力的实质，是主导课堂教学的教师能自始至终掌握全场，成为学生注意的中心。这并不意味着教师从头至尾站在讲台正中滔滔不绝地讲授，而是指即使在以学生活动为主或几个小组同时展开活动的环节，教师仍应成为全课堂注意的中心。教师可以参加某一个角落的小组活动甚至单独与某个学生练习，但同时要关注并影响到全场各个小组。教师在教室的位置可以而且应该常常变化（自始至终呆在一个地方对距离远的学生是不公平的），但就像话剧演员在舞台上有追光一样，不论在哪个位置他都应成为全场注意的中心。一般新教师难于做到这点，目光离不开课本、教案，或是只面对眼前的一两个学生、一个练习小组，而置整个教室于不顾，这样就会失去对课堂的控制。要集中学生的注意力，除了教学内容实用、生动、有趣、程度适宜外，还要注意教学环节安排的张弛起伏、引人入胜。教师自己要全神贯注而不能漫不经心，为此应离开教案甚至能背诵（不太长的）课文内容，这样就能抛开剧本，投入角色。

（3）稳定课堂秩序。就一般情况而言，第二语言教学课堂上出现学生破坏纪律的现象较少，但交头接耳、思想开小差、做其他事情、学生之间发生争执或者疲倦打瞌睡等现象倒时有发生。在这种情况下，教师应负起稳定课堂秩序的责任，除了比较严重的秩序混乱不得不正面指出外，为了维护课堂的和谐气氛，应更多地采取突然提问的办法。最经常发生又难于解决的问题还是迟到和缺课。这种现象比较普遍，特别是新生更为严重。教师应很好地分析出现迟到和缺席现象的原因。很多教师的经验是，用提高课堂教学质量的办法吸引学生，与学生建立融洽和谐的关系是杜绝这类违反纪律现象的最好办法。一般说来，迟到缺席的现象会随着学习的进展而逐步解决，但对个别完全由于主观不努力、教育无效的学生，则应当按学生管理办法严肃处理。

7. 第二语言课外活动

课外活动是实现教育目的的重要教育形式。学校常举办侧重不同教育目的（如德育、智育、体育、美育）的各种课外活动。我们这里所谈的是结合语言教学、有计划有组织的目的语实践活动。

（1）第二语言课外活动的重要性。以语言实践为目的的课外活动，被看做是语言教学不可缺少的辅助形式，是语言教学过程的有机组成部分。它提供实践机会，帮助学生巩固在课堂上获得的知识和能力。课外活动能收到课堂教学收不到的效果。首先，课外活动常常由学生根据自己的需要组织，根据兴趣自愿参加并由学生自己主持、自己活动。这比课堂教学更能体现以学生为中心、以学生为主体,更能充分发挥学生学习的主动性、积极性。第二,课外活动内容广泛,形式多样,方法灵活,寓教于乐,更能体现趣味性,不受传统教学程式的限制。课外活动比课堂教学更能发挥情感因素作用,排除心理障碍,发展学生的智力和创造力。也有利于照顾学生的个体差异、因材施教,发挥学生的专长。第三,课外活动能提供自然习得机会,接触真实的交际情景,比课堂教学更有利于培养交际能力。第四,课外活动常采用竞赛形式,鼓励学生积极竞争,激发进取心,并能获得成就感和自信。即使失败,也不像课堂考试失利那样产生心理压力。

(2)第二语言课外活动的主要形式

因材施教的原则是指课外活动一定要坚持学生自愿参加,并选择自己最感兴趣的项目,充分展现其才能。以对中国对外汉语教学为例,课外活动的形式很多。如平时的小组活动有书法小组、话剧小组、朗诵小组、歌咏小组、京剧小组、曲艺小组、写作小组、影评书评小组等。大型集体活动有汉语节目表演、热门话题辩论、短剧汇演、歌咏比赛、演讲比赛、朗诵比赛、故事会、报告会、讲座、新年晚会、春节拜年、书法比赛等。社会实践活动有参观工厂农村和名胜古迹,访问学者、名人、作家、艺术家。个人活动有与中国学生结对子练口语等。

四、语言测试

语言测试是根据一定的评估目的,以抽样方式通过有限试题来诱导出受试者的言语行为,然后借助于定量描述来推断受试者掌握的该语言的知识和能力。测试是第二语言教学四大环节的重要组成部分。通过测试,学生可以了解自己掌握目的语知识和能力的情况,发现学习中存在的问题;教师可以检查自己的教学效果,发现教学中的薄弱环节及时加以弥补和改进;教学管理者可以把测试结果作为检验教学大纲、教材和教学方法的重要参考。

(一)语言测试的内容

第二语言教学的根本目的是培养运用语言进行交际的能力。对教学能起积极的后效作用的语言测试,尤其是成绩测试和诊断测试应当与这一教学目的相一致。因此作为教学内容的语音、词汇、语法、汉字等语言要素,听说读写言语技能和反映语用规则、话语规则、交际策略的言语交际技能,以及语言文化因素、基本国情和文化背景知识等,也就成为语言测试的内容。成绩测试和诊断测试应紧密配合教学计划和大纲,按所教的内容确定测试内容。水平测试以考查受试者的整体语言运用能力为目的,目前主要仍是通过对语言要素知识、言语技能和言语交际技能以及相关文化知识的分项目测试来完成的。应考虑更全面、综合地测量上述各项内容。水平测试愈来愈对教学产生重大影响,其后效作用尤其值得注意。

（二）标准化语言测试的过程

标准化语言测试强调对测试全过程实行科学化、标准化处理。尽管日常教学中使用的成绩测试和诊断测试难以达到这样的要求，但标准化测试的过程对制订各种类型测试仍有参考价值。标准化语言测试的过程大体上有四个步骤[①]，即设计命题、考试实施、阅卷评分和统计分析。

1. 设计命题

（1）考试设计。明确考试目的，制定考试大纲，确定考试的类型、范围、内容、重点、方式、题型、题量、分值、难度、评分和计分方法、考试时间等。在考试范围、内容部分常规定具体的量化标准（如词汇量、语法点等）。

（2）拟定编题计划，制订考试蓝图或试卷各部分细目表。

（3）命题。广泛征题、由命题员编题并进行筛选。

（4）预测。

（5）项目分析。根据预测结果，进行项目分析，确定哪些试题符合考试要求。

（6）按大纲进一步审查试题并编制成正式试卷。

（7）为保证试题及每份试卷的质量，应建立题库，把经过试测和项目分析，符合效度、信度、难易度、区分度要求的试题存入题库。

2. 考试实施

通过宣布考场规则、发布主考指令严格控制考场秩序，特别是统一考试的时间、答题的方法步骤。

3. 阅卷评分

对客观性试题实行机器阅卷，尽可能消除人的主观因素带来的误差。

4. 统计分析

将阅卷评出的原始分数转换为导出分数，使分数具有明确的意义并有可比性。将同一考试的不同考卷进行等值处理，然后就此次考试的结果进行分析和解释，并做出报告。同时为教学提供反馈信息，以改进教学。对这次考试本身也要进行总结。

（三）编制试题要注意的问题

1. 试题编制者对每道题要达到的目的应当十分清楚，要排除与测试目的无关的因素。

2. 试题固然要针对学习者的难点（常常是通过与其母语的对比或学习者常出现的偏误中得出），但也要照顾目的语常用的句型和词汇。不应专挑难点和特殊点，甚至走向出偏题的歧路。

3. 试题应在教学大纲或考试大纲范围之内，一般不应超纲。

4. 除了考记忆能力外，还应当考思考能力和猜测能力。

[①] 参见刘珣：《对外汉语教育学引论》，北京语言大学出版社2000年1月，第378—387页。

5. 成绩测试应当是客观测试和主观测试相结合。大规模标准化考试也应加入一定数量的主观性试题（如30—40%），以提高效度。

6. 题序安排要体现由易到难，以排除受试者的心理障碍。还要注意试卷的校对等技术性问题。

第四节　第二语言教学流派

第二语言教学是与人类的文明史同时开始的，至今已有几千年了。现代第二语言教学还只有一百多年的历史。在这一百多年间，特别是20世纪以来，人们为了寻找有效的第二语言教学方法，在迅速发展的语言学、心理学和教育学理论指导下，不断加强对教学理论的研究和教学实践的探索，先后出现了数十种各具特色的教学法流派。其中一些影响较大的流派按其所体现的主要语言教学特征可分为四大派[①]：（1）强调自觉掌握的认知派，如语法翻译法、自觉对比法和认知法等；（2）强调习惯养成的经验派，如直接法、情景法、听说法、视听法等；（3）强调情感因素的人本派，如团体语言学习法、默教法、暗示法等；（4）强调交际运用的功能派，如交际法等。这些流派各有独创之处，也有不足之处，异彩纷呈，各领风骚，都为第二语言教学理论的发展做出了重大贡献。这方面的内容在刘珣先生的《对外汉语教育学引论》一书中有较详细的阐述，本文在此仅做简要介绍。

一、语法翻译法（Grammar – Translation Method）

语法翻译法又称"传统法"或"古典法"，它最初用来学习古希腊文和拉丁文这类死的语言，后来用来学习现代外语。18世纪末、19世纪初，德国语言学家奥伦多夫（H. Ollendorff）等对语法翻译法进行了理论上的总结与阐述，使之成为一种科学的第二语言教学法体系。20世纪初，这种教学法在许多国家的外语教学中占主导地位。

（一）语法翻译法的主要特点

1. 以理解目的语的书面语言、培养阅读能力和写作能力以及发展智力为主要目标，不重视口语和听力的教学。

2. 以系统的语法知识为教学的主要内容，语法教学采用演绎法，对语法规则进行详细地分析，要求学生熟记并通过翻译练习加以巩固。

3. 词汇的选择完全由课文内容所决定，用对译的生词表进行教学，句子是讲授和

---

① 参见刘珣：《对外汉语教育学引论》，北京语言大学出版社2000年1月，第238—276页。

练习的基本单位。

4. 用母语进行教学，翻译是主要的教学手段、练习手段和评测手段。

5. 强调学习规范的书面语，注重原文，注重阅读文学名著。

（二）语法翻译法的主要缺点

1. 忽视口语教学；

2. 过分依赖母语；

3. 过分强调语法。

到 20 世纪中期，语法翻译法经过改革，吸取其他教学法的长处，发展成为"近代的语法翻译法"。在强调阅读领先、着重培养阅读和翻译能力的同时，也加强了听说能力的培养。教学从语音开始，在以语法为主线的前提下，注意语音、词汇、语法的综合教学。语法—翻译法对 20 世纪初出现的阅读法、20 世纪 30 年代出现的自觉对比法、20 世纪 60 年代出现的双语法和认知法都很有影响。

二、直接法（Direct Method）

直接法又称"改革法"或"自然法"，19 世纪末 20 世纪初产生于西欧，主要是法国和德国。这是与语法翻译法相对立的教学法，是主张以口语教学为基础，按幼儿习得母语的自然过程，用目的语直接与客观事物相联系而不依赖母语、不用翻译的一种第二语言教学法。

（一）直接法的主要特点

1. 目的语与它所代表的事物直接联系，教学中排除母语，排除翻译，采用各种直观手段用目的语学习目的语（第一批词通过实物、图画或动作演示来讲授）。

2. 不是先学习语法规则，而是靠直接感知，以模仿、操练、记忆为主形成自动的习惯。在一定阶段对已获得的语言材料中的语法规则进行必要的总结和归纳。

3. 以口语教学为基础，先听说后读写。认为口语是第一性的，先学话后学书面语是学习语言的自然途径。重视语音教学，强调语音、语调、语速的规范。

4. 以句子为教学的基本单位，整句学、整句运用，而不是从单音或孤立的单词开始。句子是言语交际的基本单位，词语的意义只有在句子中才能明确掌握，词语连成句子也便于记忆。

5. 以当代通用语言为基本教材，学习生动的、活的语言，而不是文学名著中典雅的但已过时的语言。从有限的常用语言材料开始，对常用词、常用句式按其使用频率进行科学的筛选。

（二）直接法的主要缺点

直接法的局限性是过分强调了幼儿学习母语的规律，而对成年人学习第二语言的特点认识不足，对课堂教学的现实也考虑不够，强调口语教学，对读写能力的培养重视不够,过分强调模仿,偏重经验,对人积极、主动的学习强调不够,忽视对语法规则的掌握。早期的直接法过分排斥母语,对母语在第二语言教学中的作用注意不够。此外,这种方法对教师的言语技能要求较高,在实际操作中并非所有的教学单位都能做到。到20世纪20年代,直接法在欧美渐趋衰落,但对后来的听说法、沉浸式教学和功能法影响较大。

三、情景法(Situational language Teaching)

情景法是本世纪二三十年代产生于英国的一种以口语能力的培养为基础、强调通过有意义的情景进行目的语基本结构操练的教学法。情景法继承了直接法的特点,但在确立对课程内容的系统选择、安排和呈现原则上,特别是对词汇和语法的控制方面以及强调在教学中运用情景方面,比直接法又有了很大发展。

四、阅读法(Reading Method)

阅读法产生于20世纪初,为英国著名语言教育家韦斯特(M. West)在印度从事英语教学工作时所创立,又称韦斯特"新法"。这是一种强调通过直接阅读来培养阅读能力的教学法。

以口语教学为主的直接法对口语教学的要求太高,在没有目的语环境的情况下,不但学习者在有限的学习时间内难以达到规定的目标,一般教师的目的语水平也难以适应直接法的教学要求。韦斯特提出,在缺乏目的语环境的情况下,第二语言教学的首要任务应是培养学生的阅读能力,即使因此而相对地放松口语教学也是应该的。掌握阅读技能最为实用,为学习者所需要。从培养阅读能力开始,学习者有了一定的语感,到学习口语时就可以少犯错误,更快地学好目的语。经过多年的教学实验,韦斯特形成了一整套有关阅读教学的主张:

(一)通过阅读学会阅读,阅读既是目的也是手段。

(二)提倡在阅读过程中不使用母语或翻译,让学生依靠对语言材料的大量接触及上下文或插图的帮助直接理解阅读材料的内容。

(三)阅读前不讲授语法与词汇,阅读后把学习者在阅读中已熟悉的语法项目进行归纳,在阅读中掌握语法与词汇。

阅读法(特别是在其后期)尽管并不完全排斥听说技能的训练,但总的看来它过于侧重阅读技能的培养而忽视其他言语技能,这是该法的不足之处。

五、自觉对比法

自觉对比法是主张通过母语与目的语的翻译和结构对比，自觉掌握目的语的一种教学方法。显示了自觉对比法与直接法的完全对立，而与语法翻译法一脉相承，且有发展。自觉对比法强调发挥学习者的自觉性，提出学习第二语言从自觉到直觉的理论，这些是对教学理论的重要贡献。实践也证明在培养学习者的语文修养方面有其成功的一面。另一方面，自觉对比法在反对直接法的局限性时，又走上绝对化的道路，陷入另一个极端：过分强调翻译对比和理论知识的讲解（有时甚至占80%的课堂教学时间），忽视操练和交际性练习，因而不能很好地培养学习者的语言交际能力。自觉对比法在20世纪30年代至50年代成为前苏联正统的外语教学法，对东欧和蒙古的外语教学也有较大影响。50年代中国外语教学基本上以自觉对比法为依据。进入20世纪60年代以后，随着苏联外语教学改革的实施，自觉对比法逐渐为自觉实践法所取代。

六、听说法（Audiolingual Method）

听说法是20世纪40年代产生于美国的第二语言教学法。强调通过反复的句型结构操练培养口语听说能力，又称"句型法"或"结构法"。第二次世界大战期间美国需要在短期内快速培养大量的外语人才，因此研发了"听说法"这种快速培养外语人才的方式。

（一）听说法的教学过程

听说法的教学过程按特瓦德尔（W. F. Twaddell）的归纳分为五个阶段：

1. 认知。教师向学生展示新语言材料（句型），借助于实物、情景、手势等使学生理解语言材料的意义。

2. 模仿。在教师的反复示范下，学生准确地模仿。

3. 重复。通过反复练习（多项选择、判断正误等），不断重现已模仿的语言材料，达到让学生牢记（背诵）的目的。

4. 变换。用变换句子结构的练习（如词语替换、句型转换、句子扩展等）给学生以活用的机会。

5. 选择。用问答、对话、叙述等方式，让学生选择学过的词语或句型，描述特定的场景或事件，进一步活用。

听说法继承了直接法的主要原则，如以口语教学为基础，直接用目的语教目的语，以句子为基本单位，通过反复操练在实践中掌握语法规则等。同时又有所发展，特别是强调目的语与学生母语的对比，以此为基础编写教材和进行课堂教学。采用句型教学已被证明是掌握目的语规则的有效手段，既避免了语法翻译法的繁琐讲解，又使语言结构的教学得以落实，从而能真正贯彻听说领先的原则。在母语的使用上也采取比较灵活的态度，避免直接法绝对排斥母语的片面性，重视对现代化教学手段的利用。所有这些特点表明，听说法具有其他教学法少有的成熟性。听说法的代表人物除布龙菲尔德以外还有弗里斯（C. C. Fries）和拉多等。代表性的教材如大家所熟悉的《英语900句》。听说法在20世纪五六十年代风行美国并影响到世界各地。尽管20世纪70年代新的教学理论兴起，该法受到一定非议，但至今仍在美国外语教学中占据重要地位，并在很多国家继续发挥影响。

（二）听说法的缺点

1. 过分强调机械训练不仅枯燥无味、引不起学习者的兴趣，也忽视了学生语言基础知识的掌握和语言运用能力的培养。

2. 过分重视语言的结构形式而忽视语言的内容与意义，认为只要彻底了解语言结构就能理解别人、表达自己。其结果，学习者也只能流利地说出一些正确的句子，但难以具备在一定的情境下进行语言交际的能力。

3. 听说法还可能造成学习者阅读写作能力差、语文素养低、知识面窄的弱点，难以培养出合格的外语人才。

七、视听法（Audio – Visual Method）

视听法是20世纪50年代产生于法国的一种第二语言教学法。它强调在一定的情景中听觉（录音）感知与视觉（图片影视）感知相结合的教学方法。因它首创于法国圣克卢高等师范学院，所以也叫"圣克卢法"。代表人物是古布里纳（P. Guberina）和古根汉（C. Gougenhein）。

（一）视听法的特点

1. 视觉感知和听觉感知相结合。利用声光电等现代化技术手段展示语言材料，充分调动大脑两半球的功能，比单凭听觉或视觉在理解、记忆和储存语言材料方面效果更好。通过实物、图片、影像等让语言与形象直接联系，有利于培养直接用目的语表达思想的能力，避免了母语的中介作用。

2. 语言和情景紧密结合。视听法从日常生活情景中选择、安排语言材料，并创造接近于真实的情景进行听说读写活动，有利于培养运用语言的能力。

3. 整体结构感知。视听法通过一组组图像和一段段完整的对话，使语音、语调、词汇、语法在对话中被整体感知。

4. 先口语教学，后书面语教学；听说领先，教材以对话为主，进行集中强化教学。

视听法是对直接法特别是听说法的进一步发展，它的主要贡献在于广泛使用声、光、电技术手段和现代化设备，使语言与形象紧密结合。它强调整体感知并特别重视在情景中教学，有利于培养学习者运用目的语的能力，对后来的功能法有一定影响。视听法的上述优点使它在20世纪70年代中期以来成为世界上被广泛运用的一种教学法。视听法随着《新概念英语》等教材于70年代中期进入中国,受其影响,中国对外汉语教学界不少学校开始进行视听说的教学。

(二)视听法的缺点

1. 重视口语会话而忽视书面语的阅读;
2. 过分强调整体感知和综合训练而忽视对语言结构的分解和单项训练。

八、自觉实践法

自觉实践法是前苏联20世纪60年代以来广泛采用的外语教学方法。主张学习者在自觉掌握一定语言理论知识基础上,主要通过大量言语实践活动达到直觉运用目的语。代表人物是前苏联的心理学家别利亚耶夫(B. B. SemeD)。自觉实践法的主要特点是:

1. 自觉性原则。强调学习者要自觉掌握语法理论知识并理解语义和句子的实际用法,用来指导言语实践活动。可以采取理论先行的方法,也可以用在实践后进行理论概括的方法。

2. 实践性原则。第二语言习得的决定性因素是大量的言语实践,交际性的言语实践不仅是第二语言教学的根本目的,也是主要的教学手段和途径。

3. 功能、情景、题材相结合的原则。

4. 口语领先原则。吸取直接法的主张,特别是在入门和初级阶段体现口语领先原则,在口语教学基础上进行书面语教学。

5. 以句法为基础的原则。与直接法、结构法相同,认为句子是言语的单位,在句子的基础上学习单词和语法有利于培养学习者的言语活动能力。

6. 综合性原则。语音、词汇、语法、修辞、民俗等方面以及听说读写技能综合进行教学,以培养言语活动能力。但同时也不排除必要的分科教学,在不同阶段对某一方面有所侧重。

7. 考虑母语的原则。课堂上尽可能使用目的语,使目的语与学习者的思维建立联系。在初级阶段不排除有限度地使用学生的母语。翻译和对比可以作为一种教学手段,但翻译不宜作为主要的讲练手段。

以上特点可以看出,自觉实践法在原先的"以直接法为主,以语法—翻译法为辅的教学构思的基础上,先后吸收了听说法、情景法、视听法、功能法以及程序教学的长处,力戒片面性,成为更具综合性的教学方法。自觉实践法体现了20世纪60年代以来苏联外语教学改革的经验,也体现了当今外语教学法各种流派融合的新趋向。

九、认知法（Cognitive Approach）

认知法又称认知——符号法（Cognitive – Code Approach），20世纪60年代产生于美国，代表人物是美国心理学家卡鲁尔（J. B. Carroll）。认知法反对听说法的"结构模式"论和过分依赖机械性的重复操练，主张在外语教学中发挥学生的智力，注重对语言规则的理解和创造性的运用，它的教学目标是全面地掌握语言，不完全侧重听说。它批评听说法的缺点，为语法—翻译法和直接法正名，因而被称为"改进了的现代语法—翻译法"（Hester，1970）或"改进了的现代直接法"（Diller，1971）。认知法的教学原则如下：

1. 在学习过程中要充分发挥学习者智力的作用，强调通过观察、记忆、思维想像等活动，内化语言的知识体系，获得正确运用语言的能力，反对动物型的刺激——反应的学习。

2. 强调在理解、掌握语法规则的基础上，进行大量有意义的练习，提倡演绎法的教学原则。反对机械模仿（句型操练也应在理解句型的结构、意义基础上进行），同时也反对过多的知识讲解（教师的讲解不应超过教学活动总时间的五分之一）。

3. 以学生为中心，重视培养学生强烈的学习信心和浓厚的学习兴趣。强调以学生的活动和操练为主，注意培养学生的自学能力，充分调动学生的积极性和主动性。

4. 听说读写齐头并进，从一开始就进行全面训练，口语和书面语并重。

5. 适当使用学习者的母语，特别是进行母语与目的语的对比，可用母语解释一些比较抽象的语言现象，以利于目的语的学习，但反对滥用母语。

6. 正确对待学习者的错误。在学习过程中出现错误不可避免，对错误要进行分析，采取不同的处理办法。反对有错必纠，防止因纠错过多使学习者怕出错而影响到语言的运用甚至失去学习信心。

认知法虽然产生于美国，但多半用于教本国人学习外语，而美国人在国外教英语，多半使用听说法或功能法。

十、人本派教学法

20世纪60年代至70年代是第二语言教学法探索的空前活跃时期，出现了流派纷呈、百花齐放的局面。其中有一派受人本主义心理学的影响，更多地考虑人文方面的因素，特别强调以学生为中心，教为学服务，在教学中重视情感因素的作用，建立和谐融洽的同学关系和师生关系，充分发挥学生的主动性，着重从心理学的角度、从如何为成功学习创造必须的条件方面探讨教学法。这一派教学法有团体语言学习法、默教法、全身反应法、暗示法、自然法等。

（一）团体语言学习法（Community Ianguage learning）

团体语言学习法 20 世纪 60 年代初创立于美国，代表人物为美国心理学家柯伦（C. A. Curran）。这是一种采用小组集体讨论的形式、教师和学生处于医生和病人的关系并把学习过程看成是咨询过程的第二语言学习方法，也称为咨询法（Counseling learning）。

（二）默教法（The Silent Way）

默教法是美国教育家加特诺（C. Gattegno）于 20 世纪 60 年代初首创的一种第二语言教学法。它要求教师在课堂上尽量少说话，尽量鼓励学生多参与言语活动，从而使学生更有效地掌握运用第二语言的能力。

（三）全身反应法（Total Physical Response）

全身反应法（简称 TPR）于 20 世纪 60 年代初期产生于美国，盛行于 20 世纪 70 年代，创始人是美国实验心理学家阿舍尔（JamesT. Asher）。这种教学法强调语言学习行为的协调，通过身体动作教授第二语言，主要用于美国移民儿童的英语教育。

（四）暗示法（suggestopedia）

暗示法是由保加利亚精神病医学家和心理学家、教育家罗扎诺夫（C. Lozanov）于 20 世纪 60 年代中期创立的。这是一种强调通过暗示，开发人的身心两方面的潜力，激发高度的学习动机并创造最佳学习条件，有意识的和无意识的活动相结合，让学习者在放松而又注意力高度集中的心理状态下进行有效学习的教学方法。

（五）自然法（Natural Approach）

自然法是 20 世纪 70 年代后期产生于美国的新教学法，其倡导者是美国加州大学西班牙语副教授特雷尔（Tracy Terrell）和美国语言教育家克拉申。自然法所说的"自然"是指成功的第二语言习得的自然原则。自然法是根据对自然环境中的母语习得和第二语言习得的观察与研究，提出在非自然条件（即课堂教学）中最大限度地扩大对学习者的语言输入、首先集中培养理解能力并强调通过习得掌握第二语言的教学方法。

十一、交际法（Communicative Approach）

交际法又称"交际语言教学"（Communicative Language Teaching）较早称为"功能法"（"Functional Approach"）、"意念——功能法"（" Notional - Functional approach"），它以语言功能和意念项目为纲、培养学生在真实语境中使用语言交际的能力。交际法产生于 70 年代初期西欧共同体国家，创始人为英国语言学家威尔金斯（D. A. Wilkins），交际法最有名的教材是《跟我学》。

欧洲功能派制订的功能大纲虽然仅是一个雏形，却包括功能、意念（一般意念和特殊意念）、场合、社会地位、性别、身分、心理因素、语体和语域、重音和语调、语法和词汇、辅助语言特征等项。功能大纲事实上已突破了"方法"概念的束缚。功能法十分重视语言的交际功能，主张学习语言从功能到形式，从意念到表达法，认为这是学习外语的较为有效的途径。

（一）功能法的主要教学原则

1. 明确提出第二语言教学目标是培养创造性地运用语言进行交际的能力，不仅要求语言运用的正确性，还要求得体性。

2. 以功能和意念为纲，根据学习者的实际需要，选取真实、自然的语言材料，而不是人为的"教科书语言"。

3. 教学过程交际化。交际既是学习的目的也是学习的手段，在教学中创造接近真实交际的情景并多采用小组活动的形式，通过大量言语交际活动培养运用语言交际的能力，并把课堂交际活动与课外生活中的交际结合起来。

4. 以言语交际的主要形式——话语为教学的基本单位，语音、词汇、语法主要通过话语情景综合教学，必要的句型操练也是为掌握话语能力服务的，并结合话语进行。

5. 单项技能训练与综合性技能训练相结合，不排斥单项技能训练，但要以综合性训练为主，最后达到在交际中综合运用语言的目的。

6. 以题材范围或话题安排顺序，圆周式地安排语言材料，把功能与结构统一起来，循序渐进地组织教学。每一个话题要有几次循环，每循环一次就增加一次难度。

7. 强调言语交际的内容和信息的传递，不苛求语言形式，对学习者在学习过程中出现的语言错误要有一定的容忍度，不影响交际的错误能不纠就不纠，尽量鼓励学习者言语交际活动的主动性和积极性。

8. 根据学以致用的原则，有针对性地对不同专业的学习者进行"专用语言"的教学（language for special proposes 简称 LSP，如科技英语、法律英语等"专用英语" English for special purpose，简称 ESP），突出不同交际目的和方式、不同交际范围里所使用的目的语的特点。

（二）交际法（功能法）的不足

1. 语言功能和意念是很广的概念，这方面的基础研究还很不够。如何按照交际的需要和教学的需要，科学地对功能和意念项目进行确定、分类和排序，制定出像语法大纲那样能作为教学依据的较为成熟的功能大纲和意念大纲，还是有待解决的问题。

2. 语言功能和语言结构在教学中的结合是长期以来难于解决的问题。在以功能意念为纲的情况下，往往难以照顾到语言结构的循序渐进和系统性，过多地考虑语言结构又难以落实以功能为纲。除了功能结构外，还有话题、情境、语用、语体等多方面因素的协调，这就使教材编写和教学内容的安排成为十分复杂的问题。

3. 课堂教学交际化难以真正做到。由于教师条件、课堂教学的特点等因素，课堂中的交际与社会上真实交际毕竟有着很大距离。此外，过分强调课堂教学交际化还有可能忽视语音、语法、词汇等语言基本功的掌握，语言基本功太差也难以培养语言交际能力。

4. 缺少真正按交际法原则编写的教材；现有的语言测试方法还难以评估语言交际能力。

5. 允许学习者犯错误不等于对学习者的错误采取不闻不问的态度。事实证明走上这一极端不仅不利于学习者的进步，也不符合绝大多数学习者的意愿——他们希望从教师的纠错中得到帮助。

十二、对第二语言教学流派的总结与分析

（一）第二语言教学法流派的分类与特点

第二语言教学法流派很多，但是归纳起来，大体上可以分为以语法——翻译法为代表的传统法和以直接法为代表的改革法两类（见图2.）。

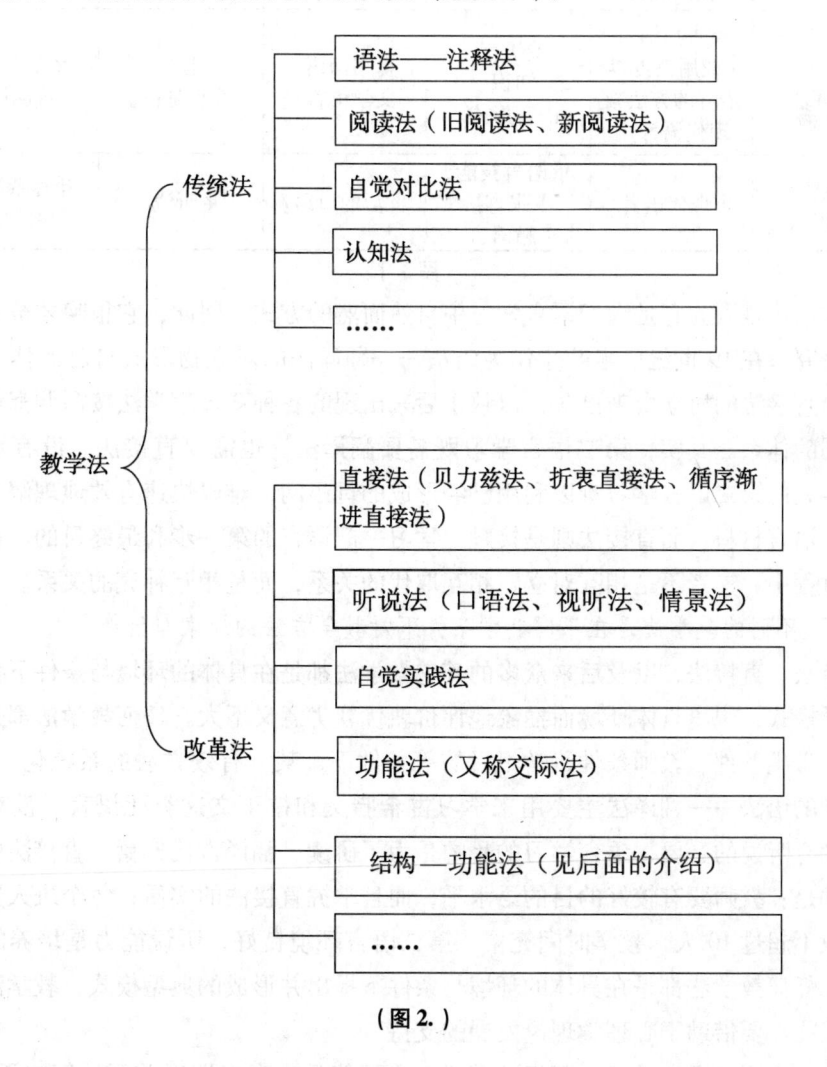

```
              ┌─ 语法——注释法
              ├─ 阅读法（旧阅读法、新阅读法）
       传统法 ─┼─ 自觉对比法
              ├─ 认知法
              └─ ……
教学法 ─┤
              ┌─ 直接法（贝力兹法、折衷直接法、循序渐进直接法）
              ├─ 听说法（口语法、视听法、情景法）
       改革法 ─┼─ 自觉实践法
              ├─ 功能法（又称交际法）
              ├─ 结构—功能法（见后面的介绍）
              └─ ……
```

（图2.）

（二）翻译对比法与直接法的关系是相互补充的关系

翻译对比法与直接法都是第二语言学习卓有成效、必不可少的方法，二者的关系不是相互对立、相互取代的关系，而是相互补充的关系。人类自从有了不同语言的接触，有了第二语言学习，就有了翻译的冲动，就有了以翻译对比为主要手段的第二语言学习，因此，翻译法是最古老的教学法，并且成为第二语言教学区别于第一语言教学的重要标志。同样，只要有语言学习，就有直接模仿的必要，因此，直接模仿是人们学习语言最原始、最自然的方式之一。

各种教学法流派的不同主要表现在对表中五种关系的不同认识和处理上（见图3.）。

特点 名称	古典语言 与现代语言	语言知识 与语言技能	书面语 与口语	听说 与读写	母语与目的语
语法——翻译法	重古典语言（或用教古典语言的方法教现代语言）。	重语言、知识、语言形式。	重书面语、文学语言。	重读写，特别是读。	依靠母语，重翻译。
直接法与听说法	重现代语言。	重语言技能，主张直接接触语言。	重活的口语。	重听说。	排斥或减少母语的使用。

（图3.）

也许，正是因为它是人们语言学习中自然而然的方式，因此，它很晚才被人们所注意、所研究，在19世纪后半叶才作为语法——翻译法的对立物形成自己的体系。翻译对比法与直接法的对立由来已久，以致于后来出现的各种众多教学法按源渊都可归为这两大不同的体系。其实，第二语言学习既需要翻译法，也需要直接法。没有翻译对比法，成年人的第二语言学习难以利用已经形成的母语网，难以快速有效地理解与接纳所学的第二语言材料，而直接法则是接触、学习一门语言的第一步和最终目的。在第二语言学习过程中，二者不是相互对立，相互取代的关系，而是相互补充的关系。

（三）不同的教学法是在不同教学条件下对教学方法的探索与创新

翻译法、直接法，以及后来众多的其它教学法都是在具体的环境与条件下提出并形成的教学模式，脱离具体环境而抽象地评价孰优孰劣意义不大。任何教学法都是具体语言环境、学生条件、教师条件、学习目的等条件下，某一有效方法的系统化、典型化。如，最初的语法——翻译法主要用来学习古希腊文和拉丁文这类死语言，没有口语环境，也没有听说的必要，语言学习的目的是为了研读、翻译古代典籍。直接法所要求的教学条件是：教师要有较好的目的语水平，而且掌握直接法的实质；每个班人数不宜太多，一般不超过10人，教学时间充裕；第二语言环境良好，听说能力是培养的重要目标……。任何教学法都是在具体的环境与条件下提出并形成的典型模式，教学法系统理论的形成往往要借助于心理学理论发展的支持。

我们认为第二语言学习有理想的模式，它可能是：青春期以前开始第二语言学习，在目的语环境中学习语言，在学习早期由有经验的教师进行双语对比方面的引导，以及充分的第二语言训练，听说领先、读写跟上，语言学习与文化学习相结合，语言能力与交际能力同步增长……各种教学法其实是根据各自不同的教学条件、教学目的，向理想模式靠拢过程中的变形。因此，当我们评价某种教学法，尤其是引进某种教学法时，切忌泛泛而论，而应根据自己所面临的语言环境、学生条件、教师条件、学习期限与目的等特点来评价与取舍。

（四）各种教学法之间存在着继承和发展的关系

新教学法往往是在前一种教学法遇到难以解决的矛盾由盛转衰的情况下，提出针锋相对的主张而出现的，因此不同的教法流派之间存在着对立的关系。以直接法为代表的经验派与以语法翻译法为代表的认知派之间的对立关系非常清楚地体现在以下几方面：

语法翻译法：重书面语，重语言知识，重读写，依赖母语，用演绎法，重自觉思维活动；

直接法：重口语，重言语技能，重听说，排斥母语，用归纳法，重直觉刺激—反应；

另一方面，同一派的教学法之间，由于后者吸取了前者的优点，形成继承与发展的关系，因而也体现了同一派的共同特点：

语法翻译法——自觉对比法——认知法。

直接法——情景法——阅读法——听说法——视听法——直觉实践法。

（五）新旧教学法没有互相取代，而是长期共存

不同教学法的侧重点不同，各有所长，都拥有相对真理，从不同的方面为第二语言教学理论的发展做出了贡献，也都能满足特定的社会需要和教学需要。因而新教学法的兴起并未导致旧教学法的消亡，连最古老的语法翻译法今天也仍然为人们所采用。各种教学法都在发挥自己的优势，并吸取其他教学法的长处以克服自己的不足，在自我完善以适应社会需要的过程中得到进一步发展。

（六）第二语言教学流派的发展趋势

1. 不同教学法流派在保持自己特色的同时，出现了综合化的趋向，教学法研究的重点转向指导教学的基本原则。

2. 在探讨习得规律的基础上研究教学规律，第二语言习得研究为教学法的发展提供了更科学的基础。

3. 培养目的语交际能力正成为第二语言教学界的共识。

4. 以学生为中心，重视教学中的情感因素和人际关系是重要的教学原则。

5. 加强教学手段现代化，迎接信息社会和网络时代的挑战。

第五章 双语学视角下的双语教学管理

双语学是全方位研究双语问题的学科。对双语教学问题的研究不仅要研究学科内部的学科框架、知识体系问题，还应该研究教学过程中人的行为及对人行为管理的问题。双语学要全方位地研究双语问题，政治因素对双语的影响是一个不容忽略的问题。国家的总体目标、国家的管理体制通过国家管理机构的政策制定、管理措施影响着双语教学的管理与双语教学的形式与效率。教育管理是政治影响双语教学效益的重要管道，是政治影响语言格局的重要手段。而在传统的双语问题研究中，双语教学管理研究往往被认为是学科的外围领域，研究并不充分。双语学理论体系给予双语教学管理研究以适当的位置，专辟章节进行探讨，这是双语学学科完整性的要求，也是双语教学实践的现实需要。本章的基本理念是：

国家总体目标、国家管理体制对教育管理体制有着巨大的影响，中国在对政治、经济体制进行了较深刻变革的同时，对教育也进行了一些改革。然而，中国双语教学管理、教学效益提升的空间还很大。深化改革的基本道路是充分发挥民办教育注重效益的优势，在加强民办教育的同时，在公办教育中引进民办教育的管理机制，对公办教育进行现代管理制度的改革。双语教育中的第二语言教学由于教学效果可以进行标准化检测，可以成为率先进行教学管理制度性改革的教育领域。

第一节 国家政治与教育管理模式之间的关系

国家政治对教育管理机制及管理模式产生重大影响，教育管理模式又对教育的特点与效益产生巨大影响。教育管理机制是政府影响第二语言教学效益的重要管道，是政治影响语言格局的重要手段。

一、国家政治制度影响教育管理制度的确立

不同的国家制度孕育不同的教育管理制度。在奴隶社会有反映奴隶社会制度国家利

益的教育体制，在封建社会有反映封建社会制度国家利益的教育体制，在资本主义社会有反映资本主义社会制度国家意志的教育体制。在当今世界，美国等资本主义国家在几百年的时间里发展成熟了他们生产资料私有制基础上的市场经济，也形成了具有他们社会制度特点的教育管理体制——公立教育与私立教育相结合的教育体制。中国在社会主义建设和社会主义市场经济的建设中，也已建成并在继续完善符合自己社会特点，符合自己国家意志的教育体制。国家的社会制度和政治特点对国家教育体制产生着强烈的影响。

新中国建立后，中国以苏联为模式，建立了社会主义公有制经济，同时也建立了与公有制相适应的公办教育体系。新中国建立初期，中央将高等学校收归国有，由国务院教育行政部门和有关业务部委举办并直接管理，也对中小学实行了统一的管理。各级教育行政部门不仅决定着学校教育的意识形态、发展规模、经费和设备、专业设置、师资条件、学生定额、课程内容等事项，而且统管所辖区域学校的办学资金、教职工工资与福利等具体事务。公办教育的优势是，能充分发挥国家财力、物力、政策的优势办大教育，实现教育大规模、长时间的稳定与发展。公办教育的缺点是，和计划经济下的公办企业一样，公立学校如果一切靠政府包办，就会失去明确的法人地位，无法自觉与社会经济与文化发展的需求相适应，难以不断提高教学效益，最终丧失发展的内在动力和活力。中国与双语教育相关的第二语言教学在很大程度上是由国家公立学校承担的，因此，公办教育的教学管理特点强烈地投射到公立学校的第二语言教学上。

二、社会变革影响教育管理模式的变化

在任何社会制度中都会发生社会变革，社会的变革会影响到教育管理上的变革。以中国为例，新中国建立初期建立了公有制的计划经济，在改革开放以后又提出了建设以公有制经济为主体，多种经济成分共同发展的社会主义市场经济目标，这些社会改革也带来了教育管理上的改革。

20世纪80年代中期，随着经济体制改革和科技体制改革的进行和深入，为了适应形势发展的需要，1985年中共中央颁布了《关于教育体制改革的决定》，明确指出，"纯粹计划的教育管理体制不能适应对外开放、对内搞活、经济体制改革全面展开的形势，不能适应新的一轮世界范围的新技术革命的形势，"要从根本上改变这种状况，必须从教育体制入手，有系统地进行改革"。其主导思想是"让权放权"，让地方尽可能地拥有对教育的支配权，同时扩大学校在支配教学过程、教职工工资与福利、教职工录用、招生与毕业生就业方面的权力。虽然从本质上看，这些改革仍然停留在对传统教育管理体制的修修补补，没有根本性地改变政府对学校集中管理的教育管理体制。但仍在一定程度上促进了教学管理的改进和教学质量的提高。

三、教育管理模式影响办学效益

管理的过程分为决策与执行，正确的决策是正确管理的前提，对决策有效的贯彻执行决定着管理的最终有效。正确的决策、有效的管理是管理的理想状态，高效率的教育管理是高效率办学的必要条件。以往谈起提高第二语言教学效率，人们常常首先会想到提高教师的教学效率与提高学生的学习效率，这当然没有错，但不一定全面准确。在此必须指出的是，一个语言教学机构的教学效率决不仅仅是教师教学行为与学生学习行为的简单相加，它与教育管理者的管理行为有着密切的关系。从宏观的角度看，教育管理对教学机构教学行为的影响是全方位的、大面积的，甚至在很多情况下是起决定作用的。一个教学机构各个方面工作的盛衰消涨往往可以从教育管理层面找到直接、间接的原因。

（一）教育管理对教学的影响是大面积的

教育管理部门的办学方针、管理机制、用人方式深刻影响着他们管理下的众多学校主要行政管理者的选拔、任用与评价。学校主要行政管理者所奉行的办学方针、管理机制、用人方式必然对手下众多教师的教学目标、教学方式、教学效率产生重要影响；教师的教学目标、教学方式、教学效率必然对手下众多学生的学习目标、学习方式、学习效果产生深刻影响。这个链条在理论上是成立的，在实践中也是符合实际的，因为在实践中不管是学校行政管理者还是教师，很难独立于这个链条之外。教育管理的效率影响着众多学校主要管理者的工作效率，众多学校主要管理者的工作效率又影响着每个学校众多教师的教学效率，每个学校众多教师的教学效率最终将影响接受他们教育的所有学生的学习效率。因此，我们说教育管理对双语教学的影响是大面积的。

（二）教育管理对教学的影响是全方位的（见图 4.）

第二语言教学从施教者的行为上可分为组织行为、教学行为、科研行为。第二语言教学的组织行为是指对第二语言教学所必需的教学单位进行组建，如招收学生、组建班级、制定课程、配备教师等，没有第二语言教学的组织行为，第二语言的教学行为就无法开展。在第二语言教学的组织行为之后，将要开展第二语言的教学行为，这是第二语言教学的中心环节，第二语言教学目的能否充分实现关键看这一行为实施的效果。在这之后是对第二语言教学的科学研究，做任何事情没有研究就没有提高，就没有发展，更不可能长期持续地发展。不管是组织行为还是教学行为，要想长期、稳定地发展都离不开科学研究的支持。科研行为分基础研究和应用研究。基础研究指对学科发展发生广泛影响、长期效应的基础性研究、理论性研究和资料性研究，如编撰字典、建立学科体系……应用研究主要指对双语教学中出现的问题进行旨在解决问题的短平快式研究。

关于教育管理机制对科学研究行为的影响有很多实际例子可以证明，现以笔者所熟悉的新疆汉语教学科研情况为例。汉语教学的理论研究是新疆汉语教学的薄弱环节。为了加强理论研究工作，新疆很多汉语教学单位出台了种种措施。如：规定每个教师每学年要发表几篇论文，发表一篇论文奖励多少钱，评职称时要求发表几篇论文等等。这些措施促进了教师进行科研的积极性，但是，并没有从根本上解决问题。对一些教师来说，搞科研是被迫的，而不是自愿的。为了完成科研任务，一些教师有凑论文的倾向。因此，在新疆汉语教学界出现这样的情况：论文数量年年增加，而重要问题的突破性研究则迟迟得不到解决。新疆汉语教学从建国开始算起，已有60多年的历史，但汉语水平考试体系则不得不从建校只有30几年的北京语言大学引进，而且直到现在仍没有充分本地化，完善化。制约新疆汉语教学科研能力发展的因素主要有两条：

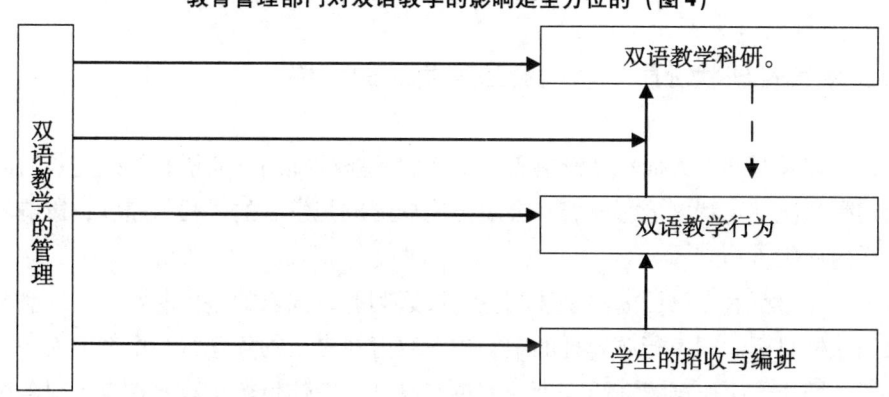

教育管理部门对双语教学的影响是全方位的（图4）

```
                    ┌──────────────────┐
         ┌─────────→│  双语教学科研。    │
         │          └──────────────────┘
┌─────┐  │                   ↑ ┆
│ 双  │  │                   ┆ ↓
│ 语  │  │          ┌──────────────────┐
│ 教  │──┼─────────→│   双语教学行为    │
│ 学  │  │          └──────────────────┘
│ 的  │  │                   ↑
│ 管  │  │          ┌──────────────────┐
│ 理  │  └─────────→│   学生的招收与编班  │
└─────┘             └──────────────────┘
```

（1）利益关系没有理顺，教学成果、科研成果真实的社会效益与经济效益与参与者本人利益没有太多的联系，从业人员研究与创造的热情不高。中国英语教学从改革开放算起也就30多年时间，但在这30多年时间里，就出现了多种英语教学法，知名的有李阳疯狂英语，钟道龙逆向英语学习法等等。各种流派独领风骚，风行一时，好不热闹。而新疆汉语教学搞了60多年，没有明确提出过一个形态完整的教学法，更没有多种教学法争奇斗艳的景象。这除了社会、文化方面的原因以外，我们不得不注意这一现象背后的一个重要原因——办学实体的性质不同：几乎所有的英语教学流派都产生在自主经营程度较高的办学实体中，而新疆汉语教学基本上是在单一的公办教育体制内运行。

（2）对汉语教学科研的投入不够。这说到底还是个体制问题，教师、教学单位的教学成果与社会利益、经济利益没有直接挂钩，办学主体无法进行资金积累、进行以自我发展为中心的开发式研究。科研经费完全靠上面拨款，靠上面分配，这首先不一定能保证量的需求，同时，也极易产生一些中间环节，误导科研远离为社会服务，为教育市场服务的主攻方向，降低科研活动整体的社会效益与经济效益。据我所知，李阳疯狂英语、钟道龙逆向英语、新东方英语等英语培训品牌都有自己开发的极具特点的系列教材。而我们很多公立大学往往是多少年也开发不出自己的品牌教材，我认为这主要是个机制的问题。

教育管理将全方位地影响双语教学中的各个行为。教育管理在理念上是追求数量还是追求质量，是以经济效益为重还是以社会效益为重，是注重短期利益还是注重长期利益，是注重表面成果还是注重真实成果等等，都可能对双语教学的组织行为、教学行为和科研行为产生影响，不仅单独对这三个方面发生影响，而且对这三者之间的联系与综合效果也产生影响。因此，我们说教育管理对双语教学的影响是全方位的。

（三）教育管理对教学影响的周期是长期的

教学管理对第二语言教学的影响周期是长期的。教学管理会在较大范围内培养一种风气、形成一种模式，养成一种习惯，对第二语言教学的影响是长期的。

四、教育管理状况影响着社会语言生活的发展

教育管理长时间、大面积地影响着双语教学效益的提高，双语教学效益长时间、大面积的实际状况一定程度上影响着社会双语格局形成与发展的过程与速度，影响着社会语言生活的面貌。

每一个国家都有自己国家的整体利益、长远利益，国家的整体利益、长远利益决定着国家的总体目标。国家行政管理的中心——政府在自己的管理行为中努力实现国家的总体目标。同样，一个国家在语言生活上也有自己的总体目标，政府在自己对各个领域的管理中，也在努力体现并实现国家在语言生活上的总体目标。政府所管理的领域包罗万象，其中与语言有直接关系的领域大致有三个：语言规划、教育管理、公共文化管理。在中国现阶段中央一级的与这三个领域相对应的管理机关是：语言文字委员会、教育委员会、文化部。这三个领域对双语发生作用的方式是：语言文字委员会调查、研究本国语言生活的状况，按照国家的最高利益设计、规划国家语言生活的发展蓝图。在多民族多语言地区，语言规划会对不同语言的社会功能进行定位、对社会语言生活进行规划，并常常用立法或法规的形式确立下来，以保证语言生活为社会的统一、和谐、发展服务。教育部门通过教育行为，执行、实现语言文字委员会对国家语言生活的规划。教育管理状况决定着双语教学大面积、长时间的教学水平状况。大面积、长时间的双语教学水平状况一定程度上影响着社会双语格局形成与发展的过程与速度，影响着社会语言生活的发展。文化管理部门对语言的管理主要体现在对大众传播媒体语言使用的管理上。在多民族、多语言地区，文化管理部门通过对广播、电视、网络、报刊、图书等媒体语言应用上的服务与管理促进社会语言生活的和谐与进步，实现国家在社会语言生活上的总体利益。

国家通过语言规划、教育管理、文化管理直接作用于国内的语言生活，使语言生活的发展不断符合国家的总体目标，最终形成语言与社会相互和谐、互促共进的发展局面。教育管理不仅影响着双语教学、双语教育的结构，也影响着双语教学、双语教育的

效率，是社会政治影响第二语言教学质量，最终影响社会语言生活的重要管道。

第二节 公办教育的优势与劣势

一、中国现阶段教育管理模式对教育效率、双语教学的影响

中国现阶段教育的管理框架主要可用下图（图5）来表示，一共分为五个相互影响的层次：社会对人才的需求与吸纳、国家根据社会的需求制定教育规划及管理教育单位、教育单位（学校）执行国家的规划与指令并指导教师的教学工作、教师在学校的指导与管理下对学生进行教育、学生在教师的指导下学习并最终接受社会的选择与检验。具体详述如下：

（一）国家教育行政单位制定教育规划，行使对学校的管理

从理论上讲，在这一层次上活动的主要承担者是国家或地方一级的领导机关、教育行政部门及其工作人员。该层次活动的总任务是把国家对教育的要求内化为学校教育系统的要求，对学校教育系统作出数量、质量、结构的规定，确定学校教育系统的总方案，并督促、检查方案的执行，按照执行的实际状况，适时作出调整，如总的教育目的与方针的确立、学校教育制度的构建、课程设置方案、未来发展规划的制定等。国家或地方行政部门根据社会当前和未来对各种人才的需要，并从当前学校教育系统的实际和国家相关实力的实际出发，制定学校教育系统发展规划。发展规划可分为近期（1~2年）、中期（3~5年）和远期（5年以上），包括对资金、设备、教师队伍、招生人数、各级各类学校比例、规模和发展速度等方面的预测，也包括对教育事业发展战略与策略的分析与制定。

国家或地方教育行政部门对各级学校宏观上的管理、方向性的指导是不可缺少，意义重大的。但是，需要指出的是国家和地方教育行政部门本身并不参与实际的教学工作，他们对学校的指导应该是方向性的、指导性的。如果在实际管理中，教育行政部门对学校的管理表现出较强的指令性，对学校的资金、设备、教师队伍、招生人数进行分配，在学校主管的选定、学校的发展规划上行使决策权，就会影响学校自主发展的机制，造成了一系列负面影响。改革开放以后，随着社会主义市场经济建设的进程，中国的教育也在不断进行改革，办学形式逐渐多样化，形成了以公立学校为主，多种办学形式为辅的局面。但是，公立学校活力不够、动力不足的问题仍然很突出。

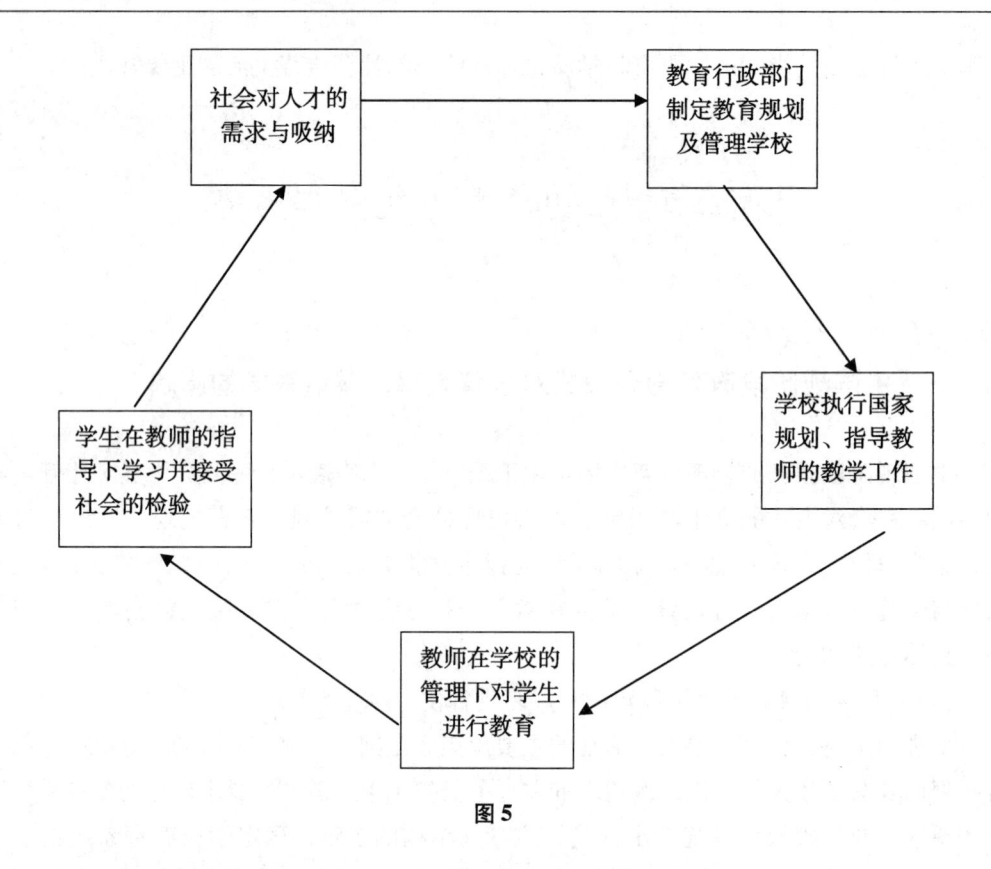

```
    社会对人才的              教育行政部门
    需求与吸纳    ────→      制定教育规划
                              及管理学校
       ↑                          │
       │                          ↓
   学生在教师的指               学校执行国家
   导下学习并接受               规划、指导教
   社会的检验                   师的教学工作
       ↑                          │
       │                          ↓
              教师在学校的
              管理下对学生
              进行教育
```

图 5

（二）学校执行教育行政部门的规划组织教师进行教学

从理论上讲，学校的总任务是把上级管理部门制定的教育系统的总方案分别内化为各级各类学校各自办学的具体方案，并带领全体教工实施这些方案。从实际情况看，由于学校的主管（校长）不是学校的法人，而是由上级派来的一级官员，他个人的利益与学校的发展壮大没有直接、紧密的关系，他只需要执行上级的指示，完成上级委派的任务，给上级一个交待，让上级满意就行了。这种机制会强化学校对上级管理部门的依赖性，弱化学校根据社会需求自主发展的活力，有可能使学校在管理上出现了一系列违背教育基本规律的行为。

1. 教育管理目标的模糊与迷失。由于校长作为行政职务是由上级主管部门任命的，其官运如何主要看是否被上级主管部门认可，学校办得怎样则是次要的。这导致了学校管理中重上级评价不重教育实际效果、重面子工程不重实际教学效益的风气，使学校的教育功能严重扭曲，学校领导官员化、学校管理行政化现象严重。最终可能导致对上级主管部门负责成为第一位的工作，以社会需求为依据、提高教育质量、为社会提供更好的教育产品这一学校的主业成了次要的工作。

2. 教学管理中的形式主义。由于把对上级满意负责放在了工作的第一位，对学校发展的命脉——教学质量的提高兴趣必然不大。只要形象工程、面子工作做足了，能取悦上级，教学质量将就一下，得过且过也能行得通。由于学校的体制是建立在计划体制下的，学校的教学效果、经济效益、社会效益，并不与学校及其从业者的个人利益，尤其是经济利益挂钩。在这种体制下，就是有所谓重视教育的领导，也只不过是他基本的人格与社会良知没有泯灭，相对而言较努力地使自己的学校体现出它应有的社会职责与社会功能，而不是真的全身心地为学校长远的效益与发展服务。他如果真的全身心抓教学质量，就将与整个体制内的人与风气产生对立，所以所谓"聪明人"一般更看重在现有体制内，是否能更好地理顺上下级关系，达到顺利升迁的目的。

对人的教育是个环节众多、结构复杂的工程，对教育的管理也是个内涵丰富、细微复杂的工作。由于以上原因，使得我们很多学校的教学管理是粗放式、简单化的。在中学教育中，教学管理的基本方式是以高考为核心的应试教育和以升学率为衡量标准的教学管理，人性的关怀、人的全面发展基本上被排除在关注的范围之外。在大学教育中，严进宽出的学籍管理制度使大学的教育基本上处于目标淡化、标准模糊的状态中，教学管理基本上是形式主义严重的过程管理。对于人才成长起着关键作用的能力培养意识不强、成才教育意识淡漠。

3. 对教学的主力军——教师的重视程度下降。在一个学校中，教学是中心工作，教师是教学工作的主力军。广大教师是一个学校搞好教学工作必须信任、依赖的对象。一个学校能否搞好，一个关键因素是能否充分调动广大教师的积极性和创造力。而不少学校领导官员化、管理行政化现象严重。

学校一般分为领导层（主管领导）、管理层（行政人员）、教学层（教师），学校行政化是指学校的管理权掌握在行政主管领导和他的下属管理层手中。在管理层、教学层中，所有的教职员工分为三类：与掌权的领导关系密切的、随大流的、关系疏远的。所谓关系密切与否往往是个双向选择的过程，物以类聚，人以群分。如果学校体制鼓励教师具有真才实学、重视教学质量，会有利于与之相应的领导集团的形成，教学层，管理层中接近领导的人群就会以重才能，重实干的人为主，学校就会良性循环，否则，就会恶性循环。在一个教学质量意识淡漠、管理行政化严重的学校里，教师在学校中的地位可能沦落为一个代课打工者，所能做的工作只能是按时按量做完自己的教学工作，使学校能表面平稳地运转下去，教学质量没有人去真正关注。教师可以自己埋头苦干，但不期望你以提高学校教学质量为己任，更不希望你对学校教学提全面的改革建议，那不是一个普通教师要管的事，也不是一个管理者平稳升迁要关心的事。

4. 孳生腐败。在一个不关心教学质量、学校领导官员化、学校行政化现象严重的学校里，主要管理者如果对名利、权势的贪心不重，为了平稳做官，在不损害自己利益的情况下可能为大家做点好事，安抚人心，当面对矛盾时可能长于当和事佬、维持会长，他们一般不愿意主动从根本上解决矛盾，把事业推向前进。

在这种体制内还可能滋生另一种领导或领导集团，他们把自己的职位当官做，用自己的职权满足自己的权利欲、发财欲。当然正常发挥学校的社会功能是教育行业的基本社会行为，他们必须维持学校的正常运转，但是他们缺乏做教育的理想追求和社会使命感。他们努力获得领导职位只是他们谋生的手段和实现升官发财所谓人生价值的手段。所以，他们必然把谋取权力与财富，扩大权力与财富当做第一要务，至于实现、提高学校的社会功能与社会效益只不过是第一要务的陪衬与手段。

这种人必然在管理层、教师层寻找自己的同类，必然把私人关系看成是最重要的，而把是否有真才实学是否爱岗敬业看作是次要的。在双向选择的过程中，那些不怎么追求真才实干，更看重权力与财富的人会向这样的领导靠拢，形成帮派。这种领导也会有意培植这种势力，甚至建立自己的山头，左右一个单位的环境与氛围。常用的手法是利用领导有评价员工、任用员工、影响员工提职称、升工资、升职务的权利，给自己信任的人超出一般的便利与好处，形成自己的小圈子。同时，对远离自己的人或人群，放大他们的失误与缺点，缩小甚至无视他们的成绩与优点，在他们提职称、升工资、升职务上制造超出一般人的限制与阻碍。

这一好一恶明眼人立刻就能辨别，并会考虑自己在其中的利害得失。这样中间人群就开始向领导主持的山头靠拢，主导性的利益群体就此产生并大行其道，而对这种风气看不惯的人群则逐渐边缘化。在这样的教学单位里，提升业务素质、提高教学质量将成为副业，而拉山头、搞宗派、搞内讧将成为主业。教学工作举步维艰，人际关系极为扭曲，是非不分、黑白颠倒、人人自危将成为常态。

（三）教师在学校的指导与管理下对学生进行教育

教育是学校的中心工作，教师是教学的主力军，唯有经过教师的教育活动教育的目的才可能实现。从整个教育环节看，教师的活动起着承上启下的作用。一方面，国家、学校对教育的要求都要通过教师来执行，只有教师理解、接受了这些要求，并把它转化为自己的教育思想和观点，转化为对自己工作的自觉要求和创造性的劳动，这些要求才可能在实际上得到贯彻。另一方面，学生在学校中的成长、发展，也直接受教师工作的影响，只有教师对自己的工作有专业化的认识和充分准备，才能有效地促进学生的发展。

然而，在一个教学质量意识淡漠，学校领导严重官员化、学校管理严重行政化的学校里，教师的行为往往会偏离教育规律。主要表现有：

1. 教师教学目标的模糊与迷失。由于学校教育的效益、学校的兴旺发达与真正的办教育者（校长）、真正的教育从业者（教师）没有直接的联系，造成教师对所从事的教育工作并不真正认真负责。一些人满足于完成上级分配给自己的教学任务，上完课就万事大吉，对学生的关心主要体现在学生是否能配合自己完成学校规定的教学任务。至于学生是否全面发展、是否最终成才则成了一个虚化的目标。

2. 教师职业目标的错位。教师追求的职业目标往往是职称的提高和行政职务升迁，而对实现教育的真正目的——更多、更好地培养人才兴趣不大。一些人对获得学历感兴趣，对实际教学工作不感兴趣；对获得评职称的资质：写论文、搞课题感兴趣，对切实提高教学质量不感兴趣。常见的现象是：学生只对文凭负责，教师只对职称负责，领导只对升迁、对上级领导负责。大家都只对财富与权益的控制环节感兴趣，而对财富与权益的生产源头——诚实而富有成效的创造性劳动不感兴趣。这种机制和它带来的后果造成了教育行业整体发展的长期缓慢。有一个学校进行绩效工资改革，准备拿出工资的一部分奖励工作绩效较好的教师，在进行讨论拿出百分之多少进行奖励时，很多人赞成吃大锅饭，一分也不拿出，最后达成协议——只拿出0.5%的工资作为奖励工资。群体的不思进取到了让人叹息的程度。

3. 学校风气、工作氛围、人际环境的恶化。一个缺乏正确追求，难以实现良性循环的学校，必然造成个人无所事事、单位作风涣散的局面。然而，不甘寂寞、追求发展是人的天性。当健康向上的良性竞争渠道不畅，人们在正事上得不到发展，得不到满足时，另一种竞争——不正当竞争就会出现。因此越是个人无所事事、单位无所作为的学校，人际环境就越糟糕。在一些单位，一些人为了一己私利在同事中大搞合纵连横、拉帮结派。越是业务上不求上进的人，越是需要，并热衷于搞这种人际关系上的运作，越是在业务上没有追求的领导越热衷于利用群众中的帮派建立自己的山头。最后搞得单位乌烟瘴气，甚至干事的人受气，不干事的人得意，单位一盘散沙、工作陷于瘫痪，失去活力，难以发展。我曾目睹一个单位几任领导的换届情景。一任领导刚一上任，马上被一些怀有各种私人目的的人团团围住，当这个领导一下台，马上被人遗忘，而下一任领导又将重复前一任领导的这个过程。人们不是想办法共同创造更多的资源，而是面对有限的资源在资源控制的环节上展开恶性竞争。人际关系扭曲到如此程度，令人叹息。这些情况在公立学校中的第二语言教学中也屡见不鲜。

（四）学生在教师的指导下学习并最终接受社会的选择

学生在教师的教育、引导下，在一定的社会大环境，家庭与学校小环境的影响下，不断地认识自我、学习知识、发展自我，不断地认识个体与社会关系，并在认识这种关系的基础上确立自己的生活理想和奋斗目标，经过刻苦的学习与追求，把目标变为实践。最终发挥自己的能力与特长为社会服务，并在这一过程中获得社会的承认，实现人生的成功。

然而在现实中，由于教育管理上的弊端，由于一些教师在教学中目标模糊不清、措施游移不定，导致学生学习目标模糊不清、学习态度游移不定。

1. 学生学习目标的模糊与迷失。一部分学生完全跟着应试教育、分数至上走，虽然能考上大学，但不一定能真的获得能力的发展、人生的成功。

2. 学生学习中的短期行为。一部分在应试教育中落伍的学生，并非没有特点与潜质，却在应试教育中遭遇失败与冷落，由厌学走向厌世，在人生的成长道路上饱尝艰辛。

3. 在大的教育环境影响下，公立学校第二语言教学中语言能力培养意识淡漠。以中国国内的英语教学为例——老师为了考试而教，学生为了考试而学。考试结束了，考试通过了，学生所学的英语知识也就随之开始遗忘。

作为教育所生产的产品，学生一旦毕业就将进入社会，在生存与竞争中接受社会的检验。在受教育过程中一切被遮蔽的真相、被换置的目标、被掩盖的矛盾都将在这一时刻集中显现。表现为社会对学生知识能力状况的不满、学生对社会现实条件的不满和对自己所受教育的不满，最终是学生与社会共同对教育的不满。俞敏洪先生对中国大学教育的一些弊端有直截了当、生动形象的针砭[①]：

"中国的大学教育依然没有从惯性思维中摆脱出来，这种惯性思维就是所谓进大学只是学知识，进了大学，大学四年可以轻松度过。而大量的大学教授本身并没有在社会上工作的经验，没有受过职业训练，不少都是从大学走向大学，从普通老师变成教授，甚至包括工商管理学院的教授，有大部分都没有任何管理经验，或者自己去经营过企业，就这样从理论走向了理论。尽管学校扩招了很多学生，尽管学校和教授同时意识到了大学生未来的就业非常重要，但教学内容本身跟就业依然是严重脱节的。这一点我深有体会，比如很多大学的英语系，教了学生很多诗歌散文，但实用英语教得很少，这样学生毕业后就和应用脱节了。我不反对学诗歌散文，只是认为加强实用教育也很重要。很少有大学老师在学生上大学的第一天就告诉大家：同学们，你们上大学的最终目的就是为了使自己生存得更好，而使你生存得更好的唯一办法，就是你毕业的时候要找到一份好工作。如果你要找到一份好工作，你在大学要学的东西是一、二、三、四、五……。没有多少老师对于学生未来的就业是真正关心的，只关心学生是否在学他教的东西，告诉学生这个东西背出来多么重要，那个原理背出来多么重要，考试多么重要，而考试本身又是跟现实脱节的，这样一来，整个教育的方针是有问题的。考研人数的急剧上升，实际上是这种现象的一种结果。我问过不少考研的学生，为什么考研，他们的理由非常简单：反正到社会上也是晃荡，不知道自己干什么，所以干脆就考个研究生，晃荡三年再说，也许三年之后就晃荡出个感觉来了！但是如果是因为找不到工作而上研究生，对所学的专业并不是很感兴趣，而中国的研究生学习相对来说又比较松散，结果是很多人研究生三年过得比本科四年还要糟糕，造成研究生毕业之后人才就业出口更加狭窄"

二、现有体制内中国一线基层教育管理者的智慧与创造

教育管理的链条是由国家整体政治所决定的，它的改革不可能一蹴而就，教育部门多年养成的惯性、行业习惯也不可能一夜之间全部改变，因此教育成了改革开放的老大难环节，成了经济发展、社会进步的瓶颈。一些学校在现有体制内，努力发挥主观能动

[①] 俞敏洪：《挺立在孤独、失败与屈辱的废墟上》，群言出版社 2008.6，第 202 页。

性，创造了很多办学上的奇迹，实现了教育效益的很大提升。所有优秀的办学者都在两方面进行了突破。一是在人的管理上回归基本规律，如：公正无私，知人善任，正确决策，有效执行。二是对不同学科按不同的学科规律管理教学。很多一线的基层管理者提出了他们创造性的理念，总结出他们富有成效的经验，如：

(一) 干正确的事比正确地干事更重要

中国人民大学附中校长刘彭芝曾说[①]："我当校长最大的体会就是，做什么比怎么做更重要，干正确的事比正确地干事更重要。为什么有的校长爱岗敬业，工作非常投入，兢兢业业，废寝忘食，但实际效果并不理想呢？我想，问题可能就出在他是正确地干事，但干的不一定是正确的事！"

"干正确的事是大前提，大前提成立了，一顺百顺。只要你干的是正确的事，同事们肯定积极主动地配合，这样一来，动力大增，阻力大减，水到渠成，事半功倍。你这个校长也就当得长袖善舞，左右逢源，举重若轻，游刃有余。'干正确的事'，关键是作科学的决策；作科学的决策，关键又在准确地把握形势。什么叫形势？'形'是已经客观存在的现实；'势'是客观现实中蕴藏的未来发展方向。由此可见，准确地把握形势，就是既要符合实际，又要有超前意识，只有这样，我们作出的决策才能把'解放思想，实事求是，大胆创新，与时俱进，抓住机遇，加快发展'有机结合起来。"

"要保证干正确的事，干成正确的事，在方法上还应讲究'两众一己'何谓'两众一己'？就是在学校的管理工作中，要做到'谋事在众，决断在己，成事在众'。'谋事在众'，是指任何一件事，在决策之前，一定要充分发扬民主，广泛征求大家的意见，集中大家的智慧；'决断在己'，是指作为一把手，一定要在充分发扬民主，广泛征求大家意见的基础上，敢于担当，勇于拍板；'成事在众'，是指一旦决策之后，不必事必躬亲，要放手让大家去干，靠大家的共同努力。"

"当然，干正确的事比正确地干事更重要，并不是说正确地干事不重要，刘彭芝又说：我有一个深切的体会：要想干事，还得能干事、干好事、不惹事。对上多争取，就会有一个很好的干事的外部环境。"

(二) 公平公正，任人唯贤

"公平公正，任人唯贤"，自古就是为官者的第一操守，似乎是老生常谈，其实，要做到这一条，尤其是长久地坚持这一条是不容易的。优秀校长杨一青曾说[②]：学校领导在学校人际关系的处理上，不是人际关系距离越小，学校气氛就越健康。丧失原则的哥们义气只会对学校工作造成严重的损害，调动不了全体教师的积极性，学校领导的权威也就因此而丧失。学校领导保持清醒头脑，保持与每个人合适的距离，做到零距离"和"等距离"，这是建设健康校园的重要条件。

[①] 刘彭芝教育思想研究课题组：《刘彭芝教育思想与实践》，中国人民大学出版社，2010年。
[②] 杨一青：《杨一青与和谐教育》，北京师范大学出版社，2011。

所谓"零距离",就是学校领导与教师之间应该没有隔阂,没有戒心,大家可以以心交心,畅所欲言。一句话,心心相印。这就能达到领导和教师心往一处想、劲往一处使的效果。零距离使我们能听到群众真正的声音,了解他们的真实需求。在管理的过程中,保持零距离就是要学会换位思考。我们如果只是一味地要求教师去做事,而不去考虑教师的心理承受能力,往往难以发挥教师的主观能动性。作为学校领导,在某些问题上,应当进行换位思考,要能站在教师的位置上,设身处地地去体验、理解他们的各种感受,做到不急不躁、尊重他们,尽量与他们保持情感体验上的一致。只有这样,才能易于同他们沟通情感,达成共识。常言道:投我以桃,报之以李。

所谓"等距离",就是学校领导与教师之间保持一定的距离。不能对一部分教师亲密无间,好得不得了而对另一部分教师冷淡隔阂。对"亲密无间"的教师要保持"等距离",这有利于工作的开展。学校领导和教师保持一定的距离,还有利于"透视"教师。无论讨论公事或者处理一些私事,不要平时"关系好者近之,关系淡者疏之",一定要保持一定的同等的距离,甚至要对"亲者严,疏者宽"。要做到光明磊落,认识每一位教师的价值,能够使人尽其才,同时给予适时的点拨和恰当的点评,帮助教师更好地提高。这样,教师队伍就会充满活力,学校就会长盛不衰。

(三)进行制度创新

公立学校的弊病在于学校的大锅饭、铁饭碗,缺乏自主发展的活力。因此,解决这一结症的重要方法就是制度创新。优秀校长杨素珍说[1]:学校的管理主要是人的管理。再严的管理也只能解决必须干的问题,很难解决愿意干、主动干的问题,管理者很难用制度来完全约束教师的教育教学行为。因此,严格的制度虽然很有必要,但它在学校管理中发挥的作用是有限的。目前要使校长对学校实行有效的管理,一个重要的、带有根本意义的办法就是营造一个健康、高效的运行机制。在学校内部管理体制改革中,校长应大胆借鉴,适度引入市场机制,以形成符合学校管理特点的用人机制、竞争机制、激励机制、约束机制、评价机制、供求机制和分配机制等,应树立新的管理理念,实现学校教育管理规律与市场机制的有机结合,从而使校长的直接管理与间接管理、制度管理与机制管理有机地结合起来,用机制影响、约束、导向教职工的教育教学行为,从而在深层次上调动教职工的积极性。

例如,在教师中建立起择优聘任、竞争上岗的机制,教师就会在师德师风、教育教学、科研等方面自觉地提高自己的水平,在制度无法监控的时间和空间里积极主动地工作,使自己受到学生的欢迎、同行的赞赏和领导的信任,在竞争中处于有利位置。这种由竞争机制唤起的工作内动力,必将为学校工作带来巨大的生机和活力,同时也将大大减轻管理强度,降低管理难度,避免硬管理通常带来的领导与群众在情感上和关系上的对立与紧张,避免软管理可能带来的纪律涣散和工作松懈等现象。

---

[1] 杨素珍:《热土亲情此生所依》,西安交通大学出版社,2012。

再比如建立教师评价机制。教师的劳动成果是由其专业基础、教育教学能力、敬业精神、师生关系、同行协作等因素共同作用而形成的，如单纯按教案、辅导、作业批改、坐班、论文等一项项考核评价，难以客观地反映教师的整体教学状况，并且会出现一个被评价为教学水平高的教师实际并未带出好成绩的怪现象。如果把重点放在能够反映教育工作特点和规律的师德、教育教学实绩上，就会比较客观地反映一个教师的教育教学状况，并引导教师们努力在师德、实绩两方面不断进步。

第三节　民办教育的优势与劣势
——以"新东方"外语培训中心为例

一个完整的教育体系应该由两部分组成，公立教育体系和民办教育体系。这两者应该形成互促共进的关系。光有公办教育，当教育形成垄断之后，提供什么样的教育服务，教学队伍是否优良，教育效益是否提高都无所谓了，国家给名额就可以招生办学，结果只能是教育发展停滞不前，一潭死水。而民办教育的特点是注重效益，效益不高就无法生存。一位民办学校的校长在谈到公办学校的管理时说到：公办学校发展不快的根本原因不是经费问题，而是机制问题。他举了一个例子：教师节要给每个教师发一个笔记本，公办学校直接到商店去购买，每本花了10元钱，而我们民办学校则跑遍全市的主要批发市场找到了4元钱一本的地方，后来经过讨价还价，他们以批发价卖给我们2.5元一本。一个本子我们就比公办学校节省了7.5元。公办学校是花公家的钱，花多少，怎么花无人真正关心，而我们民办学校花的是自己的钱，每一笔钱都要尽量用在刀刃上。国家每年大量的钱用在公办教育上，仍不能满足公办教育的需求，而民办教育靠自力更生，有些甚至是白手起家，在十几年，甚至几年间发展成为具有相当办学规模的实体，获得了可观的经济效益和社会效益。以下我们介绍民办教育的一个成功典型——俞敏洪的新东方语言培训中心，它的发展历程给我以启迪。

一、瞄准时代需求的关键点，从出国语言培训做起

上个世纪九十年代，是中国改革开放事业进入到第十个年头。国门打开不仅使中国人看到了外面精彩的世界，也使中国人强烈感受到自己国家很多方面的不足，形成了一股势头强劲出国潮。这时，1962年10月出生，北京大学西语系毕业，留北大任教的俞敏洪也被卷入这股出国的洪流中，然而他并不走运。为了筹集出国的费用，俞敏洪在校外兼职开办了英语培训班，并因此受到了学校的处分。为此，俞敏洪离开了北大，走上了给个体英语培训公司代课养活自己的道路。

道路的尽头就是新道路的开始。在给个体英语培训公司代课的过程中，俞敏洪不仅进一步磨炼了讲课的技能，熟悉了语言培训公司的管理程序，而且更清楚地认识到：中国在很多领域，尤其是科学技术上与欧美国家存在着巨大的差异，向国外学习是中国发展的必由之路。在中国的城市每个家庭只有一个小孩，大多数父母对子女的教育都极为重视，为了孩子的前途几乎愿意倾其所有。在未来，将有越来越多的中国家庭想方设法送自己的孩子去国外读书。要去国外读书必须英语过关，而在国内虽然各类学校都在广开英语课，但能让学生真正具备英语交流能力，顺利通过出国留学英语考试的优质教育资源却十分有限，在中国出国英语培训有着巨大的市场空间和发展前景。于是俞敏洪开始自立门户、建立自己的英语培训中心，目标瞄准学习英语出国留学的关键点——出国考试英语培训，具体目标是帮助学生尽快通过国外的 TOEFL 和 GRE 英语考试。

二、白手起家，公司发展进入第一个黄金时期

1993 年，俞敏洪与与妻子在北京中关村一间简陋的小屋里，创办了新东方学校。当时的学校，只有一个托福考试培训班。为了迅速打开局面，俞敏洪打出免费的招牌：40 多节课的培训班，前 8 节免费，学生听了觉得好再交费继续学习。免费的号召力是巨大的，北京图书馆 1000 人的大礼堂，一下子来了 3000 人，俞敏洪只好把课堂挪到礼堂外的操场上。"我站在一个垃圾桶上，开始了我一生都无法忘记的一次免费英语大讲座。"没做一分钱的媒体广告，通过学子的口口相传，新东方在京城声名鹊起。从此，新东方进入了一个快速发展的黄金时期。

三、注重引入先进的管理模式，不断提升企业品质

1995 年底，新东方发展进入第二个重要关头：学校的迅速膨胀使俞敏洪个人驾驭能力已经感到很吃力，为了使事业健康发展，他开始寻找合作伙伴。当时，在国内的熟人并没有发现志同道合者。在美国，他找到了昔日的同窗，由于彼此了解和信任，这些同学来到了新东方，开始了新东方"迅速发展"、"矛盾发展"的第二个黄金时期。由于他们的加入，新东方又开辟了出国咨询、口语培训、大学英语培训等业务，这样，从单纯的出国英语培训，新东方已经开始提供多品种的教育服务。但是在发展中也产生了矛盾，个人利益如何保证的问题提上日程。俞敏洪意识到，进行现代化企业模式的运作，推行现代化企业制度，必须请直系亲属退出企业。其中遇到的难度可想而知，这些亲人都是和他一起奋斗，走过艰难的创业时期的人，企业发展了让这些人离开，真的很难。"但是我必须带头，我家的亲属退出了，其他人的亲属才会退出。"就这样，从 1998 年开始酝酿，到 2000 年结束，新东方完成了从一个手工作坊向一个现代化企业转变的过程。对俞敏洪而言，从昔日个人管理惟我独尊到今天的董事会管理集体决定，变

化是巨大的。俞敏洪在回顾这段时期说：对管理者的让利实际上形成了新东方强大团队，可以毫不夸张地说，我们这个团队在全中国是数一数二的。我们也会有矛盾，但我们绝不会有什么"散伙"或"集体辞职"之类的事情发生。这样的团队才能保障我们事业的未来。

2000年，俞敏洪及其领导的团队成立了东方人投资有限公司和联东伟业科技发展有限公司，向教育产业化运作迈开了一大步。俞敏洪在教育过程中出版了数本英语教学与学术著作，成为颇有名气的英语教学与管理专家，推动了中国留学教育事业的发展，被社会誉为"留学教父"。截止到2006年8月31日，新东方在全国31个城市建立了32所培训学校、115个学习中心和15个书店，累计已有300万名学生参与新东方培训，有37.5万名学生参加新东方的考试辅导课程，其中三分之一是为了准备出国考试。

四、看好私立大学在中国的需求与发展前景

2006年9月7日，新东方教育科技集团登陆美国纽约证券交易所，开盘价为22美元。作为中国第一家在纽约证交所上市的教育机构，新东方的市值达到了8.7亿美元左右，而俞敏洪持有其31%的股份。新东方催生了近10名身价过亿的教师，俞敏洪的总资产至少达到了2.7亿美元。在谈到拥有这些成功时，俞敏洪说："新东方越来越大，我也没有为自己的名声激动过，不管是有钱还是有名，都不影响我对生命的看法……其实我就是两足动物在地球上行走而已。把这些东西弄清楚了，回过头来用我拥有的财富和名声，根据我自己的信念做更好的事情，也许就能为财富和名声找到一个好的归宿。财富和名声取之于社会，也用之于社会，人也许就不会犯太大的错误了。当谈到他今后的目标时，他说，我也非常希望能把新东方办成中国的哈佛，在我的有生之年能创造一个非营利性的但能持续很久的私立大学，这也是我的理想。

五、新东方语言培训中心的主要经验

作为一个民营企业练好内功是发展壮大的基础。新东方在搞好自己的教学管理、调动教师的积极性、提高教学质量上至少注意了以下方面[①]：

（一）办学者严格要求自己，首先努力做一个合格的教师

作为一个私营企业老总，俞敏洪不是光说不练，而是身先士卒、以身作则，自己首先做一名合格的教师。他在回忆自己如何练就英语词汇教学过硬本领时说："刚开始搞GRE班时，招来了几十个学生却没有任何老师能够教GRE的词汇，只能自己日夜备课，拼命翻各种英语大辞典，每天备课达十个小时，但上课时依然捉襟见肘，常常被学

---

① 参见俞敏洪：《挺立在孤独、失败与屈辱的废墟上》，群言出版社2008.6，第210—217页。

生的问题难倒，弄得张口结舌。为维护自己的尊严，我只能收起懒散的性情，开始拼命背英语词汇，家里的每一个角落都贴满了英语单词，最后居然弄破两本朗文现代英汉双解词典。男子汉不发奋则已，一发奋则几万单词尽入摩下。"

（二）尊重教师、依靠教师、调动教师的积极性

成功的学校必然把好教师看作学校最重要财富。教师出身的俞敏洪深知教师对一个办学企业的重要性，在教师的聘任上他坚持质量至上，尊重教师的劳动，充分发挥他们的聪明才智，同时也根据企业发展的需求对教师的成长提出要求。

1. 敢于发现人才，使用人才

俞敏洪说：很多老师具有特殊的才能，但是他们在真正的教育机构，比如说公立教育机构找不到工作，因为他们很异类，比如语言很张狂，但是我们就能用，给这些教师创造施展才能的平台。新东方给老师提供了很好的平台，老师对成百上千学生讲课，是一个很好地锻炼机会。

2. 尊重教师的劳动，根据教师的上课效益尽可能地给教师较高的薪酬。俞敏洪说："新东方的优秀教师在几年内成为百万富翁是没有问题的。即便现在，一名教师年收入十几万、二十几万也是很正常的。"仅仅因为教书而能成为百万富翁。这在中国甚至是教育高度发达的美国，无疑都是天方夜谭，而这样的奇迹的确发生在中国新东方。

3. 保持教师的流动

俞敏洪说：一个老师在新东方待了三到五年以后，它的教育风格、教学内容出现了重复，第一个是上课开始变成陈旧，第二个自己的成长受到障碍，不教新的东西。所以在新东方做了一段时间之后，我常常给老师提供两方面的机会，一个是新东方的内部调整，很多老师变成新东方的校长和管理者，就会迎接新的挑战。第二个如果新东方内部确实调不开，这个老师也认为自己不适合在新东方的管理岗位工作，我们只能是让他选择不继续当老师。

4. 对教师的发展提出要求

俞敏洪在教师的发展上有以下理念：

（1）教师对自己要有不断发展的追求。"作为老师，你一定要对自己的未来有所规划，把自己的未来和在新东方的工作联系起来。否则，你来新东方就算白来，你也不可能变成一个优秀的老师。如果只是为了几百块钱走进新东方的课堂，我们在这样的老师脸上看不到对教育的热爱，看不到对学生的热爱，看不到激情和希望。他一定是满脸灰色、身心疲惫地走进课堂，他会把灰色的人生带到学生中间，使学生也变得痛苦和绝望。"

（2）向别的老师学习，使自己成为新东方最优秀的老师，你的一辈子就会有一个很好的保证。俞敏洪说："新东方的老师个性都比较开放，来自全国各地，各人都有不同的生活背景，很多老师都有丰富的人生经历，和这些老师交朋友，你能学到很多东西。所以我在新东方所主张的氛围，就是一个大家庭的氛围。在这个大家庭中，大家可

以轻松地来，轻松地去，轻松地谈笑，轻松地做人。新东方要帮助大家创造这种气氛，大家互相之间也要创造这种气氛。"

（3）做人要有谅解别人和谅解社会的能力。俞敏洪说，当你明白了没有一个社会是完美的社会，没有一个人是完美的人之后，你就必须具备对人和社会的谅解能力，也就是一种宽容别人缺点和错误的能力。这样你就会少一些报复心，多一些仁慈心。既然你能常常原谅自己的缺点和错误，为什么不能原谅别人的缺点和错误呢？"做人像水"，就是要尽可能地容纳别人。作为老师，你必须具备谅解学生的能力。

（4）俞敏洪对教师的讲课有四个方面的要求：教学内容、激情、励志和幽默。"教学内容就是要求老师上课时内容丰富，基础扎实，讲课熟练，切合主题，少讲废话。激情是贯穿整个授课过程的一种感染力，新东方有一句话：只有一堂让自己感动的课，才能感动你的学生。励志就是用那些让人听了热血沸腾的语言、故事和格言使学生从痛苦、失败和沮丧中振作起来，使他们感到生命开始充满力量，产生想冲出去拥抱整个世界的感觉。幽默是在授课的过程中让学生感到老师的语言生动活泼，使学生在轻松愉快之余，接受各种知识。如果一个老师能够把这四大要素完美地结合在一起，那他就能够成为新东方的品牌教师，成为新东方的骄傲。"

第四节　提高教育效益的出路在于教育体制的改革

中国的改革开放已经搞了30多年，然而教育的改革并没有完全跟上，已成为中国继续改革开放的瓶颈之一。教育关系到国家、民族的未来。一个民族，如果没有一代代人赶上世界的脚步，超越世界的智慧，就不会有未来，所以中国的高等教育从数量到质量都需要迅速提高。高等教育的广度和深度实际上决定了一个国家整体的竞争力。

改革开放以来，中国教育界在制度创新、体制创新方面有许多举措，但对大多数公立学校而言，仍缺乏突破性的制度创新、体制创新。虽然在现有机制内，很多学校，很多有志之士用自己的聪明才智，以自己的不懈追求，努力战胜体制内负面效应，减轻了体制内产生的内耗，在教育领域创造了种种骄人的业绩，但是，这并不能整体改变现有体制给教育带来的负面影响。要彻底改变这种状况，必须从教育体制上进行改革。中国经济改革重要的措施是"改革"、"开放"，教育改革的出路也是这两条：改革与开放。开放就是向社会开放教育的经营权，形成多种经济成分与公有制经济共同办教育、平等竞争的局面，这样才能最大限度地调动全社会的资源，把教育做大、搞活。改革就是在充分竞争的基础上，引进各种机制，试行各种制度，对公办教育的各个环节进行改革，最终实现教育效益的全面提升。

一、国家要大力办好民办教育

（一）中国民办教育的传统与优势

民办教育在中国有源远流长的历史。孔子的教育是典型的"私立学院"，而学院、书院在中国一直存在，比如岳麓书院和白鹿洞书院。新中国建立前中国也是私立和公立两种办学制度并存。北京大学中的一部分燕京大学在解放前就是私立的，我们所知道的一些著名教授都是在这样的体系下成长起来的。民办教育的优势在于能广筹社会资金，办学主体明确，办学效益高。所以中国高等教育要想健康发展、不断壮大，一定要两条腿走路：公立大学和民办大学互促共进。希望今后中国排名前一百名的大学中间，能有四十所左右的民办大学出现，那才是中国高等教育的健康状态。

（二）对发展民办教育国家要有配套措施出台

中国从二十世纪八十年代开始支持民办教育，到现在接近三十多年了，回头看，中国民办教育仍阻力重重，生存状态不容乐观。民办教育的困境主要来自两个方面，一是政策支持力度不够，二是资金严重缺乏。俞敏洪先生说："任何一个大学的学费只能够支撑学校运行总费用的25%到30%，民办大学没有别的经济来源，只有学费收入，除了花费还得有利润，这些利润要用来还贷款，发工资，这样一种状态，民办大学没有钱搞研究。所以中国民办教育还没有出现真正意义上的民办大学。"公办教育现在国家给钱，民办教育拿不到一分钱，不但没钱，有时还给民办教育出点难题，民办教育在中国的教育市场上处于不平等的不利地位。

民办教育期待国家政策的支持，民办学校产权归属有待明确。民办高校的机构属性、产权归属、退出回报机制至今均未明确规定，既影响了已有投资的稳定，也使得不少潜在的新投资者担忧自己投资的安全。民办教育急需国家梳理情况、纠正歧视，给民办教育一个公平、法治的竞争、发展环境。民办教育刚起来的时候，国家就出台了一个政策，叫做名校办民校，国家长期资助的名校与自筹资金的民办学校突然站在了自主办教育的同一起跑线上，把真正的民办学校整下去一大批。然后在民办高等教育蓬勃发展的时候，又出台了一个政策，叫做公立大学办独立学院，这些独立学院一上来就能发本科文凭，而真正的民办大学，奋斗了很多年都弄不到本科办学的资格。民办教育处于一种艰难的发展空间。

（三）人们对民办教育认识上的误区有待转变

像改革开放初期人们对经济改革的任何举措都会产生姓资、姓社的疑问一样，人们对多种经济成分办教育，尤其是对民办教育异军突起心存疑虑，致使民办教育发展空间长期受限，发展上举步维艰。这些疑虑主要有三种：民办教育将扭曲教育的基本功能、民办教育将导致意识形态教育的弱化、民办教育只重经济效益，不重社会效益。这些疑虑来自于传统观念下的想当然，缺少严密的论证和实践的检验。

1. 发展民办教育不会扭曲教育的基本功能

一些人认为：教育是一种多功能的活动，人类社会之所以需要教育，不仅是因为物质生产的延续与发展所需要的，也是因为社会的其他方面，如政治、文化等方面的延续与发展所需要的，还是人本身的发展完善所需要的。发展民办教育将促使学校教育直接面对社会需求，面对市场竞争，把培养人的复杂活动与物质生产活动简单对等，最终将影响、乃至丧失教育的基本价值与成效。这些疑虑产生于对教育和民办教育的简单化、概念化的理解。

（1）在社会多方面的需求中，经济的发展是整个社会发展的基础力量，长久、全面的经济发展必然带来与之相伴的社会发展、文化进步。因此，与社会生产力相关的能力培养是教育首先要着重考虑的，培养合格劳动者在任何社会里都是教育的重要目标。促使人的全面发展是人类教育的理想目标，但这个目标要在人类社会实实在在地落实下来，必须进入人类社会的运转轨道，必须进入市场的运行过程，在人们的选择与实施中才能变成现实。

（2）民办教育重视社会需求，但不可能只重生产技能的培养。社会需求包括物质生产的延续与发展，也包括社会的其他方面，如政治、文化等的延续与发展，还包括人本身的全面发展。任何教育如果只注重学生与物质生产相关技能的培养，而不注重学生的全面发展，在竞争充分的教育市场上也将失去对学生的吸引力和市场竞争力。

（3）我们提倡发展民办教育但并不是唯民办教育。教育的社会功能是多方面的，对那些有可能较充分市场化的领域我们可以让民办教育去较多地参与，如职业教育等。对那些市场化较困难的领域，如农村教育、基础教育、基础科学的教育则应较多地依靠政府的支持。政府应该处理好眼前效益与长远效益，局部效益与整体效益的关系，确定什么是该管的和不该管的。该管的一定要管好，不该管的一定要放权。

（4）就是在政府控制较多的领域里，也应该较多地引入现代管理机制，借鉴民办学校重效益的管理方法，更多地引进目标管理机制、竞争机制。

2. 民办教育不会导致意识形态教育的弱化

一些人认为，民办教育只重办学的经济效益，必然造成对国家所看重的意识形态教育的缺失，导致受教育者在意识形态上与国家离心离德。这种认为公办教育注重意识形态教育，民办教育不注重意识形态教育的看法纯属主观臆想，缺乏任何事实依据。俞敏洪创办的新东方语言培训中心在语言教学的同时，非常重视对学生人生观的教育、成才意识的培养，使学生不仅学习了英语，也得到了使其终身受益的励志教育、成才教育。而有些公立学校虽然拿着国家的俸禄，按照国家的要求按部就班地开设了一些意识形态教育课，但在联系学生实际、满足学生需求方面做得并不够，对学生树立正确的世界观、人生观很难做到有效教导与真实带领。即便是部分民办学校有意识形态教育薄弱的现象，这也与教育主管部门指导不到位，监管不得力有直接关系。

3. 重经济效益，不重社会效益不是民办教育的本质属性

一些人疑虑一旦给民办教育以自由发展的空间，民办教育就会受经济利益的驱使，只重经济效益不重社会效益。这是一个不真实的想象与假设，因为教育的最终效益要体现在对社会的服务上，只注重经济效益不注重社会效益的学校在法规健全、管理规范、竞争充分的市场环境中是没有竞争力和长久生存能力的。

毋庸讳言，在我国教育改革中，确实有一些民办教育只重经济利益、不重社会效益，这种现象的出现是有其社会根源的。我们的教育市场法规还不健全，管理还不规范，让不法之徒有可乘之机。我们的教育市场还不够开放，还不能保证大家按规则公平竞争，所以导致一些人企图和有机会以办教育为名投机取巧，大捞一把。这种现象在民办教育中有，在公办教育中也有。这个帐应该算在教育管理的头上，而不应该算在民办教育头上。我们相信，只要法规健全、管理到位、竞争充分、市场开放，最大的赢家、最长久的胜者将会是在社会效益、经济效益上良性循环，最大化发展的办学实体。

（四）公办与民办的关系

民办教育与公办教育是互补互促的关系，而不是对立的关系。关于民办教育对于公办教育的促进作用，俞敏洪先生举过一个简单例子。他在扬州办了一所中小学，刚开始大家对于这个中小学的存在不以为然，后来由于教学质量不错，周围越来越多的老百姓把孩子送到学校来，结果扬州的一些公立中小学就开始着急了，想尽各种方法要留住学生，因此对学生的态度也好了，教师的待遇也提高了，教学质量也提高了。因为新东方的存在，促进了扬州公立中小学的改革和进步，也使得扬州的教育得到了提升。这也就是我们所说的"鲶鱼效应"，本来一箱鱼很快就要死了，但放一条鲶鱼进去，鲶鱼不安分地反复搅和，结果一箱鱼就都活下去了。所以民办教育的存在能够激活公办教育，使中国的教育局面活跃起来，教学质量提高起来。如果有一所优秀的民办大学出现，公立大学就会坐不安宁，就会改革，中国的教育就会进步。所以我们要大力发展民办教育，引进民办教育的办学机制，促使公办教育内部的改革。

二、公办教育应借鉴民办教育的优点进行制度改革与创新

（一）不进行教育体制改革，新的教改目标将会落空

2010年中国著名科学家钱学森先生去世前曾提出一个问题：中国的高等学校为什么培养不出创新性人才？引起了全社会的震动，把全社会的目光再次聚焦到中国的教育上，教育部政策法规司司长孙霄兵曾在一次答记者问时谈到：我认为今后大学制度要改革，要建设现代学校制度。我们今天要推进的现代学校制度，有四句话可以概括："依法办学、自主管理、民主监督、社会参与"。一个新的教育改革的目标被提了出来。

现代学校制度的特点是："依法办学、自主管理、民主监督、社会参与"，"国家中长期教育改革和发展规划纲要"就此提出了四个改革方面。"第一，要完善治理结构。

学校中有几种权利，有党委领导下的校长负责制实施党委的领导权和校长的行政权，有教职工代表大会的民主参与权，有学术委员会在学科建设、学术评价、学术发展中的学术权利。要探索教授治学的有效途径，充分发挥教授在教学、学术研究和学校管理当中的作用。第二，加强章程建设，也就是说，每个学校制定符合法律规定的章程，依法办事，让章程成为学校内部的宪法。第三，扩大社会合作。一个高等学校要办好，不仅要自己搞好教育、教学工作，也要和社会各方面加强联系，让社会的资源进入学校，让学校通过社会合作，为社会作出更大的贡献。第四，推进专业评价。对于一个学校、教师、校长的评价，现在的社会评价比较多，人人都可以发表意见，这很重要，但是真正有助于学校教育教学质量的提高、创新型人才的培养，我们认为还应当提倡专业性评价。通过教学、科研、社会合作方面的专业性评价，使他们在某一个学科、某一个专业、某一个项目上不断地提高自己的业务水平和科研水平，形成整个学校中的新型育人环境，从而推进创新型人才的培养。这样的一个制度，我们感觉是非常重要的。"

以上四个努力方向似乎条条都指向现代学校制度的四个特点（依法办学、自主管理、民主监督、社会参与）的实现，但细心体察我们会发现，它并没有提出什么新鲜举措，也未必能引导中国的大学真正走向现代学校制度，因为我们对这四个努力方向提出的举措在现实中的运行情况非常熟悉，照这个思路进行的所谓教育改革只能是重复走原来的路，而不可能走出新的路子。

我们是有党委领导下的校长负责制、教职工代表大会、学术委员会、教授治学等制度，但这些制度远没有充分落实，也鲜见它培育出的一代符合现代学校制度的学校。以教职工代表大会为例，虽然很多学校在形式上定期召开一次教职工代表大会，但教职工代表的健康选举、教职工代表在学校重大问题上知情权、建议权、决策权的落实不容乐观，也很难长期坚持；在加强章程建设方面，我们是建设了不少规章制度，但这些规章制度真正落实并创造效益的并不多；在扩大社会合作方面，国家中长期教育改革和发展规划纲要强调的是：让社会的资源进入学校，却并不问怎样分配、使用这些社会资源？怎样检验这些社会资源在教育中产生的效益？怎样促使教育效益的提高以服务于社会，并吸引更多社会资源的投入？在推进专业评价方面只是提出应当提倡专业性评价。我们认为应该建立由政府授权，社会专业人士组成，以第三方的中立立场对大学进行科学、公正、公开评估的评估机制。

对现代学校制度的概括（依法办学、自主管理、民主监督、社会参与）是令人鼓舞的，但是像现在这样，政府办教育、政府管教育、政府评估教育，缺乏多种形式办学的公平竞争、优胜劣汰，现代学校制度四个特点中的任何一条都将无法真正变为现实。如果再继续用计划经济的思维办教育，教育会变成整个社会中最落后的一环。这是中国教育的悲剧。中国的教育体制改革是否可像国有企业进行公司化现代企业改制那样进行体制改革？

在中国改革开放的初期，人们以马克思列宁主义的一些教条来衡量一切事物，对改革开放的很多举措疑虑重重。针对这种情况，邓小平提出：少进行争论，多进行试验，摸着石头过河，坚持实践是检验真理的标准，大力倡导实事求是的作风。现在面对教育改革，我们也应该倡导解放思想、实事求是的作风，少进行姓资、姓社的争论，多做实验，让实践成为检验真理的唯一标准。中国在经济改革中建立了很多特区，我们也期望着在教育改革中也能开办很多的特区，以此拉动中国教育的创新与改革。

（二）应该借鉴民办教育的机制，明确办学的主体

应该借鉴民办教育的机制，明确办学主体是实现教学效果与经济效益和谐发展、共同提高的保障。一个办学机构要想长期健康的发展下去，必须要有明确、正确的办学理念，也就是这些办学机构的卖点。而要把这些理念长期有效地贯彻下去，落到实处，必须要有责、权、利明确稳定的办学法人。

我们看到，很多公办大学都有自己的校训，都有自己短期或长期的规划与目标，规划不可不谓之全面，目标不可不谓之远大、校训不可不谓之深刻感人。但是，由于办学主体责权利的规定缺乏明确性和稳定性，并没有人真正为这些规划和目标的落实负责。由于每一级管理者都是由上一级管理部门确定、任命的，因此只要对上级负责就行了。

新东方外语培训中心从一开始就是一个责权利极为统一的私营教育企业，利润的最大化是它的主要目标，为了在激烈竞争的教育市场站稳脚跟，实现效益的最大化和可持续性发展，它必须尽可能地聘请和留住最好的教师，聘请和留住最能干的管理者，给学生以最实惠、最有用的知识与教育，而要做到这些，办学者必须以最豁达的胸怀、最认真的态度、最明智的决策、最踏实步骤来实现自己的目标。可以说，在公立学校中，这种为教育终极目标认真负责、全力以赴、殚精竭虑的敬业精神是罕见的，其中最重要的原因是，这个企业是俞敏洪自己的，这个企业的责权利最终统一在他身上，他在干着属于他自己的事业。由于新东方办学主体责权利的明确性和稳定性，从组织上保证了他教学宗旨和理念的贯彻和落实。

中国的大学基本上是以公立大学为主，长期计划经济体制下形成的高等教育的体系存在着很多与社会主义市场经济不相适应的弊病。只要中国改革开放事业继续进行下去，中国公立大学的这些弊病总有一天要得到革除。

三、第二语言教学有可能率先成为教育改革的领域

语言是可以学会的，合理的语言教学可以对语言学习产生强大的推动作用，这已经是不需要证明的事实。同时，我们还应该认识到，通过一段时间对某一语言的密集学习和科学的教授与训练，语言学习者的语言知识可以在较短的时间内迅速扩展，语言能力可以在短期内显著提高。更重要得是，这种语言能力的提高是可以通过较科学的测试较准确地检验出来的。这是语言教学与很多其他社会科学门类相比明显不同的一点。学文学专业的学生通过一段时间的专业学习，其文学写作能力可能得到提高，但有了多大的

提高很难通过测试较准确地检验出来。学政治学专业的学生通过一段时间的专业的学习，政治素养与能力可能有某种程度的提高，但到底有多大的提高也很难用测试来准确测量。而语言学习则不同，会就是会，不会就是不会，一经测试就一目了然。新东方外语培训中心正是看准了语言学习的特点，瞄准最热门的语言——英语，把出国英语考试培训作为自己经营的主要对象，找准了社会需求、学生需求、市场需求的切入点，短期内获得了令人注目的社会效益、经济效益。

认识语言学习、语言教学的这一特点，明确区分语言教学与其他社科门类教学模式上的不同，根据语言教学这一特点进行语言教学模式、语言教学管理模式的改革与创新，对大幅度、大面积提高中国各级各类第二语言教学效益有重要意义。

在中国广大多民族多语言地区以汉语水平考试，汉语教学目标化管理，汉语教学成果与办学实体、教师利益挂钩为主要内容的汉语教学管理改革，也将推动汉语教学效益的大面积提升并因此带动双语教学、双语教育的发展。

第六章 双语教学、双语教育与民族教育

双语学全方位研究双语问题。双语教学问题是双语学研究中的重要问题。双语教学问题联系面非常广，内在联系包括第一语言、第二语言的关系问题，语言学习行为、语言教学行为的联系问题，教学内容、教学方法、教学管理的联系等问题。在本书的前六章实际上讨论的就是双语教学的各个方面。双语教学问题在教育领域内还有着广泛的延伸与扩展，其中联系比较紧密的延伸与扩展就是双语教育与民族教育。双语教学、双语教育、民族教育所涵盖的内容有着明显的重合，以至于人们常常难以区分，把他们混为一谈。其实，从学理上讲他们在层次与涵盖面上均不完全相同，各有其特指与区分。双语学理论有必要在自己的学科框架内对这三者给予较科学的梳理、区分、定位与足够的研究。

1. 双语教学与双语教育概念上的不同

教育领域包括的内容十分广阔，语言教育是其中十分重要的内容。语言教育分为两个层次：语言教学、语言教育。语言教学是语言教育的核心层次，如，我们各级各类学校中的汉语教学、少数民族语教学、各个语种的外语教学……。没有语言教学就没有语言教育。语言教育不仅包括语言教学，还包括学生用所学语言接受其他众多学科的教育。如：汉语教育不仅指汉语言教学，还包括用汉语接受其它学科的教育；少数民族语教育不仅指少数民族语言教学，还包括用少数民族语接受的其他学科的教育；英语教育不仅包括英语语言教学，还包括用英语接受的其他学科的教育。语言教学可分为单语教学和双语教学。单语教学指对学习者只进行一种语言的教学，双语教学指学习者进行两种或两种以上语言的教学。单语教育是指对学习者进行包括单语教学在内的，用单语进行众多学科教学的教育体系；双语教育是指对学习者进行包括双语教学在内的，用两种以上语言进行众多学科教学的教育体系。双语教学要解决的问题是让学生掌握两种语言，而双语教育要解决的问题是让学生学习并运用两种语言学习众多学科的知识，最终成为符合时代要求、全面发展的人。双语教学、双语教育中的两种语言在现实社会中的功能往往不是简单对等的，而是根据语言的环境、社会需要、学生意愿、教师特点，在不同的学习阶段、不同的学科领域有所侧重，有所倾斜的。根据语言环境、社会需要、学生意愿、教师特点，在学生的不同阶段、不同学科领域制定出最有利于学生发展的两种语言教育配合模式，是双语教育中要研究解决的核心问题。

2. 双语教育与民族教育的区别

民族与语言族群在概念上是不相同，其所指在实际中也并不完全重合，因此，双语教育与民族教育不是一回事。但是在中国的少数民族地区，双语教育与民族教育都是讨论多民族、多语言地区有民族特色、有语言特色的社会公共教育问题，在实际所指范围上基本重合，双语教育往往是民族教育最核心的领域，所以人们经常把双语教育与民族教育两个概念混合使用。在双语学理论体系中有必要对这两个概念做一些辨析。在中国少数民族地区，双语教育与民族教育的区别主要是是学理上的，表现在看问题的契入点、强调的方面不同。双语教育主要从语言使用的角度探讨教育，民族教育主要从民族文化的角度探讨教育，虽然都属于教育学范围，但角度不同，强调的方面也不完全相同。

双语教育是语言学与教育学的结合，在语言学中它更多的被理解为语言学、语言教学的延伸。在双语学体系中，双语教育被置于极其重要的地位，双语教育把语言与社会、现在与未来联系起来。所以，在双语学理论体系中更多使用的是双语教育概念，而不是民族教育概念。双语学探讨双语的学习、双语的教学、双语的社会化问题，其中的双语社会化问题必然涉及人才的成长，民族的繁荣、社会的进步等问题，而后面这些内容恰是民族教育学要研究的核心问题。所以双语学不仅要探讨双语教育问题，也要探讨双语教育的延伸——民族教育要研究的问题。当然双语学侧重从社会语言学的角度探讨这些问题，较多涉及与语言有关联的事物与方面。

民族教育是民族学与教育学的结合，在教育学中，民族教育在学科划分上属教育学领域。民族教育中的教育现象是教育中特有的现象，民族教育中的规律也就是教育中的特有规律。民族教育学是专门研究民族社会教育现象及其规律的科学，是人们对民族教育现象认识的概括和总结。如果教育学的体系分为宏观层次的理论教育学，中观层次的部门教育学、边缘教育学、教育活动与过程，微观层次的应用教育学等三层的话，民族教育学就属于中观层次的边缘教育学领域，它与教育心理学、教育经济学、教育政治学等是同位学科，是教育学和民族学的交叉学科。如果从民族学研究的分支领域来看，民族教育学又是民族学中的一个重要分支，它与民族学学科中的民族文化学、民族经济学、民族心理学、民族语言学、民族宗教学等是同位学科，与民族学、文化人类学、宗教学等学科有着紧密的联系。民族教育学探讨少数民族人才的成长，民族的繁荣、社会的进步等问题，双语教育是民族教育一个重要的方面但不是全部，除了一般教育学要探讨的问题以外，民族教育要着重探讨民族文化的传承与现代化问题。

第一节　双语学视角中的双语教育

　　双语教学主要指两种以上语言的教学行为与教学体系，而双语教育则指在双语教学基础上所进行的所有课程的教育行为和教育体系。

　　在中国有两类双语教学现象和与之相对应的两类双语教育现象。第一类双语教学现象是少数民族语文和主体民族汉语文相结合的双语教学。中国有56个民族，汉语是中国的国家通用语，是中国56个民族的族际交际语。民—汉双语现象是中国双语社会的主要现象，因此，中国少数民族双语教育的主要涵义是指以少数民族语言和主体民族语言汉语为教学媒介的教育系统，第二类双语教学现象是汉族学生在学习汉语的同时，学习一门外语（往往是英语），以及与之相配套的汉英双语教育模式。中国从改革开放初期，就开始把英语教学引入国民教育体系。但由于中国缺乏英语环境，英语教学底子薄，优秀英语教师资源不足，英语在很多地方仍是作为一门语言课来上的，英语远没有成为一种授课语言在教育系统中广泛使用，因此，汉英双语教育的概念并没有提上议事日程。但是，随着国际经济一体化趋势的发展，国内英语教学水平在不断提高，英语教育也在持续升温。很多地方、很多学校都在尝试把英语作为部分课程的教学语言。双语幼儿园、双语中学（也叫国际中学）不断出现，一些大学开始倡导并推行用英语授课，英语教学已经突破了以前的纯语言教学的状态，向整个教学体系的汉英双语化发展。不管是从学科理论建设的角度，还是从现实需求的角度看，英汉双语教育即将成为我们必须面对的课题。

　　少数民族民汉双语教育与汉族地区的汉英双语教育有很多不同特点，尤其表现在社会环境、语言环境上的不同。但是从学理看上，二者可以相通、借鉴的地方比较多。少数民族双语教学与双语教育在多样—体的中华民族大环境中发育充分、形态多样，较晚发展的汉英双语教育可以从中借鉴很多经验与规律。以下我们简述双语教育的目标、范围、管理体系及教育内容等问题。

一、双语教育的目标

　　双语教育的目标是为社会宏观目标服务，并利用全社会的教育资源，调动整个社会的教育机构，实现其社会的既定目标。双语教育的目标一般分为三个方面：语言目标、文化目标、社会政治目标。

　　（一）语言目标：主要指受教育者学习哪几种语言，这些语言的培养过程与培养目标。在此前的六章中，详细探讨了语言教学的各个方面，在此不再赘述。

（二）文化目标：主要指在语言学习过程中，学习与语言相关的文化，在多种语言学习的同时，培养跨文化思维的能力。

（三）社会目标：往往是指双语教育应有利于经济的发展、社会的进步、民族的团结、国家的统一。

双语教育往往体现某种社会理想，引导社会教育体系实现某种社会目标。双语教育的规划是社会政治、社会经济与社会教育相连接的重要交叉点，与社会意识形态紧密相连，历来是不同族群、不同利益集团、不同党派激烈争论，并极易受社会风潮影响的领域。在多民族、多语言的社会中，很多政治家、专家学者都关注这一领域。其中，主体民族与少数民族教育利益上的分配往往是双语教育领域争论的焦点。

二、双语教育机构体系的建立及其管理

双语教育在明确了社会建设的总体目标和自己具体的工作目标，确定了双语教育的主要内容以后，所要做的工作就是调动、组织社会资源，建立双语教育的机构体系，制定双语教育的整体规划，推动、管理、监督、协调双语教育规划的实施。

（一）建立机构体系：建立从小学到大学的各级各类教育机构，协调各级各类教育机构的关系，使其发挥较大的功能。

（二）双语教育的整体规划：从小学到大学的招生、毕业机制。教学的阶段、年限、内容、标准的制定。

（三）规划实施过程中的管理、协调工作。其中包括教育资金的筹集、资金投入与效益的评价，教职员工的培养、使用与奖励惩罚机制等。

三、双语教育的教学内容

双语教育在确定了自己所要实现的社会目标，和自己具体的工作目标以后，就要确定具体的教学内容。双语教育具体的教学内容一般可分为三个方面：双语教学、双文化教学、综合素质教学。

（一）双语教学

关于双语教学的探讨已经在之前的六章中作了较充分的探讨，这里不再赘述。

（二）与双语相关的双文化教学

语言是人类最重要的交际工具，语言的形式与语言所表达的内容是一个事物的两个方面。一个民族的语言是这个民族文化的重要载体，一种语言所表达的内容除了有人类共同的概念与逻辑外，还有这个民族特殊的概念与逻辑，即民族的文化。因此，双语教育除了有语言的教学外，还应该有与之相应的文化的教学。由于文化的概念十分宽泛，文化的载体多种多样，文化的教学形式也就多种多样，所以在这里，我们把文化的教学

称为"文化的教育"。双语教育中文化的教育可分为三类：第一语言文化的教育、第二语言文化的教育、跨文化教育。

1. 第一语言文化的教育

第一语言往往是学生的母语，因此，学生对第一语言文化的体验常常与生俱来。但是，在学生进入学校教育阶段以后，在学生第一语言学习的同时，仍需要对学生进行第一语言文化的教育，这不仅是第一语言学习所需要的，也能使他们从理论上、系统地认识自己民族的文化，教育学生对自己的文化既不妄自菲薄，也不狂妄自大，始终保持一种理性的、开放的态度。

中国是多民族与多元文化的社会，各民族的文化以前是在民族传统教育中作为主要内容来传承的。但是自从现代学校教育将人类文明最具代表性的自然科学、社会科学与人文科学带到中国，给民族教育注入了全新教育内容以后，民族传统文化逐渐只在民族地区的宗教场所、一些大学以及民间机构中传承，学校教育尤其是基础教育中民族文化的影响日渐淡化。随着教育民主化与民族教育特色化的发展，民族文化进入学校教育课程的呼声越来越受到政府的重视。在21世纪初中国实行了"国家课程、地方课程、校本课程"三级课程三级管理的课程政策[①]，民族文化在地方课程与校本课程中显示出生命力，受到各民族的拥护与欢迎。

2. 第二语言文化的教育

语言形式与意义是一张纸的正反面，语义中包含着这一民族的特有文化。要学好第二语言，必须对第二语言所代表的文化有所了解，使语言的符号与其文化内容紧密结合。如果第二语言是与学生今后学习、工作、生活关系密切的重要语言，对该文化的了解就将成为学生学习新知识，进入新领域，熟悉新环境的重要步骤。

（三）整体素质的教育

双语教育、双文化教育的目的是培养高素质的学生，为经济的发展、社会的进步提供合格的建设人才。双语教育、双文化教育本身不是最终目的，最终目的是使学生具备一定的双语交际能力，并在此基础上把学生培养成具有专业技能、富有创造精神的现代化建设人才。因此，双语教育不仅要强调语言教学、文化教育，还要注重培养符合现代化建设需要的人才。在少数民族地区要积极建设与现代化建设相适应的自然科学、社会科学的教育、科研体系。

四、双语教育中的几个经常探讨的问题

双语教育比双语教学包含的内容要广泛，有些问题是双语教育在实践中经常碰到，理论上经常探讨的问题。比如：双语教育的类型、处理少数民族语与国家通用语之间的

[①] 参见王鉴：《民族教育学》，甘肃教育出版社，2002年1月，第73页。

关系问题等

（一）双语教育的类型

双语教育不仅有语言教学，还有语言的应用。在学校外有日常生活中的语言应用，在学校教育阶段有校内各门课程教学中的语言应用。其中，在校内各门课程教学中使用哪种语言为授课语言，不仅与学生哪种语言交际能力的发展密切相关，是双语教学必须考虑的问题，同时也与学生今后的社会活动空间、能力发展方向关系密切，是双语教育要考虑、规划的重要问题。一般是以有利于学生升入较高级别的学校，得到较高水平的教育，获得更广阔的生存发展空间为目标确定的。双语教学中两种语言教学什么时候开课、如何开课、结束时的标准；其他课程用什么语言开、何时开、结束时的标准；从低年级到高年级，从小学到大学包括语言课程在内的所有课程语言的分配，进入与退出的时间，所要达到的教学目标，所要实现的社会目标等问题，都需要整体的筹划与设计。各地区根据各自的情况形成的不同模式我们叫双语教育模式。很多学者对双语教育模式进行了探讨与分类，如：国外比较有名的有 M，P，麦凯的双语长期计划与双语短期计划。中国国内的有严学宭先生的六种"地理分布"模式、周耀文的七种类型、张伟的双语教学三计划（单语教学计划、双语过渡计划、长期双语计划）、周庆生的三大双语教学类型（保存型、过渡型、权宜型）等[①]。以下仅以周庆生的三大双语教学类型为例进行介绍：

1. 保存型双语教学模式

旨在保存和保护本民族的语言和文化，使本民族学生不致于因为学会主体民族语言而失去或降低本民族语言的使用能力。保存式双语教学模式又可分为长期单一保存型双语教学模式和长期并行保存型双语教学模式。

（1）长期单一保存型双语教学模式。学校中各年级各门课主要使用民族语文讲授，汉语文仅仅作为一门课程，从小学二三年级教到小学或中学毕业；或者学校中各年级各门课程主要使用汉语文讲授，民族语文仅作为一门课，从小学一年级教到小学或中学毕业。前者突出了民族语文在教育体系中的重要地位和作用，保证了"民汉兼通"的方向，深受少数民族聚居区或只会本族语学生的欢迎，后者多用于我国民族地区城镇中已失去本族语的民族学生，或用于缺乏民族语文师资的民族中学。

（2）长期并行保存型双教学模式。学校部分课用民族语文讲授，部分课用汉语文讲授，民族语文和汉语文作为两门课贯穿高小、中学或小学各年级。该模式多用于缺少理科民族语师资的民族中学。中国实施保存双语教学模式的有内蒙古、新疆、黑龙江、吉林、辽宁、青海和甘肃的蒙古族，吉林、黑龙江、辽宁、内蒙古的朝鲜族，新疆的维吾尔、哈萨克、柯尔克孜、锡伯（部分学校）和俄罗斯族，西藏、青海、甘肃、四川和云南的藏族（部分学校），广西的壮族和四川的彝族（部分学校）等等。

---

① 参见周庆生：《中国双语教育类型》，《民族语文》，1991年第3期。

保存型双语教学的教学目标：引导民族教育从传统教育走向现代教育，由单一教育走向复合教育。把学生的学习重点放在以传统的形式承载传统与现代双重的内容上，从语文上达到"民汉兼通"，从程度上达到民族人才与现代人才的统一结合。

2. 过渡型双语教学模式

其宗旨是在不懂汉语的少数民族儿童的家庭和主要使用汉语文教学的学校之间架起一座桥梁，以便教学用语能够顺利地从民族语文过渡到汉语文。而双语文课的开设始终贯穿其中。即"开花在民族语文上，结果在汉语文上"。一般的模式为小学一二年级用民族语文对少数民族儿童进行启蒙教育；三四年级当他们能听懂汉话时，将汉语文和民族语文对照进行教学；五六年级主要用汉语文讲授。这样做的最明显的好处是直接完成了民族初等教育、中等教育、高等教育之间的教学用语的"通车"。

3. 权宜型双语教学模式

这是一种反常的、临时的教学模式。其做法是在小学启蒙阶段直接讲授汉语文。到小学中、高年级突击教一些民族语文拼写法。课时短，讲授内容少，学生掌握浅。这种"权宜之计"的双语教学的原因是多方面的：有的是缺少民族语文教师和教材；有的是为升学创造"降分"条件；有的是应当地群众（家长）的要求；也有的是根据一些行政领导的喜好。总之，这种模式是违反儿童学习语言的规律的，是不符合科学性的。如云南省西双版纳傣族自治州的部分学校即属此型。

尽管中国的双语教学十分复杂，但科学、可行的模式仍就以保存双语教学模式为主，过渡双语教学模式为辅。

（二）处理少数民族语与国家通用语之间的关系问题

如何处理少数民族语与国家通用语之间的关系问题，是双语教育中不断探讨的热点问题各地区都根据自己的实际情况，探讨出了不同的模式与路子。在此仅以四川凉山彝族自治州《双语教学的体制》[①]为例，他们的双语教育模式的特点是：系统与开放。

四川省在总结过去民语文工作和民族教育工作经验教训的基础上，经过探索，调查研究，于1988年9月由四川省教委和四川省民委联合颁发了《关于彝藏中小学双语教学工作的意见》（以下简称《意见》），

《意见》中明确规定了四川省彝、藏地区在民族教育中实行一种体制，两种模式的双语教学。一种体制就是双语教学体制，即指在少数民族地区用民汉两种语言文字进行教学。两种模式：即指第一种模式以民族语文为主要教学语文，同时开设汉语文课；第二种以汉语文为主要教学语文，同时开设民族语文课。这两种双语教学模式，从小学到大学逐步分流，即小学毕业分流一次，一类模式的小学生大部分继续升初中，在初中接受一类模式的教学，少部分可升到二类模式的初中，在初中接受二类模式的教学。少部分升到一类模式，接受一类模式的语教学。少部分升到没有开展双语教学的初中。初中

---

① 参见丁文楼主编：《中国少数民族双语教学研究与实践》，民族出版社，2002年12月第366—367页。

毕业分流一次，一类模式的初中学生，一部分继续升高中，在高中接受一类模式的教学。一部分考入中专，少部分淘汰，二类模式的初中生，一部分升入二类模式的高中，接受二类模式的双语教学，第二部分考入中专，少部分淘汰。高中毕业分流一次，一类模式的高中生，一部分考入大学，一部分考入中专，一部分淘汰。通过小学——初中——高中（中专）——大学（本科、专科）这样几次分流，从而形成双语教学的层级体系。四川彝、藏地区的民族教育体系中，整个双语制的建设任务定在1988年开始的20年逐步完成。

1996年9月，第一批接受双语教育的学生已升入西南民族学院，这标志着双语教学体制的各段接轨已顺利完成，双语教学的结构已形成。

该计划的功能是：第一种模式旨在既能继续弘扬发展本民族传统语言和文化，又能掌握主体民族语言文字，从而更有利于直接吸取接受人类文明发展的一切优秀成果，接受国内外先进科学技术和经济信息；第二种模式旨在保存民族语言和文化，使本民族学生不致于因学习汉语言而失去或降低本民族语文使用能力。我们把这两种模式概括为："一个目标——民汉兼通，两种途径——各有侧重"。

双语教育体制在四川民族地区推行以来，普遍受到群众的欢迎，在扫除文盲、提高群众的文化水平方面，在提高教学质量，发展民族教育方面都显示出了它的生命力和优越性。从小学到大学的宝塔式的双语教学结构体系已形成。从目前彝区和藏区所开展的双语教育情况分析，其结构系统体现为：1、少数民族聚居区和边远山区的小学生以一类模式为主。一类模式各科用民族语文教学，到小学二年级时，开始开设汉语文课。小学毕业时，汉语水平要求达到普通小学四年级水平。2、彝汉、藏汉等多民族杂居的农村和城镇，举办不同模式的小学或者在同一学校内举办不同模式的班级。二类模式各科用汉语文教学，到小学三年级时开民语族文课，小学毕业时，要求民语文水平达一类模式学生的三年级水平。3、各县、地、州、市举办不同模式的民族中学或者在同一民族中学内举办不同模式的班级。一类模式初中各科用民族语文教学。汉语文继普通小学5年级的内容开始，在初中逐步加大汉语课的力度，要求学生初中毕业时，汉语文水平达到普通中学初中二年级的水平。二类模式各科用汉语文教学，民语文继小学四年级的内容上课，要求学生在初中毕业时，民语文的水平达到一类模式初中一年级水平。一类模式的高中各科用民语文教学，同时加大汉语的教学力度，要求学生在高中毕业时，汉语文水平达到普通高中二年级的水平。二类模式的高中各科用汉语文教学，同时继续开设民语文课，要求学生在高中毕业时，民语文达到一类模式高中一年级水平。4、州属师范学校和省属师范学校的彝汉双语专业和藏汉双语专业，主要培养彝、藏地区的小学双语教师。5、州内的高等师范学校和民族学院的彝、藏语言文学系，重点培养彝、藏地区的中学双语教师。

第二节　双语学视角中的民族教育

民族教育（中国少数民族教育）指少数民族社会的教育现象与教育领域。民族教育学是专门研究民族社会教育现象及其规律的学科，是人们对民族教育现象认识的概括和总结。民族教育学在学科划分上属教育学领域。民族教育学中的教育现象是教育中特有的现象，民族教育学中的规律也就是教育中的特有规律。

民族教育（中国少数民族教育）包括了双语教学、双语教育的基本内容，但又有自己独特的契入点和侧重面。民族教育侧重研究民族与民族文化的传承发展中教育所起的作用及其规律。民族教育学是民族学与教育学的交叉学科，是民族学中的一个重要分支，与民族学、文化人类学、宗教学等学科有着紧密的联系。

民族教育主要探讨与民族及民族文化的传承、发展问题相关的教育问题，解决民族教育中民族语言的传承与发展、民族文化的传承与发展、整个民族的生存与发展等问题。这些问题大部分在双语教育中已经得到系统探讨，但民族教育学仍形成了自己独特的学科特色，有一些传统的研究领域，比如：民族教育与民族宗教的关系、民族传统文化教育与民族现代教育之间的关系、不同文化之间的关系等问题。

一、正确处理民族宗教与民族文化教育的关系

（一）民族宗教在民族传统教育中的作用与地位

宗教与民族教育的关系，既涉及民族社会和文化的起源与演变，又涉及现实民族成员的成长与发展。就宗教而言，一方面它作为一种精神以无形的方式塑造着社会文化；另一方面，它的信仰或无形的精神态度必然要体现为外在的观念学说、行为活动和组织制度，因而宗教也就以一种社会文化形式呈现在人们眼前。就民族传统教育而言，一方面，它作为民族社会培养民族成员、传递民族文化的途径，被视为一种社会的崇高事业；另一方面，它的"载体"、"外壳"又常常和宗教交织在一起，有时是宗教包容着民族传统教育，有时又是民族传统教育中传承着宗教的内容。

宗教不仅仅是一种意识形态，一种社会历史现象，它还是包容性很大的文化现象。在人类的文化知识活动领域中，宗教一直是一个重要的组成部分。它和科学及其他社会意识形态如哲学、文学、艺术、道德等都有着密切的关系，可以说在人类文化中宗教的和世俗的精神是互相交织在一起的。宗教和其他形式的意识形态相结合而产生的宗教文学、宗教音乐、宗教美术、宗教建筑等，作为各民族历史文化的一部分，已成为人类文化史的财富。宗教还曾对各个民族的风俗习惯及生活方式都产生过很大影响。就中国少

数民族来说，在西北和西南各少数民族地区，宗教与民族的历史文化、道德伦理规范和生活习惯的关系尤为密切。西北有10个少数民族几乎全部信仰伊斯兰教。伊斯兰教虽是外来宗教，但自传入后，既与中国固有文化相融合，又保持其原有特点，对中华民族的历史文化，特别是医药学、天文学、数学和历法等方面作出了巨大贡献。藏族的佛教文化是藏族民族文化中最基本的部分，它对西藏的医学、历法、文学、工艺美术、雕刻、绘画等的发展有着重要的作用。云南地区的一些少数民族宗教中，同样保存着许多天文、历法、医药、历史、诗歌、传说以及建筑、美术等文化财富。正是因为宗教在民族文化中的特殊作用和地位，决定了它和民族传统教育的特殊关系。既然上述各民族的宗教与各民族的文学、历史、艺术、哲学、政治、经济等关系密切，其宗教活动的主要场所就成了民族传统教育的主要场所。如藏族的寺院、伊斯兰教诸民族的经堂，既是宗教活动的专门场所，又是信教民族政治、经济、文化活动的中心，当然也是民族传统教育的中心。只是由于政教合一的制度或宗教自身的某种神秘色彩，使这种传统的教育机构烙上了深深的阶级性、等级性烙印，而成为一种贵族的或宗教垄断的教育。对广大的民族成员，尤其是社会下层的信教群众而言，除了宗教信仰与世界观、人生观的影响之外，他们的教育更多地是从世俗的民俗教育、劳动教育、生活教育、艺术教育中代代相传。尽管如此，要写民族传统教育的历史，还是必须从宗教教育开始并展开，一些民族教育家谈到本民族教育的历史时大都注重从宗教教育的深层中挖掘与近现代教育相近的思想、内容、方法和组织形式。

（二）民族宗教对民族教育的影响

中国各少数民族是在外来的压力下变革——由传统社会迈向现代社会的，尽管旧的政治、经济制度不复存在，但宗教文化的影响仍有相当的力量，它与现代教育的冲突是不可避免的，宗教教育中的祭坛—祭司—经典—修习等构成了民族传统教育的体系，与现代教育的讲坛—教师—教本—教法等体系相对应。在一些民族地区，由于对传统教育与现代教育关系理解上的不当，出现了宗教教育与学校教育争"儿童"、争"经费来源"、争"地盘"，严重地影响了现代学校教育的发展。宗教对民族教育的过分影响使民族教育的演化与发展被引入一条畸形而又单调的发展道路，这既是宗教自身的局限性，又是民族传统教育发展的片面性。然而，各少数民族的传统教育在社会发展中最终还是要让位于近现代学校教育，这是历史发展的一种必然。

（三）正确处理民族宗教与近现代民族教育关系的主要经验

新中国在处理处理宗教与近现代民族教育关系上积累了很多宝贵的经验，主要可以概括为以下几个方面[①]：

1. 坚持马克思主义宗教理论与少数民族宗教实际相结合

正确认识和处理好宗教问题必须有科学的宗教理论作指导。马克思主义宗教理论就

---

① 参见王鉴：《民族教育学》，甘肃教育出版社，2002年1月第323—326页。

是无产阶级政党在领导人民群众争取民族解放和建设社会主义的过程中，正确认识和处理宗教问题的指南。只有把它的基本原理同现实宗教问题的实际有机地结合，才能显示出旺盛的生命力。中国共产党在将马克思主义宗教理论运用于解决中国的宗教问题，包括解决中国少数民族宗教问题的过程中，虽然也有过由于政治路线上的错误导致对马克思主义宗教理论的曲解，但总的来说，在探索解决中国社会主义时期宗教问题的实践中，较好地运用和发展了马克思主义宗教理论。例如，著名的"宗教五性论"正是解放初期在总结少数民族宗教工作经验的基础上提出来的。宗教的群众性、民族性、国际性、长期性、复杂性在少数民族的宗教中表现尤为突出，这个事实成为党和国家认识和处理中国少数民族宗教问题的出发点，也是制定对少数民族宗教问题必须坚持慎重、稳进，决不可简单、轻率、急躁的正确方针的客观依据。根据这些理念，中国较早以宪法的形式规定了宗教信仰自由的权利。

2. 认识到少数民族宗教问题的长期性，坚持宗教信仰自由

新中国成立以来处理宗教问题的曲折历程，使中国共产党人进一步牢固确立了宗教在社会主义时期必然长期存在的科学认识。"由于宗教最深刻的根源在于自然力量和社会力量作为一种盲目、异己的东西对人们的支配。因此，只有当人与自然，人与人之间的关系变得明白而又合理，只有当谋事在人，成事也在人的时候，或者说只有人类由必然王国走进自由王国的时候，宗教最后消亡的条件才具备。"（马克思语）社会主义的建立只能说是创造了人与自然，人与人之间的合理关系的第一步。虽然中国的社会生产力有了较大发展，物质生活有了较大的改善，教育、文化、科学技术有了较大的提高，但依然存在着支配一部分人命运的自然的和社会的异己力量。因此，宗教在社会主义时期仍然具有长期存在的必然性。在中国，这种必然性在少数民族地区表现得更加突出。由于少数民族地区的自然条件比较恶劣，生产力水平比较低，社会发展程度不高，文化科技事业比较落后，而传统的宗教气氛又十分浓厚，因此对少数民族宗教问题的长期性尤其需要引起高度重视，必须坚持宗教信仰自由。

3. 坚持依法对宗教实行必要的管理，坚持政教分离、宗教与教育分离

政教分离是马克思主义在宗教问题上的重要原则。1871年，巴黎公社打碎资产阶级的国家机器以后，就曾立即宣布教会与国家分离，教会与学校分离，实现宗教对国家来说仅仅是"私人的事情"。按照这个原则的要求，国家不采取行政办法干涉宗教，允许宗教信仰自由、允许进行宗教活动和建立教务组织。宗教也不得干预国家行政、干预司法、干预学校教育和社会公共教育，不得利用宗教进行破坏社会秩序、损害公民身体健康、妨碍国家教育制度的活动，绝不允许强迫任何人，特别是18岁以下的少年儿童入教、出家和到寺庙学经，绝不允许恢复已被废除的宗教封建特权和宗教压迫剥削制度，绝不允许利用宗教破坏国家统一和各民族之间的团结。

中国是一个多民族的社会主义国家，又是一个有多种宗教的国家。在宗教同民族的关系问题上，各个民族和各种宗教有不同的情况。有些少数民族基本上全民信仰某一种

宗教，如伊斯兰教和喇嘛教，宗教问题和民族问题往往交织在一起。要善于具体地分析各个民族和各种宗教的不同情况，正确处理好民族问题与宗教问题的区别和联系。特别要警惕和反对任何利用宗教狂热来分裂人民，破坏各民族之间团结的言论和行动。

4. 清醒认识、正确解决改革开放后出现的宗教对民族教育影响回潮的问题

在近现代教育产生的过程中，不论是西方还是在中国，均有着宗教教育与现代教育的交锋、对峙与替代的过程。这一点也表明了宗教教育的实质，决定了它的局限性，及其最终退出历史舞台主角地位的必然性。欧洲中世纪盛极一时的宗教神学教育，几乎统治了一切领域，"但在文艺复兴的号角响起时，已经能听到发自它内心的颤抖、呻吟，力图以各种改革保存它一点点自尊的颜面，但在世俗教育兴起的几十年时间里，它便迅速地被挤出了学校教育的领地"（马克思语）。在中国，经历了几百年、上千年的少数民族宗教教育根深蒂固，但在新中国成立后短短的几十年里，民族地区的宗教教育已基本被近现代学校教育所替代。近几十年民族教育的发展对民族地区经济社会的影响甚于几百年、上千年的传统教育的影响。

但在改革开放以后，由于国内外大气候的影响，宗教对社会、对教育的影响有增加的趋势。尽管有《中华人民共和国义务教育法》和国家制定的民族宗教政策中宗教与教育分离的原则，在藏族社会中，喇嘛教的影响随处可见，在西北回、维吾尔、东乡等族社会里，伊斯兰教仍在人们生活的各方面具有不可替代的作用。西双版纳的小乘佛教仍吸引着众多的傣族群众。这些地区相当数量的学龄儿童被送入寺院或经堂接受宗教教育。因此，宗教教育对现代民族教育仍有着不可忽略的影响。

5. 促进宗教与社会主义建设相适应，坚持争取、团结宗教界人士兴办民族教育

中国共产党在处理中国社会主义时期宗教问题的实践中还提出了一系列的发展马克思主义宗教观的观点，例如，宗教是一种社会历史现象的观点；关于宗教在社会主义条件下必然长期存在的观点；在宗教问题领域，要正确处理两类不同性质的矛盾的观点；宗教界要服务于人民，宗教活动要有益于社会的观点；在社会主义时期，中国的宗教状况已经起了根本变化，宗教问题上的矛盾已经主要是属于人民内部的矛盾的观点；同宗教界在政治上团结合作，思想信仰互相尊重的观点；依法对宗教事务进行管理的观点；积极引导宗教与社会主义社会相适应的观点，等等，都包含着处理少数民族宗教问题实践经验的总结。

在认识和处理民族宗教问题时，特别强调争取、团结少数民族宗教领袖人物及其他上层人物，对于处理好民族地区的宗教问题具有极其重要的意义，越是落后的少数民族地区，宗教中上层分子在群众中的影响越大，统战工作越重要。对宗教上层分子的意见要非常重视，不能马虎。要解决好宗教与民族现代教育关系这一问题，除了力行国家有关的方针、政策、法规外，非常重要的一点就是要坚持争取、团结和教育宗教界上层人士。这不仅是党和国家的宗教工作的重要内容，也是现代学校教育在民族地区得以发展的重要保证。通过宗教界人士对广大教徒群众的密切联系和影响，确立现代民族教育的

群众意识。把民族文化中的宗教活动和民族事业中的教育活动逐渐分离开来。民族宗教界人士是民族的知识分子阶层,不仅掌管着宗教活动,而且参与着民族传统教育活动,他们在信教群众中有相当的威望和地位,调动他们办学的积极性,让他们投身到现代民族教育中来,会形成传统教育与现代教育的交融,会出现一大批"披着袈裟的文化使者"和"阿訇校长、阿訇教师"等,推动民族现代教育的发展。

二、处理好民族传统教育与民族现代教育之间的关系问题

长期以来,中国少数民族教育的体系分为传统教育和现代学校教育两部分,传统教育部分的课程主要指民族文化、宗教、风俗习惯、科学、生产、生活等方面的内容。现代部分的课程主要指有关自然科学、社会科学等方面的内容。由于国家统一课程中较少考虑到少数民族传统教育的内容,因此照抄照搬内地课程模式成了必然的选择。20世纪80年代以后,随着地方安排课程、校本课程在中国兴起,少数民族地区先后出现了民族区域统整课程。民族地区的一些学校也开设了乡土课程、民族文化课程等。这些课程的开设使民族传统文化与现代文化在学校教育中融为一体。与此同时,我们要进一步提高现代教育的效率。摈弃民族文化中的糟粕,注重并加强现代科学技术的教育;摈弃民族保守主义,以开放的胸襟学习新事物、新知识;在提高民族语、国家通用语教学效益的同时加强外语的学习。为民族地区经济的发展、社会的进步提供合格的建设人才。

三、跨文化教育

学习多种语言、多种文化,掌握多种语言能力,懂得多个民族的文化知识固然是我们双语教育的重要目的,然而同样重要的是在这一教育过程中,使学生实际体验多种文化的博大精深与丰富多彩,培养他们以理解、宽容、欣赏、理性借鉴的态度对待不同民族的文化,从积极的角度促进文化的相互认同,既要使少数民族有本民族文化的自豪感,又有多元文化的认同感,既理解不同文化的差异,又理解不同文化的共性,以建设者的姿态参加到多民族、多语言社会现代化的建设中去,培育社会和谐文化,促进社会和谐发展。这是跨文化教育的目的,跨文化教育已成为当今世界多元文化教育的一个重要内容。

跨文化教育不应仅仅停留在对少数民族学生或少数民族地区的教育中,而应推广到全国所有的学校,面向全国所有的学生,使主流文化中的学生了解他们相对陌生的文化,加深各种文化之间的相互理解和尊重。文化多元共存既是人类可持续发展的需要,也是人类社会保持创造活力的需要。跨文化教育的评价标准是[①]:

---

① 参见王鉴、万明钢:《多元教育文化比较研究》,民族教育书版社 2006 年 5 月。

（一）是否能够形成对异文化的认同态度；

（二）是否能够培养跨文化的适应能力，培养学生在多民族环境中处理民族、文化多元发展问题的态度、技能和知识；

（三）是否能够消除对少数民族及其文化上的偏见，增强少数民族学生的民族自尊心、自信心；

（四）是否能够适应多民族儿童的学习风格；

（五）是否能够培养学生对待世界其他民族及其文化的态度与技能，自觉、平等的进行不同文化之间的接触和交流，积极促进世界文化的多元化。

跨文化教育和多元文化教育的课程在中国少数民族教育中所占比例正逐渐扩大，作用也日益显现。多元文化课程的三级模式也由此形成。

第三篇：双语社会问题

第七章 文化概念的层级与语言研究的关系

要研究双语的社会问题，要搞清楚双语社会化的机理，必须从理论上系统梳理文化与语言、文化研究与语言研究的关系，并在此基础上尤其理清社会诸因素与语言生活相互影响的格局，以利于在后面的章节中详细探讨社会诸因素与语言生活的具体关系，达到揭示双语社会化过程规律的目的。

语言是文化的重要载体，文化是语言表述的主要内容。在文化与语言长期互促共进的过程中，文化在影响着语言特点的形成与发展，同时语言也在一定程度上影响着文化特点的形成与发展。因此，在双语研究中经常会涉及到语言与文化的关系问题。语言学习会牵涉到文化的学习，双语教育、民族教育会牵涉到多元文化教育与民族文化的传承，双语现象与社会诸因素（地理条件、人口条件、经济、政治、文化）的关系其实就是语言与广义文化的关系。社会诸因素中的观念文化与双语的关系其实就是狭义文化与双语的关系。

文化是一个庞大的家族，据说文化的定义有几百个，最近有人说："文化是什么？这是一道当代学界的斯芬克斯之谜"。这话说明了文化这个概念的复杂性。文化概念内涵丰富、结构复杂，呈现多个层级。在双语与文化关系的研究中，如果能分清文化概念的不同层次，理清不同语言问题与不同文化概念层级的对应关系，无疑会使双语与文化关系的研究更加科学而清晰。以下，我们按照文化包含的范围，从大到小对不同学科文化的概念进行一次梳理。

第一节 文化人类学层面上的文化概念

一、文化人类学层面上的广义文化概念

以研究人类文化形态为中心任务的文化人类学要研究一定地理环境中的人类群体物质生活、制度生活、精神生活上的特点。因此文化人类学层面上的文化概念包含的内容

最为广泛。它对文化的定义就是我们常说的广义文化，指人类在社会实践过程中所获得的物质的、精神的生产能力和创造的物质财富、精神财富的总和。① 人类学经常用到的广义文化概念，实际上指的是"文明"。在这个层面上，作为文化重要载体的语言文字显然被包括在文化概念中。中国出版的《辞海》对"文化"有广义和狭义两种解释，"从广义来说，指人类社会历史实践过程中所创造的物质财富和精神财富的总和；从狭义来说，指社会的意识形态，以及与之相适应的制度和组织机构。"并进而指出文化是历史现象，具有阶级性、民族性和历史连续性。这一定义首先用物质文化和精神文化把文化成果包罗无遗，其次又把制度文化放到适当的位置上。

各种社会群体在文化上表现出来的差异，最鲜明地表现在民族间的差异上。因此，要对"文化"这个概念从民族特点的角度进行概括，还可以下这样的定义：文化是各个民族对特定环境的适应能力及其适应成果的总和。

二、广义文化概念与民族文化概念

"民族文化"是指具体某一民族所拥有的文化总体，是文化的具体存在形式。张公瑾先生在《文化语言学发凡》② 一书中对此有精彩论述：就世界范围来说，从大的范围着眼，首先可划分为东西方文化，然后有地区性的文化或观念文化（如宗教文化），国家作为一个整体也有体现国家特点的文化。再分下去就是各民族的文化。每一个民族的文化都有自己所独有的特征，显示出与另一民族的文化的明显差异。具体到某一民族来说，它的文化都具有为这个民族成员所普遍接受的固定模式，这就叫文化模式，或者叫文化结构。这种结构是一个有机组合的整体，其中各个部分彼此适应，处于一种系统的平衡之中。例如汉族有汉语、汉字、格律诗、戏剧、国画、中医药、天文历法以及特殊的道德观、法律和各种独有的风俗习惯、信仰和价值观念等，此外，还具有自己特点的生产、生活方式，还有与本民族情况相适应的制度和机构等。

但是，民族文化内部的系统平衡并不是一成不变的，它总是处在不停地变动之中，所以所谓"传统文化"是一个动态概念而不是一个静态概念。但变动常常是在局部范围内进行的，它受到周围整个文化环境的制约，哪怕是变动面牵涉范围很广，它也是在原有的文化基础上进行的，仍会受到原有条件的制约，仍会在动态中保持自己民族的特色，这就是民族文化内部结构的稳定性。由于存在这种稳定性，民族文化才值得我们重视。也正因此，中国多民族的国家经历过数千年风雨沧桑，仍保持民族文化的多样风采，这就是所谓中华民族文化的多元一体格局。

文化的多元性在互相接触中会有两种关系，一种是互相排斥和冲突，现在讲东西方

---

① 《哲学大辞典》1534 页。
② 参见张公瑾：《文化语言学发凡》，云南大学出版社 1998.12，第 24 页。

文化碰撞也是这个意思，一种是互相吸收和补充。这两种关系过去历史上都存在过，但在一定的历史时期，一般总有一种趋势占据主导地位。人类的自觉程度越高，后一种趋势就会越强烈。

三、人类共同文化与民族文化的关系

文化是各民族对环境的适应能力及其成果的总和。人类生存的自然环境和社会环境有其共性，也有其特性，这就决定了各个民族的文化有其共性也有其特性。人类作为一个整体，他的生存状态、发展过程具有一定的相同性，但作为不同的民族，在人类生存状态、发展过程共同性的基础上其生存状态、发展过程又具有一定的差异性。在这里，我们之所以要从广义文化概念讨论到民族文化的概念，是因为民族文化是广义文化存在的具体形式，同时，民族语言也是人类语言存在的具体形式。民族文化与民族语言有较强的对应性，要讨论文化与语言的关系，只有在民族文化、民族语言对应的层面上才能探讨得清楚，谈得具体。

第二节　宏观文化语言学层面上的文化概念

一、宏观文化语言学层面上相对于语言的广义文化概念

语言学的任务是研究语言的结构、功能，及其历史、现状与未来，研究语言与文化的关系是语言学研究的重要内容。因此尽管文化人类学把语言文字看作是文化的载体，文化的积淀，文化的映像，是文化不可缺少的重要组成部分，语言学在研究语言与文化的关系时还是要把语言与文化分别对待，否则，语言学将无法定位自己学科的研究对象。宏观文化语言学层面的语言概念是广义的语言，它涵盖语言的结构、使用及其变迁。宏观文化语言学层面的文化概念涵盖除语言之外文化人类学广义文化概念所包含的所有内容。在语言与文化的关系研究上，宏观文化语言学做了系统性的理论探索。

二、宏观文化语言学关于语言与文化关系的理论探索

如果说哲学的基本问题是思维与存在的关系，那么，宏观文化语言学的基本问题就

是语言与文化的关系①。宏观文化语言学在这个层面上做了从语言到文化、从文化到语言的系统研究,试图揭示文化与语言形成、使用、发展的规律,为系统解释语言与文化关系做了理论上的探索工作。如,关于语言与文化关系的研究(从语言到文化的研究),宏观文化语言学认为:

  宏观文化语言学中的语言是广义的语言,它不仅包括语言的本体(语音、词汇、语法、修辞、篇章),也包括语言的功能,及其他们的产生、现状与发展。宏观文化语言学的研究内容是:研究语言本体与功能的共时状态及历时演变与外部世界即文化的关系。宏观文化语言学与以往语言学流派最大的不同在于,不是就语言研究语言,而是把语言放入外部世界这个大的文化背景中,去全面考察它各个要素与文化之间的互动关系。在研究方法和理论的来源上,所有的语言学流派(历史比较语言学,结构主义语言学,人类语言学,类型语言学,转换生成语言学……)的理论与学说,以及这些流派得以产生、发展的原因及条件,都可以放入外部世界这个大的文化背景中去系统考察,成为文化语言学研究的内容和理论方法来源。

  关于文化与语言的关系研究(从文化到语言的研究)上,宏观文化语言学认为:宏观文化语言学中的文化是广义的文化,它包括文化的各个组成部分(物质文化、制度文化、精神文化),以及这些部分之下的所有分支。宏观文化语言学研究这些文化现象的立体结构,以及它们发生、发展、变化的过程及规律。与普通文化学不同的是,宏观文化语言学必须把这些文化现象和与它们相对应的语言现象(这些文化现象相对的语言表叙形式和对语言本体、语言功能的影响)相联系,从另一个侧面揭示语言与文化的关系。在理论与方法上,几乎所有文化学研究流派的内容和方法、理论与观点都可以引入宏观文化语言学领域,探讨它们与语言现象的关系。这是宏观文化语言学理论与方法的另一个来源。如:进化论带来了人们对语言谱系树的认识,文化传播学说带来了语言传播说、语盟说,马克思辩证唯物主义带来了马克思主义语言观,文化相对论、多线进化论、协同进化学说带来语言价值相对论,亨廷顿《文明冲突论》带来人们对语言冲突的关注,等等。

  在文化对语言结构的影响上,很多专家学者做了具体的研究,基本结论可做如下概括:社会存在和人的实践(广义文化)会以语言的形式来表达与交流,具体的文化会影响具体的语言(语音、语法、词汇、修辞、文体、语用……),同时,语言在人们思维与社会实践的使用中,又一定程度上影响人们的思维与实践。具体关系详述如下:

  (一)文化对语言的影响:

  1. 文化对语音的影响:不同人类共同体的体质与社会环境特点塑造了他们各自语言的音位体系。音位体系在不同的语言中各有特点,在不同语言中的功能与规律也不相同,一个语言的音位体系会影响该语言音节与语义的结合特点,进而可能影响该语言的

---

① 参见张公瑾:《文化语言学发凡》,云南大学出版社1998.《理论篇》部分。

语法形式。

2. 文化对语法的影响：每个语言都有自己的语法形式，同一客观现象在不同语言中的语法记录形式是不同的，但语法形式与语言其他要素的结合可以表达任何意思。语法的意义与形式是可以变化的，语法形式的共性与特性是在社会文化特点及语言自身结构特点的共同作用下发生与发展的。

3. 文化对词汇的影响：语义系统受社会实践影响最大，是语言中最易变的部分。语义与语言的其他要素结合，共同行使语言的交际功能。语义系统能使语言表达带上文化的色彩，但并不决定思维的方向。语义系统的研究是文化史研究的绝好材料，也是语言规划、语言学习研究的重要领域。

4. 文化对修辞的影响：每一种语言都有与其他语言相同的修辞手段，也有建立在自己语言（语音、词汇、语法）特点之上的特殊修辞形式，它使语言表达带上民族的特色，但不决定思维。

5. 文化对文体的影响：每一个语言的文体都可分为韵文和散体文。韵文与语言的语音、语法、词汇特点密切相关，而散体文的特点主要表现在文化的传统和社会发展阶段上。对文体共性与特性的研究在文化研究、语言教学研究中有实用价值。

6. 义化对语用的影响：一个民族的价值观念、是非标准、社会习俗、心理状态、思维方式等文化因素会隐含于一个语言的语用中，本族人往往'习而不察'，只有通过不同民族语言和文化的对比研究才能发现其特征

（二）语言对文化（思维与社会实践）的影响：

1. 语言与概念：人们依靠语言固定认识活动中产生的概念。

2. 语言与逻辑：人们运用语言进行逻辑推理、深度思维。

3. 语言与实践：语言伴随着人们的实践活动，促进着人们的实践进程。

4. 语言与文化：文化是人类实践的过程与成果，语言是文化形成过程的重要工具，是文化成果的重要载体，但语言对思维、对文化的影响不是全程的、全方位的，语言不决定文化。

第三节　政治经济学层面上的
文化概念与双语社会问题研究

一、政治经济学层面上的文化概念

政治经济学的研究核心是研究经济基础与上层建筑的互动关系。二者互动的基本规律是：经济基础决定上层建筑，上层建筑反作用于经济基础。上层建筑分为政治上层建筑（政治、法律制度与设施，核心是国家政权）和社会意识。社会意识分为社会意识形态（与经济基础关系密切的思想基础：政治法律思想、艺术、道德、宗教、哲学、科学……）和社会心理（情感、风俗、习惯……）。政治经济学所研究的所有对象（地理、人口、经济、政治、文化）属广义文化概念，其中特指的文化概念指社会意识，包括社会心理和社会意识形态，属狭义的文化概念。

"文化"一词的其他用法：文化的概念除了可作以上区分外，作为词汇，它在人们的生活中还可以有其它多种用法，如：在国家的行政管理中，把社会生产领域以外的社会公共事业称为文化领域，如教育、科学、文学、艺术、卫生、体育等方面的知识和设施，与世界观、政治思想、道德等意识形态相区别。在人们的日常口语中也用"有文化"来表示识文断字，受过教育、有教养等意思等等，在此不做详细分析。

二、双语社会问题研究中的文化概念

在共同地域生活的不同语言族群，在长期的经济接触、社会接触、语言接触过程中，学习或习得了对方的语言，我们称之为双语现象。双语学习行为导致双语教学活动的出现，双语教学活动的出现导致双语学习行为质与量的提高，双语学习质与量提高到一定程度会导致社会的双语化。这中间的每一个过程都是在一定的社会环境中发生的，与社会诸因素有着密切的关系，其中，社会的双语化与社会环境有着更为密切、更为直接的联系。双语学习我们可以强调它的个人因素，双语教学可以强调它的群体因素，而社会中大面积、大范围的双语化现象我们只能从社会环境、社会诸因素中寻找原因，因此研究社会诸因素与双语现象、尤其是与双语社会化现象的关系就成为以后各章主要的研究内容。在研究双语现象发生、发展、消亡过程与社会诸因素（地理条件、人口条件、经济、政治、文化）的关系时，与双语现象对应的社会诸因素等同于宏观文化语

言学中的民族文化概念，属于广义文化概念。当然我们也会对社会意识形式与双语现象的关系进行探讨，这时主要使用狭义文化概念。

(一) 社会诸因素及其之间的关系

1. 地理因素

地理因素包括气候、土壤、山脉、河流、矿藏等。一个地区的地理特点影响着人口的承载量，如生态环境好的地方往往人口稠密，而贫瘠的地方往往地广人稀。肥沃的土地适合定居农业，而相对贫瘠的土地适合刀耕火种与游牧。地理环境决定着一个地区的经济类型、经济模式与经济总量，一定程度上也影响着一个地区社会的发展进程，比如中国的封建社会首先在中国的东部平原达到高峰，欧洲的现代工商业首先在地中海沿岸孕育。高山大河、大洋大海的阻隔可以规定人口迁徙的走向，也制约着物质文化与精神文化的扩散方向，如佛教文化、基督教文化、伊斯兰文化向世界传播的线路有其地理影响的因素。当然，我们不是地理决定论者，同样的地理环境在不同的生产关系、上层建筑条件下，会显示出明显不同的状态。

2. 人口因素

人的存在是这个世界有意义的前提。在一定的地理条件下生存的人是人类社会得以存在的第一条件。人在一定地理条件下的数量、质量、分布，与这个地区的经济状况（生产力、生产关系）有着互动的关系。

3. 经济因素

物质的生产是社会发展的基础力量，生产力决定了生产关系，适合生产力发展的生产关系强有力地促进了生产力的发展。生产力的三要素是劳动者、劳动工具、劳动对象（也被称作：生产者、生产工具、生产资料）。劳动者可分为两类：体力劳动者、脑力劳动者。脑力劳动者的劳动产品——科学技术将作用于生产力的三要素，是使生产力飞速发展的重要因素。经济发展水平强烈地影响着地理因素，可以把以前不适宜人居住的地方变为适宜人居住的地方，科技的发展可以大大提高地球对人口的承载量，同时也强烈影响着政治——社会制度的变革、社会意识的变化等，科学已成为当代文化构成中最重要的内容。当然，政治因素、文化因素也反作用于经济。

4. 政治因素

指由一定物质经济结构的基础所决定的政治上层建筑及其结合方式，它的核心是国家政权，本文中所说的政治因素指政治结构状况。政治结构必须服从经济结构，但又对经济结构产生巨大的反作用。与经济基础相符的上层建筑会促进经济基础的发展，违背经济基础的上层建筑会阻碍经济基础的发展。

5. 文化因素

文化因素指：在一定的社会物质生活条件下，在一定的物质经济结构、政治结构基础上形成的社会意识的总和，也就是本文所提出的狭义文化概念。它包括的内容非常广泛，从与上层建筑的关系上，可分为：

(1) 上层建筑社会意识，也就是我们常说的意识形态，如政治法律思想、艺术、道德、宗教等。

(2) 非上层建筑社会意识，如自然科学、语言学、思维科学、逻辑学等等。

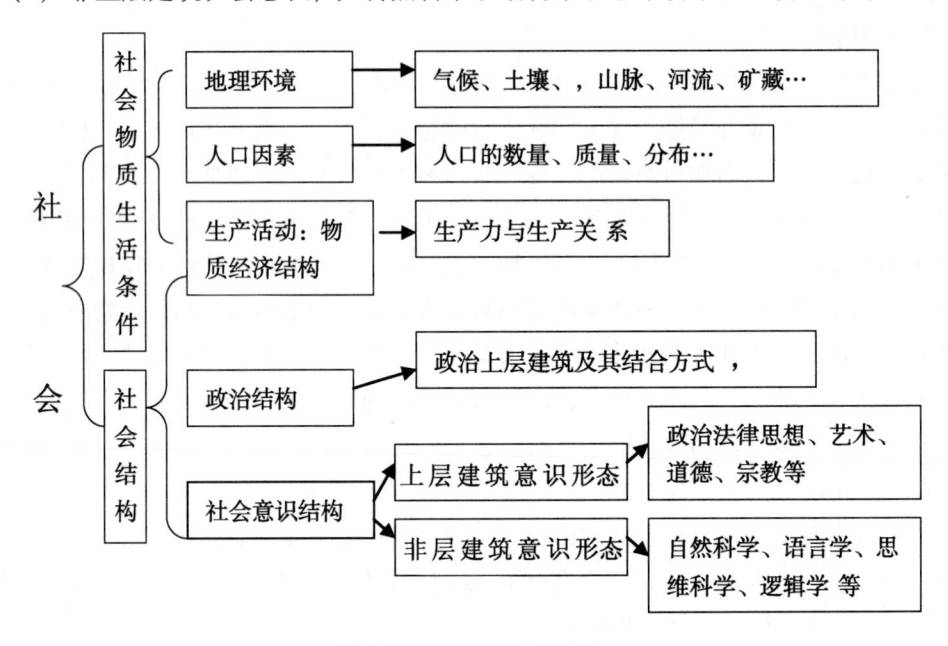

```
社会 ┬ 社会物质生活条件 ┬ 地理环境 → 气候、土壤、，山脉、河流、矿藏…
     │                  ├ 人口因素 → 人口的数量、质量、分布…
     │                  └ 生产活动：物质经济结构 → 生产力与生产关系
     └ 社会结构 ┬ 政治结构 → 政治上层建筑及其结合方式，
               └ 社会意识结构 ┬ 上层建筑意识形态 → 政治法律思想、艺术、道德、宗教等
                             └ 非层建筑意识形态 → 自然科学、语言学、思维科学、逻辑学 等
```

社会诸因素关系图（图6）

文化因素产生于一定地域、一定民族、一定经济结构、一定上层建筑，但一旦产生又有着较强的稳定性，并反作用于经济基础与上层建筑。与经济基础相适应的文化因素会促进经济基础的发展，违背经济基础的文化因素会阻碍经济基础的发展。社会诸因素之间的相互关系请参看（图6）。

文化具有相对的稳定性。传统文化在世代相传中保留着基本特征，同时，他们的具体内涵又能够因时而变。传统文化具有鲜明的民族性。传统文化是一个民族在长期共同生活过程中创造的，具有鲜明的民族特色、民族风格和民族气派，是维系民族生存和发展的精神纽带。

（二）社会诸因素与语言生活的基本关系

斯大林从对西方资本主义上升时期的民族研究中得出结论："民族是人们在历史上形成的一个有共同语言、共同地域、共同经济生活以及表现在共同文化上的共同心理素质的稳定的共同体。"这一论断"是对资本主义时期形成的西方民族的科学总结"。我们称之为斯大林关于民族四个特征（或称四个要素）的著名理论。在这一著名理论中，我们可以看到语言在民族特征中的重要性，也可以体会到语言要素与其它三要素之间的关系。联系辩证唯物主义社会发展基本理论，我们可以得出以下结论：

1. 地理与语言生活的关系

在共同地域共同生活的人们共同体,在长期共同的经济生活、社会生活过程中,选择、发展、形成了统一的语言,最终形成了有共同语言、共同地域、共同经济生活以及表现在共同文化上的共同心理素质的稳定的共同体。比如,在中华大地上,西有帕米尔高原的阻隔,西南有喜马拉雅山脉的屏障,北有蒙古荒漠的隔离,东南有太平洋的环绕,形成了一个相对独立的地理单元,为中华民族的孕育发展提供了地理上的条件,在这个地理单元内,占人口93%的汉族的语言成为主要的通用语言。再如,由于青藏高原地势较高,形成了藏民族占98%的藏族聚居区,藏语成为当地区域性通用语;新疆因为与内地之间大漠的阻隔,在新疆南疆也形成了维吾尔族相对聚居的区域,维吾尔语成为当地主要的地区性通用语。

2. 人口因素与语言生活的关系

人的存在是这个世界有意义的前提。在一定的地理条件下生存的人是人类社会得以存在的第一条件。人在一定地理条件下的数量、质量、分布,都将影响到某一语言使用的人口数量、语言的传播能力、语言文字的发展水平、语言对信息的承载量。

3. 经济因素与语言生活的关系

生产力的发展是人类社会发展的根本动力,同时也是语言发展的根本动力。一个民族的经济发展水平决定了该民族语言的地位与传播能力。在农业社会,中国高度发达的农业文明使汉语成为中华大地及其周边区域传播能力最强的语言,直到今天,汉语仍是作为母语使用人口最多的语言。在工业社会,中国曾远远地落后于西方,所以英语成为当今作为第二语言使用人口最多的语言。中国改革开放以后,经济有了较大的发展,汉语在世界上的地位也有所提高。

4. 政治因素与语言生活的关系

政治指由一定物质经济结构的基础所决定的政治上层建筑及其结合方式,它的核心是国家政权,本文中所说的政治因素指政治结构状况。政治因素是经济基础的反映,同时,又对经济基础产生强大的反作用,对语言生活也同样发生着强大的影响力。国家政治秩序的有序与否影响着语言生活的有序与否,混乱的政治秩序往往导致混乱的语言生活。比如苏联解体前后的政治生活与语言生活。

5. 文化因素与语言生活的关系

文化因素是一定经济、政治基础上形成的社会意识,同时又对前者产生强大的影响,对语言生活也产生着重要的影响,其中宗教和文学与语言的关系尤为密切。因为,宗教在精神文化中处于十分重要的地位,对民族心理的塑造与维系发挥着重要作用,而宗教活动与语言活动是不可分离的。文学本身就是语言的艺术,离开语言无所谓文学。

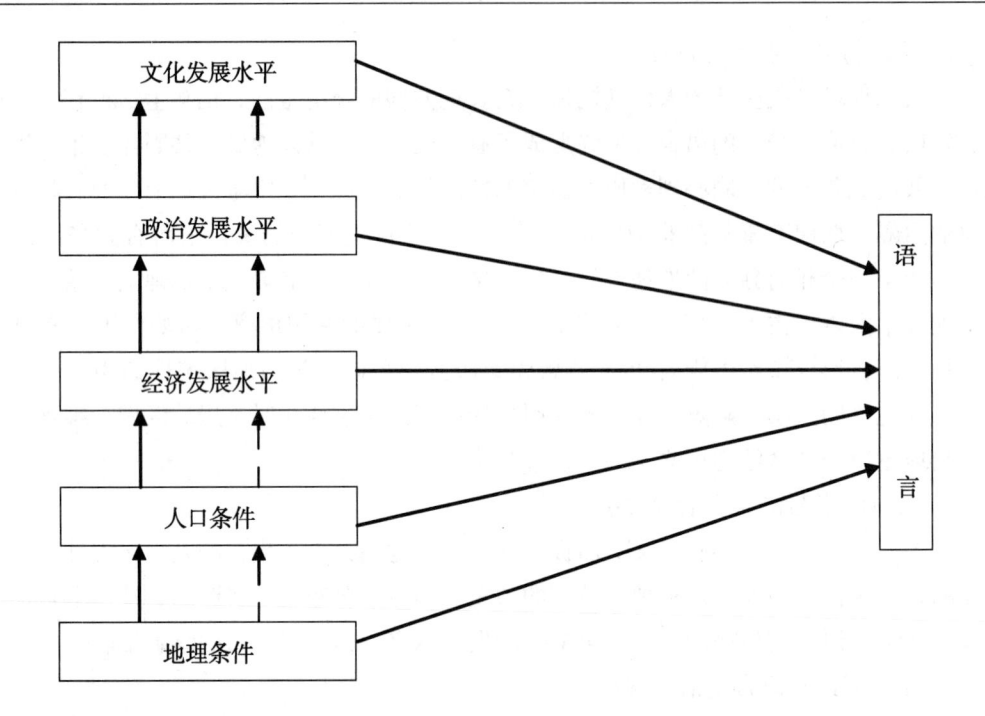

```
┌──────────────┐
│  文化发展水平  │──────────────┐
└──────┬───────┘              │
       ↑↓                     │
┌──────────────┐              │
│  政治发展水平  │──────────┐   │
└──────┬───────┘          │   │
       ↑↓                 ↓   ↓
┌──────────────┐         ┌─────┐
│  经济发展水平  │────────→│  语  │
└──────┬───────┘         │     │
       ↑↓                │     │
┌──────────────┐         │     │
│   人口条件    │────────→│  言  │
└──────┬───────┘         └─────┘
       ↑↓
┌──────────────┐
│   地理条件    │
└──────────────┘
```

犹太人被遣散到世界各地一千多年，基本上都转用了当地的语言，但当1945年以色列国建立，他们从四面八方汇聚到以色列国时，又重新恢复了自己的语言——希伯来语。原因是希伯来语一直是犹太人诵读犹太教经典、向自己的神祈求祷告的语言。

从以上概括中，似乎可以得出以下简单的因果链，地理环境+人口→经济结构→政治

结构→社会意识结构，而这每一个因素都对双语现象发生着影响，但现实生活中它们的运动方式则可能复杂的多，在这里可以至少提出两条：

1. 所有结果都不可能是它前面那一种原因的直接反映。双语现象的发生与发展也一样，往往是不至一种原因造成的，而是由多种原因综合起作用导致的，当然，在具体双语现象的发生发展过程中、各种因素所起的作用与彼此的搭配形式则可能互不相同、各有特点。

2. 后果往往对前因产生强大的反作用，一定程度上又成为前因继续发展变化的原因，当我们探讨社会因素对双语的作用时，不要忽略双语对各社会因素的反作用。

弄清楚社会诸因素与双语现象之间的互动关系，会帮助我们对双语的社会化问题有较为具体详尽的了解；当我们运用这些规律认识双语问题，处理双语问题时，就会有全局的意识、系统的观念，避免表面化与片面性。

（三）探讨社会诸因素与语言生活基本关系的现实意义

1. 马克思关于人类社会发展的基本原理是我们认识双语社会问题的基础

马克思历史唯物主义物质决定精神、生产力决定生产关系、经济基础决定上层建筑，及其后者对前者强烈反作用，是马克思解读人类社会发展史的基本原理。人类社会

就在这一组组既矛盾又统一的关系中互动前进的。

双语问题纷繁复杂，然而究其根本，是社会基本规律在人类社会中的展现和对其语言生活的影响，是社会诸因素与语言生活交互影响并千变万化的现象。所以对双语社会问题的研究，如果不回归社会发展基本规律这个根本，将不能触及双语社会问题的本质，更难对其产生系统全面地认识。本文在双语社会问题一篇中，将用五个章节全面探讨社会诸因素与语言生活的关系，试图提出一个理论上的框架，以利于启发、梳理对双语社会问题的研究。

双语社会问题与社会的诸因素有广泛的联系。对社会诸因素与语言生活的关系没有一个系统全面的认识，对双语社会问题就难以有一个系统全面的认识的。具体点说，对中国社会诸因素及其与语言生活之间的关系没有一个全面、系统、具体的认识，就难以全面、系统、具体地认识中国的双语社会问题，也难以提出正确、到位的相关方案。同理，如果对世界各国的社会诸因素及其与之相关的语言生活没有一个全面清晰的认识，也无法全面正确地解读世界各国的双语社会问题，更难以正确地总结他们的经验，吸取他们的教训。所以，在本篇中较多地引用了世界各国尤其是中国社会诸因素历史与现状的相关资料。

2. 抛弃马克思关于人类社会发展的基本原理看待民族、语言问题，会犯主观随意性的错误

在民族问题、语言问题研究中存在着一种现象，就是不老老实实学习、应用马克思的社会发展基本规律，甚至想脱离这个规律，热衷于追随某种潮流。一些人满足于对事物的表面认识，陶醉于对事物的肤浅联系，一味追求标新立异，有时好像也能哗众取宠，其结果只能是主观认识与客观现实严重脱离，对实际工作造成损失。

苏联在建国时根据自己的国情，选择了联邦制的国家组成方式。当时就有一些人认为中国也应实行联邦制，否则就是违背了马克思列宁主义民族观，并把中国出现的一切民族问题、语言问题都归结为没有实行联邦制。

苏联在建国 70 年后因为国内的政治、经济深层矛盾的积累引爆社会总危机，最终以民族问题为爆发点，15 个加盟共和国根据联邦宪法中各加盟共和国可自愿退出联盟的规定退出联盟，苏联解体。有些人马上就要全盘否定中国的民族政策，认为中国的民族政策学习了苏联的某些东西，所以，中国如果不抛弃现有的民族政策，就会重蹈苏联的覆辙。他们根本无视中国的实际情况：中国的民族构成与苏联大相径庭，中国没有照搬苏联的联邦制，而是走了自己的道路——民族区域自治。

苏联解体后世界格局由两极对立走向一超多强，美国成为世界第一强国。这时一些人开始认为：美国的民族政策只强调国民意识不强调民族意识，造就了国民较强的国家意识和统一意志，中国应该向美国学习，套用他们只强调国民意识不强调民族意识的做法，甚至应该取消民族概念。他们完全不考虑中美两国历史与现实的巨大差异：美国是一个新大陆上建立的新型资本主义国家，他们在社会发展阶段上高于原住居民好几个阶

段，处于绝对优势。美国发达的资本主义政治经济，使美国建国后直至今天一直是世界各地移民向往的地方。而中国是欧亚大陆一端的古老大国，虽然历史形成了多元一体的格局，但是主体民族汉族在社会发展阶段上与周边兄弟民族没有太大差距，都基本处于封建社会阶段，另外，中国近代积贫积弱，成为外国列强包括美国侵略、瓜分的对象。中美两国历史与现实的巨大差异决定了中国不能照搬美国的做法，中国必须坚持走自己的路。

3. 全面、真实地看待"民主与自由"这一所谓的"普世价值"

一些人盲目高举"民主与自由"所谓普世价值，不顾中国的历史与现实，将其简单地套用中国民族问题、语言问题的认识与处理上，全盘否定中国建国以来在解决民族问题中的一切努力。在此我们有必要强调要全面、真实地看待"民主与自由"这一所谓的"普世价值"。对"民主与自由"这一复杂议题我们至少要把握以几点：

（1）"民主与自由"是人类理想社会的目标。"民主与自由"是人类理想社会的目标，任何社会、任何时代都有人为之努力，其理念在世界三大宗教、各种社会改革理论（如：乌托邦、空想社会主义、科学社会主义等）中都有体现。

（2）资产阶级"民主与自由"有其社会进步意义。在近代西方的工业革命与资产阶级革命中，资产阶级高举"民主与自由"这一旗帜，在合适的政治经济条件下，经过艰难曲折的斗争，摆脱了中世纪基督教的思想束缚，推翻了封建君主专制，建立了体现上升中资产阶级利益的民主宪政社会，使西方国家政治经济得到迅速发展。西欧各国成为瓜分世界的列强，人类社会进入了新时代。

（3）资产阶级"民主与自由"有其时代局限性。资产阶级"民主与自由"有其进步性，但它远不是终极理想社会。资产阶级"民主与自由"在国内体现的是大资产阶级的利益而不是无产阶级的利益（社会主义社会的建设虽然艰难曲折，但它试图建立一个形态更加进步的社会——公有制社会）。资产阶级国家的"民主与自由"在国际上以资产阶级国家利益为核心，而不是平等对待所有国家，尤其不面对发展中国家。他们近两百年瓜分世界，对世界各国进行政治压迫、经济掠夺的过程完全诠释了这一点。在处理国家间关系上，资产阶级发达国家表面上高举所谓"普世价值"，实际上则大搞双重标准，其真实目标是维护他们资产阶级国家的现实利益。

（4）发展中国家在引进资产阶级民主宪政制度时要结合自身特点，注意制度创新。发展中国家有借鉴资产阶级民主宪政制度的优点改革自己政治制度的必要，但具体应怎样引进、吸收，有多种条件限制，不能搞一个模式，搞"一刀切"，否则社会可能不进反退，招致灾难。中国近代近一百五十年中的政治改革史证明了在君主专制、中央集权历史悠久、高度发达的中国，实现民主宪政的艰难曲折。中国在引进资产阶级民主宪政制度时要结合自身特点，注意制度创新。

（5）一些势力高举"民主自由"大旗，行强化其世界霸权之实。发达国家中有真心关心发展中国家发展的进步人士，但是，也有一些势力高举"民主自由"大旗，占领所谓意识形态战略高地，不顾发展中国家政治经济、历史与现实的具体情况，对发展中国家进行不断挑剔、无端指责，以达到他们对发展中国家文化侵略、意识控制、政治操纵、经济掠夺，削弱其国家实力，肢解其国家统一的目的，最终实现不断强化、深化其世界霸权的资产阶级国家利益。事实上，国内外敌对势力总是不放过任何机会贬低、攻击、妖魔化中国，其目的是促使中国早日混乱、分裂、垮台、灭亡。

（6）检验我们方针对错的标准是"三个有利于"。"民主与自由"的大旗下可以汇集抱有各种企图的人，对此我们必须要有清醒的认识。我们应该学习国外的经验，但最终要立足于中国社会诸因素的历史与现实。我们的目标不是简单地向哪个国家看齐靠拢，因为有些东西是条件所限学不了的，更不能简单照搬。检验我们方针对错的标准不是西方人怎么说，而是邓小平曾经说过的"三个有利于"：有利于社会生产力的提高，有利于国家综合实力的提高，有利于人民物质文化生活的改善。如果不能保证"三个有利于"，所谓"民主与自由"就将失去真实内容并迷失方向。

（7）语言生活的建设目标应该是建设与实现有利于社会和谐与进步的语言生活。目前，对"民主与自由"的理解与观念一定程度上左右着语言社会问题很多方面的探讨与研究。只有在全面、正确理解"民主与自由"实质的基础上方能对与此有关的语言问题有一个正确、全面的认识与理解。如果在不断向"民主与自由"靠近的过程中，我们的政治目标是"三个有利于"的话，那么，语言生活的建设目标就应该是建设与实现有利于社会和谐与进步的语言生活。

4. 探讨社会诸因素与语言生活基本关系是认识解决中国民族问题、语言问题中的现实需求。

探讨社会诸因素与语言生活基本关系不仅是《双语学纲要》理论系统性的需求，也是在认识解决中国民族问题、语言问题的现实需求。因此，我们有必要再次重申学习马克思的社会发展基本原理的重要性，并以它为指导，认清中国的社会诸因素及其与语言生活的关系，认清世界各国社会诸因素与语言生活的关系，全面清楚地认识，务实、恰当地处理中国多民族、多语言地区的语言问题。

第四节　双语教学中的文化教学与文化概念

语言教学中语言与文化的关系表现为以下方面：

一、语言的形式与语言所表达的内容是不可分割的

语言分为语言形式与语言内容两个部分。在语言的实际使用中，没有零形式的语言

内容，也没有零内容的语言形式。语言的形式与语言所表达的内容就像一张纸的两面，是不可分割的。语音、词汇、语法这些纯语言形式，只是表达内容的载体，剔除语言所承载的内容、文化涵义、文化背景，语言所表达的信息就难以形成，即使语言很规范，也未必能有效传递信息。语言学习光学习语言形式不学习语言所表达的内容，或者相反，不学习语言形式只学习语言所表达的内容都是行不通的，因此，语言教学离不开文化教学。

二、第二语言文化学习的重点在于学习两种文化的差异部分

当一个人学习第一语言的时候，语言学习的过程伴随着他在所处群体中文化学习、思维发展的过程。同样，在第二语言学习过程中，第二语言学习的过程也伴随着第二语言文化学习的过程。只是因为第一语言与第二语言在语言形式、文化内容上都存在着一定程度的相同性与相异性，因此，第二语言学习中的文化学习并不是从零开始，而是着重学习与第一语言文化的相异部分。在第二语言学习的初期，首先要学习那些与第二语言词汇、语法、语用密切相关的第二语言文化因素，我们称之为交际文化。在第二语言学习进入中高级阶段以后，学生将面临在目的语社会中真实的生活、工作与发展。在这一时期，与目的语社会相关的知识文化将发挥重要作用。

三、第二语言学习的目的在于通过语言交流进行文化交流的实践

提起第二语言文化的学习，人们不免会首先把它与关于第二语言文化的知识学习、理论学习联系在一起，其实，第二语言学习的最大魅力在于通过语言交流达到文化交流的实践，而不是首先在于第二语言文化知识与理论上的学习。关于第二语言文化知识与理论的学习很重要，但目的是更好地指导语言交流、文化交流的实践。关于这一点，长期脱离目的语环境的第二语言学习者和第二语言教学工作者尤其要有清醒的认识。

四、语言交流、文化交流实践所涉及的文化是广义的文化

语言交流的目的是文化交流，而文化交流所涉及的文化概念必然是广义的文化概念。要通过语言了解另一个民族的文化，必然要了解这个民族的人种体质、自然环境、社会环境，了解他的经济基础、上层建筑、社会意识、社会心理，了解他的过去、现在与未来。专家学者可能采取正式的、书面的、系统的方式了解。专业人士可能倾向于了解与自己专业相关的知识，普通人可能更多地通过口头交谈、实际接触，非正式、非系统、笼统地了解这些内容。但他们都有一个共同特点，那就是他们一定是从社会存在、社会意识的角度，从广义文化的角度来了解这个民族。所以在第二语言教学的过程

中，除了教学生目的语以外，还要让学生了解目的语民族的人口、地理、经济、政治、文化，给学生介绍这个民族的宗教、文学、艺术等等。第二语言教学所教授的第二语言的知识文化属于目的语社会广义文化的范畴。

五、文化教学中的交际文化属于狭义文化概念

在第二语言教学中所进行的文化教学分为两部分：知识文化教学与交际文化教学，知识文化教学介绍与目的语、目的语民族相关的一切背景知识，属于关于广义文化的系统知识与理论。交际文化教学主要介绍与词汇、语法，尤其是与语用联系紧密的文化因素，主要与政治经济学层面的社会意识与社会心理相关，属狭义文化概念的范畴。吕必松先生在新加坡华文研究会主办的世界华文教学研讨会（1989年）上曾指出："所谓交际文化，我们也可以理解为隐含在语言系统中的反映一个民族的价值观念、是非标准、社会习俗、心理状态、思维方式等的文化因素。这种文化因素因为是隐含着的，所以本族人往往'习而不察'，只有通过语言和文化的对比研究才能发现其特征并揭示出'文化差异'规律。"[①]

在这里我们援引周思源教授《对外汉语教学与文化》一书中的例子[②]：有一个中国人在作报告时开场白这样说："今天我来谈一谈汉语句型研究的问题。我对这个问题的研究还刚刚开始（事实是已经搞了好几年），水平也不高（其实他的研究是国内领先的水平），今天随便来讲一讲（其实作了充分的准备），恐怕会耽误大家宝贵的时间（心里想听众肯定会有收获）"。他真是觉得自己水平不高吗？他真是觉得"耽误"听众的时间吗？如果不是，他为什么这么说？这么说的含义是什么？潜台词是什么？这是一种什么样的思想观念和心理特征？这就是文化的差异要研究的问题。此类问题决不是一个两个，它贯穿在整个汉语语言体系中。文化差异的基本内容至少应该有思想观念、心理特征、生活方式、风俗习惯四大方面。

---

① 参见吕必松先生《关于教学内容与教学方法问题的思考》：《语言教学与研究》1990年2期。
② 参见周思源主编的《对外汉语教学与文化》，北京语言大学出版社，1997.7，第20页。

第八章 地理环境与语言生活

关于地理与文化传播的关系，格蕾布纳的"文化圈扩散"理论在解释人种、文化、语言的扩散中得到了广泛的应用。比如关于印欧语的扩散有人提出：最早说印欧语的库尔干人是从事牧业的。开始时，他们居住于里海北面。大约于公元前4000年到公元前3000年时，向西迁移进入黑海的西北。到公元前2500年，库尔干人又从这里分散到欧洲其他地方，另一部分则沿里海进入伊朗、阿富汗和印度。由于库尔干人占据的领土范围扩大，但并没有统一的政权，各地的部落又相互独立，造成世代的孤立，语言分异日益增大，最终形成具有多种语种的印欧语系。

人类文化在大地上的传播像一个石头投进水里，掀起一圈又一圈的波纹向周围传播，期间必然受到地理环境的影响。因为地理环境是人类社会得以产生的先决条件，一定的地理条件对这一地区人类社会的形成、发展及其特点产生着重要的影响，也影响着人类文化的传播方向和传播力度。随着科学技术的发展，人们越来越多地摆脱了自然环境对自身的影响，但是地理环境作为人类社会得以存在、发展的先决条件其地位没有根本改变，地理环境特点仍无时无刻不在影响着人类社会。作为人类社会最重要的交际工具，语言的发展变化也必然与地理环境有着千丝万缕的联系。

第一节 对原始渔猎采集阶段语言状况的猜想

一、语言的产生

关于语言的产生有各种各样的猜想。赵荣主编的《人文地理学》有这样的阐述[①]：据人类学家研究，在36亿年的生物史中，猿类出现后经过1800万年的进化，才产生了人类的语言。人类的语言经过近200万年的进化后，才出现了记录它的文字。一般认

---

① 参见赵荣：《人文地理学》（第二版），高等教育出版社，2006年5月第1次印刷，第227页。

为，劳动是语言产生的唯一源泉，没有劳动就没有语言。声音和意义是语言的两大组成部分，语言的产生必须有足够的声音材料和意义要素。声音材料和意义要素都是在劳动过程中形成的。劳动使类人猿的前肢和后肢逐渐分工，后肢直立行走使人的肺部和声带得到了发育，能够连续发出许多高低不同的声音。声音的产生，奠定了语言产生的生理基础。人的直立行走，使之可以自由地观察周围的一切事物，扩大了视野。由于劳动，人类才能获得各种各样的食物，增加了大脑的营养，促进了大脑皮层的形成，为人类意识的产生准备了物质条件。手在劳动中的各种活动及与外界各种事物的接触，促进了神经系统的反应机能，锻炼了区别和认识这些事物的能力。制造工具，事先要在头脑里有一个蓝图，包括制做工具的材料、手段、过程及工具的式样，并能预见劳动的成果。总之，由于人类的劳动，促进了神经系统的进化，促进了思维的产生。思维的产生和发展过程就是语意的形成和完善过程。有了语意，并借助于声音加以表达和传播，便产生了语言。

在语言的起源问题上，有一源论与多源论的对立。一源论认为人类语言同出一源，尽管世界上各种语言差异纷陈，这些差异都是后来发展的结果。各种语言之间有亲缘关系，彼此都是亲属语言。而多源论则认为世界语言的来源不止一个，如很多欧洲学者坚持认为印欧语无亲属语言。双方都在寻找各自的证据，但均未成定论。然而，对于语言的传播、语言之间相互影响对语言演变造成的影响则没有太多的异议。

二、对原始渔猎采集阶段语言状况的猜想

在人类的早期，由于人类处于原始渔猎采集阶段，生产工具极其简陋，石头和木棍是人类最初的生产工具，人们几乎完全依赖于自然界，靠集体捕鱼、打猎、采集食物为生。由于食物来源有限且极不稳定，人类被迫在极其广袤的土地上过着游荡的生活，这必然制约他们种群的扩大、语言的成熟、方言的形成。

三、农业的产生，定居生活的形成，为方言的形成创造了条件

由于生产工具和生活资料谋取方式的进一步改善，人类开始种植作物，饲养牲畜，原始畜牧业和农业开始出现。农业生产活动与原来人类长期进行的狩猎与采集活动有三点重大差异[①]。

第一是狩猎与采集活动要不断地迁移，而农业活动则需要定居。农业是人们以土地来种植作物，当其获得的产量能满足其一年的基本需求时，人们自然会定居下来，改变其原来流动的生活方式。

---

① 参见赵荣、王恩涌等：《人文地理学》（第二版），高等教育出版社，2006年5月，第139—140页。

第二是农业活动的单位群体人数少。原来为获取食物而活动的群体一般多在 50 人上下，大者可以百计，小的二三十人不等。这里面有群体活动的效率问题在支配着。据知，美国中部，早期印第安人以捕杀野牛为生，夏季草类资源丰富时，野牛群中头数多，则狩猎活动单位人数也多。到冬季草类资源少，野牛活动群体中头数也少，狩猎活动单位人数亦少。在农业活动中，一般不需集体活动，只要几个人就可以进行种植、收获等生产活动。

第三是农业活动群体小，多个群体聚居于一处。农业生产种植的是驯化了的植物，在人工照顾下，其籽粒大、饱满、产量超过野生种。其开垦出的农田单位面积产量高。这与狩猎与采集活动的单位面积内可供养的人口数量相比来说高得多。所以，农业生产的单位群体人数不多，但可容纳好多单位集中在一起。

因此，农业的发展对社会的影响首先是生产单位群体变小，促进了家庭的发展，农业要求的定居、聚居状态促了村落的出现。在此基础上，农业进一步发展，就导致文明的出现，这是人类发展的根本性变化。随着社会分工的出现，其他生产活动也随之逐步发展起来。手工业的发展和炼铁术的发明，创造了新的生产工具，如铁犁、铁斧等。人类农业、畜牧业得到进一步的发展，定居生活方式终于形成，村落甚至集镇开始出现。一定地域内相对稳定的定居人口为语言的发展、地域方言的形成创造了条件。

第二节　地理环境对人类语言活动发生的影响

地球表面组成地理环境的大气、水、岩石、地形、生物和土壤等要素相互联系、相互制约和相互渗透，构成了地理环境的整体性。地理环境对人类的聚落、经济活动、文化活动产生着深刻的影响，也是影响人类语言生活的重要因素之一。

一、地理环境通过人类农业活动对人类语言生活的影响

（一）适宜的自然环境促使大型农业区的产生

在农业社会，气候、水、土地、生物等自然条件比较好、自然资源相对丰富的地区，农业文明得以发展。如在地形平坦、气候温暖、水源充足、土壤肥沃的黄河流域、长江流域、两河流域、印度河谷地、尼罗河谷地由于地理环境易于耕作、促进了生产力的发展和人口的集中，创造了人类辉煌的古代文明，形成了世界四大文明古国，同时，也塑造了他们各自较为发达的语言文字。其中，黄河流域产生的汉语言文字绵延几千年，至今仍发挥着强大的社会功能，是世界上作为母语使用人口最多的语言文字。

(二) 自然环境是方言形成的重要条件之一

地球上山脉的走向,河流的阻隔,大漠的阻挡都是影响人们聚落与活动的重要因素,进而影响人们的语言生活。

在传统农业时期,产品除主要为自己家庭成员所消费外,剩余量不大,用于交换其生产和生活所需物品,如农具和衣服等。因此,在一些适宜耕种的地区,就会形成一些稳定的农业聚落,进行自给自足的经济活动,也形成了大大小小的地域性方言。

在高原,深切河谷两岸、狭窄的河漫滩平原由于地势低、气候温暖、土壤肥沃、水源丰富常常形成带状聚落群;在山区,一些洪积扇、冲积扇和河漫滩平原由于地形平坦,地下水或地表水资源比较丰富,土壤肥沃,常常形成条带状的聚落群;而在平原,由于地形平坦、土壤肥沃、水资源丰富,河网密布,有便捷的内河运输和海上运输,聚落分布最为密集,有的沿河发展,形成沿河聚落带;有的沿海发展,形成沿海聚落带,有的在大片宜耕地区形成大规模团状聚落群。人类在地球上不同地区的聚落特点、聚集人数的多少、经济发展的水平都在影响着他们语言的形成、分布、发展程度、传播能力,影响着人们的语言生活。

1. 黄河流域的地理环境与语言

中国的文明起源主要集中于黄河中、下游地区和黄河的各支流上。从夏、商、周三朝的经济、政治的核心地区来看,主要集中在从河南安阳,经郑州、洛阳到陕西渭河流域的西安这个马蹄形的地区。这个地区,在地形上,恰好是黄土高原的边缘地区,黄土质地疏松,含矿物质多,有利于土地的开垦和作物种植。在气候上,这个马蹄形区恰好是年降雨量在 600—650mm 的地区。该地区的气温,7 月平均为 26℃,2 月平均为 2℃,高温与雨季相结合,十分适于作物生长。中国夏、商、周三朝人口、经济、政治亦多集中于该地区,并出现了以甲骨文、青铜器为代表的古代文明。赵荣、王恩涌等编著的《人文地理学》一书对此有较详细的阐述[①]。

在春秋战国时期,中国北方通过深耕、细作、施肥等办法提高土壤利用的深度与广度,增强土地肥力,耕种上消除休闲制,农田可以连年种植,甚至一年种两次庄稼。这种进步使北方旱作农业的单位面积产量大增,对社会经济的发展和人口的增加提供了保证。从战国末到秦、汉时期,铁器、耕牛和灌溉这些农业技术的出现和推广,使北方农业发展进入一个新的阶段。渭河流域以及黄河下游河南、山东、河北交界处都成为农业发达地区,北方人口大大增加。西汉时,北方占全国人口的 80%;东汉时,北方人口占 60%。

由于中国北方长期在中国经济、政治方面占有统治地位,中国华北平原地形开阔平坦,与东北、西北联系方便,为北方方言的形成提供了重要地理条件,促使北方官话成为中国最大的方言,并具有了对全国语言发展的影响力。

---

① 参见赵荣、王恩涌等:《人文地理学》(第二版),高等教育出版社,2006 年 5 月,第 142 页。

2. 中国南方的地理环境与语言

长江中下游平原位于长江三峡宜昌以东的沿江两岸。沿江不仅是中国淡水大湖的集中地，而且也是小型湖泊群的集中地。长江中下游平原由西向东可以分成两湖平原、鄱阳湖平原、苏皖沿江平原和长江三角洲平原，总面积达20万平方公里。由于地势低平、河湖水量集中、河道纵横，是中国水稻的主要产区。

长江流域在秦汉以前水稻种植农业发展缓慢。其原因在于采用的"火耕水耨"技术相对落后。"火耕"即指用火烧去田中的杂草。"耨"是用水淹死杂草。在这种种植方式下，水稻的产量与北方旱作农业相比很低。这也是导致南北经济与文明发展速度不均衡的重要原因。到东汉时，南方水稻种植技术经撒播变成育种移栽办法，使水稻生产有了突破性进展。南方水稻农业发展除本身技术改进外，还受其他因素的影响。首先是劳动力的增加。由于政治或动乱等原因，北方人口向南方迁移有三个高潮，南方人口大大增加，使南方农业获得充足的劳动力，促进了南方土地的开发。其次，由于优质稻种的推广，使南方水稻生产出现一年两熟甚至一年三熟，这也使得水稻产量迅速提高。在宋代时，南方粮食产量已超过北方，中国经济的中心也开始南移。

然而在语言上中国南方并没有形成像北方那样较统一的方言，而是各自为政，形成了多种方言。这中间除了政治、经济因素以外，地理因素不容忽视。南方河流众多，丘陵遍布，不同的水系、绵延的丘陵（江南丘陵、东南沿海丘陵、两广丘陵）、崎岖的地形把南方分割成一个个相对独立的，面积、人口、经济实力大体相等的经济区，也促进了他们各自方言的发育，最终形成了七大方言：吴方言、湘方言、赣方、客家方言、闽北方言、闽南方言、粤方言。

二、地理环境与中国少数民族语言

（一）内蒙古和蒙古高原的地理环境与语言

在中国的北部，从长城到西伯利亚的泰加林带南缘为内蒙古和蒙古高原。在植被上都是草原与荒漠。其南、北两边草类较好，故牧民放牧亦多集中于该地。由于牧民逐水草而居，地形平坦使其易于迁移流动。在历史上，汉、魏时为匈奴、鲜卑、柔然，隋、唐时为突厥、回纥，宋时为契丹、党项、女真所占，再其后至今则为蒙古民族所占。他们在这一地区形成了以阿勒泰语系蒙古语族为主的语言文字，并根据其民族的兴衰情况传承与转换。从秦开始，中原农业民族北上，而高原上的牧业民族南下，遂出现彼此的矛盾与冲突。在漠南的河套地区及河西走廊地区，成为彼此争夺的中心地带，也是多种语言交汇流行的的地方。中原农业民族为阻止游牧民族南下遂在这里修建了闻名于世的长城。

（二）青藏高原的地理环境与语言

在中国西南的青藏高原及其东部边缘的高山狭谷地区，由于地势太高，形成特殊的高寒气候，不仅不利农业活动，而且低压缺氧，使低海拔地区的人不适于在该地生活。

正是这种原因，使该地的民族有极大的稳定性。在东汉时，中原才与其东部边缘的羌人接触并发生冲突。唐时前期青藏高原上藏族的吐蕃政权与唐有良好往来。在唐时后期随着唐衰落，吐蕃势力东下高原进到河西走廊和陇东。元时及其后，吐蕃加入中原版图后与中央政权有了紧密的联系。独特的地理环境使得汉藏语系藏缅语族的藏语支在这一地区成为主要的交际语种。同时，由于青藏高原西高东低、南部、西部被大山阻隔，东部向中国内地开放，这是藏族社会与中国内地形成密切的政治、经济、文化交往的客观地理环境原因，也使得汉语自古以来就是这块土地上接触较早、使用较为频繁的第二语言。尤其是在青藏高原周边的民族杂居区，汉藏双语是当地双语的主要形式。

（三）新疆地区的地理环境与语言

在蒙古高原与青藏高原之间是新疆的塔里木盆地和准噶尔盆地。在南部的塔里木盆地，其中部是塔克拉玛干大沙漠，干旱缺水，人们难以穿越。在西、北、南三面，有高山冰雪融水沿山谷而下，出山口出现绿洲，其繁荣的农业哺育着一个个聚落。这些山麓地带的绿洲相连就形成古时的丝绸之路。北面准噶尔盆地，受西风影响，平坦地面上出现稀疏草类，宜于放牧，成为蒙古高原到中亚的通道。这种环境特点，使南疆以农为主，北疆以牧为主。正是这种通道性特点，给该地区带来极大的民族不稳定性、多样性和分散性。目前，南疆以维吾尔族为主，通行维吾尔语；北疆以哈萨克族为主通行哈萨克语、维吾尔语。另外，还有分散于南、北疆的回族和汉族，汉语是新疆重要的族际交际语。

（四）南方少数民族的地理环境与语言

南方丘陵与青藏高原边缘为西南少族民族集聚区。该地从东南沿海的浙江、福建、广东向西经江西、湖南、广西、贵州到云南的丘陵与山地，历史上均为百越等少数民族聚居地区。随着江南汉族人口的增加和北方来的移民，该地区的原居民遂向山区与西部地区转移。经过长期的演变过程，目前少数民族主要集中在湖北、湖南、四川的西部与广西、贵州、云南的山区。由于丘陵、山地的地形分割，各少数民族分布在山区呈大分散小聚居状态，民族与语言复杂多样，主要以汉藏语系中藏缅语族、苗瑶语族、壮侗语族的诸语言为主。

（五）东北地区的地理环境与语言

东北地区，由东北平原及其周边山地所组成。因该地冬季过长，而且极其寒冷，农业发展与其他地区相比较为缓慢。从秦汉直到清初期，农业只是限于南部，北部以农、牧、狩猎为生，一些沿江地区，以渔猎为主。直到清朝后期才大规模进行农业开发。这里距中原的核心地区较近，而且交通方便，所以在其强盛时，即进入长城，建立辽、金与清的地区性或全国性王朝。在这个地区历史上通行通古斯—满语族语言，近代以后大部转用汉语。

总之，共同的地域，共同的经济生活造就了共同的族群，也塑造了共同的语言。这就是民族构成的四要素，其中地理环境是基础性条件。

三、地理环境通过影响交通运输对人类语言生活的影响

（一）经济贸易交流对语言生活的影响

中国是个多民族的国家，各民族虽然各有自身的共同地域和共同的经济生活，但是，如果地域较小，资源就会受到限制，其经济生产单调，产品缺乏多样性，往往难以满足生活多样性的需求。这种情况在狩猎与畜牧业生产活动的社会里表现得比较明显。那里一般有较多的肉食、皮、毛，但缺乏粮食、布匹等，迫切需要农业社会的产品。而在农业生产活动的社会里有粮食、布匹，虽然缺乏皮、毛，但对生活影响不大，可以自给自足。

在中华大地边缘的牧业、狩猎的社会里不仅需要汉族农业社会的粮食、布匹，还需要盐、铁（用于制作生产工具和武器）、茶、药材等物资。在明代，北方边界为贸易建立马市，在西南建立茶市，以进行商品交换。那些地理上便于水路、陆路交通运输的交通枢纽就成为不同族群、不同民族经济贸易交流的集散地，也成为不同语言、不同方言相互接触、相互影响、相互学习的双语流行地带。

在新疆地区当时不仅需要中原的丝绸，而且还通过该地把丝绸传入中亚，甚至欧洲等地。处于"丝绸之路"中间段的新疆，不仅是中西文化的交汇地，而且也是多种语言相互接触、相互影响、相互沟通的多语言、多文字、多宗教区域。

在中国沿海，海外运输与海外贸易使泉州、广州、上海依次成为中国与其他国家海上贸易的集散地，这些地方也因此成为多种语言交汇的地方。

（二）人口迁移对语言生活的影响

不同民族的接触除了经济贸易以外，还有更为主动，规模更大的行为即人口迁移。迁移的原因各不相同，有为生计而进行的迁徙，如中原汉族因躲避战乱长途迁移到云贵大山中、陕西回族迁移到中亚，回鹘因天灾和战败大规模迁移到西域；也有因军事征伐需要而进行的大规模迁移，如成吉思汗及其后裔在欧亚大陆上的长途征伐；还有经商为目的的迁徙，如阿拉伯人因经商的需求大规模定居泉州，并成为中国回族的重要来源。有民族之间人口的迁移就有民族之间语言的接触，就会产生不同语言之间的相互影响、相互学习，甚至转用。而地理环境、山川走向，交通条件是影响迁移，尤其是大规模迁徙的重要条件。因此，地理环境在一定情况下影响着语言的传播方式与传播方向，成为影响某一地区语言生活的重要因素。

（三）交通工具的改善对语言生活的影响

随着生产力的提高，交通工具的改善、生产力发展需求的不断扩大，扩大了人们流动的范围，加快了人们流动的速度，也最终影响着双语种类、类型、程度的变化，但地理条件仍是基础条件。从生产力的提高、交通工具的改善方面大致可以分为以下几个时代：

1. 农耕时代：交通运输工具主要是以人力、畜力为主，因此，对地理环境的克服能力较为有限，人们的迁移主要是在陆地内的迁移。就是历史上被称为传奇的成吉思汗所带领的蒙古军团也只是在欧亚大陆的腹地移动。因此在农耕时代，不同语言主要是陆地内部传播，这也促使了大陆内区域通用语的形成。

2. 工业时代：随着欧洲工业革命的兴起，蒸汽机、内燃机成了交通运输的主要动力，这大大提高了人们对地理环境的克服能力，不仅大陆内的高山大河不再是人们迁移的阻碍，就是大海大洋也不能阻挡人们的步伐。因此，欧洲资本主义新兴国家在获取更多经济利益的驱动下，跨过大海大洋，把自己的商品、移民输往以前知之甚少的地方：亚洲、非洲、南美、北美、大洋洲。随着跨洋迁移的出现，语言的跨洋传播、洲际传播也开始出现。欧洲资本主义新兴国家依靠自己经济发展阶段上的优势，不仅在这些新大陆站住了脚，而且建立了殖民地，形成了各自的势力范围，同时也使自己的语言成为这些地方的主流语言。

3. 信息时代：随着人类经济的进一步发展，人类社会进入了信息化的时代，语言与资讯不仅能够跨过大洋与大洲，甚至还能同时传向世界的任何角落。这无疑为世界通用语的出现铺平了道路。但在国家主权是人类社会重要管理形式的时代，国界仍是不同国家人们实际接触的主要阻隔。因此国内通用语对一个国家仍是重要的。世界网络通用语（比如说英语）与国内日常接触通用语（比如说汉语）性质上有很大不同，因此在中国汉英双语与民汉双语在性质上也有较大区别。前者更多表现为语言环境外的双语，后者更多表现为语言环境内的双语，两种双语现象在形成条件、发展要求上均有区别。

第三节　城市对中心方言形成的影响

一、农业发展与城市形成的关系

在农耕社会，农业生产力的发展是城市形成的原生动力，而农业生产对地理环境的要求是极其苛刻的。因此在农耕社会，农业生产所要求的地理环境条件往往也是城市形成的重要条件。城市的形成使一个经济区域有了一个中心，也为该地区中心方言的形成提供了客观条件。

地理条件优越的地方，生产的粮食必然丰富。粮食丰富了，就可以使一部分人从体力劳动中脱离出来，从事脑力劳动。随着农业技术水平的提高，农业产量大增，不仅可以满足生产者的需求，还有相当剩余。这可以使一部分人脱离农业生产，可以从事其他生产或其他工作，使社会出现分工。有了剩余的产品，就出现了财产私有。劳动分工的结果使商品交换得以产生。这样,社会就出现了阶级、法律、宗教、文字、城市与国家等。历史上的第一批城市都诞生于农业发达地区。如在印度河谷地、尼罗河谷地、美索不达米亚平原、黄河及长江中下游地区都形成过很发达的古代城市,建立过强盛的王朝,这对于这些地区中心方言、区域通用语的形成起了重大的推动作用。

二、城市是区域方言形成的中心

城市作为区域的中心,对区域发展起着主导作用。城市既是区域的管理中心、服务中心,又是区域的经济增长中心。

(一)城市是一个区域的管理中心。城市一般是各级政府机构的所在地,城市对一定区域内的政治、经济和社会活动行使领导和管理职能。

(二)城市是一个区域的服务中心。城市集中了大部分的文化、教育、科学研究机构和体育卫生设施,是一定地域范围内科技、教育、文化活动的中心

(三)城市是一个区域的经济增长中心。城市集中了区域的人口、交通、技术、信息、资金、产业活动等,区域中的第二产业和第三产业集中在城市,城市中的工业、交通运输业、商业、金融业等都比较发达

(四)城市是一个区域方言形成的中心。由于城市往往是区域内行政、文化、服务、经济的中心,所以城市往往是同一区域内方言形成的中心,是提高区域内语言文字使用水平的教育中心和传播中心。汉语的八大方言大多是以各区域内的中心城市语言为代表的。如:

1. 以北京话为代表的北方方言
2. 以上海、苏州、温州话为代表的吴方言
3. 以长沙话为代表的湘方言
4. 以南昌话为代表的赣方言
5. 以梅县话为代表的客家方言
6. 以福建话为代表的闽北方言
7. 以厦门话为代表的闽南方言
8. 以广州话为代表的粤方言

第四节 工业社会地理环境对城市区位及其语言的影响

一、工业化是近代城市化的直接动力

近代城市化始于工业革命。工业革命于18世纪中期在英国最先发生。19世纪中叶到20世纪初期，工业生产出现了第二次革命。第一次工业革命使人类进入"蒸汽时代"，第二次工业革命则使人类进入"电气时代"。电力的使用使机器大工业生产成为欧洲工业城市的支柱性产业，由于农业生产中机器的使用大大提高了劳动生产率，促使被替换下来的农业劳动力为寻求就业而流向城市。很多城市由过去的政治性城市、消费性城市转变为工业城市，成为当地经济发展的中心。

二、资源开发成为决定城市区位的重要因素

在工业社会，城市的区位已摆脱了农业社会中受农业区位的限制。矿产资源对资源性产业和工业布局有着决定性影响。矿产资源的储存状况、交通运输的便利程度是影响生产力布局的重要因素。煤炭、铁矿、石油等的开采对城市区位影响很大。如英国因煤炭业而兴起的伯明翰、曼彻斯特，美国因石油业而兴起的休斯敦，南非因黄金生产而兴起的约翰内斯堡。中国煤城有：鹤岗、抚顺、霍林河、大同、阳泉、平顶山、淮北、六盘水；钢铁基地有：鞍山、攀枝花、马鞍山、白云鄂博；石油城有：大庆、克拉玛依、东营、玉门等。

现代工业成为欧洲资本主义国家的支柱性产业，促使国民脱离传统农业中土地对人的束缚，打破了地域对语言的切割。统一市场的建立、资产阶级民主革命或资产阶级性质的改革，促进了民族国家的建立、现代民族的形成，对欧洲民族国家统一语言的形成与规范提供了强有力的推动力。在中国工业化的过程中，传统方言区对语言的分割在逐步被打破，国家通用语的普及程度有了很大程度的提高。

三、现代社会世界性城市的形成对语言的影响

在地理大发现以前，全球各民族生活在不同程度的地区孤立之中，有些地区甚至完全与世隔绝。那时，既没有现代意义的主权国家，更没有现代意义的国际关系。诸如中国、印度、埃及、希腊、罗马等文明古国只是在各自的陆地上相互平行地发展着自己的

文明。那时的全球政治地理格局，即使存在，也是各民族在相近的地块附近以地区性的方式在运作。

地理大发现使人类克服了海洋的障碍，开始真正认识世界。他们通过在欧洲大陆连年的战争。以及殖民战争和殖民贸易，把世界纳入全球的政治地理范围。而后随着欧洲主要大国权力的消长，以及世界各国反对帝国主义、殖民主义统治的民族意识的觉醒，逐渐形成了具有现代意义的全球主权国家体系和全球政治地理格局。可以说，现代全球政治地理格局始于欧洲的殖民扩张和主权国家体制的建立，发展完善于全球主要大国的演替，以及世界其他国家的兴起与参与。[①]

"二战"后，机器大工业生产又开始向亚、非、拉第三世界国家和地区扩散。至今，欧洲以外的国家中，工业生产最发达的是日本。另外，亚洲的东南亚诸国、中国、印度，拉丁美洲的巴西、墨西哥、阿根廷，非洲的南非、埃及等国工业都有较大发展。世界新技术革命促进了科学技术的发展和生产力水平的提高，城市发展迅速，出现特大城市和大城市带，并出现了许多专业性的城市。世界上主要工业地带的分布情况如下：

（一）北美工业带

（二）欧洲工业带

（三）俄罗斯与乌克兰工业带

（四）日本工业带

（五）其他国家的工业区

随着工业经济向世界各地扩散，全球性大都市连绵区的形成，以及世界首位城市对世界经济的主宰，必然促使全球地区性通用语、世界性通用语的产生与发展，英语越来越多地显示出它世界通用语的功能。

四、新兴产业的兴起正在加速国际性通用语言的形成

关于产业分类，世界各国有很多不同的方法，也已经有悠久的研究历史。目前，最为流行的是三次产业分类法。[②] 其中，第一产业的产品基本上是直接从自然界获得的，主要指农业部门。第二产业的产品是通过对自然物质资料（农产品和采掘业产品）及工业原料进行加工而取得的。第三产业在本质上是服务性产业，是一、二产业之外的非物质生产部门。其大体范围包括：商业与贸易、金融与保险、旅游与娱乐、仓储与运输、文教与卫生、信息与通信、科研与咨询、旅馆与饮食、理发与美容等其他劳务性服务等行业。

随着发达国家工业现代化的实现，工业化在城市化过程中的作用逐渐减弱，第三产

---

① 参见赵荣王恩涌等编著：《人文地理学》（第二版），高等教育出版，2006年5月，第163页。
② 参见赵荣王恩涌编著：《人文地理学》（第二版），高等教育出版社，2006年5月，第171—174页。

业在城市化的作用日益突出。在国外，有人从第三产业中分出第四产业和第五产业，并引起人们充分的重视。尽管对三、四、五产业的划分说法不一，但是它的合理性仍被不少人接受。第四产业指：以计算机技术、通讯技术、卫星技术为核心的信息通讯产业，即以计算机和通讯设备行业为主体的 IT 业，我们通常称之为信息产业。它技术新，知识、智力、科学技术密集，行业多，领域宽，涉及面广，社会服务性和相关性强。如在美国形成了以"硅谷"为代表的新兴电子工业区。第五产业指：以精神文化生产方式满足人们精神文化需求的文化产业。文化产业基本上可以划分为三类：其一，是生产与销售以相对独立的物态形式呈现的文化产品的行业（如生产与销售图书、报刊、影视、音像制品等行业）；其二，是以劳务形式出现的文化服务行业（如戏剧舞蹈的演出、体育、娱乐、策划、经纪业等）；其三，是向其他商品和行业提供文化附加值的行业（如装潢、装饰、形象设计、文化旅游等）。文化产业链条对相关企业和产业形成带动效应，把创意、技术、营销等环节紧紧联系在一起，使独特的文化价值逐步转变成为有广阔市场的商业价值。

第三产业、第四产业、第五产业的兴起，经济、贸易、信息等不断加强的全球化趋势正在促使国际性通用语言的形成。

第五节　地理环境通过政治区划对人类语言生活的影响

自从有了人类社会，就有了人类社会的管理。在民族学中把人类对自己社会的管理行为称之为制度文化，在政治经济学中称之为上层建筑，其中的政治上层建筑被简称为政治。马克思主义认为，政治是经济的集中表现，是伴随着国家的出现而产生的，是一定阶级或社会集团围绕着一定的国家政权为实现自己的利益而展开的种种活动。

政治活动作为人类文化的一个有机组成部分，同地理环境之间的关系十分密切。当第一个人类社团形成以及竞争成为人类生活的一部分时，个人、集体、社团和国家为了追求权力和势力，以求达到个人和公众目的的政治活动也就随之产生了。人类的任何政治活动都必须在特定的时间和空间范围内进行，因而也必然有其空间分布和活动范围。地理环境为人类政治活动提供活动空间与各种各样的资源，各种地理因素通过影响人类的政治和经济行为从而对政治活动产生不可忽视的影响。

一、国家是政治区划重要的形式

国家是指占有一定领土，拥有一定的国民，能保持内部稳定，不受外来控制和侵入，在具有独立主权政府的领导下组成的社会实体，是有组织的政治地理单元。国家由

4个基本要素组成①：①拥有一个能够行使主权、统治领土和组织国民的政府，政府代表国家主权，对内进行管辖，对外保卫国土、实行外交活动；②国家必须有公认的国界所划定的领土；③领土上必须住有定居的国民；④国家必须具有主权。此外，国家还需要一种思想意识，或文化传统上的共性，以及在固定领土上长期定居所形成的一种共同感情和心理状态，有把国民联系在一起的一种强大内聚力。

国家内可以有省、地、县等地方行政管理机构，统称为地方政府。国家之间可以有因为共同的利益与目标而组织起来的国家联盟。

国家的形态，内部地形、气候等自然特征以及人口、经济、文化、种族、城乡等人文地理特征都会在不同的方面对国家产生影响，并进而影响人们的政治行为及其空间表现。

二、政治区划（国界、地州界）对自然地理的依赖性

国家疆界的形成及其国内政治区划的形成是由很多因素促成的，其中地理的因素不容忽视②。历史上自然形成的国家其疆域往往与自然环境对人类活动范围的分隔有着较多的重合，而自然环境对人类活动范围的分隔也往往影响着方言、语言区的形成。在国家内部，行政的区划往往首先考虑到自然地理因素，包括河流的走向、山脉的走势。在缺少现代化交通工具的前工业社会里，自然地理所形成的天然屏障成为统治者确定行政区划的一个重要依据。

（一）中国的政治区划对自然地理的依赖性

中国在历史上多个朝代拥有比现在大得多的疆域。清朝时期的领土奠定了今日中国的国土基础。19世纪中叶后，清朝国势日益衰颓，在西方列强及其势力的分割下，清朝的国土日益缩减。最后形成了现代的版图，其原因除了人文的因素，地理环境的因素不容低估。

1. 中华民族生存、繁衍、形成于中华大地这个地理单元

"中华民族这个概念指现在中国疆域里具有民族认同的十三亿人民。它是中华大地上五十六个民族为一体的民族共同体。"③ "任何民族的生息繁衍都有其具体的生存空间。中华民族的家园坐落在亚洲东部，西起帕米尔高原，东到太平洋西岸诸岛，北有广漠，东南是大海，西南是山的这一片广阔的大陆上。这片大陆四周有自然屏障，内部有结构完整的体系，形成一个地理单元。中华民族就是在这个自然框架里形成的。"④ 中华民族在中华大地这个地理单元内，经过几千年的演变，成为了一个自在的民族实体。

---

① 参见陈慧琳主编：《人文地理学》第二版，科学出版社出版2001年6月第一版第173—174页。
② 参见陈慧琳主编：《人文地理学》第二版，科学出版社出版2001年6月第一版第152页。
③ 费孝通等著：《中华民族多元一体格局》中央民族学院出版社1989年7月第1版，第2页。
④ 费孝通等著：《中华民族多元一体格局》，中央民族学院出版社1989年7月第1版，第2页。

近百年来，这个自在的民族实体在和西方列强对抗、保卫国家疆域的斗争中成为自觉的民族实体。[①] 中华民族具有在中华大地上长期定居所形成的内在凝聚力和共同的心理意识——爱国主义。整个中国近代史就是中国人民维护祖国统一，捍卫国家主权、追求民族复兴的奋斗史。

从1840年第一次鸦片战争到新中国成立，中国基本上处于任人宰割的境地。从新中国成立至今，中国始终没有摆脱世界霸权主义的遏制。起初，帝国主义国家也想像对待其他殖民地那样用武力瓜分中国，在经过义和团事件后发现中国民气不可侮，中国人竟用肉体和外国军队搏斗，外国虽用长枪大炮打败了中国，但是也意识到就是一时用武力瓜分了中国，以后也难以管理中国。所以改变方针，利用中国人——腐朽的清政府、军阀与买办资产阶级来瓜分与压榨中国，并正式进驻中国的首都北京建立使馆区，最终形成了中国半封建、半殖民地的局面。在中国的少数民族地区，帝国主义通过传教、考察、经商等方式进行渗透，扶持、操纵分裂主义势力。中国人民以坚强的决心粉碎了帝国主义一次又一次分裂中国的阴谋，捍卫了国家的主权、领土的完整。中国在近代积贫积弱、内忧外患的状况中屹立不倒，基本保持了国家的完整，本身就显示了历史一定的必然性，其中地理因素不容忽视。

2. 在维护祖国统一、捍卫国家主权问题上中国各政治派别表现出高度的一致性

在近代中国，政治斗争错综复杂，各种势力、各种政党派别层出不穷、相互争斗。但不管是哪个政党不管在任何情况下，在维护祖国统一、捍卫国家主权问题上都表现出高度的一致性。现在仅以较有影响力的政治家为例：

（1）洪秀全

太平天国运动爆发后，英国宣布"中立"，实际上是采取观望态度。1853年，英使文翰到天京呈上照会，要求太平天国承认不平等条约，被杨秀清拒绝。1861年，英国参赞巴夏礼到天京求见天王，表示英国愿意帮助太平军消灭清朝，条件是成功之后平分中国。洪秀全断然拒绝。之后，太平天国在清政府和国外列强的联手进攻下最终失败。

（2）孙中山

孙中山生于满清末年，那是一个中国受列强欺凌、积弱不振的时代。孙中山非常推崇美国的政治制度，一心要按美国模式改造中国，他的"三民主义"和第一部宪法就是按照美国宪法为蓝本设计的，目标是追求民族独立、民主自由和民生幸福。中华民国成立以后，孙中山首先提出了"五族共和"的理想，他说："国家之本，在于人民。合汉、满、蒙、回、藏诸地为一国，即合汉、满、蒙、回、藏诸族为一人——是曰民族之统一。"[②]

---

① 费孝通等著：《中华民族多元一体格局》，中央民族学院出版社1989年7月第1版，第1页。
② 编者：游梓翔，发行人：杨荣川：《领袖的声音》，两岸领导人政治语艺批评，出版日期：2006年9月初版一刷，第92页。

为了保护国家的统一，主权的独立，孙中山进行了艰苦卓绝的斗争。辛亥革命期间，英美等国对孙中山的革命报以同情的态度，持中立的立场。孙中山在革命成功后，也将英美等国称为"友邦"。但第一次世界大战结束后，英美等国却不能平等对待中国，孙中山随即转变立场，把注意力转向俄国、德国与奥国。因为俄国在十月革命以后，自动废除了中俄一切不平等的条约，废除了俄国从前在中国所得的特权。面对帝国主义瓜分中国，支持代表各自利益的军阀进行军阀割据的局面，孙中山在国民会议上勇敢地提出："第一点就要打破军阀，第二点就要打破援助军阀的帝国主义。"① 最后终于走上了"联俄、联共、扶助工农"的革命道路。

（3）毛泽东

毛泽东非常重视国家的统一。1949 年中华人民共和国的成立是"国家统一"的重要里程碑。在处理民族关系关系上，毛泽东基本上是孙中山认同视野的延续：各族人民都是中华民族的一部分，不应鼓吹地方民族主义，汉民族也应放弃大汉族主义。②

在处理旧的民族关系时，毛泽东持民族矛盾是阶级矛盾的一部分的观点。

在大陆与台湾统一的问题上，③ 毛泽东（1958）认为台湾是中国而非美国领土，世界上只有一个中国，没有两个中国。两岸应该透过和谈结束内战，全体中国人团结起来，一起对付外来的威胁。

在国家主权问题上，虽然中华人民共和国刚成立时奉行的是一边倒的亲苏政策，认为苏联领导的社会主义阵营将协助各国工人与人民在各国实现建立社会主义的意愿，最终社会主义将取代资本主义，而资本主义国家将抗拒这股革命潮流。但毛泽东同时坚持保护国家主权："……社会主义国家和资本主义国家实行和平竞赛，各国内部的事务由本国人民按照自己的意愿解决。社会主义阵营协助各国人民实现意愿，但不以武力手段干涉与侵略他国。"

（4）邓小平

在民族问题上，邓小平（1984）延续了毛泽东的观点，但有所发展，他不再将民族的矛盾扩大解释为阶级斗争，倡导用经济改革解决民族间经济、文化上事实存在的不平等。在对港澳台的问题上④邓小平提出了"和平统一、一国两制"的设想。江泽民和胡锦涛基本上继承了邓小平的思想，并有所发展。

（5）蒋介石

---

① 《领袖的声音》两岸领导人政治语艺批评，编者：游梓翔，发行人：杨荣川，出版日期：2006 年 9 月初版一刷，第 93 页。
② 《领袖的声音》两岸领导人政治语艺批评，编者：游梓翔，发行人：杨荣川，出版日期：2006 年 9 月初版一刷，第 137 页。
③ 《领袖的声音》两岸领导人政治语艺批评，编者：游梓翔，发行人：杨荣川，出版日期：2006 年 9 月初版一刷，第 140 页。
④ 《领袖的声音》两岸领导人政治语艺批评，编者：游梓翔，发行人：杨荣川，出版日期：2006 年 9 月初版一刷，第 185 页。

作为中国近代史上著名的政治领袖，蒋介石虽然在立国理念，政治理想上与中国共产党对立，然而，在国家统一、民族认同问题上，他（1954）继承了孙中山"汉满蒙回藏"五族共和的视野，他强调："大家都知道，我们中华民族本来在整个体系之下，五族共和，都是荣辱一致、存亡与共的，我们国内只有少数民族的利益，从没有少数民族的歧视。"

蒋介石在败退大陆，退守台湾以后，并不甘心偏安一方，他反攻大陆的企图反映出他对国家统一的信念。他说："……要在反攻复国基地的台湾省实现三民主义，才能在大陆上提早完成反共抗俄复国建国的共同使命。"蒋介石（1960）认为"如何使台湾成为民族文化传统的中心，乃是我们建设台湾的主要课题"。

（6）蒋经国

蒋经国是在国民党退守台湾以后在台湾执政的，他虽然在政治理想、治国理念上与中国共产党迥异，然而在国家的统一上一直坚守一个中国的立场：台湾人也是中国人。中华民国国民是中国人，以身为中国人为荣。虽然两岸分裂，但住在台湾的人仍是中国人。在蒋经国的视野中，中华民国国民和对岸的大陆同胞同样都是"炎黄子孙"，都是"中华民族"的一分子，都是中国人。他说：两岸的分裂只是政治的、制度的分裂，并非国家的、民族的分裂。在蒋经国的视野里，"中国只有一个"，而且中国"必将统一"，只有将统一在何种制度下的问题而已，因此他说世界上没有"台湾问题"，只有"中国问题"。

对蒋经国（1980）来说，具有"台独"思想的人违背了民族历史文化，因此是"不爱国"的，他表示："至于一些违背民族历史文化渊源、忘却了血缘关连的所谓'台独思想'当然更不容于任何爱国的中国人。"

蒋经国认为，因为制度差异而分裂的两岸，未来将是由制度较佳的一方，统一制度不佳的一方，也就是由谁在政治经济方面更为发达，给予人民更好的生活，来决定这场竞争的最后赢家。

在中华民族争取民族独立，人民解放的过程中，中华各民族儿女都做出了自己的贡献。抗日战争是中华民族全民族的抗战，中华各民族儿女英勇抗敌、保家卫国的事迹可歌可泣、永载史册。其深层次原因是：中国的历史与现实、自然与人文已经造就了中华民族多元一体的格局，在共同抵抗外侮的过程中实现了从自在的民族走向自觉的民族。

3. 破坏祖国统一、损害国家主权的人受到全国各族人民的唾弃

在中国，维护国家领土的完整、主权的统一已经成为一个政治底线，谁突了这个政治底线，不管他有谁做后台，不管他的势力有多大，都将遭到中国人民的抛弃。从为了保住其腐朽统治，开门揖贼，与外国列强签订一系列丧权辱国不平等条约的慈禧太后，到为了赢得外国列强支持自己当皇帝，与日本人签订丧权辱国21条的袁世凯；从为了重新当皇帝不惜投靠日本人，建立伪满洲国的溥仪，到抗战时期搞所谓"曲线救国"向日本人投降的汪精卫，无不被中国各族人民所唾弃，最终被历史无情地抛弃。

243

在中国的少数民族中也曾出现过一些搞分裂的人，他们无不以失败而告终，并受到全中国各族人民的唾弃，比如1933年11月沙比提大毛拉在喀什建立所谓的"东突厥斯坦伊斯兰共和国"，并自我任命为所谓的"总理"，这个所谓的政权只存在了短短三个月就被剿灭，沙比提大毛拉被迫逃亡国外。

1944年9月新疆伊犁、塔城和阿尔泰三个地区爆发三区革命，在革命初期以艾列汗·吐烈为代表的宗教上层封建势力控制了临时政府领导权，并于1944年11月12日成立了"东突厥斯坦共和国"临时政府，推举艾列汗·吐烈为政府主席。艾列汗·吐烈大搞反汉排汉，被杀害的汉、回族人民和其他居民估计达二万至七万人。1945年，在"临时政府"内部，以阿合买提江、阿巴索夫等为首的革命派逐步取得了领导权，主张拥护和谈与中国统一，反对反汉排汉与分裂中国。1945年10月"东突厥斯坦共和国"被取消。艾列汗·吐烈从此销声匿迹，被历史所抛弃。

新中国建立以来，以美国为首的西方势力从来没有停止过通过挑拨中国民族关系，以达到削弱甚至肢解中国的企图，然而在公开打出分裂旗号的问题上，他们则不得不有所忌惮，三缄其口。

4. 中国文化传统几千年一脉相承成为世界文化史上的独特景观

一些人总拿世界上曾经出现过的文明与帝国（罗马帝国、阿巴斯王朝、土耳其奥斯曼帝国、大英帝国、俄罗斯帝国、苏联）与中华民族做比较，推测中华民族也会像那些帝国一样分崩离析。其实，他们没有看到与这些帝国相比中华民族在地理环境、民族、人口、经济、政治、文化上高度的内聚性和凝聚力。在此，我们对公元一世纪前后东西方出现的两个大帝国：罗马帝国和汉王朝作番对比就可一目了然。

（1）罗马帝国与汉朝的不同

罗马帝国（前27—395），中国史书称为大秦、扶菻，是古罗马文明的一个阶段。罗马帝国的广大版图，是在罗马共和国后期征战的基础上，进一步拓展而得。罗马疆域的全盛期是图拉真统治时期，罗马帝国此时控制着大约590万平方公里的土地，是世界古代史上最大的国家之一。

A. 在地理环境上的不同

罗马帝国的领土西至大西洋边，北至莱茵河和多瑙河，东至幼发拉底河，南边则直到阿拉伯和非洲的沙漠地带。地中海世界看来不是一个民族或国家可以独占的相对封闭的世界，而是若干民族或国家都能互相竞争的开放世界。更重要的是，除了地中海世界内部已经存在各种不同的民族之外，地中海外部还有一个更为广阔的包括欧、亚、非三洲的已知或未知的庞大世界。从地理环境上来说，以地中海为重心的罗马帝国，可能同时遭遇到来自北面欧洲、东面亚洲和南面非洲的野蛮或并不野蛮的各种民族的进攻。

而当时的汉朝除了北方的游牧民族可能从北边侵入中国以外，中国的其他三个方向都有难以超越的天然界限，它们虽然把中国帝国的疆界和范围限定在这些界限之内，但也成了中国的天然屏障。而且，直到19世纪以前，在这些界限内的中国并未真正遭遇其他方向的外敌，尤其没有来自沿海方向的真正的外部压力。

B. 在民族构成上的不同

在民族构成上，罗马帝国是一个支离破碎的民族大拼盘，没有一个人口占多数的主体民族存在，而罗马人在整个帝国，其实只占人口的十分之一，没有足以影响外族的人口优势，就根本无法形成保存文明、同化外族人的统一核心。

而在中国，汉族在中华大地上占有绝对人口优势，早在胡族进入中原以前就已经确立了中原的绝对主体民族地位，当时中原就已几乎成为汉族的单一民族聚居区，且人口稠密，因而其他民族的入侵，无法对中国的种族和文化构成根本性的改变。

C. 在行政管理上的不同

汉帝国和罗马帝国作为幅员辽阔的跨地区大国，都要划分行政区。罗马广泛实行行省制，汉朝则广泛实行郡县制。二者都由中央委派官员统治地方，有相似之处。但具体说来，二者又有明显区别。

汉帝国承继秦朝的郡县制，有中央直接统治地方的一整套行政系统。郡有郡守（后改称太守）和郡一级官员若干人。郡以下是县，大县有县令、小县称县长，各县一级官吏若干名。官员都由国家任命，并按制度从国库领取俸禄（五铢钱和粮食）。县以下为乡，乡的"三老"是由地方官从当地民众里面选拔的，受命管理本乡，也从国家领取俸禄。在汉代实行郡县制的地方没有任何自治或半自治的城市。汉武帝以后，诸侯王国也名存实亡了。只有在西域这样的边疆地区才没有推行郡县制度，而是实行了羁縻制度。尽管以后历朝历代羁縻制度形式不同、程度有别，但其主要目标是要各边疆少数民族地区承认中原政权在政治上的核心地位。

而在罗马帝国，各行省的情况差别很大，它们所受的待遇也不全相同。例如，对于设在西西里的行省，罗马派一个总督去统率那里的罗马军队，并掌握那里的最高审判权，另外派两名财务官主管财政税收。总督和财务官都是每年一任，他们手下并没有整套的官僚机构。不少行省都兴起一批自治或半自治的城市，各有一片或大或小的土地。总之，在罗马的行省体制中，不同程度的地方自治相当广泛地存在。

D. 解体原因

东西罗马帝国分裂后，哥特人首领阿拉里克不断入侵罗马帝国。而东西罗马帝国不是团结起来一致抗敌，而是坐视阿拉里克强大，希望他去攻击对方。结果是，西罗马帝国亡于日耳曼等蛮族。

纵观历史，可以看出，几千年来，中华各民族的团聚和统一，始终是以中原地区为中心，以汉族为主体而日益发展和扩大的。尽管历史上曾出现过少数民族入主中原建立的王朝（如元朝、清朝），但并没有改变中华民族文化上的一脉相承。在这一点上，中国与世界上那些曾强大一时的诸帝国有明显的不同。

（2）中国与苏联的不同

与这些帝国相比，人们特别注意到苏联与中国的相似性，尤其是政治制度的相似性，由此，有人推测中国将重蹈苏联国家解体的覆辙。其实，中国与苏联领土特点、民族构成、文化传统有着本质的不同。在政治制度上，十月革命对中国革命产生了重大影响。在苏联的帮助下，中国成立了中国共产党，并成功地领导了中国的新民主主义革命，建立了中华人民共和国。因此，谈到曾经的世界社会主义阵营，人们不能不提苏联和中国这两个社会主义大国。但是这两个国家即使在政治上也有着诸多方面的不同。中国受苏联的影响走上了社会主义的道路，但是制度的具体内容和形式都反映着中国的特点，有着中国的特色。当初中华人民共和国建立时是这样，在中国改革开放以后更是这样。

A. 苏联的前身——俄罗斯帝国

俄罗斯帝国（俄语：Российская империя），简称为俄国、帝俄。1547 年，伊凡四世自封为"沙皇"，其国号称俄国。16—17 世纪，伏尔加河流域、乌拉尔和西伯利亚各族先后加入俄罗斯，使它成为一个多民族国家。1689 年 8 月彼得一世正式亲政。经过 1700—1721 年的北方战争，俄罗斯得到了通往波罗的海的出海口，使俄罗斯从内陆国变为濒海国。17 世纪它击溃了波兰和瑞典封建主的入侵。1721 年，彼得一世（彼得大帝）改国号为俄罗斯帝国。

俄罗斯帝国经过一系列的武力扩张，全盛时期领土面积达到 2500 万平方千米，是历史上领土第三大的帝国（仅次于排名前两位的大英帝国与蒙古帝国）。人口 1.7 亿（1914 年）。由于不断扩张成为全球性帝国，长期充当"欧洲宪兵"的角色。西部包括芬兰、波兰，与德意志帝国、奥匈帝国、罗马尼亚接壤。南部与奥斯曼帝国、波斯、阿富汗、中国、朝鲜接壤。东部与日本隔海相望。

B. 苏联的建立

第一次世界大战给俄国人民带来了深重的苦难。大战后期，1917 年 3 月，俄国爆发"二月革命"，推翻了沙皇的专制统治。1917 年 11 月 7 日列宁领导"十月革命"，从资产阶级临时政府手中夺得政权。在 1922 年 10 月 6 日俄共（布）中央全会上，列宁提出成立新国家的建议得到通过。同年 12 月 30 日，在莫斯科大剧院召开了苏维埃社会主义共和国联盟第一次苏维埃代表大会，会上通过的苏维埃社会主义共和国联盟成立宣言和联盟条约。后来，又有中亚的哈萨克、乌兹别克、土库曼、吉尔吉斯、塔吉克，波罗的海沿岸的爱沙尼亚、拉脱维亚、立陶宛，东南欧的摩尔达维亚陆续加入，苏联加盟共和国达到 15 个。苏维埃社会主义共和国联盟简称苏联。

C. 苏联的国土

苏联基本继承了俄罗斯帝国的领土范围。苏联包括东斯拉夫三国（俄罗斯联邦、乌克兰、白俄罗斯）、中亚五国（乌兹别克斯坦、哈萨克斯坦、吉尔吉斯斯坦、塔吉克斯坦、土库曼斯坦）、外高加索三国（阿塞拜疆、亚美尼亚、格鲁吉亚）、波罗的海三国（立陶宛、爱沙尼亚、拉脱维亚）、摩尔达维亚 15 个加盟共和国，巴什基尔、布里亚特等 20 个自治共和国，8 个自治州，10 个自治区和 129 个边疆区或州。1940 – 1956

年，还存在过卡累利阿—芬兰苏维埃社会主义共和国（1956年并入俄罗斯联邦，改名为卡累利阿自治共和国）。

D. 中国与苏联民族构成的不同

中国的主体民族汉族占全国总人口的93%，其他少数民族占7%，汉族在历史上不断吸收其他民族的成分而日益壮大，并通过屯垦移民和通商在各非汉民族地区形成一个点线结合的网络，奠定了中国疆域内许多民族联合成的不可分割的统一体的基础。而在苏联，主体民族俄罗斯族在人口数量上还不及全国总人口的一半，且多集中于俄罗斯加盟共和国境内。其他民族多有自己的世居地，并早已形成了自己的文化传统和政治管理体系。只是在沙皇俄国的扩张中逐步并入沙俄版图，苏联建立后，不同民族混居现象才逐渐发展。所以就国家民族形成的程度而言，中国的国族统一程度远高于苏联。

E. 国家组织过程和构成形式的不同

十月革命以后，在布尔什维克的影响下，沙俄统治下的各民族地区先后建立了自己的革命政权，最后在列宁的倡导下，按照平等、自愿的原则加入联盟，形成了苏维埃社会主义联盟，简称苏联。苏联成立后，实行的是联邦制，在法律上保留加盟共和国加入、退出联邦的权利。而中华人民共和国的成立，是在中国共产党的领导下，通过武装夺取政权，推翻蒋家王朝，解放全中国而建立的，因此，在处理民族关系上，中国没有照搬苏联的联邦制，而是按照马克思主义民族平等的原则，根据中国的历史、民情、社会现状的实际，实行民族区域自治政策。民族区域自治政策首先强调各民族区域自治地区首先是中华人民共和国的一部分，在民族自治区域各民族法律上一律平等，行使当家做主的权利。

因此，当政治经济矛盾尖锐的时候，苏联可以在一夜之间土崩瓦解，而中国不可能轻易落到这种境地。中国在近代一再面临外忧内患，政治几经更迭，国家数次陷入危机，却依然基本保持了国家的统一、领土的完整。

F. 两国所走的改革道路不同

斯大林执政时期开创的社会主义建设模式，被称为"斯大林模式"。它开辟了一种不同于市场经济的计划经济体制和新型的工业化模式。在这一模式下，国家可以按照统一计划调配人力物力和财力资源，在较短的时间里实现经济的快速发展。通过实施两个五年计划，苏联迅速实现了工业化。据苏联官方统计，到1937年，苏联的工业产量已居欧洲第一位、世界第二位。苏联经济实力的迅速增长，也为后来反法西斯战争的胜利奠定了物质基础。但这种模式也存在严重弊端：片面发展重工业，导致农业和轻工业长期处于落后状态，人民生活水平提高缓慢。国家从农民那里拿走的东西过多，农民的生产积极性不高。国家长期执行计划指令，压制了地方和企业的积极性，阻碍了苏联经济的持续发展。特别是这种高度集中的计划经济体制后来因没有进行有效的改革而日益僵化，成为以后苏联解体的一个重要原因。

中国在国家形态、经济体制上，选择了苏联的模式。因此以上这些现象在中国都不同程度地存在，所不同的是中国在经过"文化大革命"的十年浩劫后，进行了较全面、深刻的改革。比如：以土地承包责任制为中心的农村经济改革、对个体经济的放开、以企业改制为中心的城市经济体制改革、建设中国特色市场经济体制的提出，等等。这一切改革使中国在经济上保持了30年的高速发展势头。

而苏联的改革则走了另一条道路。20世纪80年代中期，苏联出现了社会动荡、经济增长速度下降、人民生活水平逐步下降的危机局面。1985年，戈尔巴乔夫执政，为了缓解经济困难，他首先进行经济改革。但这些经济改革措施缺少宏观决策和相应的配套措施，加上戈尔巴乔夫仍没有放弃苏联的传统做法，继续优先发展重工业，致使经济不断滑坡，人民生活水平继续下降。在经济改革没有迅速取得预期成果的情况下，戈尔巴乔夫把改革的重点转向政治领域，最终导致国内局势的失控和苏联的解体。

随着东欧剧变，苏联的加盟共和国政府也纷纷效法东欧诸国，意图脱离苏联而独立。1991年8月24日，苏联第二大加盟共和国乌克兰宣布独立。苏联开始走向解体。之后，俄罗斯总统叶利钦下令宣布苏共为非法组织，并限制其在俄罗斯境内的活动。1991年年底，他联同白俄罗斯及乌克兰的总统在白俄罗斯的首府明斯克签约，成立独立国家联合体，以建立一个类似英联邦的架构来取代苏联。苏联其他加盟国纷纷响应，离开苏联，苏联在此时已经名存实亡。1991年12月25日，苏联总统戈尔巴乔夫宣布辞职，将国家权力移交给俄罗斯总统叶利钦。12月25日晚，苏联国旗从克里姆林宫上空缓缓降下。12月26日，最高苏维埃自我解散，标志着苏联不再存在。

当苏联遇到政治经济体系上的障碍时，作为盟主的俄罗斯可以首先提出自己从苏维埃社会主义国家联盟中独立出来，以保护自己民族的利益，使苏联不攻自破，自行瓦解。当时担任俄罗斯总统的叶利钦，为了架空任苏共中央总书记的戈尔巴乔夫，实现自己的政治主张，不惜宣布俄罗斯独立，使苏联最终解体。他本人不仅因此掌握了俄罗斯的实权，而且稳坐江山多年，直到把权力安全交给他放心的接替者普京，最后寿终正寝。由此可以看出苏联虽然早已经宣称苏联民族已经形成，实际上整个国家的统一传统尚未形成，民众的统一意识还比较淡漠。在这一点上，中国的情况与苏联有着显著的不同。在中国近代，虽然内忧外患、屡遭劫难，各种不同的治国主张层出不穷，不同政治派别此起彼伏，争斗不断。但是，在维护祖国统一、捍卫国家主权问题上中国各政治派别表现出高度的一致性。

5. 总结

中华民族的形成、中国的政治区划、文化特点对自然地理有着高度的依赖性，并长期相互作用，形成了中华民族的历史与现实，在这些方面中华民族根本不同于世界各个地区曾经出现过的文明与帝国。所以用这些历史上大国的命运来认识中华民族，推测中华民族的命运，不是无知，就是别有用心。中国现代化的道路任重而道远，可能将会继续遇到很多的暗礁和险滩，但中华民族继承历史上已经形成的统一，在新的历史条件下继续发展这种统一，不断推动国家发展，逐步实现民族复兴的走向和趋势是不会改变的。

（二）非洲的政治区划与地理环境的关系

非洲一些国家的国界与传统自然形成国家的国界有很大的不同。在非洲，由于殖民主义对非洲的统治与瓜分，中断了当地文化原有的历史发展过程。殖民主义按照他们势力的大小人为地瓜分殖民地，人为地创造了许多"国家"，这些"国家"的界线往往是直接按照经纬度划分的，与当地不同的种族（ethnicity）分布界线并不重合。在殖民主义时期，这些文化差异很大的种族（ethnicity）被强行合并到一个"国家"之内，而文化上并没有融合在一起。当殖民主义结束以后，这些按照经纬度划出的国家（nation），其内部的种族矛盾就暴露出来，使这个地区的民族关系、语言生活呈现出极其复杂的局面，为这个地区后来的民族冲突、语言冲突留下了极大的隐患。

三、政治区划（国界、地州界）对语言的塑造作用

国家对国内的语言生活进行规划，有利于国内共同语的形成、规范与普及，如秦始皇统一六国后，在全国推行了书同文、车同轨的政策，对汉语言文字的统一起了促进作用。在其后的历朝历代中，汉语都是中央王朝主要的行政用语，以及少数民族地区最重要的第二语言。

国内行政区划的划分也可对语言和方言产生一定的影响。一些研究表明，语言、方言不仅受河流走向、山脉走势等自然地理的影响，也受行政区划的影响。王胜文先生对处州方言的地理语言学研究发现：[①]"行政区划界限的改变，会使方言的向心力改变方向，从而使该方言离它的原权威方言越来越远，渐渐向新的权威方言靠拢。丽水县最东端的严鸟乡情况就是这样。严鸟乡原名严溪乡，历史上一直属缙云县，1951年严溪划归丽水县，并改名为严鸟。半个多世纪过去了，严鸟话仍保留着大量的缙云话的语言特征。然而，五十多年来，由于行政区划界限的改变，严鸟人与丽水人的交往比过去增多。另外，交通状况也与行政区划有关。解放前，处州一带的交通普遍比较落后，近几十年开始广修公路，但是由于区划与资金条件的不同，各县在公路修筑上往往'各扫门前雪'。严鸟与缙云的临乡之间仍只有一条狭窄的小路，仅供小型车辆通行，而与丽水县城实现正常班车运行已经有几十年的历史了。这种因行政区划而造成的交通问题使得严鸟人与丽水人的交往越来越频繁，严鸟话自然也就吸收了越来越多的丽水话成分。"

[①] 参见王胜文著：《处州方言的地理语言学研究》，中国社会科学出版社2008年，第146页。

四、政治区划（国界、地州界）对语言塑造作用的有限性

政治区划对语言会产生影响，但是，这种影响只是众多影响因素（地理、人口、经济、文化等）中的一种，政治区划影响只有与其他众多影响因素形成合力，才能对语言生活产生较大的影响作用。

国家的扩张可以引起语言的扩散与传播。如，罗马帝国的强盛及在亚、欧、非的扩张，使拉丁语在亚、欧、非三洲都得到极大传播，而罗马帝国的崩溃，拉丁语统治语言地位的丧失，又使拉丁语成为死亡语言。日本军国主义在"二战"前崛起，并在其后对周边国家进行大规模侵略，对占领区人民实行强制性的日语教育，但战后，随着日本的失败，朝鲜的独立，台湾的回归中国，中国东北的解放，使日语在其国土以外的分布区完全消失。

结　语

地理环境是人类社会得以存在与发展的基础，地理环境通过影响人类社会而影响人类的语言生活。在农业社会，地理环境对农业生产影响的优越与否决定着人们的聚落规模与社会的发展程度，进而影响其语言文字的发展程度。地理环境对交通运输的制约影响着不同地区人们物质与文化上的交流程度，影响着人们的迁徙走向，进而影响着语言的传播方向和程度。地理环境是城市形成的重要条件，区域中心城市往往也是同一区域中心方言的形成区。现代社会世界性城市的形成必然促使全球地区性通用语、世界性通用语的产生与发展，英语在越来越多地显示出它世界通用语的功能。地理因素是国家疆界及国内政治区划形成中不容忽视的因素，地理因素通过人类社会的行政区划分割人类活动的范围，进而影响着人类的语言生活。

第九章 人口与语言生活

一、人口是语言生活产生与发展的前提条件

　　一定地理环境中人类群体的存在是人类社会产生的起点。人口是人类社会产生的根源，是人类之所以研究自然和自身的缘由与目的。马克思、恩格斯在研究人类社会发展时提出了"两种生产"理论，把人的再生产提到了非常重要的位置，指出：物质资料的生产和人的自身生产，是社会生产这一矛盾统一体的两个方面。二者相互依存，相互制约，相互渗透。没有人类自身的生产，物质资料的生产就失去了前提、主体和目标，就不会有人类社会；没有物质资料的生产，人类自身则无法生存。实际上，人类社会的存在和发展正是这两种生产矛盾运动的结果。一定自然环境中的人口的构成及其活动方式不仅决定了他们的生活形式，而且也决定了他们的语言生活，决定着他们使用哪种语言文字作为第一语言，使用哪种语言文字作为第二语言，决定着具体语言文字的在人们群体中的社会功能与使用范围。

二、人口状况是决定语言生活的直接因素

　　语言是人们交流思想、进行交际的工具。一个民族在形成的过程中，由于长期处于相对独立的环境中会形成自己独特的语言。一般来说，每一个民族都有一种共同使用的语言，因此，语言常常成为判定民族的一个重要依据。然而，一个民族在发展的过程中并不总是处在独处的环境中，民族之间的交往与杂居会带来第一语言的变化和操用第二语言，会出现不同民族使用同一种语言和同一民族使用不同语言。

　　地理对语言的影响，实际上就是地理环境通过对人类聚落与迁移的影响，进而影响到不同族群文化与语言的分割、融合、迁移、传播。人类族群的人口数量、聚落特点、迁移状态、混居状况、人口质量会对他们语言生活的具体演变带来影响。

　　经济活动中的接触与交往是双语产生的根本原因，然而，经济活动只有转化为不同人群的接触，才可能导致语言接触、最终形成各种不同形式的双语现象。同理，经济因素、政治因素、文化因素、以及其它因素只有转化为不同人群各种形式的接触，才能形

成语言接触，导致双语的产生。所以我们说：大地理范围、小地理范围中不同人群的人口分布、接触状况是决定其语言生活的直接条件。

在探讨人口与语言生活的关系时，要对人口进行量与质两个方面进行分析。在对人口进行量的分析时至少要从人口的数量、人口的分布、人口接触的密切程度这三方面来分析。在对人口质量进行分析时至少要从人口的身体素质和文化素质两个方面来分析。

第一节　不同民族的人口数量对其语言的影响

一、使用人口较多的语言较容易发展成为功能较为完善的语言

在政治、经济、文化条件相差不大的情况下，使用人口较多的语言较容易发展成为功能较为完善的语言。一个语言如果使用人口多，其经济、文化的总量就较多，社会活动的规模就较大，有学习、使用这种语言需求的人就多，研究、教授这种语言，用这种语言思维与写作的人就多。这样，就会促进这种语言口语的规范与统一、书面语的形成与提高、语言教学规模的扩大与质量的提高、语言族群整体语言水平的提升、语言社会功能的扩展等。世界上一些较古老，使用人口较多的语言如英语、汉语、斯瓦希里语、阿拉伯语等都体现着这方面的特点。

二、使用人口多的语言具有较强的传播能力

由于使用人口较多的语言有以上特点，所以在政治、经济、文化条件相差不大的情况下，使用人口较多的语言其传播扩散能力较强。较为直接的原因有：

（一）使用人口较多的语言被使用的机会较多

在一定地域范围内，使用人口多的语言被使用的机会较多，语言环境较好，便于这种语言的学习与掌握。如在中国，有十几亿人在说汉语，在中国内地汉语语言环境较好，其他语言族群的人如果进入中国内地学习汉语就较便利。因此，我们看到不少外国人、国内少数民族同胞如果在中国内地居住较长时间，只要有心学习汉语，他们的汉语都说得较流利、自然。

（二）学会使用人口多的语言能获得较多的就业发展机会

在乌鲁木齐二道桥大巴扎的维吾尔族商人大多数都能用汉语叫卖，讲价钱，因为在乌鲁木齐汉族在人口上占多数，全国各地的人到新疆旅游、办事都要经过乌鲁木齐，汉族是乌鲁木齐二道桥大巴扎的重要客源，所以这里的维吾尔族商人大多能操汉语进行商

业交易。而在新疆南疆，在维吾尔族占多数的很多县、乡，当集市到来的时候，满耳朵听到的则是维吾尔语的叫卖声，有的非维吾尔族居民在这里做生意也用维吾尔语，因为这里的居民维吾尔族占多数，主要客源是维吾尔族。

汉族占中国总人口的百分之九十三，汉语不仅是汉族使用的语言，还是占中国总人口百分之七的少数民族的族际交际语。因此，在中国学会了汉语就意味着能获得更多的就业机会、更广阔的发展空间。有一次在武汉的大街上，我看到了一个卖烤肉的维吾尔族青年，我与他聊起了汉语学习，他深有感触地告诉我：学习汉语太重要了，中国这么大，会汉语就能走南闯北，到处做买卖。不会汉语到哪儿、干什么都不方便，我太后悔我上中学时经常逃课没有学好汉语。当我问他：如果你有孩子，你会让他怎样学习汉语？他说："我一定会让他认真学汉语，不要逃课，如果他不听，我就打他"（认真地作了一个打人的动作）。

（三）在族际交际中人们更容易选择使用人口较多的语言

在族际交际中，在其他条件相差不大的情况下，人们更容易选择使用人口较多的语言。联合国规定了六种工作语言（按英文字母顺序为：阿拉伯文、中文、英文、法文、俄文和西班牙文），确定这六种工作语言时，语言的使用人数是重要参考标准。在欧盟内部从法律上讲 15 个参加国的语言都是平等的，但在实践中人们不得不从效率的目的出发，逐渐形成以英、法两种语言为工作语言的现实。随着欧盟的不断扩大，又逐渐形成了以英语为主要工作语言的局面。其中重要的原因是英语是世界范围内、欧盟范围内使用人数较多的语言。中国是发展中国家，但汉语却在世界上成为较重要的语言，其中我们不难看到汉语在使用人数上的优势，汉语是世界上作为母语使用人口最多的语言。

第二节　不同民族人口的分布状况对其语言生活的影响

人口的数量是个单纯数量的概念，在实际生活中，人口在一定地理范围内的分布状态，决定着单位面积中某个民族的相对数量优势。一个民族人口的分布模式分为两种：聚居、散居。不同语言族群人口的分布状况对语言的影响表现为以下方面：

一、民族的聚居对其语言生活的影响

一般情况下，大地理范围内人口总数占优势会大大提高其语言使用功能发展的潜力。如果人口较多的民族又处于聚居状况，就有利于促进其语言文字的规范、统一，强化其语言在日常生活、经济生活、政治生活、文化生活中的功能，增强其语言的保持能力与传播能力；大地理范围内使用人口较少的语言其语言使用功能的发展潜力、语言的传播能力会受到限制。当然，多与少总是相对的。人口较少民族的聚居能使这个民族在一定的地理范围内保持人口数量上的相对优势，这除了会对语言的功能产生影响外，更重要的是对语言接触环境产生影响，从而有利于自己语言的保持与传播。

任何事情有一利必有一弊。单一民族的聚居从语言环境上讲不利于学习其他民族的语言。在汉族聚居区，能够使用其他民族语言的人较为罕见。在新疆，维吾尔族聚居区维吾尔族学生的汉语使用能力普遍低于维汉杂居区维吾尔族学生的汉语使用能力。

二、民族的散居对语言生活的影响

一个民族的散居，会使这个民族在一定的居住环境内成为人口数量上的相对少数，从而改变使用自己语言的环境，对自己语言的功能与保持带来一些负面影响。但与此同时也会为学习相邻民族的语言创造便利的语言环境条件。如在新疆，生活在汉族聚居区的少数民族一般汉语较流利，而生活在维吾尔族聚居区的其他民族也常常能操一口流利的维吾尔语。

三、中国各民族的人口构成与双语结构的几种类型

（一）汉族人口占百分之九十三，其他少数民族占百分之七

1. 中华民族及汉语的形成发展史

距今三千年前，在黄河中游出现了一个由若干民族集团汇集和逐步融合的核心，被称为华夏，像滚雪球一般地越滚越大，把周围的异族吸收进入了这个核心。它在拥有黄河和长江中下游的东亚平原之后，被其他民族称为汉族。汉族继续不断吸收其他民族的成分而日益壮大，而且渗入其他民族的聚居区，构成起着凝聚和联系作用的网络，奠定了以这个疆域内许多民族联合成的不可分割的统一体的基础，成为一个自在的民族实体。近百年来，这个自在的民族实体在和西方列强对抗、保卫国家疆域的斗争中成为自觉的民族实体——中华民族。[①]

秦始皇结束战国时代地方割据的局面在中国历史上是一件划时代的大事，因为从此统一的格局成了历史的主流。秦始皇在这基础上做了几件重要的事，就是车同轨，书同文，立郡县和确立度量衡的标准，在经济、政治和文化上为统一体立下制度化的规范。车同轨和度量衡的标准化是经济统一的必要措施。传统的方块字采用视觉符号把语和文分离，书同文就是把各国的通用符号统一于一个标准，也就是把信息系统统一了起来，在多元语言上罩上一种统一的共同文字。这个信息工具至今还具有生命力。废诸侯，立郡县，建立了中央集权的政体，这个政体延续至今已有2000多年的历史。

---

① 费孝通等著：《中华民族多元一体格局》，中央民族学院出版社1989年7月第1版，第1页。

2. 汉族人口及语言的分布状况

中国的历史造就了中国现在的状况：汉族人口占全国人口的百分之九十三，其他少数民族占百分之七。总体上看来，汉族的分布特点是大聚居、小分散。在中国内地汉族呈大聚居状态，而在少数民族地区，汉族又呈散居状态。中国少数民族的分布特点是大分散、小聚居。中国各少数民族分散地居住在中华大地上的不同地域，但在每个民族各自的聚居地又呈小聚居状态。中国不同民族分布的总体特点决定了中国总体的语言状况：汉语不仅是汉族内部使用的语言，在各少数民族地区还具有族际通用语的功能，由于它的使用功能占有极大优势，就是在少数民族聚居区，人们对汉语的学习掌握也有着极大的期待。

（二）较大少数民族在世居地数量占优势，呈大聚居、小分散状态

一些人口较多的少数民族如维吾尔族、藏族在世居地不仅数量上占优势，而且呈大聚居、小分散的状态。因此，维吾尔语、藏语在新疆、西藏等地具有较大的社会功能，也具有较好的语言使用环境，甚至在一定程度上成为当地少数民族间的族际通用语。

（三）在较大少数民族聚居地其他民族呈大分散、小聚居状况

在较大少数民族聚居地其他民族又呈现大分散、小聚居的状况。如新疆南疆的柯尔克孜、塔吉克族、回族，部分汉族在维吾尔人为主的区域也呈大分散小聚居状态。这些民族除了能较好的传承自己本民族的语言，也有学习其他相邻民族语言的语言环境条件。

第三节　不同民族语言接触的密切程度决定着双语的发展程度

在不同民族的混居区，不同民族语言上的真实接触会促使双语现象的产生。不同民族语言接触的方式可按照在生活中的需要程度分为：日常生活中的语言接触、经济生活中的语言接触、学校学习中的语言接触、社会文化生活中的接触、媒体中的接触、不同民族通婚中的语言接触等等。操不同语言的人们接触越密切，越有利于语言的相互学习。接触的密切程度是影响双语状况的直接条件。

一、日常生活的语言接触

在多民族、多语言地区，不同民族、不同语言族群最一般的接触方式是共同居住同一个社区，低头不见抬头见。这种接触的特点是日常性和随意性。所谓日常性是指由于居住在同一个社区，不管你有没有见面的意愿，在共同居住区的碰面都是不可避免的，

而且常常是不期而遇的。所谓随意性是说，见面可以打招呼，也可以不打招呼；可以由生疏到熟识，也可以老死不相往来；可以有语言接触，也可以没有语言接触；可以是点头之交，也可以是莫逆之交。总之，一切随意，一切皆由双方的需要和兴致决定。很多中国留学生到国外留学，住在当地人聚居的社区里，有的留学生可以在当地人中广交朋友，利用当地的语言环境很快掌握当地的语言，也有的留学生独居一隅，不与当地人交往，或只与当地的中国人交往，虽处在目的语社会中，却不愿意与当地人发生语言接触，结果留学多年，目的语学习进步甚微。在多民族、多语言地区，这两类人都是我们常见的。

二、经济生活中的语言接触

人的生活离不开衣食住行，离不开经济生活。在多民族、多语言地区的经济生活中，必然会发生不同民族的接触、不同语言族群的语言接触。经济生活中的语言接触是日常性的、必须的，同时也是有限的。

说起经济生活中的语言接触我们首先会想起不同民族间的贸易活动。一个民族的商贩要把自己的货物卖给另一个民族的顾客，能用对方的语言谈生意是十分有利的条件，因此，在不同民族间经商的商人往往是学习、使用相邻民族语言最努力的一群人。在多民族多语言地区的集市上，你能看到各种各样的商贩在用自己熟练或不熟练的其他民族的语言向相邻民族的顾客推销自己商品的场面。当然，顾客也在与相邻民族的商人进行交易中感受到了互通语言的重要，甚至在这一过程中学到了一些相邻民族的语言。当然，这种语言学习往往是为了满足临时的需要，是应急式的、零散的、不系统的。因此我们说，经济生活中的语言接触是日常性的、必须的，同时也是有限的。但同时，我们也应该看到这种语言接触对双语现象的萌发、发展起着最直接的、最基础的作用。

经济生活中的语言接触除了贸易活动以外，最常见的就是职场中的语言接触，不同民族、不同语言族群的职员在同一个职场共事，必然发生不同语言的接触。职员在工作中接触不同民族、不同语言族群的顾客也必然引起不同语言的接触。由于职场中的语言接触是强制式的、长时间的、高密度的，所以，职场语言接触对双语的促进是长期的、日常的、全面的。

三、学校学习中的语言接触

多民族多语言地区的青少年除了在日常生活中接触相邻民族的语言以外，学校是接触另外一种语言的重要场所。在学校里不同场合的语言接触，会带来不同的双语学习效果。

（一）不同民族同校学习对互学语言的促进作用

在多民族、多语言地区，有条件的地区会按照民族的不同开办用不同语言授课的学校，比如在新疆，在维吾尔族聚居区会开办维吾尔族中小学，在哈萨克聚居的地区会开办哈萨克族中小学，在汉族聚居区会开办汉族中小学。这种办学模式有它的优点，便于学生对自己母语的学习与教学上的管理，但也有其弊端，那就是各民族学生在自己民族的学校里学习，各民族学生之间缺乏交往的条件与机会，不利于不同语言间的接触，不利于学生第二语言的学习。在一些少数民族中小学，虽然也开了汉语课，但是，由于学生没有与汉族接触、交往的机会，学的汉语只能长期停留在哑巴汉语、聋子汉语阶段。在新疆的一些民汉杂居区，一些汉族学生由于在汉族学校上学，与少数民族学生实际接触较少，客观造成他们对少数民族语言的接触和学习与当地民汉杂居的现实极不相称的局面。

近些年，新疆人民政府看到了这一问题，开始提倡在有条件的地方开办民汉合校，从促进不同民族青少年的交往、促进不同语言族群的语言接触，促进不同民族青少年互学语言、促进双语化发展上来讲，有其积极意义。

（二）不同民族同班学习对互学语言的促进作用

在新疆，一个民族的学生到另一个民族的学校学习，在其他民族语言的授课班跟班听课是一种常见现象。如，一些少数民族学生进入汉族中小学接受义务教育。在一些少数民族聚居的农村乡镇，一些汉族学生进入少数民族中小学接受义务教育。在内地的一些大学，新疆少数民族学生直接进入汉族班接受本科教育等。这种进入用另一种语言授课的班级，接受另一种语言系统教育的方式不仅能使学习者掌握到该语言扎实的听说读写能力，而且有利于系统掌握该语言口语、书面语的交流能力。

（三）不同民族同住一个宿舍对互学语言的促进作用

在内地的一些大学，一些新疆少数民族学生经常会向校方要求把他们安排到汉族学生宿舍去住，以加速他们汉语能力的提高。从实际效果看，这确实是个好方法。少数民族学生住进汉族学生宿舍，等于完全进入汉族学生的生活环境与语言环境，使自己与汉族学生朝夕相处，能促使自己的汉语实用能力迅速成熟。一位在汉族学生宿舍住过一年的哈萨克族学生告诉我：我在汉族学生宿舍住的一年中，每天晚上入睡前的最后一句话说的是汉语，每天早上醒来的第一句话也是汉语，这一年的汉语提高是以前多少年汉语学习成效的总和，早知如此，我早就应该走这一步。在新疆，一些有志于学习少数民族语的汉族学生，也极其重视与少数民族学生同处一室的语言学习条件。可见不同民族、不同语言族群的学生同住一个宿舍的学习生活会对不同语言的接触、互学语言、双语能力的发展创造良好的条件。

四、社会文化生活中的语言接触

一个民族除了自己的日常生活、经济生活、学校生活、职场生活以外，还有自己的社会文化生活，如：婚丧嫁娶、年节庆典等。不同民族在社会文化生活中的相互接纳是民族间交往、语言间接触的重要方面，他不仅是民族交往、语言接触的重要机会，同时也是一个民族接纳其他民族，接纳其他民族语言的重要标志。

在新疆不同民族的杂居区，人们的年节庆典、婚丧嫁娶曾经是不分民族、共同参与的，但在20世纪80年代以后逐渐发生了一些变化，一些民族的社会文化生活开始倾向于本民族、本宗教内部参与为主。离新疆首府乌鲁木齐一百多公里的托克逊县城是个多民族混居的城镇，我曾在20世纪末参加过托克逊县一个维吾尔族人的婚礼，几百人的婚礼大厅里除了我以外见不到一个汉族，听不到一句汉语，使我难以相信这是一个维汉混居城镇。

五、不同民族在媒体传播中的语言接触

媒体在现代社会对人们的生活有广泛的影响，是人们生活的重要方面。我们不能想象我们的生活可以缺少电视、广播、网络等媒体。媒体离不开语言，媒体中不同语言的接触是语言接触的重要方面。一个民族、一个语言族群对其他民族语媒体的接受程度与该民族、该语言族群双语的发展水平呈正相关。

在英语国家，英语媒体铺天盖地，一个不懂英语的中国人到了国外会感到自己顿时变成了聋子、哑巴。可是当他回到中国，又会遇到另一种状况，汉语媒体铺天盖地，英语媒体突然变得几乎销声匿迹。尽管近些年来中国也开播了英语电视频道，但对大多数中国人来说，英语电视频道与自己没有多少关系，可有可无。这与中国民众普遍的汉英双语水平较低有关。

在新疆的南疆，当走过县以下的大小城镇时，你会听到满耳都是维吾尔语各种媒体的声音，汉语媒体的声音几乎销声匿迹。这与当地民众维汉语双语水平状况直接相关。

六、不同民族间的通婚对语言接触的影响

不同民族、不同语言族群对相互通婚的宽容程度实际上综合反映了对以上5个方面语言接触的宽容、接受程度。一个民族如果对其他民族、其他语言族群持以较宽容的态度，能够接受与其他民族、其他语言族群间的通婚，实际上也就表明他们较大程度地宽容与接受其他民族的的日常生活、经济生活、学校生活、社会文化生活、宗教生活、媒体生活。

不同民族、不同语言族群的通婚不仅会为男女双方创造强制性、经常性的语言接触条件，从而促进双方，至少是一方的双语化程度，同时对后代的双语化程度也会产生强烈的影响。一般情况下，不同民族、不同语言族群通婚家庭的子女双语化水平普遍较高，他们的第一语言往往是他们母亲的语言，随着他们年龄的增长，他们的学校用语和工作用语将根据具体的语言环境与社会的需求，选择社会功能较大的语言。

第四节　不同民族人种上的特点对其语言生活的影响

不同种族人种上的特点与种族生物遗传关系较大，一般我们很难把它与语言生活联系起来。然而，当不同民族在政治经济上所产生的影响投射到其人种的特点上，再从人种特点反射到语言生活上，就会出现一种匪夷所思的奇特现象：不同民族人种上的特点对其语言生活发生影响。

一、人种的起源

有观点认为：所有的人类都属于同一个物种，有共同的祖先。所有人类种族本源于一个地方（可能是西南亚、北非或东非），最初人类形态差异很小，此后由于扩散迁徙，各自生活在条件极不相同的自然地理环境之中，在长期的对地理环境的适应过程中，逐渐在其体质形态等方面产生了一些具有共同遗传特征的人类群体。

一般认为[①]，人种的形成开始于旧石器时代晚期，距今约 5 万年。在漫长的历史时期，人类的生活受着自然环境的强烈影响，当今人种的诸多特征具有明显的适应周围环境的意义。古代蒙古人种生活在亚洲东部草原和半荒漠的环境中，风沙大，加上季风影响，肤色在干季因日照强烈而呈黄色，产生了特殊的中鼻型，鼻孔宽而鼻管深藏，具有防寒又防热的形态，睛色深；形成特有的蒙古眼型。白种人生活在欧洲东北部，那里气候寒冷潮湿，日照少，人们的皮肤、头发和眼睛的颜色浅，鼻型因防冷而向狭鼻发展，形成波状发型。黑种人生活在热带地区，由于日照强烈，炎热潮湿，因此皮肤黑而鼻型宽，产生卷发型。介于三大中心之间的人种，具有过渡性质的体质特点。

二、人种的划分

人种，即人类的种族，是指具有共同起源并在体质形态上具有某些共同遗传特征的

---

① 参见赵荣、王恩涌等：《人文地理学》（第二版），高等教育出版社，2006 年 5 月，第 95 页。

人群。这些特征包括肤色、眼色、发色、发型、身长、面型、鼻型、血型等。可见，人种概念属于生物学和体质人类学范畴，它是人类自然属性的一种表现。目前，按国际上比较统一的看法，将人类分为四大种群和12个种族[①]。

(一) 白色种族群

皮肤呈白色、浅棕色，波状金发或棕发，鼻高目蓝。白色种族群虽不是世界上数量最多的种族群，却在世界上分布最广。不仅分布在欧亚大陆的西部，也分布在从毛里塔尼亚到索马里的北非地区以及西亚、南亚地区。白色人种内部也略有差异，可分为三组：①北欧种族；②南欧种族；③印度种族。

(二) 黄色种族群

亚洲大陆和美洲大陆的土著居民构成黄色种族群。皮肤黄色，毛发黑而直，眼褐色。根据内部差异，又可分为：①蒙古种族；②美洲印第安种族；③爱斯基摩人种族。

(三) 黑色种族群

皮肤呈黑棕色，头发黑且呈羊毛卷状。唇厚。黑色人种分布比较广泛，但以撒哈拉以南的非洲大陆为中心。此外，美洲也有两千多万黑人，他们是奴隶贸易时期被殖民者从非洲搬运去的黑人奴隶后裔。其内部又可分为：①尼格罗种族；②布须曼种族。

(四) 棕色种族群

肤色深，儿童的头发有时为红色甚至是亚麻色，毛发卷曲。他们与非洲黑人的区别是：鼻梁高而不扁，唇厚但不外翻。主要分布在太平洋及太平洋岛屿的美拉尼西亚、密克罗尼西亚和波利尼西亚等群岛上。由于该种族内部差别明显，又可分为四个种族，即①澳大利亚种族；②美拉尼西亚种族；③波利尼西亚种族；④密克罗尼西亚种族。

三、地理人种

除以上种族划分以外，后来一些学者考虑到人种的混合，定义了地理人种的概念，其含义是：地理条件对体质、血型系统、免疫系统和遗传基因有一定影响，导致地理区范围内的人群具有一定共性，这些人群称为地理人种[②]。它是以洲为单位而划分的人种，是相当于对洲的范围自然环境长期而连续地适应所产生的结果，但其分布范围实际上与各大洲的界线并不完全重合。在地理人种以下又分地域人种和小人种。地域人种是人种的基本进化单位，在同一地理人种内存在着地域上的差异。小人种则是地域人种下的单位，是由社会习俗、内部婚配长期形成的人群。

(一) 亚洲地理人种

该人种又称蒙古地理人种。它包括蒙古地域人种、西藏地域人种、中国华北地域人

---

① 部分观点参考了赵荣、王恩涌等编著：《人文地理学》（第二版），高等教育出版社，2006年5月，第91页。

② 参见赵荣、王恩涌等：《人文地理学》（第二版），高等教育出版社，2006年5月第93—94页。

种、东南亚地域人种和爱斯基摩地域人种等。

（二）欧洲地理人种

又称高加索地理人种。它包括东北欧地域人种、西北欧地域人种、阿尔卑斯地域人种和地中海地域人种等。在新大陆被发现以后，欧洲地理人种大量迁移到南北美洲、澳大利亚、新西兰、南非等地。

（三）非洲地理人种

又称尼格罗地理人种。它包括森林尼格罗地域人种、俾格米地域人种、班图地域人种、布须曼和霍屯督地域人种、东非地域人种、苏丹地域人种和南非有色地域人种等。由于历史上的奴隶贸易，此类人种现还分布于美洲、加勒比群岛等地区。

（四）美洲印第安地理人种

它是南北美洲的土著人。该地理人种下分北美洲印第安地域人种、中美洲印第安地域人种、南美洲印第安地域人种和福吉安地域人种（即火地岛地域人种）。现该地具有大量的印第安人与欧洲人、印第安人与非洲人的混血后裔。

（五）印度地理人种

该地理人种是居住在印度次大陆的人群，包括印度地域人种和达罗毗荼地域人种。

（六）澳大利亚地理人种

该人种是原居住于澳大利亚和塔斯马尼亚的人群。塔斯马尼亚地域人种已灭绝，只剩下默里澳大利亚地域人种和卡奔达地域人种。现当地在人数上则以白人移民占绝对优势。

其余的三个地理人种为美拉尼西亚地理人种、密克罗尼西亚地理人种和波利尼西亚地理人种。

需要指出的是：虽然各个人种类型在体型和某些遗传特征上具有一定的差异，但彼此之间的交叉和过渡现象也很明显，即使在同一个人种内部，身材、肤色、鼻腔、嘴唇、头发、头部形状等差别也很大。从人类的生物学特性来看，各个人种之间的共同点是本质的，而差异则是次要的，如许多器官的构造和生理机能都完全一样。因此，人类在种属上具有统一性。

四、人种、种族的融合和变化

人种和种族分别是体质人类学和文化人类学上的划分，不同的人种和种族都是不断变化的。从人种来看，几百年来9大地理人种和32个地域人种都是不断变化的，现代化过程中人群的变化尤其迅速，旧的人群很快消失而新的人群不断出现。

16世纪初，在地理大发现之前的时候，亚洲的地域人种主要集中在亚洲，非洲的地域人种也主要集中在非洲的下撒哈拉地区，美洲的印第安人南北也有差异。500年之后，不仅人种的结构发生了改变，人种的分布也发生了变化，其中最显著的是欧洲地理人种和非洲地理人种结构与分布的变化。欧洲地理人种的迁移最为明显，他们从欧洲原分布地向世界各地扩张。现代世界正在经历全球化的过程，人群之间的交往越来越密切，传统的地理上的隔绝已经被打破，人群之间的体质人类学差距正在逐渐缩小，人群之间的体质人类学特征趋同，这可能是一个大的世界趋势——现代人类从最初走出非洲，经过了几十万年的分异之后，又可能通过混血的方式达到体质人类学上的回归，所以，人种和种族都不是固定不变的，有分化，也有趋同。当今世界人群的趋同是主要趋势，但是在大的趋同趋势之下，文化人类学方面的趋同，即种族之间的趋同要慢很多。

五、人种、种族与民族概念上的异同[①]

（一）人　种

是指具有共同起源并在体质形态上具有某些共同遗传特征的人群。这些特征包括肤色、眼色、发色、发型、身长、面型、鼻型、血型等，它是人类自然属性的一种表现。

（二）种族（ethnicity）

是主要按文化人类学的特点对人类群体进行的划分。种族的区分主要是文化人类学的差别造成的（如犹太人与日耳曼人的区分），有时候是体质人类学的差别造成的（如黑人与白人）。但大多数情况下是两者的叠加造成的（如美国、南非对黑人的种族隔离问题）。种族之间由于行为方式、思维模式、语言特点、宗教信仰等文化方面的差别往往会导致种族间的隔绝和仇恨。比如，早在欧洲的中世纪城市中，犹太人就被单独分离出去，在城市内部形成专门的犹太隔离区，二战时期这种种族隔离情况更加严重，并导致了在德国占领区内对犹太人的大屠杀。

（三）民　族

斯大林在《马克思主义和民族问题》中提出，"民族是人们在历史上形成的一个有共同语言、共同地域、共同经济生活以及表现于共同文化上的共同心理素质的稳定的共同体。"现代民族的概念是：在一块共同的土地上，有共同的价值观和文化观的一大群人称之为民族，它是一个共同体，相当于政治单元上的国家，所以"nation"也翻译成国家。民族之下再包含着种族（ethnicity）和人种（race）。

中华民族是一个"nation"的概念，包括了960万平方公里的陆地面积，这个范围之内包含的56个民族，实际是56个"ethnicity"；中华民族又是由不同的"race"构成的，从地域人种来看，主要包括了蒙古地域人种、华北地域人种、东南亚地域人种、西藏地域人种。从文化人类学的角度，我们通常所说的56个民族，主要指的是文化上的特点，是基于"ethnicity"的文化的差别。

有时候民族（nation）和种族（ethnicity）是一致的，种族（ethnicity）和人种

[①] 部分观点参考了邓辉编著：《世界文化地理》，北京大学出版社，2010年9月，第149页。

(race）也是一致的，即一个民族国家在体质人类学上属于同一个人种，文化人类学上属于同一种族。但是这样的民族国家在世界上非常少，只有外蒙、日本、朝鲜等少数几个。一般来说，一个国家内部都是多种族、多人种的，所以斯大林提出"民族"（nation）概念，就是源于苏联境内包括了80多个种族（ethnicity）的特点。

六、种族主义与种族冲突

种族的划分是一个纯自然的特征划分，从某种意义上来说，只有相对的意义。对人类种族的人为划分只是为了区别居住在不同地方的人在外在生理特征上的差异，这种差异是长期自然选择和环境适应与变异的结果。

然而，种族主义却以人在自然形态方面的外在表现的差异来解释世界各种族之间的文化差异，认为白种人是高等种族，有权统治其他种族。早在15世纪地理大发现以后，欧洲殖民主义者就把种族主义的论调作为掠夺和侵略新大陆的理论依据，大肆掠夺和屠杀黑人，并把黑人作为他们的奴隶，像贩卖牲口一样贩卖到美洲从事繁重的体力劳动。在400年间，仅非洲就有约1亿黑人被屠杀或贩卖。在美洲，欧洲移民大肆屠杀印第安人，使其人口锐减，并被驱赶到很小的几个保留地。第二次世界大战期间，希特勒就宣布亚利安人为高级人种，有权统治世界。法西斯大肆屠杀了几百万犹太人，使犹太人濒临灭绝的危险，就是因为他们认为犹太人是劣等民族。日本帝国主义也曾宣称大和民族是世界优秀民族，应当领导世界。种族主义给人类带来了巨大的灾难，而且至今仍然有其存在的市场，种族歧视仍然不时引发社会问题。

七、人种、种族意识在语言态度、语言关系上的投射

科学研究已经表明，人类在种属上是统一的，没有什么"优等"、"劣等"之分。在生物学上并没有某种种族比同时代的其他种族更优越，在智力上也没有什么差异，差别主要来自后天的社会影响、文化影响。种族优劣论虽然是一种荒谬而又极其危险的论调，并已经在历史上给人类造成极大的灾难。但是，它的踪迹却在当代人类生活中时隐时现。

由于世界文化发展存在着地区差异，使一些人把文化发达程度与人种联系起来，使种族优劣论在他们衡量不同种族、不同民族、不同国家文化、语言的价值，甚至在处理这些方面具体关系上成为潜在的或公开的标准。比如美国、澳大利亚等国都是移民国家，在移民的过程中都奉行过鼓励白种人移入，限制有色人种尤其是限制黄种人移入的政策，如1882年美国的《排华法案》。自1820至1882年，虽然是华人自由移民美国的时期，但华人在美国已经饱受歧视。随着美国工业化进程的完成，修路、采矿等基础建设初步告一段落，以出卖苦力为主的华工，已不再受到欢迎。1882年美国出台了《排

华法案》，其主要内容包括：1、绝对禁止华工入境十年；2、其他居美华人，如果没有适当的证件，一律驱逐出境；3、今后各地均不得准许华人归化美国公民。自此之后至1943年废除该法案前的61年中，美国政府还先后出台15个与之相似的排华法令。排华政策充斥着强烈的种族主义倾向。由《排华法案》开启的针对东方黄色人种的种族歧视，最后演化成西方近乎是"普世价值"的"黄祸论"。二战期间德国纳粹大肆宣扬且实践"雅利安人血统高贵论"，使得"种族主义"在一时间臭名昭著，加上美国需要中国共同对日作战，美国在1943年废除排华法案。然而直到今天种族主义在美国的对内对外政策中并未销声匿迹。

种族主义在语言政策上的表现也是明显的，美国、澳大利亚等国都曾把推行英语，限制其他语言的发展作为他们立国的国策，但在其国内语言政策上对亚洲民族语言要比对欧洲民族语言苛刻得多。

由于政治经济等多种因素及历史上的某些原因，欧美一些国家在近代以来成为世界上起主导作用的强国，这一切为白种人高贵、欧洲文化至上的观念提供了土壤和条件。这些观念不仅一些白人自己认同，其他人种中的一些人也暗自接受，深深地渗透到人们生活的各个角落，甚至左右人们对人体外形的审美趋向。白种人相对来说身材较为高大、高鼻深目、肤色较浅，因此，世界上很多民族在人身体外形的审美上实际上已经形成了一种时尚，即形体高大、高鼻大眼、肤色白皙。这种时尚可以从很多国家和民族挑选影视明星在外形的要求上略见一斑。一些亚洲人明明是黄种人，却要安上假睫毛，把直发烫卷，隆胸加臀，不惜代价地美白。虽然美容方式是个人爱好，旁人无权干涉，但可从中体察到一种深藏其中的对人种外形的审美取向。

对种族评价的价值取向深刻地影响着种族间、民族间通婚的价值取向。在一些多种族、多民族混居地区，我们在其征婚广告中经常可以发现一种现象，白种人在征婚广告中除年龄、文化水平、工作性质、经济条件、宗教信仰等条件之外通常要加一条：欧洲裔。而其他种族的征婚者对特定种族限定的比率要低得多。

人们对不同种族好恶的潜意识不仅会影响到对不同种族文化、体形特点的偏好，也会投射到对不同民族、不同语言族群、不同国家语言的态度上来。当欧洲殖民主义者统治世界各地的殖民地时，殖民者的语言地位总是高于被殖民的当地语言，形成白种人及其语言高于有色人种及其语言的态势。

新疆自古就是多种民族、多种宗教、多种语言的荟萃之地，同时也曾是多种族裔交汇的地方。一些人自认为自己的族裔拥有较多高加索人种的血统，在看待与处理民族间关系、文化间关系、语言间关系上持种族优劣论，认为自己的种族优于其他民族和种族，在强调自己民族的特点时，过分强调自己民族特点的异质性、不可改变性、非融入性、优越性，成为新疆各民族和谐共处大环境中一种不和谐的声音。种族优劣论是形成不健康民族观、不健康语言观温床的因素之一，其理论依据十分荒谬。

第五节　人口素质对语言生活的影响

人口是一定数量和质量相统一的社会群体。人口的行为，包括生育、死亡、迁移以及社会经济活动，都是有一定质量的。人口质量或人口素质，既是社会进步的力量和基础，又是社会进步的结果和表现，人口素质与社会密切联系在一起。一个民族人口的素质分为两个方面[①]，一是人口的身体素质，一是人口的文化素质。这两方面都会直接间接地影响到一个民族或语言族群的语言生活。

一、不同民族整体的健康水平对其语言生活的影响

"人口质量包括人口健康状况。人口'健康状况'本身也是个复杂的概念，它不仅仅指没有疾病和残废，同时指人们的体力、心理和精神状态完全合格并且获得和谐的发展，能够毫无限制地实现社会活动和劳动活动。"

（一）优生学是人口素质理论的基础

人口身体健康方面的素质不仅与社会生产和人们生活的发展水平有关，而且还受遗传因素的影响。一些专家认为，优生学是人口素质理论的基础之基础。身体素质首要的是遗传素质，人类现在仅仅知道近亲不可以结婚，因为近亲结婚所生子女的隐性遗传病的发病率高。比如，易得痴呆、畸形、精神病等，且往往体弱，早期死亡率高。"杂交优势"在人类婚育中同样存在。虽然人工授精、遗传工程等的演进促进了人类的优生，但也还没有能够达到选择优秀遗传基因、克服环境因素干扰、保证能够复制杰出的遗传素质和杰出才能的水平。

（二）人体的内外结构功能状况

人在出生以后的身体素质，主要有两方面的内容：一是人体的构造特征，如外部的身高、体重、胸围、肢体等的发育状况，内脏包括心、肝、肾、大脑等五脏六腑的发育状况。二是人体内外构造的功能状况，包括呼吸、代谢、生殖以及心理等方面的功能状况。笼统地说，就是人的生理和心理的功能状况。从人的个体或整体来看，这些结构和功能的状况都是身体素质的基本内容。

从群体或整体来看，有时要用平均值表示，有时要用总指标表示。平均指标如平均身高、平均体重、平均预期寿命、平均每10年青少年发育指标，等等，总体指标如粗死亡率、婴儿死亡率、发病率等。有时还要考察总体中各种身体素质的人口所占比重的

---

① 参见胡伟略：《人口社会学》，中国社会科学出版社，2002年8月，第215—219页。

指标，如果残低能人员占总人口的比重等。这些都是直接指标。除此之外，还有一些衡量人口群体身体素质的间接指标，如人口食物结构、营养水平、体育运动普及程度、人均住房面积、饮水卫生状况、每万人所拥有的医生和病床数、环境指标等。

总之，良好的人口身体素质总是意味着，一是遗传素质好，二是人体的内外结构和功能状况好，要正常健康。这是整个人口素质的生物学基础。两者都与人口的经济、文化发展水平密切相关。

不同的经济发展水平、生活条件、生活习俗、宗教传统、文化观念会影响一个民族总体的健康水平，一个民族或语言族群健康水平较高必然提高其跨族婚姻的吸引力，也会增强其语言的吸引力与传播能力。在鸦片战争以后，中国男人被称为是"东亚病夫"，女人流行裹脚而步履蹒跚，我们很难想象在那种年代汉语会在世界上具有较强的吸引力与传播能力。

二、不同民族整体的文化素质对语言生活的影响

人的素质是在遗传素质这个自然生物学基础上通过社会化的过程而形成和不断发展的。它除了表现在人体健康上，还表现在人类自身认识和改造世界的能力和素养上，这就是人口的文化素质。文化素质可分为：文化科学素质、劳动技能素质、思想道德素质。

（一）文化科学素质

对个人来讲，所谓文化科学素质就是他的受教育程度，掌握科学知识的多少。在现代社会，个人往往是在学校中受教育和获得文化科学知识的，所以一个人的学历和学位的高低往往是衡量他文化科学素质的指标。但不能因此而忽视的是，个人也可以通过自学和实践而受到适当教育，获得文化科学知识。对人口群体来讲，衡量其文化科学素质的主要指标，就是其文盲率（或识字率）、每10万人口中各种文化程度人口数、人口的平均受教育年限，等等。人口的文化科学素质还应包括科技人员占全体人口的比重、科学知识的普及程度等衡量整个人口掌握科学知识程度的指标。

（二）劳动技能素质

真正完整的人的素质概念，应当包括人的劳动技能素质。在同自然和社会的斗争中，人们的文化科学知识不断得到积累。同样，人们的劳动生产技能也由简单到复杂、由低水平到高水平地发展和完善。人类劳动可以从低到高划分成重复型、改良型和创新型等这样几种类型。重复型劳动是对别人或前人劳动进行模仿和重复的劳动，改良型劳动是在别人或前人劳动的基础上进行某些改进和提高的劳动，创新型劳动是指在工艺上、技术上有重大的创造和突破，并能提高劳动和工作效率的劳动。可以用技术等级、每万名职工所完成的技术革新数量等指标来衡量人口的劳动技能素质。

(三) 思想道德素质

在不同经济关系和社会制度下，有不同的思想道德标准和规范，但这是指社会政治道德和政治思想而言的。许多公共道德、婚姻家庭道德、职业道德等还是可以比较的。因为这些方面的思想道德素质在各个不同的社会经济制度中仍然有其共同性和连续性。从整体来看，人口群体的思想道德素质好，就能发挥很大的作用，推动人类进步事业。如果相反，则破坏力很大。人口的道德素质对劳动生产率提高的作用也不能被忽视。劳动态度、纪律性、责任感、进取精神、职业道德、合作互助、精益求精、吃苦耐劳等等，这些对于劳动者发挥其体力和智力，提高劳动效率，都起了很大作用。

总之，一个民族或语言族群人口整体的文化素质影响着这个族群整体的社会地位，影响着这个族群跨族婚姻的吸引力，也影响着这个族群语言的发展程度和传播能力。

第十章　经济与语言生活

人类要生存和发展，就需要有衣、食、住、行等物质生活资料，为了获取这些物质生活资料，就必须进行物质资料的生产，人类对物质资料的生产活动是人类社会得以生存、发展的基础。人们在生产过程中影响和作用自然界，获得物质资料的能力，叫做生产力。马克思历史唯物主义认为，生产力与生产关系、经济基础与上层建筑的矛盾是影响人类社会发展的基本矛盾，其中的生产力是决定这两对社会基本矛盾的矛盾主要方，是人类社会发展变化中最基础、最活跃、最革命的因素。语言是人类社会生活须臾不可脱离的交际工具，人类的经济活动深刻地影响着人类的语言活动。人类的经济生活与人类的语言生活有着密不可分的关系。

第一节　经济与民族共同语

一、共同的经济生活是民族共同语言形成的重要条件

（一）现代民族形成的四要素

民族是一个历史范畴，是人类发展到一定阶段的产物。"从部落发展成了民族和国家"，这是马克思主义关于人类历史上最初形成民族的基本原理。斯大林 1929 年在《民族问题和列宁主义》一文中对民族下了定义："民族是人们在历史上形成的有共同语言、共同地域、共同经济生活以及表现于共同的民族文化特点上的共同心理素质这四个基本特征的稳定的共同体。"我们简称为"现代民族四要素"。从这一理论中，我们可以看到共同的经济生活与共同语言之间的相互联系。

（二）共同的经济生活与其他三个要素共同促进了民族的形成

民族不是人类一开始就有的，也不是一朝一夕形成的，而是人们在长期生产、生活的过程中逐渐形成的稳定的共同体。生产是人类社会存在和发展的基础。人的生产活动表现为双重关系：一是人与自然的关系；二是人与人的关系，即社会关系。社会关系基

于个人之间的交往与合作,这种交往与合作,在不同的历史时期,就形成不同的共同体,如部落、民族等。共同的经济生活在民族、民族共同语形成过程中发挥着重要作用。共同的经济生活有利于建立起人们之间稳定、密切、不可缺少的联系,为共同语言的形成提供必要的需求、环境与条件。同时,共同语言的形成也在促进着共同的经济生活、共同的文化生活,是形成共同民族心理素质的重要条件。

如果说地理因素、人口条件是民族形成的前提条件,共同的经济生活是一个民族得以形成的根本动力,在中华大地上几千年以来众多民族的交往与冲突、崛起与消亡、不同民族在中华大地上的轮流主政,归于统一,看似不同民族的精英们在历史舞台上走马灯似的表演,实为经济上的矛盾与需求在起着基础性的作用。

二、经济发展水平影响着民族语言文字的发展水平

（一）原始农业使人们形成了初步的部落语言

原始农业是农业起始阶段的农业类型,即迁移农业。原始社会生产力水平极端低下,生产工具极其简陋,石头和木棍是人类最初的生产工具,人们几乎完全依赖于自然界,靠集体捕鱼、打猎、采集食物为生。

处于原始农业阶段的很多民族只有语言,没有文字。他们的文化传承主要靠口传心授代代相传。这其中经济的原因是十分明显的。就是到了近代,一些寒冷地带的苔原畜牧型、渔猎型民族,如爱斯基摩人生活在寒冷的北极,靠渔猎为生,经济生活仅处在维持温饱、随季节迁徙的阶段,这使他们不可能积累起巨大的社会财富,以支持一个知识阶层的产生,进而发展出自己的文字,创建自己的典籍,使自己的语言生活达到一个较高的水平。有些刀耕火种型的民族,虽然是农耕民族,但由于农业生产处于刀耕火种阶段,需要频繁迁徙,人口较少、经济体积不大,无法实现经济积累,难以形成经济文化中心,从而影响了他们文字的产生,典籍的创造,以及整体语言文字发展水平的提高。

（二）定居农业促进了地域方言和文字的产生

随着农业技术水平的提高,农业产量增加,不仅生产者的需求可以得到满足,还有相当的剩余,这时可能使一部分人脱离农业生产,从事其他生产或其他工作。社会的分工使知识阶层开始出现,文字的使用水平得以提高,文学语言开始出现。同时,剩余产品使私有制得以产生,商品交换使财富得以大量囤积,为阶级与国家的诞生创造了条件,管理社会、治理国家的典籍开始出现。这一切标志着人类发展的一个高级阶段——文明的出现。在人类历史上,最早的文明古国在东半球有埃及、巴比伦、印度和中国,在西半球有墨西哥、玛雅和印加。这些文明不仅表现在他们生产发展水平上,也表现在他们与之相适应的语言文字发展水平上。

中国在广袤的黄河、长江流域较早地形成了农耕文明,这种平原集约农耕型生计方式,使得人们在单位土地面积上密集地投入劳动力与技术,增加了产品产量,并对农副

产品进行深加工，产生了人口密集的乡镇。经济的较早发展使汉民族在公元前约 2000 年就创制了自己的文字（以商代甲骨文为证），汉族有五千年文明史，有三千年文字史。早在春秋战国时期，虽然经历了 500——600 年的割据与战乱，仍然产生了一大批文化典籍，如四书五经等。秦始皇统一六国后，颁布了"书同文、车同轨"的法令，统一了中国的文字，进一步促进了中国语言文字的发展。中国历来有编史修志的传统，历代王朝都十分注重从国家的立场编史修志，积累了大量的典籍。中国没有统一的、独一的宗教，丰富多彩、形式多样的历史典籍、文学作品成为整个社会总结历史经验、吸取历史教训、继承文化传统，进行心灵教化的重要途径。《史记》、《二十四史》、《资治通鉴》、《四库全书》《永乐大典》等历史文献不仅全面系统地记载了中国历史的发展过程和中国文化的博大精深，至今仍是世界很多国家研究历史与文化的宝贵资料。汉语书面表达的形式、内容与题材十分丰富，强有力地促进了中华文明的发展，也极大地影响到了周边地区。日本、朝鲜、越南等国的语言文字、文化传统深受汉语言文化的影响。活字印刷的发明，推动了印刷出版业的发展，使更多的人读书、著书的可能得以实现，极大地促进了汉语书面交流向民众、向社会下层的扩散，促进了汉民族书面交流整体水平的提高。活字印刷技术的向周边地区传播，向世界其他地区传播，也促进了世界印刷出版业、文化交流的发展。总之，中国在历史上高度发达的农业文明促进了汉语言文字的社会普及率、语言文字作品的质量数量、信息载量等方面达到了较高的水平。

（三）人类社会的城市化过程促进了更大地域共同语的形成发展

人类社会在近代开始了城市化的过程①，农业生产力的发展是城市化的原生动力。农业生产力水平及剩余粮食的生产能力是城市形成的第一前提，农业剩余劳动力是城市形成的第二前提，然而工业化是城市化的直接动力。近代城市化始于工业革命。19 世纪，工业革命在欧洲迅速传播，大大推动了城市的发展。20 世纪 50 年代以来，发达国家的工业朝着自动化、标准化方向发展，劳动密集型工业向发展中国家转移，也带来了许多发展中国家的城市化过程。

城市是一个区域政治、经济、文化的中心，也是一个区域语言传播、语言生活的中心。城市语言文字的普及水平、教育水平、传播水平是这个区域语言文字发展水平的集中体现，并且带动着这个区域语言文字发展水平的提高。中心城市是更大区域方言甚至是民族共同语、民族文学语言形成、发展的中心。

随着世界经济的不断发展，世界城市化的发展将表现出以下趋势：①发展中国家城市化进程加速；②经济全球化和区域集团化形成全球城市多极结构；③大都市连绵区是全球最具发展潜力与活力的地区；④首位城市将主宰世界经济；⑤全球开始掀起建设生态城市浪潮；⑥世界城市网络体系逐步完成。国际大都市和巨大城市群的形成与发展也必然带来语言文字的国际化和语言交际的国际化。

---

① 参见赵荣王恩涌等：《人文地理学》（第二版），高等教育出版社，2006 年 5 月第 2 版，第 207 页。

第二节　经济与双语的关系

双语是指在多民族、多语言地区，不同民族间互学语言的行为，最后形成人们不仅会自己的第一语言，还会第二语言的社会现象。人类的经济活动与双语现象有着密切的关系，经济因素是双语现象发展的基础动力。

一、经济活动是不同语言接触的最早途径之一

经济活动是人类不同群体最早的接触方式之一，也是不同语言接触的最早途径之一。人类不同群体的接触原因是多种多样的，有迁徙、贸易、通婚等，但是，需要获取物质生活资料、需要交换物质生活资料是他们最基本的需求。因此，经济行为应该是人类不同群体最早的接触方式，也是不同语言接触的最早途径。

二、经济活动是语言接触、双语形成最普遍、最持久的原因

经济活动是人类不同群体进行接触的最普遍、最长久的原因，也是语言接触、双语形成最普遍、最长久的原因。人类不同群体的接触在形式上可以是多种多样的，但获取物质资料是他们最基础的需求。其他形式的接触可以时断时续、可有可无，为获取物质生活资料的接触则往往需求最普遍、最迫切、最持久。只要有经济上的接触，就有语言上的接触。要想在经济上接触得更广泛、更深入、更顺畅、更有效，就要在相关语言的交流上争取做到更顺畅、更有效。在当今世界，为了获取经济发展，如为了获得好的产品、技术、资金、发展机遇而学习另一种语言，仍是双语现象发生与发展的重要原因。

在不同民族的接触中，并不总是晴空万里、阳光灿烂，有时可能是乌云密布、阴雨连绵，甚至电闪雷鸣。民族间的接触总是合作与冲突并存，有时兵戎相见也在所难免。但是，不管在怎样艰难复杂的情况下，民族间经济上的交流总是最后中断，并在条件允许的情况下最先恢复。有经济领域的接触与交流就有语言上的接触与交流。因此，我们说经济活动是人类不同群体进行接触的最普遍、最长久的原因，也是语言接触、双语形成的最普遍、最长久的原因。

三、经济经常是政治活动、人口迁移、科学文化活动的原因与目的

经济经常是政治活动、人口迁移、科学文化活动的原因与目的，这些因素对双语的

影响实际上都是经济因素对双语现象的间接影响。人口迁移可能造成语言迁移，人口混居、语言兼用等双语现象，而经济因素往往是人口迁移的主要原因。前资本主义社会的人口移动主要是由于生产力水平低所造成的人口过剩的结果。资本主义在农村的发展促使小农经济破产，制造了庞大的无产阶级。大批无产阶级不能直接与生产资料相结合，被迫背井离乡流入城市或其他有可能谋生的地区。到了技术高度发展的工业化社会，仍会出现为适应新地区资源的开发而进行的人口移动。今天，世界各个地区的经济发展和生产力分布的不平衡，仍会引起人口的迁移。人口迁移对双语的影响实际上都是经济因素对双语现象的间接影响。

在人类经济活动中，一个重要的衡量尺度是生产力发展水平，生产力发展水平最直观的表现形式是产品生产数量与质量的提高，以及建立在其上的社会成员整体生活水平的提高。一个民族或国家的生产力发展水平对其语言的地位与传播能力有着巨大的影响力。影响语言地位的因素多种多样，如：使用人口、使用地域、使用人口的经济总量、文化传统的悠久、国家政权的强大等等，但是在诸多因素中最基础、最持久、最稳定地发挥作用的仍是经济的因素，也就是生产力发展水平。经济的发达程度决定着经济交流中双方所处地位的优势与劣势，同时，也决定着双语现象中不同语言的传播能力。经济的因素影响着人们语言观念的形成，进而影响着双语现象中语言的种类、语言的功能、语言的水平、双语结构。

第三节　经济上的发达程度决定着语言的传播能力

一、与人口因素相比经济因素对语言地位的影响更加有力

——以汉语为例

语言使用的人口数量是影响语言传播能力的重要因素，因为人口数量多，就会影响到经济总量、语言环境、语言的使用频率等，最终影响到一个语言在多语环境中的语言威信及语言传播能力。如，在一个多民族多语言的地区，使用人口最多的语言往往具有较高的威信和较强的传播能力。但是，与语言使用人口相比，经济的发展水平对语言威信、语言传播能力的影响更加强劲有力。

中国有十三亿人口，世界各地生活着几千万华人。汉语是世界上作为母语使用人口最多的语言。但是，使用人口并不能完全决定语言的威信和传播能力。在这里，齐天大

在《妈妈的舌头——我学习语言的心得》一书中为我们记录了这样一个场景①：

曾在北京"练"过外语的人都应该知道"八面槽"。

那是王府井一家外文书店的名字。80年代的某一年，八面槽书店因装修被迫迁移到沿街的一个角落里，随之被迁走的还有一个更不起眼的角落——"英语之角"也临时挪了地方，爱好英语的人们还是将之代称为"八面槽"。所以那年冬天八面槽的"英语之角"不是设在书店的犄角旮旯儿，而是在该店楼上露天的平台上。

其实露天并没有什么值得非议的——如果在夏天的话。关键是那时正是冬季，而且是最冷的时节。

其实又冷又在露天的平台上也能令人忍受，令人最不能忍受的是以下两点：

一是收票，大约一块钱一张；

二是还要等，因为想上去的人太多。

除此之外还有一点值得一提，就是在那个"英语之角"中根本没有老外，没有以英语为母语的"外教"的身影。到那里练英语会话的都是中国人，而且没有一个外语流利的。

原因很明了：老外会在大冬天、在露天的平台上去陪中国人侃大山吗？老外那么爱中国吗？既然老外都不来了，那些英语水平高的外语专业人士还有空来这里陪同胞练口语吗？不都去陪老外们了吗？

以上原因决定了八面槽"英语之角"的几个重要特色：冷、贵、挤、单练。但这并不能降低大家练习英语的热情。

尤其是女的，出人意料之外地英勇！一路冲锋在前！

她们问姓名，问年龄，问性别，问出身，问学历，问婚姻状况和婚姻状态，问对婚姻的满意程度，问今后的打算，问……

总之，凡是课本中教过的英文单词都免不了试用一遍；

总之，凡是课本中学过的时态——过去、现在、将来——都免不了使用几次。

尽管天冷；尽管是付了款才进来的；尽管是出于练习的目的。

那天"八面槽"楼上几个年轻人的对话并未延续多久就结束了，因为天气太冷。过冷的天气开始对练习会话的人能起到加快说话频率的作用，但后来便相反了：本来发音就不清楚，舌头一打"得得"，就很容易将需要舌头灵活转动的英文错讲成"得得"的俄文。

作者描写的这个场景给我们留下了深刻的印象：在20世纪80年代的一个寒冷的冬天，在楼顶的平台上，没有老外，没有英语熟练的教练，一帮青年男女，掏钱相聚在一起，乐此不疲地练习着最初级的英语。是什么让他们有着这样巨大的热情和坚强的意志？

---

① 参见齐天大：《妈妈的舌头——我学习语言的心得》，作家出版社，1999.10，第139—140页。

要说文化悠久,汉语具有5千年文明史,而且是世界上唯一没有中断,保持至今的文明;要说国家强大,当时的苏联也是世界两大超级大国之一,而且从新中国成立起,中国就在政治上向苏联一边倒,经历过全民学俄语的热潮,虽然随着两国关系的降温,学俄语热潮已不如建国初期,但仍有学习俄语的基础与积淀。那为什么这些青年男女要在如此艰难的环境与条件下,以如此大的热情、如此坚强的意志,乐此不疲地学习英语?我们的回答是,这来自他们对发达国家的向往,来自对更好生活条件的追求。

在近代中国,出现过多次学习外语、出国留学的热潮。虽然每一次热潮都有自己的社会背景、时代特点,每一个留学者的具体目标也不尽相同。但一个共同的特点是学习国外的先进科学技术与文化,追求先进的生产力发展水平。以上"八面槽"英语之角的情景只是大潮中的一朵浪花而已。

与英语的崇高地位相比,汉语的地位往往不尽如人意,其背后经济仍是重要因素。比如,几乎所有试图寻究中国贫穷落后根源的人都曾试图批判中国传统文化甚至汉字的所谓"劣根性",由此也会殃及到汉语。现在确实也还有人认为汉语表意不如英语严谨,汉语的表达不如英语,不如西方语言透露出理性的"光芒",甚至认定汉语重形象思维的方式约束了整个民族的科技发展。

潘文国先生在《汉英语对比纲要》[①]一书中提到在翻译界汉英两种语言的不平等现象:"大概是由于某种历史原因,存在着不利于翻译质量提高的'偏袒':即无论在汉英或英汉翻译,总是注意和尊重英语的表达法特点,而不顾或较少顾到汉语的表达法特点。这种'偏袒',同非翻译的语言使用上的'偏袒'是一脉相承的:对'汉语式英语,是一片喊打声。而'英语式汉语'或'欧化汉语'则可以我行我素、顺利通行。这是一份'不平等条约'。"

中国自20世纪80年代实行改革开放以来经济一直保持高增长率,中国在世界经济地位的提高也带来了汉语地位的提高。世界需要更多地了解中国,越来越多的外国人开始学习汉语。国外甚至还有人预测,到2050年全世界说汉语的人口将达到20亿。新加坡资政李光耀在勉励新加坡国民学汉语时说[②]:"世界环境的改变,使得华语和英语成为必要的沟通工具。因为人们如果懂得英文,将可在英语系社会及发达国家挥洒自如,而华文则能协助新加坡人同崛起中的中国联系。英文是世界上最通行的语言,也是新加坡最重要的工作语言,所以非学好不可。至于华文,则是全球华人的共同语文,不但是中华文化的主要载体,也是中国13亿人口的通行语言。因此,如果孩子能够学好华英双语,必对他们的前途大有裨益。"

在中国国内,汉语是93%人口的语言,无论是使用人口、所占经济总量、科学与

---

① 参见潘文国:《汉英语对比纲要》,北京语言大学出版社,1997年5月第1版,2005年11月第5次印刷,第16页。

② 李光耀力推汉语:助新加坡同崛起中国联系,2009年03月19日17:24来源:中国新闻网。

文化的信息承载量都占绝对优势。所以，中国在尊重各民族语言法律上一律平等的基础上推行国家通用语，这是完全正确的语言政策。但是我们也应该看到，由于中国在经济上，尤其是科学技术、综合国力上仍是发展中国家，这多少会影响中国国内汉语的地位。尤其是当国外势力支持、纵容中国的分裂势力，中国的分裂势力甚嚣尘上的时候，他们是不会放过在语言问题上挑事的，做法之一是极力夸大学习汉语的所谓负面影响，夸大直接学习英语的所谓合理性，甚至提出要学通用语也不学中国的国家通用语——汉语，而是要学世界的通用语——英语，把学习汉语与学习英语对立起来，企图用英语替换汉语在国内通用语的地位，其政治目的不言而喻。

二、与国家主权的影响相比经济因素对语言地位的影响更加深刻

——以肯尼亚语言状况为例[①]

肯尼亚位于非洲东部，地跨赤道。有人口 3861 万（2009 年）。全国共有 42 个民族，主要有基库尤族（21%）、卢希亚族（14%）、卢奥族（13%）、卡伦金族（11%）和康巴族（11%）等。斯瓦希里语为国语，斯瓦希里语和英语并列为官方语言。全国人口的 38% 信奉基督教新教，28% 信奉天主教，6% 信奉伊斯兰教，其余信奉原始宗教和印度教。

公元 7 世纪，肯尼亚东南沿海已形成一些商业城市，阿拉伯人开始到此经商和定居。15 世纪至 19 世纪，葡、英殖民者相继侵入，1895 年英国宣布肯尼亚为其"东非保护地"，1920 年沦为英国殖民地。

肯尼亚人民为自己国家的独立、民族的解放进行了艰苦的奋斗、不懈的努力。1920 年后，肯尼亚人民争取独立的民族解放运动蓬勃发展。1952 年爱国武装组织"茅茅"运动领导人民展开了大规模的武装斗争。1962 年 2 月伦敦制宪会议决定由肯尼亚非洲民族联盟（简称"肯盟"）和肯尼亚非洲民主联盟组成联合政府。1963 年 5 月肯尼亚举行大选，肯盟获胜。同年 6 月 1 日成立自治政府，12 月 12 日宣告独立。

然而，就是这样一个在政治上不懈追求国家独立、民族解放的国家，在自己国家语言的确立上，则没有选择自己国家中任何一个民族的母语作为国语或官方用语。而是选择斯瓦希里语为国语，斯瓦希里语和英语并列为官方语言。

肯尼亚选择斯瓦希里语为国语的原因是多方面的：肯尼亚国内民族众多，最大的民族基库尤族只占国民总数的 21%，而斯瓦希里语是肯尼亚国内操不同语言的人们之间相互交流使用的语言。此外，尽管斯瓦希里语是一种班图语，但它在语言关系上与肯尼亚国内的基库尤语、卢雅语及坎巴语比较近。斯瓦希里语与肯尼亚任何正式的部落都不

[①] 材料主要来源于中国社会科学院民族研究所：《国外语言政策与语言规划进程》，语文出版社 2001 年 12 月，第 110—119 页。

存在联系，这使它能够超越其他40多种代表不同地域文化的地方方言，有利于肯尼亚社会的一体化。斯瓦希里语广泛使用于信奉伊斯兰教的海岸共同体的多个国家中，这使得斯瓦西里语最终成为肯尼亚的国语和两个官方用语之一。

然而，肯尼亚独立后，仍选择殖民者的语言——英语为两个官方语言之一，而且在以后的日子里，英语的地位不降反升，体现出经济因素对语言生活的强烈影响。

虽然肯尼亚是撒哈拉以南非洲经济基础较好的国家之一。但仍是以农业为主的国家，到2003年，职工实际年均工资约为280美元，全国贫困率56%。人均期望寿命52岁。虽然独立后，国民经济掌握在自己国家手中，但在经济上对西方国家，尤其是对英美国家的依赖性还是很大的。从肯尼亚独立到1994年6月，英援总额达7亿英镑，英是肯第一大投资者。截止1994年，英对肯投资总额超过10亿英镑，2002年有60多家公司在肯驻有代表。英是肯最大的进口来源国和仅次于乌干达的第二大出口对象国。这些经济因素不能不强烈地影响到肯尼亚的语言使用。

肯尼亚国家的创立初期，银行、公司等机构的欧洲人和亚洲人逐渐被肯尼亚非洲人所代替。然而，这些中层管理人员的替代者往往是受过良好教育，通晓英语的精英。他们大多数受过西方的教育，小学阶段学习了标准斯瓦希里语，然后又接受了英语教育。同时，来自西方殖民者的资本，继续在幕后对这些机构发挥着作用。国家的经济，无论是旅游业、制造业、还是农业，都依赖于外国的（主要是英语国家的）投资和投资者。这就决定，在经济、文化领域的高层，英语仍是工作语言。

在政治领域，英语和斯瓦希里语都可以在议会中使用。但许多议员不是很懂斯瓦希里语，而且即使他们懂也蔑视它，在议会辩论的语境中，斯瓦希里语实际上已完全失去了作用。

现在肯尼亚的语言教育状况是：边远地区的小学教育从地方语言开始，逐步过渡到斯瓦希里语，到高年级时则使用英语。至于城市的学校，小学教育开始时使用斯瓦希里语，中等教育则用英语。最高一级的教育——大学课程全部都用英语讲授。英国每年接受500名肯尼亚学生到英国留学，虽然人数有限，但对肯尼亚英语教育的促进是巨大的。英语实际上已成为肯尼亚的第一官方用语，仅以肯尼亚英文报纸发行量为例：2003年肯尼亚全国各种英文报刊日发行总量约152.68万份，而各种斯瓦希里语报纸日发行量仅仅约为9万份。

像肯尼亚这样独立后，没有把自己的民族语作为国语，仍留用殖民者语言的情况并不少见，有10个国家定英语是惟一的官方语言（如西非的尼日利亚等），另外15个国家（如印度等）把英语作为官方语言之一，这些国家大多曾是英属殖民地。这中间可能有民族、政治、文化上的原因，然而，经济的原因无疑是重要的。

三、与文化因素相比经济因素对语言地位的影响更加现实

——以加拿大魁北克法语功能为例

（一）法国文化在历史上的辉煌①

法国有着令人瞩目的历史。它除了地大物博、人口众多外，有一点非常重要，那就是在欧洲它较早地形成了政治统一的民族国家。到路易十一世及其后继者统治时期，法国建立了君主专制制度。路易十四奠定了法国君主集权的政治格局，从此法国左右了欧洲政治走向和势力均衡。

路易十四时代是法国历史上一个辉煌的时期。国家强盛，人民安居乐业，文化高度繁荣。国王拥有至高无上的权力，把专制君主制度推向高潮，并获得"太阳王"的美誉。在他的统治下，法国彻底取代哈布斯堡家族而成为欧洲的霸主。路易十四酷爱艺术，在国王带动下，贵族和各地城市也都尊崇、奖励艺术，法国文化达到了前所未有的高峰。路易十四所实践的君主专制制度成为近代中央集权制国家机器的典范，为普鲁士、奥地利和俄罗斯等专制君主国家所效仿和追随。路易十四时代的法国和伯利克里时的希腊、奥古斯都时的罗马、文艺复兴时的意大利一样，是人类历史上的一座高峰。与此同时，法语成为当时欧洲最流行的语言，成为很多国家宫廷中、贵族之间的交际语言，成为人们衡量粗俗与高雅、是否有知识有教养的标准之一。法语在很长一段时间是英国的行政用语与教学用语，至今英语中还有着大量的法语借词。

（二）近代随着法国在经济上落后于英美，法语的影响力也让位于英语②

法国大革命推翻法国的君主专制制度以后，拿破仑建立了囊括了整个欧洲大陆的第一帝国。拿破仑的侄子路易·波拿巴建立了世界上的第二大殖民帝国——法兰西第二帝国。法兰西第三共和国虽在普法战争中败北，但却在第一次世界大战中取得的胜利，实现了对德国的复仇，再次跻身于世界强国之列。随着法国的扩张，法语也成为法国在境外殖民地的重要语言。至今法语仍流行于50多个国家，全世界有7，700万人把法语作为母语，另外还有1.28亿人使用法语或把法语作为第二语言。法语是联合国和欧盟等很多地区或组织的官方语言。

然而，在工业革命中法国与英国相比总是步步落后，整体看来，法国的工业发展水平远远落后于英国。从生产力总量来说，法国当时是位于英国之后世界第二工业大国。

---

① 部分史料参考了陈春锋：《大国的崛起与衰败九讲》，中国画报出版社，版次：2009年5月第1版第1次印刷，第79—81页。
② 部分史料参考了陈春锋：《大国的崛起与衰败九讲》，中国画报出版社，版次：2009年5月第1版第1次印刷，第79—81页。

因此，法语在世界上的头号地位只得让位于英语。

在第二次世界大战中，德军突破马其诺防线。法国 50 万守军大部投降，军事上的失败导致法国的灭亡。战后虽然法国的国力得到了一些恢复，但面临世界头号强国美国的崛起，法国只能屈居二流国家。在语言上的表现是：英语全面扩张，法语节节退却，一些前法属殖民地也逐渐转用英语或其他语言。甚至一些法裔聚居区，传统讲法语的地区也在受到英语的侵蚀。法语中英语词汇的大量借入，迫使法国人不得不提出"为法语的纯洁"而战的口号。

（三）传统的法语地区受到英语的侵蚀——以加拿大魁北克语言生活为例①

加拿大位于北美洲北部。南接美国本土，北靠北冰洋达北极圈。面积 998.467 万平方公里，居世界第二位。加拿大人口 3309.12 万（2007 年）。主要为英、法等欧洲后裔，土著居民（印第安人、米提人和因纽特人）约占 3%，其余为亚洲、拉美、非洲裔等。英语和法语同为官方语言。居民中信奉天主教的占 45%，信奉基督教新教的占 36%。加拿大原为印第安人与因纽特人居住地。16 世纪沦为法、英殖民地，后又被法国割让给英国。法裔加拿大人主要聚集在魁北克省。该省面积 154.2 万平方公里，人口 767.61 万（2007 年 1 月），其中讲法语的居民占 82%。

1. 英裔和法裔加拿大人之间的冲突由来已久

英裔和法裔加拿大人之间的冲突由来已久。在欧洲对这一地区渗透和掠夺的初期，英国和法国的殖民主义者就为俄亥俄和圣劳伦斯河谷一本万利的毛皮贸易而争斗。1759 年英国军事占领当时的新法兰西。随后，在 1763 年 2 月 10 日正式签署的《巴黎条约》中，法国被迫将其在加拿大的皇室领地和法裔人口让给英国，英国获取了一块住有 6.5 万操法语信仰天主教的居民。

为同化这些操法语的罗马天主教徒，英国可谓费尽心机。措施之一是鼓励新英格兰和新斯科舍的操英语殖民者来此地定居。美国革命战争提供了一条重要的英语移民渠道，那一时期大约有 4—6 万忠于英帝国的效忠派和殖民者迁入加拿大。另一项措施是剥夺罗马天主教徒的选举权。然而，对法语居民的同化，要比同化当地的土著人来得艰难得多，原因是语言之外的。法语居民在文化上有着法国悠久灿烂文化的渊源，政治经济上有强大法国的力挺，道义上是加拿大第一批殖民开拓者，信仰上有着天主教的支持。为了统治这样两个势不两立的殖民者集团，1791 年的《宪法法案》将这块领土分为两块自治地。这一法案事实上创立了两个国家：以操法语为主的下加拿大（后来的魁北克）和住有众多操英语的效忠派的上加拿大（后来的安大略省）。每一个地区设一名总督、一个议会和一个选举产生的代表会议。

2. 魁北克法语居民为争取独立所做的努力

---

① 部分史料参考了中国社会科学院民族研究所：《国外语言政策与语言规划进程》，语文出版社，1999.10，第 63—71 页。

1867年，英国将加拿大省、新不伦瑞克省和诺瓦斯科舍省合并为一个联邦，成为英国最早的自治领地。此后，其他省也陆续加入联邦。1926年，英国承认加拿大的"平等地位"，加拿大始获外交独立权。1931年，加拿大成为英联邦成员国，其议会也获得了同英议会平等的立法权，但仍无修宪权。1982年，英国女王签署《加拿大宪法法案》，加拿大议会获得立宪、修宪的全部权力。

　　国家的正式独立再一次地把语言问题摆到了桌面上。魁北克省拒签《权利与自由宪章》，不承认英语和法语同为加拿大的官方语言，因为魁北克省政府在此之前已经规定法语为魁北克省的官方语言。魁北克省执政的魁北克人党提出魁北克政治上实现独立、经济上与加拿大其它地区保持联系，即"主权—联系"的主张。1980年，魁北克省就独立问题在全省举行首次公民投票，结果要求独立的主张遭否决。1994年9月，魁北克党在再次赢得省选后即提出了《魁北克主权法》决议草案。1995年10月魁省就魁独问题再次举行公决，结果统一派以微弱多数险胜，加拿大面临的分裂危机暂告平息。1998年8月，加拿大最高法院作出裁决，宣布魁北克省无权单方面宣布独立。2000年，加拿大议会通过关于魁独公决规则的法案，从法律上为魁独设置了障碍。

　　魁北克独立道路不畅的原因是多方面的。首先在经济上，经过几个世纪的发展，魁北克省的经济与加拿大联邦政府及其他省已经形成了千丝万缕的联系，难以割断。在民意上，全国民众大多数希望魁北克省留在联邦内并且表现出对魁北克人的同情和理解。虽然魁北克省也有不少选民支持主张独立的魁北克人党，但其真正目的并非获得完全的独立，而是据此向联邦政府争取更大的自主权和各种利益。魁北克的其他民众如长期享受联邦政府特殊照顾的印第安土著人反对独立。在国际因素上，尽管魁北克独立领导人曾先后访问联合国、美国和法国，以谋求国际支持，但收效甚微。以美国为首的西方大国对支持加拿大统一的态度一直是明朗的，法国对魁北克独立领导人也仅仅是口头上的支持，并未采取更多的实际行动。所以"魁独"在国际上获支持的市场极其狭小。

　　3. 魁北克法语居民维护法语地位的努力①

　　法语居民与英语居民最明显的争端表现在语言问题上。1977年，主张分裂的执政党"魁北克党"通过了《101法案》，即《法语宪章》。法案规定：

　　（1）所有移民儿童，包括那些父母来自加拿大其他省份的操英语的儿童，都要接受法语教育，除非他们父母中有一人曾在魁北克上过英文学校。

　　（2）法语是魁北克省的工作语言。所有雇佣50人或50人以上的私人或国有公司，除非受特殊豁免，否则都要获得一个"法语化证书"，该证书确认，公司的工作语言是法语或公司正在为促进法语的使用而推行一项法语化方案。

　　（3）截至1981年，所有英语或双语商业招牌都将是不合法的。

---

① 部分史料参考了中国社会科学院民族研究所：《国外语言政策与语言规划进程》，语文出版社，1999.10，第276页。

（4）所有用英文命名的城镇、河流和山脉（除适当的名称外）都要重新命取，为此特别设立地名委员会。

（5）法语是魁北克省的官方语言。

这一法案使魁北克党的抱负得以实现，魁北克不再实行双语，法语将成为政府和法律部门用语，同时也是工作、教育、通讯、商业和各行业的标准日常用语。

这场以语言名义进行的立法，使大批只会讲英语者的生活和工作更加困难。这些法律将该省原先的牺牲法裔加拿大人的利益而使英裔加拿大人占统治地位的权力结构，改变为由魁北克人控制的权力结构。这导致了大量操英语魁北克人的离去。语言立法带来的另一结果是，以英语为母语的魁北克市民使用双语的能力增强。正在成长中的一代人中的69%支持双语政策……这些结果说明双语政策正在逐渐被全国人民接受，大部分留在魁北克的操英语者承认法语在魁北克省经济和文化生活中的统治地位，但同时也试图说明英语对魁北克省的经济生活仍很重要。但是，数据仍表明，许多未上岁数、有能力移民的人正在或打算移居他乡。

4. 经济大格局决定了英语的强势不可逆转[①]

虽然法语加拿大人为维护自己的权利进行了激烈的斗争，也取得了一些成效，但是在经济大格局基本没有改变的情况下，英语强势的趋势仍然无法改变。由于英语已成为国际交际语，是北美洲的通用语。操英语者在经济中占的比重在全世界占有主导地位，在北美更占有绝对优势，因此，不管魁北克政府多么强调法语在魁北克独一无二的地位，英语的价值都是不容忽视的。

费什曼在一个更大的范围内讨论了这一困境，就英语越来越成为现代商业、科学和外交往来中的通用语这一点而言，魁北克省向一个完全法语省的方向发展将充满内在的矛盾。在主要的现代化要求与真实性要求之间，存在着紧张关系。许多就魁北克省当前局势进行评论的学者都指出，魁北克工业成功打入西部加拿大和美国英语市场，这种现象迫使处于上升阶段的操法语者使用英语（Levine1990：208）。里德·斯科思这位多年来魁北克国民议会操英语的成员，担任魁北克政府驻纽约总代表评论道，操英语者离开魁北克的同时操法语实业家正在为他们的产品开发北美英语市场，他指出，"如果按照双方合乎逻辑的发展推论，再有两代人，魁北克将不会有一个操英语者留下，而留下的每个人又都讲英语"（Bichler1991：48）。

[①] 部分观点参考了中国社会科学院民族研究所：《国外语言政策与语言规划进程》，语文出版社，2001年12月，第283页，论：民族语言的民主限度，[美国] 费什曼。

四、在欧盟内部经济仍是影响语言生活的主要因素
——以欧盟的语言生活为例[①]

欧洲联盟（European Union），简称欧盟，总部设在比利时首都布鲁塞尔，至1995年欧盟共有15个成员国：法国、德国、意大利、荷兰、比利时、卢森堡、丹麦、爱尔兰、英国、希腊、西班牙、葡萄牙、奥地利、芬兰、瑞典。在组织结构上，欧盟是一个超国家的组织，既有国际组织的属性，又有联邦的特征。欧盟成员国自愿将部分国家主权转交欧盟，欧盟在机构的组成和权利的分配上，强调每个成员国的参与，其组织体制以"共享"、"法制"、"分权和制衡"为原则。这就决定欧盟各国在语言上是平等的。欧盟共有11种官方语言，分别为：英语、法语、德语、意大利语、西班牙语、葡萄牙语、荷兰语、丹麦语、瑞典语、芬兰语和希腊语。按照规定，欧盟所有官方文件必须以上述11种文字印刷。

2004年，欧盟史上规模最大的一次扩大出现，塞浦路斯、匈牙利、捷克、爱沙尼亚、拉脱维亚、立陶宛、马耳他、波兰、斯洛伐克和斯洛文尼亚10个中东欧国家入盟。2007年罗马尼亚以及保加利亚的加入，使欧盟会员国增加到27个。然而，就是这样一个提倡平等与合作的欧盟议会内部，在提倡各国语言平等同时，也面临着一个世界性的矛盾。"对于识别文化归属、文化行为和文化认同来说，语言完全可能具有同等的效力和珍贵的标志，而作为跨民族和经济技术交际的工具来说，语言却远不是同等宝贵的和可行的。"

超国家的组织根本上是国家的产物。因而在欧共体建立之初，我们完全可以理解它把所有创始国的官方语言均指定为该组织的官方语言。随着欧共体的扩大，也就顺理成章地增加了官方语言的数量。这个方法虽然实行至今，但已经困难重重。毕竟，为了使11种不同的但理论上是平等的语言在各个方面都能够处理好，需要近200种翻译方向，"语言服务"已成为欧共体最大的行政支出项目之一。1999年，仅欧盟委员会的笔译和口译费用总额，就占到了内部预算的30%，约3.25亿欧元。再加上欧盟其他机构的翻译支出，总计达7亿欧元。如果把欧盟扩大后的27种语言放在一起处理，就需要600多种翻译方向，要处理这样繁多的翻译任务显然是难以想象的。因此有必要在欧洲议会公共活动中采用一种或少量几种"超级行政语言"，这不仅是为了节俭，也是为了效益。然而要让各主权国家同意去限制自己的语言是很难的。显然，法国人、德国人、意大利人和西班牙人，尤其是法国人绝不承认英语拥有"同辈中的长者"这一公认地位。

然而，实践将突破一切人为界限，找到事物运动的根本法则。欧盟最终在语言交际

[①] 部分史料参考了中国社会科学院民族研究所：《国外语言政策与语言规划进程》，语文出版社，1999.10，第72—77页。

的实践中作出了自己的选择,而影响选择的主要因素是经济:[①]

1. 欧共体是一个在原则上保持平等的组织,所以在这个组织中各国语言也完全平等,一般来说,在公开的、正式的场合,各成员国官方语言享有同等待遇。所有欧共体的决定一经采纳,即成为各成员国国家法律的一部分,也就必须由官方翻译成所有成员国的官方文字。

2. 法语从一开始就在欧盟占据了有利地位,因为它是欧洲煤钢联营(欧洲经济共同体前身)唯一的官方语言。欧共体所驻的布鲁塞尔、斯特拉斯堡、卢森堡三城,都坐落在历史悠久的法、德语言边界上,其中一些地区都使用法语。因此,1957年欧盟成立之际,人们普遍认为,法语会成为欧洲经济共同体的交际语言。

3. 1973年自英国加入以来,英语现已是欧洲议会中使用频率最高的语言。在欧盟尽管会讲英语的双语使用者并不比会讲法语的双语使用者多多少,但由于美英两国的经济体量和经济发展水平使得英语在全世界,乃至欧洲保持强势,因此,这也影响了欧洲成员国的第二语言选择。目前在欧洲民间,英语已是主要的全欧盟语言,而德语和法语只能作为地区语。

4. 在欧盟议会,公开的、正式的场合,各成员国官方语言享有同等待遇。不公开的会议或内部沟通主要采用双语制,即使用法语和英语。这种做法虽不太正式,但却很实用,正日趋用于其他场合。而且会议越不正式,越不公开,与会者地位越低,使用的语种就越少。这一点很像联合国的情形,联合国从一开始就坦率地将一小批"工作语言"(英语和法语)和一大批"官方语言"(英语、法语、俄语、汉语和西班牙语)区别开来。所有其他语言从未获得过官方语言地位。后来,联合国在其少量的"工作语言"中增加了阿拉伯语,而秘书处继续只使用英语和法语。

通过欧盟组织内部共同交际语的选择、形成过程我们可以看到,尽管欧盟内部各国语言都是在各个国家形成过程中,在众多的地方语言竞争中胜出并最终统一,且一直受到国家的保护与推行,成为国家与民族文化的象征而不容侵犯,在欧盟组织内部也提倡国家平等与协商,在语言关系上奉行平等的原则,但是在具体的交际过程中,人们还是不得不寻求更为简便高效的交际方式——寻找共同的交际语言。在共同交际语的选择、形成过程中,起作用的不是权利平等的原则,不是历史与文化悠久的原则,而是语言使用者在经济生活中的总量和经济发展水平、是某种语言在国际贸易中、在经济生活中使用的普遍程度和活跃程度。

一种语言在经济生活中的地位,不仅影响欧盟议会内部工作语言的选择,也影响着欧洲社会与民间对第二语言的选择与学习。据统计资料显示,在欧洲有80%以上的中学生学英语,学法语的不到40%,学德语的不足20%,学西班牙语的则少于10%。可

[①] 参见(荷)艾布拉姆·德·斯旺(Abram de Swaan)著:《世界上的语言:全球语言系统》,花城出版社: 8.2.1 展望欧盟。

见，经济因素对第二语言的选择与学习，对双语的影响有多么巨大。

五、经济因素最终决定语言的地位与传播能力
——以英语成为国际性通用语的历史过程为例

在 18 世纪和 19 世纪的欧洲工业化时代，英语、法语、俄语、德语、西班牙语都曾经是在世界上很有影响的语言，也都出现了各自的大师级文学巨匠，例如在英语文学中有莎士比亚和狄更斯，法语文学中有巴尔扎克和雨果，俄语文学中有托尔斯泰和普希金，德语文学中有歌德和席勒，西班牙语文学中有塞万提斯，美国的英语文学中有马克·吐温、海明威和杰克·伦敦。当时，欧洲之外的其他地区和殖民地社会都在积极学习欧洲语言。与其他几种欧洲语言相比较，英语并没有占据特别的优势。

（一）英语的脱颖而出[①]

然而，随着英国快速的殖民扩张，他成为了世界上最大的殖民帝国，号称"日不落帝国。其经济的地位、语言的地位也在西方诸国中脱颖而出。在第一次世界大战前的一段时间内，国际贸易中处于领先地位的 29 个贸易大国中，有 9 个国家说英语，大约占世界进口贸易的 1/3 强（澳大利亚、加拿大、英属印度、爱尔兰、英属马来亚、新西兰、南非、英国和美国）。有 4 个国家可以划归法语国家（比利时、加拿大（兼用英语和法语），法国和瑞士），它们占世界进口贸易的 16.7%。两个主要使用德语的国家，德国和瑞士，占 13.8%。5 个西班牙语国家（阿根廷、智利、古巴、墨西哥和委内瑞拉）占 4.0%。很明显，根据它们的进口值（暂时先不考虑英语国家之间所发生的进口贸易），英语国家在国际贸易中占最重要的地位。到了 1927 年，英语的突出地位已经达到这样的程度：9 个英语国家占世界进口贸易的 40.6%，法语国家降到了 13.1%，德语国家降到了 11.3%，西班牙语国家略有增长，为 4.4%。到了 1938 年，英语国家所占份额为 37.%，略有下降。

（二）二战后美国的崛起对英语传播的继续促进

"二战"后，美国成为世界霸主，以英语为母语的国家对世界政治经济继续产生重大影响，同时，也在影响着英语的地位和传播能力。由于美国在军事、财力、科技方面遥遥领先于其他各国，欧洲和日本的经济重建只能依靠美国政府的"马歇尔计划"，与美国做生意成为各国经济的主导，英语在国际交流中的工具作用大幅度增强，在客观上导致西欧国家和日本开始普遍学习英语。

（三）英语成为世界性的科技、文化、教育用语

由于英国、美国较强的经济实力与较高的科技水平，使他们成为了发展中国家学生

[①] 部分材料参考了中国社会科学院民族研究所：《国外语言政策与语言规划进程》，语文出版社，1999.10，第 610 页。

出国留学的首选之地，美国每年向这些国家提供几万个全额奖学金名额，吸引着众多发展中国家的学子。而申请美国大学的奖学金需要有"托福"和"GRE"英语考试成绩，这样各发展中国家为了满足本国广大学生学习英语的要求，普遍把英语作为本国学校中的第一外语。若干年后，各国学生与学者普遍学习和掌握的外语就成了英语，之后顺理成章的发展趋势是，各国学者之间的相互交流主要靠英语，各类国际会议也把英语作为会议的公共语言。与此同时，在日益频繁的国际贸易和经济、学术交流中选择一种语言作为所有国家的"共同交际语"，成为客观的需求。于是，英语由于种种优势成为各国共同学习的首选外语，并成为"世界性"的科技、文化、教育用语。

在这个过程中，英美也在努力推广英语。英国在很多国家设立了英语语言教学"援助"项目。1972年，英国加盟欧洲经济共同体，开始增强它在西欧英语教学的援助力量。90年代，共产主义在东欧及中欧解体，英国政府又宣布要把英语变成这些地区的第一外语。英语在海外的成功传播，使英国人更深刻更清醒地认识到，他们最宝贵的资源不是北海石油，而是他们的语言。英国设在本土和海外各地的各种语言学校成为他们发财致富的摇钱树。

"二战"以后，英语语言传播进入英美联盟时期。虽然双方在英语语言教学的方法和手段上存在距离，但目标却是一致的：传播英语，保护各自国家和西方的经济利益和政治利益。

（四）英语在世界上的地位和影响[①]

决定一种语言是否重要有四个标准：第一是讲这种语言的人数；第二是该语言在地理上的分布，即有多少国家使用；第三是功能的广泛性，尤其是在多大范围和程度上用于科学和文学语言；第四是以这种语言为本族语的人口在世界经济、政治和文化生活中的地位和影响。目前，英语已成为国际通用语，据联合国教科文组织1989年统计（Asher，1994），讲英语的人口达4.56亿，外加潜在人口1.38亿，总计5.94亿人，占世界人口的11.5%。据估计，目前把英语作为第二语言使用的约有8亿人（Lyovin，1997）。把英语作为母语的国家主要分布在北美、不列颠群岛、澳大利亚、新西兰、加勒比海国家和南非。许多国家把英语作为第二语言。有25个国家把英语定为官方语言，目前，全世界有3/4的邮件、半数以上的科技期刊使用英语，80%的计算机信息用英语储存。在欧洲，近一半的商业交易是以英语进行的（McCnm，1986）。

---

① 部分材料参考了中国社会科学院民族研究所"少数民族语言政策比较研究"课题组：《国家、民族与语言——语言政策国别研究》，语文出版社出版2003.4，第95页。

六、经济发展水平的变化影响着语言实际地位的变化
——以比利时语言格局的变化为例[①]

经济因素影响语言威信，影响人们的语言观念，进而影响语言生活的例子在世界各国语言生活中比比皆是，不胜枚举。

比利时王国是世界上工业经济较早发展的发达国家之一，历史文化悠久，常被称为小欧洲或欧洲的缩影。据1993年统计，全国总人口为1010.1万，其中讲荷兰语的佛兰德区584.7万，占总人口的57.89%；讲法语的瓦隆区330.5万，占总人口的32.72%，讲德语的6.9万，占总人口的0.68%；其中佛拉芒人和瓦隆人是主体民族。比利时的语区可分为南北两大块。即北方的荷兰语区和南方的法语区。11世纪比利时北部基本形成佛拉芒语（荷兰语方言）区。到12世纪末，南部地区基本形成法语区。

佛拉芒语实际上是一种荷兰语。由于佛兰德区长期的独立发展，加上两地经济、文化和宗教的不同，最终成为两种不同的人，即佛拉芒人和荷兰人。随着佛拉芒语在比利时地位的提高，以及本身规范化的要求，加上比荷两国之间的频繁交往和传统联系，佛拉芒语和荷兰语的差别越来越小。

瓦隆人的先民是罗马化的别尔格人，后来融入法兰克人。据1981年统计，世界上瓦隆人约有422万，主要分布在比利时和法国。比利时有402万，瓦隆人主要使用法语，是法语北部的一种方言，也叫瓦隆方言。

比利时的官方语言为法语和荷兰语。但在实际的语言生活中，这两种语言的地位并不平衡，其中经济的因素在起着重要的作用。比利时独立后，国内也出现了南北经济发展不平衡现象。比利时南方的经济先发展，北方后来赶上并超过南方。这种发展变化对南北地区语言文字的发展变化也产生了较大的影响。

首先，工业发展带来了瓦隆地区金融业的繁荣。由于国内外金融公司纷纷向工业提供资金，瓦隆的工业更加突飞猛进地发展。随着瓦隆地区经济迅速发展，该地区瓦隆人讲的法语的使用范围扩大，使用人数增多，使本来具有较高威信的法语官方地位更加巩固和提高。瓦隆地区经济发展较快，北方欠发展的佛兰德地区迁往瓦隆地区打工的人越来越多。不管在工矿企业还是在其他行业，他们不得不讲法语，因此，在瓦隆地区工作的佛拉芒人学法语或转用法语的现象较为普遍。由于法语官方地位的巩固和提高，就是在佛兰德地区也出现了一些使用法语的企业家和金融家等。首都布鲁塞尔原属佛兰德地区，操荷兰语的人占多数。但随着其首都地位的确定，瓦隆等地移民的增多，逐渐变成为以法语为主的都市。尽管当时佛兰德地区为争取语言平等掀起了"佛拉芒运动"，但

[①] 部分史料参考了中国社会科学院民族研究所"少数民族语言政策比较研究"课题组：《国家、民族与语言——语言政策国别研究》，语文出版社出版2003.4，第152页。

由于该地区经济落后，荷兰语的地位未能充分提高。

"二战"后，原来落后的佛兰德地区经济快速发展。安特卫普重新辟为欧洲的主要港口，陆地和水路，尤其是高速公路等交通运输业的发展，以及新技术产品的制造，新型轻工业的发展，使佛兰德地区的经济发展速度超过了老工业区瓦隆地区。美国为首的西方国家也向经济欠发达但具有潜力的佛兰德地区增加投资，从而使该地区出现了经济繁荣景象。1966年佛兰德人均产值首次超过了瓦隆地区。昔日繁荣一时的瓦隆地区经济发展相对缓慢，尤其是以煤炭为龙头的瓦隆地区工业处于萧条状态。

随着佛兰德地区的崛起，佛拉芒人和瓦隆人及其语言之间的关系发生了微妙的变化。以前瓦隆人财大气粗，佛兰德人去瓦隆找工作挣钱，不得不讲法语，而后来由于北方经济的发展，出现了瓦隆人到佛兰德找工作的情况。这样去佛兰德地区工作的瓦隆人也不得不讲佛拉芒人使用的荷兰语。以前是法语一统天下，官场、上流社会、工矿企业及学校教育基本上都使用法语，甚至居民为了找到一个合适的白领工作，也必须讲法语。然而随着佛兰德经济的迅速发展，佛拉芒人讲的荷兰语的地位也逐渐提高，佛兰德地区上流社会的人使用法语的现象也逐步减少，相反，使用荷兰语的现象越来越多。由于荷兰语的官方地位的进一步确认，议会、政府、军队、教育等重要部门里荷兰语的使用程度明显提高。荷兰语不仅成为名符其实的官方语言，而且是佛兰德地区惟一通用的语言。佛兰德经济的高速发展对荷兰语官方地位的巩固和提高产生了积极的作用。

第四节　经济的各个要素对双语的影响

生产力构成的基本要素是：劳动者、劳动资料、劳动对象。基本关系是：具有一定生产经验和劳动技能的劳动者，使用以生产工具为主要内容的劳动资料，把劳动对象引入生产过程进行生产活动。生产力这三要素中每一个要素都对语言生活产生影响

一、劳动者方面的优势对语言传播能力的影响

劳动者是生产力系统中的主体性要素，具有能动性，它既包括体力劳动者，也包括参与生产过程的脑力劳动者。经济发达国家和地区劳动者的技术水平与综合素质会成为欠发达国家或地区劳动者学习、模仿的对象，这种行为将成为经济欠发达国家和地区的劳动者学习发达国家与地区语言的动力。在经济欠发达国家和地区，普通民众重视学习发达国家与地区语言的普遍意识便能说明这一点。

二、劳动资料方面的优势对语言传播能力的影响

劳动资料是人们在生产过程中用以改变和影响劳动对象的一切物质资料和物质条件。它包括生产工具、土地、生产建筑物、道路、运河,以及充当劳动对象的容器的物体等。现代化生产中的劳动资料,还包括动力系统、能源系统、运输系统、自动控制系统,以及与此相联系的信息传递系统等。在劳动资料中,生产工具是最主要的。生产工具是社会生产力发展水平的客观尺度,也是区分社会经济发展阶段的物质标志。在不同民族、不同国家之间的交往中,生产工具的发明与相互借鉴是经济文化交流的重要内容,古代冶铜技术的传播、冶铁技术的传播、蒸汽机的发明与传播、电力的发明与传播,都是生产工具、生产技术发明与传播的典型范例,并深刻影响人类文明的进程。在生产工具、生产技术的发明与传播过程中,必然带来语言的传播,而且更多的是发达国家与地区的语言传向欠发达的国家与地区。

三、劳动对象方面的优势对语言传播能力的影响

劳动对象是人们在生产过程中运用劳动资料进行加工改造的一切物质对象。它分为两类:一类是进入生产过程的那部分自然界,即未经过人们加工过的自然物,如采掘中的地下矿藏等,也叫自然资源,也叫生产的原材料;另一类是经过人类加工过的物质资料,如织布用的棉纱,制造机器用的钢材,以及人工合成的各种原材料等。随着生产的发展和科学技术的进步,劳动对象的范围不断扩大,各种人工创造的新材料不断增多。

毫无疑问,自然资源、生产原材料、生活资料的互通有无、相互交换是人类经济文化交流过程的重要内容,古代农业地区和牧业地区的茶马互市,丝绸向西方的传播,现代产油国的石油输出都是这方面的范例。自然资源、生产原材料、生活资料的交流必然带来语言的接触。这种交流规模越大、时间越长,相关语言间接触、互学的规模就越大,时间就越长,水平就越高。不管是古代还是现代,不同国家间、不同民族间自然资源、生产原材料、生活资料交流的贸易集散地往往都是相关双语人群发育、云集、活跃的地方,比如:不同民族间交界的贸易城镇、不同国家间接壤并通商的边境城市、通向海外的港口等等。

然而自然资源、生产原材料的输出对输出国语言地位的提高是有限的。在西方国家进行殖民的过程中,常常是把殖民地的原料运往宗主国加工,再把产品运往殖民地销售。宗主国一般不在殖民地设厂生产产品。这样,宗主国就从低价收购原料、高价销售产品中获得巨大利润,而殖民地则长期处于贫困地位。"二战"后,虽然第三世界国家都先后摆脱殖民地地位,但因资金、技术、市场等条件的限制,工业化步履维艰。这些落后国家尽管给发达国家输送了大量的生产原材料,是发达国家经济发展的重要环节,

但其语言地位并没有多大改变。

近年来，发达国家开始把他们的初段产品、低附加值产品、高能耗产品、人力高密集产品、环境高污染产品迁移到发展中国家，而把高附加值、高科技含量产品的生产及核心技术牢牢掌握在手里，实际上是旧的殖民政策在新形势下的翻版。这种经济交流也无法带来发展中国家语言地位的提高。看来，在经济交流中，科学技术是否发达是决定经济强势的决定因素，也是决定双方地位，包括语言地位的决定因素。

四、科学技术的发展水平对语言威信起着决定性的作用

在现代社会，科学技术是生产力系统中的非实体性的要素。自然科学作为一种知识体系，是一种社会意识形式，在它未加入生产过程以前，是属于知识形态的生产力或潜在的生产力。当它通过技术等环节被应用于生产过程，渗透到其它要素中去，就转化为现实的物质生产力。在现代化的生产中，科学技术对生产力的发展起着第一位的变革作用，它作用于生产力中的其它各要素，使其发生从量变到质变的飞跃。科学技术不仅对劳动者、劳动资料、劳动对象等实体性要素发生作用，而且对生产劳动过程中的分工、协作、劳动组织和管理等非实体性要素发生作用。因此，科学技术对生产力的推动作用不仅是按倍数增长，有时甚至是按几何级数增殖，呈指数增长。

17世纪英国工业革命引发的科学技术的进步，使欧洲进入了蒸汽机为代表的工业时代。同时也把还处于农业社会的世界其他国家抛在身后，进而，欧洲列强开始对世界各大洲进行了大规模的侵略、掠夺与殖民。19世纪中叶到20世纪初期，在美国和德国工业生产出现了第二次革命。第二次工业革命的发明家多是专家学者，他们将科学与技术相结合的成果应用到工业生产中去。如：电磁感应定律的发现促成发电机的制造，迅速代替了蒸汽机，使人类进入"电气时代"；电力及电磁感应定律的发现及其在通信产业中的使用使电报、电话、电灯、广播、电影、电车等被相继发明；内燃机的发明与使用使机车、汽船、汽车、拖拉机以及飞机等得以出现，对人类运输业的发展产生了划时代的意义。

第二次产业革命中出现的这些新发明新技术，将工业生产推进到一个新的阶段。工业生产的规模越来越大，产量大幅度提高，并以比第一次产业革命更快的速度向世界各国扩散，各国间的贸易量也大增，全球经济联系日益密切，世界经济体系已开始形成。一些欧洲国家的语言也迅速成为世界各地的强势语言，并在世界各地大规模传播。葡萄牙语、意大利语、西班牙语、法语、英语等语言都在他们母国势力到达的地区盛行一时。

这其中，生产力各要素的优势都发生了作用，然而，最终起作用、长久起作用的仍是科学技术发展的持久性与所达到的高度。英国、后来的美国相继成为科学技术大规模发展并长盛不衰的大本营，因此，英语也就在众多语言中脱颖而出，最终成为世界科学

技术、商业贸易中的国际性交际语。在世界一些国家和地区，历史上也曾经转用其他殖民者语言，但后来都逐渐转用英语，或把英语当作最重要的第二语言来学习。

第五节 双语的发展对经济发展、社会进步的反作用

——以中国近代以来的外语学习出国留学为例[①]

当不同民族相遇，相互之间的互通有无是自然而然的事，这种互通有无的行为可以发生在物质文化、精神文化、制度文化的各个层面，但是，首先，也是大量地产生在经济层面。鸦片战争之后，中国首先接触到的是西方的物质文明，虽然贬称为"奇技淫巧"，然而不得不服气西方的坚船利炮，为了得到这些东西，为了获得这些东西，中国不得不与西方进行贸易，在广州等大的口岸出现了大量的懂得西方语言的翻译和代理商，即买办。为了得到西方的坚船利炮，中国不得不建立自己的新型工商业，为此，在中国青年人中兴起了到国外留学的浪潮。后来在意识到中国的落后不只是在经济方面，更在于政治、文化方面之后，中国才开始了对西方政治经济文化的全方位引进，出现了各种学科的留学生，但仍以经济领域居多。

从京师同文馆成立（1862 年）至今的 150 多年的中国近现代史中出现 5 次学习外语、出国留学的高潮，每次都处于中国历史的转折关头，都起了推进历史的重大作用，具有划时代的意义。其根本动力是学习先进的科学技术，后来扩展到对现代政治制度，现代文化的学习与引进。近现代历史舞台上的风云人物，各个领域中的领军人物多数是留学归来的人员。

一、第一次出国留学和外语学习热潮

从 1840 年中英鸦片战争后，西方资本主义列强，用军舰大炮打开了大清帝国的国门，强迫清政府签订了一系列的不平等条约，在中国夺取了许多特权。中国社会性质由封建社会向半殖民地、半封建社会演变。在资本主义列强对中国进一步侵略和以太平天国为代表的国内农民革命运动的冲击下，清王朝统治集团内部逐渐分裂为洋务派和顽固派。洋务派是清朝统治集团内部向买办转化的军阀官僚集团。他们看到西方列强的坚船利炮，感到必须学习洋人的"长技"，企图求助于外力来加强本集团的综合实力，提出所谓"变器不变道"，用学习外国制器的办法来维持统治，积极要求办洋务，办西学，主要的代表人物是恭亲王奕䜣、曾国藩、李鸿章、左宗棠、张之洞等。顽固派是清王朝

[①] 本节部分史料参考了李传松、徐宝发：《中国近代外语教育》，上海外语教育出版社 2006.9。

统治集团中一些思想僵化、昏聩的贵族官僚构成的政治集团。他们把一切科学技术称之为"奇技淫巧"、"雕虫小技",死守封建教条,认为天不变道亦不变,其主要代表人物为倭仁、徐桐等。

在"洋务派"的支持下,1872年8月11日包括詹天佑在内第一批30名幼童赴美留学,接着在1873、1874、1875三年每年派出30名。这些幼童赴欧美各国主要学习军政、船政、步算、制造等科学,试图以"西人擅长之技",来复兴中国。

与此同时,国内也掀起第一次外语学习高潮。中国教育史上第一所新型的学校既不是综合性大学,也不是理、工、农、林、医的专业学院,而是外语学校,是成立于1862年的京师同文馆,因为一切交流首先要依靠语言。从1862年至19世纪末,在1862年设立京师同文馆之后,1863年在上海成立了上海广方言馆,1864年广州设立了广州广方言馆,1893年在武昌设立自强学堂。这4所外语学府设立在北京、上海、广州、武昌4座中心城市,形成一种甚具气势的外语教育格局。与外语教育兴起的同时,随之兴起的是与维护统治阶级政权密切相关的军事、军工教育,如一批军事学校和科技学校的建立:福建船政学堂(1866年)、上海江南制造局的机器学堂(1867年)、天津电报学堂(1879年)、上海电报学堂(1880年)、天津水师学堂(1881年)、天津武备学堂(1886年)、湖北武备学堂(1895年)等。

第一次外语学习和出国留学的热潮是以培养外交翻译人才、军事军工人才为目的,以外语教育为起始的,但却开启了中国近代教育。洋务运动虽以建设近代军队、近代军工为主要目的,但客观上催生了中国第一批近代民族工商业,对中国的经济发展产生了深远影响。它不仅造就了严复、颜惠庆、顾维钧、邓世昌、徐继畬、曾纪泽等一批政治家、军事家、外交家,也造就了一大批民族工商业家。

二、第二次出国留学和外语学习热潮

1894年甲午战争爆发,1895年清政府惨败,洋务运动宣告破产。光绪、翁同龢、康有为、梁启超等掀起维新运动。中日两国有不少人士得出共识——向日本学习,从而引发了第二次出国留学和学习外语的热潮。

19世纪末20世纪初,中国人渴求民族独立和民族复兴的热情空前高涨。于是出现了争先恐后往日本留学,借以寻求救国救民良方的热烈场面。甚至出现了父子、母女、爷孙乃至全家留学日本的情景。1905年留日学生猛增到8千多人,1906年又上升到1万多人。整个20世纪初年,留日学生有两万多人。这在当时是一个惊人的数字。

赴日留学与赴欧美留学相比有着很多特点,如生源多样、自费留学的多、涉及学科广泛等。但探索救国救民道路,追求建立新型国家的政治理想是其显著特色。20世纪初,孙中山、黄兴等组织的"同盟会"以及原来在国内各自为战与清廷斗争的各派进步力量都转移到日本。大批的革命志士到日本留学,许多人在日本留学时接触到新思想，形成了革命的信念，从而使日本成为推翻清朝腐败政权建立共和国的革命基地。

留日学生对中国20世纪文学艺术的发展和繁荣有着巨大的贡献。留学日本的作家群是中国现代文学的居于主流地位的作家群。留日学生中，成为文坛大师的著名作家有鲁迅、郭沫若、周作人、郁达夫、田汉、欧阳予倩、胡风、夏衍、周扬（周起应）、成仿吾、冯乃超。还有多才多艺的李叔同、苏曼殊、丰子恺……

三、第三次出国留学和外语学习热潮

辛亥革命推翻了清王朝的封建统治，建立了中华民国，但中国又出现了军阀割据、军阀混战的黑暗局面。现实再次引起人们对中国前途与命运的思考：国家的富强除了要进行经济改革、政治改革，还要有文化上的改革。1919年的五四运动高扬科学、民主的大旗，给传统思想以巨大的冲击。更新观念，吸收世界新文化是多数年轻留学者的追求；这期间的北洋政府对出国留学采取放任的态度，这给企图留洋的青年以一定的自由度；中国开始出现了第三次出国留学和学习外语的热潮。这次留学潮以留美、留法、留苏为中心，当然留英、留德、留日等也有较大的发展。

（一）留学美国

从1909年1月起美国开始退还庚子赔款。美国退款的目的，"不是完全退还这笔钱，而是要把这笔钱用在使类似义和团事件难以再生"从知识上与精神上支配中国未来的领袖。所以规定这笔退款必须用于派遣中国学生留学美国，作为广设学堂，派遣游学之用。1911年设立了清华学堂，作为留美学生的预备学校。清华的方针是"所有办法均照美国学堂，以便学生熟悉课程，到美入学可无扞格"。除几门国学课程（国文和中国史地）外，其余课程全用英语讲授。从1911年清华学堂建立至1928年清华改为大学，派往美国留学的人数为1274人。于是以庚款留学生为中坚，加上众多的自费留美生和各个部、企业、学校等派出的留美青年，使美国各大学"布满了中国留学生"。

留美学生和留日学生在专业选择上有根本上的不同。留日学生大多重视社会科学，热门是法政。留美学生则有60%的学生学习理、工、商、农、医，7%左右的人学习文、史、哲，学习军事的约占2%，约有25%学习政治、经济、法律、教育、新闻等专业。出现了梅贻琦（从1931起任清华大学校长）、胡刚复（真正把物理学引进中国的第一人）吴有训、严济慈、钱学森、竺可桢、茅以升、胡适、赵元任、林语堂等学术界巨子。

（二）勤工俭学留学法国

法兰西是自由民主的发祥地，许多青年梦想到法兰西去具体地体验一下。在工读主义思潮的推动下，全国出现了赴法勤工俭学高潮，以湖南、四川热度最高。至1921年，在法国勤工俭学的中国留学生已达1600多人，他们一边做工，一面上学，辛苦异常。这批人在学业上进展大的不多，多数念中学或职业学校。留学期间，他们组织革命活

动,向国内介绍和传播马克思主义。在这批留法勤工俭学学生中间,不仅涌现了许多有为的职业革命家,而且产生了一些马克思主义的理论宣传家。中国老一辈的无产阶级革命家周恩来、邓小平、刘少奇、朱德等都是在这一高潮中接触外语,出国留学的。

(三) 留学苏联

"留苏热"的出现主要是政治革命的推动。1921 年中国共产党成立后,为效法苏俄,急切地派革命青年赴俄学习。1924 年国共两党合作的成功,孙中山提出"以俄为师"的口号,把派青年去苏联学习视为培养革命人才的主要途径。为此,苏联政府在莫斯科专门创立了一所孙逸仙中国劳动大学,大批接收中国留学生。1926 年前后,在苏联学习的中国留学生有 1600 多名。他们学习的内容基本是革命理论和军事知识,旨在为中国培养革命栋才。1927 年"四·一二"事变后,国民党撤回派去的学生,中山大学成为专门为中国共产党培养人才的学校。在这里学习的人对中国革命产生了深远影响,最著名的如刘少奇和蒋经国等。

四、第四次出国留学和外语学习热潮

新中国成立初期,中国政府在政治上奉行向苏联"一边倒"的方针,在全国范围内兴起学习俄语的高潮。广大青年怀着对党和新中国的拥护和热爱,对社会主义的向往和憧憬,积极加入到学俄语的热潮中。当时流行着一句口号"苏联的今天就是我们的明天",不仅青少年学生学俄语,就连许多学有所成的专家、教授,如马寅初、朱光潜等也都加入了学俄语的行列。这次出国留学和外语学习热潮虽然是国际政治斗争、意识形态斗争所推动的,却为新中国现代工业、农业、科学技术事业的发展奠定了基础。很多留学生成为中国社会主义建设事业的骨干,有的成为党和国家的领导人。

五、第五次出国留学和外语学习热潮

文化大革命十年浩劫结束以后,百废待兴。1978 年的改革开放,国门的开启,使人们看到中国与西方发达国家之间的巨大差距。全国从上到下再次感到改革开放的重要。1978 年 6 月 23 日,邓小平说:"我赞成留学生的数量要增大","这是五年内快见成效,提高我国水平的重要方法之一。要成千成万地派,不是只派十个八个"。邓小平的指示吹响了青年学生走向世界的号角,从而掀起了第五次出国留学和学习外语的热潮。这次留学潮不仅大大超越了前四次留学规模,而且影响广泛而深远。

经过近 30 年的曲折发展,中国有 80 多万人到国外留学,遍布 103 个国家和地区,对中国社会的影响既重大又持久。众多的留学生走向世界,无形中促进了中国文化的传播,中国文化的世界化从来没有像今天这样广泛而深入。中国人对世界的了解和认知也从来没有像今天这样深入和准确。留学生真正成了中国和世界联结的纽带。大批留学生的学成回国，迅速成为推进社会全面进步的生力军，在各行各业展现出勃勃生机，有力地推进了现代化的建设。留学生对中国的影响已经波及到教育、科技、文化、政治、经济、法律、金融、通讯、交通等许多领域，可以说是全方位和划时代的。

总之，通过回顾中国一百五十多年留学史，我们可以看到外语学习、出国留学是如何促进中国经济发展、社会进步的。尽管当初统治者倡导外语学习是被迫的，是为了维护统治阶级的统治，仅仅为了培养自己急需的翻译人才、外交人才、军事军工人才，然而，当外语学习、出国留学的潮流一旦开启，它就将对中国的经济、政治、文化产生全方位的影响，其中尤其是对经济的影响令人瞩目。

六、学习外语、出国留学不能代替本国的科技创新、制度创新、文化创新

在我们阐述外语学习对经济发展、社会进步所产生的促进作用时，要警惕语言学习中的另一种倾向——语言崇拜。发达国家的经济、政治、文化会极大地影响欠发达国家。欠发达国家在向发达国家的全面学习的过程中，会在国内掀起一股学习发达国家语言的热潮，在这种热潮中会出现"语言崇拜"现象，即盲目崇拜某种语言。这会产生一种错觉，以为会了某种语言就似乎成了这个国家国民的一员，至少有资格成为这个国家国民的一员，自然拥有了这个国家经济、政治、文化上的所有优势。甚至会出现相关的另一种错觉，认为如果自己国家全社会都掌握了某发达国家的语言，自己国家就会自然变成发达国家，似乎语言就是一切。因此出现了全社会学外语，全民不惜工本地学外语的局面，而对自己国家的语言则逐渐出现轻视甚至蔑视的态度。

语言对经济的的反作用是有很多中间环节的，并不直接导致社会物质生活的改善，他必须变成生产能力（其过程是：学习技术、掌握管理经验、获得资金、建立企业、有相应的产品销售渠道和资金流通渠道），再生产出产品，并通过交换变成社会流通的商品，才能变成实实在在的社会物质生活的提高。一个国家，尤其是一个大国的富强是经济、政治、文化交叉互促、反复互动，长期良性循环的结果。对发达国家语言的学习，借鉴发达国家经验与资讯只是其中一个环节，主要是起媒介作用。然而光有媒介，光进行输血，自身的造血功能不能充分调动，不能建造自身强大、健康的造血功能，国家仍然不能强大，民族仍然无法复兴。在这个方面日本和印度给我们提供了两个样板。

日本是个单语国家，全体国民通用日语。在学习发达国家语言，学习发达国家经验的过程中，日本极其重视把先进的科学文化知识翻译成日语，建立以日语为载体的科学文化创新体系，最终建立起了堪与西方国家抗衡的科学文化创新体系，成为广大发展中国家学习的榜样。

印度在历史上长期是英国的殖民地，英国在印度建立了完整的科学教育体系。印地

语虽然是印度的主要语言,但仍有几种其他语言与它抗衡。印度独立以后把英语作为国家的通用语言,同时又把包括印地语在内的其他几种语言同时宣布为国语,使英语实际成为了国家最重要的行政用语与教学语言。印度的语言政策给印度经济、政治、文化与西方的接轨创造了一定的便利,成为发展中国家模仿的另一个范例。

中国是一个有13亿人口的大国,有着自己悠久的文化和高度统一的语言文字。印度的道路显然不适合中国的国情。在我们学习发达国家的语言,向发达国家学习的过程中,应该清醒地认识到,对大多数中国人来说,学习发达国家语言正确的定位应该是通过国际交流,促进自己国家的经济发展、社会进步,而不是其他。向发达国家学习不能代替自己国家的科技创新、文化创新、制度创新。

在中国少数民族地区,汉语的学习也应与提高少数民族地区的生产能力结合起来,学习、利用中国内地的先进技术与管理经验促进了少数民族地区的经济发展、社会进步。现在有一种情况需要注意,一些人认为,为了使少数民族地区更快地发展,中国少数民族可以不学汉语直接学英语,这种提法不仅忽略了语言学习转变为社会生产力的复杂过程,甚至无视中国作为一个国家,它在地理、人口、政治、经济、文化上的一体性及其协同发展的特性。这种观念是不正确的,也是不现实的。需要特别指出的是,国内外分裂主义势力为了达到自己的政治目的,在极力鼓吹这种观念。

第十一章　政治与语言生活

政治是一个十分广泛的概念。孙中山先生曾说："政是众人之事，治就是管理，管理众人之事就是政治。"这是从广义上来说的。马克思主义认为，政治是上层建筑的核心，它适应于经济基础，同时又对经济基础产生强大的反作用。政治活动以国家为中心，国家机器对境内政治、经济、文化等活动发生着强大的控制引导作用，在国际上国家保护本国的领土主权不受侵犯，保护本国利益，协调与其他国家之间的关系。国家的语言政策对境内的语言生活有着强大的影响作用。

第一节　政治、国家与国家功能的发挥

一、国家的基本要素[①]

国家可以定义为：一个具有保持内部稳定、不受外来控制和侵入（干涉）能力的独立主权政府领导下，占有一定领土的、有组织的政治地理单元。国家作为一个独立的政治地理单元，具有四个基本特征：

（一）拥有确定的领土

领土是国家存在的天然地理基础，一定的国家总有一定的领土，拥有固定的疆域。一个国家无论大小，其自然属性都意味着领土是划定的，界限是明确的，在其领土内，其政府与人民拥有自主权。当然，具有完整、明确国界线的领土特征仅仅是现代民族国家才有的，古代国家的边界有的往往很模糊，有边陲而无国界。领土这一构成要素对于现代国家有着极端重要的意义。

（二）具有一定数量的定居人口

定居人口是国家从事一切国家活动的行为主体。只有有了定居人口，才能建立统治

[①] 参见沈文利、方卿：《政治学原理》（第二版），中国人民大学出版社，2010年6月第2版，第36—37页。

国家的政治结构，才能从事社会经济活动，才有可能形成国家。

（三）拥有被其国民需要和承认、行使诸如国家、外交等职能的政府

政府是执行国家职能的政权组织机构。只有有了合法而富有能力的政府，才能对内进行统治与管理，对外实行各种交往，谋求国家安全。

（四）拥有主权

主权是构成国家最重要的要素，是国家区别于其他社会共同体和其他社会管理组织的一个标志性特征。所谓主权，就是一个国家所拥有的独立自主地处理其内外事务的最高权力。

此外，国家还需要一种思想意识，或文化传统上的共性，以及在固定领土上长期定居所形成的一种共同感情和心理状态，使国民联系在一起的强大内聚力。

二、国家的职能[①]

（一）国家的内部职能和外部职能

一般而言，国家的活动表现为两种基本职能：内部职能和外部职能。内部职能主要是实行社会控制，以维护政治经济秩序和稳定；外部职能主要是防御外来侵略，保卫国家安全。

在国家的实际活动中，其内部职能与外部职能是密切联系在一起的，两者之间具有相互依存、相互促进的辩证统一关系。只有加强内部职能，增强综合国力，特别是增强国家的政治、经济和军事实力，才可能有效地实现国家的外部职能。同样，有效地发挥外部职能，如通过成功的外交活动建立一个有利的周边环境，对国内政权的巩固和社会发展也会起到重要作用。在和平时期，内部职能与外部职能相比，内部职能居于主要地位。只有首先推动国内经济与社会发展，才能具备必要的社会政治条件和物质力量来保卫国家安全或对外扩张。但在特定历史条件下，如战争时期，外部职能则可能上升为主要职能。在经济全球化时代，世界各国的经济社会生活更加紧密地联系在一起，国家内外部两种职能的相关程度也愈加紧密。

（二）国家的政治职能和社会职能

按照国家活动的性质和方式，国家的内部职能可以划分为政治职能和社会职能。

国家的政治职能即国家的阶级统治职能，是国家按照统治阶级意志，综合运用各种手段并以强制力保障实施的维护社会秩序的职能。国家的政治职能通常是由国家性质决定的，具有鲜明的阶级性。

国家的社会职能，即统治阶级运用国家权力对社会公共事务进行管理的职能。社会职能是国家本质的一个方面的体现，它服务于统治阶级的利益和意志，受特定社会政治

[①] 参见《政治学概论》高等教育出版社人民出版社，版次：2011年6月第1版，第50—51页。

法律制度的制约，从这个意义上说，国家的社会职能实际上也具有政治性质。

（三）国家对国内的语言生活进行规划与管理

在国家行使自己各种职能的时候，对国内的语言生活进行规划与管理是其职能行使的重要方面，并对国家的语言生活产生深远影响。

第二节 国家对国内语言生活的规划与管理

国家是人类历史上人们共同体的较高形式，与它以前的社会组织形式相比，在管理、协调组织内部事务与外部事物，保护并发展自身经济、文化方面具有强大的功能，是政治上层建筑的集中体现。在当今世界，国家是管理、引导自己国民生存与发展、进行国际间交往的不可替代的，强有力的实体。国家除了对国家政治经济生活进行管理，还对国家的语言生活进行规划与管理。如国家对国内通用语言的规划与推行，对多语社会语言生活的规划与协调、对本国语言与外国语关系的规划与协调、对本国语言在国境外传播的促进等。为此，国家要进行语言规划，制定语言政策，进行语言的立法等。

一、语言规划、语言政策、语言立法的概念

（一）语言规划[①]

语言演变、发展有其自身的客观规律，同时常常受到社会、政治、经济、文化、教育、科技以及使用语言的群体心理状态等影响和制约。国家会按照国家的整体发展与长远利益对语言生活进行规划与管理，而不是让语言任意自行演变，这种行为叫做语言规划。语言规划包括语言地位规划和语言本体规划两大部分。具体内容包括：估计现实的社会语言生活，选择和推行标准语、共同语，制定、实施各种语言文字规范标准，以及各项语言文字的使用等。语言规划的手段、方法是多种多样的，有行政的、立法的、教育的、媒体的、辞书的等。从性质上分，有指令性的和指导性的，有引导性的和示范性的等。

（二）语言政策

语言规范以行政规定的形式出现，我们称作为语言政策。语言政策的内容包括宏观的和微观的两个方面。宏观方面，如确定并推广国家的官方语言和民族的共同语、标准语，制定或改革文字，以及对共同语、标准语及其书面形式——文字的推行等。微观方面，如对共同语、标准语的语音、词汇、语法以及文字的正字法和正词法等确定规范标

---

① 参见陈章太：《语言规划研究》，商务印书馆，2005年1月第1版，第33—45页。

准，对推行共同语、标准语及其书面形式——文字提出具体要求和规定。语言政策具体体现政府对社会语言问题的态度，是一个国家总政策的一部分。

（三）语言立法[①]

语言立法是语言地位规划的重要内容，目的在于通过立法确定国家官方语言和标准语及其使用，确定某些语言在本国的法律地位，规定各民族语言的关系，确保各民族的语言权利和公民个人的语言权利，减少或防止语言矛盾与冲突，规定语言规范的原则，促进语言健康、有序地发展，在社会生活中充分发挥其交际功能的作用，为社会进步和各项事业发展更好地服务。语言不立法，上述这些问题也可以得到一定程度的解决，如采用行政、学术、媒体等办法，但通过语言立法，这些问题可以解决得好一些。

（四）语言规划中要协调的具体语言关系[②]

语言生活的和谐是社会和谐的重要表现，也是促进社会和谐的重要因素。语言生活有一系列的语言关系需要协调，各国的具体情况各有不同。从中国当前的情况看，至少有如下关系需要科学看待、妥善处理：

1. 普通话和方言的关系；
2. 中国各民族语言之间的关系；
3. 母语教育和外语学习的关系；
4. 濒危语言的保护问题；
5. 汉语的国际传播同国内语言文字工作的关系；
6. 海峡两岸语言生活的沟通问题；
7. 世界华人社区的语言交往问题；
8. 中国在虚拟空间中的语言文字问题等。

以下我们就国家对语言生活进行规划的几个重要方面进行探讨。

二、规划与推行国家通用语言

世界上国家的类型多种多样，各自的情况千差万别，但有一个共同点就是：把维护自己国家的统一与推进国家的繁荣昌盛作为语言规划的重要目标。从以美国为首的发达国家，到印度、中国这样的发展中国家无一不是这样。确立国家的国语与官方用语，从语言上保证国家政治、经济、文化上的统一，是国家对语言生活进行规划、管理的首要任务。

以中国为例，秦始皇统一中国后，即制定"书同文"的政策，用小篆统一六国的文字。后来，在长期的封建社会里，各朝代的语言政策虽然有所不同，但基本的是提倡

[①] 参见陈章太：《语言规划研究》，商务印书馆2005年1月第1版，第59—60页。
[②] 参见李宇明：《中国语言规划续论》，商务印书馆，2010年2月第1版，第30—33页。

古文，崇奉汉字。到了民国时期，语言政策发生较大的变化，白话文运动、国语运动、罗马字运动和拉丁化运动的兴起与发展，既是爱国志士、知识分子倡导与发动，又与当时语言政策的实施有关。新中国成立以后，普通话的推广、规范和对现代汉字字量、字形、字音、字序的确定和规范，以及对语言文字使用的一些规定，都是对通用语言文字的规划。语言规划的目的，是使语言更加规范、精密，更加简便、好用，更加适合社会、政治、经济、文化、科技等的发展需要，并使语言应用更加有序，更加合乎规范。

三、规划、协调语言关系

在多民族、多语言的国家，协调多种语言之间的关系，是国家语言规划的重要方面，其目标往往是维护国家的统一与繁荣：追求统一前提下的繁荣，和以繁荣为目标的统一。不同的国家政治、经济、文化、民族、语言的情况各不相同，处理语言关系的具体方式也不尽相同，但是，在保护及加强国家统一这一目标上则具有普遍的一致性。

（一）为了强化国家的统一，实际推行英语至尊的语言政策——以美国为例[①]

美国是个标榜自由的国家。但是，从历史到现在，美国都是一个提倡英语至尊的国家。美国总统西奥多·罗斯福曾说："在这个国家，我们只有容纳一种语言的空间，这就是英语，因为我们将会看到，这个熔炉把我们的人民变成美国人，变成具有美国国民性的美国人，而不是成为讲多种语言的寄宿处的居民。"美国争取独立时的政治环境决定了讲英语的殖民者需要与讲其它语言的殖民者沟通，获得他们的支持。作为维护这种团结的代价，在《独立宣言》中没有明确宣布新生国家的官方语言，在独立战争中诞生的美国宪法也避而不提国家的官方语言，但是该宪法是用英语写成的。美国获得独立后，英语迅速取得主导地位，以后英语进一步发展成为这个国家事实上的官方语言，用于立法、司法、行政事务以及教育、选举和归化移民。

尽管如此，每次移民浪潮都会周期性地引起美国社会的不安，人们担心英语的地位受到威胁，而提出限制其它语言的使用，希望从法律上把英语确定为国家的官方语言。20世纪80年代开始，由于西班牙语的影响力日益增长，对新的移民浪潮的关注日益增加，再次出现了试图把英语确立为官方语言的运动。"惟英语"运动试图通过宪法修正案或语言立法来限制或禁止政府机构使用英语以外的其它语言，目前已经取得了一些成功：在国会中提出了宪法的若干项英语修正案，"惟英语"的法令在一些州获得通过。

由于美国经济科技实力强大，英语在社会生活的方方面面、角角落落都占据着惟一的地位，而少数民族居住和就业基本是分散的，因而形不成集中的巨大的语言推动力，

[①] 部分资料来自扬寿勋：《官方语言、移民语言与土著语言问题：美国语言政策研究》；中国社会科学院民族研究所"少数民族语言政策比较研究"课题组《国家、民族与语言——语言政策国别研究》，北京：语文出版社，2003年4月．第22—37页。

美国虽然至今没有在法律上把英语立为官方语言，但并不妨碍在实践中形成强有力的"惟英语"语言政策。1995年《美国英语》的一项调查称86%的美国人认为应该把英语定为官方语言，据1990年美国的人口普查，98%的美国居民自报英语说得很不错或足够好，只有不到1%的人不说英语。

可见美国从来都在重视语言对国民统一性的作用，对此，我们无可厚非。但是需要指出的是，当一些发展中国家为了国家整体利益进行一些旨在加强国民统一性的语言规划时，一些人总是拿美国提倡的所谓"自由"对这些国家进行批评，孰不知，制定并执行有利于国民团结、国家统一的语言政策与法令，是包括美国在内大多数国家的普遍做法。

（二）在保证英语地位稳固的前提下，发挥其它语言促进国家繁荣的作用
——以澳大利亚为例①

维护国家统一的重要目的是为了保证国内资源与利益的共享，争取最大程度的繁荣。维护国家统一的方法可以来自多个方面，有政治的、军事的、经济的、文化的，语言也是一个方面。具体的方法上，有对抗式的，强迫式的，折衷式的，妥协式的等等，其目的就是维护统一，促进繁荣。当国家统一受到威胁时，统一与分裂将上升为社会的主要矛盾，主要社会资源将投入这一矛盾的解决之中。当国家统一、社会安定不受危胁时，国家的繁荣将上升为社会的主要矛盾，主要的社会资源将投入实现并保持国家的繁荣上。表现在语言问题上也是这样。

澳大利亚地处大洋洲，是一个幅员辽阔、资源丰富的多民族、多语言的移民国家，由40多个不同民族组成。目前，全国人口中英国移民约占90%，是最大的民族。根据习惯，英语为澳大利亚的官方语言。澳大利亚的语言政策可以分为三个时期：

1. 以英语为主，其它语言为辅的自由放任政策（1788年至1900年）

由于澳大利亚是英国的殖民地，绝大多数移民为英国移民，以讲英语为主，所以英语依据通用习惯而不是法律成为澳大利亚事实上的官方语言。当地土著语言限于本民族内部使用。教育制度一律采用英国的教育系统，法语作为第二语言在学校讲授，除此以外，一些法国、德国、苏格兰移民也开办了少量的德——英、法——英、盖尔（苏格兰）——英双语学校。中国移民在澳大利亚倍受歧视和迫害，不能使用自己的语言，不能接受中文教育。

2. "白澳"同化政策时期（1900年至1970年）

1901年1月1日澳大利亚联邦政府宣告成立，实行长期以来坚持的种族歧视政策——"白澳政策"，只允许欧洲（主要是英国人）白人迁入，限制亚洲人和大洋洲人移入澳大利亚，在语言上采取了同化政策，在学校教育中强行要求使用英语教学，公开

---

① 部分史料来自李兴仁、丛铁华：《从同化论到多元文化主义：澳大利亚语言政策研究》：中国社会科学院民族研究所"少数民族语言政策比较研究"课题组．《国家、民族与语言——语言政策国别研究》．北京：语文出版社，2003年4月．第225—229页。

场合限制使用其它移民语言，少数民族报纸要部分用英语出版，广播电台用其他语言播出的时间不得超过 2.5%，所有非英语的语言信息都必须译为英语。

3. 多元化和多语政策时期（1970 年以后）

1945 年"二战"结束以后，澳大利亚开始改革传统的"白澳政策"。大量亚洲、非洲移民来到澳大利亚，他们的子女饱尝了英语单语教育的痛苦，开始跟政府辩论，他们认为，只用英语的政策不利于澳大利亚社会经济的发展和文化传统的保留。联邦政府也逐渐认识到，多元文化与多种语言不是澳大利亚社会经济发展的障碍，而有可能是一种资源，因此，澳大利亚政府出台了一系列关于语言的政策，主要有两个目的：首先，用法律形式肯定英语的作用，英语是学校主要的教学语言，实际上，不懂英语，就无法接受教育，无法找到工作，无法具备在澳大利亚生存的能力。其次，肯定了非英语语言也是国家的一种资源，对澳大利亚的经济发展有利，鼓励非英语"背景"的学生保留自己的语言，提出从实质上提高澳大利亚人的非英语语言技能，到 2000 年的一项目标是 25% 的学生必须学习一种第二语言。

从澳大利亚的情况我们看到，作为一个移民国家，建国初期强化推行英语，是为了建立一个以英国移民为主体的统一国家，当这一目标实现以后，在英语作为唯一官方语言不受威胁的情况下，开始发展作为第二语言的多种语言，以促进这个独立大陆与周边亚、非、拉国家的经济文化往来，实现本国长期、稳定的繁荣。

（三）把国家的繁荣与发展作为国家语言规划的主要目标，实际推行英语

——以新加坡为例[①]

新加坡常住人口为 300 万（1996 年）、华人占 77.3%，马来人 14.2%，印度人 7.3%，其它种族（主要为欧裔）1.3%，新加坡独立前，英语为唯一的官方语言。而其它民族的语言都是在非正式的场合使用。

1965 年 8 月 9 日，新加坡脱离马来西亚，成为一个独立的国家，由于历史的传承，宣布马来语言为国语，但随后，新加坡政府就意识到以马来语作为新加坡人民的共同语言和主要工作语言是不现实的，从而开始做出恢复英语重要地位的调整，推行以英语为尊同时保持民族语言的双语政策。马来语作为国语的地位虽然从未有明确的更动，但已流为形式。新加坡的华语教育从 19 世纪出现以来，一直延续到独立以后，经历过蓬勃发展的阶段，是独立前新加坡最普及的教育，学生数额曾经远远超过以英语为教学语言的"英校"，1955 年民间创办的"南洋大学"，开海外华语高等教育之先河，达到新加坡华语教育的顶峰。

但是，新加坡独立以后，既没有把占人口 77.3% 的华人的语言立为国语，也没有

[①] 部分史料来自：徐大明、李嵬《多语公存：新加坡语言政策研究》；中国社会科学院民族研究所"少数民族语言政策比较研究"课题组．《国家、民族与语言——语言政策国别研究》．北京：语文出版社，2003 年 4 月．第 186—194 页．

把以前的母国马来西亚的语言马来语作为实际官方用语,而是继续维护、发展英语的官方语言地位,一个重要的原因,是因为使用英语有利于新加坡社会经济的持续繁荣与发展。目前,新加坡正发生着由民族语转用英语的大规模语言转用现象。

另外,印度、巴基斯坦在脱离英联邦实现独立以后,都没有废除把英语作为官方用语的政策。苏联解体后,一些独联体国家从一开始普遍倡导主体民族语为国语、排斥俄语,后来,又都不同程度地重新评价俄语的积极作用,有些国家还重新恢复俄语的官方用语地位。这一切都说明,促进国家的繁荣与发展,是国家进行语言规划的重要目标。国家的统一、稳定与国家的发展、繁荣是一对对立统一的关系,国家的统一与稳定是国家发展繁荣的前提,国家的发展繁荣又促进国家的统一与稳定。国家的语言规划与语言政策将根据具体的情况,具体的目标,用合适的途径与方式服务于国家的这些核心利益。

(四)为了维系国家的统一,平均使用两种官方语言

——以比利时为例①

比利时王国是世界上工业经济较早发展的发达国家之一,历史文化悠久、常被称为小欧洲的缩影。比利时主要有荷兰语、法语、德语,其中讲荷兰语的佛兰德区584.7万人,占总人口的57.89%;讲法语的瓦隆区330.5万人,占总人口的32.72%;讲德语的人有6.9万,占总人口的0.68%;使用法、荷两种语言的布鲁塞尔区94.9万人,占总人口的9.40%,全国90%的居民信奉天主教。由于比利时国内没有出现哪一种语言占绝优势,每种语言所代表的经济文化水平都较高,而且得到相邻母国(荷兰、法国、德国)的影响与支持,因此,一个多世纪以来,语言问题一直影响着比利时,国家出现过动荡,政府多次陷入危机。为了保持国家的统一、社会的稳定,比利时通过多次修改宪法,调整语言政策,获得了目前稳定的局势。

比利时的主要做法是:按语言把全国分为4个区:法语区、荷兰语区、首都布鲁塞尔的法荷双语区(法语、荷语在该区的比例是75%、25%)、德语区。国家的官方语言是法语和德语,通用于国家的各个部门、各个领域。德语是受到一定限制的官方语言,宪法及有关重要法规均译成德文。在不同的语区内,司法、行政、教育则使用各自的语言,但为了加强国家的统一,保证国家政治、经济、文化生活的正常运行,教育系统从小学到大学形成了法荷双语教学体系。荷兰语区的各类学校一般用荷语授课,但第二语言必须是法语;法语区则用法语授课,第二语言必须是荷兰语;德语地区的初等教育用德语授课,第二语言必须用法语;布鲁塞尔地区各类学校均用法、荷两种语言。

比利时是多语国家中,平等均衡使用两种官方语言并取得成功的唯一国家

---

① 部分资料来自:斯钦朝克图.《国家的双语化与地区的单语化:比利时语言政策研究》:中国社会科学院民族研究所"少数民族语言政策比较研究"课题组.《国家、民族与语言——语言政策国别研究》.北京:语文出版社,2003年4月.第141—155页。

（Auger1993.33）这是由于他特殊的政治、经济、宗教、人口、周边环境、历史传承等因素造成的，比利时注重用国家宪法和社区法律解决语言问题、制定语言政策、平等均衡地使用两种语言，以保证居民有使用发展自己语言文字的自由，同时，又在全面推行法荷双语，以维护国家的统一，可见，维护国家的统一也是比利时作为一个国家的核心利益。历史上，他们不止一次地平息了一些分立主义倾向的活动，并在不同语区推行另一种官方用语的双语学习运动。目前，有效地加强比利时各语区的团结及统一仍是比利时要认真面对的课题。

比利时实际上执行的是社区官方语言单一化或固定化，国家官方语言双语化政策。这一政策有它一定的社会历史原因，在保持比利时国家统一、社会稳定方面也有一定的积极作用，对我们处理多民族多语言问题有一定的启发借鉴价值，但是我们必须看到比利时特殊的社会、历史原因，不能简单套用。比利时的这种语言政策除了我们以上所讲到的正面效应外，也有其负面效应。在比利时，各语言社区在制定语言政策时，为了各自利益，只强调本社区文化，而不强调国家的文化（实际上这种文化尚未完全形成），尤其是法荷两个语言集团各自为政，助长了离心主义的倾向。这种离心主义倾向不利于比利时的民族和睦、国家统一和国家文化的形成。在瓦隆人（操法语）和佛拉芒人（操荷兰语）之间形成了一道心理障碍，同在一所大学学习的佛拉芒大学生与瓦隆大学生彼此不那么亲切融洽。一些原来政治目标一致的政党由于种族和语言问题而分裂。如1815年建立的基督教社会党（一度改成为天主教联盟），1968年因种族矛盾分裂为荷语基督教人民党和法语基督教社会党；1885年创立的工人党（1945年改称为社会党）1978年因民族矛盾也分裂为法语社会党和荷语社会党。比利时的体制后来基本上以语言界线来划分政党。

实行多种官方语言并行政策的国家还有瑞士、印度、加拿大，他们各有各的国情，也取得了各自的成就和存在着各自的问题。但协调国内语言关系，形成国内通用的语言是大多数国家尤其是各大国加强综合国力的重要步骤。多元文化的提出反映了人类审视自己文化的新角度，有其进步意义。然而把多元文化的理念绝对化变成多元文化主义，则不符合人类历史发展的实际，也不符合世界大多数国家整合国家资源，增强综合国力的现实。有的人把瑞士、比利时等国的多种官方语言并行政策看做是保护多元文化的楷模，这只看到了问题的表象，没有看到问题的更深层次，带有一定的片面性。瑞士和比利时有他们特殊的历史与国情，况且他们的语言状况也未必是一片光明，没有缺憾的。现在我们要警惕的是，西方大国在通过建立统一国家、统一的文化，建立起强大的综合国力，在世界上发挥着主导作用称霸世界的同时，却向发展中国家推行多元文化主义，干扰这些国家在国家内部促进统一、进行现代化建设的进程，这是西方国家近代以来奴役各发展中国家，称霸世界政策的继续。

（五）坚持各民族语言文字法律上一律平等前提下推行国家通用语言文字

　　——以中国为例

　　中国是一个拥有十三亿人口的大国，在几千年的发展过程中，中华大地上的众多民族逐渐发展为以汉民族为主体的由56个民族组成的大家庭——中华民族。在中国，汉族占总人口的93%，汉语是国语，在国家的政治、经济、文化生活中发挥着最重要的交际工具作用。同时，汉语还是国内各少数民族最重要的族际交际语，因此，提高包括各少数民族在内的全体国民的汉语水平，是促进国家统一与繁荣的必要条件，也是各少数民族充分利用全国政治、经济、文化资源，实现各民族平等与繁荣的必由之路。中国的民族区域自治政策是马克思主义民族理论与中国的具体实践相结合的产物，坚持民族平等、民族团结、共同繁荣是它的精髓，在中国民族区域自治法中明确规定：保障各民族都有使用和发展自己语言文字自由的权利，并提倡各民族互相学习语言，促进语言文字的科学研究和规范化工作。中国境内语言生活的基本情况是：普通话是全国通用的交际用语，除汉族人广泛使用以外，各兄弟民族也有相当一部分人使用；少数民族一般使用本民族的共同语，有的少数民族还使用两种或两种以上的语言；各民族大多数人同时还使用他们自己的方言。中国语言政策的基本原则可以概括为三点：

　　1. 各民族语言平等，少数民族有使用和发展自己的语言文字的自由；

　　2. 普通话和规范汉字是国家通用的语言文字；

　　3. 北京语音是普通话（国家通用语言）的标准音，汉语的北方方言是普通话（国家通用语言）的基础方言。

四、规划并推行外语教学

　　根据国家的政治经济利益，来选择国民的外语，推进对国民的外语教育，这是各个国家语言规划的重要内容。决定外语语种选择，推行某一外语的教育一般有两个因素：经济利益、国家关系。一般情况下，经济利益密切相关的国家的语言，往往是国家首选并大力推行的语言。如目前世界上很多国家把英语选作国民的第一外语在国内大力推广，很大程度上是因为英语国家是当今世界上经济普遍发达的国家，对世界的政治，经济产生着强大的影响。

　　经济利益与国家关系是相互联系、相互影响的。有的时候，国家关系会强烈地影响到国家间的经济关系。如中华人民共和国建国初期，与苏联的关系十分密切，苏联是中国经济建设的第一大外援，俄语是当时中国政府推行的第一大外语。后来，中苏关系破裂，俄语大幅降温。1989年中苏关系正常化以后，随着中苏（后来的独联体）贸易的恢复，俄语曾一度升温，但早已不能与当年相提并论，俄语最终让位给英语，成为中国外语教育中的小语种。美国在二战期间，因为与德国、日本是敌国关系，一方面在军队中大量培养德、日语人才以满足战争的需要。另一方面，由于整个社会对德国人、日本人的敌视，一些州曾实行一系列法令，禁止在私立、公立学校教德语、日语。

五、在国家境外传播本国语言

语言传播是语言的普遍现象。语言传播价值的大小不在语言自身，而取决于语言使用者的社会及历史地位。各国政府对于语言传播可能采取不同态度。很多国家对于本国语言向外传播，都采取支持的态度。当然，也有采取不干涉态度的。历史上有在政治军事压迫下进行语言传播的。如沙俄在波兰之所为，日本在侵华战争中在中国东北的日语教育。这些语言传播往往随着政治军事占领的结束而停止。而因经济文化交流的自然需求所形成的语言传播则能保持久远。在一些特殊情况下，为了保护本国的情报不被泄露，也会阻止本国的语言向外国人传播。如，闭关锁国的大明王朝，曾严禁国人教西方教士学习汉语汉字。16世纪末，西方传教士利玛窦从澳门到香山，曾看到盖有总督大印的布告："现在澳门犯罪违法之事所在多有，皆系外国人雇用中国舌人（翻译）所致。此辈舌人教唆洋人，并泄漏我国百姓情况。尤为严重者，现已确悉彼辈竟教唆某些外国教士学习中国语言，研究中国文字。……上项舌人倘不立即停止所述诸端活动，将严刑处死不贷。"

中国向国外传播汉语的情况[①]：回首历史，汉语曾是东方最具价值的语言，在越南、暹罗、朝鲜半岛、日本、中亚等地广为传播，在西洋也形成了影响至今的汉学。但是到20世纪上半叶，泱泱中国却积贫积弱，羸弱程度几乎无以复加，世界上已无几人来学汉语。20世纪末，特别是21世纪初，由于中国经济上取得的成就，汉语表现出前所未有的传播价值。国际社会开始敞开胸怀接纳汉语。有人把这叫"汉语热"，有人说汉语在国外还没那么热。不管热度如何，汉语正在大踏步地走出国门、走向世界，这是不争之实。

第三节　政治因素与语言传播

政治影响经济，进而影响国家综合实力。国家的综合实力影响国家通用语的语言地位与国家内语言生活的发展方向与发展进程。国家综合实力决定国家在国际生活中的地位，也影响着国家通用语在国际生活中的影响力。

[①] 参见李宇明：《中国语言规划续论》，商务印书馆，2010年2月第1版，第30—43页。

一、政治因素影响经济的发展，进而影响国家综合实力的提高

（一）政治发展的涵义[①]

政治是建立在一定经济基础之上的上层建筑的核心部分，是各种社会经济利益和要求的集中表现，是以一定的阶级关系为基本内容，围绕着国家政权而展开的各种社会活动和社会关系的总和。政治对经济产生强大的反作用。政治发展，是指国家政权体系在与经济和社会发展相互作用中进行的，以完善和巩固国家政权为核心，以推动经济社会发展为使命的政治建设。

用马克思历史唯物主义的理念来解释：世界上的任何一次社会变革都是旧的生产关系束缚新的生产力的发展，新的生产关系打破旧的生产关系，使生产力得到解放。在这一过程中，旧生产关系的代表不愿意放弃既得利益，不愿意退出历史舞台，代表新生产关系的力量必须要用革命的手段推翻旧的生产关系，要用革命的暴力推翻反革命的暴力，打碎旧的国家机器，建立反映新生产关系的新的国家机器。社会革命的核心内容并不神密，就是社会财富的分配制度和与之相应的政治权力是属于推动生产力发展的大多数人还是属于压迫大多数人的少数旧制度的既得利益者。当财富的分配制度和与之相应的政治权力属于推动生产力发展的社会大多数人时，广大人民群众的劳动积极性就会得到充分调动，创造活力就会得到极大的释放，社会就会富裕，秩序就会稳定，人民的生活就会得到改善，国家就会繁荣，民族就会统一与强盛。古今中外的一切变革无不体现了这一基本规律。

（二）政治发展影响经济的发展，进而影响国家综合实力

政治发展不仅只对经济发展产生巨大的反作用，而且对科学技术、文化教育、军事力量、国民凝聚力产生全方位的影响，强烈影响国家综合实力的增强。经济发展的需求必然刺激科学技术、文化教育的发展；科学技术的发展必然带来国家军事实力的提高；政通人和、物资充盈必然带来国民凝聚力的上升，从而提高国家的综合实力。

综合国力是指一国所拥有的能在国际政治中发挥作用的全部实力的有机综合，既包含已有实力，也包含潜力及其转化为实力的机制。综合国力反映了一个国家在国际社会中的自由度和影响力，是衡量一个国家在国际政治中地位的尺度，也是一个国家实现国家利益的主要手段。综合国力的构成包含了硬实力和软实力两个方面，其中，一国的人口数量和地理条件、经济和高科技实力、军事实力属于硬实力的范围；而国民素质和民族凝聚力、经济政治和社会制度、政府体制和效率、文化因素则属于软实力的范畴。政治因素不仅全面影响一国的软实力，而且通过对软实力的影响而使硬实力发生一定程度的变化。比如，软实力中的国民士气实际上就是以公众舆论的形式为政府的质量提供的

[①] 部分观点来自《政治学概论》高等教育出版社人民出版社，版次：2011年6月第1版，第222—225页。

一个民意的评价,它的质量在国家危急时刻或关键时刻尤其容易反映出来。政府的质量是由政府的政治性质、法制化民主化程度、政府机构的科学合理和务实高效所组成。国民士气和政府质量实际上就是政治因素的主要内容,是影响综合国力的能动因素。一个国家的综合国力影响着这个国家国民的向心力与凝聚力,进而影响着国家通用语在国内外的威信。

二、政治发展、国家综合实力的提高促进国家国际地位的提高

作为主权国家的重要特征之一,综合国力对国家的行为、地位和作用以及国际政治格局都有重要的影响,它决定国家间政治关系的性质,以及国家对外政策的目的、方式。任何国家制定的对外战略和政策,都必须与本国综合国力以及国际力量对比相适应。在国际政治历史上,国家实力的消长,特别是主要大国国家实力对比的变化,往往引发对经济资源和政治资源的争夺和重新分配,导致国际体系的剧烈变动。而世界各国特别是主要大国综合实力的对比和相互关系,决定了国际体系的基本结构和国际格局的特征,反映了国际政治的基本内容、状态和发展趋势。全球性综合国力的较量已经成为当代世界范围内国家之间最主要的竞争方式

国家依靠综合实力保证其生存,运用综合实力实现其国家目标,国家综合实力决定着一国在全球政治格局中的地位和作用。国家间实力对比的变化,决定着国家间利益关系的变化,从而推动着全球地缘战略关系的发展。以英美为首的西方大国在近、现代操纵世界政治格局的过程尤能说明这一点

(一)第二次世界大战以前,帝国主义列强以武力扩大本国领土,控制海上战略要地,瓜分殖民地并掠夺其财富。综合国力,尤其是军事实力决定着国与国之间的关系和国际政治格局。

(二)二战后,由于两次世界大战给世界各国带来了前所未有的冲击,以美苏两霸主导的国际政治格局发生了变化。各大国所追求的核心利益目标由富于实体性的领土扩张转为无形控制和获得财富,主要对外手段由侵略战争转为外交及贸易政策,加上军事威慑,使战后的全球格局成为两极"冷战"的对抗格局。

(三)冷战结束。在美苏两个超级大国争霸的竞争中,苏联由于政治体制与不断变化的经济基础长期脱节,不能有力地促进经济的持续发展而逐渐落后,最终导致国家解体,东欧剧变。就此,"冷战"格局不复存在,一超多强的全球政治格局正在逐步形成。

(四)进入21世纪后,以美国为首的西方国家依靠自己强大的综合国力,对世界格局发挥着影响,他们努力用自己的意识形态影响、改造整个世界,企图完全掌控世界政治格局。

(五)世界各国综合国力的强弱,国家在国际政治格局中的地位,以及对世界格局

的影响力影响着各国语言在国内、国外的地位，及其在国际上的传播能力。

三、西方国家通过政治发展加强本国综合实力提高本国语言社会功能的过程

政治发展对经济发展产生积极作用，政治改革为经济腾飞开辟道路，政治发展带来国家综合国力的提高，进而提高本国语言的社会功能。这一点，在近代西方资产阶级革命的过程中，在社会主义国家的政治革命过程中，都得到了有力的证明。

（一）西欧民主宪政得以发育的历史原因与社会基础

1. 西欧民主法治的历史渊源：古希腊文明

人类早期主要文明多发生在大河流域。古希腊文明的发轫和兴盛则以海洋为依托。希腊位于地中海东部的巴尔干半岛，东临爱琴海，海岸线曲折，天然良港众多，海岛星罗棋布，航海和海外贸易的条件得天独厚。希腊半岛没有肥沃的大河流域和广阔平原，纵横的山岭和交错的河流，把希腊人分割在彼此相对孤立的山谷里和海岛上。在这种地理环境下，众多蕞（zuì）尔小国纷纷建立。公元前8～前6世纪，希腊出现了两百多个小国，史称"城邦"或"城市国家"。城邦面积狭小，人口不多，一般以城市为中心，包括周边若干村落。小国寡民和独立自主构成城邦的基本特征。

公元前5世纪，在伯利克里担任首席将军期间，雅典民主政治发展到顶峰，被称为雅典民主的"黄金时代"。当时，所有成年男性公民可以担任几乎一切官职。他们也都可以参加公民大会，商定城邦重大事务。五百人议事会的职能也进一步扩大。陪审法庭成为最高司法与监察机关。法官从各部落30岁以上的男性公民中产生。他们审理各类重要案件，监督公职人员，并参加立法。但是，雅典民主仅限于占城邦人口小部分的男性公民。对妇女、外邦人、广大奴隶而言，民主却是遥不可及。雅典民主只是"成年男性公民当家作主"的政治制度。

雅典民主是小国寡民的产物。过于泛滥的直接民主，成为政治腐败、社会动乱的隐患。狭隘的城邦体制，最终无法容纳政治和经济的迅速发展。公元前4世纪后半期，日渐衰微的希腊被北部崛起的马其顿王国所灭。辉煌一时的希腊城邦民主制度，湮没在历史的尘封中。然而，它却成为西欧民主宪政的历史渊源。

2. 古罗马的法政实践及其影响

公元前509年，罗马共和国在意大利半岛上建立起来。罗马共和国早期，贵族垄断着立法和司法大权。当时罗马只有习惯法，法律与习惯之间没有明显界限。这样，多由贵族担任的法官常常随心所欲地解释法律，保护自己，损害平民利益。

公元前5世纪中期，在平民反对贵族的斗争中，罗马制定了《十二铜表法》，罗马成文法诞生。这部法律内容相当广泛，条文比较明晰。从此，审判、量刑皆有法可依，

贵族对法律的随意解释受到限制，平民利益得到保护。当然，它也保留了一些比较野蛮的习惯法。

公元前3世纪早期，罗马征服并统一了意大利半岛，然后向地中海地区扩张。公元前27年，罗马帝国建立。至1世纪后期，罗马帝国已经建立三十多个海外行省，控制欧、亚、非三大洲的广阔疆域，统治了许多不同的民族。为统治如此庞大的国家，罗马帝国的皇帝高度重视法律的制定，把法政大权掌握在自己手里。他们颁布的法令成为罗马法的组成部分。法学家也积极编纂法典，进行法律解释，以充实罗马法律。为巩固统治，帝国对行省上层阶级大量授予公民权，对无罗马公民权的外邦人给以适当的司法保障。3世纪，帝国境内自由民内部公民与非公民的区别不复存在，万民法成为适用于罗马统治范围内一切自由民的法律。6世纪，东罗马帝国皇帝查士丁尼组织法学家，把历代的罗马法加以系统化和法典化，汇编成《民法大全》，罗马法体系最终完成。

罗马法提倡法律面前公民人人平等。这有利于调整社会和经济生活中的纠纷，缓解社会矛盾。特别在罗马帝国时期，罗马法律制度渗透到国家各个角落，稳固了帝国的统治。但是，罗马法也保护奴隶制度，维护奴隶主对奴隶的剥削和压迫。

罗马法是欧洲历史上第一部比较系统完备的法律体系，影响广泛而深远。罗马法对近代欧美国家的立法和司法产生了重要影响。当代很多法律制度中的原则和做法，都可在罗马法中找到源头。近代时期，资产阶级根据罗马法中的思想，制定出保障自己利益的法律。他们还利用和发展了罗马法中的思想和制度，作为反对封建制度、推进资本主义发展的有力武器。法国大革命后，拿破仑时期颁布的《民法典》，就是以罗马法为蓝本的。英语国家的法律也吸取了罗马法中的不少因素，如契约、债务和继承制度等。英国的《权利法案》、美国的《独立宣言》和1787年宪法、法国的《人权宣言》等，都以罗马法学说为理论基础。罗马法的影响甚至远及亚洲。19世纪末20世纪初日本的民法、中国清末和民国时期的民法，也不同程度地受到它的影响。

3. 西欧君主专制、中央集权的社会体制历史较短、发育不充分

（1）西欧主要封建国家的形成和发展

西罗马帝国实行的不是封建君主制，而是政教合一的总督制。西罗马灭亡后，日耳曼人在其领土上建立起几个国家。其中的法兰克王国，发展为西欧的一个大国。在查理统治时期，法兰克王国达到全盛。公元800年，建立了查理曼帝国。公元814年，查理去世。他的子孙庸碌无能，相互倾轧，国家陷入混乱。公元843年，他们将帝国一分为三。后来，从这三个部分，分别发展出法兰西、德意志和意大利三个封建国家。5世纪中期，在日耳曼人的迁徙浪潮中，他们当中的盎格鲁、撒克逊等部落从欧洲大陆进入不列颠，建立了一些小国。这些国家经过长期兼并，9世纪早期开始形成统一的英吉利王国。

在这些西欧国家里，中央集权制的发展曲折艰难，国家长期四分五裂，统一的中央集权统治很晚才出现。直到15世纪，英国和法国才通过强化王权、剪除大封建主势力

的措施，建立起统一的中央集权国家。德意志的情况更加糟糕。从查理曼分裂出来的东法兰克，逐渐发展为德意志王国。德意志国王奥托一世，野心勃勃，大举向意大利扩张，在教皇的支持下，在10世纪建立了所谓的"神圣罗马帝国"。然而，由于皇帝权力受封建主和教皇的掣肘，帝国徒有虚名。此后的几百年间，帝国内的诸侯势力强大，根本不把皇帝放在眼里。到14世纪时，帝国境内还存在七个诸侯国，处于诸侯割据的状态。在很长的历史时期内，德意志境内关卡林立，交通不便，封建混战频仍。直到19世纪中期，德意志仍然存在几十个小邦，处于四分五裂的状态，统一的中央集权国家迟迟建立不起来。19世纪六七十年代，其中最强大的普鲁士统一了德国，建立了封建性很强的军事专制统治。意大利的情况与德意志基本相当，长期处于封建分裂状态中。

反观中国，早在公元前3世纪，中国就已建立起统一的、中央集权的多民族国家。

(2) 体系严密的封建分封制度

西欧封建社会早期，土地是主要财富。国王把一部分土地分封给大封建主，这些人成为诸侯。诸侯又把一部分土地分封给较小的封建主，小封建主再向下分封。国王和大封建主又各自分封了一批骑士，作为自己的武装力量。这样的层层分封，就形成公爵、侯爵、伯爵、子爵、男爵、骑士等自大至小不同等级的封建主。这些封建主分别领有大小不等的封地，拥有数量不等的庄园、农奴和武装。这样，在社会的每个角落，形成一种领主（封主）和附庸（封臣）的关系，他们彼此负有义务。领主保护附庸，附庸必须向领主宣誓效忠，为领主提供多种服务，包括：发生战争时军事上要援助封主，封主到访时根据礼仪进行接待，封主的女儿结婚时送礼致贺。但是，领主只能直接管辖自己的附庸，不能管辖附庸的附庸。每一个封建主无异于一个小国君，割据一方，各自为政。诸侯的势力很大，有的竟敢向国王提出挑战。封建贵族住在戒备森严的城堡里，有自己的武装，他们的经济生产单位叫庄园，一般自给自足，不与外界交往。结果，严格的封建等级制度、辽阔庄园环绕的无数城堡以及直插天际的尖顶教堂，成为西欧封建社会早期的典型政治风貌和独特社会景观。

(3) 政教冲突

从5~6世纪开始，西欧的教会势力迅速增长。罗马天主教会是最有势力的封建领主，它拥有天主教世界土地的三分之一。教会同样按照封建的方式建立自己的教阶制度，最高的是教皇，下面有大主教、主教等，他们各有自己的辖区。8世纪中期，意大利中部形成教皇国。教皇既是宗教首领，又是拥有世俗权力的一国之君，直接管辖的领土达四万多平方千米。国王为了使自己的统治神圣化，经常请求教皇以上帝的名义为自己加冕。查理大帝就是这样做的。这种做法加强了封建国王与教会的联系，更意味着教权凌驾于王权之上。9世纪，教皇成为西方基督教世界的仲裁者。然而，教皇与封建君主时而相互勾结，时而明争暗斗。12—13世纪，经过长期的争斗，教皇权力终于达到顶峰：教皇有权废黜君主；罗马教廷成为中欧和西欧一切宗教事务和教义问题的最高裁判机构。只是到了中世纪后期,随着西欧中央集权国家的形成和壮大、资产阶级的兴起、文艺复兴、启蒙运动和宗教改革的开展,教皇和罗马天主教会的势力才逐步衰落下去。

(4) 城市的兴起

11~12世纪,欧洲各地的城市普遍重新兴起。中世纪时,由于人口的增加和商业的发展,除原来罗马帝国时期的老城市外,在城堡、主教堂、大修道院附近地区出现了许多新兴城镇。法国的巴黎和马赛、英国的伦敦、德意志的科隆等都是当时的著名城市。14世纪时,伦敦人口有四万,巴黎有六万。西欧城市商业和手工业发达。随着技术的不断发展,手工业的行业分工日益细密。同一行业的人们组成行会,行会雨后春笋般地出现。

在西欧城市重新兴起和工商业迅速发展的过程中,市民阶级形成了,并从中进一步分化出手工业者、商人和银行家等。商人和银行家作为市民阶级的上层,发展为早期的资产阶级。广大西欧城市开展了争取自治权利的斗争,并制订自己的法律,建立自己的武装,向封建王权和各级封建主发起挑战。一些城市中,如法国的巴黎、英国的牛津和剑桥等还建立了大学,成为著名的大学城。到14—15世纪,从西欧封建社会内部发展起来的新兴的城市中等阶级,已经与封建制度水火不容,成为欧洲反封建王权的强大革命力量。

西欧城市工商业迅速发展和早期资产阶级促使新的社会生产组织方式——公司机构的出现。公司的组织机构通常由三个部分组成:决策机构、执行机构和监督机构。其中股东大会及其选出的董事会是公司的决策机构,处理公司重大经营管理事宜。总经理及其助手组成公司的执行机构,负责公司的日常经营。监事会是公司的监督机构,对董事会和经理的工作进行监督。这些机构之间权责明确、互相制衡,可以有效地提高公司的运行效率和管理的科学性,使公司的发展具有充分的活力。公司机构的三个组成部分是西欧宪政制度的雏形。

(5) 封建等级代表制对国王权力的制约

西欧封建社会后期,各地处于混乱无序的封建割据状态。各国人民迫切需要结束这种局面,更渴望和平与安定的生活。随着资本主义的萌芽和发展,随着城市力量和民族主义的增强,王权的力量逐渐强大起来,13世纪早期,欧洲一些王国的君主竭力重振王权,将地方权力收归中央,社会矛盾也日益尖锐。在这个阶段,新兴资产阶级和包括教会在内的封建势力旗鼓相当,双方谁也无法彻底战胜谁,西欧近代早期君主专制统治便应运而生。英国在都铎王朝统治时期,专制王权空前强大。王朝大力发展海外贸易,积极向外扩张。与此同时,英国资产阶级和新贵族的力量也不断上升,他们与封建统治者之间的矛盾日益加深。

13世纪后半期,英国的议会制度开始萌芽。以后议会逐渐定型为上下两院。国王必须通过议会规定赋税,制定法律。等级代表制的封建君主政体对国王权力有所制约。

14世纪初，法国也出现了以三级会议为代表的等级代表制。由于法国王权比较强大，三级会议限制王权的作用相对较小。英国的等级代表制度对西方政治制度的发展影响巨大。在反对封建国王专制集权的斗争中，封建贵族、高级教士、城市商人等联合起来斗争，迫使国王坐下来，与他们商讨有关征税等关系国计民生的重大问题，使封建王权受到制约。英国的等级代表制在制约封建王权、建立资本主义政治制度的斗争中起到了重要作用，成为西方近代议会制度的起源。

由于西欧有古希腊民主管理国家的历史渊源，有古罗马用法律治理国家的传统，君主专制、中央集权历史较短、发育不充分，新兴资产阶级兴起较早，力量强大，所以民主宪政首先在西欧国家中出现。但即便如此，西欧诸国从封建专制走向民主宪政也经历了及其艰难的历程。以下仅以英国、法国、德国、美国建立民主宪政的历史过程为例。

（二）英国君主立宪制的建立

英国从17世纪初到1688年的"光荣革命"，经历了80多年才完成从君主专制向宪政的转变，其间经历了国王詹姆士一世的专制统治，其儿子查理一世的暴行，内战中崛起成为"护国公"的军人克伦威尔的独裁统治，查理一世之子查理二世的复辟，查理二世的弟弟詹姆士二世疯狂的复辟政策。最后于1688年发动不流血的宫廷政变，推翻了复辟王朝，英国议会邀请詹姆士二世的女儿玛丽和她的丈夫荷兰执政威廉承袭英国王位，共同统治英国。通过这次不流血的政变，历史上称为"光荣革命"，英国建立起一种新的政治制度，即代表英国新贵族和资产阶级利益的君主立宪制。

1689年，由英国议会通过的《权利宣言》，经英王威廉三世和玛丽二世签署后，正式成为限制王权和保障公民权利的《权利法案》。这项法案在列举詹姆士二世破坏宪政行为的基础上，重申了英国人"自古就有的权利"，如议会必须定期召开，征税权属于议会；议会下院议员自由选举产生，他们在议会内享有演说、辩论或讨论国家大事的自由；凡未经议会的同意，国王不得废止法律或停止法律的实施；不得找任何借口随意征税，和平时期不得招募或维持常备军等等。

《权利法案》是英国宪政史上重要的文献，它以法律条文的形式，一方面限制了英王的实际统治权，另一方面保障了议会的立法权、财政权、司法权和军事权，从而结束了英国都铎王朝以来形成的君主专制统治。这样，议会在国家政权中的地位得到提高，议会高于王权的原则得以确立。英国的君主立宪政体，成为以后很多国家资产阶级效法的样板。

英国的君主立宪制是代议制立宪政体，它与封建时代的君主制度之间存在着明显的区别。在君主立宪制下，国王与议会并存，他们共同构成国家的政治体制。就国王而言，他失去了原来的至上权威，王权本身要受到法律和议会的限制；就议会而言，它的权力不仅得到了提升，而且成为占主导地位的国家权力。随着君主立宪制的确立，不但英国的资产阶级分享到了国家权力，更为重要的，是英国社会获得了政治稳定与经济持续发展的制度保障。议会由选举产生的议员组成，代表选民行使国家权力，这就是所谓的代议制。在代议制下，资产阶级通过议会对国家实行集体统治，以防止专制独裁。此后，资产阶级不同集团的权益之争，在议会中得以和平的方式实现，这有利于避免暴力冲突。工业革命以后，工业资产阶级兴起，要求获得更多的政治权利。1832年，英国议会进行了选举改革，工业资产阶级获得了更多的议席，大大加强了在议会中的作用，为工业资本主义的进一步发展提供了保障。

（三）法国大革命与《人权宣言》

1. 法国大革命前的状况

16世纪晚期，波旁封建王朝开始统治法国。路易十四幼年即王位，他大力强化中央集权，巩固专制统治。类似国会的三级会议已名存实亡，巴黎高等法院在国王专政下也形同虚设。路易十四好大喜功，穷奢极欲，挥金如土，修建凡尔赛宫，以此炫耀自己的专制统治。为加强统治，还大力扶植天主教，对新教派严加迫害。18世纪初，法国的封建统治已显露衰败迹象。路易十五统治时期，统治更加腐败。

2. 艰难的法兰西共和之路

1789年，法国爆发了资产阶级革命，沉重打击了封建势力。1792年，法国废除君主制，建立共和国。但是，共和制和君主制之间的斗争并没有结束。在此后的七十多年间，政权在两者间反复易手。随着资产阶级的迅速崛起，封建保守势力日趋削弱，民主共和思想逐渐深入人心。

法国资产阶级革命爆发后，制宪议会实际上成为法国革命的领导机关和国家立法机关。在议会中，起主导作用的是代表大资产阶级和自由派贵族利益的君主立宪派。议会为改造旧制度，创立资本主义社会的基本原则作出了很大贡献。1789年8月，制宪会议决定在为法国制定一部宪法之前，首先确定基本的政治原则。不久，它就制定颁布了著名的《人权宣言》。

《人权宣言》作为资产阶级革命的纲领性文件，从根本上否定了封建主义的王权、神权和特权，用人权和法治取而代之，从而宣告了一种全新的政治制度的诞生。后来，《人权宣言》成为法国1791年宪法的前言。它的公布表明，法国资产阶级用以法律为基础的资产阶级权利取代了以君主个人意志为标志的封建特权。这是在政治和法律领域带有根本性的变化。作为资产阶级革命的纲领性文件，它将启蒙思想发扬光大，并用法律的形式固定下来，起到承前启后、继往开来的巨大作用，特别对欧美的资产阶级革命或改革，都产生了广泛而深远的影响。它还推动了其他很多国家民主思想的发展，推动了世界资产阶级民主化的进程。法国资产阶级的革命思想和学说对亚洲和中国革命都产生了不同程度的影响。

法兰西第三共和国宪法颁布以后，资产阶级共和派经过艰苦斗争，终于掌握了众议院、参议院、内阁和总统等关键职位。资产阶级共和政体的确立和巩固，为法国资本主义的进一步发展奠定了基础。

(四) 德意志帝国的君主立宪制

19 世纪中期，德意志还处于四分五裂状态，大大小小的几十个邦国各自为政，严重阻碍了资本主义的发展，统一的呼声日益强烈。普鲁士是德意志的一个重要邦国，专制色彩浓厚，经济、军事实力强大。19 世纪六七十年代，在俾斯麦的领导下，普鲁士通过三次王朝战争，完成了德国的统一大业。

1871 年初，德意志帝国建立。不久，德意志帝国宪法颁布，确立了德国君主立宪政体。皇帝掌握国家大权，是国家元首和军队统帅。皇帝有权任免官员、召集和解散议会和决定对外政策等。宰相主持内阁工作，由皇帝任命而不是议会选举产生，任期由皇帝决定，只对皇帝负责。议会是立法机构，由联邦议会和帝国议会组成。联邦议会由各邦的代表组成。帝国议会由成年男子选举产生，作用很小，它通过的法案必须得到联邦议会和皇帝的批准才能生效。宪法还规定德意志帝国是一个联邦制国家，帝国政府掌握了军事、外交等大权，各邦则保留了一些自治权。普鲁士在帝国中占有统治地位，它的国王和宰相，同时又是帝国的皇帝和宰相。

普鲁士完成了德意志统一，也把普鲁士的专制传统带到了统一后的德意志，造成了德国资产阶级民主改革的保守和不彻底。但是，国家统一和君主立宪政体的确立，推动德国进入新的历史发展时期。此后，德国的资本主义迅速发展，很快跻身于资本主义强国之列。

(五) 美国的独立与民主宪政建设

由于美国是一个崭新的、没有封建传统的国家，美国宪法将欧洲启蒙思想家的学说与美国的现实相结合，在美国建立起了不同于英国君主立宪制的总统制、联邦制、代议共和制相结合的国家制度。宪法所确立的主权在民、三权分立、共和制等原则，为美国在此后两百多年间由小变大、由弱变强提供了制度上的保证，也为后来许多国家所效仿。

1. 《独立宣言》的发表

早在美国独立前的一百年间，欧洲启蒙思想就开始在北美传播。殖民地人民不断从欧洲先进思想中汲取营养。"自然权利""社会契约"理论、"主权在民"思想和三权分立等学说，在北美社会都产生了深刻影响，为《独立宣言》的问世奠定了理论基础。

1776 年 6 月初，北美 13 个殖民地代表组成了大陆会议决定宣布独立。弗吉尼亚的代表提出决议案，宣称"各殖民地是，而且根据公理应该是自由与独立的国家。"不久，大陆会议指派以杰斐逊为首的五人委员会草拟一份独立宣言。7 月 4 日，《独立宣言》经修改后被通过，分送 13 州的议会签署及批准。

《独立宣言》由四个部分组成。第一部分为前言，阐述了宣言的目的。第二部分高度概括了当时资产阶级最激进的政治思想，即自然权利学说和主权在民思想。第三部分历数英国压迫北美殖民地人民的条条罪状，说明殖民地人民是在忍无可忍的情况下被迫拿起武器的。宣言的最后一部分庄严宣告独立。《独立宣言》的民主思想，主要体现在平等与天赋人权、主权在民、人民革命权利这些方面。

《独立宣言》是一个伟大的历史文件，它不仅宣告了美利坚合众国这个崭新国家的诞生，更重要的是，它在人类历史上第一次以政治纲领的形式宣布了民主共和国的原则。它宣布人的权利是神圣不可侵犯的。它的提出比法国《人权宣言》早13年，所以马克思称之为世界上"第一个人权宣言"。它推动了欧洲反封建的资产阶级革命，直接影响了法国大革命，对亚洲、拉丁美洲的民族独立运动也具有一定的推动作用。它体现的民主思想，成为一代又一代美国人不断追求的理想。

当然，《独立宣言》带有一定的历史局限性。在杰斐逊起草的《独立宣言》初稿中，原有谴责奴隶制的内容，后因南部几个蓄奴州代表的反对而被删去。另外，《独立宣言》虽然提出了"人人平等"和"主权在民"原则，但在当时真正有权参与政治、实施"主权在民"的人只是拥有一定财产的白人男性，穷苦白人、妇女、契约奴工等则被排除在外，当然更不包括当时约占美国人口五分之一的黑奴。

2. 《美利坚合众国宪法》的制定

独立战争时期，大陆会议一直起着领导殖民地人民抗英斗争的作用。但它只是一个临时性领导机构，不是一个正式的全国性政府。抗英斗争迫切需要13个殖民地进一步联合起来，成立一个全国性政府。为此，1777年大陆会议通过了《邦联条例》。《邦联条例》是一部实质上具有宪法性质的法律文件，它把13个独立州组成的联盟正式定名为"美利坚合众国"，但它允许各州保留很大的独立性和一些重要的主权性权力，如征税、征兵和发行纸币等权力。邦联国会是唯一的中央政府机关，但不得干涉各州的内部事务。

邦联政府取得了一定成就，但它的弱点也在实践中逐渐显露出来。用华盛顿的话来说，它最明显的弱点，就是各州的结合仅由一根"沙土做成的绳索"所联系。《邦联条例》没有建立一个有效的全国性政府，邦联只是13个州组成的松散联盟。当时有的州已经开始单独与外国进行谈判，并建立自己的陆军和海军。各州发行的纸币在流通中异常混乱，并且很快就贬值。

1787年夏，为应对邦联面临的困难，12个州选派的55名代表在费城召开会议，准备对《邦联条例》进行修正和补充。但是经过三个半月激烈的辩论和妥协，代表们决定把《邦联条例》放在一边，转而制订一部全新的宪法，重新设计美国的政治体制。因此，这个会议后来被称为制宪会议。1787年9月，会议通过了《联邦宪法》草案，提交各州批准。次年6月，宪法得到最低需要的9个州批准后，正式生效。

宪法确立了以"主权在民"为宗旨、以代议制为基础的共和体制，并同时建立了另外两项重要而独特的宪政原则：联邦政府内的立法、司法和行政三权分立，相互制衡，联邦与州政府权力分割，互不侵权。宪法还对州与联邦政府的权力做了规定，确立了联邦制。根据宪法，联邦的地位高于各州。合众国的宪法、法律和同外国缔结的条约，是美国的最高法律，各州必须遵守，当州法律与联邦宪法相抵触时，以联邦宪法为准。同时，各州有权制定州宪法和法律。

3. 两党制的形成和发展

美国国会也是不同党派角逐的政治舞台。19世纪20年代末至30年代初，是美国两党制形成的重要时期。至19世纪50年代中期，民主党与共和党两大党的对峙格局最终形成。1860年，成立不久的共和党开始执政。此后，共和党和民主党交替执政的局面一直持续至今。两大政党在美国政治生活中发挥着日益重要的作用。它们不仅控制了国会，也左右着总统选举和地方选举。两党对垒，交替执政，成为美国共和政体的一大特色。虽然两党的历史传统和代表的利益集团不尽相同，执政期间的政策也有差异，但在本质上都是资产阶级政党。

（六）总结：欧美政治变革对其语言社会功能与地位的影响

西方资本主义民主宪政制度的产生和发展，是西方国家经济、政治、文化等诸多因素长期发展孕育的结果。民主宪政在欧美的实现既是工业革命的产物，又极大地推动了欧美国家工业革命的继续发展，增强了他们的综合国力。这种制度既是资本主义生产方式、社会关系发展的产物，又为资本主义的发展开辟了道路，极大地推动了资本主义经济的发展。一定经济基础上的政治变革、文化变革、技术变革、经济变革，及其交互作用促进了资本主义国家的社会进步、国家综合国力的增强，使他们成为了世界的霸主，最终改变了世界的格局。

第一次工业革命从英国开始，很快扩展到欧洲大陆和美国等地。资产阶级凭借着工业革命带来的强大经济和军事实力，在亚洲、非洲和拉丁美洲等地建立殖民地或半殖民地。他们推销工业品，收购原材料，把越来越多的地区纳入资本主义世界市场之中。世界市场基本形成。

第二次工业革命期间，资本主义列强在全世界划分殖民地和势力范围，掀起了瓜分世界的狂潮。19世纪末20世纪初，世界基本被资本主义列强瓜分完毕，亚洲、非洲和拉丁美洲等广大地区基本上都沦为殖民地或半殖民地。资本主义国家在输出商品、掠夺原材料的同时，直接向殖民地或半殖民地输出资本，殖民地和半殖民地的民族资本主义工业开始了艰难的发展历程，以欧美资本主义列强为主导的资本主义世界体系最终建立起来。

在欧美资本主义国家称霸全球的过程中，他们的语言也成为世界个殖民地、附属国的行政用语，甚至取代当地原住民的语言。其中最突出的当属英语。英语原来只是用于英伦三岛的地方性语言，在16世纪以前英伦三岛的行政用语是法语。英国最早进行了工业革命和资产阶级革命，随后成为世界上头号资本主义大国——号称"日不落帝国"。英语也成为了世界上使用最广的语言。第二次世界大战结束后，美国后来居上，成为世界的霸主，最终使英语成为实际上的全球性通用语言。

四、中国政治发展的历程及对汉语社会功能发展的影响

如果说以民主宪制为核心的政治发展在西欧经历了十分曲折的过程，在中国更是阻力重重，举步维艰。原因与中国的历史传统、社会现实有着极大的关系。

（一）历史悠久、发育充分的君主专制、中央集权制度

几千年君主专制、中央集权的传统使中国以民主共和为核心的社会改革异常艰难。

1. 从禅让到王位世袭

约公元前 2070 年，禹建立中国历史上第一个王朝——夏。中国出现早期国家政治制度。禹年老时沿用禅让的惯例，选举继位人。但是禹死后，他的儿子启夺得王位，并传位给自己的后代。这样，政治权力由"传贤"变成"传子"，王位在一家一姓中传承，"家天下"的局面逐渐形成。原始社会后期的禅让制被王位世袭制所取代。商朝建立后，王位有时父子相传，有时兄终弟及。

夏商的最高统治者为巩固自己的统治地位，把自己的行为说成是天的意志，国家大事都通过占卜的方式来决定，王权具有了神秘色彩。夏商时期已初步建立起一套从中央到地方的行政管理制度。商朝中央设有相、卿士等，掌管政务。地方封侯和伯，侯、伯作为臣服于商朝的方国首领，定期向商王纳贡，并奉命征伐。

2. 等级森严的分封制

公元前 1046 年，周武王伐纣灭商，建立周朝，史称西周。为了进行有效的统治，西周实行分封制。周武王把王畿以外的广大地区土地和人民分别授予王族、功臣和古代帝王的后代，让他们建立诸侯国，拱卫王室。武王死后，其弟周公旦继续推行分封制度，扩展周的统治范围。周初分封的诸侯，大多数是同姓子弟，他们多被分封到重要地区。

分封制规定，诸侯必须服从周天子的命令，诸侯有为周天子镇守疆土、随从作战、交纳贡赋和朝觐述职的义务。同时，诸侯在自己的封疆内，又对卿大夫实行再分封。卿大夫再将土地和人民分赐给士。卿大夫和士也要向上一级承担作战等义务。这样层层分封下去，形成了贵族统治阶层内部的森严等级"天子—诸侯—卿大夫—士"。

西周通过分封制，加强了周天子对地方的统治。西周开发边远地区，扩大统治区域，形成对周王室众星捧月般的政治格局。西周成为一个延续数百年的强国。

在分封制下，周天子具有至尊权威，国家政权也逐渐由松散趋向严密。不过，受封的诸侯在自己的领地内，享有相当大的独立性，如设置官员、建立武装、征派赋役等。随着诸侯国势力的日益壮大，到西周后期，王权衰弱，分封制遭到破坏。

3. 血缘关系维系的宗法制

为了加强分封制形成的统治秩序，解决贵族之间在权力、财产和土地继承上的矛盾，西周实行了与分封制互为表里的具有政治性质的宗法制。宗法制是用父系血缘关系

的亲疏来维系政治等级、巩固国家统治的制度。它规定，周王称为天子，王位由嫡长子继承，为大宗，其他儿子分封为诸侯，他们对天子来说是小宗，但在自己的领地内却是大宗。诸侯的爵位，也只有嫡长子才能继承，其他儿子领有封地成为卿大夫。卿大夫对诸侯来说是小宗，但在自己的领地内又是大宗。卿大夫与士的关系，依此类推。大宗可以命令和约束小宗，小宗必须服从大宗。周王是天下的大宗，也是政治上的最高领袖。

宗法制保证了各级贵族在政治上的垄断和特权地位，有利于统治集团内部的稳定和团结。西周实行的分封制与宗法制互为表里，是君主专制、中央集权下保证各级贵族在政治上的垄断和特权地位的制度，但是，受封的诸侯在自己的领地内，享有相当大的独立性，如设置官员、建立武装、征派赋役等。随着诸侯国势力的日益壮大，到西周后期，王权衰弱，分封制遭到破坏，引导出中国历史上时间最长的分裂时期——春秋战国。

4. 秦始皇统一六国建立以皇权为中心的中央集权王朝

秦始皇统治时期，全国的政治、经济、军事等一切大权，都由皇帝总揽。中央和地方的主要官员也都由皇帝任免。军队的调动以虎符为凭据，虎符由皇帝控制、发给。秦始皇首创的皇帝制度，一方面以皇位世袭显示了权力的不可转移，另一方面以皇权至上显示了地位的不可僭越。这是中国古代专制制度的重要特征。

秦始皇在战国官制的基础上，建立了一套以皇权为中心的中央政权组织。在中央，设置丞相、御史大夫和太尉三个最高官职。丞相为百官之首，帮助皇帝处理全国政事；御史大夫是副丞相，执掌群臣奏章，下达皇帝诏令，并负责监察百官；太尉，负责管理全国军务。丞相之下还有诸卿，分别掌管着国家的各项具体事务，是中央政府的职能部门。秦朝中央的主要官职，在地位、职责和权利方面相互配合，彼此牵制，军政大权操纵在皇帝手中。然而，对于军政大事的决策，一般先由丞相、御史大夫和诸卿进行朝议，最后由皇帝裁决，这就在一定程度上减少了君主专制下重大事情的决策失误。

5. 郡县制的全面推行

春秋战国时期，一些诸侯国已陆续在新兼并的地区设郡县。秦统一后，统治区域空前扩大。经过朝廷上的激烈辩论，秦始皇采纳了李斯的建议，在全国范围内推行郡县制。秦始皇把全国分为36郡，由中央政府直接管辖。一郡之内又分为若干县。与郡县制相适应，秦始皇建立了一套地方官僚机构。郡守是郡的最高行政长官，对上承受中央命令，对下督责所属各县。郡守定期向丞相汇报工作。县的长官称县令或县长。郡守和县令、县长都由皇帝直接任命。秦朝通过郡县制，实现了对地方政权直接有效的控制。这套从中央到地方金字塔般统治机构的建立，把全国的每个地方、每户人家都纳入国家政治体制之中，避免了分封制的弊端。

秦朝形成的中央集权制度，奠定了中国两千多年政治制度的基本格局，为历代王朝所沿用，且不断加强和完善。

6. 中央集权的发展

汉朝时，地方在很长一段时间里往往还是郡县、封国并存。封国是朝廷的依靠力量,但有时也会与朝廷对抗。汉武帝在汉景帝平定"七国之乱"的基础上,颁布"推恩令",规定诸侯王死后,嫡长子继承王位,其他子弟分割部分土地为列侯,列侯归郡统辖。结果,王国越分越小,中央集权得到加强。

唐朝中期,朝廷在地方设置了许多节度使。节度使名为朝廷藩镇,实际上在政治上享有较大的自主权,经济上控制着财权,军事上拥有强悍的武力,往往发展成为割据势力。唐中期安史之乱后形成的藩镇割据局面,持续一百多年,严重削弱了中央集权。

北宋初年,为加强中央集权,宋太祖把主要将领的兵权收归中央,又抽调各地精兵强将,充实中央禁军。行政上,由中央派文官担任地方长官,同时设通判负责监督。财政上,地方赋税一小部分作为地方开支,其余全部由中央掌控。这些措施的实行,改变了唐末五代以来藩镇割据的局面,加强了中央集权。

元朝在地方实行行省制度。除河北、山西、山东等地由中央直接管理外,地方设行中书省,简称行省或省。行省长官由朝廷任命。行省之下,分设路、府、州、县,边远民族地区设宣慰司进行管理。行省拥有经济、军事大权,但行使权力时受到中央的节制。行省制度便利了中央对地方的管理,加强了中央集权,巩固了多民族国家的统一。它的创立,是中国古代地方行政制度的重大变革,是中国省制的开端。

7. 君主专制的演进

(1) 科举制形成

皇权与相权的争斗一直是古代中国政权斗争的焦点之一。隋朝时,隋文帝废除九品中正制,开始采用分科考试的方式选拔官员。隋炀帝时,政府开始设立进士科,科举制形成。唐宋元各朝继承并完善了科举制。科举制是封建选官制度的一大进步。它把读书、考试与做官紧密联系起来,有利于打破特权垄断、扩大官吏人才来源、提高官员文化素质。把选拔人才和任命官吏的权力,从世家大族的手里集中到中央政府,大大加强了中央集权。这一制度为历朝沿用,影响深远。

(2) 宰相制度的废除

明初沿袭元朝制度,在中央设立中书省,由左右丞相统辖六部,管理全国行政事务。鉴于元朝丞相权势过重,以致皇权不稳、内乱屡生,明太祖朱元璋对丞相的使用一开始就存有戒心。他认为,这种制度妨碍了皇权的高度集中,会导致社会动荡。1380年,明太祖朱元璋裁撤中书省和丞相,以六部分理全国政务,直接对皇帝负责。他还下令,以后不许再立丞相。至此,秦以来一直实行的宰相制度宣告废除,君主专制进一步加强。

(3) 内阁的出现

废除丞相后,全国重大政务都由明太祖决断。他设置殿阁大学士作为侍从顾问,帮助他处理繁多的政务。这些大学士很少能参决政事,一切大事仍由明太祖亲自主持。明成祖在位时,选拔翰林院官员作为殿阁大学士,入值宫内的文渊阁,随侍皇帝,并开始参与机密事务的决策,"内阁"由此出现。后来,内阁地位日益提高,大学士有了替皇帝起草批答大臣奏章的票拟权，主持阁务的首辅更是权压众臣。张居正任首辅时，大权尽归内阁，六部几乎变成内阁的下属机构。

但是，明朝内阁始终不是法定的中央一级的行政机构或决策机构，只是为皇帝提供顾问的内侍机构。阁臣的升降由皇帝决定，职权的大小依皇帝旨意而定，票拟是否被采纳最终还得取决于皇帝的批红。

(4) 军机处的设立

清初，仿照明朝制度，设内阁，置六部。奏章票拟，由内阁负责。但军国机要，由满洲贵族组成的议政王大臣会议定夺。议政王大臣会议的权力凌驾于内阁、六部之上。议政王大臣会议决定的事，连皇帝也难以更改。皇权受到很大限制。

雍正帝为办理西北军务，在宫内设置军机处。军机处机构简单，有官无吏，办公场所只是几间值班用的平房。军机大臣品级不高，但都由钦定。他们每日接受皇帝召见，跪受笔录，军国大事均由皇帝一人裁决。各种诏令由军机大臣按皇帝的意旨拟写成文，经皇帝审批后，传达给中央各部和地方官员执行。

军机处的设置，不仅提高了行政效率，能快速处理各种文书，而且全国的军政大权完全集中到皇帝手中，君主专制加强，中央集权进一步得到巩固。中国君主专制、中央集权的架构总趋势是逐步加强与完善）

8. 总结：充分发育、高度发达的封建社会给中国社会与语言带来的利与弊

中国君主专制、中央集权的封建社会历史悠久，发育充分，高度发达，造就了中国古代各封建帝国的辉煌，并极大地影响了中国周边地区。在中国唐朝，封建国家达到鼎盛时期。当时的都城长安成为世界上最大的都市之一。在这里四方商贾云集，各国学者荟萃。汉语成为当时亚洲使用最广的语言。

然而，君主专制、中央集权充分发育的国家体制，超稳定的封建制度也成为束缚中国政治深刻变革、经济跨越式发展、社会不断进步的桎梏。在西方国家政治变革翻天覆地，经济发展日新月异，人类社会进入工业文明时代时，中国却维持旧制，发展缓慢。到了清朝末年，封建王朝到了腐朽没落的地步，终于在外国列强侵略瓜分，国内矛盾不断激化的情况下轰然倒塌。

(二) 中国在工业时代落伍，被动挨打任人宰割

中国两千多年的封建专制统治，在清康熙乾隆年间走向最后的鼎盛，随之而来的就是无可挽回的衰败。清王朝在进入十九世纪以后各种社会矛盾日益突出：在政治上君主专制走到极致，产生严重的腐败，财政困难，军备废弛；在经济上自然经济占统治地位，土地兼并严重，民众贫困，资本主义萌芽发展缓慢；在文化上搞文化专制；在对外关系上闭关锁国。而与此同时在世界的另一端，西方社会却进行着脱胎换骨、突飞猛进的变革：英国在政治上完成了资产阶级革命，建立了君主立宪制，先进的资产阶级掌权；在经济上，英国在18世纪中后期开始工业革命，19世纪中期完成工业革命，对生产要素（原料、资源、劳动力、市场）的强烈需求要求英国对世界进行扩张；西方列

强终于通过鸦片战争敲开中国的大门,开始对中国进行侵略、掠夺与瓜分,陷中国于半殖民地半封建的境地。

1. 第一次鸦片战争

第一次鸦片战争以中国战败而结束,清政府被迫签订了中国近代第一个不平等条约《中英南京条约》,战后,美逼迫签订《望厦条约》,法逼迫签订《黄埔条约》。鸦片战争在政治上导致中国社会性质发生变化:中国丧失大量主权,领土完整遭到破坏,因此开始由独立的封建国家沦为半殖民地半封建国家。

2. 第二次鸦片战争

第二次鸦片战争使西方列强渗透范围深入长江、贯穿中国南北、染指台湾,使中国半殖民地半封建程度加深。

3. 中日甲午战争

中日甲午战争中,清政府洋务运动中建立的北洋水师全军覆没,清政府被迫与日本在1895年签订《马关条约》。日本在《马关条约》中获取巨大利益,并向其他列强作出侵略中国的示范,其他列强接踵而至,掀起瓜分中国狂潮。使中国半殖民化进一步加深。

4. 八国联军侵华

1900年,英、法、美、俄、德、日、意、奥、匈八国联军由天津入侵,攻占天津、北京,对北京进行了八国分区占领,并烧杀抢掠。慈禧、光绪狼狈逃窜,并被迫签订了《辛丑条约》,除巨额赔款外,东交民巷设使馆区,各国派兵把守,直接威胁北京,总理衙门改为外交部,中国完全陷入半殖民地、半封建社会,清政府成为列强统治中国的工具。

(三) 中国政治改革的艰难历程

面对外忧内患,中国各阶层开始思考中国的前途与命运,被迫走上了改革之路,然而,中国是一个有着几千年君主专制、中央集权传统的大国,由于历史上缺乏民主法治传统,传统封建保守势力强大,资本主义发育不良,资产阶级软弱涣散,组织性不强,难以形成社会变革的强大力量,因此,中国以民主共和为核心的社会改革总是以受挫、变质、失败而告终。中国社会在变革的路上困难重重、举步维艰,但仍然坚定、顽强地前行。

1. 太平天国

鸦片战争以后,中国面临的民族矛盾和阶级矛盾空前激化,农民暴动,此伏彼起。其中,规模最大的是太平天国运动。1851年1月,洪秀全集合拜上帝教群众,在广西桂平县金田村起义,建号太平天国,起义军称"太平军"。1852年春,太平军从永安突围北上,连战连捷。各地反清势力闻风响应,太平军迅速壮大。1853年太平军攻克南京,改南京为天京,定为国都,与清廷对峙。太平军夺取了清朝的半壁江山,太平天国进入全盛时期。

（1）《天朝田亩制度》的颁布

为了满足农民得到土地的愿望，1853年冬，太平天国颁布《天朝田亩制度》。它根据"凡天下田，天下人同耕"和"无处不均匀"的原则，规定以户为单位，不论男女，按人口和年龄平分土地。根据"人人不受私，物物归上主"的原则，规定每户留足口粮，其余归国库。太平天国想通过这一方案，建立"有田同耕，有饭同食，有衣同穿，有钱同使，无处不均匀，无人不饱暖"的理想社会。《天朝田亩制度》是太平天国的纲领性文件。它反映了农民要求获得土地的强烈愿望，是几千年来农民反封建斗争的思想结晶。但是，它体现的绝对平均主义思想，严重脱离实际，根本无法实现。

（2）建设国家的新方案——《资政新篇》

1859年，太平天国颁布由洪仁玕提出的改革内政、建设国家的新方案——《资政新篇》。它的主要内容是：向西方学习，以法治国，官吏由公众选举；发展工商业，奖励技术发明；开设新式学堂等。《资政新篇》是先进的中国人首次提出的在中国发展资本主义的设想；但迫于当时形势，未能实行。

太平天国最终在清王朝和外国列强的联手进攻下失败了，但是它的政治理想却被中国后来的革命所发扬光大。

2. 洋务运动："中学为体，西学为用"

第二次鸦片战争结束后，面对内忧外患的形势，清政府内部以曾国藩、李鸿章、左宗棠为代表的洋务派，认为"中国文武制度，事事远出西人之上，独火器乃不能及"。于是，他们提出"中学为体，西学为用""师夷长技以自强"的思想。这就是说，洋务派肯定封建制度，强调以封建纲常伦理作为国家安身立命的根本，同时主张采用西方先进科学技术，目的是挽救江河日下的封建统治。

19世纪60年代，洋务派打着"自强"的旗号，引进西方先进生产技术，创办了一批近代军事工业。其中，较为重要的有曾国藩创办的安庆内军械所和李鸿章创办的江南制造总局、左宗棠创办的福州船政局、满洲贵族崇厚创办的天津机器制造局。由于财力不足，从19世纪70年代起，洋务派又打出"求富"的旗号，创办了一批近代民用工业，以解决军事工业资金、燃料、运输等方面的困难。其中，主要有李鸿章创办的轮船招商局和开平煤矿，张之洞创办的汉阳铁厂和湖北织布局。

从19世纪70年代中期起，洋务筹划海防，10年之间，初步建成北洋、南洋、福建三支海军。为了适应洋务运动的需要，洋务派还创办了京师同文馆等一批新式学堂，培养翻译、军事和科技人才，又选派留学生出国深造，开近代教育的先河。

清军在甲午中日战争中惨败，北洋水师全军覆没，宣告了洋务运动的失败。中国人逐渐认识到，光有科学技术的引进和促进经济发展，而不进行社会的改革，不对腐朽的封建专制制度进行改革，国家仍不能富强。

3. 戊戌变法

（1）维新变法思想

随着洋务运动的展开和中国资本主义的产生，出现一批具有早期维新思想的知识分子，代表人物有王韬、郑观应等。他们在经济上主张发展民族工商业，与外国进行商战；在文化上主张兴办学校，学习西方自然科学知识；在政治上主张革新，实行君主立宪制度。早期维新派还没有形成完整的理论。

19世纪90年代初，维新思想有了进一步发展。这时主要代表人物有康有为、梁启超、严复等。康有为在《孔子改制考》一书中，宣称孔子是托古改制、主张变革的先师，说孔子假托古圣先王尧、舜、禹的言论来宣传自己的政治观点。这样，康有为借助经学的外衣，否定君主专制统治，宣传维新变法的必要性和合理性。康有为的观点有力地抨击了坚持"天不变，道亦不变"的封建顽固势力，他的这一思想被称为是"思想界之一大飓风""火山大喷火"。

梁启超发表《变法通议》，抨击封建专制制度的危害和顽固派的因循守旧，宣传伸民权、设议院、变法图存的思想。他说"法者天下之公器，变者天下之公理"，只有变法才能图存。严复指出封建君主皆为"大盗窃国"，主张国家属于人民，王侯将相是人民的公仆。

（2）戊戌变法的结果

1898年，在维新思想的推动下，光绪帝实行变法，这就是戊戌变法。这次变法由于以慈禧太后为代表的保守势力的坚决反对很快就失败了，但资产阶级维新派反对封建专制，主张兴民权，提倡新学，起到思想启蒙的作用，促进了人民的觉醒。这是中国近代一次思想解放潮流。

4. 清末新政：预备立宪

八国联军攻占北京期间，挟光绪皇帝逃亡西安的慈禧太后，于1901年1月，以光绪皇帝的名义发布"上谕"，公开打起两年前拼死反对的"变法维新"的旗号。"清末新政"由此揭开序幕。其目的是，通过实行"新政"，对外取媚洋人，对内笼络人心，挽救清朝危局，继续维持其专制统治。从总体上看，所谓"新政"未能跳出"中体西用"的窠臼，没有涉及政治制度的变革。在实行"新政"的过程中，清政府大量增加捐税，更促使人民不断起来反抗，革命运动日益高涨。

5. 辛亥革命——孙中山革命思想的发展过程

（1）三民主义的提出

鸦片战争以后，民族危机不断加深。许多先进的中国人提出不同的救国主张。这些主张，都想在维护或基本保持封建制度的前提下，通过这样或那样的改良，使中国免遭列强侵略、摆脱危机。但是，在无情的社会现实面前，这些方案屡屡碰壁。19世纪末，当中国面临瓜分危机的时刻，以孙中山为代表的资产阶级革命派登上历史舞台。

1905年，孙中山同黄兴、宋教仁等在日本东京组建了中国同盟会。在《中国同盟会总章》中，孙中山提出同盟会纲领"驱除鞑虏，恢复中华，创立民国，平均地权"。不久，他又在《民报·发刊词》上，将这个纲领进一步阐发为以建立资产阶级民主共和国为目标的"民族""民权""民生"三大主义，作为革命的指导思想。

民族主义即"驱除鞑虏，恢复中华"，就是用革命手段推翻帝国主义支持的清朝封建统治；民权主义指"创立民国"，就是通过政治革命，推翻封建帝制，建立资产阶级民主共和国；民生主义即"平均地权"，主张核定地价，现有地价归原主所有，革命后因社会进步所增涨的地价归国家所有，由国民共享。

"三民主义"是孙中山受到美国林肯的"民有、民治、民享"思想启迪，实地考察西方政治制度、经济生活和社会现状后，提出的民主革命纲领。尽管当时的三民主义带有明显的时代局限和阶级局限，但表达了资产阶级在政治、经济上的利益和要求，反映了中国人民实现民族独立和民主权利的愿望，是辛亥革命的重要理论指导。

（2）三民主义的实践

1911年，辛亥革命爆发，建立了中华民国，推翻了清朝的封建统治。辛亥革命的成功，是孙中山资产阶级民主革命思想的一次实践。1911年底，孙中山从海外回国。各省代表聚会南京，推举孙中山为中华民国临时大总统。1912年元旦，孙中山宣誓就职，宣告中华民国成立，定都南京，以五色旗为国旗。孙中山根据三民主义思想原则，领导制定并颁布了《中华民国临时约法》，确认国家主权属于全体国民，国民在政治上一律平等。国民有选举权和被选举权；确立行政、立法、司法三权分立的政治体制。约法特别规定实行责任内阁制，内阁总理由议会的多数党产生。总理可以驳回总统的意见，总统颁布命令须由总理副署才能生效。这部约法是中国近代史上第一部资产阶级性质的民主宪法，具有反对封建专制制度的进步意义。

辛亥革命是中国近代史上一次伟大的资产阶级民主革命。它推翻了清王朝，结束了中国两千多年的封建君主专制制度，建立起资产阶级共和国，使人民获得了一些民主和自由的权利。从此，民主共和观念逐渐深入人心。辛亥革命推翻"洋人的朝廷"，客观上打击了帝国主义侵略势力，为中国民族资本主义的发展创造了条件。

然而，由于中国没有民主共和的历史传统，中国的资产阶级远不如美国资产阶级那样成熟、强大，所以，孙中山的"三民主义"从一开始就受到旧势力的强烈反对，难以真正实施，无法与中国最广大人民大众的实际利益相结合，没有改变社会底层人民大众的现实生活。"三民主义"在实践中困难重重、举步维艰。

袁世凯窃取中华民国临时大总统职位后，实行独裁统治，企图复辟帝制。孙中山开始了捍卫民主共和的斗争，先后领导发动了"二次革命"、"护国运动"。

袁世凯死后，中国陷入军阀割据的混乱局面。张勋原是袁世凯的部下，民国后为表示忠于亡清，他本人和部下官兵仍保留发辫，人称辫子军。他联络清朝遗老遗少，在北京拥戴12岁的溥仪复辟。张勋自任首席内阁议政大臣，独揽大权，史称"张勋复辟"。张勋的倒行逆施，遭到全国一致的强烈反对。这场复辟闹剧，短短12天即告终结。

张勋复辟失败后，黎元洪下台，段祺瑞重新以国务总理执政。他依然实行对内独裁、对外卖国的政策，继续破坏民主共和制度，拒绝恢复《中华民国临时约法》和国会。孙中山认为，国会和约法是共和国的象征。为维护民主共和，他毅然举起"护法"旗帜，通电邀集国会议员，在广州组织中华民国军政府。孙中山出任军政府的最高领导大元帅，宣布段祺瑞为民国叛逆，举兵北伐。不过，孙中山没有自己的武装，而是借助西南军阀的实力，西南军阀并不真心拥护他，护法战争难以顺利进行。在西南军阀势力的排挤下，孙中山于1918年5月被迫辞去大元帅之职，护法运动宣告失败。

孙中山在宣布中华民国成立后，为了维护并实行《中华民国临时约法》，先后进行了"二次革命"、"护国运动"、两次"护法运动"，但都以失败告终。孙中山逐渐认识到，过去的办法行不通了，为救国必须寻求新途径、新力量。

（3）旧三民主义发展为新三民主义

俄国十月革命的胜利，使处于苦闷与彷徨中的孙中山看到希望。他热烈欢迎十月革命，共产国际和中国共产党也向他伸出援助之手。在共产国际和中国共产党的影响与帮助下，孙中山决定吸收共产党员加入国民党，改组国民党。1924年1月，中国国民党第一次全国代表大会通过宣言，接受中国共产党的反帝反封建主张，实际上确立了"联俄、联共、扶助农工"三大政策，重新解释了三民主义，把旧三民主义发展为新三民主义。

孙中山指出，新三民主义的民族主义，有两方面含义：一为中国民族自求解放；二为中国境内各民族一律平等。民权主义则指民权为一般平民所共有，凡真正反对帝国主义之个人及团体，均得享有一切自由及权利。民生主义指平均地权，节制资本，实行"耕者有其田"的政策。

新三民主义与旧三民主义相比，有了质的飞跃，尽管它在内容上仍属于资产阶级民主主义范畴，但和中国共产党的民主革命纲领有着基本相同的革命目标，即反对帝国主义侵略，反对封建军阀统治，这成为国共合作的政治基础和国民革命时期的旗帜。此后，轰轰烈烈的国民革命在全国展开。

6. 中国共产党领导的新民主主义革命

中国共产党是在中国历次变革与革命均遭失败，中国各政治势力为寻找中国前途与命运的出路而徘徊疑虑时，在俄国"十月革命"影响下登上中国历史舞台的。中国共产党摒弃了过去改良主义与资产阶级民主革命式的道路，选择了更加符合中国阶级结构现实的道路：以工人阶级为领导阶级，以工农联盟为基础，以武装斗争、土地革命、根据地建设、农村包围城市为主要措施的新民主主义革命道路，在红色根据地推行并实施了一系列具有实效的政治、经济改革。

（1）中国共产党的成立

1921年7月23日，中国共产党第一次全国代表大会在上海秘密召开。出席会议的有毛泽东、董必武等13人，代表全国五十多名党员。大会通过了党纲，确定党的名称为"中国共产党",党的奋斗目标是用革命军队与无产阶级一起推翻资产阶级政权,建立无产阶级专政,消灭资本家私有制。大会决定今后党的中心工作是组织工人阶级,领导工人运动。大会还成立了党的中央机构——中央局,选举陈独秀为书记。自从有了中国共产党,中国革命的面貌焕然一新。

(2) 国共合作与北伐战争

中国共产党在大力开展工人运动中,深感要战胜强大的敌人,必须建立革命统一战线。1923年,中国共产党第三次全国代表大会通过中国共产党与中国国民党合作的决定。1924年,孙中山在广州主持召开有共产党员参加的中国国民党第一次全国代表大会。这标志着国共两党合作形成。

国共合作后,反帝反封建的工农运动蓬勃发展,国民革命运动高潮迅速到来。1925年,国民政府在广州成立。国民政府整编国民革命军,统一了广东革命根据地。1926年,国民政府决定北伐,消灭帝国主义支持的北洋军阀吴佩孚、孙传芳和张作霖三派势力。北伐军势如破竹,很快歼灭吴佩孚、孙传芳部主力。革命势力发展到长江流域。1927年初,国民政府由广州迁往武汉。

(3) 国民党的独裁统治

北伐胜利进军动摇了帝国主义统治中国的根基。列强开始寻找新的代理人,他们看中国民党右派蒋介石。在国内外反动势力支持下,蒋介石于1927年4月12日在上海发动反革命政变,大肆捕杀共产党员和革命群众。18日,蒋介石在南京建立"国民政府",与汪精卫任主席的武汉国民政府相对抗。

1927年秋,以汪精卫为首的武汉国民政府迁往南京,与以蒋介石为首的南京国民政府合并,南京国民政府代表大地主大资产阶级的利益。1928年8月,国民党召开中央全会,蒋介石打出"以党治国"的旗号,实行国民党独裁统治。为巩固独裁专制,蒋介石建立了特务组织,渗透到政治、经济、军事、文化各个领域,打击民主力量,实行恐怖统治。他还制定了名目繁多的反动法令,剥夺人民的自由、民主权利,对革命者、进步人士进行残酷迫害。1936年,国民政府用宪法的形式确立了国民党的独裁统治。

(4) 中国共产党开始领导武装斗争

1927年7月,中共中央进行了改组,陈独秀被停止了总书记的职务。中国共产党从国民革命失败的惨痛教训里,认识到掌握军队的重要性,决定在南昌发动起义。南昌起义打响了武装反抗国民党反动统治的第一枪,标志着中国共产党独立领导武装斗争、创建人民军队和武装夺取政权的开始。

从中国共产党创建到国民革命时期,毛泽东进行了广泛调查研究,运用马克思主义基本原理,深刻分析中国社会形态和阶级状况。他撰写了《中国社会各阶级的分析》《湖南农民运动考察报告》等文章,提出坚持无产阶级对民主革命的领导权和依靠农民进行革命斗争的主张。

国民革命失败后,中国共产党进入独立领导武装斗争夺取政权的时期。鉴于以城市为中心开展武装斗争一再失败的教训,毛泽东以马克思主义基本原理为指导,创造性地提出符合中国国情的"农村包围城市,武装夺取政权"的革命思想,以及"星星之火,可以燎原"等理论,为中国革命指明方向。

（5）触及中国社会基础的革命——土地革命

1927年9月,毛泽东领导了湘赣边秋收起义。起义军进攻中心城市长沙受挫,毛泽东决定放弃攻取长沙的计划,改向敌人防守薄弱的山区进军。10月,毛泽东率部队到达井冈山,创建了中国第一个农村革命根据地——井冈山革命根据地。

在革命根据地,毛泽东发动群众打土豪,分田地,废除封建剥削,开展土地革命。广大贫苦农民政治上翻了身,经济上分到了土地,革命积极性空前高涨。毛泽东还领导革命根据地军民进行经济建设,努力发展生产。这些措施粉碎了国民政府的经济封锁,巩固了红色政权。

毛泽东的武装斗争、土地革命和根据地建设,即"工农武装割据"思想,抓住了当时中国社会最突出、最根本的矛盾——土地与生产资料掌握在大地主、大资本家手中,广大农民与工人处于极度贫困当中。"打土豪、分田地"的政策解决了广大农民最迫切的土地问题,实现了劳动者与生产资料的广泛结合,强有力地促进了红色根据地社会生产力的发展,明显改善了广大贫苦农民的生活,中国共产党迅速得到广大人民群众的拥护和支持。红色根据地不断巩固扩大。到1930年夏,全国已建立起大小十几块农村革命根据地,分布在十几个省,革命武装力量达到十万人。革命的星星之火,已经发展成燎原之势。从此以后,土地革命这条路线就贯穿中国新民主主义的始终,成为最终推翻蒋介石国民党在中国统治的基本路线之一。

抗日战争结束后在国共展开大决战之际,1947年,中国共产党制定颁布了《中国土地法大纲》。大纲规定:没收地主土地,废除封建剥削制度,实行耕者有其田,按农村人口平均分配土地。土地改革使解放区一亿多无地和少地农民分到了土地,激发了农民革命和生产的积极性。翻身农民踊跃参军,支援前线。1946～1948年,华北和东北解放区有二百多万人参军。山东有约五百八十多万人、冀中有四百八十多万人随解放军出征,抬担架、送粮草、运弹药、救伤员。人民解放军的兵源、粮源和战争勤务,主要来自翻身农民。再次显示了进步的社会改革决定着人心的背向,决定着社会大趋势这一历史规律。最终,中国共产党通过辽沈、淮海、平津三大战役,基本上消灭了国民党军队,解放了中国大陆。

（6）中国共产党进行的一系列政治改革

在新民主主义革命阶段,中国共产党进行了一系列旨在保护人民当家作主权力,最大程度调动人民群众积极性的政治改革与制度创新。范围涉及党的建设、军队的建设、根据地建设、与民主党派的关系等等。

在党的建设上,建立批评与自我批评相结合的民主生活会制度,坚持民主集中制的组织原则。倡导"群众路线"等。"群众路线"一直是中国共产党高度重视的基本路线，其基本内容是：一切为了群众，一切相信群众，一切依靠群众；从群众中来，到群众中去；始终保持与人民群众血肉相连的关系。

在军队建设中，把党的支部建设到连队，坚持党指挥枪；在官兵中实行"三大民主（政治民主、经济民主、军事民主）"和官兵平等，消除旧军队的军阀主义作风。红军在国民党军队的围追堵截中长征二万五千里而不散，并且越战越强，成为了战争史上的奇迹。其正确的建军思想起了很大作用。

在抗日战争期间，中国共产党在其领导的抗日根据地内进行了广泛的民主改革。1939年，中共中央在延安发动人民群众积极地参与宪政运动。不久，延安各界宪政促进会成立。1940年3月，毛泽东为中共中央起草了《抗日根据地的政权问题》，正式提出著名的"三三制"原则，即在民主选举的基础上，抗日民主政权中的人员分配按共产党员、非党的左派分子和中间派各占三分之一比例执行。"三三制"政权充分保障各抗日阶级、阶层的广泛民主权利，是由中国共产党领导并与其他抗日党派真诚合作的民主制度。延安的民主政治制度，为新中国建立人民民主政权提供了宝贵的历史经验。

抗战爆发后，陕甘宁边区政府开始实行民主选举。凡年满十八岁、赞成抗日和民主的中国人，不分阶级、民族、男女、信仰、党派、文化程度，均有选举权和被选举权。抗日民主政府的各级主要领导均由各级参议会选举、罢免，对各级参议会负责。参议员和政府的候选人在竞选时要当众说明自己的政见和施政方针，接受选民审查。在陕甘宁边区实行选举制度后，敌后各抗日根据地均陆续实行了选举制度。这与国民党在国统区的独裁统治形成鲜明对比。

在中国共产党的政治改革中，建立广泛的统一阵线是其亮点之一。1939年10月，毛泽东在撰写《〈共产党人〉发刊词》、论述新民主主义理论时指出：统一战线，武装斗争，党的建设，是我们党在中国革命中的三个基本问题。正确地理解了这三个问题及其相互关系，就等于正确地领导了全部中国革命。"统一战线，武装斗争，党的建设，是中国共产党在中国革命中战胜敌人的三个法宝"。

统一战线是中国革命和建设的一大法宝。中国无产阶级要取得胜利，就必须在各种不同的情形下团结一切可能的革命的阶级和阶层，组织革命的统一战线。要建立包括两个联盟在内的占全民族人口绝大多数的最广泛的统一战线。一个是工人阶级同农民阶级、广大知识分子及其他劳动者的联盟，即工农联盟，是统一战线的基础；一个是工人阶级、农民阶级和全体劳动者同一切可以联合的非劳动者的联盟，这是建立在工农联盟基础上的、更广泛的联盟。必须坚持党对统一战线的领导权。要坚持和改善党对统一战线的领导，第一，要依靠党的正确的路线和政策。第二，要依靠共产党员的先锋模范作用。第三，要照顾同盟者的利益，并在政治上教育提高同盟者，二者缺一不可。

（7）中国共产党进行的政治改革及其所带来的积极作用

由于中国共产党在新民主主义革命时期进行了这一系列旨在保护与提高人民群众民

主权力的政治改革和制度创新，成为了中国最受人民群众拥护，最具政治活力，政治势力最强的力量，最后中国共产党领导中国人民打败国民党，建立中华人民共和国，使中国摆脱了鸦片战争以后长期屈辱的状况，进入国家统一、人民团结、主权完整、经济发展，国力强盛，空前强大的阶段。

抗战即将结束的时候，国民党想借助自己处于优势的军事力量取缔共产党，但是由于共产党采取了上述一系列正确的方针和政策，不仅使自己治理的地方政通人和、充满活力，与国统区腐败与黑暗的状况形成了鲜明的对比，也奠定了抗战结束后中国共产党与国民党抗衡中政治与道义上的优势。

在抗日战争即将取得胜利的前夕，摆在中国人民面前的是中国向何处去的紧迫问题，中国面临着民主与专制、和平与内战、联合政府与国民党一党独裁的不同命运。1943年春，国民党出版了以蒋介石名义发表的《中国之命运》。这本小册子说中国共产党"割据地方""妨碍统一""破坏抗战"，是"变相军阀""新式封建"，暗示要在"二年之中"铲除共产党及其领导的八路军、新四军。

为回击国民党的反共高潮，中国共产党专门开会分析了《中国之命运》的内容，组织撰写批判文章反击，延安《解放日报》连续发表《根绝国内的法西斯宣传》《没有共产党，就没有中国》等文章，揭露《中国之命运》的反动实质和蒋介石推行法西斯独裁统治的阴谋；指出中国共产党为民族和人民谋利益，人所共见，消灭不了；申明中国共产党人可以同资产阶级民主主义者团结合作；呼吁一切爱国的国民党人坚持孙中山的三民主义，反对封建法西斯主义，为建立民主的新中国而奋斗。同时，严正抗议国民党顽固派的武装挑衅，通电呼吁团结，反对内战。各解放区也开展了声势浩大的反对内战、保卫边区的群众运动，阻止了国民党破坏抗日民族统一战线的行动。

1945年4月，中国共产党在延安召开第七次全国代表大会。大会的中心任务，是讨论夺取抗战胜利和解决胜利后中国将走什么道路的重要问题。毛泽东指出，我们的任务就是用全力去争取光明的前途和光明的命运，反对另外一种黑暗的前途和黑暗的命运。他强调指出，必须废除国民党一党专政，建立民主的联合政府；必须团结全国人民，巩固和扩大抗日力量，努力争取实现光明的前途。大会制定了中国共产党的政治路线，那就是："放手发动群众，壮大人民力量，在我党的领导下，打败日本侵略者，解放全国人民，建立一个新民主主义的中国。"

最终的结果人所共知：中国共产党消灭国民党蒋介石在中国大陆的主力部队，取得了全国的政权。这个过程绝不是简单的军事力量的对比，其中政治因素起着重要的作用。

7. 中华人民共和国成立后，中国共产党进行的一系列制度创新与政治改革

中华人民共和国成立后，中国共产党进行了一系列的制度创新与政治改革。比如：

（1）制定并颁布《中华人民共和国宪法》

中华人民共和国宪法规定："中华人民共和国是工人阶级领导的、以工农联盟为基

础的人民民主专政的社会主义国家。"这是国家根本大法对我国国家性质的明确规定。

（2）制定了三项基本制度：人民代表大会制度、中国共产党领导的多党合作和政治协商制度、民族区域自治制度。

然而，在国家的民主化、法制化建设中，存在有薄弱环节甚至漏洞，最终导致政治的不稳定，出现领袖崇拜和新的专制现象，酿成文化大革命的"十年浩劫"。

8. 以邓小平为首的中国共产党新一代领导集体所进行的改革

"文化大革命"结束后，以邓小平为首的中国共产党新一代领导集体带领人民拨乱反正，进入"改革开放"的新时期。其中，经济改革的目标是建立"中国特色的社会主义市场经济"，政治改革的方向是建立、健全"社会主义民主与法治"。

（1）经济改革

经过三十多年的改革与开放，中国经济保持了三十多年的持续快速增长，人民的生活得到了较大改善，正在向"小康社会"迈进。随着中国经济地位与综合国力在世界的提高，汉语在很多国家成为受到重视的第二语言，汉语热正在一些国家悄然升起。

（2）政治改革

在政治改革方面，坚持人民民主专政，并使其内容在新的历史时期有了新的要求：扩大社会主义民主；实行依法治国；强化政府的服务职能；发展和繁荣社会主义文化；改善民生，推进公平正义，构建社会主义和谐社会等等。中国在新时期重新恢复并完善了在文革中遭到破坏三大基本制度（人民代表大会制度、中国共产党领导的多党合作和政治协商制度、民族区域自治制度），并使他们以法律的形式固定下来。为了保护人民群众当家作主的权益，在人民群众的实践过程中，制定并实施了《中华人民共和国村民委员会组织法》和《中华人民共和国城市居民委员会组织法》，使人民自己管理自己事务的机制常态化、法制化。促进了社会的和谐与进步。同时，这也是民主政治制度从基层做起的开始。

9. 总结：

（1）中国民主化、法制化的道路依然漫长，汉语在国际、国内的地位仍有提升空间

改革开放以来，虽然我们进行了一系列改革，国家的综合实力有了一定程度的提高，但是，由于历史与现实的原因，中国民主化、法制化的道路依然漫长，困难依然很多，要完成的任务依然艰巨。中国在更充分实现民主与法制，充分调动广大人民群众参与现代化强国建设的热情，充分发挥他们建设中的创造力、增强他们的民族自豪感与国民凝聚力上，还有很多工作要做。与之相联系，汉语与它悠久的历史，与使用它的众多人口，与中国辽阔的疆土，与中国高速发展的经济水平相匹配的国际地位、国内社会功能仍有着较大的提升空间。

（2）对中国政治发展的预测与主张要符合中国的历史与现实

根据历史来判断现在、推理未来，是人们经常使用的方法。从中国与外国的对比中

认识自己国情的特点、找出出路，也是我们常用的方法。人们也常常把这样的方法用在对社会语言问题的认识与处理上。然而，任何对历史的总结，对国外的借鉴都应来自对历史的全面梳理与了解，都应建立在对国外情况的全面了解与系统认识之上。这样，我们才能避免仅凭对历史、对外国情况一鳞半爪的了解，对事物做出貌似有理有据、头头是道，实则随意、肤浅的推理，进而对现实问题做出简单而武断的判断。决策不是简单地追求言辞的一时之快和情感的畅快宣泄。决策是全面了解情况，深入了解事理，面对客观现实所进行的智慧选择过程。本书不是历史教科书，却引用大量史料，系统叙述了西方与中国政治发展的过程与特点，目的是让读者具体、详细、系统地了解世界近代的政治发展大势，了解中国近代政治发展的特点，在近、现代史的迷雾中，在中国新旧体制转换的漩涡里，在亿万形形色色人群不同的呼声中，始终保持清醒头脑，能分清是非辨明方向。

民主宪政在西方社会率先发育成功，是有其深刻的社会、文化原因的。中国有着几千年君主专制、中央集权的传统，封建社会高度发达。在社会与文化传统上，中国与西方有着巨大的差别。在政治发展上中国完全照搬西方的模式与步骤是行不通的。检验一个国家政治发展是否与其经济发展相适应，重要的标准是看是否实现了"三个有利于"（有利于社会生产力的提高，有利于人民物质精神生活水平的提高，有利于国家综合实力的提高），而不是看是否高举了一些理想化的概念。在近代中国，有无数革命先驱为了摆脱民族受人欺侮、国家任人宰割的被动局面，在政治发展上进行了不懈探索。其中，中国共产党人进行的探索和实践卓有成效，令世人瞩目。

当然我们仍应看到，中国的政治发展仍任重而道远。改革开放以后，中国进行了卓有成效的经济改革，但政治改革相对滞后。政治改革的成效不仅决定着经济改革的深入发展，而且决定着经济改革的成果能否最终持守并继续扩大。中国政治改革的成效依然是关系到国家的生死存亡的大事。因此，广大人民群众对政治改革充满热忱与期待，甚至有时会产生一些焦虑都在情理之中。

但是如果因为中国社会的特殊性和政治改革牵一发动全身的艰难性而对是中国政治改革的前景由沮丧到失望，甚至对一个世纪以来历代中国革命先驱对中国社会改革所做的努力以及中国所发生的变化，对中国共产党人对中国进步所做的努力及其所实现的政治变革，对中国共产党人改革开放后在政治改革方面所做的努力与取得的成效全盘否定，进而发展为对中国现有政治格局要"掀摊子"，对中国以往社会进步的过程要推倒重来，这就脱离了中国的现实，就走向了非理性。

(3) 语言的状况与政治发展有着密切的关系，语言态度与政治态度密切相关

卓有成效的政治发展必然带来国家的强盛，并带来国家语言的顺利发展，古今中外的例子比比皆是，在此不再赘述。

对国家政治发展前景所持的观点会影响对国家语言所持的态度。在多民族多语言地区，每个人对社会都有着不同的期待。一些人心中的政治蓝图必将影响他们心中的语言

蓝图。

五、国家综合国力与国家语言传播相匹配的世界图景

艾布拉姆·德·斯旺在《世界上的语言：全球语言系统》[①] 一书中对政治与语言的关系作了如下的描述：综观世界强势语言兴盛历史可以发现，似乎历史上所有超强势语言的形成都是依靠国力的强盛和军事扩张。古代拉丁语、希腊语依靠强大的罗马帝国的扩张，把拉丁语、希腊语带到各占领国。现在的全球语言系统，很像是由18—20世纪的政治地图合并而成的。20世纪的军事征服很大程度上决定了当前的语言分布。从中可以管窥语言受政治影响的程度，以及语言在其政治根基消失后何以继续存留。超中心语言的传播途径主要有二：陆路和海路。德语、俄语、阿拉伯语、印地语、汉语和日语各有一大片毗邻区域，大都与往昔或今日大帝国控制的疆域毗连，都是"依赖土地的"（land-bound）语言，随帝国扩张而传播。英语、法语、葡萄牙语和西班牙语则随海外征服，主要通过海路传向世界各大洲。斯瓦希里语和马来语起初都是地区族际通用语，在殖民地独立后变成了国语。

（一）西班牙语

西班牙在1492哥伦布航海发现美洲新大陆后，依靠海外贸易与殖民统治一夜暴富成为强国。西班牙也正是通过海外殖民地把西班牙语带到南美等很多国家。西班牙语和西班牙人将几乎整个南美和中美洲地区据为殖民地，把原住民及其本土语言赶到边缘地位。

（二）葡萄牙语

葡萄牙语的兴起依靠葡萄牙在非洲的西海岸、中东、南亚和东南亚以及中南美洲建立起的庞大殖民帝国。并把葡萄牙语变成了当地的行政语言。

葡萄牙语和西班牙语现在还保持着真正"世界语言"的地位，分别有1.25亿和2.5亿使用者。尽管在位于伊比利亚半岛的"宗主国"，说葡萄牙语的只有1000万左右，说西班牙语的约4000万。但巴西人和葡萄牙人能彼此听懂对方的话，同样，欧陆上的西班牙人和南美及中美洲操西班牙语的居民也能彼此听懂对方的话。里斯本和马德里（或巴塞罗那）一直是向前葡萄牙和西班牙殖民地输出图书的重镇。

（三）英 语

英语第一次超过法语获得强势地位，是由于强盛的大英帝国对海外的殖民扩张。北美洲最早的殖民者是英国人。他们使英语几乎独霸北美，最后也只把魁北克让给法语。其他殖民语言，如德语，也曾断断续续地在北美占据一席之地，但很快就萎缩了。直到20世纪末，操西班牙语移民大批拥入一些美国城市，建立了西班牙语的根据地，才有

---

① 参见（荷）艾布拉姆·德·斯旺（Abram de Swaan）：《世界上的语言：全球语言系统》，花城出版社。

了兼通西班牙语和英语人群的聚居区。

随着英国殖民者定居澳洲大陆，英语在澳洲站稳了脚跟，而澳洲原住民的本土语言逐渐萎缩。此后，虽然使用其他母语的人纷沓而至，但无论人数还是决心，都不足以动摇捷足先登的英语。初至南非定居的是"布尔人"（荷兰移民），但随英国统治者而来的英语至今仍与阿非利堪斯语（源自荷兰语）争夺该地区中心语言的地位。英语依旧是非洲前英国殖民地的官方语言，只有坦桑尼亚例外。

（四）法　语

法语的最大成就是在离家较近的欧洲次大陆取得的。17世纪时，它已成为欧洲的交际用语，到了18世纪，欧洲大陆所有宫廷都采用了法语，王室、朝臣、外交官及绅士淑媛都说法语。任何人，要想显得有品位，有教养，都得学法语，法语成为欧洲无与伦比的交际用语。19世纪时，西起荷兰，东至俄国，上流社会都以法语为第二语言，尤其是在较为正式的场合。直至20世纪中叶，法语还是首屈一指的外交用语，由于巴黎是全球文化中心，法语还是文学艺术的主要跨国语言。

法语在全球范围内的强势地位也同样是因为强大的法兰西帝国对海外殖民扩张。法语随海外殖民扩张传播，但法国人在建立和维持殖民地方面远不如英国人。只有魁北克，法语经过多次较量，成为第一语言，却仍要忍受英语的强力竞争。

摩洛哥、阿尔及利亚和突尼斯独立后，讲法语的殖民者大社团旋即解散。不过，法语仍在北非充当"高标准"媒介，只是也要面对阿拉伯语的东山再起，民族主义和宗教复兴运动中的"阿拉伯化"正为后者推波助澜。

在撒哈拉沙漠以南非洲的前法国殖民地，法语仍是首屈一指的超中心语言，用于政治、行政、司法和教育领域。在非洲其他说法语的地区，知识分子和学者也日趋青睐英语。在东南亚前法国殖民地，法语几乎完全被英语取代。这一幕有可能在非洲说法语的地区重演。

目前，法语最重要的跨国作用体现在欧盟之中，仍是欧盟日常行政和政治的主要用语，但也屈居英语之下。自英国1973年加入欧共体以来，英语就开始蚕食法语的霸主地位。

德语、俄语、日语如今已不再是超中心语言，退缩在各自现有的国土之内。过去几个世纪的征服和统治，使它们在广袤且毗连的区域内成了官方语言和优势语言。20世纪时，它们随着军事扩张传播至国外，战败后又退了回来

（五）德　语

在欧洲，以德语为母语的人最多，包括今天德国、奥地利、瑞士北部（德语与瑞士德语共存）和卢森堡（当地的变体为卢森堡语）。19世纪末，德语已成为最重要的商业和科学用语之一，几乎与英语和法语平分秋色。假若德国在第一次世界大战战败后，海外殖民地没有被国际联盟剥夺，则非洲前德国殖民地，如坦噶尼喀、卢旺达、布隆迪、纳米比亚（以及东巴布亚新几内亚），几乎肯定会以德语为官方语言。在中欧和

东欧，德国定居者社团也以德语为母语，许多社团已经在那里生活了好几个世纪。1945年之前，德语是那片陆地上最重要的远距离交际语言，当然也曾与匈牙利语一起成为奥匈帝国的语言。第二次世界大战期间，在欧洲的德占区，德语成为主要外语，许多人都努力学习或使用德语。二战后，获得解放的地区很快就丢弃了德语。随着大多数德意志人后裔被赶出中欧和东欧，德语失去了在那里的根据地，但在一定程度上仍保持着科学、商业和艺术领域中的超中心地位。

（六）俄　语

20世纪90年代以后，随着东欧剧变、苏联解体，俄语语群迅速瓦解。中欧和东欧的前苏联卫星国获得完全自治后，很快就弃用俄语，以英语或德语作为第一外语。前苏联的加盟共和国"独立"后，也丢开必修的俄语，转向各自的地方语言。波罗的海沿岸有拉脱维亚语、立陶宛语和爱沙尼亚语，里海沿岸岸有亚美尼亚语和格鲁吉亚语，中亚有哈萨克语、吉尔吉斯语、土库曼语、乌兹别克语和塔吉克语。西伯利亚地区尽管使用本土的边缘语言，却保留了俄语。

即便在前苏联的核心地带，白俄罗斯语和乌克兰语的使用者也逐渐认识到他们的语言与俄语截然不同，不再像苏联时代那样坚信可与俄语相互理解。于是，在前苏联疆域内，俄语逐渐失去许多超中心功能，而英语大有取而代之之势，土耳其语在中亚各共和国日趋重要起来，德语则在中欧和东欧崭露头角。

（七）日　语

日本以及日语在亚洲北部和东南亚也有类似的短暂扩张。从19世纪末起，在日本占领的台湾（1895）、朝鲜（1910）、满洲（1931）及蒙古大部（二战前夕），日语成为超中心语言，二战后便失去了这种地位。二战期间，日本还从欧洲殖民者手中夺取了东南亚大部，包括印尼。日本在占领区大力推行日语和日本文化，野蛮地压制当地本土文化。结果，日本战败后，新获解放的国家极力排斥日语，日语几乎在那里消失殆尽。目前，日本国内几乎各领域都使用日语，有些地方，如冲绳岛，也使用地方语言，但主要是在家中。日语在国外很少用作科学及商务领域的跨国语言。

（八）印地语

印度被西方殖民者统治了近一个半世纪。印度独立后虽然宣布印地语为官方语言，然而英语作为官方语言、教学语言的传统地位仍难以动摇，印度南部达罗毗荼诸语又加剧了印度语群的复杂程度。

（九）汉　语

中国是一个具有悠久历史的多民族大国，汉语是中国主体民族汉族的语言，也是少数民族的族际交际语。随着中国综合国力的增强，汉语在国际上的地位逐步提高。

（十）阿拉伯语

阿拉伯语在世界范围内的兴起，最早源于强大的阿拉伯帝国在中东的扩张。阿拉伯语主要是在征服和通商的过程中通过陆路传播的，但也有一部分通过传教和经商由海路传播。阿拉伯语群大致覆盖了伊斯兰世界，是北非和中东地区广泛使用的第一语言，但在印度次大陆、东南亚（最显著的是印尼）以及非洲撒哈拉沙漠以南部分地区，却要与其他超中心语言竞争，最后只剩下了宗教用途。阿拉伯语的大规模扩张来自长期的探险与征服，但它后来在很多地区只剩下了宗教功能，这说明后继的征服者即欧洲势力的日渐强大。稍晚，移民欧盟的穆斯林也带去了阿拉伯语，作为宗教用语。

第四节 各政治势力在语言问题上的博弈与斗争

政治斗争分为多个层次：国家集团之间的斗争、国家之间的斗争、国内民族间的斗争，国内阶级间的斗争、国内阶层间的斗争等。政治斗争在表现形式上可以分武装暴力的和非武装暴力的，政治领域的和非政治领域的斗争，语言问题往往也是斗争的领域。

一、民族作为稳定的人们共同体在政治斗争中占有重要地位

（一）民族、民族主义与政治[①]

民族是人们在历史上形成的具有共同语言、共同地域、共同经济生活以及表现于共同民族文化特点之上的共同心理素质的稳定共同体。民族问题在政治生活中占有重要地位，无论在历史上还是在现实中，民族关系都是影响国家政治生活的重要因素，民族利益是影响不同国家间关系的基本原因。

从一般的意义上讲，民族主义表达了一种强烈的、通常已经意识形态化了的族际情感，它有时作为一种思想状态，吸引着族内每个个人忠诚和报效民族的热情。它有时变成一种系统化的理论和政策，为民族实际的成长过程提供原则和观念。它有时充当一种运动的口号和象征，引导着民族为一个特定目标奋斗。

在古代，民族之间的斗争往往成为国家安危和政权更迭的重要因素。例如，在中国宋、元、明、清各朝代之间，民族斗争是改朝换代、更迭政权的直接原因。

在资本主义上升时期，民族运动是资产阶级民主革命的一部分。英、法、意、德等国在资本主义的发展初期，都要求扫除封建割据，使操同一种语言的人所居住的地域用国家形式统一起来，以建立统一的市场，保证资本主义经济自由而广泛地发展。这些地区的人们在资产阶级的领导下，分别进行了资产阶级民主革命或资产阶级性质的改革，击退了其他国家或民族的侵犯和干扰，建立了民族国家，各自形成了统一的民族，为资本主义的进一步发展创造了良好条件。

---

① 部分史料来自《政治学概论》高等教育出版社人民出版社，版次：2011年6月第1版，第181—182页。

在近、现代，多民族国家中的民族关系是决定国家政治制度和结构形式、政治稳定程度、国家统一或分裂的重要因素。单一民族的国家，除少数有特殊原因的以外，一般都建立单一制的国家。多民族的国家，往往由于民族因素而建立各种形式的联邦制国家，如瑞士、前苏联、前南斯拉夫等。多民族国家中的民族矛盾、民族纷争是影响国家发展的重要因素。

近代史上，西欧将它的民族国家形式推向世界，引发了世界范围内的民族国家化。几个世纪以来，民族主义大部分是在为建立独立的国家而服务。第二次世界大战以后，全球大大小小发生了180多起战争，绝大多数是由民族纷争引起的。

（二）冷战结束后民族间的斗争

冷战结束后，苏联的解体使得两极的制衡和高压同时消失，雅尔塔体制的消逝也使得西方在很多地方失去了影响力、控制力，为冷战所压制的民族矛盾、种族纷争再次加剧，加上民族分布与国家构成之间的复杂关系，各民族发展中的差异，以及一些国内民族政策的不合理，使民族主义再次爆发。在建立所谓"自己的民族国家"的口号下，东欧和中亚形成了民族重新组合、建立民族国家的热潮。一些国家提出要按民族重新划分边界，这导致了多次边境冲突和局部战争。苏联在分裂为15个独立共和国后，民族问题远未结束，俄罗斯境内不少民族继续要求独立，车臣问题就是其中最典型的代表。俄罗斯与其他新独立的共和国之间的领土争端有百余处。这些争端未必都会酿成战争，然而这必然会引起动荡不安。民族纷争引发的战争最容易留下后患，民族的记忆必将长久地保留怨恨。

非洲现有53个国家，占到联合国成员数的30%。部族的复杂性以及原来殖民主义留下的随意划定的边界，使非洲的战乱经久不息。诸如苏丹种族冲突，索马里部族骚乱，尼日利亚民族冲突，卢旺达种族战争等。

民族主义在发达国家之间亦有反映。如加拿大的魁北克要求独立问题，美国国内黑白种族冲突问题，英国的北爱尔兰问题等。

（三）当前世界范围内的民族间斗争呈现出的特点

近现代以来不断加强的全球化基本上是以西方为中心的，他们先是对世界各地传播基督教，然后是炮舰政策，贸易倾销，武力占领，建立殖民地，后来是通过跨国公司、非政府组织，国际金融，甚至武力干涉对世界各地进行渗透与控制。

在后殖民时代，弱化发展中民族国家的主权，增强对他们的控制是西方大国历来的做法。其中既冠冕堂皇又简单有效的方法是，打着支持民主自由、保护多元文化的旗号，支持多民族发展中国家内部少数民族的独立。其实西方国家的真正目的不是要拯救少数民族的文化，而是根据称霸世界的需要，肢解、遏制这些发展中国家。因为他们自己国家的统一史、侵略史就是一部领土兼并、文化同化的历史。在他们目前推行的所谓"民主自由、保护多元文化"过程中，他们明显奉行双重标准，对他们自己国家和自己盟友国家内的民族矛盾、民族冲突，奉行平息矛盾、推崇统一的策略，对其他国尤其是非盟友国家发生的民族矛盾、民族冲突则奉行推波助澜、扩大矛盾、支持分裂的方针。不管对哪个国家,粗暴干涉别国内政,促使其不合理的分裂与消亡,这不仅会对这些国家的人民造成巨大损失,也是人类文化多元发展的巨大损失。

(四)中国现阶段民族问题的一些特点

在中国,由于中国国力还不够强大,在国际上仍受制于西方大国,国内民生还有待发展,民族分裂势力时起时伏。一些西方大国为了削弱中国,公开或隐蔽地支持中国的民族分裂势力,鼓励中国国内的民族冲突。民族分裂主义势力必然在政治、经济、意识形态上进行分裂主义活动,其中也必然在语言问题上进行分裂主义活动。对此,我们必须有清醒的认识。我们必须排除民族分裂主义势力一切合法的、非法的干扰,坚定地在政治上、经济上、文化上加强国家的统一,同时注意保护少数民族继承发展自己民族文化的权利。

民族平等,共同繁荣是人类共同的美好理想。但是,我们必须认识到理想与现实的区别,远大目标与具体实施步骤的区别。要善于区分一些善良人士的美好愿望和国内外分裂势力利用一些冠冕堂皇的理论肢解、弱化民族主权国家的阴谋,善于区分少数民族对自己民族文化的热爱和分裂主义势力利用人民群众的善意搞民族分裂活动。一些理论和提法看似冠冕堂皇,但只要放在维护国家统一的大秤上一衡量,其真实目的就一目了然。

国家的统一,民族的团结是民族主权国家实现经济发展,社会进步的基础。因此国外霸权主义与民族分裂势力总在挑战这一民族主权国家的核心利益。分裂不符合13亿中国人民的利益,统一国家基础上的共同繁荣是实现国家经济发展,社会进步的基石。

二、民族间矛盾与斗争中语言问题上的博弈与斗争

由于语言的全民性、工具性、日常应用性,使其成为凝聚民族感情的重要方式和民族的外在标志,因此,在民族间的很多对立与纷争中,语言问题往往成为热点。多民族的统一国家一般会进行有利于国家统一、和谐的语言建设。主张分离的政治势力也会提出并推行有利于分离的语言主张。

(一)语言常常成为凝聚民族感情的重要方式和民族的外在标志

在语言学理论中对语言曾下过以下三个定义:语言是人类最重要的交际工具,语言是人类思维的物质外壳,语言是文化的重要载体。这三个定义前后为因果关系,并且是相互联系的整体。从这三个定义入手我们对双语问题也可以有一个系统全面地认识。

1. 语言是人类最重要的交际工具

语言是人类最重要的交际工具,所以人们要学习、使用语言。一个民族的语言是本

民族进行思想感情交流的重要工具。在多民族多语言地区还需要学习使用不止一种语言满足不同民族间的交际。

2. 语言是人类思维的物质外壳

语言是人类思维的物质外壳。所以，每个人学会使用的第一语言往往是他们与思维联系最紧密的语言，这就使得每个民族的文学、宗教等文献往往是用这个民族自己的语言写成的，每个民族最核心的理念，最关心的讨论往往也是用自己民族的语言进行的。

3. 语言是文化的重要载体

以上两条决定了语言不仅是文化的重要内容之一，而且也是文化最重要的载体。一个民族的语言不仅是这个民族文化的重要内容之一，而且也是这个民族文化最重要的载体。

4. 语言具有极强的民族性

语言的三种特性决定了语言具有极强的民族性，具体表现为：语言是维系民族情感的重要手段，语言是强化民族认同的重要工具，语言是一个民族文化上的重要标志。语言的这些特点使得民族之间的冲突往往伴随着语言的冲突，语言分歧与冲突常常成为民族冲突的导火索，甚至把争取语言的权力当成争取民族政治经济权利斗争中最先公开打出的旗帜。语言问题常常与国家领土、民族纠纷、宗教信仰、种族歧视等问题纠缠在一起，成为一个地区政治动乱、民族矛盾的因素之一。

（二）民族间矛盾与斗争中语言问题常常是热点问题

由于语言是人类最重要的交际工具，语言是人类思维的物质外壳，语言是文化的重要载体，在民族间的对立与纷争中，语言问题常常都会成为热点问题。多民族的统一国家一般会进行有利于国家统一与和谐的语言建设。主张分离的政治势力也会提出并推行有利于分离的语言发展主张。

（三）民族中的不同阶层对语言的态度表现出差异

在民族间的对立与纷争中，起主导作用的往往是民族的精英阶层（政治领袖、知识分子、宗教人士）。他们占有着较丰厚的语言、文化、知识技能上的资源，占据着较有利的话语权。他们一般强调本民族的民族意识，保护本民族语言文化的呼声比普通百姓更高。但当他们考虑、决定自己及其后代社会竞争能力发展等实际问题时，更注重选择和学习功能较强的语言。普通大众往往更关注经济的发展、生活的改善，在选择、学习语言时更注重实用性。语言既有工具性，又有文化性，所以国家在推行国家通用语时，不能忽视少数民族对传统文化传承的长远需要，否则就会出现问题。

（四）语言问题是政治经济问题的一部分，并且常常成为政治经济斗争的先导

主张分离的政治势力在提出政治经济主张的同时，也会提出并致力于推行有利于分离的语言发展主张。由于语言的全民性及外在标志性，语言斗争往往会成为经济斗争、政治斗争的先导，成为公开政治斗争条件不成熟时最先打出的旗帜。这种现象在东巴基斯坦独立的过程中得到完整的展现，在苏联解体的过程中也屡见不鲜。看似简单的语言

问题，其背后的政治经济因素深远且广阔。推动分离的政治势力在语言问题上的做法一般是：

1. 向本民族极力宣传本民族语言对本民族的唯一性，本民族文化的独一无二性，语言与文化的单独匹配性。淡化多民族、多语言国家内语言交流的重要性，否定语言及文化的相通性、同一性、互利性。因此，当一些人有意把一些语言问题绝对化，而不是在强调语言独特性的同时，也强调统一国家内部语言的共通性和互利性时，我们就注意透过事物的表面现象看到它内在的实质。

2. 在多民族、多语言地区语言矛盾、文化矛盾是司空见惯的，主张分离的政治势力对此一般的做法是扩大、激化因语言问题引起的摩擦、矛盾与冲突，极力把语言矛盾推向政治上的对立。因此多民族、多语言地区的执政者要有较高的政策水平，高度注意语言政策的合理性及分寸感，以免在特殊的历史条件下使语言矛盾转化为政治矛盾，由社会的一般问题转化为激烈的社会对抗。

3. 主张分离的政治势力会高举保护民族语言的旗帜，但目的绝不仅止于保护民族语言，而是为了谋求政治经济上的更大的利益。他们的逻辑一般是：为了保护民族语言的绝对安全，就要建立以该语言为载体的政治体系、经济体系、文化体系。而要建立以自己民族语言为载体的政治体系、经济体系、文化体系，就要划分并固定以使用该语言人群为主体的地理疆域，并在这个地理疆域里建立由这个民族单独掌管的行政管理权。而要做到这些，最有效的手段就是建立以这个民族为主体的政权，而为了实现所有这些目标，最实际、最彻底的做法是建立独立的政府与国家。就此，语言问题上的矛盾与斗争就升级到国家的统一与分裂这个核心问题上。

4. 民族语言的独特性，使它在分离主义运动中不仅起着增强民族内部凝聚力的作用，更被直接应用于分离运动中民族内部的宣传、联络、组织工作上，成为分离运动中具有排他性的有力的交际联络工具。

语言问题的这些特性在孟加拉建国运动过程中得到了较充分的展现。

三、一个由语言问题引爆民族独立运动的完整过程
——孟加拉国的独立[①]

（一）巴基斯坦的独立

1947年巴基斯坦诞生了。穆斯林分裂主义的传播者们宣称次大陆的穆斯林教徒是一个独立的民族。真纳，一个毕业于林肯法律学院的才华横溢的律师，在1942年的一

[①] 本部分内容的主要选自中国社会科学院民族研究所：《国外语言政策与语言规划进程》语文出版社，1999.10，第102—107页，巴基斯坦的语言规划政治与一个新国家的诞生，[孟加拉]蒙苏尔·穆萨，翻译：乔天碧，校对：舒克。

次访谈中说：我们是一个拥有自己独特的文化和文明、语言和文学、艺术和建筑、名称和术语、价值观和谐调感、法律和道德规范、习俗和历法、历史和传统、天资和雄心的民族，简而言之，我们有自己独特的人生观和世界观。根据所有国际法准则我们都是一个民族（Ispahan1966：66—67）。

巴基斯坦是1947年以宗教的虔诚为基础合并了印度次大陆的两个地区而形成的新国家，穆斯林教徒占明显优势。巴基斯坦是继以色列建立后，又一个以宗教为基础诞生的国家。

（二）新生国家要保持国家的统一面临巨大的障碍

在地理上，巴基斯坦实际上分为两个独立的部分：西巴基斯坦和东巴基斯坦。东西两翼的首府几乎相距1500英里，中间隔有1,000英里的印度领土。从东部自治领的省府达卡到卡拉奇乘飞机需要3个小时，从卡拉奇到孟加拉湾的海港吉大港，海路需要6天时间。

在民族上，孟加拉族在人口上占整个巴基斯坦人口的56.4%，在东巴基斯坦占人口的98.4%。虽然与西巴基斯坦的居民共同信仰一个宗教——伊斯兰教，但有着自己独特的历史、文化与语言。

在政治上，由于东巴基斯坦与西巴基斯坦相距遥远，中间隔着一千多英里的印度领土，经济上也难以合并成一个整体，东西两部分存在着各自的利益，有着不同的利害关系。东西两边的政治家们实际上也都在政治、经济、文化上代表着各自的利益

在语言上，作为英国的遗产，英式教育和英语在整个次大陆流行。新建的巴基斯坦和被分割的印度都继承了英式学校体制和英语。全国总计有3.12%的人会使用英语。孟加拉语是东巴基斯坦占优势的语言，是巴基斯坦56.4%的人口的母语。而巴基斯坦移民的语言乌尔都语，仅是3.27%的人口的母语。东巴基斯坦人民向巴基斯坦的政策制定者提出了民主政治的要求，要求把占大多数人使用的孟加拉语定为国语，即国家的官方语言。但这个要求完全被忽略了，理由是讲孟加拉语的人仅集中在一个省。尽管讲乌尔都语的人很少，却具有分布广泛的优势，他们分布在不同省份的许多城市。乌尔都语的历史与印度的莫卧儿王朝统治有着广泛的联系。乌尔都语用波斯－阿拉伯文书写，这与伊斯兰教有某些联系。乌尔都语与孟加拉语的冲突变得公开而敏感。

（三）巴基斯坦国奠基者真纳的建国理念

穆罕默德·阿里·真纳是巴基斯坦国的奠基人，他是一位受英式教育的律师，但真纳先生和他的亲信都倾向于建设一个美国式的国家，建设一个民主的、包括两地区的统一国家。面对国家显而易见的分离局面，为了维护国家的统一，真纳做了巨大的努力，在语言问题上可谓是煞费苦心。

巴基斯坦的语言问题是印度独立时产生的后果的延伸。当印地语被确立为印度的国语时，乌尔都语的问题牵动着许多印巴次大陆上的穆斯林教徒的心。人们普遍认为印地语和乌尔都语有着基本相同的语法结构，只是采用两种不同的文字，词汇也有所不同。

印地语使用大城体文字，并有许多梵语借词，而乌尔都语用波斯—阿拉伯文书写，并主要借用波斯语和阿拉伯语。一种意见认为，如果印度接受印地语为国语，巴基斯坦就应当采用乌尔都语，因为它将符合巴基斯坦意识形态的基础。而另一种意见认为，如果巴基斯坦采用乌尔都语为国语，将会伤害巴基斯坦操孟加拉语的大多数公众的利益。

当论争达到高潮时，穆罕默德·阿里·真纳，这位巴基斯坦的奠基人和自治领总督被党员们请到达卡，为解决巴基斯坦的语言论争而发挥其独一无二的影响。在达卡的两次公众大会上，他明确地表达了他对巴基斯坦语言选择的意见：……让我明明白白地告诉你们，巴基斯坦的国语将是乌尔都语，而不是其他语言。任何想误导你们的人都是巴基斯坦的敌人。没有国语，国家就不能保持其坚固的联系和职能。看看其他国家的历史吧。（演讲是在1948年3月21日达卡的一次30多万人参加的群众大会上发表的，Rahman1982：78—84引用）。

（四）现实的分离状况难以回避，分离运动公开化

穆罕默德·阿里·真纳宣称，尽管美国的居民原本来自世界各国，但却接受英语为唯一的国语。他倾向于认为巴基斯坦应遵循美国的模式（Chandhari 1977）。然而巴基斯坦的语言问题与从欧洲移民至一个新世界的美国人的语言问题迥然不同。美国的一种国语、一个国家的模式并不适用于巴基斯坦的统一。真纳逝世于1948年9月11日，终年71岁，在他逝世后，语言问题平息了一段时间，但于1951年再次爆发。

真纳虽然逝世，但他关于语言地位的方针却忠实地反映在1950年9月2日会议报告的基本原则中。会议无视东巴基斯坦公众的要求，建议："国家的官方语言应该是乌尔都语"（Keesing1971：19）。

巴基斯坦的语言选择问题牵动着教育界、政界、国家公共服务行业的许多人的心。他们的观点发表在报纸、杂志、期刊上，反映在学生的政治文化讨论、省议会和中央立法机关中（Umar1970；Al—Helal 1988；Sarkar1985）。研究表明，当邮政部宣布汇款、邮票和信封只能用英语和乌尔都语时，巴基斯坦语言选择的争端变得尖锐起来。有些要给达卡的学生寄津贴的监护人，因为在村里找不到能正确填写表格的人而无法如愿。

（五）分离运动以不完善的语言政策为突破口爆发

当发现中央完全忘记了孟加拉语的时候，巴基斯坦东翼的人民被激怒了。在东孟加拉的街头巷角、学校和学院、新闻界和大学立即响起反对的呼声。整个省行动起来，抗议上边的决定。参加聚会和游行反对这一决定的学生被投入监狱。所有可能的手段都被政府用来镇压孟加拉的青年，但他们还是取得了部分的胜利。当时的自治省总理赫瓦贾·纳齐穆丁不得不停止镇压，并向人民保证，在省际范围内孟加拉语将为官方语言和教学用语。他还承诺他的政府将把孟加拉语的情况呈报中央，以便使孟加拉语的地位可与乌尔都语并驾齐驱

支持孟加拉语为国语的人认为：孟加拉语有1000年的历史，有令人惊叹的生命力，吸收了梵语、兴都斯坦语、乌尔都语和波斯语的一切潜在的优点。而乌尔都语对巴基斯

坦任何省份的人都不是母语，对孟加拉人、旁遮普人、俾路支人和边境人民都同样是外语。乌尔都语是一种正走向死亡的文化的象征（Umarl984：254）。对乌尔都语是一种伊斯兰语的断言他们反驳道：我们不相信天底下有什么伊斯兰教徒的、基督教徒的或异教徒的语言。如果乌尔都语是伊斯兰教的，那孟加拉语同样也是，它甚至更可以说是伊斯兰教的，因为有更多的伊斯兰教徒讲孟加拉语。

达卡大学的国语行动委员会认为，一旦乌尔都语被接纳为国语，将产生一系列问题。首先，将以同英语相同的方式产生一个特权阶级。其次，它将在整个巴基斯坦人尤其是孟加拉人中滋生不满，而且它将触及民族一体化的根基，这样国家将没有未来。我们只须再重复一下我们反复申述的观点。如果巴基斯坦只能有一种国语，它必定是孟加拉语。如果不止一种，孟加拉语必然是其中之一。除非孟加拉语的权利在中央和省内一样完全得到认可，否则达卡大学的学生运动将不会平息（Umarl984：257）。

（六）巴基斯坦当政者对语言问题反应迟缓、措施不力

巴基斯坦当政者固守真纳的建国理念，对语言问题反应迟缓、措施不力。他们未能在独立后马上解决孟加拉语和乌尔都语的地位问题。社区之间的冲突，难民重新安置计划，官僚政治以及一个新生国家所面临的各种各样的问题，首先吸引了政策规划者的注意力。但语言地位规划的失败产生了若干政治后果，反对党批评政府的拖延态度，在执政党中也和反对党一样对孟加拉语和乌尔都语持有不同的意见。事情被搁置起来，任由事态发展。

（七）政府简单使用暴力手段应对语言冲突

1952年1月31日，为了继续鼓动孟加拉语成为巴基斯坦的国语，一个由各政党组成的国语委员会在达卡成立。达卡的地方行政长官注意到委员会活动的筹备，利用了巴基斯坦刑法第144条，宣布在公共场合超过5人以上的聚会就属非法。此事发生在1952年2月20日，第二天一群由达卡大学和其他院校的学生及他们的同情者组成了纠察队，试图劝说立法大会的成员，建议中央政府确定孟加拉语为国语之一。反对者为避免与政府决议发生冲突，不再要求大多数人使用的孟加拉语应是唯一的国语，而只要求孟加拉语成为巴基斯坦的国语之一。但警察向纠察队开了枪，包括学生在内的许多人受了伤。人群中有人因伤而死（Govermment of East Bengall953）.

（八）暴力镇压无助于语言冲突的解决，反而使矛盾升级

为纪念1952年2月21日的悲剧事件，学生、公众和社会上层人士组织了一系列活动。一座纪念碑树立了起来，以纪念当日的烈士，但当它变成每天成千上万的群众聚会的地方时，政府警察摧毁了它（Musal985）。政府2月21日所采取的行动破坏了一个自称是代表人民的政府的形象，以致整个省都变得警觉，并组织集会、示威、公众抗议反对政府的行为。那时的执政党穆斯林联盟的政府完全失去了信任，在1954年的选举中未能重返政坛。一个新政党在自治省开始执政。

穆斯林联盟在拥有巴基斯坦人口56%的东巴基斯坦的失败，导致中央政府因为不

具备代表性而被要求辞职和制宪大会解散。但是巴基斯坦总理推翻就任了45天的省政府。在这一短时期内,自治省政府宣布,2月21日为烈士纪念日和正式节日。

(九)巴基斯坦政府最后做出了妥协,为维系统一作出努力

1952年语言运动后,巴基斯坦的政策制定者接受孟加拉语为巴基斯坦的国语之一,但为了维系国家的统一,让两种语言采用相同的文字。他们为用阿拉伯文字书写孟加拉语拨出资金。这一举动被孟加拉人认为是又一次以牺牲孟加拉语为代价,这进一步加深了孟加拉人对巴基斯坦中央权威的不信任。

(十)内战爆发,印度支持孟加拉国独立,孟加拉最终获胜独立

"2·21"事件的纪念活动几乎在东巴基斯坦的每一个城镇和每一所乡村学校举行。人们维护着每年2月21日在纪念碑前集会的自由。甚至在阿尤布·汗总统军管时期,也无法阻止人们在纪念碑附近集会。每年的这天,有成百上千充满激情的小册子在全国各地出版发行。反对语言政策的情绪如此高涨,以致于诸如简化孟加拉文字、印刷改革等规划,都被看成是中央政府反对孟加拉语的阴谋。"孟加拉语的每一个字母都相当于一个孟加拉人的生命"。

语言冲突只是一个方面,更重要的是政治、经济的冲突。在1965年爆发的持续17天的印巴战争中,所有的防御安排都集中在西翼,而听任东巴基斯坦受印度的摆布。这使两省关系中产生了仇恨。最后是1970年大选的结果,巴基斯坦政治军事集团拒不同意多数党人民联盟掌权,这给了在次大陆建立一个单一穆斯林国家的梦想以致命一击:1971年3月危机达到了顶峰。向被选出的代表和平移交权力的所有妥协方案都归于失败。军队突然袭击了东巴基斯坦,以阻挠其实行大多数人统治的要求。形势迫使领袖、学生和人民进行一场反抗西巴基斯坦军队的战争。邻国印度对孟加拉国的独立战争给予了坚决支持,战争持续了9个多月,年底印度军队和孟加拉国解放组织迫使巴基斯坦投降。1971年11月16日,孟加拉国最终获得胜利。

(十一)孟加拉语在孟加拉解放运动中所起的作用

巴基斯坦军队和孟加拉解放军在各条战线上都展开了战斗。孟加拉语在反对巴基斯坦军队的宣传战中发挥了极有力的作用。一个秘密的广播电台是发动、鼓舞、赢得这场国语之战的精神源泉。秘密电台的节目主要使用孟加拉语,巴基斯坦的士兵很少能听得懂。孟加拉士兵却因这些节目而保持着高昂的士气。

(十二)孟加拉人终于获得了独立并自主地决定了自己的语言问题

在一场血腥的战争之后,孟加拉国诞生,巴基斯坦被迫承认孟加拉国的独立。孟加拉解放后,制定了一部新的宪法,宣布孟加拉国语为孟加拉语。

肯定有许多因素应对1971年东西巴基斯坦的分裂负责,而孟加拉语地位规划则是最清楚和确定的因素之一,至少从孟加拉人民的一般舆论和分析来看是如此。

(十三)结　语

笔者认为:巴基斯坦东西两翼的语言冲突看起来好像是语言政策惹的祸,实际上是

国家东西两部分的分离已是现实，而国家又试图维护客观上难以实现的统一，在语言问题上一厢情愿地让语言规划为政治统一服务。最终孟加拉人以语言冲突为突破口，成功进行了一场独立运动。东巴基斯坦的语言冲突告诉人们，语言问题的激化往往是其他社会问题的反映。语言问题解决不好，将成为社会矛盾总爆发的导火索。语言既可以是促进国家统一的因素，也可以成为导致国家分裂的力量。这警醒世人在语言问题上大意不得。

孟加拉国独立的过程有它特殊的情况与原因，与中国的多民族、多语言状况有着天壤之别，但作为特例它还是向人们展示了语言冲突与政治冲突的密切关系及种种表现形态，给人以深刻启示。

第五节　国家政治生活的健康与语言规划的正确、有效呈正相关

国家政治生活的健康一般表现在两个方面，一是国家决策机构决策过程的科学、民主，二是政府执行能力的务实高效。这两方面都在决定着语言规划的正确决策与有效执行。

一、科学、民主的决策过程与语言规划的正确决策密切相关

国家机器行使着管理社会的职能。当国家机器正常运行、客观反映经济基础要求、正确行使政府职能的时候，它往往能够制定出正确合理的语言规划决策，为语言生活健康和谐的发展发挥积极的作用，如，中国在建国初期制定并有效实施的一系列正确的语言规划：文字改革、推广普通话、加强现代汉语规范化、彻底完成文体改革等。如果国家机器运转不正常，不能正确反映经济基础要求、不能合理行使政府管理职能，它所进行的语言规划决策也很难保证是理智、正确的，即使决策正确，也难以准确到位、卓有成效地实行。如，中国在"大跃进"时期和文化大革命中，政治生活严重扭曲，政府科学、民主决策的机制受到削弱和破坏，国家的政治、经济领域普遍发生"左"的倾向，并强烈地影响到了中国的语言规划，什么"少数民族语言无用论"、"汉语教学大跃进"等思潮风行一时。

中国在长期的语言规划实践中提出了语言规划的四项原则[①]：科学性原则，政策性原则，稳妥性原则和经济性原则。其中科学性原则是最基本的原则。

---

① 参见陈章太：《语言规划研究》，商务印书馆，2005年1月第1版，第33—45页。

（一）科学性原则。这是指制定和实施语言规划，要符合语言的发展规律和语言生活的特点，以及与之相关因素的实际，符合社会和群众的需要，使语言具有完善的交际功能，并正确有效地引导语言生活的健康发展。语言规划的科学性原则，具体包括求实性、动态性、系统性和可行性。

（二）政策性原则。这是指制定和实施语言规划，要贯彻、体现语言政策的重要规定和主要精神。语言政策是国家和政府关于语言地位、语言作用、语言权利、语言关系、语言发展、语言文字使用与规范等的重要规定和措施，是政府对语言问题的态度的具体体现。语言规划与语言政策有极为密切的关系，语言规划是语言政策的具体体现，制定语言规划，应当坚持政策性原则，总结语言政策的成功经验，吸收、贯彻语言政策的主要内容和重要规定，这样才能保证语言规划的正确与可行。

（三）稳妥性原则。这是指制定和实施语言规划，要考虑历史的延续性，社会的约定俗成，并有一定的宽容度。目标与要求要实际、适当，采取的步骤、方法要稳妥，借以确保规划的顺利制定与实施。综观国内外语言规划，凡是符合稳妥性原则的，实施都比较顺利，效果也较显著；凡是违反稳妥性原则的，要么失败，要么实施困难，效果不好。语言规划的稳妥性原则，具体包括传承性、俗成性、宽容性和渐进性。

（四）经济性原则。这是指制定和实施语言规划，要符合合理、简便，好用的要求，具有较好的社会效益和经济效益。语言地位规划越是科学、合理，对社会稳定与进步越有重要意义；语言本体规划越是简便、精细、好用，越容易受到社会各界的欢迎与接受，对政治经济、文化教育、科学技术等的发展有较大的作用，因此经济性原则值得语言规划主持者充分重视，并在语言规划中很好体现。语言规划的经济性原则，具体包括简便性、适用性和效益性。

二、政府行政职能的务实高效与语言规划准确到位的落实密切相关

国家政治生活的健康与政府执行能力的务实高效密切相关，而政府执行职能的务实高效与语言规划能否准确到位地贯彻落实密切相关。因为语言规划最终要靠政府手中强大的行政执行机器来推行落实的。

（一）以土耳其的文字改革为例[①]

一些充满活力的新生政权，往往在语言生活上有惊人的作为。这不仅是由于他们有正确决策的能力，更重要的是，他们有贯彻、实施这些决策的强有力的组织系统。如，土耳其文在短时间内从使用了一千余年的阿位伯字母顺利改为拉丁字母体系，被看作世

---

① 部分史料来自：王远新《语言口语化与文字拉丁化的成功改革》；中国社会科学院民族研究所"少数民族语言政策比较研究"课题组．《国家、民族与语言——语言政策国别研究》北京：语文出版社，2003年4月．第132—139页。

界文字改革史上的奇迹，一个重要的原因是：在土耳其建国初期，开国元勋穆斯塔法·凯末尔总统以其崇高的个人威望，强有力的政府组织机构，在全国推行了土耳其语拉丁化的文字改革运动，"上到总统、议长、总理、各部部长，下到普通老百姓，全民都投入到了这场被称作"语言战争"的运动中。

（二）以中国建国初期语言规划为例①

中国建国初期的扫盲、简化汉字等语言运动之所以能在短期内见成效，固然有决策正确的原因，然而，更重要的原因可能是建国初期人民对建设新生活的高度热情、从领袖到普通百姓对语言建设运动的普遍参与、各级相关部门的高度重视与工作上的密切配合。

在中国建国初期，全社会一切工作都要围绕国家建设的总任务来进行。语言规划的主要目的是为国家统一，民族团结，社会进步，事业发展与社会交际服务，并有利于建设经济，普及教育，提高文化、科技水平。语言规划的主要内容是：（1）贯彻、推行国家制定的各民族语言平等和推广全民共同语等各项语言政策。（2）进行文字改革。（3）推广普通话。（4）加强现代汉语规范化。（5）彻底完成文体改革。为了推行这些语言规划，国家充分地发挥了行政执行的职能。具体做法是：

1. 发挥立法、行政的权威作用。如国务院成立语言规划主管部门——中国文字改革委员会和中央推广普通话工作委员会，地方成立相应的机构，负责语言规划工作。1958年1月10日周恩来总理在政协全国委员会报告会上作《当前文字改革的任务》的报告，1958年2月11日全国人大第一届第五次会议作出"关于汉语拼音方案的决议"，以及国务院各部委及地方政府就上述内容发出一系列指示、通知，认真贯彻、落实上述语言规划内容。

2. 发挥新闻、出版的作用，大力宣传语言规范化的意义、作用、内容、做法和规定，号召、动员社会大众广泛参与。如1951年6月6日《人民日报》发表重要社论《正确地使用祖国的语言，为语言的纯洁和健康而斗争》，并同时开始连载吕叔湘、朱德熙合写的《语法修辞讲话》，对当时及以后的语言规范化影响很大。广播、电视除播发大量语言规划方面的新闻、报道、专文等，还举办文字改革、汉语规范化和普通话语音知识等专题讲座，广泛传授语言规划知识。

3. 发挥学术研究的作用。如1955年10月中国科学院在北京召开"现代汉语规范问题学术会议"，对普通话和规范化的含义作了说明，编纂规范性的《新华字典》和《现代汉语词典》等，对社会语言应用和语言规范产生了重要影响。

4. 发挥社会团体的作用。这一阶段中，各级工会、妇联、共青团、青联、文联和各党派，都积极参与国家语言规划活动，动员社会各界广泛参加语言规划活动，对语言

---

① 主要史料来自陈章太：《语言规划研究》，商务印书馆2005年1月第1版2005年北京第1次印刷，第126—128页。

规划的制定与实施作出了重要贡献。

5. 发挥政治家、社会活动家、科学家、教育家、文学艺术家和社会名人等的个人作用。如毛泽东、周恩来、陈毅、吴玉章、胡乔木关于文字改革、汉字简化、汉语拼音、推广普通话、语言规范化等问题的言论、讲话、报告、文章，对这一阶段的中国语言规划起到极大的推动和促进作用。郭沫若、马叙伦、胡愈之、叶圣陶、老舍、丁西林、罗常培、王力、吕叔湘、叶籁士、倪海曙、周有光、季羡林、马大猷、曾世英、傅懋勣等，积极参与这一阶段语言规划的制定与实施，充分发挥社会名人在这方面的重要作用与影响。

6. 加强干部队伍建设，大力培养专业人才。新中国成立后，即在高等学校设立语言专业，开设语言规划方面的课程，并成立语言专修班、研究班，招收、培养了大批语言专业人才，其中许多人从事语言规划工作。这一大批专业干部，在这一阶段语言规划工作中发挥了极其重要的作用。

（三）建国初期中国少数民族语言规划取得的成就[①]

在建国初期，中国少数民族语言规划也处于大发展时期，取得很大的成绩

（1）成立了各级民族语言规划职能部门和研究、教学、翻译、出版机构。

（2）加强了民族语言立法，确定民族语言地位，保障民族语言权利。

（3）开展了民族语言大调查。取得了大批珍贵资料，编写、出版了一批少数民族语言调查报告和少数民族语言概况，还出版了一套中国少数民族语言简志，为语言规划的制定与实施创造了极为重要的条件。

（4）为少数民族创制、改革了文字。先后为壮族、布依族、彝族、傈僳族、苗族、哈尼族、佤族、纳西族、侗族、载瓦族、黎族、土家族等创制了14种文字，为西双版纳傣文、德宏傣文、景颇族等4个民族改进了5种文字。

三、国家不正常的政治生活对语言规划的决策与实施带来的负面影响

不正常的政治生活会影响语言规划的正确决策，及对正确决策的充分执行。在"文化大革命"时期，中国的语言规划也陷于停滞，造成很大的损失。中国新疆维吾尔族原用阿拉伯字母形式的传统维吾尔文，因为受当时政治的影响，1965年改用拉丁字母形式的新维吾尔文，因为时间过于匆促，准备不足，条件不成熟等原因，给社会使用造成不少麻烦。1979年新疆维吾尔自治区人民代表大会通过关于全面推行新文字、停止使用老文字的决议，1982年新疆人民代表大会又作出决议，决定恢复使用维吾尔老文字，新文字只作为拼音符号保留。而社会上一段时间实际是新、老维文并存并用，这

[①] 主要材料来自陈章太著《语言规划研究》商务印书馆2005年1月第1版2005年北京第1次印刷，第135—137页。

不可避免地会遗留一些复杂的问题。

1977年12月20日发表的《第二次汉字简化方案（草案）》，是在"文化大革命"中酝酿、制定的，因为受当时极"左"政治、行政的影响，简化的字数过多，有些字的简化不科学不合理，要求试用过急，试用效果不好，给社会用字造成混乱，国家语委经过认真、慎重的研究以后，不得不报请国务院批准于1986年6月24日正式废止。

在新疆推行民、汉双语是一项利国利民的正确决策，把这个正确决策快速有效地落实到实际中，需要各级相关部门的不懈努力与大力配合。新疆的各级领导历来重视双语教学，但是，要把正确的语言政策贯彻落实到实际工作和现实生活中去，并取得了更大的成绩，还需要各级相关部门更加务实高效的工作和密切的配合。

在新疆，上世纪八十年代有段时间汉语教师流失率较高，主要原因是中小学教师待遇普遍偏低，很多汉语教师纷纷改行，这实际上是政府机构对正确决策的执行力度不够，稳定教师队伍的措施不到位的反映。在新疆一些基层教学单位，一方面是一些汉语教师汉语水平偏低，不能胜任汉语教学工作，而另一方面，汉语水平较高、甚至大学汉语专业毕业的人找不着工作，原因是教师编制已被占满，老的退不出，新人又进不去，这说到底是政府的管理机制活力不够，无法调动社会的所有资源为正确决策的贯彻执行服务的表现。所以说，正确的决策，良好的愿望，还要靠务实高效的执行系统去贯彻执行，否则，再好的政策也将打折扣，因此，我们说，行政执行系统的活力及效率，也是影响语言生活的一个方面。

四、正确认识政治与语言的关系，处理好复杂社会环境中的语言问题

（一）提高我们从政治的角度认识、处理语言问题的政策、策略水平

人类不同民族、不同语言以及不同的文化和文明，都有存在的理由和价值。我们只有通过渐进的、和谐共处的方式进行有效的交流和沟通，才能真正把人类社会的文明不断地推向前进。这是我们应当牢固树立的语言文化价值观。

在多民族社会中，各种语言变体的社会文化功能是分层次的。在少数民族地区，汉语文正发挥着越来越重要的作用，而在汉语文不能发挥作用或不能充分发挥作用的层面，比如在少数民族聚居区、少数民族成员之间及家庭内部，少数民族语言仍是主要交际工具，少数民族语言在一定范围内、在相当多的人群中仍发挥着汉语所无法替代的作用。因此，我们在强调语言社会文化功能层次性的同时，一定不能忽略其社会文化功能的互补性，不能忽略弱势群体对语言文化资源的需求。要严格遵守已经制定的语言政策，真心实意地帮助少数民族合理使用自己的语言文字，认真对待少数民族的合理诉求。

我们要看到语言问题的政治性，但对语言问题又不能随意上纲上线，要注意对相关问题处理中的政策性和策略性，不要让语言问题成为加剧民族间误解的因素，尽量不要

使语言问题轻意转化为政治问题。不给分裂势力挑拨语言矛盾,利用语言问题煽动民族情绪,激化民族矛盾留空子。

（二）对分离势力借语言问题挑拨民族矛盾,制造民族冲突要有高度警惕

由于历史与现实、国内与国外的多种因素,新疆处于民族问题的特殊时期。因此我们要防备敌对势力借语言问题挑拨民族矛盾,制造民族冲突,防止语言问题成为社会其他矛盾爆发的突破口。严密注视并尽力避免社会矛盾由语言层面向政治经济层面的转化,保证国家现代化建设的各项事业平稳而持续地发展。

（三）对由语言问题为先导的社会对立总爆发要有充分的思想准备

对那些在语言问题上提出明显出格要求,挑拨语言关系,利用语言问题煽动民族情绪,激化民族矛盾,甚至以语言为大旗以争取语言权利为先导,进行旨在改变政治、经济格局的政治斗争,武装斗争等社会动乱要未雨绸缪,保持清醒的认识。苏联解体的前奏是各加盟共和国民众要求恢复本民族语为各加盟共和国国语,以此表达非一体化的政治诉求,最终演化为全社会的政治运动。我国国情虽不同于苏联国情,但这一历史事实还是值得我们记取。

（四）在理论和对策上要有足够的准备

分裂势力与中国的国家利益、民族的利益完全对立,对其光讲道理是不管用的。与分裂势力的较量首先表现在实力的对比上。国家在政治、经济、军事实力上要有压倒的优势,对分裂主义势力保持高压态势。当社会出现非理性局面时,国家要有能力控制局势。但仅有这些还不够,在意识形态、学术理论、舆论宣传上也应该站立高地,在语言理论上要有足够的准备与对策。

新疆的语言问题已经成为社会的热点问题。有社会责任感的语言工作者应深入研究新疆的语言问题,协助政府处理好新疆的语言问题,同时,在理论上、思想上做好准备,随时应对分裂主义势力借新疆的语言问题进行公开的、隐蔽的、政治的、文化的、激烈的、渐进的分裂主义活动。

今天,有很多人在看待、处理语言问题时仅满足于靠常识、凭印象办事。普通人这样做情有可原,而长期在语言教育、语言研究领域工作的人,甚至语言研究方面的某些专家教授对语言问题也是人云亦云、不甚了了,满足于照搬文件、应付工作。如果我们的语言研究界长期处于这种状况,一旦发生以语言为标志的社会政治事件,我们的语言学界将处于理论上准备不充分、规划上不系统、措施上不得力、宣传上不到位的被动局面。对多民族、多语言地区人民有利、有理的事反而办得不那么理直气壮,掣肘于人,最后被迫动用过多的政治经济资源来摆平事件。如果真是那样,那将是新疆知识界的失职与羞耻,是新疆语言学界的失职与羞耻。

我们应该认真研究语言问题,为新疆的稳定与发展,为在新疆建设和谐、进步的语言生活建言献策,至少要做到两点：在法理、学理上要有充分的思想理论准备,占据学术与道德的置高点,在语言的管理上要研究科学合理、针对性强的方案与措施以应对

时局。

不管是哪个民族、那个宗教，追求善良的秉性、平安的生活是人类固有的生活理想。不管是哪个国家，哪个地区，经济发展、社会进步都是处理社会问题、解决社会问题的总目标。新疆要想长治久安，实现经济发展，社会进步，光有政治经济上的考量与研究，光有民族关系，社会问题方面的考量与研究是不够的，还需要语言关系，语言生活建设方面较专业的研究与考量。

（五）要科学、理性地对待语言问题

由于这一章主要探讨政治与语言生活关系的方方面面，所以强调政治对语言生活的影响相对集中，不管给读者留下的印象如何，在本章结束时，我必须重申，影响语言生活的因素是多方面的，政治影响只是一个方面，还有其他方面，在我的其他章节都已论述。在此我必须回到问题的原点，重申一个重要的观点——要科学、理性地对待语言问题。

语言的第一属性是人类最重要的交际工具，虽然语言还有文化的属性，但这毕竟是建立在第一属性上的第二属性。在认识和处理语言问题时，只注意语言的工具属性，看不到语言的文化属性是片面的。我们必须看到语言问题的文化性，看到语言问题与政治问题千丝万缕的联系，方不至于在处理错综复杂语言问题时犯政治上错误。但是，把语言的文化属性放在第一位，甚至超越了语言的工具属性，这就犯了本末倒置的根本性错误。在看待和处理语言问题上过多地加入意识形态的东西，甚至把语言问题等同于政治问题，把语言当做政治斗争的工具，甚至当做政治斗争的武器，就会偏离语言的本质，做出非科学、非理性的事情，就将做出不利于建设和谐进步的语言生活，不利于国家和民族根本利益、长远利益的事情。一些敌对势力总是千方百计把语言问题政治化，甚至把语言问题绑在他们政治的战车上，因为他们的目的就是要"掀摊子"，他们唯恐天下不乱。而对国家、民族、社会有高度责任感的理智的执政者，则应避免把语言与政治划等号，努力建设有利于社会和谐与进步的语言生活。

第十二章 文化（宗教）与语言生活

　　文化的定义多样而复杂。本章中所说的文化，是指与政治、经济并列的文化，而不是广义的文化，它包括经济基础、上层建筑所决定的社会意识。社会意识分为两部分：上层建筑社会意识，它带有强烈的阶级性，通常被称为意识形态，主要有政治法律思想、艺术、道德、宗教等；非上层建筑社会意识，往往不带有强烈的阶级性，如自然科学、逻辑学、语言学、思维科学等。

　　文化与语言的一般关系：语言属文化范畴，但语言又是特殊的文化，这就是它的工具性，它是一切文化活动重要的载体和重要的交际工具。没有语言文字，一切文化都将难以保留、传承、积累与发展，所以人类的历史是以有无文字作为划分人类文明阶段和非文明阶段的重要依据。语言与文化之间的关系是相互依存，相互影响，相互促进的关系。语言文字的出现，是人类社会发展到一定程度的产物。语言文字的产生极大地促进了人类社会的发展，人类社会的发展又为语言文字提供了更广阔的发展空间，同时，也使语言文字打上了与之共生的社会经济文化的深深烙印。因此，语言学在谈到语言的性质时，一般肯定三条：语言是人类最重要的交际工具（工具性），是人类思维的物质外壳（思维辅助性），是人类文化的重要载体（文化性）。这三性是对语言功能的概括，也从三方面集中反映了语言与文化的关系。

　　文化接触与双语：人口的接触，经济的接触，必然带来文化的接触，而文化接触很大程度上要靠语言来交流，文化交流是双语现象产生与发展的原因之一，同时，双语又对文化交流产生强大的反作用。在人类发展史上，文化的传播是人类文明发展的重要形式之一，西方工业革命以后产生、并高度发展的科学与技术正在日益改变着当今的人类社会，在这个过程中，双语无时不扮演着重要的媒介角色。

　　宗教与语言生活的关系：任何文化内容的交流都会对双语产生促进作用，但不同的文化内容在交流的过程中对语言的依赖程度是不同的。本文不可能把所有文化内容的交流对双语的影响都探讨一遍，所以选择了宗教这一文化形式，重点探讨宗教与语言生活的关系。之所以选择宗教作为探讨的主要对象，是因为宗教作为一种意识，语言是它第一重要的载体，宗教活动与语言活动密不可分。宗教是人类社会精神文化的重要内容，它在教民中倡导并推行共同的价值观和生活准则，是人类社会重要的组织形式之一。毫无疑问，它对人类社会的影响是巨大的，它形成的合力除了对人类社会产生强大的影响以外，也必然对人类的语言生活发生重大影响。宗教对语言的影响首先是通过其社会观念对语言观念产生影响，同时宗教活动本身也对语言生活产生影响。宗教是一把双刃剑，它对社会与语言的影响有正负两个方面。

要探讨清楚宗教对语言生活的影响，必须首先搞清楚宗教对社会是怎么发挥影响的，以及怎样通过对社会的影响进而对语言生活发生影响。

第一节　宗教对社会生活的影响

马克思主义从唯物主义世界观以及人类社会阶级斗争的现实出发，对宗教的本质做了如下阐述[①]：第一，"一切宗教都不过是支配着人们日常生活的外部力量在人们头脑中的幻想的反映，在这种反映中，人间的力量采取了超人间的力量的形式。"；第二，宗教是人们对"人间力量"超人间化的幻想，具有麻痹性。当人们把希望与幸福寄托在超人间的力量上的时候，也就逐渐失去了主宰自己希望和幸福的可能。从这个意义上讲，"宗教是人民的鸦片"；第三，宗教是人们对"支配着人们日常生活的外部力量"的反映，具有相对性。恩格斯就指出："古代一切宗教都是自发的部落宗教和后来的民族宗教，它们从各民族的社会条件和政治条件中产生，并和这些条件紧紧连在一起。宗教的这种基础一旦遭到破坏，沿袭的社会形式、传统的政治设施和民族独立一旦遭到毁灭，那么从属于此的宗教自然也就会崩溃。"

马克思对宗教本质的阐述是精辟的。功能理论就宗教本身对社会是如何发生作用的，进行了更为详细具体的研究。美国学者托马斯·奥戴著的《宗教社会学》对功能理论的相关论点进行了系统阐述，在此引述如下：

一、功能理论对宗教的认识[②]

正在发展中的宗教社会学研究在很大程度上受一种被称作"功能理论"的社会学观点的影响。功能理论认为社会中的人有两种需要和两类行动的倾向。人为了生存，其行动与环境息息相关，他或是调适环境，或是驾驭控制它。人类历史表明人控制环境和改善生活条件的能力已经大大提高。但是，人不仅仅制造器物和控制环境，人还要发泄情感、表达内心的需要、以非功利的方式对人和事作出反应，并形成种种关系。

[①] 参见《政治学概论》高等教育出版社人民出版社，版次：2011年6月第1版第253页。
[②] 参见【美】托马斯·奥戴：《宗教社会学》，胡荣乐爱国译，宁夏人民出版社，1989年11月第1版，第2—6页。

第十二章 文化（宗教）与语言生活

（一）宗教关心的"彼岸"可以带领人们超越世俗影响现世

在一定的社会中，宗教是构成整个社会系统极其重要的一个制度结构。当然，宗教不同于对权力进行分配与约束的政府和法律；不同于关于工作、生产和交换的经济制度；不同于调节并限制两性关系、代际关系以及血缘与姻亲关系的家庭制度。宗教关心的是"彼岸"，是人们与"彼岸"的关系，人们对"彼岸"的态度，以及"彼岸"对人们生活所具有的实际意义。通过比较宗教和人的其他活动，似乎宗教及其描绘的"彼岸"是微不足道、转瞬即逝的，对人类生活的正经事情来说它只是一种表面的东西。然而事实并不全是这样。实际上，通常宗教制度都具有特殊的意义，和人们生活中重大事件的情景息息相关，尤其是在其对世俗的超越方面。再者，历史表明宗教制度一直是人类联系最常见的方式。人们把宗教看作人类最崇高追求的体现，是道德的堡垒、公共秩序和个人内心平静的源泉，它使人类高尚和开化。历史表明宗教是一定社会秩序的强有力支柱之一，当然，历史同样说明宗教会导致革命，宗教涉及到人的一系列活动是复杂的具有重大意义的社会形式。

（二）宗教使人在人类社会中的偶然性、软弱性和缺乏性得到了克服

功能理论认为宗教对人类社会和文化所具有的功能取决于宗教自身的特点：对自然环境中日常经验的超越。为什么人需要"某种超验的东西"？这种需要是人类生存的三大基本特点使然：偶然性、软弱性、缺乏性。

偶然性：人生活在变幻不定的环境中，无法预知哪些是对人的安全和幸福至关重要的事件。即使在今日科学发达的社会，命运仍是一位变幻莫测的女神，正如一句谚语所说："智者千虑，必有一失"。换言之，人类的生存具有偶然性的特点。

软弱性：人控制和驾驭生活环境的能力虽然与日俱增，但却有其内在的局限性。从某种程度上说，在人的需求和环境的冲突中，人具有软弱性。并非人人都能得到他所想要的任何东西，死亡、苦难和强权存在于我们的生活中。精神的脆弱、肉体的痛苦，人与人之间有意或无意的残杀，这种种灾难扰乱了我们的安宁，带走了我们的幸福。

缺乏性：人必须生活于社会之中，而社会则按某种秩序配置功能、资源和酬赏。社会包括劳动分工和产品分配，这需要某种强制性的合作，即人与人的一定程度的统治与隶属关系。而且，社会存在于一种缺乏性的状态中，在缺乏的状态下保持秩序，导致了产品和价值的不平均分配，从而产生了相对剥夺。

因此功能理论认为，宗教的作用在于帮助人们调适这三个严酷的现实：偶然性、软弱性和缺乏性，以及由此导致的挫折和剥夺。它们使人们具有一定社会结构的日常行为产生了"断点"，在这里既定的方法和世俗社会的规定完全不能提供足够的调适"机制"。宗教提出了许多只有在某种"彼岸"中才能找到的在这些"断点"上的答案。

宗教乃是人类面临劫运和挫折的基本调适"机制"。如果使我们遭受艰难困苦的规范和目标被这种观点证明是合理的话，那么厄运和挫折便有了终极意义。因此生活就被看作是有意义的，这种意义是由超越此时此地具体生活状况的观点提供的。此时此地的

情况只有和彼岸联系起来，才具有意义。

宗教使既定社会秩序中的规范神圣化。礼拜仪式对大多数宗教来说都是十分重要的，它使人和上帝、诸神或其他神圣的力量形成一定的关系，并在这种关系中表达自己的反应与情感。因此宗教不仅使挫折得到了克服，而且对内在于人类生活和人类社会的挫折和剥夺的感情调适也得到了发展。

二、功能理论关于宗教六个方面的功能[①]

功能理论认为，人类某些经验产生于人类状况所特有的偶然性、软弱性和缺乏性，一旦与这种经验联系起来，宗教便显得十分重要。在这种联系中，宗教提供了两种东西：其一是关于彼岸的超然观点，据此观点，剥夺和挫折变得有意义了；其二是宗教仪式为人们和彼岸的联系提供了手段，从而保证人类的信心能得到维持。下面我们据此来谈谈宗教六个方面的功能。

第一，宗教通过与人类命运和幸福息息相关的彼岸为人们提供支持、慰藉与和谐。人类通过宗教与彼岸联系，并对其作出反应。人在面对不确定性时需要情感上的支持；在面临失望时需要慰藉；在偏离社会目标和规范时需要与社会调和。人类经常在追求中经历挫折、失望和焦虑，宗教在此情况下为人提供重要的情感援助，它支持既定的价值和目标，强化道德，并有助于把不满情绪减少到最低限度。

第二，宗教通过礼拜和崇拜仪式提供一种超验关系，从而为在人类状况的不确定性与不可能性中出现新的安全感，为在历史的不断变化与变迁中出现更稳固的认同感提供情感上的依据。对意义的问题、对我们人类在尘世究竟该做些什么的问题，宗教的教义是既定的和公认的答案。宗教通过权威性地讲授信仰和价值，也为人类意见以及观点的冲突与歧义提供既定的参照点。宗教的这一牧师功能有助于稳定和秩序。

第三，宗教使既定社会的规范和价值神圣化，使个人愿望服从群体目标、个人冲动服从群体准则。因此，它使一定社会特有的功能、资源和酬赏分化的合法性得到强化。而且，既然任何社会都无法使所有的成员完全循规蹈矩，不越雷池一步，那么，总是要寻找某些方法对付不轨分子所导致的离异和犯罪。宗教也具有这方面的功能，它提供方法，通常是宗教仪式，为这些人赎罪，使他们从束缚中解脱出来，重新整合到社会群体中去。因此，宗教使规范和价值神圣化有助于社会控制，使社会的分配模式合法化，从而强化秩序和稳定，消除人们的不满。

第四，宗教也可能具有与前一个功能相矛盾的功能。宗教也可以提出价值标准，批判地考察制度化的规范，并发现其严重的缺陷。由于有些宗教强调上帝的超验存在以及

---

① 参见【美】托马斯·奥戴著，胡荣乐爱国译：《宗教社会学》，宁夏人民出版社，1989年11月第1版，第20—23页。

由此产生上帝对社会既定权威的优势和独立法，因此这种情况就很可能产生。在希伯来预言家那里，我们十分清楚地看到宗教的这种功能。因而我们称这种功能为预言家功能。宗教的牧师功能与预言家功能之间的冲突构成了圣经宗教史的重要内容。预言家功能通常是对既定形式和状况进行社会反抗的根源。

第五，宗教起着重要的认同功能。我们已经在讨论宗教的超验关系功能时提到这些功能的一个方面。个人通过接受有关宗教的价值和与之相联系的关于人的本质与命运的信仰，发展他们自我理解和自我定义的重要方面。同时通过参与宗教仪式和崇拜，他们自身认同的重要方面也得到表现。宗教给个人对遥远的过去与无限未来一种认同感，它通过赋于其精神以宇宙意义以及赋于宇宙以个人意义而发展自我。在社会迅速变迁和大规模流动时期，宗教对群体认同感的贡献可能更大。威尔·赫伯格在二十世纪五十年代对美国宗教进行社会学研究时指出，美国人建立他们认同感的一个重要方法是成为"三个民主宗教"中的任何一个——新教、天主教或犹太教的成员。

第六，宗教与个人发育成熟的各个阶段密切相关。心理学家已经表明，在个人发育成熟过程中，要经历一系列为各年龄阶段所特有的遭遇，包括从婴儿到死亡经历的种种遭遇。在每一次遭遇中，新的问题都向个人提出挑战。在婴儿时期，必须学会对其他人有某种程度的基本信任，后来必须发展自己活动的能力，站立的能力，再后来必须学会不及时行乐和约束冲动以追求社会所认可的目标。宗教使规范和目标神圣化，在一些重要方面支持社会的准则；在不确定中提供支持；在失望与挫折中予以慰藉，它有助于发展个人的认同感。

三、宗教和社会相互影响的基本过程

宗教和社会相互影响的基本过程是：宗教应社会生活的要求而产生，宗教影响社会，宗教在改变了的社会中自身发生改变，改变了的社会再要求宗教适应变化了的社会。每一个宗教都会经历这样一个过程，在此，我们以基督教为例说明这一过程，因为基督教为这个过程提供了最典型的文献资料，其规律具有普遍性。

（一）初期基督教会对社会的影响

基督教从它一创始起，就表现出它的独特气质，它的内部凝聚力和它的感召力，既令世人瞩目，也令一些人不安，尤其引起了统治阶级的恐惧。这里显露出了教会与国家间微妙的关系、政治与宗教间深刻的矛盾。初期教会的圣徒们忠实的信仰告白被罗马帝国解释为他们是政治上的反动分子、革命势力，甚至被误认为是食人种——吃耶稣的肉和血，因他们举行爱餐会，又被认为是淫乱的集团。最终，他们被押上刑场，为保持信仰他们进入法律治理以外地带的地下墓穴。

（二）社会对基督教会的逼迫

罗马皇帝为了加强政治上的凝聚力，增强其对世俗世界支配力，强迫人们称自己为

主,遇到了基督徒的抵制。因此,1—3世纪罗马的多个皇帝都对基督徒实行了镇压和迫害政策。尼禄皇帝在罗马城大火灾后,把责任推向基督徒,诬陷说是相信世界将受到火的审判的基督徒纵火焚烧了罗马。在梵蒂冈公园,基督徒被当众处死,众多的主教与信徒被害殉难。

(三) 初期基督教在长期的被压制中顽强地成长,并且开始影响社会

大概在二百五十多年之久的漫长的逼迫当中,初期基督教会显示出了顽强的生命力和强大的凝聚力,并逐渐影响世界。公元313年,君士坦丁(Constantinus)颁布米兰赦令,彻底结束了基督教受迫害的历史,基督教成为了罗马的国教。

从历史学的角度看,当罗马帝国把广大的地区联合成一个政治单位并成功地清除了各地文化与种族的障碍时,需要一种更广泛的世界观和新的共同体,基督教成了完成这一历史使命最合适的宗教。到了罗马帝国建立了比较稳定的社会与经济时,基督教开始传向欧洲。

(四) 成了主流宗教后基督教内部开始发生一系列变化

基督教成了主流宗教后,开始对社会发生强大的影响,基督教也开始适应社会要求,发生一系列变化。大神学家奥古斯丁(公元354—430)提出了教会是地上的天国模型的理念。这种天国观成为查理曼大帝(Charlemange:法兰克王国大帝)实现基督教社会的理想之梦,他试图实现奥古斯丁的理想社会,即用基督教理想和信仰来支配世俗社会,建立上帝之城,从此开始了中世纪宗教世俗化的过程。教会渐渐出现了在世俗国家内部行使权利的现象,国王与主教形成了相互利用、相互争斗的关系,为社会带来灾难,也影响到了教会的健康成长。

(五) 宗教的世俗化、腐化开始对社会产生负面影响

公元1198年英诺森三世任教皇后中世纪教皇的势力达到了顶点。他把自己的职责看成是半神式(semi-divine)的存在,即他说自己是位于神与人之间的存在,在神之下、人之上。而且认为如果说王拥有世俗的权利,那么祭司在灵魂上拥有权利,正如灵魂比肉身更贵,祭司职也比王职更宝贵。他还说"教皇是太阳,国王是月亮"。教皇的势力不仅在世俗国家得以实行,而且在教会的灵性治理上表现出强权。宗教裁判(Inquisition)建立后曾以宗教的名义将伽利略等科学家们的地动说定为异端,将宗教改革的先驱者约翰·胡斯(John Huss)、约翰·威克利夫(John Wycliffe)等人定罪,并处以刑罚。罗马教廷使中世成为黑暗历史的最致命事件,就是十字军远征(Crusade)。教皇高高凌驾于世俗历史和国家之上,犯下了在世界历史中错误地引导历史方向的罪恶。不管将战争美化得多么美丽,甚至称其为圣战(Holy War),但在神和历史面前都是无法正当化的。

十字军东征中出现了赎罪卷(indulgence)。教皇乌尔班二世在1095年的克雷芒(Clermont)宗教会议上讲道的时候,许诺说给参加十字军远征的人授予完全赎罪券,还应许奖赏不腐败的冠冕。这样,赎罪卷不仅被政治所利用,而且为偿还圣彼得教堂的

建筑工程和弗择银行的债而进行的买卖赎罪卷的行为,击发了宗教改革的火焰。

（六）应社会变革的需求,教会内部开始发生变革

1. 马丁·路德在德国的宗教改革

德国马丁·路德发表《九十五条论纲》,抨击罗马教皇出售"赎罪券",揭开宗教改革的序幕。改革的要点是反对教皇对教会的控制,反对教会拥有地产,圣经为信仰的最高准则,不承认教会享有解释教义的绝对权威,强调教徒直接与上帝相通,不必由神父作中介。宗教改革运动使西欧和北欧各国世俗政权摆脱了罗马教皇的控制,产生了脱离天主教的新教各宗派。同时期发生的大规模的农民战争,沉重打击了封建制度和天主教会。

2. 加尔文在日内瓦的宗教改革运动

加尔文（John Calvin：1509—1564）以瑞士的日内瓦为中心展开宗教改革。他主张世俗权威不能支配教会,而教会的权威应从国家权威中独立。教会的权威不可以建立于国家权威之上,教会与国家应是相互协作的关系。加尔文不同意路德的两元论式的区分,而理解为神的一个统治。加尔文虽不是日内瓦的统治者,但作为圣经教师,站在预言者的立场上用圣经话语劝勉、教导世俗统治者们,使他们制定符合上帝旨意的政策。教会会议拥有开除教籍的权利,并深刻影响日内瓦市民的个人生活。日内瓦市的宗教改革进行得较为成功,实现了宗教生活的复兴。

3. 清教徒运动

在宗教改革运动的影响下,在英国为主的西欧国家开始出现清教徒运动（Puritanism）。清教徒运动是以净化一切非圣经的信仰和生活为动机开始的。对清教徒们来说,教会生活的唯一基准是对上帝话语的顺从,不能有任何妥协。他们否认会众以上的任何属灵的权威——世俗王和主教。他们主张教会正确的治理应以长老为中心,废除主教制。他们使人确信以长老为中心的教会统治是圣经的基督教会模式。应任命平信徒长老,并且主张牧师应由会众选举,而不是由英国国教任命。他们的预定信仰也发展为行动主义（activism）信仰。即为了永远的救赎,神不仅预定了他们,而且在为人类的计划和管理中和他们同工。为了确信我是被预定的人,要认真行动、认真工作、多结善行的果子。不能在没用的事上浪费时间、金钱和精力。这种清教徒精神影响了中产阶层的发展,还与英国和美国的资本主义经济发展有很大的关系。

英国国王詹姆斯反对自治统治的长老教制度,坚持国王支配的主教制度。清教徒们感到失望,他们开始移居美国。结果从1620年至1640年间足有2万余人越过大西洋,不仅是为了宗教上的解放,而且为了根据加尔文神学建立政治上实现神政政治的第二以色列、第二迦南地的目的而移居美国。一部分流亡到荷兰的英国清教徒为了信仰和政治的自由,于1620年12月乘坐五月花（Mayflower）号花到达美国普利茅斯（Plymouth）。最终,形成了不是以牧师而是以平信徒为中心的美国清教徒运动。清教徒的宗教理念、国家理念深刻影响了美国的建国历程。

四、宗教与世俗政治的关系

那么，宗教与世俗政治关系到底是怎么样的？罗纳德.L．约翰斯通在他的《社会中的宗教》① 一书中做了这样简单而明晰的描述：

教会与国家有着千丝万缕的联系，二者之间只存在联系紧密程度的不同，而不大可能存在完全的分离。教会与国家的关系可以描述为如下的连续体，在这条直线的一端是纯粹神治，而在另一端是极权政治，中间是我们设想中的教会与政府完全分离的状态。教会与国家的现实关系总是处于这条线上的某一点。

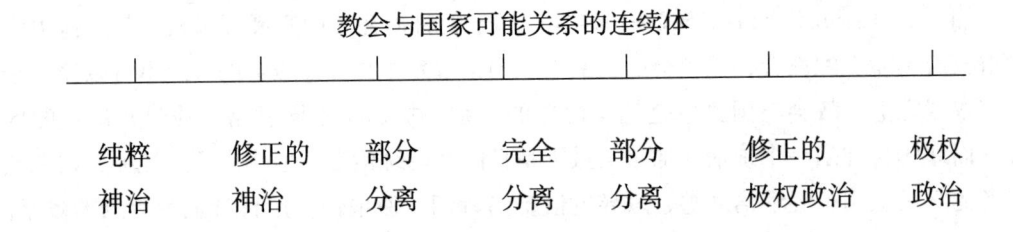

教会与国家可能关系的连续体

| 纯粹 | 修正的 | 部分 | 完全 | 部分 | 修正的 | 极权 |
| 神治 | 神治 | 分离 | 分离 | 分离 | 极权政治 | 政治 |

"纯粹的神治"，的意思是"上帝统治"。因此，宗教领袖被看成是以上帝的名义或表面按照上帝的愿望统治整个社会的。以色列在旧约时期由上帝的先知进行统治就是纯粹神治的例子，像撒母耳这样的先知就被看成是上帝的代言人，他不仅关心宗教的事务而且关心政治和政府的事务。

纯粹的"极权统治"是指宗教或者是由国家控制的工具，或者完全被宣布为非法。极权制度的纯粹形式是理论上的而非实际上的，它并不能完全消灭宗教，而力图控制和操纵宗教。

在神治与极权制度两个极端之间的中间是政教完全分离的观念。在这种情况下，宗教和政治活动的领域完全不同，没有重叠的地方。在这里，人们必须假定，宗教服务于灵魂，而国家服务于肉体——或者宗教完全是个人化的、主观的、内在的现象，而政治与国家则服务于群体，处理和人们生存有关的外在事物，并且完全是世俗的。这种完全的分离从没有成功过，因此它仍然是一种纯粹理论的可能性。

从社会学角度来看部分的分离是最实际的选择。就宗教和政治都是社会制度并都包括着一些亚群体、规范和人们来说，它们是相互作用的，它们有时候在功能上是重叠的，它们经常包括同样一些人，寻求同样一些人去归属于它们并参加到它们当中去。在北美和欧洲我们所熟悉的制度就是这种部分的分离。但部分的分离是一种可变的制度，

---

① 参见罗纳德.L．约翰斯通著，尹今黎、张蕾译，袁亚愚校：《社会中的宗教———种宗教社会学》，四川人民出版社出版 1991 年 1 月第 1 版，第 162—164 页。

倾向于在一个极端和另一个极端之间摇摆。

在"修正式的神治"的情况下，国家即使在世俗事务上都从属于宗教机构及其领导者，但国家仍然以一个独立的实体存在。在这里，国家被看成是宗教的强制性代理机构，这种代理机构之所以必要是因为人们有背离社会规范的趋向，不过国家仍然是依靠宗教而取得其权威的。大多数为罗马天主教所控制的中世纪的欧洲国家，就是这种类型。与此相似的事例是约翰·加尔文的日内瓦政权和早期马萨诸塞的海湾殖民区的政权。

第二节　宗教通过对社会生活的影响进而影响语言生活

宗教既然会对社会生活产生影响，自然会对社会的语言生活产生影响。在此，我们重点探讨两个方面：宗教通过对社会经济生活产生影响，进而对社会语言生活产生影响；宗教通过对社会政治生活产生影响，进而对社会语言生活产生影响。

一、宗教通过对社会经济生活的影响对社会语言生活产生影响

关于宗教对经济生活产生影响，马克思·韦伯在《新教伦理与资本主义精神》一书中做了引人入胜的论述，在此我们做以下转述[1]：

在16世纪，当文艺复兴蓬勃兴盛之际，欧洲人在宗教信仰方面几乎全部是天主教。此时是政教合一的基督王国时期，君主和神父们相互支持，天主教会变得越来越萎靡，教会组织生活变成了一种制度性的消沉。在危机中，先知出来挑战教会权利的滥用。德国人马丁·路德抗议教会的腐败，发起了一场宗教运动，建立了一个新的基督徒自我理解的抗议教会（Protestant branch），不久被称为路德宗。在瑞士加尔文同样也拒绝接受天主教会及其教会态度。他主张一种完全不同的态度对待天职、工作和金钱等此世的现实。这种精神取向，获得了加尔文宗信徒的认可，即为韦伯后来所描述的"新教伦理"。

（一）新教的主张

路德和加尔文均放弃修道院生活，宣称上帝召唤基督徒完全地参与到此世之中，这是上帝的创造。世俗人的工作，无论是在农场还是在乡村（后来，城市的基督徒拓展了商业贸易）都被承认作为宗教神圣性最有力的证明，远非神父的祈祷或者僧侣专注于修道院的生活。

---

[1] 主要论点来自马克思·韦伯著：《新教伦理与资本主义精神》。

对于很多加尔文宗的教徒来说，努力工作和勤劳节俭的美德是基督徒生活的核心。这些美德常常会带来商业的成功，从而最终获得财富。于是，在金钱上的成功就成为按照神的意愿行事、像神希望的那样生活的典范。如果一个人在其工作中非常努力，紧随其神所给予的天职，他在经济方面的成功是可以预期的。不过财富是不能用于奢华的享受或无意义的炫耀，而是应该"积累"起来。透过神圣的努力工作，积累的财富要用于投资到具有生产价值的事业上，这样金钱就成为产生价值的东西。

（二）新教对社会的促进

    新教这种信仰特殊的结合——世界上生活的新态度；承认此世的工作价值，认为是天职，包括商业和贸易；对于挣钱和储蓄宗教价值的尊重——为在北欧支持"资本主义精神"的发展创造了条件。韦伯观察到经济资本主义没有率先从天主教的意大利或非基督教的亚洲国家发展出来而确实是从北欧这些信仰加尔文宗的国家开始的。资本主义新经济中的主力军绝大多数都是新教徒，新教徒表现出一种特别善于发扬经济理性主义的倾向——极度的虔诚和毫不逊色的经商手腕的结合。他们艰苦劳动精神、积极进取精神的觉醒往往被归功于新教。工商界领导人、资本占有者、近代企业中的高级技术工人、尤其受过高等技术培训和商业培训的管理人员，绝大多数都是新教徒。那些当时经济最发达的国家和那些国家中正在蒸蒸日上的资产者中产阶级，不仅没有阻挡这种史无前例的清教专制，反而为保卫这种专制展示出了一种英雄主义精神。

    这种经济理性主义在天主教徒身上却从未表现到这样的程度。天主教更为恬静，更少攫取欲，天主教徒宁愿过一辈子收入不高但尽可能安稳的生活，也不愿过有机会名利双收但却惊心动魄、担当风险的生活。天主教徒乐于选择的是文科学校所提供的人文教育，这一情况却正是天主教徒很少有人从事资本主义企业活动的一个原因。在手工业者中，天主教徒更趋于一直呆在他们的行业中，即更多地成为本行业的师傅。

    我们必须在他们宗教信仰的永恒的内在特征中，而不是在其暂时的外在政治历史处境中，来寻求对这一差异的主要解释。就此，韦伯初步提出了新教伦理与资本主义精神之间的关系。新教的中心特征是：现在每一个基督徒必须在世俗活动中证明一个人的信仰，终生成为世俗生活中的僧侣。由此便给更为广大的具有宗教倾向的人带来一种明确的实行世俗禁欲主义的诱引。标准的中世纪天主教信徒过着极其单纯的伦理生活。他的善行并不一定形成一个有联系的生活体系，起码是没有理性化的体系，而只是一系列单独的行为。他可以利用善行来满足偶然需要，如为某些特殊罪孽赎罪，改善他获得拯救的机会，或者在他生命快要结束的时刻，以此作为一笔保险金。加尔文教的上帝要求他的信徒的不是个别的善行，而是一辈子的善行，并且还要结成一个完整的体系。这样，普通人的道德行为便不再是无计划的、非系统的，而是从属于全部行为的有一致性的秩序。这种世俗禁欲主义的目的是使人可能过一种机敏、明智的生活：最迫切的任务是摧毁自发的冲动性享乐，最重要的方法是使教徒的行为有秩序。

（三）新教的职业观对资本主义经济发展的促进

马克思·韦伯尤其对新教中具有高度实践精神，影响颇大的牧师 R·巴克斯特（Baxter）的职业观做了系统阐述，他关于职业的论述为发端于加尔文教的英国清教徒的职业观提供了最融贯系统的宗教依据，也清晰生动地展示了宗教是如何影响人们经济生活的。他的职业观如下：

1. 聚敛财富并不会阻碍教会发挥作用，相反地，它将大大提高教会的威望，而这是十分可取的。人为了确保他蒙承神恩的殊遇，他必得"完成主所指派于他的工作，直至白昼隐退"。惟有劳作而非悠闲享乐方可增益上帝的荣耀。

2. 上帝的神意已毫无例外地替每个人安排了一个职业，人必须各事其业，辛勤劳作。职业不是像路德教宣称的那样是人必得领承并尽量利用的命运安排，它是上帝向人颁发的命令，要他为神圣荣耀而劳动。

3. 正规的职业乃是每个人最宝贵的财富。普通劳动者时常不得不接受临时工作，这种情况在所难免，尽管如此，它依然是一种不足取的临时状态。无职业者缺乏有条不紊，明达事理的性格。上帝所要求的并非是劳作本身，而是人各事其业的理性辛劳。

4. 清教徒对于人能否同时操持多种职业这一问题的答复是肯定的，条件是这必须有利于公共利益或个人利益，不致造成对他人的损害和不疏于其职守。

5. 不反对改换职业，如果人是经过深思熟虑后做出这种决定，且其所抱的目的是从事更令上帝欢欣的职业，即根据普遍原则更有用处的职业。

6. 一种职业是否有用，也就是能否博得上帝的青睐，主要的衡量尺度是道德标准，换句话说，必须根据它为社会所提供的财富的多寡来衡量。不过，另一条而且是最重要的标准乃是私人获利的程度。一切生活现象皆是由上帝设定的，而如果他赐予某个选民获利的机缘，那末他必定抱有某种目的，所以虔信的基督徒理应服从上帝的召唤，要尽可能地利用这天赐良机。要是上帝为你指明了一条路，沿循它你可以合法地谋取更多的利益（而不会损害你自己的灵魂或者他人），而你却拒绝它并选择不那么容易获利的途径，那末你会背离从事职业的目的之一，也就是拒绝成为上帝的仆人，拒绝接受他的馈赠并遵照他的训令为他而使用它们。

7. 你须为上帝而辛劳致富，但不可为肉体、罪孽而如此。

就此，一种特殊的资产阶级的经济伦理形成了。马克思·韦伯认为：新教的劳动观、职业观创造了敬业智慧的资本家阶层，资产阶级商人意识到自己充分受到上帝的恩宠，实实在在受到上帝的祝福。他们觉得，只要他们注意外表上正确得体，只要他们的道德行为没有污点，只要财产的使用不至遭到非议，他们就尽可以随心所欲地听从自己金钱利益的支配，同时还感到自己这么做是在尽一种责任。

资产阶级的经济伦理也创造了尽忠职守的工人阶级。教会把严格的禁欲主义教规特别强加于一无所有的阶层，这一切，很明显，必定对资本主义意义上的"劳动生产力"产生极其有力的影响。把劳动视为一种天职成为现代工人的特征，如同相应的对获利的态度成为商人的特征一样。宗教禁欲主义的力量给资本主义经济提供了有节制的，态度认真，工作异常勤勉的劳动者，他们对待自己的工作如同对待上帝赐予的毕生目标一般。

资产阶级的经济伦理最终创造了资本主义物质上的极大丰富。禁欲主义的节俭必然要导致资本的积累。强加在财富消费上的种种限制使资本用于生产性投资成为可能，从而也就自然而然地增加了财富。

最后，禁欲主义还给资产阶级一种令其安慰的信念：现世财富分配的不均本是神意天命，天意在这些不均中，如同在每个具体的恩宠中一样，自有它所要达到的不为人知的秘密目的。

自从禁欲主义着手重新塑造尘世并树立起它在尘世的理想起，物质产品对人类的生存就开始获得了一种前所未有的控制力量，这力量不断增长，且不屈不挠。在其获得最高发展的地方——美国，财富的追求已被剥除了其原有的宗教和伦理涵义，而趋于和纯粹世俗的情欲相关联，但接下来会发生什么，则很难预料，时代呼唤新的先知。

当然，马克思·韦伯对自己的结论也做了谨慎的限定：虽然宗教对经济有某些影响，但这种影响很可能是间接的，而且仅仅是在一种复杂的因果链条中起一种支持与加强其组成因素的作用。我们应当而且有必要去探究新教的禁欲主义在其发展中及其特征上又怎样反过来受到整个社会条件，特别是经济条件的影响。我们不反对探讨社会其他因素对社会的影响。

（四）新教通过对经济生活的影响，进而对语言生活产生影响

尽管有很多人对韦伯的理论有这样那样的质疑，但正像拉奇福尔所说的那样，加尔文教对经济活动有重要的影响这个基本论点还是正确的。拉奇福尔的观点如下：

1. 新教允许有才智的人投身于世俗的追求，而在天主教国家里，大多数有才智的人都当了神职人员。

2. 新教把教育普及到平民百姓。

3. 新教扭转了由于天主教的弃世观点而引起的对工作的厌恶与懒惰。

4. 新教提倡独立，鼓励对自己的命运负责，这在天主教中是不受重视的。

5. 新教创造了一个比天主教"更高尚的道德类型"。

6. 新教比天主教更清楚地把政治从宗教中区分出来。这就解放了个人，使他们能从事多种多样的经济活动，容忍各种不同的观点，最终则导致了经济的变迁。

在我们领略了马克思·韦伯关于新教对西方资本主义发展促进作用的叙述之后，我们自然会看到事物的继续发展：新教对西方资本主义的发展产生了促进作用，而西方资本主义的发展也普遍提高了西方各国政治、经济、军事综合国力，带来了西方政治、经济、文化向世界的扩张，同时也带来了西方语言在世界各地的传播。这一因果链条尤其表现在英语在全球传播的过程中。

二、宗教对社会政治生活的影响，进而对社会语言生活的影响

在第一节中，我们已经对宗教与政治生活的互动做了探讨。宗教可以影响社会政治生活，社会政治生活的改变会影响到社会的各个方面，包括社会的语言生活。宗教与语言生活的这种关系在世界各种宗教中均有不同程度的表现，在政治性较强的伊斯兰教中表现尤为突出。

（一）伊斯兰教对社会政治生活的影响，进而对语言生活的影响[①]

1. 伊斯兰教有着强烈的政治性

社会生活中，经济是基础，政治是经济的集中表现。宗教与政治相比，不能不处于隶属的、次要的地位。宗教不能等同于政治，政治也不等同于宗教。就伊斯兰教而言，它与政治同样有所区别。但我们不能不看到，伊斯兰教有着强烈的政治色彩。基督教里有一个说法："凯撒的归凯撒，上帝的归上帝"，表达了宗教与世俗政治并不合一的理念。而在伊斯兰教的观点中，真主国度和凯撒国度之间没有区别，甚至于一切都属于真主，都受制于真主律法以及来自真主的道德戒律，一切在本质上都是宗教的，这就使得伊斯兰教与政治有着密切的关系。

（1）《古兰经》为伊斯兰教的政治性提供了经典根据。它关于穆斯林"应当服从使者和你们中的当事人"（《古兰经》：4：59）的规定，关于应"为主道而战斗"（《古兰经》：2：244）的规定，早年关于参加"圣战"是一项宗教"定制"（《古兰经》：2：216）的规定，如此等等，凡是穆斯林都应遵守、履行这类经文所规定的内容，这不仅是完成其宗教性的义务，而且是某种政治性的使命。

（2）伊斯兰教是宗教革命与社会革命相结合的产物。从穆罕默德创建的穆斯林宗教公社，至中世纪阿拉伯伊斯兰帝国，伊斯兰教一直是一种政教合一的政治制度。在中世纪或是在近现代，伊斯兰教在信仰它的国家政治生活中，都起着重要的作用。历史上，伊斯兰世界各国的统治阶级为了维护自身的利益，总是在伊斯兰教的旗帜下从事它的统治或活动，同样，在宗教思想笼罩一切的社会中，教派的活动、民众的起义、社会的政治与思想斗争……也都不可避免地会披上伊斯兰教的外衣，使之成为动员群众、宣传群众和组织群众的一个重要手段。近现代伊斯兰世界各国或继续奉行政教合一的制度，或实行政教分离的国策，但是，无论实行哪种统治形式，伊斯兰教在政治生活中仍然具有非常重要的作用。所谓"战斗的伊斯兰教"、"革命的伊斯兰教"、"政治的伊斯兰教"、"伊斯兰的政治化"、"政治的伊斯兰化"等说法，在某种意义上反映了伊斯兰教的这种政治性。

（3）伊斯兰教政治活力的表现形式。一般说来，伊斯兰世界存在着两种不同性质

[①] 参见金宜久主编：《伊斯兰教》，中国社会科学院出版社发行，2009年6月第1版，第319页。

的政治活力。它或是由统治阶级所体现，或是由被统治阶级所体现。由于统治阶级和被统治阶级有着大体一致的宗教信仰，往往又是以穆斯林的身份从事活动，这就使统治阶级有可能在伊斯兰的旗帜下，以信仰的名义把社会上的大多数成员卷入其活动，自上而下地体现其政治活力，它甚至可以在"圣战"的名义下鼓动被统治阶级投入对内或是对外的战争。同样的，作为被统治阶级的穆斯林群众也可以在他们的领袖人物的组织、鼓动下，或是为反对当政者，或是为达到一定的宗教的或政治的目的，自下而上地体现其政治活力。历史上的种种起义、骚乱、社会运动是如此，教派斗争也是如此。当然，这不排斥被统治阶级也会在"圣战"名义下从事反对统治阶级的或抵御外敌的斗争。

2. 伊斯兰教与社会政治互动发展的历史过程①

（1）伊斯兰教的产生是社会变革的要求

伊斯兰教产生于7世纪的阿拉伯半岛。当时半岛正处于社会大变动时期。各地发展不平衡，富庶的也门地区早在几个世纪之前就建立了奴隶制城邦国家。而贝都因人生活的广大地区则处于原始公社解体阶段。在社会关系方面既保留着公有制和民主制的某些特点，又产生了私有财产和剥削奴隶的现象。具体表现为牧场、水源等仍归公有，共同使用，氏族部落领袖民主选举产生，为争夺水、草和牲畜，部落之间经常发生冲突，血亲复仇习以为常，俘虏不再杀死，而是强制他们为氏族贵族劳动，氏族中的罪犯与欠债者也有沦为奴隶的。他们有时群起反抗，捣毁贵族帐篷，抢走贵族的财产，整个社会动荡不安。

阿拉伯半岛西部有一条沟通古代世界东、西方贸易的重要商路。525年，拜占庭帝国与波斯帝国为争夺这条路进行了长期的战争。后来波斯帝国废弃了也门到叙利亚的商路，在半岛东部另辟了一条由海路到波斯湾，再经两河流域到叙利亚的新商路。这样一来，昔日沿旧商路建立起来的一些城市，经济一落千丈。商业贵族收入骤减，许多靠商队谋生的贝都因人生路断绝。大量的商业资本转向高利贷领域，进行重利盘剥，使早已尖锐的社会矛盾更加激化。

面对危机四伏的形势，惟一出路是统一阿拉伯半岛，建立强有力政权，抵御外来进犯之敌，发展生产。这正是半岛上各阶级的一致要求：贵族、大商人为了对内镇压群众反抗，对外夺取商路，扩大势力范围，需要建立强大的国家；广大贝都因人迫于贫困，渴望打破部落局限，获得牧场和土地。那么，靠什么才能把不同阶级的人拢在一起实现社会变革呢？武力不强，发展商业无资本，只有靠能联系和组织众人的宗教。而穆罕默德通过宗教革命，实现了阿拉伯半岛的政治统一，建立了民族国家，完成了这一历史转折。

（2）伊斯兰教从创始就是一个宗教、政治、军事的统一体

伊斯兰教创始后，立刻引起氏族首领的注意，他们预感到穆罕默德作为先知的政治

---

① 参见龚学增主编：《民族、宗教基本问题读本》，四川人民出版社，第302—302页。

意义。经文中内含的批判锋芒，终于导致教义上安拉与偶像不可并存。来自麦加反对派的政治和经济迫害随之加剧。622年6月底，75名代表来到麦加秘密会见穆罕默德，起誓服从和保护他，这就是著名的第二次"阿克巴誓约"。大约在3个月内，穆斯林分批离开麦加迁往麦地那。这是伊斯兰教发展史上的一个重要转折点，从此开始了伊斯兰教历史的新纪元。到了麦地那后，穆罕默德突破氏族制的外壳，在信仰的基础上建立一个完全新颖的"社团"（Um-mah，乌玛），来满足麦地那的现实需要。麦地那社团的建立，使伊斯兰教不仅成为神权政体，而且具有军事特征。在制止内部仇杀后，它就开始了一系列讨伐多神教徒的"圣战"。穆斯林社团在军事上取得一连串的胜利，经过麦加的降服和侯乃尼大捷，穆斯林社团最终统一了阿拉伯半岛。

3. 伊斯兰教产生后对社会的全面影响

萨义德·侯赛因·纳速尔著的《伊斯兰教》就伊斯兰教对穆斯林世界的全面影响做了如下阐述[①]：

就穆斯林观念而言，最明显的事实和最可信的几件事是：我们是零而真主是全有；靠我们自己，我们一无所有；我们是穷而有求的，这不仅是经济、社会或身体上的意义，更是本体论的意义。所以，我们本身和我们所拥有的一切都属于真主，由此，我们欠下了它的债，也因为它的赐予，我们必须回报感激。

从伊斯兰的角度来观察，宗教并非生活的一部分，或类似艺术、思想、商业、社会讨论、政治的某种特定活动。相反的，它是发源地和世界观，所有人类的活动、努力、创造和思想都发生或必将发生在这里。它是生命之树的汁液。伊斯兰教其实是代表了生活全貌的宗教。于是，宗教必须包含整个生活。每个人的思想和行动最终必须与万物之源即真主之道有所联接。不论男女，只要他或她对事物、对自身的本质抱持信心，那么他们的种种行为、思想、他们所制造的所有物体都必然与真主息息相关。在伊斯兰教中，真主就是生活的本源。

（1）伊斯兰教对穆斯林个人生活层面上的影响

a. 赞念真主美名是最完美精纯的礼拜，奉行苏非道者尤擅此道，同时也被认为是最高层次的心灵礼拜。

b. 一个人对自己身体的处理是受教法控制的。这不仅包括健康和饮食上的教规：穆斯林禁食猪肉及其相关食品，禁饮含酒精饮料，也禁食某些其他肉类，比如肉食性动物。

c. 还包括照顾身体的宗教义务、性的相关宗教规范、不许伤害身体的宗教戒律

（2）伊斯兰教对穆斯林家庭生活层面上的影响

一个人和父母、妻子、孩子及其他亲属、朋友和邻居的关系，亦受教法支配。总之，一论及私人生活，伊斯兰教所强调的就是男女众生要对其肉身、灵魂与真主之间的

[①] 主要言论选自萨义德.侯赛因.纳速尔著，王建平译：《伊斯兰教》，2008年2月第1版，第26—29页。

关系负起责任，还有家庭里的亲密联结，如此一来，家庭便成为伊斯兰社群中一个强有力的机构。就像《古兰经》经文所说的，真主不仅冥秘还是外显的："他是前无始后无终的，是极显著极隐微的，他是全知万物的。"(《古兰经》：57：3)

（3）伊斯兰教对穆斯林民众公共生活层面上的影响

作为强调万事万物和人类生活各层面都臻致平衡的宗教，伊斯兰教以为，虽然宗教确实包含了私密的意识，但并不限于如此，同时也关心公共层面，关心人类社会、经济；乃至政治生活。在伊斯兰教的观点中，真主国度和凯撒国度之间没有区别，甚至于一切都属于真主，都受制于真主律法以及来自真主的道德戒律，一切在本质上都是宗教的。这一论断是建立伊斯兰政教合一政权的理论基础。

伊斯兰教的公共层面涉及社群的每一个面向，从最具体的社群，如：家庭、邻居、村庄和部落成员之间的联系开始，一直到更显眼的单位，如省份或伊斯兰传统字义下的国家，最后到伊斯兰教之域（dār alislām）以及非伊斯兰教国家中的少数穆斯林。伊斯兰教戒律还波及受伊斯兰教法管辖的非穆斯林。这些联系包括各种社会交易和互动，从对自己邻居、朋友的责任、义务到对孤儿、穷人、陌生穆斯林和非穆斯林等的责任、义务都在其列。伊斯兰教管理穆斯林全面的生活。

4. 伊斯兰教的传播与发展①

伊斯兰教以其明确的一神教信仰，严密的社会伦理规定，实用而有效的政治、经济、军事主张，迅速统一了处于一盘散沙中阿拉伯半岛人民的意识，形成了一个强有力的宗教政治军事集团，向周边扩散。穆罕默德去世后，伊斯兰教仍以强劲的势头向四处扩散：

（1）四大哈里发时期

第一任哈里发艾卜·伯克尔稳定了伊斯兰教在半岛的统治地位。在此胜利的基础上，开始对半岛外进行武力扩张。第二任哈里发欧麦尔先后征服了叙利亚、伊拉克、波斯、埃及等地区，采取了一系列措施，维护、巩固和发展伊斯兰教统治。第三任哈里发奥斯曼继位后，除了继续征服小亚细亚、爱琴海诸岛、亚美尼亚及波斯等地区，扩大伊斯兰教的势力外，为了统一思想和指导立法，主持并完成了《古兰经》的编纂工作，建立了伊斯兰教国家规范化的经济、政治、军事等制度。

（2）倭马亚王朝大规模的对外军事扩张

倭马亚王朝在内战的血泊中建立后，发动大规模的对外军事扩张。在东部，控制了中亚的部分地区，势力直达帕米尔高原；在北非，征服了马格里布，消灭了拜占庭帝国的残余势力；在欧洲，越过直布罗陀海峡，占领了比利牛斯半岛的大部分地区。732年，进攻高卢西南部受挫，军队撤至比利牛斯山以南，建立了一个东起印度河流域，西临大西洋，横跨欧、亚、非三洲的阿拉伯帝国。在这政教合一体制的帝国中，各地人民

---

① 主要史料选自陈云林主编：《当代国家统一与分裂问题研究》，2009年12月第1版，第307—340页。

先后皈依伊斯兰教，使伊斯兰教逐步发展成为世界性宗教。

(3) 阿巴斯王朝前期是伊斯兰教文化的黄金时代

阿巴斯王朝前期政治稳定，经济发展，是伊斯兰教文化的黄金时代。哈里发利用政治、经济、法律、教育等手段，强化伊斯兰观念，吸引被征服地区人民皈依伊斯兰教，把许多伊斯兰教领袖和教法学家团结在自己周围，注意用伊斯兰教作为联合帝国境内不同民族和社会集团的纽带，使被征服地区的大多数人成了真正的穆斯林。

(4) 奥斯曼土耳其帝国时期

13世纪中叶，中亚奥斯曼土耳其人兴起。13世纪末，奥斯曼自立为王统一中亚以后，继续向外扩张。1453年灭拜占庭帝国，将君士坦丁堡改名为伊斯坦布尔，并定为首都。其间，帝国虽在西班牙遭到失败，但却占领了整个巴尔干半岛，16世纪中叶，奥斯曼土耳其帝国占领了拜占庭帝国、阿拉伯帝国的大部分领土，成为一个横跨欧、亚、非三大洲的军事封建大帝国。奥斯曼帝国期间，伊斯兰教得到空前的发展。帝国政治上实行伊斯兰教哈里发苏丹制，哈里发苏丹集宗教、世俗大权于一身。伊斯兰教在帝国占统治地位。

18世纪，西方资本主义国家在亚、非两大洲展开掠夺殖民地的斗争，首当其冲的便是奥斯曼土耳其帝国。欧洲列强掀起一场为"瓜分奥斯曼遗产"的长期争斗，导致奥斯曼土耳其帝国的彻底崩溃。但是，伊斯兰教随着穆斯林走向世界各地，并结合时代与各国国情而继续发展，逐渐成为世界政治生活中不可低估的一支力量。

5. 伊斯兰教的扩张带来阿拉伯语的广泛传播

伊斯兰教经过长期的扩张和传教，目前已在世界上的117个国家和地区的337个种族集团中传播。据2005年统计，它的信奉者约13.8亿人，约占世界总人口的20.3%。

伊斯兰教在欧亚非三大洲的传播自然促进了阿拉伯语的迅速传播，把阿拉伯语作为第一语言的人口大幅增加，在皈依伊斯兰教的非阿拉伯地区，阿拉伯语成为最重要的第二语言和宗教用语。阿拉伯字母成为这些地区最流行的文字，很多以前有文字的民族都放弃以前的文字，转用了阿拉伯字母。

(二) 佛教对社会政治生活的影响，进而对语言生活的影响

释迦牟尼在世时，佛教主要在恒河中游地区传播。佛陀逝世后，他的直属弟子把佛教推广到恒河下游地区，佛教对统一当地人的意识起到了重要作用。孔雀王朝大约开始于公元前3世纪。孔雀王朝时期阿育王立佛教为国教，借助兴盛的国力向外扩张，并鼓励和派遣佛教徒到各国去传教，为佛教走向世界奠定了基础。在印度阿育王时期佛教传至叙利亚、埃及等国，以后又传到非洲一些地区，但影响不大。

佛教向亚洲各地传播大致可分为两条路线：南向最先传入斯里兰卡，又由斯里兰卡传入缅甸、泰国、柬埔寨、老挝等国。北经帕米尔高原传入中国，再由中国传入朝鲜、日本、越南等国。佛教传播的同时，也带来了佛教圣语的传播。南传佛教随着巴利语佛经的传播，把巴利语、巴利文带到了南传佛教皈依地区，并影响到了当地的语言、文

字、文化；北传佛教随着梵语佛教经典的传播，把梵语、梵语借词、梵语文字带到了中国，深刻影响了中国的语言与文化。佛教在中国本土化以后，继续发扬光大传向朝鲜、日本、越南等国，随着汉文佛教经典的传播，汉语、汉字也传向这一地区，并深刻影响这一地区的语言、文字与文化。

（三）儒教对社会政治生活的影响，进而对语言生活的影响①

1. 社会的发展需要解释性更强的理念——儒教的诞生

儒家的思想是代表中国传统文化的核心，它对中国的文化发展起着重要的作用。在商时，从甲骨文的卜辞中可以看出，统治者是借鬼神来加强其统治，带有神权政治的性质。当时，商王就是最高宗教领袖，亲自主持占卜，决断占卜凶吉，发布命辞。在宗教上，商王是天上的神灵，到人间为王是拯救黎民，死后还要回到天上。

由于商的暴政，失去民心，也影响其神权政治的权威。殷被周所取代，周人遂改变商事鬼尊神的神权政治，采取"周人尊礼尚施，事鬼敬神而远之，敬人而忠焉"。周公采用礼作为分封制、宗法社会的核心，将血缘垂直系统的周王宗族与周王在国家管理上的地缘等级系统重叠起来。正是这种措施，使地域不大，人口不多，原为殷商小邦诸侯的周，能在灭商以后在广大原商的国土上控制着局势，巩固其政权。西周因政治的需求，故采取了礼治，对上以礼乐宗法巩固政权，对下以敬德保民安定民生。

西周末年，犬戎入侵，平王东迁，礼崩乐毁，群雄并立，征战不息，为百家争鸣创造了条件。在争鸣中，孔子将礼制中的"礼"发展到"仁"，提出"克己复礼为仁。一日克己复礼，天下归仁焉"。到战国，孟子把"仁"又提到"仁政"高度，用以德服人的王道来与以力服人的霸道来与法家竞争。在诸侯实行武力兼并时，变法图强以农战致胜的法家为当政者所任用，而儒家却不被重视。

2. 汉朝建立把儒家学说提高到宗教地位，形成儒释道三教鼎立的局面

秦任用法家，实行变法强兵，统一六国，但是赋役繁重、刑法严酷，招致失败。西汉初立，为恢复生产，采用黄老无为而治思想。到武帝时，接受董仲舒罢黜百家、独尊儒术作为王朝的正统思想。董认为皇帝介于天人之间，人统一于天，就必须先统一于君主。由于天子受命于天，臣子就应受命于君主，儿子就要受命于父亲，妻子就应受命于丈夫。因为这是天道，每个人都应接受这种安排。这样全国就可以统一于君主，所以，人民服从于君主是天经地义的事情。从此，各王朝的君主都奉行儒家的大一统的思想。

在公元三世纪，佛法已大行于中国，而民族主义的观念，乃促使国人群起宣扬道教以为抵制。因此在公元四五世纪时，国人信道之风大盛，佛教作为一种外来宗教，在传入中国时对道教构成一种冲击。道教思想中后增加的因果轮回说是取自佛教。所以中国在中古期事实上有三种宗教在同时流行。第一是外来宗教——佛教；第二是佛教的中国对手方——道教；第三便是儒教。

---

① 参见王恩涌胡兆量等编著：《中国文化地理》，科学出版社 2008 年 1 月第 1 版，第 156—158 页。

3. 科举考试巩固了儒家学说和汉语汉字在国家的地位

科举考试不仅使儒家学说成为官吏的行为准则与道德规范，也进一步巩固发展了汉语汉字作为中国官方语言文字的地位。

在罢黜百家、独尊儒术以后，西汉遂将符合儒家伦理道德标准、通晓儒家经书，作为通过察举荐举官吏的标准。同时，西汉还在各级学校中，将儒家经典著作列入必学科目。在长安设立的太学中，由五经博士负责讲授，太学士学成后经考试分等第录用。由于儒学成为进入官吏的必学科目，因此，儒学遂成为官吏的行为准则与道德规范。

当时的书籍是写在竹简上的，只有少数人家藏有，由于造纸技术的出现，书籍普及，学士增多，隋唐时，官吏由推选改为科举取士。这种制度使下层社会学子有入仕的平等机会，使王朝官吏来自四面八方，更接近下层，也使有才德、有儒家学识与思想的人成为王朝官吏的主体。这给隋唐及其后的王朝在官吏地位与作用以及思想统一方面的影响都有所加强。

4. 统一的汉字促进了汉语言文字的统一与发展

科举考试、统一的汉字极大地促进了汉语言文字的统一与发展，汉字的表义特点在维系方言差别巨大的中国社会语言文字的统一上发挥了独特的作用。

中国是一个多民族国家，各少数民族大多有自己的语言，如蒙古语、藏语、维吾尔语等。但是，按使用的人数上，汉语则占重要地位，它不仅是汉族人使用，而且还是各族间的共同语。汉语使用的地域非常广阔，各地方的发音彼此差别很大，甚至彼此难以互通。汉语中共有北方方言、吴方言、赣方言、湘方言、客家方言、粤方言与闽方言七大方言，方言之间难以互通。照理一个国家或民族有多种语言或方言，对文化的凝聚、国家的管理不利，世界上很多民族因方言的不同最终分化为不同的民族。中国的汉语不仅方言之间有很大差异，甚至方言内部的地方性语言差异有的也难以相通。可是，中国在历史上，各地在中央政权衰落时，地方政权往往独立，但却未见因语言不同而独立的。其原因之一在于，中国文字不是拼音文字，它是与语音没有联系的表意文字。所以，各地的汉语方言虽各有不同，但语言转变成的文字却是相同的，大家可以共同分享。语言因地理环境的差异，因距离与交往不便而产生差异是难避免的，但是统一的政权因国家管理的需求，促使国家共同语言或共同文字的形成是大势所趋。中国在秦实现统一后，执行"书同文"的政策就反映了这种大势所趋。加上以后历朝历代的坚持，成就了中国文化上的一大奇观。在统一文字、统一书面语的过程中，儒家经典的传承、以儒家经典为主要考试内容的科举考试无疑起了制度性的促进作用。

第三节　宗教活动对语言生活的直接影响

几乎所有的宗教经典，都是语言文字的精品；几乎所有成功的布道，都是精彩无比的演讲，宗教促进了宗教圣语的规范与发展。由于宗教经典的神圣性，也激发了人们直接阅读这些经典的热情，这是人类自觉扫盲的动力之一。宗教活动直接影响着人们的语言生活。

一、宗教对宗教圣语规范与发展的影响

宗教经典的神圣性，使宗教圣语带上了神圣性，带来了教民学习、保护这种语言的动力及热情。犹太人被驱散到世界各地一千多年，仍然保留了自己的语言，一个很大的原因是犹太教的影响。犹太教告诉它的教民：犹太人是上帝的选民，《摩西五经》是上帝用希伯来语降示给犹太人的启示。因此，犹太人以对上帝的敬畏态度来学习、保留自己的语言。

（一）犹太教是犹太人保护、传承、复兴希伯来语不可忽视的精神动力[①]

希伯来语经历了一个从形成、发展、衰落、濒临消亡到复兴的过程。犹太人使用希伯来语已有几千年的历史。在漫长的岁月中，希伯来语生生死死几经磨难，最终奇迹般地"复活"了。在犹太人分散到世界各地的漫长岁月里，尽管犹太人的共同地域、共同经济生活和共同语言等特征都已消失但是他们对共同宗教的信仰，对共同历史的回忆，对同一圣地的向往成为维系犹太人坚韧不拔民族精神的纽带。犹太教是犹太人保护、传承、复兴希伯来语不可忽视的精神动力。

1. 犹太教的"神圣语言"——希伯来语

犹太教最早的经典《希伯来语圣经》是用古希伯来语写成的。后来为了防止对《希伯来圣经》的篡改或删节，一些精通希伯来语的犹太教拉比们，即所谓的"马所拉学者"，创造出一套元音符号，置于辅音字母之下，个别符号置于辅音字母之间，二者拼读就能确定一个词的正确读音。犹太教拉比们对《希伯来圣经》文字的加工不仅使这部经典准确无误地流传下来，也使得记录它的语言文字更加准确完善，希伯来语作为"神圣语言"在宗教上一直使用至今。

2. 希伯来语作为宗教语言保留下来

[①] 主要资料来自中国社会科学院民族研究所"少数民族语言政策比较研究"课题组：《国家、民族与语言——语言政策国别研究》，语文出版社出版 2003.4，第 70—88 页。

公元70年，耶路撒冷的圣殿被罗马军团毁坏，在长期围困期间，由于饥饿、疾病和集体屠杀，城市人口急剧下降，密西拿希伯来语开始走向衰亡。原因有二：一是犹太民族向世界各地流散；二是阿拉米语最后取代希伯来语，成为犹太人的日常用语。犹太人只有在祈祷和阅读经典《摩西五经》时才用希伯来语这一"神圣语言"。《摩西五经》是《希伯来圣经》中最具权威的部分，犹太人传统上将希伯来语提升到宗教文化源泉的高度，把它与以色列民族和《摩西五经》联系在一起。犹太教经典对希伯来语的保存起到关键作用。

3. 犹太社会形成多语共存的局面

在十字军东征时期，由于犹太社区生活中经济、社会和文化的不安定因素使希伯来语迅速衰落。在"黑死病"时期（14世纪），在犹太人居住的欧洲北部、中部和东部国家里，随着仇恨犹太人浪潮的升级，掀起了对犹太人的大肆迫害。虔诚的犹太人不惜冒着生命危险维护希伯来语，这远远超过了语言本身，因为希伯来语是犹太人了解《摩西五经》知识和在祈祷时与上帝进行交流的主要工具。

犹太人长期散居在世界各地，形成了一个特殊的社会群体。对外为了同当地人交往而使用当地的一种或多种语言，对内使用一种特殊的犹太语。这种犹太语的口语或书面语形式往往在某个地区流行。犹太宗教经典著作的主要语言希伯来语和阿拉米语对这些犹太语言产生影响，使它们具有希伯来语和阿拉米语的因素和特色，譬如大多使用希伯来语字母形式书写。犹太人在不同的历史阶段使用过不同的犹太语言，其中最主要的有：阿拉米语、意第绪语、拉迪诺语、犹太——阿拉伯语、犹太——希腊语和犹太——西班牙语等。

4. 希伯来语的复兴

19世纪后半期出现了希伯来语化运动（即推广希伯来语运动），其宗旨是消除犹太人内部语言的多样性，回归到圣经早期和中期内部语言统一的环境。希伯来语推广者认为，拥有一种共同的语言对以色列这样的一个小国是理所当然的，使用希伯来语有助于社会交往，使整个民族团结起来，使这个民族中的每个成员有别于其他群体。其中宗教也是重要原因，他们认为，掌握希伯来语者更易接近神圣的犹太教著作和希伯来文的传统文献，从而省去了翻译的费用。

以色列国建国后，新移民到达以色列后期待会讲一口流利的希伯来语。在改用希伯来语的同时，不少移民仍保留使用原居住国的语言。这便构成了以色列的一大语言特色：希伯来语为主，多种语言共存。据统计，1941年至1945年，30岁以下的人每过15年至20年就有70%的人转用希伯来语为第一语言。1961年，犹太人讲希伯来语的比例达到73.6%。1967年六日战争后，讲希伯来语的上升了26%。战争激发了人们的爱国热情，学习希伯来语——犹太民族的象征之一，成为一种爱国的表现。目前在以色列，希伯来语不但是人们日常生活中的用语，而且是社会生活、文化生活、经济生活中广泛使用的语言，当然希伯来语并不排斥其他语言。

犹太民族经历了中世纪的大离散，散落到世界各地，融入到了各地的生活，学会那里的语言和文化。后来他们又回归圣山，复兴犹太语言文化。在二战中他们经受了纳粹大屠杀，战后又从四面八方来到巴勒斯坦建立以色列国，共铸民族的大熔炉，并成功恢复传统的希伯来语，在这漫长的过程中宗教的因素明显可见。

（二）伊斯兰教的兴盛与传播极大地推动了阿拉伯语的发展与传播①

1. 阿拉伯语作为宗教圣语得到很好的规范与研究

阿拉伯语是《古兰经》使用的语言，又是穆斯林宗教生活中共同使用的语言。随着阿拉伯人对外征服和伊斯兰教迅速的传播，阿拉伯语的地位与功能不断提高。新皈依的穆斯林为了诵读《古兰经》，为了在各种政府公职中担任职务、处理行政事务和日常交际，迫切需要学习阿拉伯语。为了便于新皈依者掌握阿拉伯语，避免因语法错误而影响对《古兰经》的诵读和理解；为了填补《古兰经》中的阿拉伯语与阿拉伯日常土语之间日益加深的鸿沟，净化其他被征服民族语言和方言对阿拉伯语的影响，阿拉伯语语言学和语法学的研究、阿拉伯语辞典编辑等工作受到了社会极大的重视，得到了很大发展。相传，巴士拉城的艾卜勒·艾斯瓦德·杜艾里（？—688年）是阿拉伯语法的创始人。赫立理·本·阿赫默德（？—约786年）在前人基础上首创阿拉伯的韵律学，并编辑名为《阿因书》的阿拉伯语辞典。8世纪末，巴士拉学者波斯人西伯威息正式编著出第一部完整的阿拉伯语语法著作。

文学是语言的艺术。在文学方面，最值得推崇的是《古兰经》，它不仅是伊斯兰教的宗教经典，也是一部优秀的散文杰作。文字优美，语言凝炼，韵律自如，感人至深。在修辞上，它也达到了较高水平。

2. 随着伊斯兰教在世界各地的传播，阿拉伯语得到不断丰富

随着伊斯兰教在世界传播，它成为横跨欧亚非三大洲，跨越多种文化区的世界性宗教，阿拉伯语也成为世界性的语言。这就促使阿拉伯语不断借鉴不同文明的词语，使自身得到极大的丰富。到9世纪初，阿拉伯语已更加完备，在伊斯兰世界里它不仅成为宗教语言，而且渐渐成为学术语言和社交语言。在这个过程中，阿拉伯语从波斯语和其他外来语中吸收了大量新词汇，特别是抽象名词，并使之"阿拉伯化"。对希腊、波斯和印度科学、哲学著作的翻译，极大地丰富了阿拉伯语中政治、科技和哲学词汇。希腊的逻辑对阿拉伯语法也产生了一定的影响。

中世纪伊斯兰文学的瑰宝当推《一千零一夜》（又名《天方夜谭》）。它汲取了波斯、埃及、印度、伊拉克等国文学故事的素材，经过数百年的加工和修改补充，最后完成于16世纪。它内容丰富，叙事生动，妙趣横生，从一个侧面反映了中世纪伊斯兰社会的生活，不失为世界文学的不朽之作。该作品自18世纪始被译成多种文字。

由于伊斯兰文化在中世纪东西文化交流中的桥梁作用以及伊斯兰教更为泛的传播，

---

① 主要材料来自金宜久主编：《伊斯兰教》，中国社会科学院出版发行，2009年6月第1版，第274—276页。

阿拉伯语向拉丁语，通过拉丁语又向其他欧洲语言提供了大量术语，并对非洲和其他地区信仰伊斯兰教民族的语言有较大的影响。

二、宗教对传入地区语言生活的直接影响

（一）宗教的传播引起宗教圣语在宗教传入区的传播

宗教对语言的影响首先表现在通过对教民社会观念的影响进而对教民语言观念产生影响。宗教在教民中培育统一的价值观，那就是崇拜神，过讨神喜悦的生活，最终得到神的拯救。这必然引导教民把撰写宗教经典的原始语言视为神圣的语言。如伊斯兰教认为，《古兰经》是安拉用阿拉伯语降示给人类的真理，因此只有通过阿拉伯语《古兰经》才能真正进入真理之门，因此，阿拉伯语在穆斯林中有着崇高的，甚至是神圣的地位。神职人员必须会阿拉伯语，并能诵读、解释阿拉伯语《古兰经》，一般教民要会用阿拉伯语宗教常用语进行问候与祈祷。因此宗教的传播往往伴随着宗教圣语的传播，这一现象在世界三大宗教的传播过程中普遍存在。

宗教圣语伴随宗教传播的基本过程大致是：宗教神职人员学习外民族语言，到外民族地区传教，培养外民族神职人员；外民族神职人员学习作为第二语言的宗教圣语，在自己民族的地区传教；在政治、经济、宗教的综合影响下，外民族普通教民开始学习作为第二语言的宗教圣语。宗教向外民族地区的传播过程，也就是该地区民族语、宗教圣语双语现象发生、发展的过程。这种双语的社会化程度的高低，与宗教本身的影响力有关，与不同宗教对宗教经文语言的态度也有关。伊斯兰教、印度教、犹太教特别关注经文语言的神圣性，因此不管伊斯兰教传到何处，阿拉伯语的知识都要相伴而行，并提倡教徒用阿拉伯语诵读《古兰经》。基督教和佛教鼓励把他们的宗教经文译成其他语言，因此不要求教徒用宗教圣语来诵读经文。然而，影响语言传播能力更重要的因素仍然是，宗教所代表的经济、政治、文化实力。比如，基督教在近代以占绝对优势的政治、经济、文化为背景传入中国，虽然传教士不要求中国的教民用英语阅读圣经进行礼拜，但是重视办学是基督教会的一大特点。在教会学校里学生不仅学宗教知识，还学习科学文化课程，并且用英语授课。不少教会学校不在中国立案，而在美国立案，如上海圣约翰大学在美国哥伦比亚大学注册立案，南京金陵大学在美国纽约大学注册立案。于是这些学校成为设在中国的美国附属学校，学生可以直接进入外国大学研究院。教会所办的学校逐渐成为留学教育的预备学校。这样做提高了教会大学的地位，也使英语教育和英语教学在教会大学的地位得以提高，无形中推动了英语在中国的普及，也影响了中国的近代化进程。[①]

---

① 参见《外语教育往事谈》，第86—87页。

（二）宗教的传播引起该宗教文字的传播

世界上各主要文字类型的分布与世界上主要宗教分布之间的关系，要比这些文字系统与语言发生学或类型学的关系更为密切。宗教的传播会把自己的文字带入无文字的语言社区，也会用自己的文字取代有文字社区原有的文字，如：基督教用拉丁字母取代了古挪威语和菲律宾语的书写方式，伊斯兰教用阿拉伯字母取代了波斯语、马来语、突厥语系诸语言原有的书写方式等。

（三）宗教把大量宗教词汇带入信教民族的语言

宗教传入外民族后，随着大量宗教观念的传入也带来了大量的宗教用语。这些宗教用语先被使用于外民族教民的宗教生活，然后，再有选择地进入教民的日常生活，最后，有选择地进入教民所在地区的社会生活。这些现象在中国三大宗教的传入过程中都曾出现过。在此，仅以基督教宗教用语进入汉语的词汇为例：

1. 进入教民宗教生活的词汇：受洗、圣餐、三位一体、圣灵……
2. 进入教民日常生活的词汇：喜乐、侍奉、魔鬼、撒旦、主内平安……
3. 进入教民所在地区社会生活的词汇：福音、天使、认罪、悔改、上帝……

佛经的翻译为中国文学引进了大量的新词汇、新语法等，扩大了汉语的词汇。据《日本佛学大词典》和丁福保先生所编的《佛学大词典》统计，外来语和专用名词，多至35000余条。[①]

伊斯兰教传入新疆后，阿拉伯语、波斯语对新疆突厥语民族的语言文化发生了巨大的影响。察合台语是19世纪末以前维吾尔、乌兹别克、哈萨克、柯尔克孜、塔塔尔等民族的共同书面语，其语音、语法和基本词汇保持着突厥语特点，但受到阿拉伯语、波斯语的强烈影响。察合台文借用了阿拉伯文的书写形式，察合台文学受到阿拉伯、波斯语文学的深刻影响。1074年完成的《突厥语大词典》是麻赫穆德·喀什噶尔为阿拉伯世界了解突厥语，用阿拉伯语撰写的关于突厥语的词典，其撰写的起因、目的、理念与阿拉伯语言文化密切相关。[②]

（四）为传教服务的语言研究活动促进信教民族的语言研究

语言是宗教观念的重要载体，要传播宗教，必须解决好语言这个载体问题，因此，传教士每到一地，学习研究当地的语言文字往往是他首先面临的问题。基督教的教义鼓励传教士用万国的语言去向万国传福音[③]。因此，基督教传教士每到一地，一个很重要的功课就是学习、研究当地的语言文字，并用当地的语言文字传道、翻译经文。他们在其他民族中为传教而进行的语言调查、文字创制、词典编撰、翻译研究对这些民族语言研究的启蒙和发展起了重要的促进作用。

[①] 参见王恩涌胡兆量等：《中国文化地理》，科学出版社，2008年1月第1版，第195—196页。
[②] 参见《中国大百科全书》（语言文字），北京：中国大百科全书出版社，1988年．第32页。
[③] 参见《圣经．使徒行传》，第2章1—11节。

（五）宗教传播促进民族间语言文化的交流与发展

宗教的传播把自己的语言文化带入其他民族，促进了民族间语言文化的交流与发展。宗教的传入必然带来宗教经典的翻译，这些翻译作品本身就可能成为这些民族语言文化上的瑰宝，并对这个民族语言文化的发展带来巨大的促进。

1. 佛教传播对中国语言文化发展的影响[①]

佛教对中国汉语文学也有深远的影响，佛教的传播过程伴随着佛经的翻译，仅《大藏经》就被翻译10余次。数千卷的佛典本身就是伟大富丽的文学作品，如《维摩诘经》、《法华经》、《楞严经》就被历代文人当作文学作品来研读。一些经典被文人当作创作源泉，例如《法华经》、《百喻》等促进了晋唐小说的创作。陶渊明、王维、白居易等许多著名诗人显然受到佛学的思想熏陶。佛教对中国科技的发展起了积极的促进作用。唐代高僧一行创《大衍历》和测定子午线，对天文学做出了卓越的贡献。《大藏经》中存有大量的医学著作，促进了中国医药学的发展。

佛教在新疆境内的传播带来了佛教文献翻译的繁荣[②]，大约在公元8——9世纪译成的回鹘文《弥勒会见记》是一部小乘佛教的舞台剧剧本，共有25幕，手抄本有293页共计586面，语言流畅、情感真挚，可以想见，这部规模恢宏、灿烂夺目的剧作对当时回鹘人的语言文学、文化生活会产生多么巨大的影响。

2. 基督教对中国语言与文化的影响[③]

基督教在中国真正立足是在利玛窦传教之后。当时传教士了解许多西方的科学技术，所以传教士不仅起着传播宗教的作用，同时他们也是西方文化东传的使者。

基督教对中国天文、历法的贡献最大。利玛窦为了以学术收揽人心，曾经制造天体仪、地球仪、计时器赠给中国。这是西方天文学传入中国的开始。之后又有很多的传道士赠给中国政府各种天文测量仪器，翻译各种历法书籍，这些书籍纠正了中国历法上的很多谬误，同时促进了中国天文学的发展。

中国近代数学的发展也得益于基督教对西方各种书籍的翻译。西方文化的东来，为中国的数学注入了新鲜血液，如几何学、三角学、对数表、代数学、割圆学等，这些是近代数学的基础。

基督教的传入使中国了解了世界。在基督教传入以前，中国人一直认为整个世界是以中国为中心的。中国就是世界、世界就是中国的观念牢不可破。但是当利玛窦向中国传教之时，麦哲伦已经完成了环游地球的旅行，地圆之说在西方已经确立。利玛窦根据西方地图，为中国人绘制了一幅世界地图，题名为《山海舆地图》。图中把世界分为五大洲，至此中国人才知道世界是圆的，有五大洲之说。利玛窦同时向中国传授西方地图

[①] 参见王恩涌胡兆量等：《中国文化地理》，科学出版社，2008年1月第1版，第195页。
[②] 参见热扎克·买提尼亚孜：《西域翻译史》，乌鲁木齐：新疆大学出版社，1994年9月．第123—124页。
[③] 参见王恩涌胡兆量等：《中国文化地理》，科学出版社，2008年1月第1版，第195—196页。

绘制的要领，使中国人开始使用经纬度绘图。

清代以后，基督教凭借着西方先进的政治、经济、文化优势以全新的姿态进入中国，参与了中国的半殖民化过程。近代基督教传入中国后的一个重要活动是创办各级、各类的教会学校，这些学校培养了大量的汉英双语人和各类人才，在近、现代中国语言与文化的发展中起了促进作用。李传松、徐宝发在《中国近代外语教育》[①] 一书中对近代中国"教会学校"进行了详细叙述：

（1）基督教会在中国办学校的初期

"教会学校"在鸦片战争以前是外国传教士在我国沿海设立以"为宣传基督教而学习英文和中文为目的学校"。

《南京条约》签订后，随着帝国主义列强在对中国军事、政治、经济上的侵略和掠夺不断加强，传教和文化教育方面的渗透和侵略也大为加强。不但传教士人数不断增加，而且他们大多数都兼办教育，在其私宅、教堂内或附近设立学校。在1840年鸦片战争后规模较大、比较著名的学校有：

由英国"东方女子教育协进社"所派遣的霭尔特西（MissAldersey）于1844年在宁波开设的中国第一所女子学校。

美国长老会于1845年在宁波建立了一所学塾。1867年迁杭州称为育英书院，后来发展成为之江大学。

（2）基督教会在中国办学校的理念

一些传教士认为："科学是基督怀抱中培养出来的，是不能与基督教分离的。传教士走到哪里就把科学带到哪里。科学是基督教合法的子孙，有了它可以给基督教在与异教斗争中得到极大的好处……科学是善的力量，也是恶的力量，它的善恶是以教育与教的方法为转移的。"1877年第一届"在华基督教"传教士大会"上通州大学校长狄考文（CW. Mateer）有篇题为《基督教会与教育》的文章。这篇论文得到当时参加会议的全国21个教派的126名代表和16名荣誉代表热烈拥护，并成为教会学校办学的一种重要指导思想。作者在这篇论文中指出：传教无可争辩地不是教会最重要的工作。教会最主要的目的在于传教使人信教，最终要使中国以及全世界"基督化"。为此目的，培养牧师和教会学校教师为教会的首要任务。科学对传教、对提高教会和教会学校的声誉，对控制中国新教育的基层都有重大的意义。如果科学不是作为宗教的盟友，它就会成为宗教最危险的敌人。应当通过教会学校来培养具有科学知识的神职人员，应当注意不要让"异教徒或基督教敌人来开动这个强大的机器，以致阻碍真理和正义的发展。

（3）基督教会在中国的办学成果

在以上理念的支配下，基督教在中国办学的规模上、层次上均有较大提高，以下是较著名的教会大学：

[①] 参见李传松、徐宝发：《中国近代外语教育》，上海外语教育出版社2006.9。

1864 年美国长老会狄考文在山东登州开设文会馆，1866 年英浸礼会在青州设广德书院，后两校合并名广文书院设在潍县，到 1917 年发展为齐鲁大学。

1871 年美圣公会主教文氏立学堂于武昌，1891 年命名为文华学堂，以后发展为华中大学。

1879 年，美国圣公会合并在上海培雅各学堂（1865 年设立）和广恩学堂（1866 年设立），成立上海圣约翰书院，1894 年发展为圣约翰大学。

1881 年美监理会传教士林乐知，在上海创办中西书院，该会于 1897 年在苏州设立中西书院，1901 年合并，改名为东吴大学。

1885 年美国长老会在广州设立格致书院，以后发展为广东岭南大学。

1888 年美国以美会在北京设立汇文书院，公理会在通县设立潞河书院，1919 年合并成立了北京燕京大学。

1889 年，美国传教士福开森在南京开设南京汇文书院，以后发展为金陵大学。

从 1879 年到 1910 年，仅美国在华就设立了震旦大学，震旦女子文理学院，浙江的文汇大学，成都的华西大学，福州的协和大学等，据日本有关人士的统计，当时外国在华所办高等学校学生的人数占中国全国高等学校学生总数的 80%。

（六）宗教能增强全民信教民族的民族意识与民族语言意识

宗教是信教民族精神文化的核心内容，它在教民中建立统一的信仰理念，影响教民生活的各个层面，发展教民之间的宗教认同意识。在宗教与种族、民族重合的民族中，宗教意识往往与民族意识相互作用、相互支持。宗教通过强化教民信仰的认同，而强化教民的民族认同。宗教是信教民族社会内部重要的组织手段之一，对信教民族产生强大的社会整合功能，常常成为强化民族意识的制度性因素。而民族意识的增强必然提高信教民族保护宗教、保护民族、保护语言的意识。宗教通过对信教民族社会的影响，进而影响到教民的语言观念、语言生活。伊斯兰教因其强烈的政治性在这方面表现得较为明显。

伊斯兰教在欧亚非大陆上的广泛传播，先后使波斯人、印度人、突厥人、非洲黑人、马来人皈依伊斯兰教，并对这些不同民族发挥了政治上的整合功能，不仅建立起了这些民族对伊斯兰教的认同意识，也强化了这些民族内部的认同意识。伊斯兰教认为："宗教是所有伦理和价值的源泉，为人类行为和建树的价值提供了客观的衡量标准，也是真主之道与创造秩序的真知源泉，以及一个传统文明中美学与形式科学建构原则的传递者。……个人丧失宗教仅仅意味着与其内在及未来至福（beatitude）的背离，然而就一个整体社会而言，却绝对是一个生存中的人类集团社会解体的信号。"[①]

当基督教挟带着强大的政治经济文化优势在世界各种不同文化背景的地区畅行无阻、所向无敌的时候，在伊斯兰教地区针对穆斯林的传教却从来没有成功过。当英语等

---

① 参见萨义德. 侯赛因. 纳速尔：《伊斯兰教》，世界宗教入门，王建平译，2008 年 2 月第 1 版。

西方语言在世界各地生根开花，取代众多其他语言成为第一语言时，在伊斯兰教占统治地位的地区却屡屡受挫，顶多只是作为第二语言被接受。

在东非，阿拉伯商人很早就与东非发生着贸易往来。在伊斯兰教兴起后，阿拉伯穆斯林在沿海建立商站，与当地居民通婚，形成许多以非洲人为主的穆斯林小社团。1698年，阿曼苏丹击败葡萄牙人，乘胜推进到东非，把所有沿海城镇置于自己的统治之下。到 1850 年左右，定都于桑给巴尔的苏丹国臻于极盛，但不久即遭到欧洲列强的瓜分。伊斯兰教在东非的扩张，产生了以斯瓦希里语为标志的伊斯兰文化。这种语言基本上是带有大量阿拉伯语借用词的班图语，对于伊斯兰教在非洲的进一步传播产生了不可低估的影响。在后殖民时期，当非洲国家纷纷选用西方国家语言作为自己国家的国语、行政用语时，斯瓦西里语却一枝独秀成为坦桑尼亚、赞比亚等国的国语。①

在东南亚，伊斯兰教通过西印度的古吉拉特和孟加拉的穆斯林商人，先在苏门答腊北部，然后往马六甲、爪哇等地传播。从 14 世纪起，伊斯兰教在东南亚得到了迅速的传播，在摩鹿加群岛、苏禄群岛和棉兰姥岛上都取得牢固的立足点。16 世纪时，葡萄牙殖民者的入侵和掠夺，造成了各王国的衰落，也影响了伊斯兰教的发展。17 世纪以后，荷兰殖民者统治期间，伊斯兰教的传播有了进一步发展。伊斯兰教对东南亚地区的政治影响，主要体现在两次战争中。第一次是巴德里派的起义（1821—1838 年）。另一次是亚齐人反对荷兰殖民统治的战争（1873—1910 年）。战争中，穆斯林社团在发动和组织民众上起了中坚作用，伊斯兰教是反对殖民主义民族起义的旗帜。

在东南亚，伊斯兰教成为凝聚民族感情对抗西方殖民者的重要社会力量，也是捍卫民族独立、保护民族语言的重要精神源泉。在殖民统治结束后，印尼与马来西亚均选择了自己的民族语言作为国语。这在世界其他地区的一些中小国家中是罕见的。

第四节　宗教对语言生活影响的两面性

任何事物都存在着正负两个方面。宗教对语言生活的影响也有正负两个方面。以上所谈主要侧重于宗教对语言生活的正面影响，以下我们将分析宗教对语言生活的负面影响。托马斯·奥戴在《宗教社会学》一书中对宗教的六个负面功能②有系统的论述，我们以此作为阐述宗教对语言生活负面影响的主要的框架。

第一，宗教由于给人们提供了情感上的慰藉和给社会带来和谐，同时也可能产生负

---

① 参见金宜久主编：《伊斯兰教》，中国社会科学院出版发行，2009 年 6 月第 1 版，第 35—36 页。
② 参见【美】托马斯·奥戴著，胡荣乐爱国译：《宗教社会学》，宁夏人民出版社，1989 年 11 月第 1 版，第 24—26 页。

功能。宗教为那些受到挫折与剥夺的人以及那些与现存的社会秩序有利害关系的人提供慰藉。对那些疏远社会的人进行调解，可以抑制反抗，并可能成为一种阻碍社会变迁的力量。在这种情况下，正如马克思所说，宗教是鸦片，它阻止那些为建立更稳定和更合理社会所进行的反抗。宗教延缓改革，其结果是使不满日积月累，一旦爆发，便会导致更具有破坏性的革命和大规模变迁。

欧洲腐朽黑暗的中世纪能持续一千年之久，部分原因不能不与基督教的鸦片作用有关。表现在语言生活上，中世纪基督教的一切文化活动都以宗教为核心，长期推行宗教语言拉丁语，而置各个民族语言的发展于不顾；中世纪欧洲的语言文学和这个地区的其它艺术门类一样，长期固守于宗教题材，而置人民丰富多彩的现实生活于不顾。文化发展的这种僵化的模式得以长期保持而难以打破，宗教的负功能无疑起了相当的作用。再如，伊斯兰教地区历史上曾长期禁止女童读书，禁止妇女工作，也影响了这一地区语言及文化教育的普及与社会的发展。

第二，宗教通过礼拜和崇拜仪式提供一种超验关系，从而为在人类状况的不确定性与不可能性中出现新的安全感，宗教的这一牧师功能有助于稳定和秩序。但由于宗教观念与超验相联系，因而可能使有限的观念和偏狭的态度神圣化，这在某种程度上阻止了社会对环境的认识与人对自然的控制。在宗教与科学的长期冲突中，有许多这种负功能的事例。伽利略由于认为地球围绕太阳转而被视为"犯罪"受到审讯，就属于这种冲突。牧师功能可能表现为僵硬的、制度化和神圣化的独裁主义，阻止各种思想，包括宗教思想的进一步发展，在这种情况下，牧师功能并不利于社会的进步，反而使社会衰退。

在语言生活方面，某一宗教传入其它地区，会促进该地区双语的发展，但是，这种双语的发展往往是有方向性的，那就是有利于宗教的传播和宗教势力的增长。然而，促使双语现象形成、发展的社会因素是多方面的，宗教只是一个方面，还有其它重要的因素，如：经济、政治、文化、人口等。当某些宗教思潮对双语引导的方向不能充分反映其它社会因素对双语发展的要求，而这些宗教思潮又坚持极端、一意孤行时，这些宗教思潮就会阻碍双语适应经济的发展、社会的进步，阻碍双语健康、全面的发展。在历史上甚至现在，一些伊斯兰教地区由于某些宗教思潮的影响，用阿拉伯语经文学校抵制现代学校、用阿拉伯语抵制其他语言的事件并不罕见。

第三，宗教在使社会规范和价值神圣化的同时，可能使那种在某种特定条件下产生、并随条件变化而使其适应的行为规范具有永恒的意义。这可能妨碍社会在功能上更好地适应变化。正如基督教会几个世纪一直顽固地拒绝承认天文学的日心说，它也拒绝承认放债收息的道德合法性，尽管发展资本主义在功能上非常需要这种活动。这种把规范加以神圣的僵化是许多社会冲突的因素，目前天主教就节育问题进行的争论和冲突便是如此。

在语言生活上，一些人不顾现实政治经济环境对语言生活的要求，反对学习国家通用语，在语言生活中把自己的民族语与国家通用语对立起来，鼓励语言对抗。

第四，预言家功能在圣经宗教中极为重要，根据这一功能，宗教为批判和反对既定的秩序提供依据和合法性。但是，这种功能同样也可能导致其负功能。预言性的批判可能是十分不切实际的，有可能掩盖了真正的问题，对改革要求的预言也许是乌托邦的，可能会在筹划更为实际的行动时成为障碍。宗教的预言家功能由于与超验的评判规则有关，因而可以建立最终的标准。但是，当把这种标准视为上帝的意志时，就可能使冲突极端化，而使通过妥协达到调和成为不可能。

在语言问题上一些极端宗教主义者不顾基本事实预言某个民族、某个民族的语言即将灭亡，在语言复兴与民族复兴之间简单地划等号，鼓励全社会的政治对抗和语言对抗。

第五，宗教有着重要的认同功能，影响着个人对他们是谁和他们是什么的理解。对宗教的信仰会阻止人发现新的自我，阻止更适合自己的新认同感的产生。宗教的认同可以证明它与社会相分离。而且，把它所提供的认同神圣化，会使人的个性结构中深深地包含着不与对手妥协的性格，使冲突加剧。宗教忠诚团结了一批人，但却使这些人与其他人分离开了。宗教问题可能成为战争的起因，宗教信仰可能导致偏狭和迫害。比如，基督教历史上发动的十字军东征，一些打着宗教旗号进行的所谓圣战、自杀式恐怖袭击等。

大多数宗教都宣扬节制自己的欲望，提倡利它主义。但当涉及与其它宗教的关系时，往往都认为自己信仰的是独一无二的真神，自己的宗教是最崇高的宗教，对其它宗教持排斥态度，因此宗教之间的冲突屡见不鲜。以色列人与巴勒斯坦人的冲突撇开政治、经济等其它因素不谈，从宗教的角度看，一个自称是上帝的选民，一个自称是真主的子民，双方各不相让，激烈对抗，战火蔓延半个世纪至今不熄。可以试想，在这样的社会环境中，这个地区不可能有和谐健康的语言关系。在宗教矛盾、民族矛盾尖锐的地方，语言往往会成为宗教斗争、民族斗争、政治斗争的武器，而偏离为大众交际、为经济发展、为社会进步服务的轨道。语言关系一旦进入相互冲突、相互对抗的状态，受影响的将是语言关系的各方，而受害较深的将是相对弱势的语言群体，因为他们对强势语言与文化有着更强烈的借鉴与吸纳需求。

第六，宗教使规范和目标神圣化，在一些重要方面支持社会的准则，在不确定中提供支持，在失望与挫折中予以慰藉。它有助于人在发育成熟的各个阶段建立自己的认同感。但我们也应该看到事物的另一面：宗教经常用制度化代替不成熟。它鼓励的是信徒依赖宗教制度和他们的首领，而不是增强个体的责任和自我定向的能力。

在现实生活中我们看到，一个人在成熟的过程中，如果完全从宗教某些派别的立场看问题会导致人的狭隘与新的僵化，丧失个人真实的成长需要和独立的判断能力。完全跟着宗教极端主义走，会走向社会的对立面。在人的发展过程中，语言学习是一个重要方面。在语言态度、语言学习问题上，如果一味追随宗教极端主义，缺少自己的理智判断，一味拒绝学习必要的语言，就会使自己的人生发展在语言能力上受到限制。

本章总结：探讨宗教与语言生活之间关系的意义

在这里，我们分析宗教与语言的种种关系，就是为了认识宗教对语言产生影响的机理及其在语言生活中所起的种种作用，理清这些影响对语言所产生的积极作用和消极作用。这有利于我们趋利避害，促进宗教与建设和谐进步的语言生活相适应。同时在实践中，认识宗教与语言的关系可以使我们全面认识多民族、多宗教、多语言地区的语言关系，妥善处理语言生活中出现的问题。对于没有发生的事未雨绸缪，防患于未然，对已经发生的事能立即认清问题的实质与要害，做到及时应对、处置妥当有效。

后 记

经过近 10 年的努力，我终于完成了著作——《双语学纲要》。如果有人要问这是一本什么样的著作，我会半开玩笑半认真地告诉他：这是对双语问题研究理论体系的构拟，是双语问题研究学科化的重要一步。

当初我决定写这部著作时，是经过慎重考虑并充满激情的，但是没有想到这部书的写作会占用我这么多时间，耗费我如此大的精力。全书写了近 40 万字，14 个章节，其中多个章节在构想上是我原创的。写作这样一部著作，尤如扛着沉重的行李上山，每一步都充满艰辛，令你气喘吁吁，有时甚至大汗淋漓。看到前面有一座山头以为是山顶，但爬上去一看原来是个山包，高高的山顶还在远处。经常是在盼望中辛劳，在辛劳中衰竭，在衰竭中失望，在失望中振作，然后稍作调整，重新起程。期间我逐渐学会了以乐观的心态，持久的奋斗来应对不断到来的困难与挫折。十年，我的孩子由少儿长成大人，我的一些学生由大一念到博士毕业，我也不知不觉从中年踏进老年的门槛，而我仅仅写了一本书。值得吗？我的回答是：值得。

双语学理论的构建是一次知识体系的创新，需要较宽广的知识面、较深厚的理论积累、较扎实的专业基础。几十年的双语教学与研究生涯使我在理论与实践上有了较多的积累，我在年过 40 时有了写这部著作的强烈愿望，我抓住这一契机，在精力还能胜任这一任务的时候一鼓作气完成了这部著作。对此我感到十分欣慰。

著作写出来了，一段时间内找不到出版经费，就是出版了也不知道能有什么样的反响。然而，我的内心是踏实的。著作的内容是我精心选定的，写作过程是严谨认真的。每个人在这个世界上都有自己要做的事情，我做了自己应该做的事情，至于结果如何，我知道并不完全在我的掌控之中。

尽管如此，我心里仍然充满期待：我希望这本《双语学纲要》能给研究双语问题的我的同行们以启发，给学习双语教学专业的学生们以指导，给中国双语问题的研究以促进。

感谢我的导师张公瑾先生。在我读博士的时候，他对我的博士论文（本书的雏形）进行了精心指导；在我博士毕业 7 年后本书写成之时，他在耄耋之年、百忙之中抽出时间细读了全书，并为本书写了珍贵的序言。

感谢在著作写作过程中所有给我以鼓励、支持、指导、帮助的人。

《双语学纲要》各章参考资料总目录

绪论：建设双语学理论体系的基本构想

1. W. F 麦凯、W. 西格恩：《双语教育概论》
2. [加] W. F. 麦基著：《语言教学分析》，北京语言学院出版社 1990 年 9 月
3. 【英】科林.贝克著：《双语与双语教育概论》，中央民族大学出版社 2008 年 4 月
4. 严学宭：《民族研究文集》，民族出版社 1997 年 3 月第 1 版 2007 年 3 月北京第 1 次印刷
5. 岑麒祥著：《语言学史概要》，北京大学出版社 1988 年 4 月
6. 滕星主编：《20 世纪中国少数民族与教育理论、政策与实践》，民族出版社 2002 年出版
7. 周小兵、李海鸥主编：《对外汉语教学入门》，中山大学出版社 2004 年出版
8. JOHNSON KEITH 著：《外语学习与教学等论》
9. 武金峰著：《新疆高校民族预科教育研究》，民族出版社 2004 年出版
10. 戴庆厦等著：《中国少数民族语言文字应用研究》，云南民族出版社 1996 年出版社出
11. 章兼中主编：《外语教育学》[专著]，专著 1992
12. 木哈白提.哈斯木等著：《新疆少数民族中学汉语授课实验研究》（调查报告集），新疆大．学出版社 2002 年出版
13. 王秉武编写：《汉语教学法》，新疆教育出版社 1987 年出版
14. 盖兴之著：《双语教育原理》，云南教育出版社 1997 年出版
15. 王振本、梁威等：《新疆少数民族双语教学与研究》，民族出版社，2001 年 11 月

第一章 双语学视角下的第一语言学习

16. （美）史蒂芬·平克著洪兰译：《语言本能》，人民大学出版社 2004 年 1 月
17. 林崇德：《发展心理学》，浙江教育出版社，2002 年 5 月第 1 版
18. 林崇德：《教育与发展》，北京师范大学出版社，2002 年
19. 卡拉．西，格曼（Carol. K. Sigelman）、伊丽莎白．瑞德尔（Elizabeth

A. Rider）：《生命全程发展心理学》，北京师范大学出版集团，：2009 年 2 月第 1 版

20. 李宇明：《儿童语言的发展》，华中师范大学出版社，2004 年，

21. 张鸿苓：《语文教育学》，北京师范大学出版社，1993 年 8 月第 1 版，2007 年 4 月第 10 次印刷

22. 倪文锦、欧阳芬、余立新主编：《语文教育学概论》，北京：高等教育出版社，2009

23. 朱智贤：《思维发展心理学》，北京师范大学出版社，2002 年

第二章　双语学视角下的第二语言学习

24. 余强等著：《国外双语教育的理论和实践》，西安：陕西人民教育出版社，2006.

25. 张灵芝：《对外汉语教学心理学引论》，厦门大学出版社，2006 年 11 月

26. 陈文存：《外语教学折中论》，西南交通大学出版社，2004 年

27. 潘文国著：《汉英语对比纲要》，北京语言大学出版社，版次：1997 年 5 月第 1 版，2005 年 11 月第 5 次印刷

28. 主编：王建勤：《汉语作为第二语言学习者与汉语认知研究》，商务印书馆，2006.7

第三章　双语学视角下的多语学习

29. 著者［加］斯蒂夫·考夫曼，译者詹丽茹：《语言家——我的语言探险之旅》，中华书局，2004 年 5 月北京第 1 版

30. 庄淇铭：《神奇的语言学习法》，台北：月旦出版社 1999 年

31. （匈）卡莫·洛姆布著：《我是怎样学外语的：二十五年学用十六种外语经验谈》，外语教学与研究出版社

32. 孙业山著：《超极外语之路——思辨式学习》，中国文史出版社，2006 年 1 月北京第一版

33. 《中国大百科全书》（语言文字卷）中国大百科全书出版社 1988.2

第四章　双语学视角下的第二语言教学

34. 刘珣著：《对外汉语教育学引论》，北京语言大学出版社 2000 年出版的

35. 盛炎著：《语言教学原理》，重庆出版社 1990 年出版

36. 赵金铭主编：《对外汉语教学概论》，商务印书馆 2005 年出版

37. 主编：杨寄洲，副主编：邱军，编者：杨寄洲、邱军、李宁：《对外汉语初级阶段教学大纲》，北京语言大学出版社

38. 主编：张和生：《对外汉语课堂教学技巧研究》，商务印书馆出版社，2006.7

39. 主编：孙德金：《对外汉语语法及语法教学研究》，商务印书馆出版社，2006.7

40. 主编：李晓琪：《对外汉语阅读与写作教学研究》，商务印书馆出版社，2006.7

41. ［专著］，崔永华著：《对外汉语教学的教学研究》，北京：外语教学与研究出

版社，2005.

42. 杨寄洲：《汉语课堂教学技巧》，北京语言文化大学出版社，2002.7

43. 主编：丁文楼：《双语教学与研究》，从社会学的视角来思考双语教育

44. 万艺玲著：《汉语词汇教学》，北京语言大学出版社，版次：2010 年 12 月第 1 版．2010 年 12 月第 1 次印刷

45. 胡文华著：《汉字与对外汉字教学》，2008 年 1 月第 1 版

46. 许倬云著：《万古江河——中国历史文化的转折与开展》，上海文艺出版社 2006 年 6 月

47. 王兆璟、王春梅：《西方民族主义教育思想研究》，民族出版社 2006 年 5 月

48. [H. H. 斯特恩] H. H. Stern 著：《语言教学的基本概念》[专著]，上海外语教育出版社，1999.

第五章　双语学视角下的双语教学管理

49. 叶澜著：《教育概论》[专著]，北京：人民教育出版社，2006.

50. 《高等学校双语教学的现状和发展研究》，高等学校双语教学的现状和发展课题组编，武汉大学出版社，2008 年

51. 《走向优质教育：小学双语教学双轨并行模式的实践研究》，上海市虹口区中州路第一小学编，上海文艺出版总社：百家出版社，2007 年

52. 俞敏洪：《挺立在孤独、失败与屈辱的废墟上》，群言出版社 2008.6，202 页

53. 刘彭芝：《刘彭芝教育思想与实践》，教育思想课题组，中国人民大学出版社，2010 年

54. 杨一青：《杨一青与和谐教育》，北京师范大学出版社，2011

55. 杨素珍：《热土亲情此生所依》，西安交通大学出版社，2012，

第六章　双语教学、双语教育与民族教育

56. 费孝通：《中华民族多元一体格局》，中央民族学院出版社，1989，

57. 王斌华编著：《双语教育与双语教学》，上海教育出版社，2003 年

58. 王鉴著：《民族教育学》，甘肃教育出版社 2002 年

59. 王鉴、万明钢：《多元文化教育比较研究》，民族出版社，2006 年 5 月

60. 景时春著：《民族教育学》，甘肃教育出版社 1991 年 7 月

61. 主编：孙若穷，副主编：滕星王美逢：《中国少数民族教育学概论》，中国劳动出版社 1990 年 10 月

62. 王希洪：《中国少数民族教育本体理论研究》，民族出版社，1998.3

63. 主编：丁文楼：《中国少数民族双语教学研究与实践》，民族出版社，2002 年 12 月

64. 滕星、王军、张俊豪：《20 世纪中国少数民族与教育理论、政策与实践》，民族出版社 2002 年 1 月

65. 谢启晃编著：《中国民族教育史纲》，广西教育出版社，1989.6

第七章 文化概念的层级与语言研究的关系

66. 张公瑾：《文化语言学发凡》，云南大学出版社，1998.12

67. 《关于教学内容与教学方法问题的思考》，《语言教学与研究》1990年2期

68. 周思源主编：《对外汉语教学与文化》，北京语言大学出版社，1997.7

第八章 地理环境与语言生活

69. 陈慧琳主编：《人文地理学》第二版，科学出版社出版，2001年6月第一版，2007年6月第二版

70. 赵荣、王恩涌、张小林、刘继生、周尚意、李贵才、韩茂莉编著：《人文地理学》（第二版），高等教育出版社，2000年7月第1版，2006年5月第2版

71. 王恩涌、胡兆量等编著：《中国文化地理》，科学出版社，2008年1月第1版

72. 王会昌著：《中国文化地理》，出版发行：华中师范大学出版社，2010年7月第2版

73. 王胜文著：《处州方言的地理语言学研究》，中国社会科学出版社2008.10，

第九章 人口与语言生活

74. 胡伟略著：《人口社会学》，出版发行：中国社会科学出版，2002年8月第1版

75. 主编吴忠观：《人口学》，重庆大学出版社，1994年2月第1版，2005年7月第2版

76. 胡伟略著：《人口社会学》，中国社会科学出版社，2002年8月，

77. 赵荣、王恩涌等编著：《人文地理学》（第二版），高等教育出版社，2006年5月

78. 邓辉编著：《世界文化地理》，北京大学出版社，2010年9月

79. 林耀华主编：《民族学通论》，中央民族大学出版社，1997年12月第1版，2003年9月第3次印刷

第十章 经济与语言生活

80. ［英］彼得·伯克（Peter Burke）著，李霄翔李鲁杨豫/译：《语言的文化史——近代早期欧洲的语言和共同体》，出版发行：北京大学出版社，2007年9月第1版

81. 谢名家刘景泉著：《文化经济论——兼述文化产业国家战略》，出版发行：广东人民出版社，2009年11月第1版

82. 齐天大：《妈妈的舌头——我学习语言的心得》，作家出版社，1999.10

83. 《国外语言政策与语言规划进程》，中国社会科学院民族研究所，语文出版社2001年12月

84. 陈春锋：《大国的崛起与衰败九讲》，出版：中国画报出版社，版次：2009年5月第1版第1次印刷，

85. 《国外语言政策与语言规划进程》，中国社会科学院民族研究所，语文出版

社，1999.10

86.（荷）艾布拉姆·德·斯旺（Abram de Swaan）著：《世界上的语言：全球语言系统》，花城出版社

87.《国家、民族与语言——语言政策国别研究》，中国社会科学院民族研究所"少数民族语言政策比较研究"课题组，语文出版社出版2003.4，

88. 李传松、徐宝发：《中国近代外语教育》，上海外语教育出版社2006.9

第十一章　政治与语言生活

89. 沈文利、方卿：《政治学原理》（第二版），中国人民大学出版社，版次：2010年6月第2版，

90.《政治学概论》高等教育出版社人民出版社，版次：2011年6月第1版

91. 陈章太著：《语言规划研究》，商务印书馆，2005年1月第1版

92. 李宇明著：《中国语言规划续论》，商务印书馆，2010年2月第1版

93.《国家、民族与语言——语言政策国别研究》，中国社会科学院民族研究所"少数民族语94.言政策比较研究"课题组，北京：语文出版社，2003年4月

94.《政治学概论》高等教育出版社人民出版社，版次：2011年6月第1版

95.（荷）艾布拉姆·德·斯旺（Abram de Swaan）著：《世界上的语言：全球语言系统》，花城出版社

96. 杨春贵、张绪文、侯才主编：《马克思主义哲学教程》，中共中央党校出版社，1997.8

97. 施正锋编：《语言政治与政策》，台北：前卫出版社，1996.

98. 盛炎：《澳门语言的历史、现状、发展趋势与未来的语言政策》，澳门理工学院，2004.

99. 施正锋、张学谦著：《语言政策及制定「语言公平法」之研究》，台北：前卫出版社，2003.

100. 李勤岸（Chin-An Li）著：《语言政策 KAP 语言政治》，台南县：真平企业有限公司，2003.

101. 蔡永良著：《语言教育同化：美国印第安语言政策研究》，中国社会科学出版社，2003.

102. 施正锋编：《各国语言政策：多元文化与族群平等》，台北：前卫出版社，2002.

103. 李宪荣著：《加拿大的语言政策：兼论美国和台湾的语言政策》，台中县：财团法人新台湾文化教育基金会，2004.

104. 蔡芬芳著：《比利时语言政策》，台北：前卫出版社，2002.

105. 赵新居，周殿生，姜勇等：《新疆民族教育与社会发展研究》，著专著2006

第十二章 文化（宗教）与语言生活

107. 【美】托马斯·奥戴著，胡荣乐爱国译：《宗教社会学》，宁夏人民出版社，1989 年 11 月第 1 版，

109. 罗纳德．L．约翰斯通著，尹今黎、张蕾译：《社会中的宗教———一种宗教社会学》，四川人民出版社出版 1991 年 1 月第 1 版

110. 金宜久主编：《伊斯兰教》，中国社会科学院出版发行，2009 年 6 月第 1 版

111. 龚学增主编：《民族、宗教基本问题读本》，四川人民出版社

112. 萨义德．侯赛因．纳速尔著，王建平译：《伊斯兰教》，2008 年 2 月第 1 版

113. 陈云林主编：《当代国家统一与分裂问题研究》，2009 年 12 月第 1 版

114. 马克思、韦伯：《新教伦理与资本主义精神》

115. 秦惠彬主编：《伊斯兰文明》，2008 年 4 月第一版 2008 年 4 月第 1 次印刷

116. 范丽珠、James D. Whitehead and Evelyn Eaton Whitehead/著：《宗教社会学——宗教与中国》，时事出版社，2010 年 4 月第 1 版

117. 吕大吉主编：《宗教学纲要》，高等教育出版社，2003.12

118. 胡春风：《宗教与社会》，上海科技普及出版社，2004。8

119. 【意】罗伯特。希普利阿尼：《宗教社会学史》，中国人民大学出版社，2006.12